HANFODION Daearyddiaeth *UG*

Simon Ross • John Morgan • Richard Heelas

Golygydd y Gyfrol: Simon Ross

© Y fersiwn Saesneg

Testun: Simon Ross, John Morgan a Richard Heelas 2000
Darluniau gwreiddiol: Stanley Thornes (Cyhoeddwyr) Cyf 2000
Golygwyd gan Katherine James
Ymchwil lluniau gan Penni Bickle

Dynodwyd hawliau Simon Ross, John Morgan a Richard Heelas fel awduron y gwaith hwn yn unol â'r Ddeddf Hawlfraint 1988.

Cyhoeddwyd gyntaf yn 2000 gan Nelson Thornes Ltd.
Delta Place, 27 Bath Road, Cheltenham GL53 7TH

© Addasiad Cymraeg

Awdurdod Cymwysterau, Cwricwlwm ac Asesu Cymru 2005

Cyhoeddwyd gyda chymorth ariannol Awdurdod Cymwysterau, Cwricwlwm ac Asesu Cymru gan Y Ganolfan Astudiaethau Addysg, Prifysgol Cymru, Aberystwyth, Ceredigion SY23 2AX

Gwefan: www.caa.aber.ac.uk

ISBN 1 85644 897 5

Cyfieithiwyd gan Eluned Rowlands
Dyluniwyd gan Argraff
Golygwyd gan Eirian Jones
Ymgynghorwyr: Davyth Fear, D. Trefor Jones
Ymchwil lluniau gan Zooid Pictures
Argraffwyd gan Argraffwyr Cambria

Gwefan Hanfodion Daearyddiaeth UG

Mae gwefan i gefnogi'r gweithgareddau yn y llyfr hwn, sef:

HYPERLINK
http://www.nelsonthornes.com/secondary/geography/essential_intro.htm

Dylai'r defnyddiwr fod yn ymwybodol bod cyfeiriadau gwefan yn newid yn aml. Er y gwneir pob ymgais i gyflwyno cyfeiriadau cywir, mae'n siŵr y bydd rhai newidiadau.

Cofiwch glustnodi'r cyfeiriad. Efallai byddwch am greu ffolder newydd i gadw deunyddiau wedi'u llwytho i lawr. Hyderwn y bydd y wybodaeth a'r gweithgareddau yn eich helpu i fwynhau a gwneud eich gorau yn y cwrs Daearyddiaeth Lefel UG.

Cynnwys

A Newid lefelau

Mae'r trawsnewid o TGAU i Lefel UG yn anodd ond gellir ei gyflawni mewn blwyddyn os edrychwch yn gadarnhaol ar y newid. Y prif wahaniaethau rhwng TGAU ac UG yw **maint** ac **ansawdd** y wybodaeth a lefel y **dehongli** a'r **dadansoddi** a ddisgwylir. Gellir rhannu'r rhain yn **wybodaeth** a **dealltwriaeth**.

- **Gwybodaeth** Mae hyn yn golygu:
  - dysgu termau, diffiniadau, prosesau ac enghreifftiau
  - gwybodaeth am ddigwyddiadau go iawn yn y byd a chofio gwybodaeth benodol.

  Y prif wahaniaeth rhwng TGAU a Safon UG yw un o ansawdd a dyfnder – bydd llawer o'r achosion achos yn dal yr un peth, dim ond bod manylion yn cael eu hychwanegu.

  Mae'r sgil hon yn ymateb yn dda i waith caled ac ymdrech a dylai fod wedi'i meithrin erbyn diwedd Blwyddyn 12.

- **Dealltwriaeth** Mae hyn yn golygu dadansoddi a gwerthuso'r deunyddiau a brofir drwy ymateb i gwestiynau. Mae'n gofyn am:
  - ddeall pam y bu'n rhaid dysgu'r deunyddiau a beth yw goblygiadau hyn
  - ddefnyddio gwybodaeth mewn ffordd hyblyg a datrys atebion o ddata a roddir gan yr arholwyr.

  Y prif wahaniaeth rhwng TGAU a Lefel UG yw fod angen mwy o feddwl unigol ar gyfer UG, a bod y lefel datrys problemau yn uwch. Mae hyn yn gofyn am feddwl a chwestiynu yn ogystal ag ymarfer mynegi ar bapur sy'n cynnwys cwestiynau strwythuredig a rhai ymateb i ddata.

Barn yr arholwyr

Ar Lefel UG mae'r arholwyr yn edrych am gyfuniad o wybodaeth a dealltwriaeth. Mae'r Byrddau Arholi yn cyhoeddi manylion ar sut y llwyddodd ymgeiswyr i ymdopi â'r papurau, ac mae'r rhain yn rhoi syniad eglur iawn o ddisgwyliadau'r arholwyr. Mae'r sylwadau hyn hefyd yn dangos yn glir beth i'w wneud a beth i'w osgoi er mwyn ennill marciau uchel. Wrth ddethol y cryfderau a'r gwendidau mae patrwm clir yn ymddangos yn yr adrannau Ffisegol a Dynol fel ei gilydd.

Sylwadau nodweddiadol arholwr:

- sgiliau gwan, yn arbennig wrth ddehongli deunydd ymateb
- methu â deall prosesau
- heb ganolbwyntio ar eiriad y cwestiynau
- dibynnu gormod ar y cof a ddim yn ateb y cwestiynau a osodwyd
- camddealltwriaeth ynglŷn â phrosesau sylfaenol
- siomedig fod yr atebion yn brin o dermau daearyddol
- anallu i gysylltu modelau â'r byd cyfoes.

Crynodeb o gryfderau a gwendidau:

- y cryfderau yn tueddu i fod yn astudiaethau achos a disgrifiadau (gwybodaeth)
- dehongli'r cwestiwn yn broblem yn yr holl bapurau
- y defnydd o dermau yn gyffredinol wan
- y dealltwriaeth a'r defnydd o brosesau yn gyffredinol wan
- yn aml nid yw'r cwestiynau yn cael eu hateb
- anallu i ddeall yw'r brif broblem.

Mae sylwadau'r arholwyr yn deillio o sgriptiau go iawn ac maent yn berthnasol i chi.

- Mae cryfder yr atebion yn dod o astudiaethau achos a deunydd ffeithiol.
- Mae'r feirniadaeth yn gyson ac yn canolbwyntio ar dri phrif faes:
  1. y defnydd o dermau
  2. deall prosesau
  3. y gallu i ddehongli ac ymateb i'r cwestiwn a osodwyd.

Defnyddiwch yn ddoeth y deunydd yn y penodau sy'n dilyn ac **fe lwyddwch.**

Sylwer: Nid yw'r atebion enghreifftiol a roddir yn y llyfr hwn o anghenraid yr atebion gorau. Dim ond dangos pwyntiau penodol a wnânt. Trafodwch pa mor dda ydynt yn eich tyb chi!

B Beth yw nodiadau?

Nid llyfrau yw nodiadau ac nid ydynt yn draethodau. Eich cofnod chi ydynt o derminoleg, diffiniadau, prosesau ac enghreifftiau sydd arnoch eu hangen i lwyddo ar Lefelau UG/A2. Byddwch yn defnyddio eich nodiadau yn rheolaidd wrth gwblhau gwaith ysgrifenedig ac adolygu ar gyfer ffug arholiadau a rhai go iawn. Mae'n werth rhoi cryn feddwl, sylw a gofal i'ch nodiadau. Mae nodiadau da yn gwneud dysgu ac adolygu yn haws ac yn cynhyrchu tasgau mwy effeithiol – maent yn hanfodol ar gyfer llwyddo.

- Dylai nodiadau fod yn grynodeb manwl o'r deunydd angenrheidiol, gyda threfn sy'n caniatáu cofio'n gyflym a'r posibilrwydd o ychwanegu mwy o fanylion yn ddiwedd-arach. Does dim pwrpas copïo o lyfr (gan ei fod gennych yn barod) a does dim pwynt cynnwys adrannau helaeth o destun nad oes ei angen ar y cwestiwn.

- Y syniad yw neilltuo yr hyn sy'n cyfrif, a defnyddio talfyriadau i leihau hyd ar bob cyfle posibl. Mae rhai athrawon yn arddweud nodiadau tra bod eraill yn disgwyl i fyfyrwyr wneud eu nodiadau eu hunain.

- Fel arfer mae angen ail weithio'r deunydd fel ei fod yn fwy cryno a hynny ymhell cyn yr arholiadau a'r adolygu.

Wrth ddarllen gwerslyfr mae'n hawdd ystyried bod yr holl wybodaeth yn bwysig ac mae'n anodd penderfynu beth i'w nodi a beth i'w wrthod. Dylai'r adrannau sy'n dilyn fod o gymorth i chi yn y dasg hon. Cofiwch gallwch bob amser ychwanegu manylion yn ddiweddarach pan ydych yn fwy cyfarwydd â'r testun.

Pam gwneud nodiadau?

- Ffynhonnell gyflym iawn o ddeunydd ar gyfer gwaith ysgrifenedig.
- Eich gorfodi chi i feddwl am y prif bwyntiau a'u dethol yn ofalus.
- Adolygu ar gyfer y ffug arholiadau.
- Adolygu ar gyfer arholiad UG.
- Adolygu ar gyfer papur synoptig A2.

Sut y mae dechrau nodi?

Mae gwneud nodiadau ar bwnc nad ydych ond yn rhannol yn ei ddeall yn gallu bod yn broblem. Mae'n anodd gwybod beth sy'n berthnasol, yn bwysig, beth i'w gynnwys a beth i'w adael allan. **ACDAP** (Ffigur 1.1) - dyma ffordd o ddatrys eich problem a hefyd eich helpu i gofio'n gyflymach ac yn gywirach. Gall y dull hwn o weithredu ymddangos yn gymhleth ond, unwaith y bydd wedi ei feistroli, mae'n ffordd effeithiol iawn o nodi a dysgu deunydd.

Beth i'w wneud	Pam
A Arolwg Brasddarllenwch yr holl adran, y bennod neu'r pwnc. Dynodwch y prif raniadau gan ddefnyddio'r penawdau. Edrychwch ar y diagramau i'ch helpu i sefydlu'r cyd-destun yn gyffredinol. Ceisiwch rannu'r testun yn brif adrannau, er enghraifft tri phrif syniad neu dair prif raddfa.	Mae hyn yn gymorth i sefydlu'r math o ddeunydd y mae'r pwnc yn ei drafod cyn i chi ddechrau ychwanegu manylion. Mae'n cyflwyno categorïau, gan alluogi nodiadau i gael eu rhannu yn adrannau. Mae sefydlu rhaniadau syml yn gymorth i ddeall ac i ddysgu.
C Cwestiynu Cyn dechrau darllen yn fanwl, meddyliwch pam y mae'r deunydd hwn wedi cael ei gynnwys. Meddyliwch am ystod y deunydd, dilyniant y pynciau a sut y mae'r wybodaeth hon yn berthnasol i'ch gwybodaeth bresennol.	Mae hyn yn cynyddu pwysigrwydd y deunydd. Mae hefyd yn cysylltu'r deunydd newydd â'ch gwybodaeth ar hyn o bryd, gan wneud dysgu a chofio'r deunydd yn fwy effeithiol.
D Darllen Darllenwch yn fanwl bob un o'r adrannau yn eu tro. Nodwch ac enwch y diffiniadau, termau a phrosesau allweddol. Ceisiwch symleiddio'r diagramau a'u cynnwys gyda labeli yn eich nodiadau.	Mae hyn yn ychwanegu'r manylion a'r wybodaeth sydd eu hangen i gyrraedd safonau UG ac A2.
A Adrodd Ar ddiwedd pob adran ewch drwy'r prif dermau a syniadau naill ai'n feddyliol neu drwy eu hadrodd yn uchel. Ailadroddwch y prif bwyntiau.	Mae ymarfer darnau bychain o wybodaeth yn gwella'r cof ac o ganlyniad y dysgu.
P Profi Ar ddiwedd pob adran wedi'r ailadrodd, profwch eich gallu i gofio'r prif eitemau. Os na fedrwch gofio'r data yna ewch dros gamau DAP unwaith eto.	Mae hyn yn rhoi'r teimlad o gyflawni a'r sicrwydd eich bod yn ychwanegu at eich gwybodaeth. Rydych yn gwybod bod y deunydd wedi'i storio ac y gellir ei ddefnyddio i ddeall yr adrannau sy'n dilyn.

1.1 *Dull ACDAP o nodi a dysgu*

Ble mae'r wybodaeth?

Dylid gwneud nodiadau o amrywiaeth o ffynonellau fel bod pob agwedd o'r pynciau yn cael eu harchwilio'n llawn. Ceir rhai o'r deunyddiau drwy **ffynonellau cynradd**, neu brofiad personol (yn cynnwys gwaith maes, gwyliau ac ymweliadau), ond fe ddaw'r rhan fwyaf o **ffynonellau eilaidd**, yn cynnwys gwerslyfrau, cylchgronau, y rhyngrwyd a theledu. Drwy ddethol y deunydd, mae'n bosib adeiladu nodiadau sy'n well nag unrhyw un o'r ffynonellau unigol.

1 Gwybodaeth gynradd

Mae digwyddiadau a brofwyd yn uniongyrchol gennych yn gymorth effeithiol i chi gofio ac maent yn rhoi cyfraniad gwerthfawr i ddaearyddiaeth. Mae'r rhain yn cyfuno golwg, sŵn, arogl ac arwyddocâd ac maent yn ddefnyddiol ar gyfer ychwanegu at eich dealltwriaeth o'r pwnc. Eich lefel o arsylwi ar y pryd sy'n penderfynu pa mor ddefnyddiol yw'r profiadau hyn. Hyd yn oed os oedd hyn yn wan yn y gorffennol byddai'n gymorth i gyflymu eich cynnydd presennol drwy gynyddu eich ymwybyddiaeth o'r hyn sy'n digwydd o'ch cwmpas. Ceisiwch gysylltu'r theorïau a'r cysyniadau a ddaw drwy'r gwersi ac wrth ddarllen â'ch arsylwadau. Sylwch os gellwch wneud synnwyr o'r hyn a welwch.

Mae ffynonellau posibl gwybodaeth gynradd yn cynnwys:

- gwyliau – arfordiroedd, Parciau Cenedlaethol, amaethyddiaeth, twristiaeth a datblygiad
- siopa – parciau adwerthu, ffyrdd newydd, canolfan busnes y dref (CBD) a chanolfannau maestrefol
- teithio i ganol y ddinas – newid yn y ddinas fewnol, dad-ddiwydiannu a thagfeydd traffig
- teithio rhwng dinasoedd – defnydd tir amaethyddol, newidiadau mewn aneddiadau gwledig, diwydiant
- teithio dramor – gwahaniaethau ym mhatrymau anheddu ac mewn patrymau economaidd.

2 Gwybodaeth eilaidd

I'r rhan fwyaf o fyfyrwyr, hon fydd y brif ffynhonnell ddata (Ffigur 1.2) ac yn ystod cwrs blwyddyn fe ddylech geisio archwilio a defnyddio amrediad o ffynonellau mor eang â phosibl. Fe ddylech wneud yn siŵr eich bod yn gwybod pa rai yw'r prif bynciau a gwmpesir gan y Bwrdd ar lefel UG ac, os ydych yn bwriadu cwblhau'r ail flwyddyn, ar lefel A2. Dim ond am gyfnod byr o amser y mae deunyddiau mewn papurau newydd ac erthyglau ar gael ac felly dylid eu casglu yn rheolaidd. Mae casglu'r wybodaeth hon yn gofyn am ymrwymiad byw ar eich rhan chi ac fe ddylech ddechrau o'r foment y penderfynwch ddilyn cwrs daearyddiaeth UG.

Math	Manteision	Anfanteision	Ffynhonnell
Gwerslyfrau, CD-ROMau	Deunyddiau dewisol i gyfarfod â gofynion Lefel UG • diffiniadau • terminoleg • enghreifftiau achos • 'i gyd mewn un pecyn' – hawdd i'w ddefnyddio • ar gael pan fo angen	Gall yr enghreifftiau fod yn hen, yn gyfyng mewn trafodaethau ac o safbwynt bod yn berthnasol i *chi*	• gwefan Nelson Thornes • llyfrgelloedd • cyfeiriadaeth ar ddiwedd penodau/llyfrau • argymhelliad athro
Geiriaduron	• diffiniadau manwl da ac yn dadansoddi'r pynciau yn rannau • cyswllt â thermau a chysyniadau perthnasol eraill	• braidd yn ddiflas i'w ddefnyddio • yn brin o ddarluniadau ac enghreifftiau	
Teledu, Papurau newydd	• gwybodaeth gyfredol • argraff hynod o weledol a geiriol • gall fod yn gysylltiedig â digwyddiadau a newidiadau cyfredol	• cyflwyniadau cyflym ar adegau annisgwyl • yn brin o eglurhad daearyddol • yn anodd i gofnodi neu gofio manylion	Ceisiwch wylio newyddion y dydd ac edrych allan am raglenni materion cyfoes perthnasol
Rhaglenni penodol	• cyfuniad pwerus o wybodaeth weledol a geiriol • yn aml gyda graffeg neu fapiau i gynorthwyo'r deall • yn dda o safbwynt rheolaeth ac effaith pobl	• yn aml yn wan o safbwynt proses • wedi'u gwneud ar gyfer y cyhoedd, ac yn canolbwyntio ar ddiddordeb pobl yn hytrach nag ar ddiddordeb daearyddol • defnydd cyfyngedig o dermau daearyddol	Edrych allan am safleoedd perthnasol
Cylchgronau	• y wybodaeth ddiweddaraf • dewis pynciau sy'n berthnasol i bynciau cyfredol UG	• gallant fod yn drwchus ac yn or-fanwl • anodd dod o hyd iddynt pan fo angen • ychydig o berthnasedd i gwestiynau UG	Gwefan Nelson Thornes
Y Rhyngrwyd	• yn hwyl i'w ddefnyddio • gallu darganfod nodweddion anghyffredin a gwybodaeth anarferol • gwybodaeth ddiweddaraf • gellir lawrlwytho a phrintio canlyniadau • ar gael pan fo angen	• yn cymryd amser • anodd asesu pa mor ddibynadwy yw'r wybodaeth • mae rhywfaint o'r data gorau ar safleoedd cyfyngedig neu mae'n rhaid talu amdanynt • angen cael mynediad i'r rhyngrwyd	Gwefan Nelson Thornes

1.2 *Prif ffynonellau gwybodaeth eilaidd*

Sut y dylid trefnu nodiadau?

Nodiadau fydd eich prif ffynhonnell o wybodaeth ac er mwyn iddynt fod yn ddefnyddiol ac effeithiol, mae trefn ofalus yn holl bwysig. Mae nodiadau sy'n cynnwys tudalen ar ôl tudalen o destun yn anodd i'w defnyddio, ni fyddant o gymorth i gynnig syniadau ac maent yn anodd i'w cofio. Mae angen i drefn y nodiadau fod yn addas i chi yn ogystal â chyfarfod gofynion y pwnc.

Ceir dulliau amrywiol y gellwch eu defnyddio ar gyfer trefnu a gosod y deunydd yn eich nodiadau. Gallwch "gymysgu a chydweddu" gan ddefnyddio'r dechneg sydd fwyaf addas ar gyfer y deunydd dan sylw. Ystyriwch y technegau canlynol.

1 Gosodiad

Mae rhannu pynciau yn adrannau yn rhan bwysig o ddysgu a gellir cyflawni hyn drwy ddefnyddio gofod neu osodiad ar y ddalen (Ffigur 1.3).

- Defnyddiwch benawdau eglur i ddynodi prif adrannau'r testun.
- Defnyddiwch liw neu faint yr ysgrifen i amlygu'r rhaniadau allweddol, e.e. tanlinellu diffiniadau allweddol mewn coch.
- Defnyddio mewnoliad i alluogi trafod y pwnc ar wahanol lefelau: prif syniadau, prif adrannau, adrannau manwl.
- Tanlinellu termau allweddol, gan ddefnyddio lliw arbennig, er mwyn dod o hyd iddynt yn gyflym yn y nodiadau.
- Gosod diagramau i'r mannau gwag gerllaw.

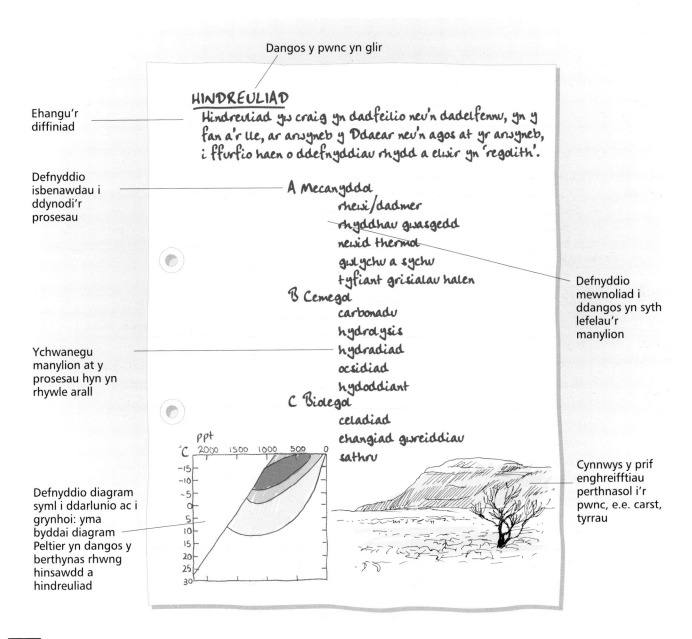

1.3 *Enghraifft: creu gosodiad defnyddiol*

2 Diagramau

Defnyddiwch ddiagramau llinell syml gyda labeli neu anodiadau data. Dylai'r rhain ddangos y prif fanylion ond eto'n ddigon syml i'w hatgynhyrchu o dan amodau arholiad.

- Mae diagramau yn gymorth i weld sut y mae gwahanol rannau o'r testun yn ffitio i'w gilydd.
- Maent yn rhoi darlun sy'n haws i'w gofio.
- Yng ngham dechreuol ACDAP edrychwch os oes diagram sy'n gymorth i roi darlun o'r pwnc cyfan.
- Gall diagramau leihau hyd y nodiadau, ond gwnewch yn siŵr eu bod wedi eu labelu yn llawn neu wedi eu hanodi pan fo angen dysgu'r data.

Diagramau systemau

Mae diagram systemau yn aml yn symleiddio prosesau cymhleth drwy lunio cyfres o storfeydd (blychau) a llifoedd (saethau) (Ffigur 1.4). Mae systemau'n ganolog i'r rhan fwyaf o bynciau mewn Daearyddiaeth ac maent yn ddefnyddiol ar gyfer dangos newidiadau, prosesau a ffactorau mewn un diagram. Ceir dau brif fath o systemau:

- **Systemau agored** – collir neu enillir egni neu ddefnydd drwy ryngweithio â mannau y tu allan i'r system.
- **Systemau caeedig** – mae egni neu ddefnydd yn cylchredeg o fewn y system heb golledion nac enillion o ffynonellau allanol.

Manteision:

- yn dangos y prif gydrannau neu adrannau (y blychau)
- yn dangos y prif brosesau neu lifoedd (y saethau)
- yn dangos prif raniadau'r pwnc a dilyniant y nodi
- yn cynnig crynodeb syml o'r pwnc cyfan
- yn caniatáu ychwanegu ffactorau neu hyd yn oed enghreifftiau gyda data
- yn uniongyrchol berthnasol i gwestiynau arholiad.

Cymhwysiad:

- defnyddiwch ar ddechrau'r pwnc i ddangos y prif gydrannau a phrosesau
- defnyddiwch pan wnelo'r pwnc â newid
- defnyddiwch ddiagramau systemau i ddarganfod dylanwad ffactorau eraill (mae hyn yn gyffredin mewn cwestiynau arholiad).

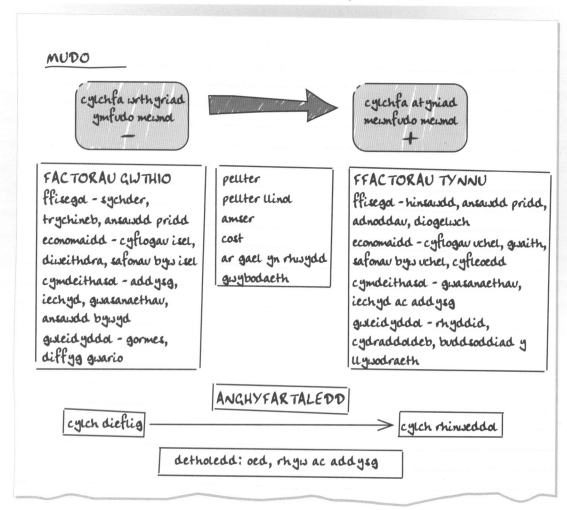

1.4 *Enghraifft: diagram systemau*

Brasluniau

Mae brasluniau yn golygu llunio amlinelliad syml (trawstoriad, map neu broffil) ac ychwanegu labeli i nodi'r prif nodweddion, ac anodiadau i egluro'r pwyntiau sylfaenol (Ffigur 1.5). Dylai'r rhain fod yn ddigon syml ar gyfer eu hatgynhyrchu o dan amodau arholiad. Os nad ydych yn 'artist' arbennig, amcanwch i lunio diagramau dau-ddimensiwn yn hytrach na rhai tri-dimensiwn.

Manteision:

- darluniadau syml yn dangos y prif arweddion
- gall anodiadau ddefnyddio'r prif dermau
- yn cynyddu'r defnydd o gofio gweledol
- yn dangos sut y mae rhannau o'r pwnc yn ffitio i'w gilydd
- defnydd uniongyrchol mewn arholiadau.

Cymhwysiad:

- yn arbennig o ddefnyddiol ar gyfer pynciau ffisegol
- defnyddiwch pan fo ffurf yn bwysig, fel mewn trawstoriadau
- mae'r arholiad yn gofyn am allu i fraslunio.

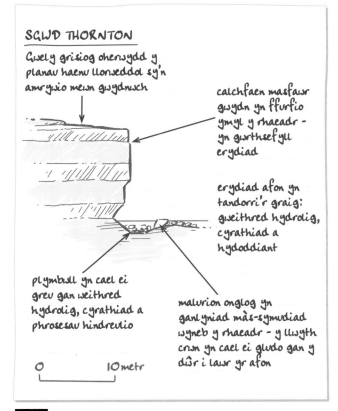

1.5 *Enghraifft: braslun*

Llinfapiau

Llinfap yw map syml yn dangos dosbarthiad y prif arweddion (Ffigur 1.6). Dylent fod yn ddigon cywir i gynrychioli'r union ffurf ond eto'n ddigon syml i'w llunio'n gyflym mewn arholiadau.

Manteision:

- yn dangos lle mae'r arweddion o berthynas i'w gilydd fel patrwm
- yn hawdd eu cofio

- gallant gael eu defnyddio fel strwythur ar gyfer data anodedig.

Cymhwysiad:

- eu defnyddio mewn traethodau ac arholiadau i helpu disgrifio patrymau
- eu defnyddio i gymharu enghreifftiau â theori (modelau)
- cydran o bwys mewn atebion enghreifftiau achos.

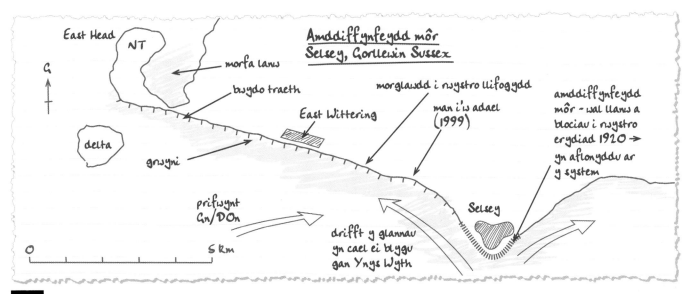

1.6 *Enghraifft: llinfap*

Enghreifftiau achos

Mae diagramau astudiaeth achos yn cynnwys mwy o fanylion na llinfapiau a gallant gael eu defnyddio ar gyfer darparu deunydd ar gyfer ystod ehangach o bynciau. Ceisiwch gynnwys agweddau ffisegol a dynol, gan fod hyn yn gymorth i ddatblygu'r ddealltwriaeth sydd ei hangen mewn cwestiynau synoptig (Ffigur 1.7).

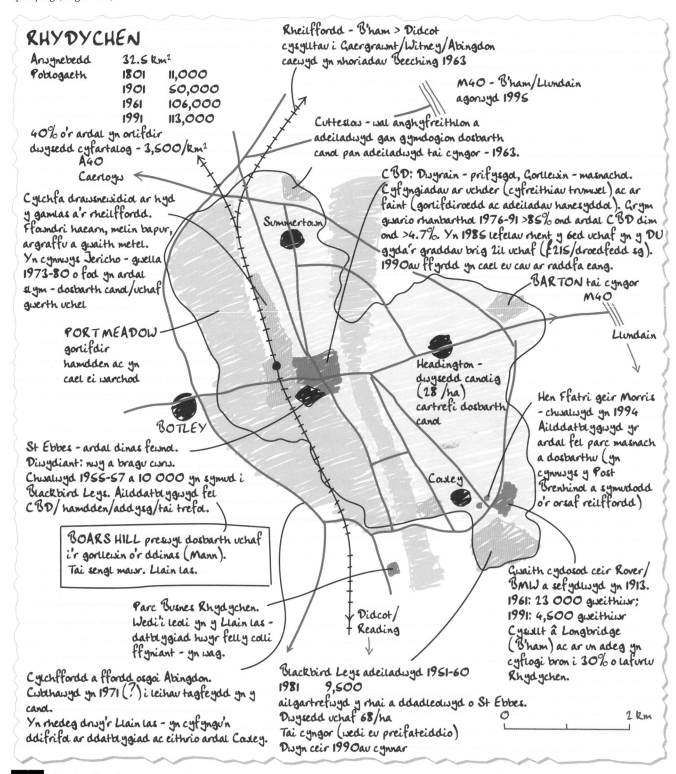

1.7 Enghraifft: diagram astudiaeth achos

Manteision:

- yn gallu cynnwys cryn wybodaeth, drwy ddefnyddio anodiadau a gall wneud yn lle nodiadau testun
- yn cynnig gwybodaeth ar gyfer nifer o bynciau
- yn cynnwys gwybodaeth ffeithiol, theori a manylion gweledol
- yn galluogi nodi amrywiol agweddau ar un ddalen, gan weld y pwnc fel cyfanwaith
- yn cynnig dull gweledol effeithiol o gofio.

Cymhwysiad:

- ei ddefnyddio mewn nodiadau i gynyddu gwybodaeth am ardaloedd penodol
- ei ddefnyddio mewn atebion sy'n gofyn am gyfeirio at 'un astudiaeth/enghraifft achos'
- ei ddefnyddio i brofi eich gwybodaeth o enghreifftiau pwysig.

Amlinellwch yr ardal sy'n dangos y prif arweddion. Cadw hyn yn syml, gan y bydd yn cael ei lunio dan amodau arholiad (diffyg amser).

Rhowch wybodaeth sylfaenol am yr astudiaeth achos. Mae angen cynnwys lleoliad, graddfa ac unrhyw wybodaeth rifiadol berthnasol arall.

Ychwanegwch yr enwau perthnasol a thermau.

Os oes angen mwy o fanylion ar gylchfa benodol (er enghraifft CBD neu'r ddinas fewnol), gwnewch ddiagram newydd ar ddalen ar wahân.

Defnyddiwch liw i ddangos y gwahanol gylchfaoedd neu gynlluniau. Mae hyn yn eich helpu i gofio gwybodaeth o'r diagram.

Cynhwyswch gymaint â phosibl o wybodaeth rifiadol, gan y gellir ei defnyddio yn ddethol mewn ystod eang o gwestiynau.

Ceisiwch adnabod a lleoli ystod o wybodaeth – ffisegol yn ogystal â dynol. Mae hyn yn rhoi mwy o hyblygrwydd i'r astudiaeth achos a gellir ei defnyddio mewn amrywiaeth o gwestiynau.

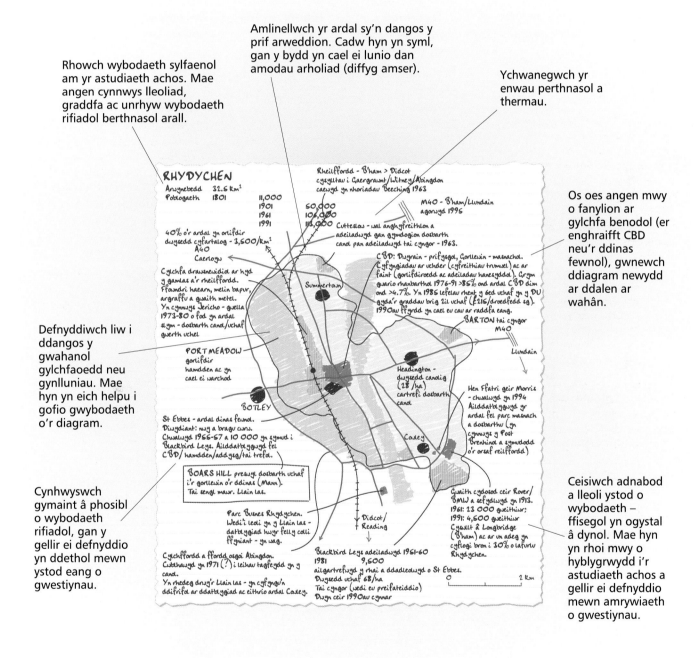

Prawf
Profwch eich gwybodaeth a'ch cof drwy geisio ail-lunio'r diagram ac ychwanegu ato. Ailddysgwch unrhyw fanylyn a adawyd allan.

3 Tablau

Mae tablau yn galluogi symiau mawr o ddata gael eu nodi mewn dull trefnus. Maent yn arbennig o ddefnyddiol ar gyfer nodi data rhifiadol neu pan fo nifer o newidynnau yn cael eu cynnwys ymhob enghraifft (Ffigur 1.8).

Manteision:

- yn hawdd i'w defnyddio ac i ddarganfod data
- yn galluogi cymhariaeth gyflym
- yn cywasgu data

- yn cael eu defnyddio yn aml mewn cwestiynau arholiad ar gyfer cyflwyno data.

Cymhwysiad:

- yn fwy defnyddiol ar gyfer nodi a dysgu yn hytrach na'u defnyddio mewn cwestiwn arholiad
- gellir eu defnyddio i ddynodi tueddiadau a phatrymau, yn cynnwys perthynas rhwng newidynnau
- yn cynnig dull defnyddiol o ddysgu data.

Afon	Arwynebedd basn draenio (km²)	Cyfartaledd blynyddol llwyth crog (tunelli metrig)	Tunelli metrig y km²	Arllwysiad (ciwmecs)	Hyd (km)
Amazonas	5.8 miliwn	363 miliwn	63	180 000	6440
Nîl	3.0 miliwn	111 miliwn	37	3000	6695
Mississippi	3.2 miliwn	312 miliwn	97	17 000	6210
Brahmaputra	666 000	726 miliwn	1100	12 000	2700

1.8 *Enghraifft: data ar rai o brif afonydd y byd*

Mae'n bosibl ambell waith i gyfuno tablau a diagramau (Ffigur 1.9). Mae nifer o fanteision posibl i hyn:

- yn dangos y patrwm cyffredinol mewn ffurfiau rhifiadol a graffigol

- yn cysylltu data penodol â thueddiadau ac yn gymorth i ddynodi patrymau yn y data
- defnyddir tablau a diagramau yn aml mewn cwestiynau arholiad
- yn cyfuno theorïau ac enghreifftiau.

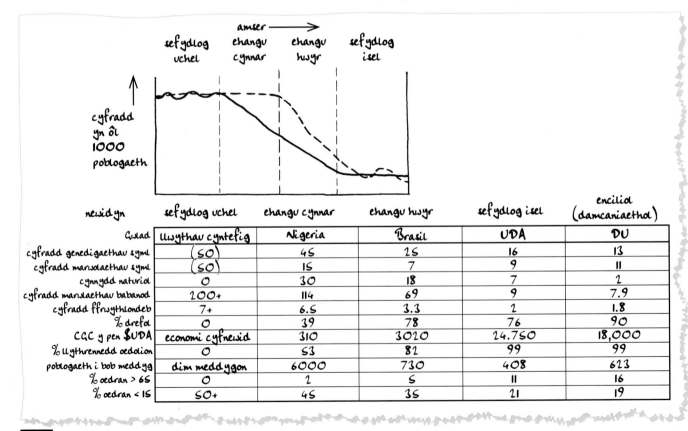

newidyn	sefydlog uchel	changu cynnar	changu hwyr	sefydlog isel	enciliol (damcaniaethol)
Gwlad	Llwythau cyntefig	Nigeria	Brasil	UDA	DU
cyfradd genedigaethau syml	(50)	45	25	16	13
cyfradd marwolaethau syml	(50)	15	7	9	11
cynnydd naturiol	0	30	18	7	2
cyfradd marwolaethau babanod	200+	114	69	9	7.9
cyfradd ffrwythlondeb	7+	6.5	3.3	2	1.8
% trefol	0	39	78	76	90
CGC y pen $UDA	economi cyfnewid	310	3020	24.750	18,000
% llythrennedd oedolion	0	53	81	99	99
poblogaeth i bob meddyg	dim meddygon	6000	730	408	623
% oedran > 65	0	2	5	11	16
% oedran < 15	50+	45	35	21	19

1.9 *Enghraifft: cyfuno diagram a thabl*

4 Bwledi

Gellir defnyddio'r dechneg hon i ddynodi a gwahanu pwyntiau tra'n gwneud nodiadau neu ateb cwestiynau. Mae pob bwled yn cyfeirio at syniad neu agwedd allweddol sy'n cael ei helaethu a'i hegluro ymhellach. Mae bwledi yn ffordd o restru syniadau a gellir eu defnyddio i leihau hyd y nodiadau yn ogystal ag atebion ymateb i ddata (Ffigur 1.10).

Mae rhestr o fwledi:

- yn cwtogi hyd y nodiadau
- yn canolbwyntio ar themâu penodol
- yn helpu datblygu dull ysgrifennu ymateb i ddata
- yn hyrwyddo dod o hyd i ddeunyddiau
- yn galluogi ychwanegu deunydd newydd.

Dangosir y defnydd o fwledi ar gyfer cwtogi hyd y testun ar ffurf nodiadau yn yr enghraifft sy'n dilyn. Daw'r syniadau allweddol o'r testun, gan anwybyddu llawer o Gymraeg diangen.

Hydbroffil afon

Hydbroffil afon yw toriad o'i tharddiad i'w haber yn dangos uchder y gwely uwchlaw lefel môr. Fel arfer, mae'r hydbroffil yn geugrwm o ran ffurf ac mae'n cael ei ddylanwadu gan arllwysiad yr afon, sy'n penderfynu swm yr erydiad; gan y math o graig y mae'r afon yn llifo drosti, sy'n penderfynu gwydnwch yr arwyneb; a chan yr amser y mae'r afon wedi bod yn llifo yn ei chwrs. Gall newidiadau yn lefel môr neu'r tir effeithio ar yr hydbroffil gan achosi adnewyddiad neu foddi'r cwrs isaf. Mae gan nifer o afonydd Prydain hydbroffiliau sy'n adlewyrchu hinsoddau a phrosesau'r gorffennol yn cynnwys rhewlifiant a ffinrewlifiant.

Hydbroffil afon

- toriad yn dangos uchder uwch lefel môr
- ceugrwm – mwy o arllwysiad yn golygu mwy o egni
- litholeg ac adeiledd yn penderfynu gwydnwch
- newidiadau yn lefel môr – ewstasi ac isostasi – adnewyddiad.

1.10 *Enghraifft: y defnydd o fwledi*

Tra gall bwledi fod yn effeithiol, rhaid i chi wneud yn siŵr eich bod yn cynnwys digon o eglurhad a thrafodaeth i ennill marciau llawn. Ni ddylid defnyddio'r dechneg hon mewn traethodau nac mewn cwestiynau strwythuredig.

5 Talfyriadau

Eich nodiadau chi ydynt, ac os ydych yn deall talfyriadau, ceisiwch eu defnyddio.

- Mae talfyriadau yn gymorth i leihau hyd nodiadau ac i ganolbwyntio mwy ar dermau newydd allweddol sydd angen eu dysgu (Ffigur 1.11). Talfyriadau a ddefnyddir yn aml yw:

  | = (yn hafal) | > (yn fwy na) | < (yn llai na) |

  ↑ (yn cynyddu)   ↓ (yn lleihau)

  ond gallwch hefyd greu rhai eich hunain, er enghraifft:

  E (egni)   A (amrediad)   T (trothwy)
  neu S (swyddogaeth).

- Mae rhai termau yn cael eu defnyddio yn aml mewn nodiadau ac mae defnyddio talfyriadau yn gymorth i'r cof ac i gofio.

- **Rhybudd:** mae rhai talfyriadau yn cael eu derbyn o dan amodau arholiad (CNAS neu CNAT mewn tywydd). Os na ddefnyddir y talfyriad mewn gwerslyfr nid yw'n arferol i'w dderbyn ar gyfer arholiad. Os oes amheuaeth, gwell defnyddio'r term yn llawn.

Gellir diffinio ardal farchnad fel yr ardal a'r boblogaeth o gwmpas man canol. Mae ardal farchnad yn cynnwys poblogaeth drothwy o fewn ardal ddylanwad y man canol. Pan fo'r amrediad yn llai na'r trothwy bydd y swyddogaethau ar eu colled ac yn cael eu gorfodi i gau. Pan fo'r amrediad yn fwy na'r trothwy yna bydd y swyddogaethau yn gwneud elw a bydd cystadleuwyr yn sefydlu eu hunain.

$$AF = T \text{ yn } ADd$$
aneconomaidd - $ADd < T$
proffidiol - $ADd > T$

1.11 *Enghraifft: talfyriadau*

Os nad yw ystyr y talfyriad yn amlwg yn syth bydd yn eich gorfodi i benderfynu beth yw, a bydd hyn yn gymorth i'r cof a'r deall.

Crynodeb o dechnegau trefnu

- Ystyriwch y pwnc i gyd cyn dechrau gwneud nodiadau.
- Ceisiwch rannu'r pwnc yn adrannau.
- Pan fo'n bosibl, defnyddiwch nodiadau gweledol neu ddiagramatig.
- Ceisiwch osgoi adrannau hir o destun.
- Gadewch ofod ar gyfer ychwanegu mwy o ddeunydd yn ddiweddarach petai angen.
- Datblygwch eich steil eich hun.
- Dangoswch falchder yn eich nodiadau.

Pa fath o nodiadau?

Pan yn penderfynu beth i'w gynnwys a beth i'w adael allan o'ch nodiadau, ceisiwch benderfynu sut y byddwch yn defnyddio'r deunydd. Beth yw diben y nodiadau?

Dylech ddethol a bod yn ddiarbed, dim ond cynnwys y deunydd a fydd yn cael ei ddysgu neu'r deunydd sydd ei angen i ddeall y pwnc. Gallwch bob amser droi i'r ffynhonnell yn y llyfr os nad ydych yn llwyr ddeall eich nodiadau. Y prif eitemau i anelu atynt – blociau adeiladu daearyddiaeth yw:

- diffiniadau
- termau
- prosesau
- enghreifftiau/astudiaethau achos.

1 Diffiniadau

Mae 'iaith' ei hun gan ddaearyddiaeth ac fe'i defnyddir i ddisgrifio prosesau a digwyddiadau bob dydd mewn modd mwy technegol a manwl. Dyma yw iaith waith ar gyfer Lefel UG/A2 a dylech gymryd digon o amser a gofal i ddysgu diffiniadau'n drwyadl (Ffigur 1.12). Mae diffiniadau'n bwysig oherwydd:

- bod atebion ymateb i ddata yn aml yn gofyn am ddiffiniadau
- maent yn gofalu eich bod yn ysgrifennu am y pwnc cywir
- maent yn cynnig dull defnyddiol i ddechrau traethawd neu baragraff
- maent yn agor allan syniadau ac yn aml iawn yn helpu i ddarganfod ateb i'r cwestiwn; dylid defnyddio geiriadur arbenigol lle bynnag y mae'n bosib
- mae gwybod union ystyr term yn cynyddu hunanhyder a pherthnasedd
- mae defnyddio diffiniadau yn rhoi argraff bositif ac yn gymorth i berswadio'r arholwr eich bod wedi gweithio'n galed a'ch bod yn ceisio bod yn gryno a chywir.

1.12 *Enghraifft: diffiniad o hindreuliad*

Fersiwn byr

> Hindreuliad yw craig yn datgymalu yn y fan a'r lle ar arwyneb neu'n agos at arwyneb y Ddaear.

Fersiwn estynedig

> Hindreuliad yw chwilfriwiant neu ddadelfeniad craig, yn y fan a'r lle, ar neu'n agos at arwyneb y Ddaear, sy'n ffurfio haen o ddefnydd ansefydlog a elwir yn 'regolith'. Mae hyn yn digwydd drwy gyfuniad o brosesau mecanyddol, cemegol a biolegol ac mae hinsawdd, litholeg ac adeiledd y graig, a gweithgareddau dynol yn effeithio arno.

2 Termau

Dyma iaith y pwnc a rhaid ei dysgu er mwyn cyrraedd y radd uchaf yn lefel UG. Mae mwy o dermau yma nag yn TGAU ac heb eu deall, mae gwerslyfrau ac ateb cwestiynau yn anodd. Er mwyn dysgu'r termau yn effeithiol:

- tanlinellwch dermau allweddol yn eich nodiadau
- edrychwch am dermau mewn teip **trwm** neu wedi'u hitaleiddio yn eich llyfrau
- lluniwch eich rhestri eich hun ar gyfer dysgu ac adolygu (Ffigur 1.13)
- defnyddiwch y termau pan yn ysgrifennu – mae termau yn arbennig o bwysig mewn atebion ymateb i ddata lle nad oes fawr o ofod.

1.13 *Enghraifft: termau ar gyfer màs-symudiad*

màs-symudiad/masddarfodiant	grym diriant
grym cydlynol	grym ffrithiannol
ongl llethr fwyaf	regolith
iriad	cylchlithriad
priddlif	ymgripiad pridd
ymgripiad talws	llethr gorffwys
ceugrwm/amgrwm/unionlin	dirywiad llethr
enciliad llethr	sefydlogrwydd/ ansefydlogrwydd llethr

3 Prosesau

Prosesau yw gweithgareddau sy'n achosi newidiadau. Y rhain yw craidd y rhan fwyaf o bynciau mewn daearyddiaeth a rhaid eu deall yn drwyadl. Er mwyn i chi ddarganfod a deall prosesau, sylwch ar y canlynol:

- Proses yw gweithred sy'n achosi newid.
- Mae prosesau yn ymwneud â rhyw ffurf o egni a gallant yn aml gael eu mynegi fel hafaliad neu fel system (cydbwysedd rhwng mewnbynnau ac allbynnau dros amser).
- Dylech gyfeirio at y prif ffactorau sy'n dylanwadu ar y broses (Ffigur 1.14).
- Pan fo'n bosib, dylech gynnwys manylion yr egni a swm ac ansawdd y defnydd sydd ymhlyg.

1.14 *Enghraifft: màs-symudiad (MS)*

> Mae'n digwydd pan mae grym diriant (GD) yn fwy na grymoedd cydlynol (GC) a ffrithiant (GF).
>
> MS = GD > GC + GF
>
> llethr sefydlog = GD < GC + GF
>
> ongl llethr fwyaf = GD = GC + GF
>
> GD ongl llethr (graddiant) + pwysau (regolith, dŵr, adeiladau). Disgyrchiant.
>
> GC Llystyfiant, gwreiddiau, smentiad < drwy ddirgryniad (daeargrynfeydd) a gradd yr hindreuliad.
>
> GF iriad (glawiad) + ffurf y gronyn (< gan glai).

Meddyliwch am brosesau yn **achosi newid** (Ffigur 1.15).

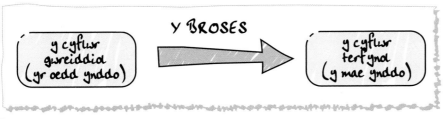

1.15 *Diagram llif: proses*

Mae ffactorau yn dylanwadu ar y broses; gallant ei chyflymu, ei harafu neu newid y ffordd y mae'r broses yn gweithredu (Ffigur 1.16).

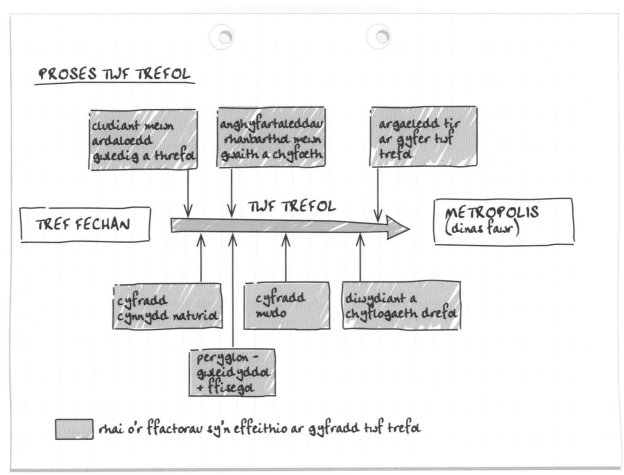

1.16 *Enghraifft: proses*

4 Enghreifftiau ac astudiaethau achos

Mae'n rhaid cael enghreifftiau ar gyfer arholiadau. Maent yn cael eu defnyddio i ddarlunio ac i arddangos dealltwriaeth o brosesau a theorïau. Mae gwybodaeth am amgylcheddau ffisegol a dynol yn hanfodol i lwyddo yn UG, ac mae gwybodaeth dda o enghreifftiau yn rhoi hunanhyder ac yn rhoi hyblygrwydd. Ystyriwch y pwyntiau canlynol:

- Mae'n well dechrau gydag un enghraifft fanwl yn hytrach na nodi nifer o enghreifftiau mewn modd arwynebol.
- Mae'n werth dethol enghreifftiau o nifer cyfyngedig o wledydd/rhanbarthau, gan fod hyn yn lleihau maint y wybodaeth gefndirol sydd ei hangen.
- Dylid cefnogi pob pwnc allweddol gan o leiaf un enghraifft drwyadl.

- Dylai'r enghreifftiau fod yn fanwl ac yn cynnwys cymaint o wybodaeth â phosibl. Dylid osgoi enghreifftiau damcaniaethol os yn bosibl.

- Mae enghreifftiau yn gofyn am ymchwil a defnyddio nifer o ffynonellau.

- Fel arfer mae'n bosibl cynnwys theori gydag enghreifftiau drwy ofyn, "Beth y mae'r enghraifft hon yn ei ddangos?".

Gellir adnabod tair graddfa o enghreifftiau.

Enghreifftiau sylfaenol

Gall hyn fod yn gyfeiriad at wlad, lle neu amser heb fod angen ehangu llawer. Dyma'r agwedd 'e.e.', a dylid ei defnyddio gyda phwyll a gofal arbennig. Er fod yr agwedd hon yn dangos rhywfaint o wybodaeth, mae'n gyfyng o ran ei chymhwyso oherwydd:

- mae'n ddiffygiol yn y wybodaeth sydd ei angen i gysylltu'r enghraifft â'r prosesau, ffactorau, achosion neu ganlyniadau fel a nodir yn y cwestiwn

- nid yw'n helpu i egluro pam y mae'r enghraifft yn cael ei chynnwys

- mae'n lleihau yr atebion ysgrifenedig i res o enghreifftiau, gan ddiflasu'r arholwr sy'n chwilio am brawf o ddealltwriaeth

- os yw enghraifft yn werth ei rhoi rhaid egluro pam yr ydych wedi ei chynnwys.

Mae defnyddio'r enghreifftiau sylfaenol yn y brawddegau sy'n dilyn yn ychwanegu fawr ddim ar Lefel UG ac ni fyddent yn cael llawer o gydnabyddiaeth:

- Enghraifft dda o fâs-symudiad yw Aberfan yn 1966.

- Mae llawer o wledydd sy'n datblygu â chyfradd uchel o gynnydd naturiol, e.e. India.

Enghreifftiau manwl

Mae hyn yn golygu ceisio datblygu enghreifftiau sylfaenol drwy ychwanegu ffactorau, achosion, canlyniadau a goblygiadau (Ffigur 1.17). Bydd angen ymchwilio nifer o ffynonellau. Dylai enghreifftiau manwl:

- gynnwys manylion digonol fel y gellid eu defnyddio mewn ystod o gyd-destunau

- allu darlunio prosesau, peryglon a'r ymateb dynol

- fod yn ddigon mawr i ffurfio craidd paragraff

- alluogi casgliadau gael eu ffurfio o'r enghraifft.

1.17   *Enghraifft fanwl: Aberfan 1966*

- llif cyflym o domen sbwriel ar ochr dyffryn
- ongl llethr 25 gradd
- tomen sbwriel ar darddlin mewn creigiau gwaddod athraidd
- dŵr wedi cronni o ganlyniad i gyfnod o law trwm
- llifodd y malurion dirlawn 800 metr fel priddlif
- lladdwyd 116 o blant ysgol
- un o'r trychinebau naturiol gwaethaf yn y DU (cyfanswm marwolaethau 144)
- arweiniodd at chwalu'r holl domenni sbwriel ar ochrau'r cymoedd yn ne Cymru, gan gael effaith sylweddol ar yr amgylchedd
- darganfuwyd bod 25% o domenni sbwriel eraill pyllau glo de Cymru mewn cyflwr peryglus

Astudiaethau achos

Mae'r rhain yn enghreifftiau o bwys, gyda lefel uwch o fanylion ac amrediad ehangach o ddeunydd na'r enghreifftiau manwl. Ceisiwch ystyried y pwyntiau canlynol:

- Ar gyfer pob pwnc mae un astudiaeth achos fanwl fel arfer yn ddigonol.

- Dylid cyfeirio at amrediad o ffactorau a deunyddiau yn cynnwys ffisegol, economaidd, cymdeithasol a gwleidyddol (**FfECG**).

- Bydd angen defnyddio nifer o ffynonellau ymchwil ac o bosib ei adeiladu dros amser wrth i ddeunydd newydd gael ei ddarganfod.

- Mae astudiaethau achos yn eich galluogi i ateb cwestiynau sy'n gofyn i chi gyfeirio at *un* ardal neu ranbarth a astudiwyd gennych

- Dewiswch enghreifftiau sy'n gweddu i'r cwestiynau; gwnewch yn siŵr bod y data yn cyfeirio at yr agweddau sy'n berthnasol i'r pwnc, er enghraifft rheolaeth.

- Dewiswch astudiaeth achos sydd â digonedd o ddata ar gael. Peidiwch â phoeni am ddiflasu'r arholwr, er enghraifft, drwy ddewis afon Mississippi. Dyma fasn afon sydd â digonedd o ddata mewn gwerslyfrau, erthyglau, papurau newydd, ar deledu a hyd yn oed ar y rhyngrwyd.

- Mae astudiaethau achos yn effeithiol gan eu bod yn galluogi ystod eang o ddata gael eu dysgu drwy gyfrwng un set o wybodaeth. Mae hyn yn lleihau swm y deunydd i'w ddysgu tra'n cynyddu'r ddealltwriaeth.

1.18 *Enghreifftiau o astudiaethau achos ar gyfer pynciau dethol Lefel UG/A2*

Pwnc maes llafur	Astudiaethau achos	Pynciau i'w cynnwys	Ffynonellau ar gael
Poblogaeth	GMEDd (DU) GLlEDd (Brasil)	dosbarthiad demograffi mudo effaith newid	enghreifftiau mewn gwerslyfrau gwerslyfrau arbenigol papurau newydd (DU) y rhyngrwyd (Brasil) *Geofile*
Aneddiadau	dinas ddatblygedig bwysig (Llundain) dinas ddatblygol bwysig (São Paulo)	strwythur trefol twf trefol dad-ddiwydiannu cyrion gwledig-trefol cludiant	enghreifftiau mewn gwerslyfrau gwerslyfrau arbenigol *Geofile* y rhyngrwyd papurau newydd
Datblygiad economaidd	GMEDd (DU) GLlEDd (Brasil)	adnoddau anghyfartaleddau rhanbarthol polisïau rhanbarthol newid cenedlaethol	gwerslyfrau y rhyngrwyd (Brasil) papurau newydd teledu
Tectoneg	un digwyddiad o echdoriad llosgfynydd/daeargryn o bwys (Montserrat, Twrci)	proses (ymylon platiau) effeithiau canlyniadau materion rheoli	gwerslyfrau y rhyngrwyd (UDA) papurau newydd *Geofile*
Ecosystemau	un biom pwysig (coedwig law drofannol neu goedwig foreal)	hinsawdd llystyfiant pridd defnydd tir rheolaeth	gwerslyfrau y rhyngrwyd (coedwig law drofannol)
Afonydd	un basn draenio pwysig; un afon leol (Mississippi neu Tafwys)	hinsawdd daeareg sianelau cyfundrefn rheolaeth llifogydd	gwerslyfrau papurau newydd newyddion y rhyngrwyd (UDA)
Arfordiroedd	un darn helaeth o arfordir (Dorset neu Sussex)	hinsawdd daeareg tirffurfiau materion rheolaeth	gwerslyfrau *Geofile* papurau newydd newyddion y rhyngrwyd (yn wan)

Gweler gwefan Nelson Thornes am enghreifftiau o astudiaethau achos.

C Sut i lwyddo mewn arholiadau

Beth yw'r gwahanol fathau o gwestiynau?

Wrth wneud nodiadau ac ymchwilio byddwch yn dechrau deall y pynciau. Yn gynnar yn y cwrs byddwch yn gorfod defnyddio gwybodaeth i ateb cwestiynau arholiad, ac mae hyn yn gofyn am set newydd o sgiliau, yn cynnwys **dehongli** a **deall**.

Cewch dri math o gwestiynau yn yr arholiad:

* cwestiynau ymateb i ddata
* cwestiynau strwythuredig
* cwestiynau traethawd.

1 Cwestiynau ymateb i ddata

Mae'r steil hwn o gwestiwn yn cael ei ddefnyddio'n aml yn TGAU ac felly'n gyfarwydd i chi. Mae'r cwestiynau cyntaf yn ymateb i ddata a roddwyd (testun, tabl, diagram, map neu ffotograff) a gofynnir i chi ysgrifennu ateb yn y gofod cyfyngedig a roddir. Fel arfer ceir y math hwn o gwestiynau mewn llyfrynnau a dychwelir y sgript gyfan at yr arholwyr. Mae'r enghraifft yn Ffigur 1.19 yn dangos rhai o'r agweddau a ddefnyddir mewn ateb llwyddiannus.

Edrychwch yn ofalus ar y deunydd – bydd yn gymorth i ateb cwestiynau.

Cofiwch bod yr holl ddata a roddir yn berthnasol i'r cwestiwn.

Tanlinellwch eiriau allweddol megis 'disgrifiwch' fel eich bod yn canolbwyntio arnynt a bod yr arholwr yn gweld eich bod yn gwneud hynny.

Dyma brofi eich gallu i grynhoi a manylu – peidiwch ag ailadrodd y cwestiwn.

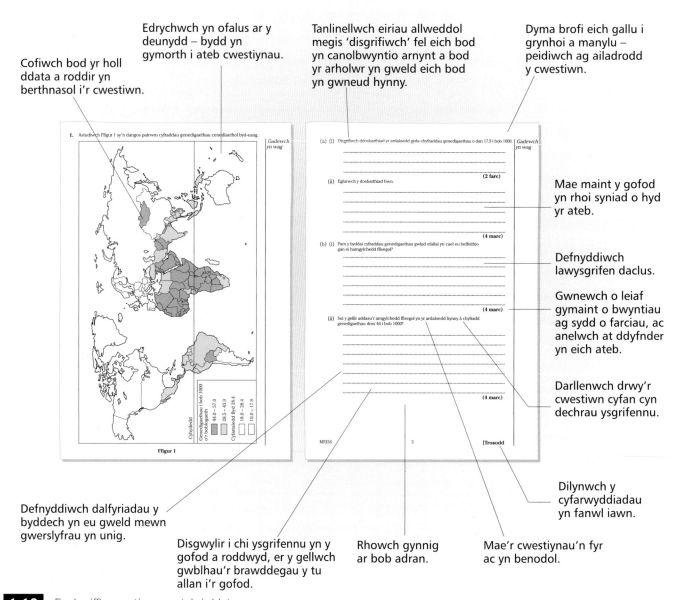

Mae maint y gofod yn rhoi syniad o hyd yr ateb.

Defnyddiwch lawysgrifen daclus.

Gwnewch o leiaf gymaint o bwyntiau ag sydd o farciau, ac anelwch at ddyfnder yn eich ateb.

Darllenwch drwy'r cwestiwn cyfan cyn dechrau ysgrifennu.

Dilynwch y cyfarwyddiadau yn fanwl iawn.

Defnyddiwch dalfyriadau y byddech yn eu gweld mewn gwerslyfrau yn unig.

Disgwylir i chi ysgrifennu yn y gofod a roddwyd, er y gellwch gwblhau'r brawddegau y tu allan i'r gofod.

Rhowch gynnig ar bob adran.

Mae'r cwestiynau'n fyr ac yn benodol.

1.19 *Enghraifft: cwestiwn ymateb i ddata*

2 Cwestiynau strwythuredig

Mae cwestiynau strwythuredig yn debyg i rai cwestiynau ymateb i ddata gan fod cyfres o is-gwestiynau yn cael ei gofyn, pob un â marc cyfyngedig. Gall y bydd cwestiynau strwythuredig hefyd yn gofyn am gyfeiriad at un neu fwy o'r deunyddiau a gyflwynwyd yn cynnwys mapiau, diagramau a thablau. Y prif wahaniaeth yw nid oes cyfyngu ar le mewn cwestiynau strwythuredig ac mae'r atebion yn cael eu hysgrifennu mewn llyfryn ar wahân. Mae enghraifft o gwestiwn strwythuredig yn Ffigur 1.20.

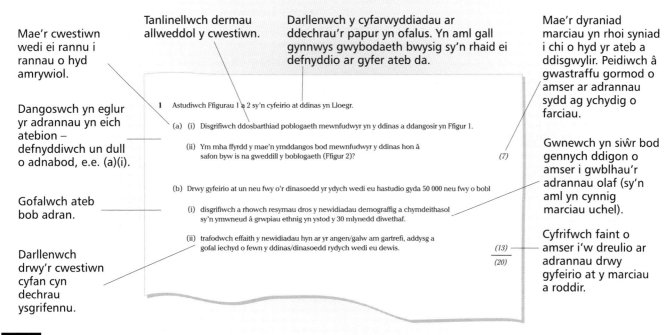

Mae'r cwestiwn wedi ei rannu i rannau o hyd amrywiol.

Tanlinellwch dermau allweddol y cwestiwn.

Darllenwch y cyfarwyddiadau ar ddechrau'r papur yn ofalus. Yn aml gall gynnwys gwybodaeth bwysig sy'n rhaid ei defnyddio ar gyfer ateb da.

Mae'r dyraniad marciau yn rhoi syniad i chi o hyd yr ateb a ddisgwylir. Peidiwch â gwastraffu gormod o amser ar adrannau sydd ag ychydig o farciau.

Dangoswch yn eglur yr adrannau yn eich atebion – defnyddiwch un dull o adnabod, e.e. (a)(i).

Gofalwch ateb bob adran.

Darllenwch drwy'r cwestiwn cyfan cyn dechrau ysgrifennu.

Gwnewch yn siŵr bod gennych ddigon o amser i gwblhau'r adrannau olaf (sy'n aml yn cynnig marciau uchel).

Cyfrifwch faint o amser i'w dreulio ar adrannau drwy gyfeirio at y marciau a roddir.

1 Astudiwch Ffigurau 1 a 2 sy'n cyfeirio at ddinas yn Lloegr.

(a) (i) Disgrifiwch ddosbarthiad poblogaeth mewnfudwyr yn y ddinas a ddangosir yn Ffigur 1.

(ii) Ym mha ffyrdd y mae'n ymddangos bod mewnfudwyr y ddinas hon â safon byw is na gweddill y boblogaeth (Ffigur 2)?   (7)

(b) Drwy gyfeirio at un neu fwy o'r dinasoedd yr ydych wedi eu hastudio gyda 50 000 neu fwy o bobl

(i) disgrifiwch a rhowch resymau dros y newidiadau demograffig a chymdeithasol sy'n ymwneud â grwpiau ethnig yn ystod y 30 mlynedd diwethaf.

(ii) trafodwch effaith y newidiadau hyn ar yr angen/galw am gartrefi, addysg a gofal iechyd o fewn y ddinas/dinasoedd rydych wedi eu dewis.   (13)
                                                                              (20)

1.20 *Enghraifft: cwestiwn strwythuredig*

3 Cwestiynau traethawd

Fel arfer ni osodir cwestiynau traethawd yn TGAU, a gallant gyflwyno problemau newydd i fyfyrwyr UG/A2. Tuedda'r math hwn o gwestiwn fod yn fyr, er y gallant gael eu rhannu i ddwy adran gyda dyraniad marciau. Maent yn gofyn i chi ddewis prosesau, theorïau ac enghreifftiau y gellir eu defnyddio i ateb y materion sy'n codi o'r cwestiwn. Dangosir y prif ddulliau i'w defnyddio yn Ffigur 1.21.

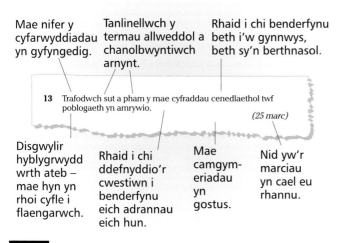

Mae nifer y cyfarwyddiadau yn gyfyngedig.

Tanlinellwch y termau allweddol a chanolbwyntiwch arnynt.

Rhaid i chi benderfynu beth i'w gynnwys, beth sy'n berthnasol.

13 Trafodwch sut a pham y mae cyfraddau cenedlaethol twf poblogaeth yn amrywio.
                                                      (25 marc)

Disgwylir hyblygrwydd wrth ateb – mae hyn yn rhoi cyfle i flaengarwch.

Rhaid i chi ddefnyddio'r cwestiwn i benderfynu eich adrannau eich hun.

Mae camgymeriadau yn gostus.

Nid yw'r marciau yn cael eu rhannu.

1.21 *Enghraifft: cwestiwn traethawd*

Crynodeb o'r mathau o gwestiynau

Steil y cwestiwn	Manteision	Anfanteision
Ymateb i ddata	rhywfaint o ddata arwydd clir o hyd arwydd clir o amser rhai rhannau yn hawdd nifer o gwestiynau	ysgrifennu yn y gofod a roddir yr angen am dermau pwyslais ar ddeall data
Cwestiynau strwythuredig	nifer o gwestiynau yn aml rhywfaint o ddata llai o angen cynllunio dyraniad marciau rhaniad clir rhwng gwybodaeth a chymhwysiad rhai rhannau yn hawdd	anodd ei gwblhau o fewn yr amser anodd dyrannu gwybodaeth anodd gwybod faint i'w ysgrifennu
Traethawd	ei ddarllen yn gyflym un cyfarwyddyd eglur hawdd ei amseru	dehongli cynllunio perthnasedd camgymeriadau yn gostus

Sut i ddehongli cwestiwn

Ceir **cyfarwyddiadau** ar gyfer pob cwestiwn. Maent i'ch cynorthwyo i roi ateb perthnasol. Defnyddiwch eiriad y cwestiwn ac fe roddwch ateb effeithiol. Daw marciau isel os anwybyddwch hyn.

Waeth beth yw math y cwestiwn, mae pob un yn codi problem sy'n rhaid i chi ei datrys. Mae'n annhebygol y bydd dilyn gwerslyfr neu ddilyniant o nodiadau yn rhoi ateb llwyddiannus, i'r gwrthwyneb, disgwylir i chi addasu eich gwybodaeth i ffitio'r cwestiwn; mae hyn yn gofyn am gynllun. Yr hyn sydd bwysicaf i'w gofio yw mai'r cwestiwn sy'n penderfynu'r hyn a ysgrifennwch a pheidiwch â chael eich temtio i ysgrifennu'r "cyfan a wyddoch" am y pwnc. Er mwyn datblygu techneg effeithiol i ateb cwestiwn rhaid i chi ystyried y mathau o gwestiynau a ofynnir ac ymateb i eiriau allweddol. Mae ymarfer yn angenrheidiol i ddatblygu'r dechneg, gan y byddwch yn dysgu drwy brofiad a thrwy wneud camgymeriadau.

O fewn pob cwestiwn ceir geiriau cyfarwyddo yn dweud wrthych beth sydd ei angen neu'r hyn y dylech ei wneud. Ceir nifer o dermau ac mae pob un yn gofyn am ymateb penodol. Mae'n hanfodol eich bod yn canolbwyntio ar y rhain ac yn ymateb mewn modd priodol. Mae Ffigur 1.22 yn dangos y math o gyfarwyddyd a roddir mewn cwestiwn strwythuredig. Defnyddir lliwiau i nodi'r math o gyfarwyddyd a roddir.

1 **Astudiwch** Ffigurau 1 a 2 sy'n cyfeirio at **ddinas yn Lloegr.**

  (a) (i) **Disgrifiwch** **ddosbarthiad poblogaeth mewnfudwyr** yn y ddinas a ddangosir yn Ffigur 1.

      (ii) **Ym mha ffyrdd** y mae'n **ymddangos bod mewnfudwyr** y ddinas hon â safon byw is na gweddill y boblogaeth (Ffigur 2)?

                                          (7)

Yn yr enghraifft hon rhoddir pedwar math o gyfarwyddyd neu wybodaeth (gwahaniaethir yn ôl lliw). Mae'r adrannau sy'n dilyn yn edrych ar sut y gellwch ddefnyddio'r wybodaeth hon er eich mantais.

  (b) **Drwy gyfeirio** at **un neu fwy o'r dinasoedd** yr ydych wedi eu hastudio **gyda 50 000 neu fwy o bobl:**

      (i) **disgrifiwch a rhowch resymau** dros **y newidiadau demograffig a chymdeithasol** sy'n ymwneud â grwpiau ethnig yn ystod y 30 mlynedd diwethaf;

      (ii) **trafodwch effaith y newidiadau hyn** ar yr angen/galw am gartrefi, addysg a gofal iechyd o fewn y ddinas/dinasoedd rydych wedi eu dewis.

                                          (13)

                                          (20)

1.22 *Cyfarwyddiadau mewn cwestiwn strwythuredig*

Termau cwestiynau

Mae'r termau cwestiynau mewn **coch** yn Ffigur 1.22 yn dweud wrthych beth i'w wneud neu sut y dylech ymateb, e.e. **Disgrifiwch**.

Gwybodaeth		Dealltwriaeth	
Term cwestiwn	**Yr hyn y dylech ei wneud**	**Term cwestiwn**	**Yr hyn y dylech ei wneud**
disgrifiwch	Adnabod a rhoi mewn geiriau brif nodweddion y pwnc. Sefydlu targedau i'w defnyddio yng ngweddill y cwestiwn. Adnabod tueddiadau a phatrymau. Adnabod mathau, dosbarthu, rhannu yn gategorïau. Peidiwch â defnyddio termau megis: *fel, oherwydd, rhesymau dros.*	*eglurwch*	Dylech roi rheswm pam. Cyfeiriwch at brosesau a ffactorau. Ceisiwch egluro pam y ceir y patrwm. Defnyddiwch eiriau megis: *oherwydd, achoswyd gan, am ei fod yn.*
cymharwch	Pa agweddau sy'n gyffredin iddynt i gyd? Beth yw'r nodweddion tebyg?	*trafodwch* (testun)	Yn golygu *disgrifiwch ac eglurwch.* Rhowch sylwadau ar y pwnc.
cyferbyniwch	Beth yw'r gwahaniaethau? Pa agweddau sy'n eu gwahaniaethu?	*trafodwch* (gosodiad)	Gwerthuswch. Cytuno ac anghytuno. Cyflwyno dadleuon o blaid ac yn erbyn. Disgwylir ateb cytbwys.
archwiliwch	Yn golygu disgrifio ac egluro – cyfarwyddyd cyffredinol sy'n rhoi lle i amrediad o arsylwadau.	*i ba raddau?*	Gwerthuswch. Cytuno ac anghytuno. Cyflwyno dadleuon o blaid ac yn erbyn. Beth yw'r manteision a'r anfanteision?
sut?	Disgrifiwch. Pa ddulliau a ddefnyddir?	*eich sylwadau ar*	Disgrifiwch ac eglurwch – cyfarwyddyd cyffredinol sy'n caniatáu unrhyw sylw perthnasol.
ym mha ffyrdd?	Disgrifiwch. Adnabod patrwm.		

1.23 *Termau cwestiynau cyffredin*

Weithiau gall cwestiwn gael mwy nag un cyfarwyddyd, fel yn y cyfarwyddyd cyffredin o 'ddisgrifio ac egluro'. Er mwyn ymdopi â hyn, cofiwch fod pob gair cwestiwn yn disgwyl ymateb gwahanol, a dylid gwahanu'r ddau gyfarwyddyd. Dylid bob amser ddilyn y dilyniant a ddefnyddir yn y cwestiwn; disgrifiwch yn llawn cyn dechrau egluro.

Yn ystod gwaith cartref, os nad ydych yn siŵr beth yw ystyr termau'r cwestiwn, neu beth y dylech ei wneud yn eich ymateb, yna gofynnwch i'ch athro. Yn yr arholiad mae'n ddoeth edrych ar gwestiynau eraill lle y gwyddoch beth sydd angen ei wneud. Mae'n debyg mai methu ag ymateb i dermau cwestiwn yn y dull a ddisgwylir yw'r broblem fwyaf ar Lefelau UG ac A2 (gweler sylwadau'r arholwr ar dudalen 4).

Y pwnc

Mae hwn yn nodi testun neu bwnc y cwestiwn. Mae'r cyfarwyddyd yn nodi maes y wybodaeth y mae'r arholwyr am i chi ganolbwyntio arno. Yn Ffigur 1.22 mae gan bob is-gwestiwn bwnc: yn b(i) y pwnc yw **y newidiadau cymdeithasol a demograffig.**

- Mae'r termau hyn yn dweud pa destun neu ran o destun y dylech ei gynnwys.
- Maent yn nodi'r wybodaeth benodol y dylech ei chynnwys.
- Ceisiwch ddiffinio'r termau hyn – nodwch yn glir eu hystyr.
- Os y gwnewch gynnwys gwybodaeth arall bydd yn amherthnasol.

Term pwnc	Dylech geisio ...
Pwnc: *mewnfudwyr*	Diffinio'r term ar ddechrau'r paragraff. Ceisio rhannu'r pwnc yn adrannau. Cyflwynwch gymaint o fanylion â phosibl i roi syniadau. Dyma pam yr ydych wedi dysgu diffiniadau – po orau y diffiniad, gorau yr ateb.
ardal neu enghraifft benodol ... *gan gyfeirio at ardal a astudiwyd ...* *... enghraifft a enwir ...*	Bydd eich ateb yn cynnwys enghraifft benodol. Nodwch yn eglur yr enghraifft – lleoliad, maint a phrif nodweddion. Os yn gymwys, lluniwch fap neu ddiagram i ddangos enghraifft. Rhannwch yr enghraifft yn adrannau. **Ni ellir ateb y cwestiynau hyn yn dda heb roi enghraifft dda.**

Cymwysterau pwnc

Yn aml bydd y prif bwnc a drafodir yn cael ei gyfyngu drwy ofyn am elfennau neu agweddau penodol. Rhaid i chi

ganolbwyntio ar y rhain i roi perthnasedd i'ch ateb ac i'ch galluogi i ateb y cwestiwn o fewn yr amser. Yn Ffigur 1.22 mae adran (b)(ii) yn gofyn i chi ystyried yr **angen/galw am gartrefi, addysg a gofal iechyd o fewn y ddinas/dinasoedd** rydych wedi eu dewis. Fel ymateb dylech rannu eich ateb yn adrannau ar gartrefi, addysg a gofal iechyd. Cofiwch:

- Mae'r termau hyn yn canolbwyntio ar y pwnc.
- Maent yn cynnig cyfarwyddiadau manwl ar yr agweddau o'r pwnc y disgwylir eu cael.
- Dilynwch bob amser y dilyniant a roddir.
- Tanlinellwch neu rhowch gylch o amgylch y termau hyn yn y cwestiwn er mwyn ffocysu'n well arno.
- Mae'r rhain yn gymorth i strwythuro eich ateb.
- Ceisiwch feddwl pam y cawsant eu cynnwys: sut y maent yn dylanwadu ar eich pwnc?

Geiriau pwysig cwestiwn	Yr hyn y dylech ei wneud
Pynciau dwbl: *cyflymder ac arllwysiad afon ...* *lleoliad a maint anheddiad ...* *agweddau economaidd a chymdeithasol mudo ...*	Mae dwy gydran i'r pynciau hyn. Gwahanwch y ddwy a gwahaniaethwch rhyngddynt (diffiniwch beth yw eu hystyr). Rhannwch eich ateb yn ddwy adran a chanolbwyntiwch ar bob un. Defnyddiwch y termau yn y dilyniant a roddir yn y cwestiwn. Os adnabyddir hwy bydd y termau hyn yn rhoi syniad cliriach o'r hyn y mae'r arholwyr yn disgwyl. **Gwnewch ddefnydd llawn ohonynt.**
Agweddau penodol: *... cartrefi, addysg a iechyd ...* *canlyniadau ...* *effaith ...* *yn ganlyniad ...*	Mae'r rhain yn ddymuniadau penodol a rhaid canolbwyntio amynt. Archwiliwch bob un yn y drefn y cyflwynwyd hwy. Ceisiwch gynnwys rhywfaint o sylw ar bob un. **Nid yw ateb cyffredinol ac amwys yn effeithiol.** Cyfeiriwch at y canlyniad, yr hyn sy'n digwydd oherwydd ... Ceisiwch fod yn gytbwys: ystyriwch fanteision ac anfanteision – peidiwch â bod yn besimistaidd. Ceisiwch ddarganfod amrediad o syniadau (meddyliwch yn Ffisegol, Economaidd, Cymdeithasol a Gwleidyddol - FfECG).
Graddfa: *... o leiaf 500 000* *... ardal leol*	Gofalwch bod eich enghraifft yn ffitio'r raddfa a roddir yn y cwestiwn. Ni fydd enghraifft anaddas yn ennill marciau uchel.
Statws: *datblygedig ... datblygol*	Rhaid defnyddio'r geiriau hyn. Diffiniwch yr hyn sydd ynddo - sut y mae lefel y datblygiad yn dylanwadu ar y pwnc?
Amser: *... dros y 30 mlynedd diwethaf ...*	Cymerwch ofal i gyfyngu ar eich trafodaeth o fewn y raddfa amser berthnasol. Gofynnwch pam - pa newid a fu yn y pwnc 30 mlynedd yn ôl? (technoleg, neu lwybrau?)

Dyrannu marciau

Fel arfer mae'r marc mwyaf posibl y gall yr arholwr ei roi i bob cwestiwn, neu i ran o gwestiwn, yn cael ei ddangos yn eglur. Mae hyn yn rhoi gwybodaeth werthfawr am yr hyn y dylech ei wneud:

- Mae cwestiynau strwythuredig ac ymateb i ddata wedi eu rhannu yn adrannau eglur gyda marciau.

- Mewn cwestiynau strwythuredig mae'r marciau yn dweud wrthych pa mor hir y dylai'r cwestiwn gymryd i gael ei ateb.

- Ar ymateb i ddata mae'r marciau'n awgrymu faint o amser i'w wario ar yr adran.

- Mae'r marciau hefyd yn rhoi rhyw syniad o'r nifer o bwyntiau y dylech eu cynnwys.

- Defnyddiwch y marciau yn ddoeth i ysgrifennu digon o fewn yr amser a ganiateir i ennill y marciau mwyaf.

Marciau allan o 25	Faint o amser i'w dreulio		Faint i'w ysgrifennu
2	3 munud		un paragraff byr
3	6 munud		un paragraff canolig
5	9 munud		hanner ochr
7	12 munud		dau baragraff canolig
8	14 munud		dau baragraff mawr
10	18 munud		hyd at un ochr

1.24 *Arweiniad bras i ddyrannu amser*

Pwysigrwydd cynllunio

Rhaid cynllunio cyn dechrau ateb cwestiynau traethawd, neu adrannau mawr o gwestiynau strwythuredig (gyda mwy na 4 marc). Sylwch:

- dylai'ch ateb fod yn berthnasol, ac atebwch y cwestiwn a osodwyd

- mae'n annhebygol y bydd yr ateb yr un fath â threfn eich llyfr neu nodiadau

- mae gwneud cynllun yn gymorth i ddwyn i gof a dewis y deunydd y mae ei angen

- mae'n rhoi dilyniant rhesymegol i chi

- mae'n **rhoi ffocws** ar y cwestiwn

- mae'n eich helpu i osgoi'r demtasiwn i ysgrifennu 'popeth a wyddoch'.

Wrth lunio cynllun, dilynwch dermau'r cwestiwn, a dilynwch y cyfarwyddiadau. Ceisiwch ddewis syniadau i ffurfio sgerbwd y paragraff (Ffigur 1.25).

Disgrifiwch ac eglurwch sut y gall **strwythur poblogaeth** amrywio o **le i le**. *(25 marc)*

pwnc	• strwythur poblogaeth • graddfa - gwlad/rhanbarth/dinas
disgrifiwch	• grwpiau oedran • rhyw • grwpiau ethnig
eglurwch	• lefelau datblygiad/cyfoeth • mudo • cyflogaeth
casgliad	

- Chwiliwch am dermau'r cwestiwn. Defnyddiwch y rhain i rannu'r cwestiwn. Dyrannwch ofod ar gyfer y termau. Meddyliwch am y dasg fel dau draethawd bychan.

- Dowch o hyd i'r pwnc. Dechreuwch gyda diffiniad clir a chryno o'r pwnc. Diffiniwch y termau sy'n gymwys i'r pwnc.

- Dyrannwch syniadau i'r adrannau i ffurfio themâu paragraff. Cadwch y rhain yn fyr fel bod y thema'n glir. Ceisiwch gynnwys amrediad o ddeunydd.

1.25 *Cynllunio eich ateb*

Sut i ateb cwestiwn strwythuredig

Mae cwestiynau strwythuredig wedi eu rhannol gynllunio yn barod, gan eu bod wedi eu rhannu'n adrannau. Fodd bynnag, mae'r adrannau mwyaf (mwy na 4 marc) yn dal angen cynllun gweithredu, gan eu bod fel arfer yn cynnwys nifer o agweddau y mae'n rhaid canolbwyntio arnynt os am ennill marciau llawn (Ffigur 1.26).

(a) **Beth yw ystyr** 'hierarchaeth' o aneddiadau? *(5 marc)*

(b) **Pa feini prawf** y byddech yn eu defnyddio ar gyfer sefydlu'r math hwn o **hierarchaeth**? *(10 marc)*

(c) **Disgrifiwch a chyfiawnhewch** y dulliau gwaith maes y byddech yn eu defnyddio i sefydlu'r math hwn o hierarchaeth. *(10 marc)*

ystyr	diffiniwch **hierarchaeth**
Pa feini prawf	maint poblogaeth; swyddogaeth (trefn); trosiant adwerthu
Disgrifiwch	arolwg trefol; arolwg pentref (Bracey)
cyfiawnhewch	ystod (ardal farchnad); trefn

- Defnyddiwch y termau a'r adrannau i rannu'r cwestiwn.

- Trowch yr ateb i gyfres o dasgau.

- Dilynwch bob amser y dilyniant a geir yn y cwestiwn.

- Nodwch y pwnc.

- Dechreuwch gyda diffiniad – yma gofynnir amdano.

- Defnyddiwch y marciau i'ch helpu i benderfynu nifer y syniadau a pharagraffau.

- Isrannwch y gwaith gymaint ag y gellwch.

- Defnyddir dau derm cwestiwn: rhannwch yr adran yn ddwy ran, ac yna canolbwyntiwch ar bob term.

1.26 *Ateb cwestiwn strwythuredig*

Sut i ateb cwestiwn ymateb i ddata

Mae eich atebion a'r cwestiynau ymateb i ddata yn cael eu dychwelyd at yr arholwr. Mae hyn yn gyfle i chi ddangos i'r arholwr eich bod yn meddwl a'ch bod yn ceisio rhoi ateb perthnasol i'r cwestiwn drwy addasu'r papur (Ffigur 1.27).

Yn ystod tymor cyntaf eich cwrs UG/A2, mae'r gwaith ar ddehongli cwestiynau a chynlluniau yn drwm ac yn cymryd amser. Drwy ymarfer a chymhwyso fe ddaw hyn yn haws ac yn fwy awtomatig. Mae'n golygu dysgu ffordd newydd o edrych ar gwestiynau a rhoi blaenoriaethau a chyfarwyddiadau'r cwestiwn o flaen eich gwybodaeth o'r pwnc. Bydd hyn

yn eich galluogi i ddefnyddio eich data yn effeithiol a sgorio marciau uchel heb fawr iawn o risg.

Cofiwch ...

- Peidiwch â chynhyrfu ynglŷn â'r ateb – edrychwch am dermau'r cwestiwn.
- Defnyddiwch y termau i rannu eich ateb yn dalpiau hawdd eu trin.
- Tanlinellwch eiriau'r cwestiwn – yn arbennig ar bapurau ymateb i ddata y bydd yr arholwr yn eu gweld.
- Dangoswch eiriau'r cwestiwn mewn cynlluniau, a defnyddiwch hwy.

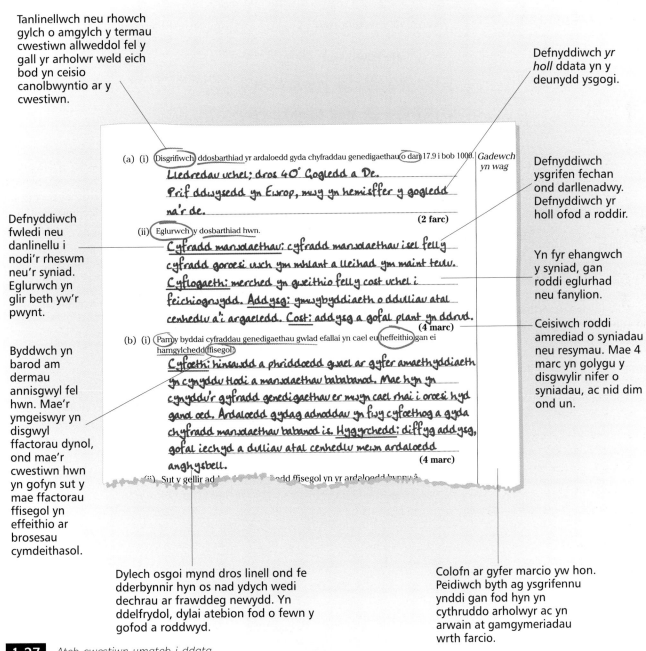

1.27 *Ateb cwestiwn ymateb i ddata*

A Damcaniaeth tectoneg platiau

Beth yw'r stori . . . ?

Yn y bennod agoriadol o'r adran hon rydym yn astudio'r grymoedd sy'n gyfrifol am brif arweddion arwyneb y Ddaear yn cynnwys cadwyni o fynyddoedd, ynysoedd folcanig a ffosydd y cefnfor. Mewn penodau diweddarach rydym yn astudio nodweddion creigiau ac astudio'r prosesau sy'n gweithredu arnynt i ffurfio ein tirwedd naturiol.

Mae'r Ddaear tua 4600 miliwn o flynyddoedd oed. Mae'r 570 miliwn olaf wedi eu dogfennu'n dda gan ddaearegwyr gan mai yn ystod y cam diweddaraf hwn yn hanes y ddaear y mae bywyd wedi dod yn fwy toreithiog. Mae daearegwyr wedi cynhyrchu **graddfa amser ddaearegol** ac maent wedi ei rhannu yn nifer o **gyfnodau daearegol** penodol (Ffigur 2.1). Gwelwch gyfeiriadau at gyfnodau arbennig drwy gydol eich astudiaethau, a dylech gymryd amser i ymgyfarwyddo â'u henwau.

Oes	System/Cyfnod	Oedran (miliwn o flynyddoedd)	Esblygiad y fertebratau	Prif ddigwyddiadau yn y Deyrnas Unedig (DU)
Cainosöig	Holosen	0.01		Datblygiad gwareiddiad dyn; y 10 000 mlynedd diwethaf. Oes Iâ.
	Pleistosen	2		
	Tertaidd	65		Orogeni Alpaidd (cyfnod creu mynyddoedd) yn achosi i'r creigiau blygu yn ne'r DU.
Mesosöig	Cretasig	140		Y rhan fwyaf o Loegr o dan y môr. Dyddodion sialc a thywodfaen.
	Jwrasig	195		Ffurfio calchfaen Jwrasig sy'n ffurfio'r Cotswolds. Hefyd cleiau a thywodfeini.
	Triasig	230		Amodau diffeithdir. Ffurfiant Tywodfaen Coch Newydd.
Palaeosöig (Uchaf)	Permaidd	280		Amodau diffeithdir. Ffurfiant anweddfeini mewn llynnoedd diffeithdir mewndirol. Cyfnod adeiladu mynyddoedd Farisgaidd.
	Carbonifferaidd	345		Amodau trofannol. Ffurfiant glo, ac yn gynharach, y calchfaen carbonifferaidd sydd heddiw yn ffurfio llawer o'r Pennines.
	Defonaidd	395		Amodau diffeithdir. Ffurfiant Hen Dywodfaen Coch. Y rhan fwyaf o fynyddoedd y DU. Orogeni Caledonaidd yn ffurfio Uwchdiroedd yr Alban.
Palaeosöig (Isaf)	Silwraidd	435		Calchfeini a sialau yn ffurfio o dan amodau morol.
	Ordofigaidd	500		Dyddodion morol, e.e. tywodfeini a sialau. Gweithgaredd folcanig yng Nghymru. Ffawt y Great Glen yn yr Alban yn cael ei ffurfio.
	Cambriaidd	570		Tywodfeini a sialau: y rhan fwyaf o'r hyn sydd heddiw yn DU o dan amodau morol.
	Cyn-Gambriaidd			

2.1 *Graddfa amser ddaearegol*

Mae ffurf y Ddaear mor agos ag y gall fod i sffêr perffaith. Pe baech yn torri drwy ei ganol, byddech yn darganfod pedair haen bendant. Yn y canol ceir y **creiddiau** mewnol ac allanol sy'n bennaf wedi'u gwneud o nicel a haearn. Mae'r rhain wedi eu hamgylchynu gan haen ddwys a thrwchus iawn a elwir yn **fantell**. Mae'r haen fwyaf allanol, y **gramen**, yn eithriadol o denau o'i chymharu â'r haenau eraill, ond dyma'r haen bwysicaf o bell ffordd o safbwynt gweithgaredd dynol.

Mae cramen y Ddaear wedi ei gwneud o dri math o graig: **igneaidd**, **gwaddod** a **metamorffig** (Ffigur 2.2). Unwaith y mae'r creigiau hyn wedi eu ffurfio maent yn aml yn agored i symudiadau daear grymus a all arwain at **blygu** a **ffawtio** (dadleoliad fertigol neu lorweddol). Byddwn yn edrych ar effeithiau plygu a ffawtio ym Mhennod 2Dd.

Beth yw prif arweddion tirwedd y Ddaear?

Ceir nifer o arweddion tirwedd pwysig ar arwyneb y Ddaear. Mae Ffigur 2.3 yn dangos y nodweddion hyn mewn cryn fanylder. Fersiwn syml yw Ffigur 2.4. Wrth i chi ddarllen y bennod hon, lleolwch yr arweddion amrywiol ar y ddau fap.

Math o graig	Ffurfiant	Nodweddion	Enghreifftiau
Igneaidd	Wedi'i ffurfio wrth i fagma tawdd oeri naill ai oddi tan y ddaear (**mewnwthiol**), neu ar arwyneb y ddaear (**allwthiol**) drwy weithgaredd folcanig.	Mae creigiau igneaidd wedi'u gwneud o risialau sy'n ffitio i'w gilydd (dywedir eu bod yn **risialog**). Yn gyffredinol maent yn greigiau gwydn sy'n gwrthsefyll erydiad.	Mae **basalt**, **andesit** a **rhiolit** yn enghreifftiau o lafâu allwthiol. Creigiau mewnwthiol yw **gwenithfaen**, **gabro** a **dolerit**.
Gwaddod	Wedi'i ffurfio wrth i waddodion gael eu cywasgu a'u smentio; ac fel arfer wedi eu dyddodi yn y môr. Maent hefyd yn cynnwys defnydd organig (e.e. glo) a chreigiau a waddodwyd o hydoddiannau (e.e. calchfaen).	Mae creigiau gwaddod fel arfer yn ffurfio haenau a elwir yn **welyau**. Yn aml maent yn cynnwys ffosiliau. Tra bo rhai o'r creigiau yn wydn (e.e. **calchfaen**) mae'r rhan fwyaf yn wannach na chreigiau igneaidd a metamorffig.	Mae creigiau gwaddod yn cynnwys **tywodfaen**, **calchfaen**, **siâl** a **charreg laid**. Mae'r graig **sialc** yn ffurf o galchfaen.
Metamorffig	Wedi'i ffurfio wrth i greigiau igneaidd, gwaddod neu fetamorffig a oedd yno'n barod gael eu newid gan wres a/neu wasgedd.	Mae creigiau metamorffig hefyd yn risialog. Maent yn aml yn dangos haenu (*dim* gwelyau) a elwir yn **holltiad** (fel mewn **llechfaen**), a bandio. Mae creigiau metamorffig yn wydn iawn ac yn gwrthsefyll erydiad.	Mae **llechfaen** yn un o'r creigiau metamorffig mwyaf cyffredin. Enghreifftiau eraill yw **gneis** a **sgist**.

2.2 *Mathau o greigiau cramennol*

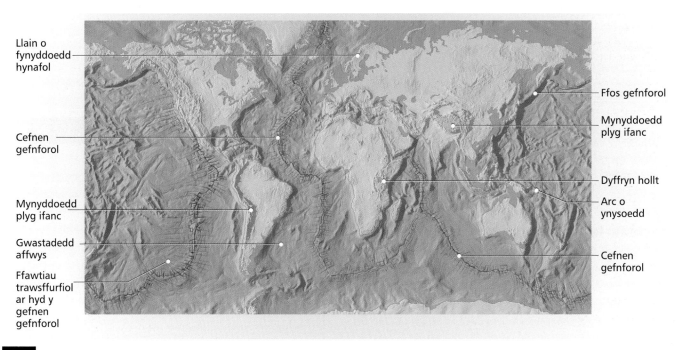

2.3 *Y byd ffisegol*

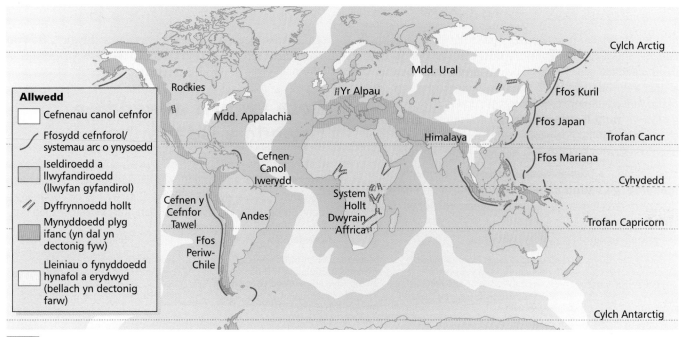

Allwedd

☐ Cefnenau canol cefnfor

／ Ffosydd cefnforol/ systemau arc o ynysoedd

☐ Iseldiroedd a llwyfandiroedd (llwyfan gyfandirol)

◢ Dyffrynnoedd hollt

▨ Mynyddoedd plyg ifanc (yn dal yn dectonig fyw)

☐ Lleiniau o fynyddoedd hynafol a erydwyd (bellach yn dectonig farw)

(Labeli ar y map: Cylch Arctig; Rockies; Mdd. Ural; Yr Alpau; Ffos Kuril; Mdd. Appalachia; Ffos Japan; Himalaya; Trofan Cancr; Ffos Mariana; Cefnen Canol Iwerydd; Cyhydedd; System Hollt Dwyrain Affrica; Cefnen y Cefnfor Tawel; Andes; Trofan Capricorn; Ffos Periw-Chile; Cylch Antarctig)

2.4 *Prif arweddion arwyneb y Ddaear*

Islaw lefel môr

- Mae **cefnenau cefnforol** yn ymestyn hyd at 3000 m uwchlaw gwely'r môr ar hyd canol y basnau cefnforol. Mae'n debyg mai Cefnen Canol Iwerydd yw'r un enwocaf o'r cadwyni mynyddoedd tanforol hyn. Mewn mannau mae'n ymwthio i'r wyneb ac yn ffurfio ynysoedd, er enghraifft Gwlad yr Iâ.

- Ceir **ffosydd cefnforol** dwfn, megis y rhai sy'n amgylchynu'r Cefnfor Tawel. Dros 10 000 m o ddyfnder, maent yn llawer dyfnach nag uchder cyfatebol Mynydd Everest uwchlaw lefel môr (8848 m). Ceir llinellau o ynysoedd (e.e. Ynysoedd Solomon, i'r gogledd ddwyrain o Awstralia) a elwir yn **arcau o ynysoedd**, yn aml yn gysylltiedig â ffosydd cefnforol.

- Mae'r rhan fwyaf o lawr y cefnfor wedi'i wneud o eangderau dwfn (3000-5000 m) o **wastadedd affwys** sydd ar y cyfan yn wastad.

- Yn marcio ymyl pob cyfandir, ac i fod yn fanwl gywir yn gyfandirol yn hytrach nag yn gefnforol, ceir dau lethr amlwg. Mae'r cyntaf yn llethr graddol iawn (tua 75 km o led) a elwir yn **sgafell gyfandirol**. Mae hwn yn datblygu yn llethr ychydig serthach (a elwir yn **llethr cyfandirol**) ac mae'n ymestyn am tua 100 km cyn cyfuno â'r gwastadedd affwys.

Uwchlaw lefel môr

- **Lleiniau o fynyddoedd hynafol**, megis yr Appalachia yn UDA. Maent wedi eu herydu'n ddifrifol dros filiynau o flynyddoedd ac nid ydynt mwyach yn dectonig fyw.

- **Mynyddoedd plyg ifanc**, yn dal yn dectonig fyw ac yn tyfu nifer o gentimetrau yn flynyddol. Mae gweithgaredd folcanig a daeargrynfeydd wedi ei grynhoi yn y lleiniau mynydd hyn.

- Mae dyffrynnoedd dwfn a elwir yn **ddyffrynnoedd hollt** yn digwydd yng nghanol rhai cyfandiroedd, er enghraifft Dyffryn Hollt Dwyrain Affrica.

YMARFERION

1 Copïwch Ffigur 2.4 ar amlinelliad gwag o'r byd. Defnyddiwch y wybodaeth yn Ffigur 2.3 ynghyd â'r testun uchod i labelu prif arweddion tirwedd y byd. Cyfeiriwch at atlas i ddod o hyd i rai enghreifftiau o'r arweddion a nodwyd gennych.

2 Ysgrifennwch ddiffiniadau cryno a syml o bob prif arwedd tirwedd. Rhowch enghraifft o bob un.

CWESTIWN STRWYTHUREDIG 1

Mae Ffigur 2.5 yn drawstoriad drwy gramen y Ddaear ar Drofan Capricorn. Mae'n dangos rhai o'r prif arweddion tirwedd rhwng Affrica a'r Cefnfor Tawel.

a Beth yw'r prif arweddion tirwedd yn A, B, C, Ch a D? (5)

b Beth yw lled Cefnen Canol Iwerydd? (1)

c Disgrifiwch ffurf Cefnen Canol Iwerydd. (2)

ch Dau o'r arweddion tirwedd mwyaf dramatig ar Ffigur 2.5 yw'r ffos gyfandirol a mynyddoedd yr Andes. Defnyddiwch y graddfeydd ar y diagram i gymharu'r ddwy arwedd hon. (2)

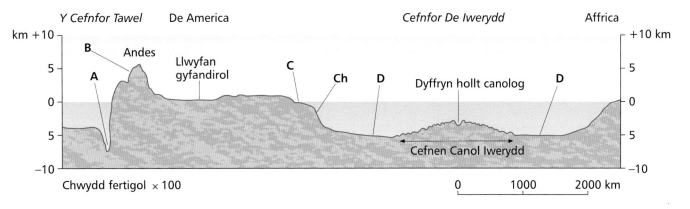

2.5   *Trawstoriad ar hyd Trofan Capricorn*

Byd o eithafion . . .		
Y mynydd uchaf	Everest (Nepal/China)	8848 m
Yr ynys fwyaf	Grønland	2 175 597 km^2
Yr afon hiraf	Nîl (Affrica)	6695 km
Y cyfandir mwyaf	Asia	43 608 000 km^2
Y cefnfor mwyaf	Y Cefnfor Tawel	165 384 000 km^2
Y llyn mwyaf	Môr Caspia	371 795 km^2
Y diffeithdir mwyaf	Sahara	9 000 000 km^2
Y pant mwyaf	Y Môr Marw	395m islaw lefel môr
Y rhaeadr fwyaf	Rhaeadr Angel (Venezuela)	cwymp o 979 m

Beth yw damcaniaeth tectoneg platiau?

Edrychwch yn ôl ar Ffigurau 2.3 a 2.4 a sylwch fod prif arweddion tirwedd y Ddaear yn ffurfio nifer o leiniau llinol amlwg. Gwelwch fod rhai arweddion yn digwydd yn agos at ei gilydd, er enghraifft y ffosydd cefnforol a'r mynyddoedd plyg ifanc. Roedd y patrymau eglur hyn yn achosi penbleth i'r gwyddonwyr cynnar: sut oedd modd eu hegluro? Heddiw, damcaniaeth **tectoneg platiau** sy'n galluogi gwyddonwyr i'w hegluro.

Edrychwch ar Ffigur 2.6. Mae'n disgrifio'n fanwl y 500 km mwyaf allanol o'r Ddaear. Fe welwch y termau adnabyddus 'cramen' a 'mantell', ond mae ymchwil diweddar yn dangos

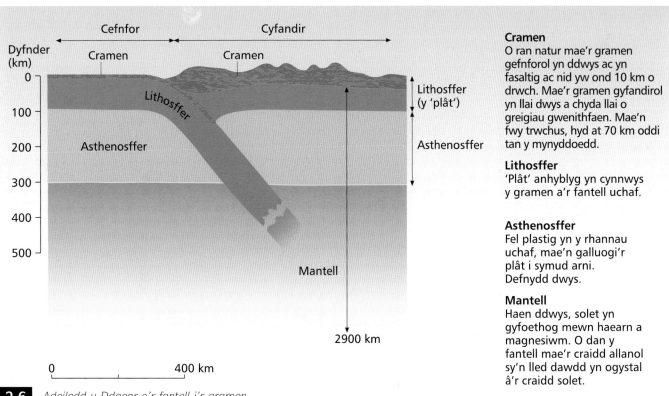

Cramen
O ran natur mae'r gramen gefnforol yn ddwys ac yn fasaltig ac nid yw ond 10 km o drwch. Mae'r gramen gyfandirol yn llai dwys a chyda llai o greigiau gwenithfaen. Mae'n fwy trwchus, hyd at 70 km oddi tan y mynyddoedd.

Lithosffer
'Plât' anhyblyg yn cynnwys y gramen a'r fantell uchaf.

Asthenosffer
Fel plastig yn y rhannau uchaf, mae'n galluogi'r plât i symud arni. Defnydd dwys.

Mantell
Haen ddwys, solet yn gyfoethog mewn haearn a magnesiwm. O dan y fantell mae'r craidd allanol sy'n lled dawdd yn ogystal â'r craidd solet.

2.6   *Adeiledd y Ddaear o'r fantell i'r gramen*

darlun mwy cymhleth. Bellach, derbynnir bod y gramen a rhan uchaf y fantell yn ffurfio un haen a elwir yn **lithosffer**. Mae'r haen 100 km o drwch hon yn cynnwys nifer o slabiau anhyblyg a elwir yn **blatiau**. Mae pob plât yn gorwedd ar haen 'symudol' a elwir yn **asthenosffer** – heb y math yma o haen ni fyddai'r platiau yn gallu symud. Mae'r platiau yn symud ar gyfartaledd tua 50 mm y flwyddyn (yn cyfateb yn fras i gyflymder twf ewin bys), ond mae hyn yn amrywio'n sylweddol o un plât i'r llall.

Sut y gwyddom lle mae'r platiau?

Mae maint y platiau ac union leoliad yr ymylon hyn wedi eu plotio drwy ddefnyddio'r dystiolaeth ganlynol:

- Lleoliad llosgfynyddoedd a daeargrynfeydd (Ffigur 2.7).
- Astudiaethau o lifoedd gwres ar yr arwyneb - mae gwerthoedd uchel yn awgrymu bod magma yn codi.
- Lleoliad y ffosydd cefnforol lle y credir bod y platiau yn disgyn ac yna'n cael eu dinistrio.

- Presenoldeb anomaleddau disgyrchiant. Mae grym disgyrchiant, a fesurir ar yr arwyneb, yn dibynnu'n bennaf ar uchder ac ar dynfa disgyrchiant y graig oddi tano. Po fwyaf yw dwysedd y graig oddi tano, mwyaf yw grym y disgyrchiant. Felly, os oes defnydd craig dwys yn cael ei ffurfio ar yr arwyneb, fel sy'n digwydd ar ymyl adeiladol, bydd y disgyrchiant yn uwch nag ar bob ochr, ac felly yn creu **anomaledd disgyrchiant**.
- Bodolaeth ffawtiau gweithredol ar arwyneb y ddaear yn dynodi bod symudiad ar raddfa fawr yn digwydd gan achosi i'r ddaear hollti a gwahanu.

Canlyniad yr holl ymchwil hwn yw map y platiau (Ffigur 2.8). Fe ddylech ymgyfarwyddo ag enwau'r prif blatiau, cyfeiriad eu symudiadau a'r arweddion sy'n cyfateb i'w hymylon. Ceir rhywfaint o dystiolaeth bod ymylon platiau eraill yn gallu bodoli, er enghraifft, drwy system dyffryn hollt Dwyrain Affrica.

Er bod damcaniaeth tectoneg platiau yn fras wedi cael ei derbyn gan wyddonwyr, mae'n dal i esblygu. Mae cryn ansicrwydd yn parhau a chwestiynau yn disgwyl am atebion.

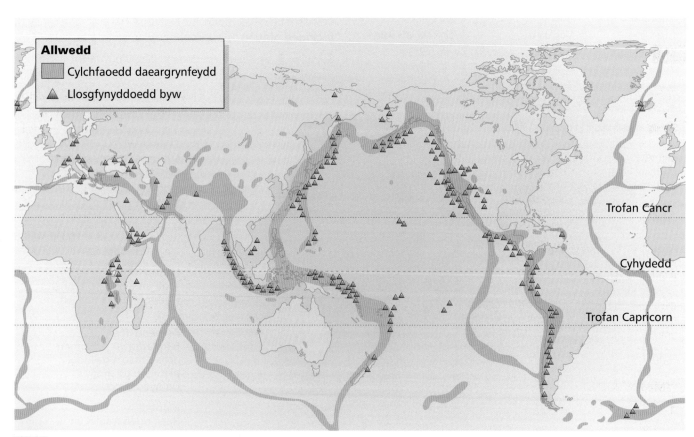

Allwedd
- Cylchfaoedd daeargrynfeydd
- ▲ Llosgfynyddoedd byw

Trofan Cancr

Cyhydedd

Trofan Capricorn

2.7 *Dosbarthiad byd o ddaeargrynfeydd a llosgfynyddoedd byw*

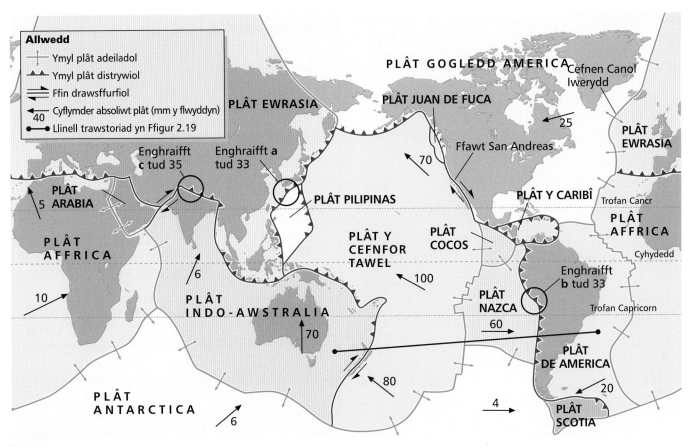

Allwedd

- Ymyl plât adeiladol
- Ymyl plât distrywiol
- Ffin drawsffurfiol
- 40 Cyflymder absoliwt plât (mm y flwyddyn)
- Llinell trawstoriad yn Ffigur 2.19

2.8 *Tectoneg byd-eang*

Chwyldro ar bapur

Seiliedig ar ddetholiad o "Living through the revolution" gan Tim Burt yn Geography Review, Tachwedd 1998

Cyn gynted ag yr oedd mapiau o Gefnfor Iwerydd ar gael, roedd pobl yn sylwi bod y cyfandiroedd ar bob ochr i'r cefnfor yn ffitio i'w gilydd yn hynod o dda. Fodd bynnag, doedd neb yn meddwl bod cyfandiroedd yn gallu symud o gwmpas, ac felly nid oedd y syniad eu bod yn ffitio'n dynn fel jig-so yn cael ei drafod yn ddifrifol. Bu'n rhaid aros tan ddechrau'r ganrif hon pan wnaeth dau berson, yn annibynnol i'w gilydd, awgrymu bod un màs o gyfandir ar un adeg a'i fod wedi ymrannu yn ystod amser daearegol a gwahanu drwy arnofio.

Dangosodd un ohonynt, gwyddonydd o'r Almaen, Alfred Wegener, ddigonedd o dystiolaeth i brofi mai un cyfandir a fodolai ar un adeg. Er enghraifft, roedd yn amlwg bod cyfnod o rewlifiant wedi bod yn hemisffer y de yn hwyr yn y cyfnod Carbonifferaidd (tua 290 miliwn o flynyddoedd yn ôl). Cafwyd dyddodion rhewlifol yn Ne America, Antarctica ac India. Yr unig ffordd i egluro hyn yw fod yr eangdiroedd hyn (bellach filoedd o gilometrau ar wahân) wedi bod ar un adeg yn rhan o un cyfandir ag un cap o iâ yn gorchuddio'r ardal. Llinell arall o dystiolaeth oedd y ffosil o ymlusgiad Mesosawrws, a ddarganfuwyd yn Ne Affrica yn ogystal ag yn Ne America,

bellach yn rhy bell oddi wrth ei gilydd i unrhyw anifail tir allu nofio rhyngddynt.

Cyhoeddwyd syniadau Wegener gyntaf yn 1912. Ond fe wrthodwyd ei syniadau fwy neu lai yn gyfan gwbl yn yr 1920au a'r 1930au.

Daeth damcaniaeth Wegener i'w hadnabod fel drifft cyfandirol. Roedd diffyg mecanwaith yn rhwystro ei syniadau rhag cael eu derbyn ar y pryd. Fodd bynnag mae ymchwil diweddarach wedi dangos bodolaeth ceryntau darfudol enfawr, a all egluro symudiad y cyfandiroedd oddi wrth ei gilydd, fel y dangosodd Wegener flynyddoedd maith yn ôl.

YMARFERION

1 Beth oedd y dystiolaeth gynnar a awgrymodd fod y cyfandiroedd ar un adeg yn ffurfio un cyfandir yn unig?

2 Pa dystiolaeth ychwanegol a nododd Wegener ac a arweiniodd ef at ei ddamcaniaeth o ddrifft cyfandirol?

Beth sy'n achosi'r platiau i symud?

Rydym yn bell o wybod i sicrwydd beth sy'n achosi symudiad platiau. Mae nifer o wyddonwyr yn credu mai **ceryntau darfudol** (gwres) ar raddfa fawr yn cylchredeg islaw y lithosffer sy'n gyfrifol am symudiad platiau. Mae'n debyg y cynhyrchir y ceryntau hyn ar y ffin fantell/graidd a gwasgaru i fyny drwy'r fantell ei hun (gweler Ffigur 2.9). Mae rhai gwyddonwyr, fodd bynnag, yn teimlo bod y ceryntau darfudol yn llawer llai bas ac yn cylchredeg o fewn yr asthenosffer yn unig, h.y. i lawr i ddyfnder o tua 300 km.

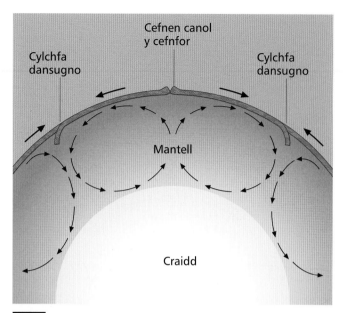

Cefnen canol y cefnfor

Cylchfa dansugno

Cylchfa dansugno

Mantell

Craidd

2.9   *Ceryntau darfudol a symudiad platiau*

YMARFERION

1   Diffiniwch yn ofalus y termau canlynol:
   - lithosffer
   - plât
   - asthenosffer.

2   Beth yw anomaledd disgyrchiant? Sut y gellir defnyddio'r fath nodwedd i adnabod ymyl plât?

3   Ar wahân i anomaleddau disgyrchiant, pa dystiolaeth arall a ddefnyddiwyd gan wyddonwyr i'w helpu i blotio ymylon platiau?

4   Lluniwch fap i ddangos prif blatiau'r byd. Enwch bob plât a marciwch ar bob un ei gyfeiriad a chyfradd ei symudiad.

5   Disgrifiwch, gyda chymorth diagram, sut y gall ceryntau darfudol fod yn gyfrifol am symudiad platiau.

CWESTIWN STRWYTHUREDIG 2

Mae Ffigur 2.10 yn plotio gweithgaredd seismig (daeargryn) yn rhanbarth Cefnfor India (1971-89). Ceisiwch ateb y cwestiynau sy'n dilyn gan ddefnyddio map y platiau (Ffigur 2.8) i'ch helpu.

a   Enwch y pedwar plât A – Ch.   *(4)*

b   **(i)** Pa fath o ymyl plât sy'n rhedeg i lawr canol gogledd Cefnfor India?   *(1)*

   (ii) Disgrifiwch symudiad y platiau ar hyd yr ymylon hyn.   *(1)*

c   Rhowch eich barn ar pa mor eglur yw'r ffordd y mae olion gweithgaredd seismig yn olrhain ymylon y platiau tectonig yn y rhanbarth.   *(4)*

ch   **(i)** Disgrifiwch y gweithgaredd seismig yn Nwyrain Affrica.   *(2)*

   (ii) Pa arweddion tirwedd o bwys a geir yn yr ardal hon?   *(1)*

   (iii) Gan ddefnyddio tystiolaeth o Ffigur 2.10 yn unig, awgrymwch ddau reswm pam fod gwyddonwyr wedi bod yn amharod i gydnabod bod ymyl plât pendant yn yr ardal hon.   *(2)*

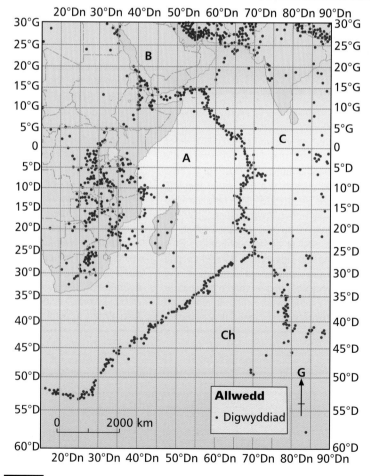

2.10   *Gweithgaredd seismig yn rhanbarth Cefnfor India, 1971-89*

B Gweithgaredd tectonig

Symudiad y platiau mewn perthynas i'w gilydd sy'n cyfrif am fodolaeth prif arweddion tirwedd y Ddaear, er enghraifft y cadwyni o fynyddoedd a'r ffosydd cefnforol dwfn (Ffigur 2.3 tudalen 25). Pan mae'r platiau yn symud, gollyngir grymoedd enfawr gan arwain at ddaeargrynfeydd a gweithgaredd folcanig. Mae'r grymoedd hyn, a'r arweddion sy'n ganlyniad iddynt, wedi eu crynhoi ar hyd ymylon gweithredol y platiau.

Beth sy'n digwydd ar ymylon platiau?

Trowch yn ôl at Ffigur 2.8 (tudalen 29) i ddarganfod bod tri math o ymyl plât:

1 **Adeiladol** neu ddargyfeiriol, lle mae dau blât yn symud oddi wrth ei gilydd.

2 **Distrywiol** neu gydgyfeiriol, lle mae dau blât yn symud tuag at ei gilydd.

3 **Cadwrol** neu drawsffurfiol, lle mae dau blât yn symud ochr yn ochr â'i gilydd.

Drwy ddeall y prosesau sy'n gweithredu ar ymylon platiau gallwn egluro sut mae prif arweddion tirwedd y byd wedi eu ffurfio a pham mae'r mwyafrif o ddaeargrynfeydd a llosgfynyddoedd yn digwydd lle y maent.

1 Ymylon adeiladol

Mae ymylon adeiladol yn digwydd lle mae'r lithosffer yn hollti gan adael i **fagma** tawdd ffres ddianc i'r arwyneb. Unwaith yno mae'r magma, a elwir yn awr yn **lafa**, yn oeri i ffurfio defnydd cramennol newydd.

Un o'r enghreifftiau gorau o ymyl adeiladol yw **cefnen Canol Iwerydd** (Ffigur 2.11). Sylwch fod y gefnen ei hun yn arwedd llydan iawn, dros 1000 km o led. Yng nghanol y gefnen ceir **dyffryn hollt canolog** ac yma mae'r magma yn codi i ffurfio craig newydd. Mae'r gefnen wedi ei hongli o un pen i'r llall ar ei hyd gan nifer o **ffawtiau trawsffurfiol** sy'n achosi'r creigiau i lithro i'r ochr. Mae'r ffawtiau hyn yn cael eu hachosi gan straeniau enfawr sy'n adeiladu ar hyd ymyl y plât.

Dros filiynau o flynyddoedd, wrth i graig newydd gael ei ffurfio'n gyson ar ymyl y plât, mae'r platiau yn gyson yn cynyddu tuag allan. Gelwir hyn yn **lledaeniad gwely'r môr**. Ceir dau ddarn pwysig o dystiolaeth sy'n cefnogi'r broses hon:

● **Magnetedd ffosil** Gelwir y graig a ffurfir ger yr ymyl adeiladol yn **basalt**. Mae'n gyfoethog mewn haearn ac

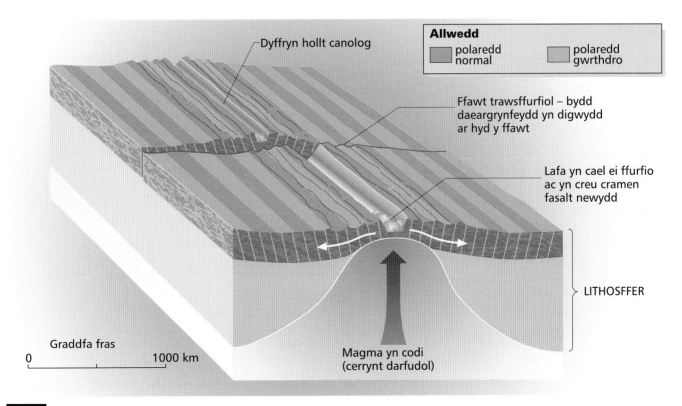

Allwedd

polaredd normal

polaredd gwrthdro

Dyffryn hollt canolog

Ffawt trawsffurfiol – bydd daeargrynfeydd yn digwydd ar hyd y ffawt

Lafa yn cael ei ffurfio ac yn creu cramen fasalt newydd

LITHOSFFER

Graddfa fras

0   1000 km

Magma yn codi (cerrynt darfudol)

2.11 *Prosesau ar waith yng Nghefnen Canol Iwerydd*

yn yr un modd ag y mae naddion haearn yn adweithio i fagned bar mewn arbrawf ffiseg, mae'r haearn mewn basalt yn adweithio i faes magnetig y Ddaear. Wrth oeri, mae'r basalt yn cofnodi gwybodaeth am faes magnetig y Ddaear fel cofnod ffosil. Gelwir hyn yn **palaeomagnetedd** (ystyr 'palaeo' yw 'ffosil'). Dros amser daearegol, mae polaredd y Ddaear yn 'newid' yn achlysurol. Golyga hyn fod y gogledd magnetig yn dod y de magnetig ac i'r gwrthwyneb. Mae gwyddonwyr sy'n astudio creigiau o wely'r môr wedi darganfod patrwm o'r newid polaredd hwn (Ffigur 2.11). Mae'r patrwm yn gymesur ar bob ochr yr hollt canolog ac mae hyn yn cefnogi'r syniad fod plât newydd yn cael ei ffurfio yma ac yna'n lledaenu tuag allan ar y ddwy ochr.

- **Oed y creigiau** Mae astudiaethau o greigiau ar wely'r môr ac yng Ngwlad yr Iâ, lle mae cefnen Canol Iwerydd yn dod i'r wyneb, wedi dangos eu bod yn cynyddu mewn oedran tuag allan o ganol y gefnen. Mae hyn yn cefnogi'r syniad fod creigiau newydd yn ffurfio ar y gefnen ac yna yn lledaenu tuag allan.

YMARFERION

1 Beth yw'r tri phrif arwedd tirwedd sy'n gysylltiedig ag ymyl adeiladol?

2 Gyda chymorth diagram syml, disgrifiwch y prosesau sy'n weithredol ar ymyl plât adeiladol.

3 Beth yw ystyr palaeomagnetedd a sut mae'n cefnogi'r syniad o wely'r môr yn lledaenu?

4 a Pam y mae Gwlad yr Iâ yn labordy awyr agored delfrydol ar gyfer astudio'r prosesau sydd ar waith ar hyd ymyl adeiladol?

b Sut y mae defnyddio oedran creigiau wedi cefnogi'r syniad o wely'r môr yn lledaenu?

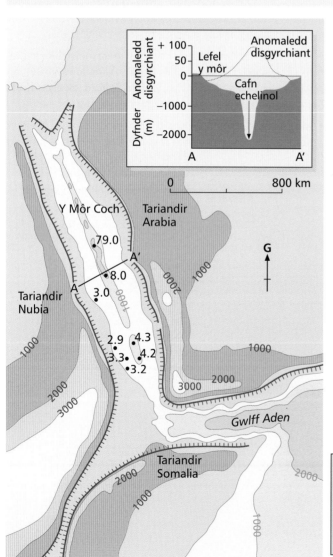

2.12 *Ymyl plât adeiladol y Môr Coch*

CWESTIWN STRWYTHUREDIG 1

Mae Ffigur 2.12 yn dangos nifer o arweddion adeileddol o thopograffigol y Môr Coch a Gwlff Aden. Dangosir trawstoriad drwy gafn echelinol (canol y dyffryn) yn A-A'. Credir bod ymyl plât adeiladol rhwng Arabia i'r dwyrain ac Affrica a Somalia i'r gorllewin a'r de.

a Beth yw ymyl plât adeiladol? (1)

b Disgrifiwch dair nodwedd o dirwedd y Môr Coch.(3)

c Pa fath o graig sy'n debyg o fod ar waelod y Môr Coch a Gwlff Aden? (1)

ch Pam y mae llif gwres o werth uchel yn digwydd yn nyfnderoedd y cafn echelinol? (1)

d Edrychwch ar adran A-A'. Eglurwch pam y mae'r anomaleddau disgyrchiant (eithriadau i'r rheol) mwyaf cadarnhaol i'w cael uwchben y cafn echelinol. (2)

dd Disgrifiwch ddau ddarn o dystiolaeth ychwanegol y byddech yn chwilio amdanynt yn y crieigiau ar wely'r Môr Coch i gefnogi'r syniad fod hwn yn ymyl plât adeiladol. (4)

Allwedd

Cyfuchliniau ar gyfyngau o 1000 m

3.2 Gwerthoedd llif gwres (microcalau cm^{-2} yr eiliad^{-1})

Sgarp ffawt

2 Ymylon distrywiol

Ar ymyl plât distrywiol, mae dau blât yn symud tuag at ei gilydd. Yn y man lle maent yn cyfarfod mae un plât yn plymio ac yn **tansugno** o dan y llall. Credir mai achos y tansugno hwn yw'r gwahaniaeth rhwng y ddau blât, yr un trymaf yn tansugno o dan yr un ysgafnaf.

Mae gwasgedd aruthrol yn adeiladu wrth ymyl plât distrywiol. Bob hyn a hyn rhyddheir y gwasgedd ar ffurf daeargrynfeydd pwerus. Mae llosgfynyddoedd hefyd yn gyffredin ar ymylon distrywiol. Gwresogir y plât sy'n tansugno gan ffrithiant a gwasgeddau nerthol, hyd nes mae'n toddi i ffurfio magma ffres. Mae hwn yn codi i'r arwyneb, yn aml yn cynhyrchu echdoriadau folcanig cataclysmig.

Mae'n bosib adnabod tri math o ymyl plât distrywiol. Byddwn yn astudio pob un gan gyfeirio at dair enghraifft o astudiaeth achos.

a Ymyl cefnfor-cefnfor: Ynysoedd Ryukyu

Mae gorllewin y Cefnfor Tawel, rhwng Japan yn y gogledd a Papua Guinea Newydd i'r de, yn ardal hynod o gymhleth yn dectonig. Edrychwch eto ar Ffigur 2.8 (tudalen 29) i ddarganfod bod nifer o blatiau yn tansugno o dan ei gilydd. Fel y mae Ffigurau 2.3 a 2.4 yn dangos (tudalennau 25-26), ceir nifer o arweddion tirwedd, megis ffosydd cefnforol, yn gysylliedig â'r ymylon platiau yn yr ardal hon.

Mae Ynysoedd Ryukyu, yn union i'r de o Ynys Kyushu yn Japan (Ffigur 2.13), yn ganlyniad uniongyrchol o weithgaredd plât distrywiol yng ngorllewin y Cefnfor Tawel. Mae Plât Pilipinas i'r dwyrain yn plymio o dan Blât Ewrasia i'r gorllewin. Wrth iddo dansugno, rhyddheir straeniau enfawr, gan achosi daeargrynfeydd. Sylwch fod y pwyntiau lle mae daeargrynfeydd yn ffurfio, y **canolbwyntiau**, yn plotio ongl y plât sy'n tansugno wrth iddo fynd i mewn i'r asthenosffer.

Tua 100 km islaw yr arwyneb, mae'r plât sy'n tansugno yn dechrau toddi yn yr hyn a elwir yn **Gylchfa Wadati-Benioff** ac mae magma yn dianc i'r arwyneb i ffurfio llosgfynyddoedd. Wedi nifer o echdoriadau, bydd y llosgfynyddoedd hyn yn torri drwy arwyneb y cefnfor gan ffurfio ynysoedd; gelwir cyfres o ynysoedd, megis Ynysoedd Ryukyu, yn **arc o ynysoedd**.

b Ymyl cefnfor-cyfandir: yr Andes

Mae Mynyddoedd yr Andes yn ymestyn am tua 9000 km ar hyd y cyfan o ochr orllewinol De America (gweler Ffigur 2.4 tudalen 26), gan gyrraedd uchderau llawer yn uwch na 6000 metr. Y copa uchaf yw Aconcagua ar 6960 m (mae M. Everest yn yr Himalaya yn 8848 m). Mae'r Andes, gyda'i losgfynyddoedd byw a rhewlifau, yn ffurfio rhai o olygfeydd mynyddig mwyaf trawiadol y byd (gweler Ffigur 2.14).

Edrychwch eto ar y map platiau (Ffigur 2.8 tudalen 29) i ddarganfod bod yr Andes yn gorwedd yn agos at ymyl plât, lle mae Plât Nazca, sy'n blât cefnforol dwys, yn tansugno o dan Blât De America (Ffigur 2.15).

Ceir digon o dystiolaeth i awgrymu bod ymyl plât distrywiol yn bresennol yma:

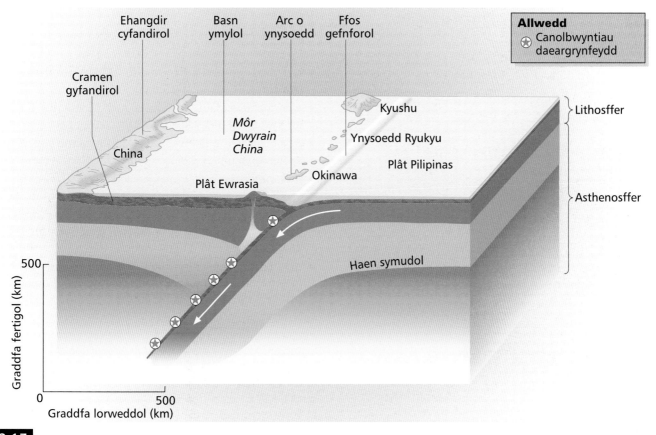

2.13 *Trawstoriad drwy'r ffos gefnforol oddi ar Ynysoedd Ryukyu*

2.14 *Rhan o gadwyn mynyddoedd yr Andes, Periw*

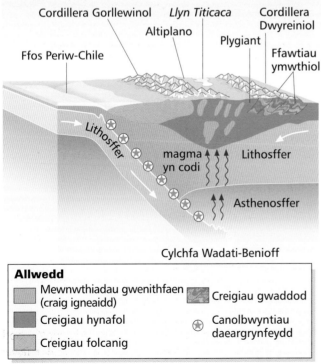

Cordillera Gorllewinol   *Llyn Titicaca*   Cordillera Dwyreiniol

Altiplano

Plygiant

Ffos Periw-Chile

Ffawtiau ymwthiol

Lithosffer

magma yn codi   Lithosffer

Asthenosffer

Cylchfa Wadati-Benioff

Allwedd

Mewnwthiadau gwenithfaen (craig igneaidd)

Creigiau gwaddod

Creigiau hynafol

⊛ Canolbwyntiau daeargrynfeydd

Creigiau folcanig

2.15 *Canol De America – heddiw*

- ceir ffos gefnforol ddofn (Ffos Chile) yn rhedeg yn gyfochrog ag arfordir De America
- ceir anomaleddau disgyrchiant negyddol wrth y ffos, yn awgrymu bod defnyddiau dwys yn cael eu tansugno
- mae creigiau'r Andes wedi eu plygu a'u ffawtio yn ddifrifol, sy'n awgrymu presenoldeb grymoedd tectonig mawr
- mae cyrff eang o greigiau igneaidd a briodolir i blât sy'n toddi yn ffurfio gwreiddiau'r Andes
- ceir llosgfynyddoedd byw yn yr Andes; mae rhain yn echdorri lafa gludiog sy'n ffurfio'r graig andesit, gydag enw'r graig yn dod o'r enw 'Andes'
- mae daeargrynfeydd yn aml yn siglo'r mynyddoedd ac mae eu canolbwyntiau ar oledd yn awgrymu presenoldeb plât sy'n tansugno o dan yr Andes.

Mae Plât Nazca yn tansugno ac yna'n toddi wedi achosi ffurfiant mewnwthiadau igneaidd enfawr sy'n cynyddu trwch y gramen. Mae llosgfynyddoedd ar yr arwyneb a'u llifoedd o lafa a'u dyddodion lludw cysylltiedig hefyd wedi ychwanegu at faint fertigol yr Andes. Mae'r gwasgeddau llorweddol sy'n gysylltiedig â'r platiau sy'n gwrthdaro, yn eu tro wedi arwain at gryn symudiad fertigol wrth i greigiau gael eu gorfodi i blygu a **ffawtio** – mae hyn yn hynod o amlwg yn y Cordillera Dwyreiniol.

c Ymyl cyfandir-cyfandir: yr Himalaya a Llwyfandir Tibet

Mae cramen gyfandirol yn llai dwys na chramen gefnforol ac felly, pan fo dau gyfandir yn cyfarfod wrth ymyl plât distrywiol, ceir gwrthdrawiad araf yn hytrach nag unrhyw dansugno amlwg. Canlyniad hyn yw bod plygiadau, ffawtiau ac ymgodiad grymus yn digwydd gan ffurfio mynyddoedd. Gelwir cyfnod adeiladu mynyddoedd fel hyn yn **orogeni**.

Yn achos yr Himalaya (gweler Ffigur 2.8 tudalen 29) mae Plât Indo-Awstralia i'r de yn gwrthdaro gyda Phlât Ewrasia i'r gogledd (Ffigur 2.16). Fe **blygwyd** a ffawtiwyd y creigiau yn ddifrifol i ffurfio cadwyn enfawr o fynyddoedd sy'n cynnwys M. Everest, mynydd uchaf y byd.

Gan mai ychydig – os dim o gwbl – o dansugno sydd ar yr ymyl plât hwn, nid oes fawr o ddaeargrynfeydd na llosgfynyddoedd yn digwydd.

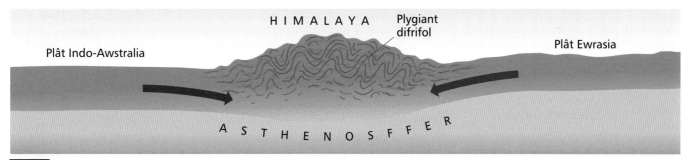

2.16 *Ffurfiant yr Himalaya*

YMARFERION

1 Beth yw ystyr ymyl distrywiol?

2 Diffiniwch y termau pwysig canlynol:

- tansugno
- Cylchfa Wadati-Benioff
- canolbwynt(iau) daeargryn
- ffawt
- plyg
- orogeni.

3 Eglurwch sut y mae'r arweddion a'r digwyddiadau canlynol yn gysylltiedig ag ymylon distrywiol:

- daeargrynfeydd
- llosgfynyddoedd
- ffosydd cefnforol
- arcau o ynysoedd.

4 Gyda chymorth diagram syml, disgrifiwch y prosesau a'r tirffurfiau sy'n gysylltiedig â'r ymyl cefnfor-cefnfor i'r de o Japan.

5 Pa dystiolaeth sy'n nodi bod yr Andes wedi eu ffurfio ar ymyl plât distrywiol? Gwnewch ddiagram sy'n crynhoi ac yn disgrifio'r dystiolaeth hon.

6 **a** Disgrifiwch ffurfiant yr Himalaya.

   b Pam fod cyn lleied o ddaeargrynfeydd a dim llosgfynyddoedd yn yr Himalaya?

CWESTIWN STRWYTHURIEDIG 2

Mae Ffigur 2.17 yn dangos dyfnderoedd y cefnforoedd a chanolbwyntiau daeargrynfeydd a ddigwyddodd yn ystod 1965 yn ardal cefnen folcanig Ynysoedd Tonga yn ne orllewin y Cefnfor Tawel. Mae'r ymyl plât a ddangosir yn un distrywiol.

a Beth yw ystyr 'canolbwynt' daeargryn?   *(1)*

b Pa arwedd tectonig a ddynodir gan y llythyren A?   *(1)*

c I ba gyfeiriad y mae Plât Indo-Awstralia yn symud?   *(1)*

ch (i) Disgrifiwch dair nodwedd sy'n perthyn i batrwm canolbwyntiau daeargrynfeydd.   *(3)*

   (ii) Rhowch gyfrif am batrwm canolbwyntiau daeargrynfeydd.   *(2)*

d Eglurwch ffurfiant cefnen folcanig Ynysoedd Tonga.   *(3)*

3 Ymylon cadwrol

Mewn rhai mannau, mae'r symudiad cymharol rhwng dau blât yn llorweddol yn hytrach nag yn fertigol. Gelwir y math hwn o ymyl yn ymyl cadwrol neu **trawsffurfiol**. Yr enghraifft fwyaf adnabyddus o ymyl plât cadwrol yw Ffawt San Andreas yn California (gweler Ffigur 2.18). Mae holl system y ffawt yn ymestyn am tua 1200 km ac amcangyfrifir bod tua 1000 km o symudiad llorweddol wedi digwydd yn y 25 miliwn blwyddyn diwethaf.

Edrychwch eto ar Ffigur 2.8 (tudalen 29) i ddarganfod bod Ffawt San Andreas yn gorwedd ar ymyl Plât y Cefnfor Tawel a Phlât Gogledd America. Er bod y ddau blât yn symud yn fras i'r un cyfeiriad, mae Plât y Cefnfor Tawel yn symud yn

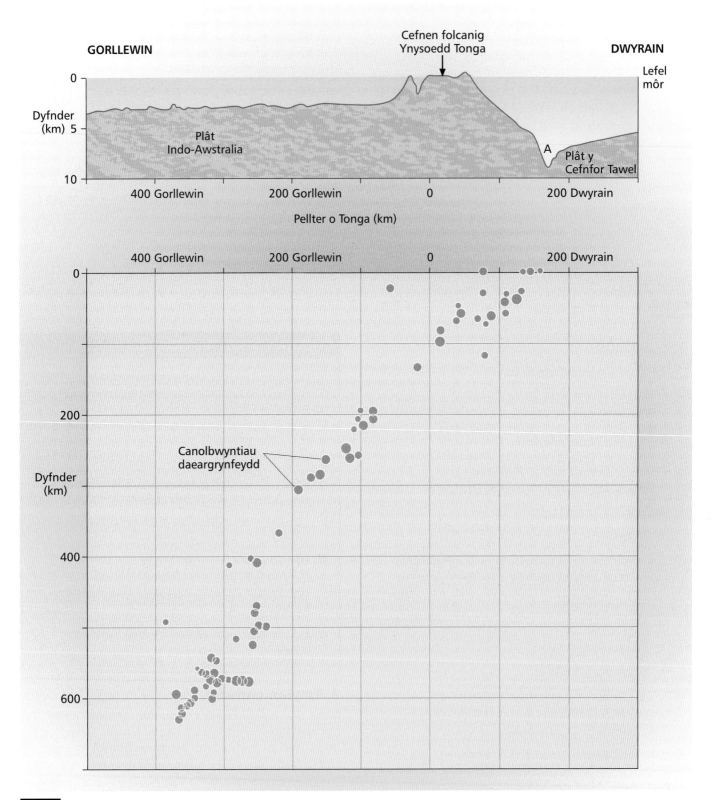

2.17 *Gweithgaredd tectonig yn ne orllewin y Cefnfor Tawel, 1965*

gyflymach fel bod dadleoliad cymharol ar hyd yr ymyl (Ffigur 2.18). Mae'r llithro ar hyd Ffawt San Andreas wedi bod yn gyfrifol am lawer o ddaeargrynfeydd difrifol, yn cynnwys yr un dinistriol yn San Francisco yn 1906 a laddodd dros 700 o bobl. Fodd bynnag, gan nad oes dim tansugno yn digwydd ar yr ymyl plât hwn, ni cheir llosgfynyddoedd byw yma.

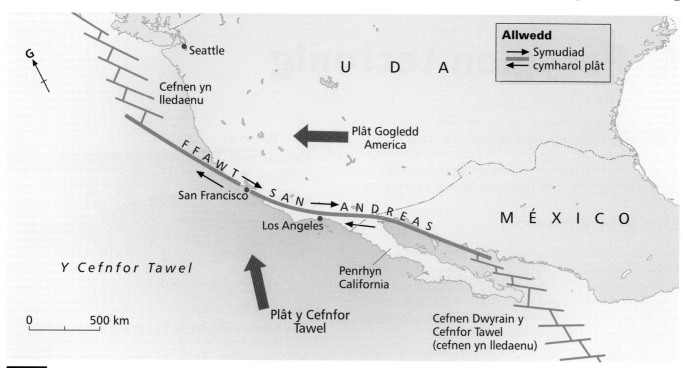

2.18 *Ffawt San Andreas: ymyl plât cadwrol*

YMARFERION

1 Defnyddiwch ddiagram syml i ddiffinio ymyl plât cadwrol.

2 Ym mha ffordd y mae symudiad ar hyd Ffawt San Andreas wedi bod yn gyfrifol am ffurfio tirwedd gorllewin California?

3 Eglurwch pam nad oes llosgfynyddoedd yn bodoli ar hyd ymylon platiau cadwrol.

4 Mae Ffigur 2.19 yn drawstoriad drwy'r lithosffer o Seland Newydd i gefnor De Iwerydd (gweler Ffigur 2.8 tudalen 29).

  a Gwnewch gopi o'r trawstoriad a, chan ddefnyddio mapiau a diagramau blaenorol, labelwch y canlynol:

    Plât Nazca

    Plât Indo-Awstralia

    Plât Affrica

Plât De America

Plât y Cefnfor Tawel

De America

Cefnen Dwyrain y Cefnfor Tawel

Y Cefnfor Tawel

Mynyddoedd plyg ifanc yr Andes

Ffos Kermadec (oddi ar Seland Newydd)

Ffos Periw-Chile

Cylchfa Wadati-Benioff

tansugno

magma yn codi

canolbwyntiau daeargrynfeydd.

  b Lleolwch nifer o ganolbwyntiau daeargryn ar eich diagram.

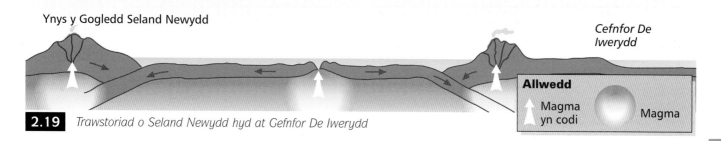

2.19 *Trawstoriad o Seland Newydd hyd at Gefnfor De Iwerydd*

C Peryglon tectonig

Gall y grymoedd anferth a'r tymereddau uchel sy'n gysylltiedig â gweithgaredd tectonig gychwyn **daeargrynfeydd** ac **echdoriadau folcanig**. Gall y digwyddiadau naturiol hyn fod yn greadigol drwy ffurfio arweddion trawiadol yn ogystal â bod yn ddistrywiol gan gynhyrchu trychinebau naturiol enbyd.

Llosgfynyddoedd

Pan fydd magma tawdd yn dianc i'r arwyneb mae'n ffurfio llosgfynydd. Mae'r rhan fwyaf o losgfynyddoedd yn ffurfio wrth i fagma ddianc drwy dwll sengl neu agorfa. Gelwir y rhain yn **losgfynyddoedd agorfa ganolog**. Fodd bynnag, os yw'r magma yn dianc ar hyd crac, fe ffurfir llinell o losgfynyddoedd a elwir yn **llosgfynyddoedd agen**.

Mae ffurf llosgfynydd yn dibynnu ar gynnwys cemegol y magma a ffrwydroldeb yr echdoriad (Ffigur 2.20). Yn ddwfn islaw llosgfynydd byw ceir **siambr fagma** enfawr. Mae siambr fagma fel crochan yn cynnwys nifer o gynhwysion amrywiol, rhywbeth tebyg i gymysgedd teisen. Fodd bynnag, symiau cymharol dim ond dau o'r cynhwysion sy'n penderfynu ffurf y llosgfynydd uwchben:

- Mae'r elfen silica yn effeithio ar allu'r magma i wrthsefyll llifo neu ei **ludedd**. Po fwyaf yw cyfran y silica, mwyaf gludiog fydd y magma a mwyaf ei allu i wrthsefyll llifo.

- Mae dŵr poeth iawn (h.y. dŵr sydd yn uwch na'i ferwbwynt arferol oherwydd ei fod dan wasgedd uwch na gwasgedd normal yr atmosffer) yn cyfuno â nwyon ehangol i weithredu fel hisian mewn potel o siampên. Nodweddion yr hylifau a'r nwyon hyn, a elwir gyda'i gilydd yn **ddefnyddiau anweddol**, sy'n penderfynu ffrwydroldeb echdoriad.

Ble mae llosgfynyddoedd i'w cael?

Mae bron y cyfan o losgfynyddoedd i'w cael ar ymylon platiau tectonig (gweler Ffigur 2.8 tudalen 29). Ceir crynhoad arbennig o losgfynyddoedd o gwmpas ymylon y Cefnfor Tawel – yr hyn a elwir yn 'gylch o dân'.

Yn gyffredinol ceir perthynas rhwng y math o ymyl plât a'r llosgfynydd sy'n digwydd yno:

- Ffurfir llosgfynyddoedd ymyl **distrywiol** o fagma sy'n gyfoethog mewn silica. Gan fod y magma mor ludiog, mae'n aml yn caledu ymhell cyn cyrraedd yr arwyneb i ffurfio **plwg** (Ffigur 2.20c). Mae hwn yn gweithredu fel corcyn mewn potel siampên ac mae'n aml yn arwain at gynnydd mewn gwasgedd o fewn y llosgfynydd ei hun. Mewn amser bydd y gwasgedd hwn yn cael ei ollwng ar ffurf ffrwydrad ffyrnig. Tuedda'r llosgfynyddoedd ar ymylon distrywiol fod ar ffurf côn ac mewn trawstoriad maent yn dangos haenau o ludw bob yn ail â lafa (Ffigur 2.21). Gelwir y rhain yn llosgfynyddoedd **cyfansawdd**. Mae'r haenau o ludw a lafa yn cynrychioli digwyddiadau

a Tyner (basaltig)

Magma hynod o hylifol yn galluogi swigod nwy i ledaenu'n rhydd ac mae'r echdoriad yn un tyner iawn.

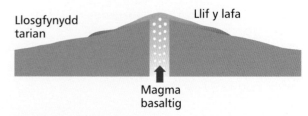

b Ffrwydrol (andesitig)

Mae magma andesitig gludiog yn caniatáu i swigod nwy ehangu rhywfaint ond mae'r gwasgedd yn dal yn ddigonol i achosi ffrwydrad ffrwydrol.

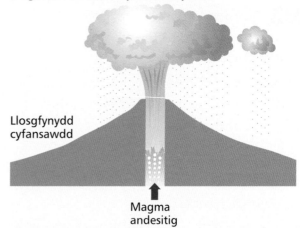

c Ffyrnig (rhiolitig)

Mae magma rhiolitig gludiog eithriadol yn rhwystro swigod nwy rhag ehangu. Gan fod magma mor drwchus, gall plwg solet ymffurfio yn yr agorfa gan beri i'r echdoriad cataclysmig dilynol fod yn ochrol yn hytrach na fertigol. Os bydd y llosgfynydd yn ffrwydro, bydd pant anferth yn ymffurfio, a elwir yn caldera.

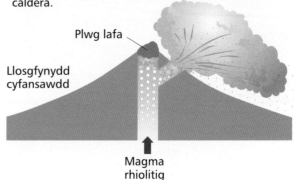

2.20 *Y tri phrif fath o echdoriad folcanig*

ffrwydrol unigol sy'n adeiladu ar ben ei gilydd i ffurfio cofnod o hanes llosgfynydd, yn ddigon tebyg i'r ffordd y mae cylchoedd mewn boncyff coeden yn cofnodi oedran.

- Mae llosgfynyddoedd ymyl **adeiladol**, er enghraifft y rhai a geir ar Gefnen Canol Iwerydd, yn cael eu bwydo gan fagma sy'n brin o silica. Wrth i'r magma godi tua'r arwyneb, mae'r llifedd mwy yn galluogi swigod nwy i ehangu ar y ffordd i fyny, ac felly'n rhwystro'r gweithgaredd ffrwydrol sydyn ar yr arwyneb sy'n gysylltiedig â magma mwy trwchus. Mae'r ffrwydradau yn tueddu i fod yn hyfflam ond yn gyffredinol yn llawer llai ffrwydrol na'r rhai ar ymylon distrywiol ac felly mae eu canlyniadau yn tueddu i fod yn llai trychinebus. Gan fod y lafa yn isel ei ludedd, tueddа i lifo dros bellter cyn oeri. Mae hyn yn arwain at losgfynydd tarian llawer mwy llydan (Ffigur 2.22) sydd â llethrau graddol iawn ac yn gallu ymestyn dros ardal eang.

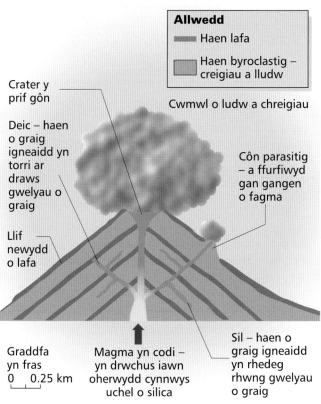

Llosgfynydd Taal, Pilipinas

Allwedd

▬ Haen lafa

▭ Haen byroclastig – creigiau a lludw

Crater y prif gôn

Cwmwl o ludw a chreigiau

Deic – haen o graig igneaidd yn torri ar draws gwelyau o graig

Côn parasitig – a ffurfiwyd gan gangen o fagma

Llif newydd o lafa

Graddfa yn fras
0   0.25 km

Magma yn codi – yn drwchus iawn oherwydd cynnwys uchel o silica

Sil – haen o graig igneaidd yn rhedeg rhwng gwelyau o graig

2.21 *Llosgfynydd cyfansawdd*

Mauna Kea, Hawaii

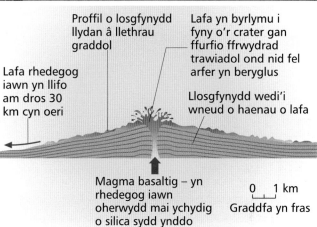

Proffil o losgfynydd llydan â llethrau graddol

Lafa yn byrlymu i fyny o'r crater gan ffurfio ffrwydrad trawiadol ond nid fel arfer yn beryglus

Lafa rhedegog iawn yn llifo am dros 30 km cyn oeri

Llosgfynydd wedi'i wneud o haenau o lafa

Magma basaltig – yn rhedegog iawn oherwydd mai ychydig o silica sydd ynddo

0   1 km
Graddfa yn fras

2.22 *Llosgfynydd tarian*

Pam y ceir rhai llosgfynyddoedd yng nghanol platiau?

Mae ynysoedd folcanig Hawaii yn y Cefnfor Tawel (Ffigur 2.24) yn eithriadau i'r rheol gyffredinol. Nid ydynt wedi eu lleoli ar ymyl plât.

Ffurfiwyd Ynysoedd Hawaii dros ffynhonnell o fagma a elwir yn **fan poeth** (Ffigur 2.23). Mae mannau poeth wedi eu dosbarthu yn anghyson ar draws y byd a thybir eu bod yn ganlyniad i ddefnydd poeth y fantell, sy'n deillio o fan llawer is na'r lithosffer, yn codi i'r arwyneb fel plu. O safbwynt amser daearegol, credir bod y mannau poeth yn aros mwy neu lai yn sefydlog. Felly, wrth i Blât y Cefnfor Tawel symud yn raddol drostynt, ffurfiwyd cyfres gyfan o ynysoedd.

Mae'r llosgfynyddoedd eu hunain yn debyg iawn i'r rhai a ffurfiwyd ar ymylon platiau adeiladol. Tueddant i fod yn llosgfynyddoedd tarian ac fe'u ffurfir gan ffrwydradau nad ydynt yn ffyrnig.

YMARFERION

1   Beth yw'r gwahaniaeth rhwng llosgfynyddoedd agorfa ganolog a llosgfynyddoedd agen?

2   Sut y mae symiau cymharol silica a defnyddiau anweddol yn effeithio ar natur ffrwydradau folcanig?

3   Gyda chymorth diagramau, cymharwch losgfynyddoedd cyfansawdd a rhai tarian. Cyfeiriwch at siâp y llosgfynyddoedd, natur eu ffrwydradau a'u perthynas ag ymylon platiau.

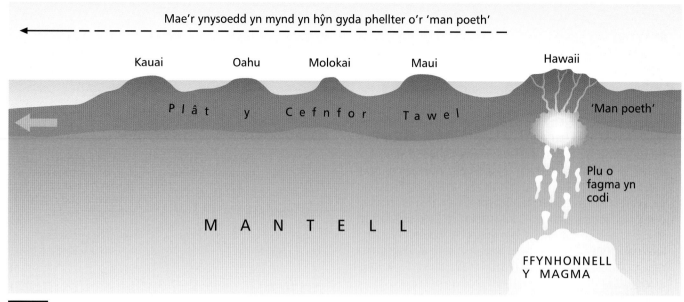

2.23 *'Man poeth' y Cefnfor Tawel o dan Hawaii*

CWESTIWN STRWYTHUREDIG

Mae Ffigur 2.24 yn dangos Ynysoedd Hawaii yn y Cefnfor Tawel.

a Beth yw 'man poeth'? *(1)*

b Gan nodi eich tystiolaeth o Ffigur 2.24, enwch pa Ynys yn Hawaii sydd ar hyn o bryd yn gorwedd dros 'fan poeth'. *(2)*

c Cyfrifwch gyfartaledd cyfradd symudiad Plât y Cefnfor Tawel. Mynegwch eich ateb mewn cilometrau i 1 filiwn o flynyddoedd, a dangoswch eich gwaith cyfrifo. *(2)*

ch (i) I ba gyfeiriad y mae Plât y Cefnfor Tawel yn symud? *(1)*

(ii) Pa dystiolaeth sydd ar gael i gefnogi eich ateb yn rhan **(i)**? *(1)*

d Sylwch yn Ffigur 2.24 fod Ynysoedd Hawaii yn amrywio o ran maint ac yn eu huchder uwch lefel môr. Awgrymwch ddau reswm posibl pam fod Ynys Kauai yn llawer llai ac yn is o ran uchder nag Ynys Hawaii. *(4)*

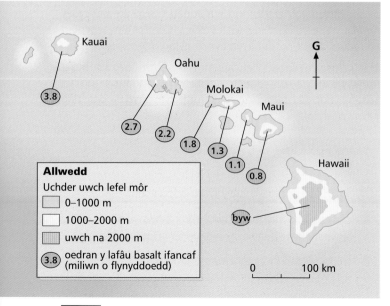

2.24 *Ynysoedd Hawaii*

Beth yw perygl folcanig?

Mae echdoriad folcanig yn ddigwyddiad hynod o bwerus ac os yw'n digwydd mewn ardal boblog, gall fod yn beryglus i bobl mewn sawl ffordd:

- **Llifoedd lafa** – lafa yw magma sy'n llifo ar arwyneb y ddaear. Fel arfer mae'n gysylltiedig ag echdoriadau ysgafnach ar ymylon adeiladol ac fel arfer nid yw'n peryglu bywyd. Mae hyn yn digwydd oherwydd fod cramen allanol y lafa sy'n oeri yn arafu cyfradd y llifo i gyflymder cerdded. Fodd bynnag, mae llifoedd lafa yn gallu difrodi eiddo a thir ffermio. Wedi nifer o echdoriadau, gall y lafa adeiladu i ffurfio tirffurf o bwys ac, os yw'n echdorri o agen, gall ffurfio **llwyfandir lafa** (gweler tudalen 69).

- **Lludw** – golygfa gyffredin iawn yn ystod echdoriad yw lludw ar ffurf cwmwl du sy'n codi'n gymylau uchel i'r atmosffer. Pan mae'r lludw yn disgyn yn ôl i'r Ddaear, gall achosi nifer o farwolaethau wrth i doeon adeiladau ddisgyn oherwydd ei bwysau trwm. Achosodd aer yn dew o ludw, i nifer o drigolion tref Pompeii fygu pan echdorrodd Vesuvius yn 79 OC.

b *Lleidlifau o F. Pinatubo*

a *Echdoriad M. Pinatubo*

2.25 *Peryglon folcanig*

- **Llifoedd pyroclastig** – mae echdoriadau ffyrnig yn aml yn cynhyrchu coctêl marwol o nwyon yn llosgi a chreigiau poeth a adnabyddir fel **llif pyroclastig**. Mae'r math hwn o lif yn gallu cyrraedd tymereddau o 800°C ac yn gallu teithio ar gyflymderau o dros 200 km/awr wrth iddo rowlio i lawr llethrau'r llosgfynydd. Yn 1991, o ganlyniad i echdoriad llosgfynydd Japaneaidd M. Unzen llithrodd llif pyroclastig i lawr y mynydd gan ddinistrio popeth yn ei lwybr. Yn ffodus, roedd dros 6000 o bobl newydd gael eu symud, ond eto fe laddwyd 34.

- **Laharau** – pan mae lludw yn cyfuno â dŵr (dyodiad neu iâ tawdd), gall slyri poeth, trwchus neu **lahar** gael ei ffurfio. Mae laharau yn un o gynhyrchion mwyaf marwol echdoriad oherwydd maent yn llifo'n gyflym iawn i lawr dyffrynnoedd afon, gan chwalu eiddo a phontydd, ac yn llythrennol gladdu pobl yn fyw mewn sment sy'n sychu'n gyflym. Yn 1985, cynhyrchodd llosgfynydd Nevado del Ruiz yn Colombia lahar a ddinistriodd dref Armero, a'r rhan fwyaf o'i phoblogaeth (22 000 o bobl).

- **Tswnamïau** – gall echdoriadau folcanig (a daeargrynfeydd) anfon siocdonnau drwy gefnforoedd y byd i ffurfio tonnau enfawr a elwir yn **tswnamïau.** Pan fo'r tonnau hyn, yn aml hyd at 10 m o uchder, yn taro rhanbarth arfordirol isel, gall difrod enfawr ddigwydd. Yn 1883, gwnaeth echdoriad Krakatoa gychwyn tonnau enfawr a darodd arfordiroedd Jawa a Sumatera, a boddi dros 30 000 o bobl.

Er ei bod yn wir i ddweud bod y mwyafrif o'r echdoriadau mwyaf dinistriol yn gysylltiedig â llosgfynyddoedd ar ymylon distrywiol, byddai'n gamarweiniol i awgrymu eu bod o angenrheidrwydd yn fwy peryglus na llosgfynyddoedd ar ymylon adeiladol.

Mae llosgfynyddoedd ymylon adeiladol yn echdorri'n amlach, ac felly mae'r perygl yn fwy 'real' i bobl. Mae llifoedd aml o lafa a chwympiadau o ludw yn gwneud ardaloedd eang yn ddiffrwyth – ni ellir ffermio o ddifrif nac ymsefydlu yn y fath ardaloedd ac yn aml mae dwysedd eu poblogaethau yn isel. Ar y llaw arall, mae llosgfynyddoedd ymylon distrywiol yn echdorri yn llawer llai aml. Gall fod llawer canrif rhwng echdoriadau, ac felly mae'r perygl folcanig yn dod yn llai 'real' i bobl. Mae'r cof yn fyr ac mae pobl yn meddwl mai bychan iawn yw'r risg.

Nid newydd drwg yn unig yw gweithgaredd folcanig. Fe all ddod â chryn fanteision i bobl:

- gellir defnyddio'r gwres i gynhyrchu trydan geothermol ac, yng Ngwlad yr Iâ, defnyddir y dŵr poeth yn uniongyrchol i wresogi adeiladau a thai gwydr, gan alluogi'r wlad i fod yn hunangynhaliol yn y rhan fwyaf o fwydydd er gwaetha ei lledred uchel

- mae lafa yn hindreulio a chynhyrchu priddoedd ffrwythlon, gan hybu ffermio

- mae creigiau folcanig yn darparu defnyddiau adeiladu cryf.

YMARFERION

1 *Gall llifoedd lafa edrych yn ddramatig ond yn aml nid ydynt mor fygythiol i fywyd ag yr ymddangosant. Pam?*

2 *Y peryglon mwyaf dinistriol sy'n gysylltiedig â gweithgaredd folcanig yw llifoedd pyroclastig a laharau. Ceisiwch egluro pam.*

3 *Beth yw effaith treigl amser ar ganfyddiadau pobl o berygl folcanig?*

4 *Awgrymwch rai agweddau cadarnhaol gweithgaredd folcanig o safbwynt datblygiad tirwedd a gweithgareddau dynol.*

ASTUDIAETH ACHOS

Montserrat, 1995–97

Mae ynys Montserrat (Ffigur 2.26) yn gorwedd yn y Caribî yn yr un arc o ynysoedd ag ynys Martinique, lle'r echdorrodd M. Pelée ar ffurf llif pyroclastig trawiadol yn 1902. Yng Ngorffennaf 1995, wedi cyfnod o gysgu a barodd 350 o flynyddoedd, y bu'r echdoriad cyntaf ar Montserrat. Erbyn y mis Ebrill dilynol, roedd y rhan fwyaf o boblogaeth Plymouth, y brifddinas, wedi symud allan. Er bod nifer o echdoriadau

bychain wedi digwydd, ni fu unrhyw ddigwyddiad o bwys tan 25 Mehefin 1997. Erbyn hynny, roedd cyfres o rybuddion cynnar wedi galluogi clirio'r ardal mewn perygl yn gynnar ar ddiwrnod yr echdoriad mawr, pan ddechreuodd cyfres o lifoedd pyroclastig lifo o ystlys ogleddol llosgfynydd Bryniau Soufrière. Yn ystod y tri diwrnod canlynol, cododd niferoedd y rhai a laddwyd i 23 ac achubwyd 30 arall o'r ardal beryglus. Yn y cyfamser, bu'r llosgfynydd yn weithredol eto, gyda chyfres arall o ddaeargrynfeydd a llifoedd pyroclastig.

Cafwyd nifer o arwyddion fod y llosgfynydd ar fin echdorri. Cofnodwyd hyd at 100 o ddaeargrynfeydd bychain o amrywiol faint rhwng 13 a 27 Mai. Dechreuodd y rhain eto ar 22 Mehefin, gan bara tan 25 Mehefin, yn union cyn i'r prif echdoriadau ddigwydd. Roedd y daeargrynfeydd yn cynyddu mewn arddwysedd ac roedd cwympiadau craig yn digwydd tua'r diwedd. Ym Mai 1997 roedd wyneb gogleddol y llosgfynydd yn diraddio'n gyflym, ac yn ystod canol Mehefin gwelwyd cromen yn datblygu o gwmpas y copa. Dangosodd monitro cyson waliau gogleddol y crater fod anffurfiad yn digwydd yn gynnar ym Mawrth, ac erbyn Mai ystyriwyd bod y safle yn rhy beryglus i ymweld ag ef. Yn union cyn y prif echdoriad, roedd daeargrynfeydd bron yn ddi-baid, ac yn cyrraedd chwe chryniad y munud. Yn sydyn, am 12.55 pm, cododd cwmwl du trwchus o ludw yn syth i fyny o lethr gogleddol y llosgfynydd, gan gyrraedd 10 000 m o fewn munudau. Mae echdoriadau pyroclastig fel y rhain, pan fo creigiau, llwch a nwyon yn dianc ar dymereddau uwch na 500°C, ymysg y peryglon folcanig mwyaf peryglus, am eu bod yn symud yn hynod gyflym ac yn peri ei bod yn anodd dianc.

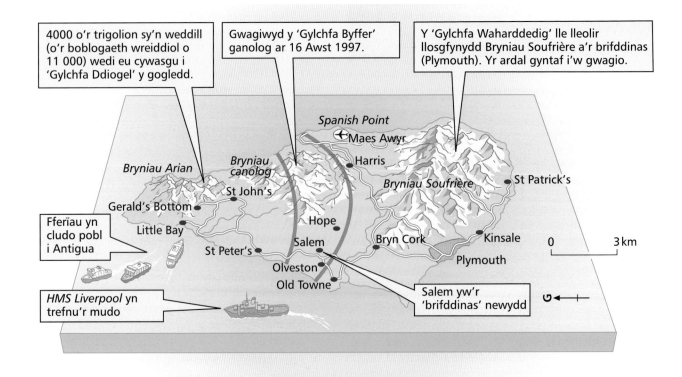

4000 o'r trigolion sy'n weddill (o'r boblogaeth wreiddiol o 11 000) wedi eu cywasgu i 'Gylchfa Ddiogel' y gogledd.

Gwagiwyd y 'Gylchfa Byffer' ganolog ar 16 Awst 1997.

Y 'Gylchfa Waharddedig' lle lleolir llosgfynydd Bryniau Soufrière a'r brifddinas (Plymouth). Yr ardal gyntaf i'w gwagio.

Fferïau yn cludo pobl i Antigua

HMS Liverpool yn trefnu'r mudo

Salem yw'r 'brifddinas' newydd

Spanish Point
Maes Awyr
Bryniau Arian
Bryniau canolog
Harris
Bryniau Soufrière
St Patrick's
St John's
Gerald's Bottom
Little Bay
Hope
St Peter's
Salem
Bryn Cork
Kinsale
Olveston
Old Towne
Plymouth

0   3 km

G

2.26 *Montserrat*

YMARFERION

1 **a** Ar ba fath o ymyl plât y mae ynys Montserrat a'i chymdogion yn y Caribî yn gorwedd?

   b Disgrifiwch natur yr echdoriad a ddisgwylid ar y math hwn o ymyl plât.

2 Beth yw'r peryglon folcanig sy'n gysylltiedig ag echdoriadau llosgfynydd Bryniau Soufrière 1995-97?

3 Ceisiwch awgrymu rhai effeithiau tymor byr a thymor hir y gallai echdoriadau eu cael ar bobl yr ynys.

Daeargrynfeydd

Daeargryn yw symudiad sydyn a grymus o'r ddaear sydd fel arfer yn para dim ond rhyw ychydig eiliadau. Mae'n cael ei achosi wrth i greigiau 'glecian' o dan straeniau enfawr, a allai fod wedi eu crynhoi dros sawl blwyddyn, gael eu gollwng yn sydyn. Gelwir y pwynt lle mae'r clecian yn digwydd yn **ganolbwynt** (Ffigur 2.27). Gelwir y pwynt ar arwyneb y ddaear yn union uwchlaw'r canolbwynt yn **uwchganolbwynt** (Ffigur 2.27).

Mae'r mwyafrif llethol o ddaeargrynfeydd yn digwydd ar ymylon platiau am mai dyma'r man lle mae digon o straeniau yn crynhoi. Gallant ddigwydd ar holl ymylon platiau ond mae'r rhai mwyaf pwerus fel arfer yn gysylltiedig ag ymylon distrywiol. Fel gyda llosgfynyddoedd, gall daeargrynfeydd ddigwydd ar ganol plât. Gweithgaredd dynol sy'n aml yn cychwyn y daeargrynfeydd hyn, er enghraifft ymsuddiant sy'n gysylltiedig â chloddio dwfn dan ddaear, neu alldynnu dŵr dan ddaear a hyn yn arwain at newidiadau sydyn yn y gwasgedd.

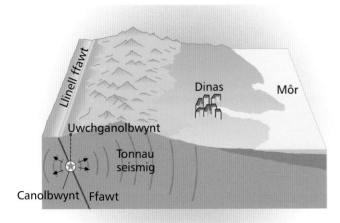

2.27 *Termau daeargryn*

Beth yw peryglon daeargryn?

Pan fo daeargryn yn digwydd, mae'n anfon siocdonnau drwy'r gramen a gall y rhain gael eu codi a'u cofnodi gan **seismograff**. Os digwydd daeargryn mewn ardal boblog, gall y cryniadau achosi i adeiladau a phontydd gwympo, rheilffyrdd fwclo a gwasanaethau peipen rwygo (Ffigur 2.28). Tra bod rhywfaint o golli bywyd yn anochel, mae graddfa'r drychineb yn dibynnu ar amryw o ffactorau:

- Cryfder y daeargryn – mesurir maint daeargryn drwy ddefnyddio graddfa Richter. Gyda phob pwynt ar y raddfa, ceir cynnydd o ×30 yn yr egni a ryddheir. Mae maint y rhan fwyaf o ddaeargrynfeydd difrifol yn fwy na 5.5.

- Dyfnder y canolbwynt – fel arfer, po fwyaf bas y canolbwynt, mwyaf dinistriol y siocdonnau a ddaw o ganlyniad.

- Natur y creigwely – gall craig solet wrthsefyll y cryniadau yn llawer gwell na thywod a chlai gwan, sy'n gallu troi yn jeli (hylifiad) ac achosi i adeiladau ddymchwel.

- Dyluniad a chymhwysiad adeiladu – mae'n bosibl adeiladu adeiladau i wrthsefyll cryniadau. Fodd bynnag, mewn gwledydd lle nad oes unrhyw reoliadau adeiladu gorfodol, torrir corneli i gadw costau yn isel ac mae strwythurau a adeiladwyd yn wael yn cwympo.

- Dosbarthiad poblogaeth – mae bron i hanner dinasoedd mwyaf y byd wedi eu lleoli mewn ardaloedd sy'n dueddol i gael daeargrynfeydd (Ffigur 2.29) yn agos at ymylon platiau. Mae llawer yn byw ar yr arfordir lle mae bygythiad tswnamïau fwyaf.

- Cyfoeth gwlad – mae gan wledydd cyfoethog gyfathrebau da a gallant fforddio pentyrru stoc o gyflenwadau argyfwng o ddŵr, bwyd, moddion a mathau o lochesau (pebyll). Mae'r gwledydd hyn, megis UDA, yn tueddu i ddioddef llawer llai o golledion bywyd na gwledydd tlotach y byd, megis China ac Afghanistan.

2.28 *Difrod daeargryn, Kobe 1995*

Al Jazâ'ir (Alger)	Ciudad de	Istanbul	Lanzhou	Rangoon	Teheran
Ankara	Guatemala	Jakarta	Lima	Roma/Rhufain	Tianjin
Athen	Ciudad de México/	Kabul	Lisboa	San Francisco	Tokyo
Beijing	Dinas México	Kanpur	Los Angeles	Santiago	Torino
Bogotà	Dacca	Kobe	Managua	Seoul	Tripoli
Buceresti	Davao	Krung Thep	Manila	Shanghai	Wuhan
Calcutta	El Qâhira (Cairo)/	(Bangkok)	Milano	Shenyang	Xi'an
Canton/Guangzhou	El Iskandarîya	Kuala Lumpur	Nanjing	Singapore	Yangon (Rangoon)
Caracas	(Alexandria)	Kunming	Napoli	Surabaya	Yokohama
Casablanca	Harbin	La Habana	Osaka	Taipei	
Chongqing	Hong Kong	Lahore	Pyongyang	Tashkent	

2.29 *Rhai dinasoedd mawr mewn perygl o gael daeargryn*

YMARFERION

1 Ysgrifennwch eich diffiniadau eich hun o'r rhain:

- daeargryn
- canolbwynt
- uwchganolbwynt.

2 Astudiwch Ffigur 2.28. Mae daeargryn yn achosi problemau tymor byr a thymor hir.

   a Pa broblemau tymor byr a ddarlunnir yn y ffotograff?

   b Awgrymwch rai problemau tymor hir a allai effeithio ar yr ardal.

3 Astudiwch Ffigur 2.29.

   a Plotiwch leoliad y dinasoedd a restrir ar fap amlinellol o'r byd.

   b Yn awr ychwanegwch yr ymylon platiau at eich map, gan ddefnyddio Ffigur 2.8 tudalen 29.

   c Pam fod cymaint o ddinasoedd mwyaf y byd wedi eu lleoli ar ymylon platiau?

4 Pam y mae pobl mewn GLIEDd yn aml yn dioddef mwy o galedi yn dilyn daeargryn na'r rhai mewn GMEDd?

ASTUDIAETH ACHOS

Daeargryn Twrci 1999

Ar 17 Awst 1999, am 3.00 a.m., trawyd gorllewin Twrci gan ddaeargryn enfawr yn mesur 7.4 ar raddfa Richter. Roedd ei uwchganolbwynt yn agos at Izmit, tref ddiwydiannol a phoblog iawn (Ffigur 2.30), ac fe'i difrodwyd gan y daeargryn. Roedd nifer o drefi eraill gerllaw, yn cynnwys Gölcük ac

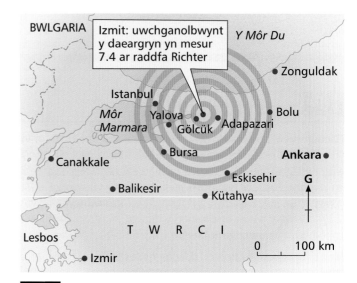

2.30 *Daeargryn Twrci, 1999*

Istanbul (Ffigur 2.30) hefyd wedi eu difrodi'n ddrwg, a lladdwyd llawer o bobl.

Llithriant oedd achos y daeargryn ar hyd ffawt trawsffurfiol Gogledd Anatolia (Ffigur 2.31). Bu dros 35 o ddaeargrynfeydd ar hyd y ffawt hwn ers 1900, yn gwneud y ffawt yn un o'r ffawtiau mwyaf gweithredol yn y byd. Mae Plât Anatolia yn cael ei wasgu rhwng Platiau Affrica ac Arabia, sy'n ei achosi i symud tua'r gorllewin. Wrth i'r gwasgedd gynyddu, mae llithriad yn digwydd ar ei ben gogleddol lle mae'n cyfarfod â Phlât Ewrasia.

Teimlwyd y daeargryn gannoedd o gilometrau o'r uwchganolbwynt. Roedd un o drigolion Ankara, rhyw 200 km i ffwrdd, yn defnyddio'r Rhyngrwyd pan ddigwyddodd y daeargryn. 'Yn sydyn, dechreuodd y monitor grynu. Roeddwn yn mynd i ysgrifennu "mae 'na ddaeargryn yma", ond fe ddiffoddodd y trydan. Lluchiais fy hun ar y gwely. Roedd f'ystafell yn crynu ac fe ddeuai sŵn malu o'r waliau. Parhaodd hyn am 20-25 eiliad.'

Roedd yr adroddiadau cyntaf yn datgan bod ychydig gannoedd wedi eu lladd o ganlyniad i'r daeargryn ond, wrth i'r wawr dorri, daeth gwir faint y dinistr yn gliriach (Ffigur 2.32). Roedd Twrci yng nghanol trychineb fawr.

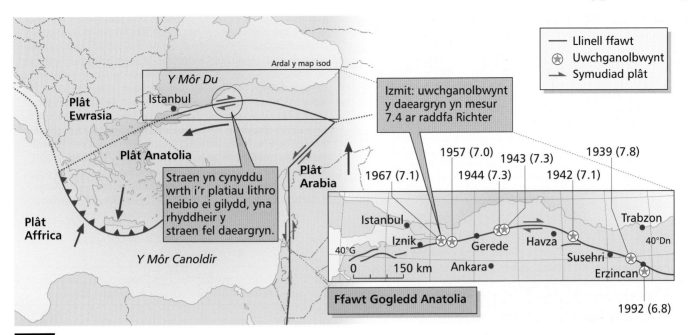

2.31 *Beth achosodd y daeargryn?*

2.32 *Canlyniad daeargryn Twrci 1999*

Disgrifiodd gohebydd y *Daily Telegraph* yr olygfa yn Izmit bore wedi'r daeargryn:

> Ymgasglodd pobl wrth yr ugeiniau o gwmpas bloc o fflatiau a oedd wedi cwympo lle roedd 100 o bobl yn lletya. Dim ond 15 o bobl a oedd wedi cael eu tynnu allan yn fyw hyd yn hyn. 'Rydym yn gwybod bod llawer mwy fel hi,' meddai Gurkan Acar, gyrrwr tacsi, gan bwyntio at gorff merch ifanc a anafwyd mor erchyll ac a gafwyd oddi tan i'r hyn a fu yn ôl pob golwg yn nenfwd ei hystafell gysgu a'i gwely. Wedi eu gwasgaru ymysg y rwbel roedd tegan panda wedi ei stwffio, dillad baban, a ffotograffau o ddyn ifanc mewn dillad milwrol. Roedd dyn ifanc mewn crys glas, a oedd yn gafael mewn albwm lluniau, yn ailadrodd dro ar ôl tro 'Os ydynt wedi marw, fe laddaf fy hun. Fe laddaf fy hun.' Roedd ei wraig a'i ddau blentyn yn dal yn y rwbel.

Roedd y bloc o fflatiau a ddisgrifiwyd uchod yn un o filoedd o adeiladau a gwympodd, gan gladdu eu preswylwyr a oedd yn cysgu ar y pryd. Roedd cyfathrebau wedi eu torri yn rhwystro'r gwasanaethau brys i gael mynediad i'r ardaloedd a effeithiwyd waethaf arnynt, ac roedd nifer o ddiwydiannau, yn cynnwys purfa olew ger Izmit, yn wenfflam wedi'r daeargryn. Am ddyddiau, roedd rhaglenni newyddion yn adrodd am y cynnydd a wnaed gan y timau brys, ynghyd â chŵn synhwyro ac offer chwilota am wres, wrth iddynt yn ofalus dynnu unigolion allan o'r adeiladau a ddymchwelwyd.

Ystadegau terfynol canlyniad y daeargryn oedd 14 500 yn farw a thros 25 000 wedi eu hanafu. Dinistrwyd yn gyfan gwbl rhyw 20 000 o adeiladau, a miloedd eraill yn rhannol.

Gellir priodoli graddfa'r drychineb i nifer o ffactorau. Roedd y daeargryn yn hynod o bwerus ac roedd ei ganolbwynt, ar ddyfnder o ddim ond 17 km, yn agos iawn at yr arwyneb. Roedd yr uwchganolbwynt yn agos at nifer o drefi poblog iawn. Roedd y bobl yn cysgu yn eu cartrefi heb gyfle o gwbl i allu mynd allan i ddiogelwch cymharol man agored. Er bodolaeth rheolau adeiladu, roedd llawer o'r adeiladau wedi eu codi yn wael, yn defnyddio sment o ansawdd gwael a heb ddigon o gynalyddion i'w galluogi i wrthsefyll y dirgryniad. Torrwyd corneli gan adeiladwyr diegwyddor yn ceisio arbed costau. Roedd adroddiadau gwyddonol wedi rhagweld y posibilrwydd o ddaeargryn yn yr ardal, ac roedd gwyddonwyr wedi cynghori peidio ag adeiladu purfa olew yn Izmit.

Roedd awdurdodau rhai o'r trefi yn araf iawn yn ymateb ac nid oedd fawr o ddarpariaeth yn lleol a phrin oedd y cyflenwadau argyfwng. Darganfuwyd fod rhai swyddogion wedi chwyddo nifer y rhai a laddwyd yn lleol yn eu talaith mewn ymgais i gael mwy o gymorth. Dyma a ysgrifennodd Necati Ozfatura, colofnydd ar bapur dyddiol *Turkiye*:

> Canoli llywodraeth yw'r prif reswm am y drychineb. Mae awdurdod y llywodraethau lleol yn wan. Nid yw timau chwilio ac achub Twrci mor effeithiol â thimau tramor, ac felly roedd yn rhaid i'r cyhoedd helpu eu hunain. Mae ein pobl ni wedi anfon cymaint o fwyd i helpu'r dioddefwyr tra na wnaeth y fiwrocratiaeth ddim ond anfon bara a oedd yn ddim ond sothach.

Bydd costau tymor hir y daeargryn yn enfawr. Ysgrifennwyd y detholiad sy'n dilyn gan Savas Akat, colofnydd i'r papur dyddiol *Sabah*:

> Uwchlaw popeth, y golled fwyaf oedd colli pobl. Beth yw gwerth bywyd dyn? 1000 doler? 10 000 doler? 100 000 doler? Sut y gallwn benderfynu colled y rhai a gollodd eu hanwyliaid? Dinistriodd y daeargryn ardaloedd trefol ac felly roedd nifer y bywydau a gollwyd yn uchel. Gallwn ystyried hyn fel buddsoddiad dynol – edrychwn ar lefel addysg y bobl hyn, eu profiad gwaith, eu gwybodaeth a'u sgiliau fel 'adnoddau dynol'. Mae ganddynt oll werth cymdeithasol. Credaf fod safon addysg y rhai a laddwyd neu a frifwyd yn uwch na safon y rhai sy'n byw mewn ardaloedd gwledig. Bydd y daeargryn yn achosi gostyngiad yn yr incwm cenedlaethol. Bydd cyfraddau treuliant yn lleihau hyd nes bydd y gymdeithas wedi dod i delerau â'r sioc. Daw y twristiaid yn llai aml i Istanbul o hyn ymlaen. Bydd angen ailadeiladu'r adeiladau ac os yr ychwanegwn y difrod isadeileddol a fu i'r ffyrdd, y cyflenwad trydan, teleffonau, dŵr, ayyb, yna rydym yn sôn am biliynau o ddoleri.

Gweler gwefan Nelson Thornes am gysylltau i safleoedd perthnasol ar y rhyngrwyd.

YMARFERION

1 Disgrifiwch, gyda chymorth llinfap, achos daeargryn Twrci.

2 Beth oedd effeithiau tymor byr y daeargryn?

3 **a** Beth yn eich barn chi yw ystyr yr hyn a alwai'r gohebydd Savas Akat yn 'adnoddau dynol'?

   b Ym mha ffyrdd y bydd colli 'adnoddau dynol' yn effeithio ar allu Twrci i ailadeiladu?

   c Awgrymwch effeithiau eraill tymor hir y daeargryn.

4 I ba raddau roedd daeargryn Twrci yn gyfan gwbl yn drychineb 'naturiol'?

Sut y gellir lleihau peryglon tectonig?

Ni ellir gwneud fawr ddim i rwystro echdoriad folcanig ac, er bod ymgais wedi ei wneud nifer o weithiau i iro ffawtiau ag olew, does dim chwaith a fedrir ei wneud i rwystro daeargryn. Rhaid 'byw' gyda digwyddiadau tectonig yn hytrach na'u rhwystro.

Mae ardaloedd sy'n dectonig fyw yn cael eu monitro yn ofalus gan wyddonwyr yn y gobaith y gellir rhagweld echdoriad folcanig neu ddaeargryn. Mae llosgfynyddoedd yn tueddu i 'gynhesu' cyn echdorri, gan roi'r cliwiau hyn i wyddonwyr sy'n gwylio:

- gwres yn codi ar ffurf pelydriad isgoch a ellir ei fesur gan loerenni

- gall rhew ac eira ar y copa ddadmer wrth i'r magma ddechrau codi
- cyfres o ddaeargrynfeydd wedi eu canoli ar y llosgfynydd yn aml yn rhagflaenu echdoriad
- bydd chwyddiadau ffisegol yn digwydd wrth i'r llosgfynydd chwyddo i roi lle i'r magma sy'n codi
- gall newidiadau mewn gwasgedd dŵr a gollyngiadau nwy ddigwydd cyn yr echdoriad.

Pan mae echdoriad ar fin digwydd, gellir rhybuddio'r bobl a'u symud oddi yno, gan arbed bywydau dirifedi. Fodd bynnag, nid yw mor hawdd rhwystro difrod i eiddo a thir.

Mae gwyddonwyr hefyd yn awyddus i fonitro daeargrynfeydd yn y gobaith y bydd yn bosib rhyw ddiwrnod i ragweld daeargryn. Mae Ffigur 2.33 yn dangos rhai o'r offer monitro sydd ar gael ar hyn o bryd ar gyfer gwyddonwyr. Cynlluniwyd yr offer hynod o sensitif ar gyfer dod o hyd i'r

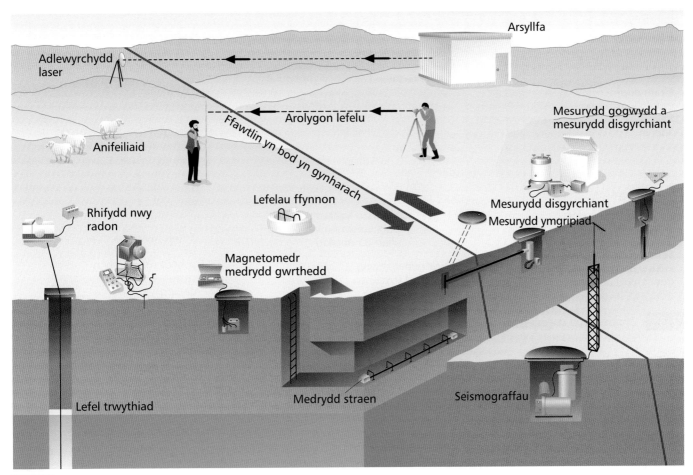

2.33 *Dulliau monitro all fod o gymorth i ragweld daeargryn*

newidiadau lleiaf mewn straen, allyriannau nwy, symudiadau daear a gweithgaredd trydanol. Mae rhai yn credu bod anifeiliaid yn synhwyro yn ddull llawer rhatach o ragweld daeargryn (Ffigur 2.34). Fodd bynnag, yn wahanol i losgfyny-ddoedd, nid yw daeargrynfeydd yn rhoi arwyddion rhybuddio dibynadwy. Tra bod rhai newidiadau ffisegol a chemegol wedi dod i'r golwg o edrych yn ôl, nid oes ar gael heddiw unrhyw ddull dibynadwy o ragweld. A phe byddai hyn ar gael, pa wir werth fyddai cael ychydig eiliadau neu, ar y mwyaf, ychydig funudau o rybudd?

Yr unig ffordd realistig o leihau perygl daeargryn yw adeiladu adeiladdau sy'n gallu gwrthsefyll cryniadau (Ffigur 2.35) a gwneud yn siŵr bod yr adnoddau (y strwythurau gweinyddol a chyflenwadau) ar gael i ymdopi â chanlyniadau'r daeargryn.

2.34 *Gall anifeiliaid synhwyro daeargrynfeydd?*

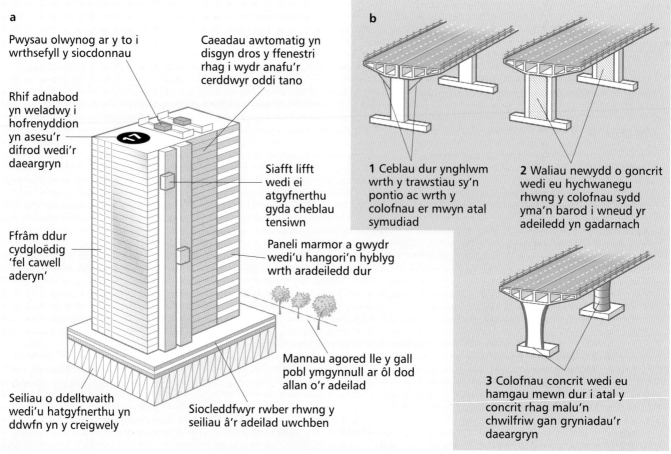

a

Pwysau olwynog ar y to i wrthsefyll y siocdonnau

Caeadau awtomatig yn disgyn dros y ffenestri rhag i wydr anafu'r cerddwyr oddi tano

Rhif adnabod yn weladwy i hofrenyddion yn asesu'r difrod wedi'r daeargryn

Siafft lifft wedi ei atgyfnerthu gyda cheblau tensiwn

Ffrâm ddur cydgloëdig 'fel cawell aderyn'

Paneli marmor a gwydr wedi'u hangori'n hyblyg wrth aradeiledd dur

Mannau agored lle y gall pobl ymgynnull ar ôl dod allan o'r adeilad

Seiliau o ddelltwaith wedi'u hatgyfnerthu yn ddwfn yn y creigwely

Siocleddfwyr rwber rhwng y seiliau â'r adeilad uwchben

b

1 Ceblau dur ynghlwm wrth y trawstiau sy'n pontio ac wrth y colofnau er mwyn atal symudiad

2 Waliau newydd o goncrit wedi eu hychwanegu rhwng y colofnau sydd yma'n barod i wneud yr adeiledd yn gadarnach

3 Colofnau concrit wedi eu hamgau mewn dur i atal y concrit rhag malu'n chwilfriw gan gryniadau'r daeargryn

2.35 *Diogelu rhag daeargrynfeydd: **a** adeiladau **b** pontydd*

YMARFERION

1 Beth yw'r arwyddion sy'n ein rhybuddio bod echdoriad folcanig ar fin digwydd?

2 Os yw echdoriadau folcanig yn gallu cael eu rhagweld yn weddol llwyddiannus, pam y mae llawer yn aml yn colli eu bywydau?

3 Astudiwch Ffigur 2.33.

a Dewiswch bedwar dull o fonitro daeargrynfeydd a ddangosir yn y diagram. O safbwynt pob un, ceisiwch ddisgrifio beth y mae'n ei fesur.

b A oes unrhyw ddiben gwario symiau enfawr o arian yn ceisio rhagweld daeargrynfeydd? Awgrymwch rai dadleuon ar ddwy ochr y ddadl hon.

4 Astudiwch Ffigur 2.35.

a Enwch ac eglurwch ddau fesur sy'n amcanu at leihau effaith uniongyrchol siocdonnau ar adeiladau.

b Awgrymwch bwrpas ffrâm ddur gydgloëdig 'cawell aderyn' yr adeilad.

c Pam y dylid gofalu bod gwrthrychau trwm â phaneli marmor a gwydr yn cael eu sicrhau yn gadarn wrth aradeiledd yr adeilad?

ch Sut y gellir codi pontydd yn fwy effeithiol ar gyfer gwrthsefyll daeargryn?

d Pa fath o ddarpariaethau a ddylai fod ar gael ar gyfer argyfwng sy'n deillio o ddaeargryn?

Ch Hindreuliad

Beth yw hindreuliad?

Hindreuliad yw dirywiad neu ddadelfeniad creigiau yn y fan a'r lle sy'n ganlyniad gweithgaredd ffisegol neu gemegol. Mae'r rhan fwyaf o hindreuliad, fel mae'r term yn awgrymu, yn ymwneud ag elfennau'r tywydd, megis dŵr, rhew ac ocsigen. Fodd bynnag, gall hindreuliad, hefyd fod yn ganlyniad gweithgaredd planhigion ac anifeiliaid, megis effeithiau ffisegol gwreiddiau coed neu effaith asidau organig.

Diffyg symudiad yw'r gwahaniaeth rhwng hindreuliad ac erydiad. **Erydiad** yw defnydd creigiau yn cael eu codi a'u cludo gan weithredwyr megis afonydd, rhewlifau a'r môr. Er bod cryn wahaniaeth mewn theori rhwng hindreuliad ac erydiad, mewn nifer o sefyllfaoedd mae bron yn amhosibl gwahaniaethu rhyngddynt. Drwy gydweithio, mae hindreuliad ac erydiad yn achosi i dirweddau gael eu treulio: gelwir hyn yn **dreuliant**.

Mae hindreuliad ac erydiad yn dibynnu ar ei gilydd, ac ni all un fodoli yn effeithiol iawn heb y llall. Mae hindreuliad yn treulio arwyneb craig i gynhyrchu pentwr o ddarnau rhydd a elwir yn **regolith**. Yna mae erydiad yn symud darnau maluriedig y graig, yn aml gan ddefnyddio'r darnau hindreuliedig fel 'arfau' ar gyfer erydiad. Mae hyn yn dinoethi arwyneb newydd o'r graig i brosesau hindreulio, ac felly mae'r ddwy broses yn parhau.

Ffôl yw meddwl mai yn y cefn gwlad 'naturiol' yn unig y digwydd hindreulio, oherwydd mae'n hynod effeithiol mewn

2.36 *Gargoel wedi'i hindreulio*

trefi a dinasoedd. Mae Ffigur 2.36 yn dangos gargoel calchfaen o Eglwys Gadeiriol Sant Paul yn Llundain a ddifrodwyd yn ddifrifol gan hindreulio cemegol. Dim ond i chi edrych ar y cerrig beddau yn eich mynwent lleol ac fe welwch mor anodd yn aml yw darllen yr arysgrifen a ysgythrwyd dros ganrif yn ôl.

Ceir tri math o hindreuliad. Mae **hindreuliad ffisegol** yn golygu bod y creigiau yn dryllio yn ddarnau llai ond heb fod unrhyw newid cemegol yn digwydd. I'r gwrthwyneb, mae **hindreuliad cemegol** yn golygu newid cemegol, sy'n achosi'r creigiau i ddadelfennu. **Hindreuliad biolegol** yw effeithiau (ffisegol a chemegol) planhigion ac anifeiliaid ar greigiau.

Mae prosesau hindreulio yn achosi'r creigiau i gael eu malurio mewn nifer o ffyrdd, fel y mae Ffigur 2.37 yn darlunio. Pan fo gronynnau unigol mewn craig yn cael eu hindreulio gall y graig friwsioni i ffurfio pentwr o ronynnau unigol. Cyfeirir at hyn fel **chwilfriwiant gronynnog**. Gall hindreuliad, ar y llaw arall, achosi i haen allanol y graig blicio, proses a elwir yn **ddiblisgiad**. Mae'r broses o **wahanu**

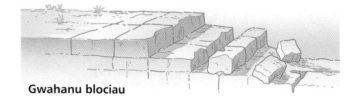

Chwilfriwiant gronynnog

Diblisgiad

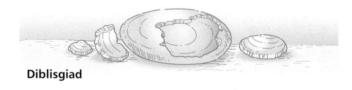

Gwahanu blociau

Chwilfriwio

2.37 *Creigiau yn datgymalu*

blociau yn golygu craig haenog iawn yn datgymalu yn flociau pendant, tra bod **chwilfriwio** yn achosi creigiau i ddatgymalu ar hap, gan gynhyrchu darnau onglog o graig. Pan mae newid cemegol yn digwydd, gall y mwynau o fewn craig gael eu trawsffurfio yn glai neu hyd yn oed hydoddi (proses a elwir yn **hydoddiant**) mewn dŵr.

Hindreuliad ffisegol

Ceir pum prif broses o hindreuliad ffisegol.

1 **Rhewfriwio** Mae hyn yn golygu bod creigiau yn chwilfriwio o ganlyniad i straeniau a achoswyd gan ddŵr yn rhewi. Gall dŵr gasglu mewn bregion neu fandyllau a, phan mae'n rhewi, bydd yn ehangu tua 9% mewn cyfaint, gan achosi straeniau sylweddol o fewn craig. Pan fo tymereddau'n codi yn uwch na'r rhewbwynt, mae'r rhew yn dadmer a rhyddheir y straeniau. Os digwydd nifer o gylchredau o rewi a dadmer gall y bregion a'r mandyllau ehangu a bydd y graig yn chwilfriwio yn y pen draw (Ffigur 2.38). Gelwir y darnau onglog maluriedig o graig sy'n ymgasglu wrth droed y llethr a rewfrifwyd yn **sgri**.

Barn y gwyddonwyr yw mai'r ffactorau canlynol sy'n hybu rhewfriwio:

- rhewi cyflym iawn â'r tymheredd isaf yn -5°C
- cylchredau aml o rewi-dadmer; mae rhai astudiaethau wedi awgrymu bod y cylchredau dyddiol, fel y rhai sy'n digwydd mewn amgylcheddau Alpaidd neu Arctig arfordirol, yn arwain at fwy o ddryllio na'r cylchredau tymhorol sy'n nodweddiadol o amgylcheddau gwir Arctig

- gradd uchel o fandylledd neu ddwysedd craciau mewn craig
- presenoldeb swm mawr o ddŵr.

2 **Hindreuliad darheulad** Dyma ronynnau'r graig yn chwyddo a chyfangu o ganlyniad i amrywiadau eithafol mewn tymheredd. Mae'n arbennig o arwyddocaol mewn amgylcheddau diffeithdir lle gall yr amrediad tymheredd dyddiol fod tua 40-50°C. Mae craig yn ddargludydd gwael o wres, ac felly dim ond y croen allanol sy'n ymateb i newidiadau tymheredd ac i gylchredau chwyddo a chyfangu. O ganlyniad, gall y 'croen' allanol fflawio - **diblisgiad** yw hyn. Gall creigiau sy'n cynnwys mwynau o wahanol liwiau gael eu heffeithio gan hindreuliad darheulad mewn ffordd ychydig yn wahanol. Mae'r mwynau tywyllach yn amsugno mwy o wres na'r rhai goleuach a byddant yn ehangu, gan achosi straeniau o fewn y graig. Ar ôl nifer o gylchredau, gall y graig ddangos effeithiau chwilfriwiant gronnynog.

3 **Rhyddhau gwasgedd** Er nad yw, a bod yn fanwl gywir, yn ffurf o hindreuliad, mae'n digwydd yn y fan a'r lle ac mae'n golygu bod y creigiau yn chwilfriwio. Pan fo erydiad yn symud ymaith yn gyflym y creigiau gorchudd, gall rhyddhau'r gwasgedd uwchben achosi'r creigiau i ehangu. Gall y chwyddo arwain at graciau yn ffurfio ac wedyn bydd hindreulio yn digwydd. Canlyniad hyn yw y gall haenau cyfan o graig, centimetrau o drwch, ddod yn rhydd a gwneud i'r tirwedd creigiog ymddangos yn grwn. Mae Ffigur 2.39 yn dangos effaith diblisgiad ar amlygiad gwenithfaen ym Mharc Cenedlaethol Yosemite, UDA. Yma achos rhyddhau'r gwasgedd oedd erydiad difrifol gan rew a symudodd ymaith drwch enfawr o graig mewn cyfnod cymharol fyr o amser.

2.38 *Clogfaen wedi'i rewfriwio, Gwlad yr Iâ*

2.39 *Cromen diblisgiad ym Mharc Cenedlaethol Yosemite*

4 Hindreuliad halen Mae'r math hwn o hindreuliad yn hynod effeithiol mewn amgylcheddau sych. Mae'r tymereddau uchel, y cyfraddau anweddiad uchel a'r glawiad isel yn aml yn arwain at grynodiadau sylweddol o halen yn gorwedd ar arwyneb daear neu yn union oddi tano. Mae twf y grisialau halen yn gweithredu'n debyg i risialau rhew mewn rhewfriwio, gan achosi i straeniau gael eu creu o fewn y creigiau ac mewn adeileddau o waith dyn. Mewn rhannau o'r Dwyrain Canol, er enghraifft, mae hindreuliad halen wedi achosi difrod i ffyrdd, llwybrau glanio ac i sylfeini adeiladau. Mae hindreuliad halen hefyd yn gyffredin ar arfordir Prydain lle mae'n achosi paent i fflawio ar adeiladau: mae perchenogion tai yn aml yn cwyno

bod angen addurno'r tu allan i'w tai yn aml. Mae ffyrdd, adeiladau ochr y ffordd a chynalyddion pontydd yn dioddef o effaith creighalen yn cael ei wasgaru ar ffyrdd i rwystro rhew rhag ffurfio yn y gaeaf (Ffigur 2.40).

5 Hydradiad Hydradiad yw mwynau neu halwynau yn ehangu wrth iddynt amsugno dŵr. Mae'r math hwn o ehangu yn gyffredin mewn mwynau clai sy'n gallu amsugno symiau mawr o ddŵr i mewn i'w hadeiledd o risialau. Pan fo hyn yn digwydd, achosir straen o fewn y graig a all yn y pen draw achosi iddi dorri yn ddarnau. Gall gwlychu a sychu màs o glai – er enghraifft ar graig noeth ar yr arfordir – fod yn effeithiol iawn i'w ddarnio a'r erydu sy'n dilyn.

Halen yw'r bygythiad drwg oddi mewn
gan Nick Rufford

MAE halen wedi ymosod yn ddiarwybod ar beirianwyr priffyrdd Prydain, gan i gynllunwyr pontydd fethu â rhagweld y cynnydd cyflym mewn defnyddio halen rhag rhew yn y gaeaf.

Bob blwyddyn, yn eu brwydr i gadw ffyrdd ar agor yn y gaeaf, mae cynghorau yn Lloegr yn gwasgaru 2.4 miliwn tunnell o halen. Mae'r halen yn achosi ffurf o gyrydiad sy'n llechwraidd a dinistriol. Mae clorid yn bwyta'r dur atgyfnerthol sy'n hanfodol i bontydd concrit. Mae'r cyrydiad yn cael ei achosi gan ddŵr arwyneb neu gan ddŵr wedi'i ddifwyno gan halen sy'n cael ei dasgu gan drafnidiaeth. Mae'r dŵr yn ymdreiddio drwy'r craciau yng nghoncrit y bont.

Unwaith y mae'r dŵr yn cyrraedd y dur, mae'r bont yn dirywio'n gyflym. I waethygu'r sefyllfa, yn aml mae'r metel sy'n rhydu yn chwyddo, gan hollti'r concrit oddi amgylch. Mewn rhai pontydd concrit, a'u cryfder yn dibynnu ar geblau dur o dan straen, gall y rhwd achosi i'r ceblau dorri. Y rhain yw'r pontydd sydd fwyaf tebygol o gwympo.

Yr hyn sy'n creu'r pryder mwyaf i'r peirianwyr yw'r ffaith nad oes yn aml unrhyw arwydd gweledol fod y bont yn cael ei bygwth. Mae'r ceblau mewn pibelli, wedi eu claddu yng nghoncrit y bont. Mae ffurfiau eraill o ymosod, yn cynnwys cyrydiad y cynalyddion dur sy'n cynnal ffyrdd pontydd a chyrydiad y trawstiau bocs o ddur, hefyd wedi achosi problemau, yn arbennig ar ffordd gysylltu Canolbarth Lloegr sy'n cysylltu'r M1 a'r M5 a'r M6.

Mewn adroddiad diweddar, rhybuddiodd y Sefydliad Ymchwil i Adeiladau, corff ymchwil a ariennir gan y llywodraeth y gallai ymosodiad halen achosi i'r holl ewynnau mewn un bibell pont fethu heb unrhyw arwyddion allanol.

Ond er yr holl arwyddion o berygl, bu Prydain yn araf i ddysgu oddi wrth brofiad yr Unol Daleithiau, lle y dosbarthwyd mwy na 230 000 o bontydd concrit – mwy na hanner y stoc cenedlaethol – fel rhai sydd 'wedi darfod amdanynt yn strwythurol ac o ran swyddogaeth'. Mae'r nifer yn cynyddu ar gyfradd o 3500 y flwyddyn ac mae'r gost o'u hatgyweirio neu eu hailosod yn $50 biliwn.

Ym Mhrydain, dilema'r Adran Gludiant yn awr yw sut i weithredu'r atgyweiriadau angenrheidiol heb achosi anhrefn ar y traffyrdd. Mae ailosod cynalyddion concrit ar bontydd traffyrdd a phriffyrdd yn golygu cau lonydd ac yn aml ddargyfeirio trafnidiaeth.

Weithiau mae bron yn rhatach codi pont gyfan o'r newydd. Mae pont draffordd nodweddiadol yn awr yn costio tua £250 000, ond mae atgyweirio ac ailadeiladu yr un sydd yno'n barod yn costio mwy oherwydd y costau ychwanegol o'i chwalu a'r ymyrraeth i drafnidiaeth.

Mae rhai cwmnïau yn cynnig system newydd o atal risg a gyflwynwyd o'r UDA. Mae'n golygu pasio cerrynt trydan gwan drwy ddarnau dur y bont er mwyn gwrthsefyll yr halen. Ond ni fedrir ei ddefnyddio i achub pontydd sy'n barod wedi dirywio'n ddrwg.

YMARFERION

1 Beth yw ffynhonnell yr halen sy'n achosi'r holl broblemau, a pha bwrpas oedd iddo yn wreiddiol?

2 Disgrifiwch rai o effeithiau halen ar adeiladau pontydd.

3 Ceisiwch asesu'r goblygiadau ariannol ar adeg yr hindreuliad halen.

4 A oes unrhyw atebion i'r broblem?

2.40 *Erthygl yn y* Sunday Times, *26 Ebrill 1987*

YMARFERION

1 Diffiniwch y termau canlynol:

a hindreuliad

b erydiad

c treuliant

ch regolith.

2 O safbwynt pob un o brosesau hindreuliad ffisegol:

- disgrifiwch sut y mae'r broses yn gweithredu
- awgrymwch yr amgylchiadau lle bydd y prosesau'n gweithredu yn fwyaf effeithiol (ystyriwch hinsawdd, nodweddion y graig, ayyb.)
- enwch ac eglurwch y cynnyrch ac effeithiau'r broses
- awgrymwch unrhyw oblygiadau ar gyfer gweithgareddau dynol.

Hindreuliad cemegol

1 **Hydoddiant** Yn syml mwynau yn hydoddi mewn dŵr yw hyn. Mae rhai mwynau megis creighalen yn hydoddi'n rhwydd iawn tra bod eraill megis cwarts yn hydoddi'n hynod o araf. Bydd creigiau a wnaed o galsiwm carbonad (calchfeini) yn hydoddi yn rhwydd mewn dŵr glaw sydd wedi sugno carbon deuocsid o'r atmosffer a throi yn asid carbonig gwan. Gelwir y ffurf benodol hwn o hydoddiant yn **garbonadu**. Mae'n arbennig o effeithiol pan fo asidau hwmig o'r pridd hefyd wedi eu hymgorffori yn y dŵr glaw.

2 **Hydrolysis** Mae hydrolysis yn aml yn cael ei gysylltu â phroses hydradiad (gweler tudalen 51), gan fod newid cemegol yn aml yn digwydd pan fo mwyn yn amsugno dŵr. Mae'r mwyn ffelsbar, un o brif gynhwysion y graig gwenithfaen (gweler tudalen 69) yn arbennig o agored i hydrolysis. Mae dŵr glaw asidig gwan yn achosi ffelsbar i gael ei drawsnewid yn glai powdrog gwyn a elwir yn caolin (clai llestri) gyda'r canlyniad fod y graig gyfan yn raddol ddatgymalu.

3 **Ocsidiad** Gall ocsigen a hydoddwyd mewn dŵr adweithio â rhai mwynau, yn arbennig â haearn sy'n cael ei drawsnewid yn haearn ocsid. Mae'r trawsnewid cemegol hwn yn gwanhau'r bondio mwynol a'i wneud yn fwy agored i brosesau hindreulio eraill. O ganlyniad i'r math hwn o erydiad ceir staen coch neu felyn sy'n gyffredin ar ochrau mewnol pontydd neu dwnelau camlesi.

4 **Celadiad** Celadiad yw effaith asidau organig ar graig. Deillia'r asidau hyn naill ai o ddadelfeniad **hwmws** (llystyfiant pydredig) yn y pridd, neu drwy secretiad uniongyrchol organebau megis cen. Credir bod celadiad yn bwysig iawn yn hyrwyddo effeithiau hydrolysis a charbonadu oherwydd mae'n debyg bod hindreuliad craig o dan bridd yn fwy gweithredol na phan fo craig yn agored i'r elfennau.

Hindreuliad biolegol

Gall organebau byw arwain at hindreuliad ffisegol a chemegol. Bydd gwreiddiau planhigion, yn arbennig rhai coed, yn chwilio am y bregion a'r planau haenu mewn creigiau ac yn raddol yn gwthio'r creigiau ar wahân (Ffigur 2.41). Mae coed yn tynnu dŵr o'r priddoedd a gall hyn

arwain at grebachiad, yn arbennig yn ystod sychder. Gall hyn yn ei dro achosi i adeiladau suddo neu i'w sylfeini gracio.

Mae bodolaeth defnydd organig yn cynhyrchu asidau hwmig sy'n hybu hindreuliad cemegol, yn arbennig mewn calchfeini. Ar yr arfordir, mae cramenogion (*crustaceans*) (e.e. pidogau) yn tyllu tyllau mewn creigiau, a gall secretiadau pysgod cregyn gynyddu cyfradd yr hindreuliad cemegol. Gall hyd yn oed baw adar gael effaith gostus ar baent car!

YMARFERION

1 Yn aml fe ddrysir rhwng hydrolysis a hydradiad. Beth yw'r gwahaniaeth rhyngddynt?

2 Beth yw celadiad? Trafodwch bwysigrwydd asidau organig yn hybu hindreuliad cemegol.

3 Gyda chymorth braslun syml, disgrifiwch sut y gall gwreiddiau coeden wthio creigiau ar wahân.

4 "Pur anaml y mae prosesau hindreuliad yn digwydd yn gyfan gwbl ar wahân o'i gilydd ar frig craig neu adeilad." Mynegwch farn ar y gosodiad hwn.

Pa ffactorau sy'n effeithio ar hindreuliad?

Y prif ffactorau sy'n effeithio ar natur a chyfradd hindreuliad yw hinsawdd, nodweddion craig a llystyfiant.

Hinsawdd

Astudiwch Ffigur 2.42 sy'n disgrifio'r berthynas rhwng hinsawdd (tymheredd a glawiad) a phrosesau hindreuliad. Sylwch bod hindreuliad cemegol yn tueddu i fod yn ddwysach mewn hinsoddau llaith a chynnes lle mae tymereddau uchel yn hybu adweithiau cemegol, a'r glawiad trwm yn darparu'r lleithder angenrheidiol i'r prosesau weithredu. Mae proffiliau hindreulio dwfn yn gyffredin yn y fath hinsoddau trofannol ac mae'r priddoedd coch nodweddiadol yn adlewyrchu ocsidiad gweithredol. Mae hindreuliad ffisegol yn arbennig o weithredol mewn hinsoddau oer lle mae rhewfriwio yn llywodraethu. Mewn amgylcheddau diffeithdir, gellid disgwyl i hindreuliad ffisegol fod amlycaf oherwydd absenoldeb dŵr, ond mae hindreuliad cemegol yn bwysig, yn arbennig ocsidiad.

Fodd bynnag, mae'n bwysig cofio pwynt neu ddau:

- Mae hinsoddau'n amrywio yn ôl uchder yn ogystal ag yn ôl lledred – felly, er enghraifft, gall cadwyn o fynyddoedd yn y trofannau gael dilyniant o hinsoddau o'r tymherus i'r arctig wrth i uchder gynyddu.

- Mae hinsoddau yn newid dros amser – felly ni ddylid o anghenraid gysylltu prosesau a nodweddion hindreuliad ag amodau presennol. Er enghraifft, nid yw'r proffiliau o

2.41 *Gwreiddiau coeden yn gwthio bregion mewn craig ar wahân*

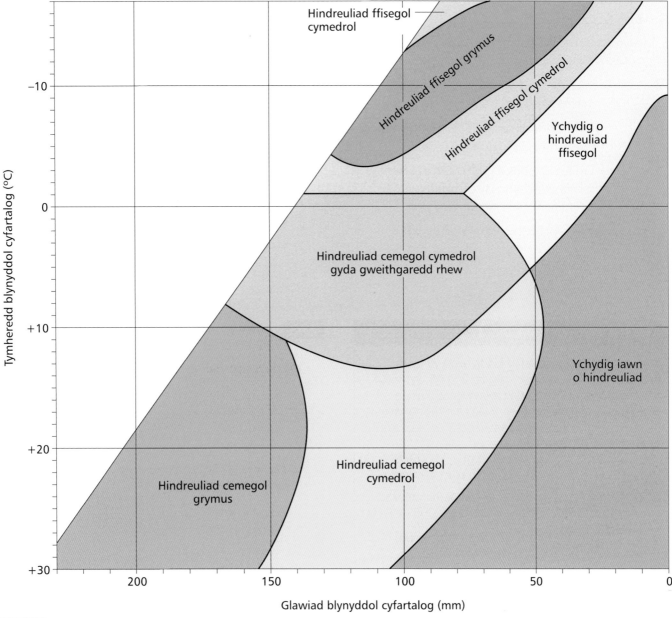

2.42 *Hindreuliad a hinsawdd*

hindreuliad dwfn sydd i'w cael yn yr Alban yn debygol o fod wedi eu ffurfio o dan amodau heddiw; maent yn fwy tebygol o fod wedi eu ffurfio yn ystod cyfnod rhyng-rewlifol llawer cynhesach.

Nodweddion craig

Mae cyfradd hindreuliad cemegol yn cael ei effeithio gan gyfansoddiad cemegol craig. Mae rhai mwynau yn fwy tueddol i newid yn gemegol nag eraill. Er enghraifft, mewn gwenithfaen mae'r mwynau ffelsbar a mica ill dau yn agored i newid, tra bo cwarts yn hindreulio'n eithriadol araf. Fodd bynnag, mae'r ffaith fod rhai o gynhwysion gwenithfaen yn tueddu i hindreulio yn golygu bod y graig gyfan yn debyg o dorri'n ddarnau. Bydd presenoldeb mwynau haearn a halwynau yn effeithio ar ocsidiad a hydradiad yn eu tro, a

bydd creigiau sy'n gyfoethog mewn calsiwm carbonad (h.y. calchfeini) yn cael eu heffeithio gan garbonadu. Bydd bregion a phlanau haenu yn hyrwyddo hindreuliad gan eu bod yn galluogi i ddŵr dreiddio'n ddwfn i greigiau.

Llystyfiant

Mae presenoldeb llystyfiant hefyd yn hybu hindreuliad, gan fod asidau organig yn cyflymu hydrolysis, a gall gwreiddiau planhigion wthio creigiau bregog ar wahân. Mae rhai mathau o lystyfiant, megis mwsogl, yn glynu wrth arwynebau creigiau, gan ddal dŵr arnynt fel ysbwng gwlyb ac felly'n hybu hindreuliad cemegol. Fodd bynnag, gall yr un llystyfiant hwn, ar yr un pryd, amddiffyn arwyneb craig rhag eithafion tymheredd, ac felly'n lleihau effeithiau hindreuliad ffisegol.

YMARFERION

1 'Yn gyffredinol, ystyrir mai hinsawdd yw'r ffactor pwysicaf sy'n effeithio ar hindreuliad.' A ydych yn cytuno â'r gosodiad hwn, ac os ydych, pam?

2 Astudiwch Ffigur 2.42. Ceisiwch ateb y cwestiynau sy'n dilyn i'ch helpu i ddeall y diagram.

   a Pam yn eich barn chi y mae cornel chwith uchaf y graff yn wag?

   b Disgrifiwch nodweddion tymheredd a glawiad y gylchfa a labelwyd 'Ychydig iawn o hindreuliad'. Ceisiwch egluro pam y mae wedi ei lleoli yma.

   c Ble fyddech yn lleoli 'rhewfriwio' ar y graff, a pham?

   ch Pam nad yw 'tymheredd blynyddol cyfartalog' yn fesur delfrydol wrth geisio lleoli 'rhewfriwio' ar y diagram hwn?

   d Ble fyddech yn lleoli 'hindreuliad darheulad', a pham?

   dd Ble fyddech yn lleoli 'hindreuliad biolegol' a pham?

3 Ym mha ffyrdd y mae nodweddion craig yn effeithio ar y prosesau hindreuliad canlynol:

   • rhewfriwio

   • hydrolysis

   • hindreuliad darheulad

   • gwreiddiau planhigion yn gwthio creigiau ar wahân?

CWESTIWN STRWYTHUREDIG 1

Mae prosesau a chyfraddau hindreuliad yn newid drwy'r flwyddyn. Cyfeiriwch at Ffigur 2.43, sy'n dangos prosesau hindreuliad mewn pant bychan o dywodfaen yng Ngwlad Pwyl. Mae'r hinsawdd yn dymherus gyfandirol gyda gaeafau oer (cyfartaledd misol Ionawr -8°C) a hafau cynnes (cyfartaledd misol Gorffennaf 17°C). Mae'r dyodiad (tua 1100 mm y flwyddyn) yn bennaf yn y gwanwyn hwyr a'r hydref.

a (i) Pam mai yng nghanol haf y mae hindreuliad cemegol leiaf? (1)

   (ii) Ym mha dymor y byddech yn disgwyl gweld hindreuliad rhew ar ei waethaf, a pham? (2)

Mae'r tywodfaen yn cynnwys gronynnau cwarts yn bennaf, er ceir symiau bychain o ffelsbar. Mae'r gronynnau'n cael eu dal wrth ei gilydd gan sment cleiog, rhydlyd (yn cynnwys haearn). Ceir mwsoglau a chen yn y mannau gwlypaf.

b Eglurwch sut y gallai mwsogl a chen effeithio ar y gyfradd hindreulio yn y pant. (1)

c (i) Enwch un broses hindreuliad benodol (ar wahân i hindreuliad rhew) sy'n gweithredu yn ôl pob tebyg yn y pant. (1)

   (ii) Eglurwch sut y bydd y broses hon yn gweithredu yn y pant. (2)

2.43 *Prosesau hindreuliad mewn pant calchfaen yng Ngwlad Pwyl*

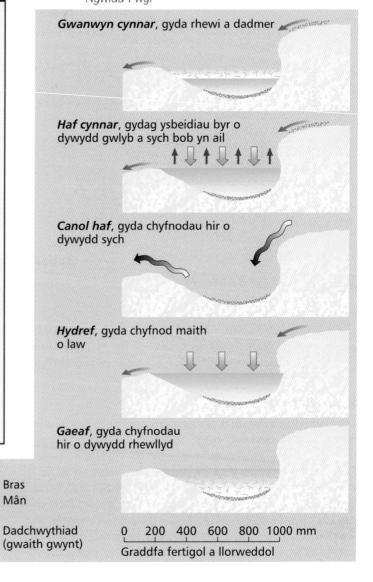

Gwanwyn cynnar, gyda rhewi a dadmer

Haf cynnar, gydag ysbeidiau byr o dywydd gwlyb a sych bob yn ail

Canol haf, gyda chyfnodau hir o dywydd sych

Hydref, gyda chyfnod maith o law

Gaeaf, gyda chyfnodau hir o dywydd rhewllyd

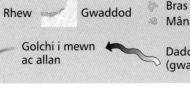

Dŵr	Rhew	Gwaddod

Bras
Mân

⇩ ⇩ Dyodiad

↑ ↑ Anweddiad

Golchi i mewn ac allan

Dadchwythiad (gwaith gwynt)

0 200 400 600 800 1000 mm
Graddfa fertigol a llorweddol

CWESTIWN STRWYTHUREDIG 2

Mae Ffigur 2.44 yn dangos y ffordd y mae dyodiad, tymheredd, anweddiad, cwymp y dail a dyfnder hindreuliad yn amrywio yn ôl lledred.

a (i) Pa fath o hindreuliad yn eich barn chi, sy'n debygol o fod bennaf mewn cylchfa coedwig drofannol? *(1)*

(ii) Nodwch dri rheswm pam mai'r hindreuliad yma sydd bennaf. *(3)*

b Disgrifiwch sut y mae dyfnder y regolith yn amrywio yn ôl lledred. *(2)*

c Awgrymwch ddau reswm dros ddyfnder bas y regolith yn y cylchfaoedd canlynol:

- cylchfa twndra
- diffeithdir a lled-ddiffeithdir. *(4)*

ch Mae'r saeth a farciwyd yn A yn cynrychioli yn fras lledred Ynysoedd Prydain. Eglurwch pam nad yw'r diagram o bosib yn cynrychioli yn ddigonol amodau hindreuliad Ynysoedd Prydain. *(2)*

d Sut y gall prosesau hindreuliad effeithio ar weithgareddau dynol? *(4)*

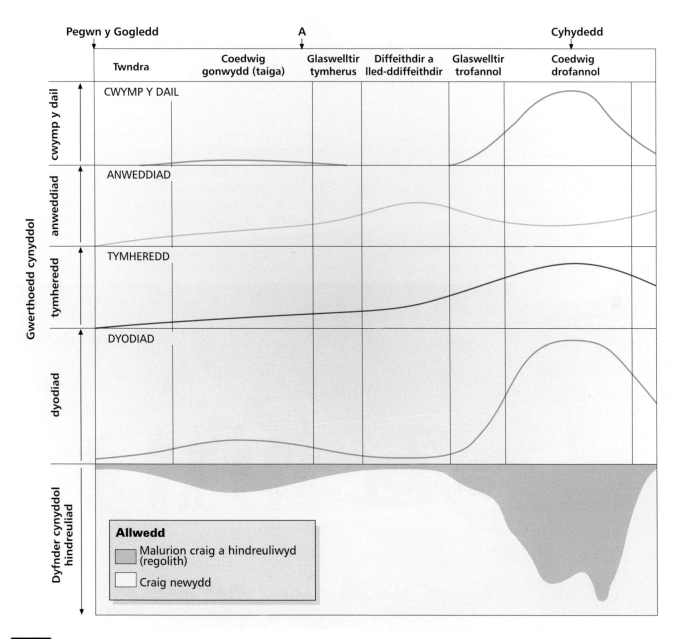

2.44 *Amrywiadau mewn hindreuliad yn ôl lledred*

D Llethrau

Pam fod llethrau yn bwysig?

Mae Ffigur 2.45 yn dangos un darn o ffordd a ystyrir yn un o'r darnau prysuraf a pheryclaf yn y byd. Dyma ran o Briffordd Karakoram sy'n cysylltu China a Pakistan ac sy'n agored yn aml i dirlithriadau difrifol. Bob blwyddyn mae tirlithriadau a chwympiadau creigiau yn cau'r ffordd am nifer o ddyddiau hyd nes y bydd y llanast wedi ei glirio. Yn achlysurol mae darnau cyfan o'r ffordd yn cwympo i lawr y llethr.

Ceir digonedd o dystiolaeth yn y llun bod y llethr hwn yn weithredol ar hyn o bryd:

- Ceir llawer o ddarnau onglog o'r graig yn gorwedd wrth droed y llethr – yr enw ar hyn yw **talws**.
- Ceir brigiadau o graig noeth, yn agored i hindreuliad, o'r lle y cwympodd y defnydd.
- Nid oes yma lystyfiant. Ni wna planhigion na llwyni wladychu ardal os nad yw'n weddol sefydlog.

Pam fod y llethr mor ansefydlog? Unwaith eto, edrychwch yn fanwl ar y llun a darllenwch y cliwiau canlynol:

- Mae'r llethr yn serth iawn. Gellwch ddychmygu mai hawdd fyddai i gwymp craig neu dirlithriad ddigwydd.

- Gall fod adeiladu'r ffordd wedi ychwanegu at y broblem drwy dorri i mewn i waelod y llethr ac, mewn gwirionedd, ei wneud yn fwy ansefydlog.
- Mae absenoldeb llystyfiant yn golygu bod y llethr yn derbyn holl rym unrhyw lawiad sy'n digwydd. Yn ychwanegol, mae prinder gwreiddiau yn golygu nad yw'r pridd na'r malurion craig yn cael eu dal wrth ei gilydd.
- Gall fod dirgryniadau trafnidiaeth wedi achosi i rywfaint o'r llethr gwympo.

Eto, er gwaethaf yr holl broblemau, mae Priffordd Karakoram yn gyswllt hanfodol i gyfathrebau ac mae angen ei chadw ar agor, ar bob cyfrif. Mae'n amlwg bod angen deall y llethr yma a'i reoli'n ofalus.

Mae symudiad llethr yn gyffredin drwy'r byd, yn arbennig lle ceir graddiant serth, creigiau gwan, glawiad trwm a thandorri o waelod y llethr (erydiad afon neu fôr, neu weithgaredd dynol). Yn ddiweddarach yn y bennod byddwn yn trafod llethrau yng nghyd-destun amgylcheddau afonol ac arfordirol.

Mae'r rhan fwyaf o arwyneb tir y ddaear yn ffurfio llethr o ryw fath. Prin yw'r mannau sy'n hollol lorweddol. Fel y mae Ffigur 2.46 yn darlunio, ceir onglau llethr critigol i nifer o ddefnyddiau tir gwahanol. Er enghraifft, mae'n rhaid i lanfeydd ar gyfer meysydd awyr rhyngwladol fod â llethr sy'n llai na 0.5 gradd, tra mae'n anodd i dractorau weithio ar lethrau sydd dros 8 gradd.

2.45 *Tirlithriadau ar Briffordd Karakoram*

Ongl llethr	Cyfyngiadau ar ddefnydd tir
<1°	Fawr o rwystrau i ddefnydd tir ar wahân i ddraeniad gwael a risg llifogydd. Terfyn glanfeydd meysydd awyr rhyngwladol.
1°	Yn effeithio ar y prif reilffyrdd a cherbydau mawr. Terfyn glanfeydd maes awyr lleol. Mae ongl sy'n fwy na hyn yn effeithio rhywfaint ar amaethyddiaeth ar raddfa fawr. Risg llifogydd yn dal yn bod.
2°	Yn ddelfrydol dyma'r ongl fwyaf ar gyfer y ffyrdd a'r rheilffyrdd pwysicaf. Yn rhwystr i beiriannau mawr ar gyfer amaeth a dyfrhau. Rhywfaint o effaith ar ddatblygu adeiladau. Erydiad pridd yn fwy o fygythiad na risg llifogydd.
4°	Datblygu tai a ffyrdd yn anodd.
5°	Problemau go iawn i amaethyddiaeth fecanyddol ar raddfa fawr. Byddai ffermio cyfuchlinol yn ddoeth. Yr ongl fwyaf o safbwynt rheilffyrdd ac ar gyfer diwydiant ar raddfa fawr.
8°	Yr ongl uchaf ar gyfer datblygu safle ar raddfa fawr. Problemau gan gerbydau olwyn yn cynnwys tractorau. Aredig yn amhosibl heb derasau cyfuchlinol.
25°	Yn bennaf coedwigaeth a phorfa. Cludiant yn bosibl ond gyda cherbydau arbennig.
35°	Terfyn eithaf i gerbydau treigl (caterpillars). Nid yw amaethydd-iaeth nac adeiladu yn bosib. Mae coedwigaeth wedi ei chyfyngu oherwydd ni fedrir yn hawdd echdynnu'n fecanyddol.
55°	Dim defnydd economaidd pellach ar wahân i fynydda, er fod y tir yn dal yn 'ddefnyddiol', er enghraifft fel dalgylch dŵr neu oherwydd ei atyniad esthetaidd.

2.46 *Onglau llethr critigol ar gyfer defnydd tir amrywiol*

YMARFERION

1   Gan gyfeirio at Ffigurau 2.45 a 2.46, rhowch eich barn ar bwysigrwydd llethrau ar gyfer gweithgaredd dynol.

2   Gwnewch restr o'r nodweddion y gallech eu gweld pe byddai llethr yn wreithredol ar hyn o bryd.

3   Pa ffactorau sy'n gwneud llethr yn agored i gwympo?

Beth yw'r prif brosesau llethr?

Ceir nifer o brosesau gwahanol yn gweithredu ar lethr:

- Bydd hindreuliad yn effeithio'n uniongyrchol ar frigiadau noeth creigiau, gan achosi darnau o'r graig i dorri i ffwrdd a chasglu ar waelod llethr i ffurfio dyddodion o **sgri**.

- Bydd dŵr glaw yn gweithredu ar lethr, o bosibl yn llifo drosto gan ffurfio sianelau bychain a elwir yn **gornentydd** neu os yn fwy yn **gylïau**. O dan amodau eithafol, gall dŵr lifo fel llen (**llenlif**) i lawr y llethr.

- Y prosesau màs-symudiad (Ffigur 2.47), megis tirlithriadau a lleidlifau yw'r rhai mwyaf arwyddocaol, am eu bod yn gallu achosi swm enfawr o ddefnyddiau i symud i lawr llethr gan newid ffurf y llethr yn gyfan gwbl. Mae prosesau màs-symudiad yn amrywio'n fawr iawn o ran cyfradd eu symudiad, o ran y mecanwaith ymhlyg ac o ran eu hangen am ddŵr. Mae Ffigur 2.48 yn graff trionglog a ddefnyddir i ddangos y tri ffactor hwn. Mae lleoliad pob un o'r màs-symudiadau yn gymharol: ni ddefnyddir unrhyw ffigurau absoliwt ar y graff.

YMARFERION

1   Astudiwch Ffigur 2.47.

   a   Beth yw'r prif wahaniaeth rhwng tirlithriad a chylchlithriad?

   b   Sut y mae presenoldeb dŵr yn aml yn bwysig iawn i gychwyn tirlithriad?

   c   Beth yw lahar?

   ch Diffiniwch y blaen, y brig a phrif arweddion sgarp sy'n gysylltiedig â chylchlithriad.

   d   Beth yw'r gwahaniaeth rhwng priddlif ac oerlif?

   dd Lluniwch ddiagram syml i ddangos sut y mae gronynnau pridd yn ymgripio i lawr y llethr o ganlyniad i ehangiad a chyfangiad.

   e   Ar wahân i derasetau, pa nodweddion eraill y byddech yn chwilio amdanynt fel prawf o ymgripiad pridd?

2   Astudiwch Ffigur 2.48.

   a   Pa fath o fàs-symudiad yw'r cyflymaf?

   b   Pa fath yw'r gwlypaf?

   c   Beth yw nodweddion lleithder a chyflymder ymgripiad pridd?

   ch Lleidlifau neu dirlithriadau sydd gyflymaf?

   d   Beth yw cyfradd nodweddiadol symudiad yn y broses o briddlif?

   dd Astudiwch Ffigur 2.47. Gwnewch gopi o Ffigur 2.48, ac awgrymwch y sefyllfa orau ar gyfer cwympiadau creigiau a chylchlithriadau.

a Cwymp creigiau

Mae'r symudiad cyflym hwn fel arfer yn digwydd ar y llethrau serthaf. Daw darnau unigol o graig, neu weithiau slabiau cyfan, yn sydyn yn rhydd a disgyn i waelod y llethr. Gallant ddod yn rhydd drwy brosesau graddol megis rhewi-dadmer neu drwy ddigwyddiadau sydyn a dramatig megis daeargrynfeydd. Mae'r malurion onglog yn ymgasglu ar waelod y llethr gan ffurfio **talws** neu **sgri**.

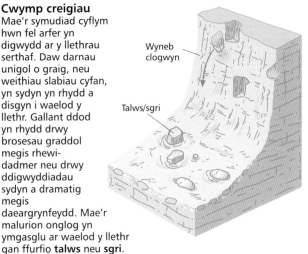

Wyneb clogwyn

Talws/sgri

b Tirlithriad

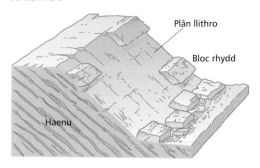

Plân llithro

Bloc rhydd

Haenu

Y prif beth am dirlithriad yw fod symudiad yn digwydd ar hyd **plân llithro** gwastad neu blanar. Mae tirlithriadau fel arfer yn digwydd ar hyd planau haenu, yn arbennig pan fo'r graig oddi tano yn anathraidd ac yn arwain at gynnwys uchel o leithder a fydd yn iro yr arwyneb lle digwydd y llithro. Mae tirlithriadau yn digwydd yn gyflym iawn a gallant achosi difrod enfawr a marwolaethau.

c Cylchlithriad

Brig   Sgarp

Blaen

Troed

Plân llithro crwm

Mae cylchlithriad yn wahanol i ddirlithriad gan fod y plân llithro yn geugrwm mewn ffurf, ac felly'n achosi mwy o symudiad cylchdro. Dyma mae'n debyg y ffurfiau mwyaf cyffredin o fàs-symudiad a welir yn y DU. Gellir eu gweld ar hyd yr arfordir (e.e. Norfolk; Folkestone, Caint; a Lulworth, Dorset) ac ar ymylon priffyrdd. Maent fel arfer yn digwydd mewn craig wan (e.e. clai) neu mewn pridd sy'n ddirlawn, ac mewn ymateb i ddisgyrchiant, yn cwympo.

ch Lleidlif

Pridd

Pridd dirlawn a malurion craig

Creigwely

Afon

Clusten

Pan mae pridd neu graig wan, megis clai neu ludw folcanig, yn dod yn ddirlawn, gall ddechrau llifo i lawr y llethr. Gall y math hwn o lif fod yn araf ond fel arfer mae'n hynod gyflym: mae'n dibynnu fel arfer ar faint o ddŵr sy'n y defnydd. Mae lleidlifau yn aml yn ffurfio perygl folcanig difrifol (gweler tudalen 41) gan fod eira ac iâ tawdd o gopaon llosgfynyddoedd yn gallu cyfuno â lludw i ffurfio llifoedd marwol a elwir yn laharau. Achosodd laharau farwolaethau lawer a difrod i eiddo yn echdoriadau Nevado del Ruiz, Colombia (1985) a M. Pinatubo, Pilipinas (1991).

d Priddlif

Clusten priddlif

Craig solet neu wedi rhewi

Defnydd dirlawn

Priddlif yw pridd dirlawn yn llifo'n araf i lawr llethr. Mae'n broses gyffredin mewn amgylcheddau ffinrewlifol, lle mae'r haen uchaf (yr haen weithredol) wrth ddadmer yn dymhorol yn cyflenwi digon o ddŵr i alluogi'r llifo ddigwydd. Mae'r dŵr yn lleihau effeithiau cydlyniad a ffrithiant, ac felly'n hyrwyddo symudiad. Mae'r term **oerlif** yn cyfeirio at briddlif sy'n digwydd ar dop daear sydd wedi rhewi.

dd Ymgripiad pridd

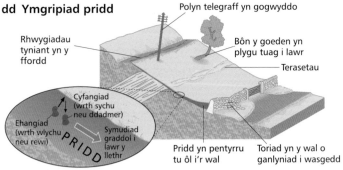

Polyn telegraff yn gogwyddo

Rhwygiadau tyniant yn y ffordd

Bôn y goeden yn plygu tuag i lawr

Terasetau

Cyfangiad (wrth sychu neu ddadmer)

Ehangiad (wrth wlychu neu rewi)

PRIDD

Symudiad graddol i lawr y llethr

Pridd yn pentyrru tu ôl i'r wal

Toriad yn y wal o ganlyniad i wasgedd

Mae ymgripiad pridd yn golygu proses o wthio lle mae'r gronynnau unigol yn codi a disgyn mewn ymateb i ehangu a chyfangu o ganlyniad i wlychu a sychu neu rewi a dadmer. Mae'n broses araf iawn. Mae ymgripiad pridd yn gyffredin iawn yn y DU, yn arbennig ar lethrau clai, gan fod clai yn agored i effeithiau gwlychu a sychu. Gallech fod wedi gweld **terasetau** ar lethrau glaswelltog: credir bod y rhain yn ganlyniad ymgripiad pridd.

2.47 *Prif fathau o fàs-symudiad*

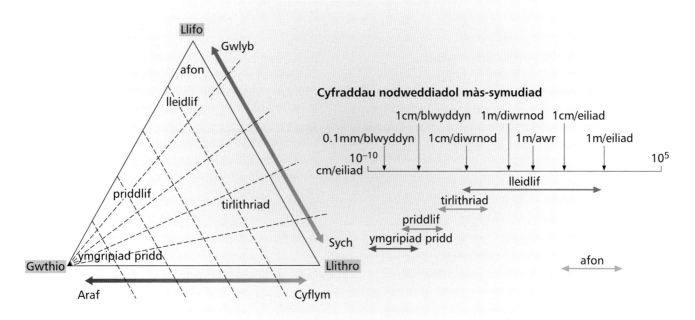

2.48   *Dosbarthiad màs-symudiad*

Pa ffactorau sy'n effeithio ar brosesau llethr?

Mae Ffigur 2.49 yn dangos **system lethr**. Mae'n enghraifft o system **agored** oherwydd daw mewnbynnau iddi o'r tu allan (e.e. gwres a dyodiad) ac allbynnau (e.e. dŵr a chraig a hindreuliwyd) i systemau eraill. Mae'r ffigur hwn yn darlunio rhai o'r ffactorau niferus sy'n effeithio ar brosesau llethr:

- **Math y graig** Yn gyffredinol, po wydnaf yw'r graig mwyaf abl y mae i gynnal llethr serth. Mae creigiau igneaidd a metamorffig yn hynod o gryf ac yn gallu cynnal llethrau sydd bron yn fertigol, tra nad yw tywod a gro yn cynnal dim ond llethrau graddol iawn.

- **Adeiledd daearegol** Gall slabiau daearegol ddod yn rhydd ar hyd planau haenu neu fregion, gan achosi cwympiadau craig a thirlithriadau.

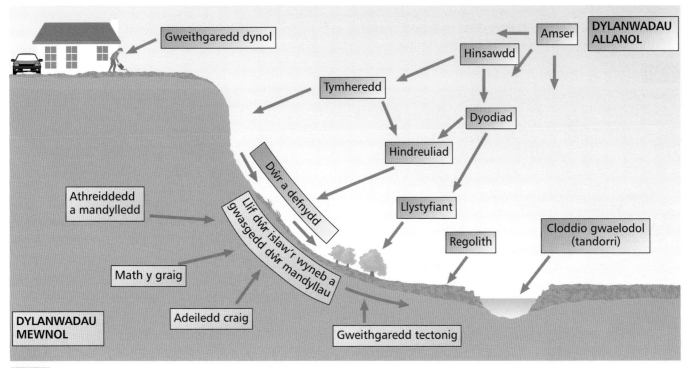

2.49   *Y system lethr*

- **Athreiddedd a mandylledd** Mae'r nodweddion hyn yn effeithio ar yr hyn sy'n digwydd i'r dŵr ar y llethr. Mae craig anathraidd yn agored i lif dŵr arwyneb, a gall gylïau dwfn ffurfio. (Gweler tudalen 64 am ddiffiniadau.)

- **Gweithgaredd tectonig** Ceir rhai o lethrau serthaf y byd mewn ardaloedd sy'n dectonig fyw. Mae gan ardal yr Himalaya nifer mawr o lethrau dramatig (gweler Ffigur 2.45) sy'n ganlyniad ymgodiad graddol y mynyddoedd (gwrthdrawiad Platiau India ac Ewrasia) yn cyfuno â chyfraddau cyflym o erydiad. Gall daeargrynfeydd hefyd beri diffygion mewn llethr.

- **Hinsawdd** Bydd hinsawdd ardal yn effeithio ar y math o hindreuliad sy'n gweithredu ar lethr. Mae hefyd yn rheoli natur, a phresenoldeb neu absenoldeb, dŵr a llystyfiant. Mae'r rhan fwyaf o'r prosesau sy'n gweithredu ar lethr (e.e. lleidlifau ac ymgripiad pridd) yn ddibynnol ar nodweddion hinsawdd, yn arbennig dyodiad.

- **Hindreuliad** Mae hindreuliad yn effeithio ar y llethrau uchaf, yn arbennig ar y brigiadau noeth o greigiau. Yn gyffredinol, bydd hindreuliad ffisegol, yn arbennig rhewfriwio, yn arwain at arwynebau craig llawer mwy danheddog, onglog a noeth tra bod hindreuliad cemegol, gyda'i duedd i hydoddi a chynhyrchu cleiau mân, yn tueddu i gynhyrchu llethrau mwy crwn.

- **Llystyfiant** Os yw llethr yn goediog neu wedi ei orchuddio gan lwyni a gwair mae'n llai tebygol o fod yn weithredol oherwydd bydd rhain yn gwarchod y llethr rhag effeithiau uniongyrchol glawiad ac yn gymorth i glymu gronynnau'r graig a'r pridd gyda'i gilydd.

- **Cloddio gwaelodol** Gall cloddio gwaelodol fod ar ffurf afon yn tandorri llethr neu'r môr yn torri rhic/bwlch mewn llinell glogwyn. Gall gweithgaredd dynol megis adeiladu ffordd gael yr un effaith. Gall cloddio gwaelodol wneud llethr yn serthach, ac felly ei wneud yn ansefydlog.

- **Gweithgaredd dynol** Gall pobl newid llethrau yn uniongyrchol drwy fwyngloddio a chwarela, adeiladu ffyrdd a stadau tai, a therasu tir ar gyfer ffermio. Gall llethrau gael eu newid hefyd yn anuniongyrchol, er enghraifft, pan mae coedwigoedd yn cael eu cwympo ar gyfer coed tân neu i wneud lle ar gyfer amaethyddiaeth. Mae'r datgoedwigo hwn yn arwain at fwy o ddŵr ffo ar yr arwyneb a gall erydiad pridd ddigwydd.

- **Amser** Mae hyd y cyfnod y mae llethr wedi bod yn agored i hindreuliad yn sicr o fod yn ffactor rheoli pwysig. Mae'r llethrau newydd eu ffurfio sy'n serth ac heb lystyfiant yn cael eu hindreulio a'u herydu'n weithredol hyd nes y byddant wedi magu ffurf sydd mewn cydbwysedd â'u hamodau amgylcheddol. Wrth gwrs, os newidia'r amgylchedd (cynhesu byd-eang, er enghraifft) gellir amharu ar y cydbwysedd a bydd proffil y llethr yn cael ei orfodi i addasu.

Sut y gellir sefydlogi llethrau?

Yn achlysurol gall cwymp llethr gael effaith arwyddocaol ar weithgareddau dynol. Gall mynyddoedd gwympo wedi glaw trwm sy'n gysylltiedig â seiclonau trofannol (Ffigur 2.50), ac mae gwendidau clogwyni ar yr arfordir yn gyffredin. Ceir nifer o ffyrdd i wneud llethr yn fwy sefydlog:

- plannu llystyfiant i glymu'r pridd gyda'i gilydd a rhyng-gipio glawiad
- gwella draeniad i rwystro'r llethr rhag mynd yn ddirlawn ac i atal llinellau gwendid, er enghraifft, planau haenu, rhag cael eu hiro
- defnyddio rhwydi gwifrog a pholion metel i ddal y llethr gyda'i gilydd (Ffigur 2.51)
- lleihau'r graddiant drwy ychwanegu defnydd at waelod y llethr.

2.50   *Llethr yn cwympo ar ôl glaw trwm*

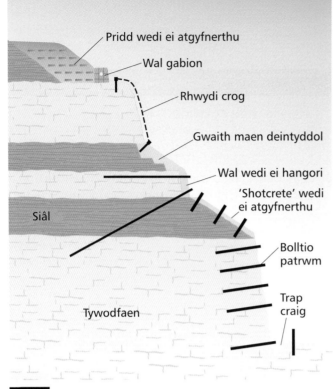

Pridd wedi ei atgyfnerthu
Wal gabion
Rhwydi crog
Gwaith maen deintyddol
Wal wedi ei hangori
'Shotcrete' wedi ei atgyfnerthu
Siâl
Bolltio patrwm
Trap craig
Tywodfaen

2.51 *Dulliau sefydlogi llethr*

CWESTIWN STRWYTHUREDIG 1

Astudiwch Ffigur 2.52, sy'n dangos llethrau ochr dyffryn ar Blencathra, mynydd yn Cumbria. Mae'r dyffryn tua 500 m o ddyfnder, yn rhedeg o'r gorllewin i'r dwyrain ac mae wedi ei dorri i mewn i lechfeini hynafol.

a **(i)** Enwch *ddau* fewnbwn posibl i'r system lethr a welir i'r chwith o'r llun. (2)

(ii) Enwch *ddau* allbwn posibl o'r system lethr hon. (2)

b Enwch ac eglurwch *ddwy* broses o fàs-symudiad sy'n ymddangos, o dan yr amodau hinsoddol presennol, yn gweithredu ar y llethr hwn. (4)

c Disgrifiwch ac eglurwch *un* ffordd y gallai gwaith afon fod wedi effeithio ar serthrwydd llethrau yn y dyffryn hwn. (2)

ch Eglurwch sut y gall defaid yn pori yn y dyffryn hwn ddylanwadu ar fàs-symudiad ar lethrau'r dyffryn. (2)

YMARFERION

1 Astudiwch Ffigur 2.49.

a Awgrymwch pam y gellir disgrifio'r system lethr fel system 'agored'.

b Ceisiwch wneud rhestr o dri mewnbwn a thri allbwn.

c Sut y mae diagram fel hwn yn gymorth i ddeall sut y mae llethrau'n gweithio?

2 Roedd rhai o'r llethrau yn Ffigur 2.45 yn arfer bod yn goediog. Yn eich barn chi, beth fu effeithiau datgoedwigo?

3 Ar wahân i ddatgoedwigo, sut y gall gweithgaredd dynol wneud llethrau yn fwy gweithredol ac ansefydlog?

4 Awgrymwch ffyrdd y gellir gwneud llethr yn fwy sefydlog ac yn llai tebygol o gwympo.

2.52 *Llethrau ochr dyffryn ar Blencathra, mynydd yn Cumbria*

CWESTIWN STRWYTHUREDIG 2

Cyfeiriwch at Ffigur 2.53. Digwyddodd tirlithriad Hope ar Gadwyn Cascade yn British Columbia yn Ionawr 1965. Mae'n ardal o sgistau sy'n goleddu i gyfeiriad y de orllewin. Claddodd y tirlithriad ddarn 3 km o briffordd i'r dyfnder mwyaf o 75 m. Gwell galw'r tirlithriad yn **llithriad o falurion**. Gellir diffinio **llithriad o falurion** fel llif cyflym o fasau mawr o ddarnau craig i lawr y llethr.

a Ffactorau naturiol yw achos y mwyafrif o'r llithriadau malurion. Gall y ffactorau naturiol hyn fod yn amodau ffafriol tymor hir ac yn gychwyn mecanwaith sydyn. O safbwynt tirlithriad Hope,

awgrymwch ac eglurwch:

- un cyflwr ffafriol tymor hir *(2)*
- un mecanwaith sydyn. *(2)*

b Gall gweithgaredd dynol hefyd achosi llithriadau malurion. Disgrifiwch ac eglurwch unrhyw un effaith ddynol o'i bath. *(2)*

c Teithiodd llithriad Hope dros 1 km o waelod y llethr cyn aros. Awgrymwch ac eglurwch un mecanwaith posibl i egluro'r symudedd hwn. *(2)*

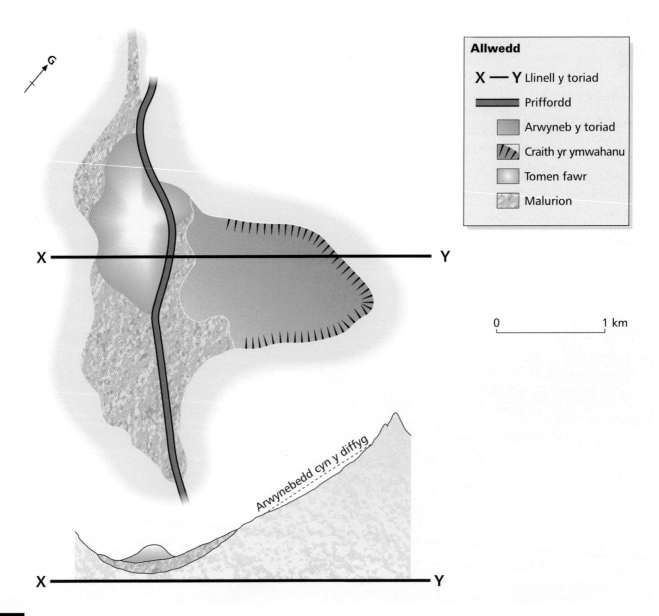

Allwedd

X — Y Llinell y toriad

Priffordd

Arwyneb y toriad

Craith yr ymwahanu

Tomen fawr

Malurion

Arwynebedd cyn y diffyg

2.53 *Tirlithriad Hope, British Columbia, Canada*

Dd Nodweddion creigiau a thirwedd

Mae tirwedd y DU yn eithriadol o amrywiol. Does dim rhaid i ni deithio ymhell i unrhyw gyfeiriad i fynd drwy dirweddau hollol wahanol: gweundiroedd anial, dyffrynnoedd dwfn, bryniau'n ymdonni'n raddol, neu wastadeddau eang. Un o'r prif resymau am yr amrywiaeth hon yw natur y creigiau eu hunain.

Edrychwch ar Ffigur 2.54, sy'n dangos daeareg Ynysoedd Prydain. Sylwch fod nifer fawr o liwiau gwahanol ar y map. Mae pob lliw yn cynrychioli cyfnod amser daearegol gwahanol neu fath gwahanol o graig. Edrychwch eto ar Ffigur 2.1 ar dudalen 24 i'ch atgoffa am y gwahanol gyfnodau amser daearegol. Yr arweddion a gynrychiolir gan y lliwiau niferus yn Ffigur 2.54 sy'n gyfrifol am ein tirwedd naturiol andros o amrywiol.

2.54 *Map daearegol o Brydain ac Iwerddon*

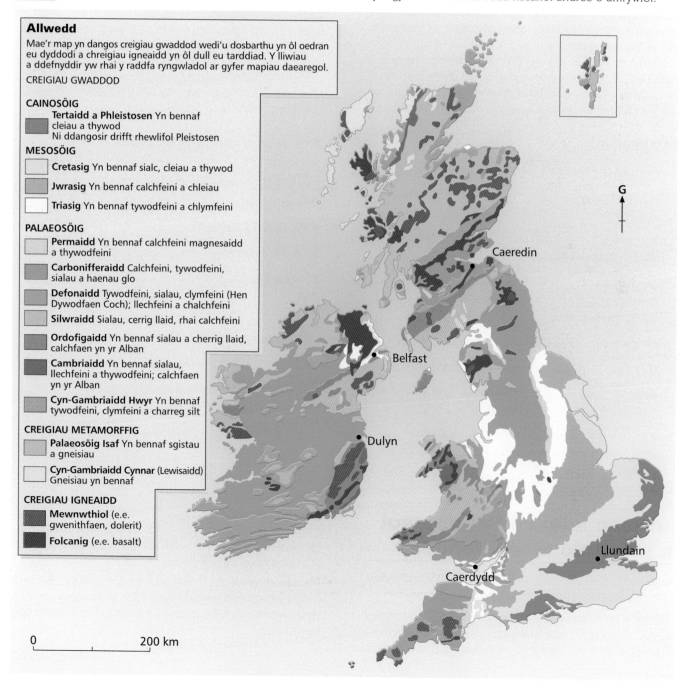

Allwedd

Mae'r map yn dangos creigiau gwaddod wedi'u dosbarthu yn ôl oedran eu dyddodi a chreigiau igneaidd yn ôl dull eu tarddiad. Y lliwiau a ddefnyddir yw rhai y raddfa ryngwladol ar gyfer mapiau daearegol.

CREIGIAU GWADDOD

CAINOSÖIG
Tertaidd a Phleistosen Yn bennaf cleiau a thywod
Ni ddangosir drifft rhewlifol Pleistosen

MESOSÖIG
Cretasig Yn bennaf sialc, cleiau a thywod
Jwrasig Yn bennaf calchfeini a chleiau
Triasig Yn bennaf tywodfeini a chlymfeini

PALAEOSÖIG
Permaidd Yn bennaf calchfeini magnesaidd a thywodfeini
Carbonifferaidd Calchfeini, tywodfeini, sialau a haenau glo
Defonaidd Tywodfeini, sialau, clymfeini (Hen Dywodfaen Coch); llechfeini a chalchfeini
Silwraidd Sialau, cerrig llaid, rhai calchfeini
Ordofigaidd Yn bennaf sialau a cherrig llaid, calchfaen yn yr Alban
Cambriaidd Yn bennaf sialau, llechfeini a thywodfeini; calchfaen yn yr Alban
Cyn-Gambriaidd Hwyr Yn bennaf tywodfeini, clymfeini a charreg silt

CREIGIAU METAMORFFIG
Palaeosöig Isaf Yn bennaf sgistau a gneisiau
Cyn-Gambriaidd Cynnar (Lewisaidd) Gneisiau yn bennaf

CREIGIAU IGNEAIDD
Mewnwthiol (e.e. gwenithfaen, dolerit)
Folcanig (e.e. basalt)

Caeredin

Belfast

Dulyn

Caerdydd

Llundain

G

0   200 km

Sut mae math y graig yn effeithio ar dirweddau?

Yn aml defnyddir y term **litholeg** i ddisgrifio nodweddion unigol craig. Ceir nifer o agweddau i litholeg craig:

- **Cryfder craig (neu galedwch)** Mewn creigiau igneaidd a metamorffig tuedda'r mwynau unigol fod wedi eu hasio i'w gilydd ac yn cydgloi (**grisialog**). Mae hyn fel arfer yn golygu cryfder ffisegol mawr. Mewn creigiau gwaddod, fodd bynnag, sment sy'n tueddu i glymu'r gronynnau unigol gyda'i gilydd, a gall y sment fod yn dywod, clai neu fwyn sydd wedi gwaddodi o hydoddiant. Mae rhai o'r smentiau yn gryf iawn ond eraill yn wan. Mae nifer o dywodfeini, er enghraifft, yn briwsioni yn hawdd er gwaethaf y ffaith y gall y gronynnau tywod unigol fod yn gryf iawn.

- **Cyfansoddiad cemegol** Gall cyfansoddiad cemegol craig fod yn bwysig iawn. Mae calchfeini, er enghraifft, wedi eu gwneud o galsiwm carbonad ($CaCO_3$) sy'n hydoddi'n rhwydd mewn dŵr glaw asidig (proses a adnabyddir fel carbonadu, tudalen 52). Mae'r rhan fwyaf o greigiau wedi eu gwneud o gyfansoddion gwahanol, ac os yw un neu fwy yn wan, yna gall y graig gyfan falu yn y

pen draw. Mae olifin mewn basalt yn arbennig o agored i hindreuliad cemegol ac yn troi'n glai. Mae ffelsbar mewn gwenithfaen hefyd yn arbennig o dueddol o gael ei effeithio gan y broses hydrolysis (gweler tudalen 50).

- **Lliw** Os yw craig yn cynnwys cymysgedd o fwynau golau a thywyll eu lliw yna bydd gwahaniaethau yn y modd y mae'n ymateb i wres yr haul. Bydd y mwynau tywyllach yn cynhesu'n gyflymach a gall hyn arwain at straen o fewn y graig, ac o bosib yn cyfrannu at ei malurio.

- **Athreiddedd a mandylledd** Mae'r term **athreiddedd** yn golygu gallu craig i adael i ddŵr fynd drwyddi. Mae craig sy'n gadael i ddŵr dreiddio'n rhwydd drwyddi yn graig athraidd, a'r un sydd ddim, yn anathraidd. Gall dŵr fynd drwy gyfres o dyllau neu fandyllau mewn craig, neu gall fynd ar hyd craciau a phlanau haenu (Ffigur 2.55). Enghreifftiau o greigiau athraidd yw calchfeini (yn cynnwys sialc) a thywodfaen. Mae clai yn un o'r creigiau lleiaf athraidd. Mae **mandylledd** yn fesur o gyfran tyllau neu fandyllau o fewn craig. Mae gan graig fandyllog gyfradd uchel o fandyllau ond cyfran isel sydd mewn craig ddifandwll. Os yw mandyllau mewn craig yn cyfateb i hanner ei chyfaint fe'i disgrifir fel yn 50% mandyllog. Mae sialc a thywodfaen yn enghreifftiau o greigiau mandyllog.

YMARFERION

1 Astudiwch Ffigurau 2.54 a 2.1 (tudalen 24).

   a Ym mha gyfnod daearegol y ffurfiwyd y creigiau o dan Llundain?

   b Faint o flynyddoedd cyn y cyfnod presennol y dechreuodd y cyfnod hwn?

   c Pe byddech yn teithio o Lundain i Gaerdydd, a fyddech yn teithio dros greigiau sy'n fwyfwy ifanc neu yn fwyfwy hen?

   ch Ble mae'r creigiau hynaf yn Ynysoedd Prydain?

   d Yn ystod pa gyfnod daearegol y ffurfiwyd sialc?

   dd Disgrifiwch ddosbarthiad creigiau igneaidd mewnwthiol yn Ynysoedd Prydain.

   e Sut y gellir defnyddio'r map hwn i egluro yr amrywiaeth enfawr o olygfeydd sydd ar gael yn Ynysoedd Prydain?

2 Beth yw'r gwahaniaeth rhwng litholeg craig ac adeiledd daearegol?

3 Pam y mae creigiau gwaddod yn aml yn llai cryf yn ffisegol na chreigiau igneaidd a metamorffig?

4 Astudiwch Ffigur 2.55.

   a Beth yw ystyr y term 'athreiddedd'?

   b Disgrifiwch y ddwy ffordd y gall dŵr basio drwy graig.

   c Sut y mae athreiddedd yn effeithio ar gyfradd erydiad arwyneb drwy brosesau afonol?

   ch Beth yw ystyr y term 'mandylledd'?

   d Sut y mae mandylledd yn dylanwadu ar effeithiolrwydd prosesau hindreuliad?

Sut mae adeiledd daearegol yn effeithio ar dirweddau?

Mae adeiledd daearegol yn ymwneud â nodweddion ar raddfa fawr megis bregion, planau haenu, plygiadau a ffawtiau.

- **Bregion** yw holltau neu graciau sy'n rhedeg drwy greigiau (gweler Ffigur 2.55). Mae'r mwyafrif o fregion yn ffurfio wrth i greigiau gael eu 'hymestyn' wrth iddynt gael eu plygu

(gweler Ffigur 2.57) ond gallant hefyd gael eu ffurfio pan mae craig igneaidd yn oeri ac yn cyfangu. Mae bregion yn cynrychioli llinellau o wendid, gan ganiatáu dŵr i dreiddio i'r graig a hybu hindreuliad.

- **Planau haenu** yw'r mannau cyswllt rhwng gwelyau creigiau gwaddod (gweler Ffigur 2.55). Fel bregion, maent yn cynrychioli llinellau gwendid y gellir eu hecsbloetio gan hindreuliad.

- **Plygu** Pan mae creigiau yn dioddef straen mawr maent yn ymateb drwy falurio neu blygu (gweler Ffigur 2.56). Ceir nifer o fathau gwahanol o blygiadau, er y dangosir y ddau brif fath yn Ffigur 2.57. Gall plygu effeithio'n ddwfn ar y tirwedd. Plygiadau i fyny yw **anticlinau** a tueddant i ffurfio ardaloedd cymharol uchel.

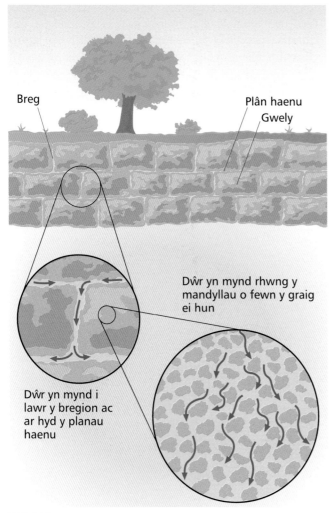

2.55 *Athreiddedd*

2.56 *Plygiant mewn creigiau haenog*

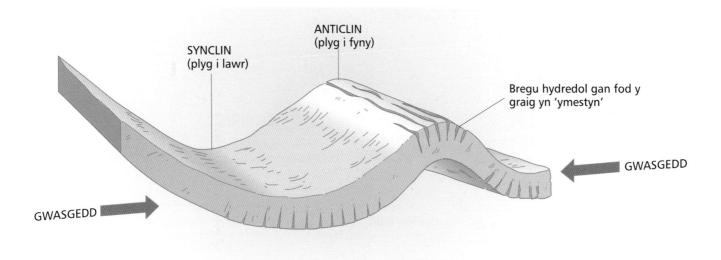

2.57 *Mathau o blygiadau: anticlin a synclin*

Synclinau yw plygiadau i lawr a thueddant i ffurfio basnau o iseldir. Gyda amser, fodd bynnag, mae'r berthynas rhwng plyg a thirwedd yn mynd yn fwyfwy cymhleth (gweler y blwch gyferbyn).

• **Ffawtio** Pan mae creigiau dan wasgedd enfawr, er enghraifft yn ystod gweithgaredd tectonig, gallant gracio neu hollti gan achosi i un rhan o'r graig lithro ochr yn ochr ag un arall. Gelwir y plân lle digwydd y symudiad hwn yn **ffawt**. Mae ffawt yn wahanol i freg gan fod y creigiau wedi eu dadleoli rhywfaint. Nid oes y fath ddadleoli mewn breg. Edrychwch ar Ffigur 2.58 i ddarganfod y prif fathau o ffawtiau. Mae ffawtiau yn cael effeithiau sylweddol ar y tirwedd, oherwydd, fel bregion ond ar raddfa lawer mwy, maent yn llinellau o wendid a ecsploetir yn hawdd gan erydiad. Ar yr arfordir byddant yn cael eu herydu i ffurfio ogofâu ac yna baeau. Gall cyfeiriad afonydd a rhewlifau gael ei benderfynu gan ffawtiau. Gall ffawt gael ei nodi gan lethr serth neu **sgarp ffawtlin**. Mae hyn am fod dadleoliad y creigiau yn aml yn dod â chreigiau sy'n amrywio o ran gwydnwch at ei gilydd, a chanlyniad hyn yw bod un ochr i'r ffawt yn erydu yn gyflymach na'r ochr arall.

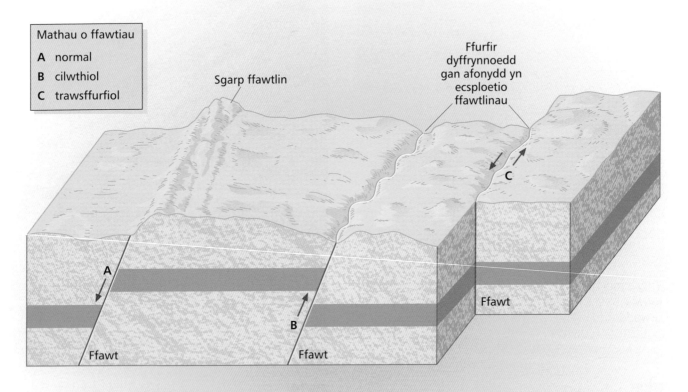

Mathau o ffawtiau

A normal
B cilwthiol
C trawsffurfiol

Sgarp ffawtlin

Ffurfir dyffrynnoedd gan afonydd yn ecsploetio ffawtlinau

A

B

C

Ffawt

Ffawt

Ffawt

Ffawt

Tirffurfiau ffawtio yn Namibia

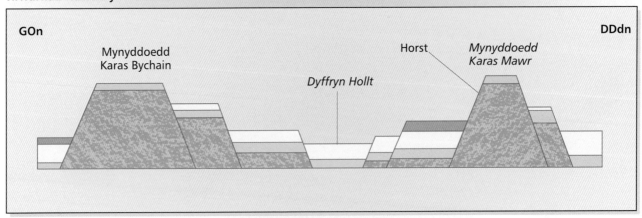

GOn

Mynyddoedd Karas Bychain

Dyffryn Hollt

Horst

Mynyddoedd Karas Mawr

DDdn

Dyffryn Hollt – rhan o'r graig yn disgyn rhwng dau ffawt.

Horst – uwchdir yn ffurfio wrth i ran o'r graig gael ei gwthio i fyny rhwng dau ffawt.

2.58 *Ffawtio*

Datblygiad tirwedd a blygwyd

Pan mae creigiau yn dioddef gwasgedd, oherwydd gweithgaredd tectonig, maent yn ymateb drwy blygu. Mae bregion tensiynol fel arfer yn digwydd ar grib anticlin lle mae'r creigiau yn cael eu hymestyn. Mae hindreuliad ac erydiad yn cael eu hyrwyddo, ac yn fuan symudir ymaith dop yr anticlin – a gelwir hyn wedyn yn **anticlin treuliedig.**

Fel mae'r creigiau gwahanol yn cael eu dinoethi ar yr arwyneb mae eu gwahanol litholegau yn dechrau chwarae rhan bwysig. Mae'r bandiau gwydn o graig yn gwrthsefyll erydiad ac yn ffurfio **sgarpiau**, gyda llethrau **sgarp** a **golethrau** nodweddiadol, tra mae'r bandiau gwannach yn cael eu herydu i ffurfio dyffrynnoedd neu **ddyffryndiroedd**.

Yn y synclin, gall dyddodiad afon lenwi'r basn. Gydag amser gall y tirwedd ddod yn fwy cymhleth gyda'r anticlin gwreiddiol yn ffurfio tir is na'r synclin. Disgrifir hyn fel **gwrthdroad tirwedd**. Mae'r Wyddfa yng Ngogledd Cymru yn enghraifft dda o wrthdroad tirwedd gan fod ei chreigiau wedi eu plygu ar ffurf synclin. Mae cannoedd o filiynau o flynyddoedd o erydiad wedi ei gadael yn sefyll allan, tra bod y creigiau anticlinaidd gerllaw a fyddai wedi bod yn llawer iawn uwch, wedi eu symud ymaith.

YMARFER

Ysgrifennwch adroddiad manwl yn disgrifio ac egluro dilyniant y diagramau yn Ffigur 2.59. Cyfeiriwch at gymaint o nodweddion y tirwedd ag y medrwch.

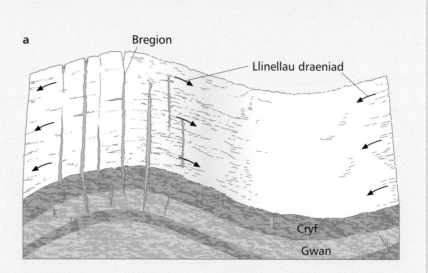

a

Bregion

Llinellau draeniad

Cryf

Gwan

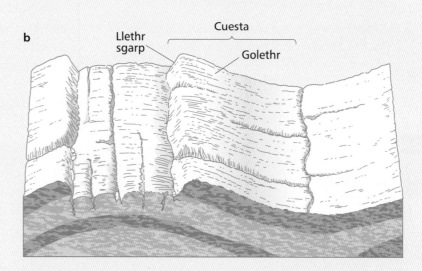

b

Cuesta

Llethr sgarp

Golethr

c

2.59 *Datblygiad tirwedd a blygwyd*

YMARFERION

1 Beth yw'r gwahaniaeth rhwng breg a ffawt?
Lluniwch ddiagram syml i gefnogi eich ateb.

2 Mae Ffigur 2.56 yn dangos nifer o adeileddau craig
yn cynnwys gwelyau, planau haenu, bregion a
phlygiadau. Ceisiwch lunio braslun syml o'r llun ac
ychwanegwch gymaint o labeli ag y gallwch i
ddynodi'r nodweddion adeileddol amrywiol.

3 Mae bregion, planau haenu a ffawtiau yn cynrychioli
'llinellau o wendid' mewn craig. Beth yn union a olygir
gan yr ymadrodd hwn?

4 Beth yw'r gwahaniaeth rhwng anticlin a synclin?
Lluniwch ddiagram syml i ddarlunio'r gwahaniaeth.

5 Astudiwch Ffigur 2.58.

a Defnyddiwch ddiagramau syml i ddisgrifio'r
gwahanol fathau o ffawtiau sydd ar gael.

b Disgrifiwch yr effeithiau y gall ffawtio ei gael ar
y tirwedd. Cyfeiriwch at y tirffurfiau penodol a
gynhyrchir gan ffawtio.

CWESTIWN STRWYTHUREDIG

Astudiwch Ffigur 2.60, sy'n drawstoriad daearegol
o'r Sianel (Môr Udd) ar hyd llinell Twnnel y Sianel.
Mae'r rhan fwyaf o'r twnnel o fewn haenau o Sialc
Marl. Mae hwn yn ddefnydd delfrydol ar gyfer
twnelu gan ei fod yn gryfach na'r Clai Gault oddi
tano ac nid yw'n darnio fel y sialc purach uwchben.

a Enwch yr adeiledd daearegol a ddangosir rhwng
arfordiroedd Lloegr a Ffrainc.   (1)

b Achoswyd yr adeiledd daearegol gan rymoedd
byd-eang o bwys.

(i) I ba gyfeiriad yr oedd y grymoedd hyn yn
gweithredu?   (1)

(ii) Awgrymwch y grymoedd a oedd yn gyfrifol
am ffurfiant yr adeiledd hwn.   (1)

c Awgrymwch ddwy broblem y gallai daeareg yr
ardal fod wedi eu hachosi i'r peirianwyr a
adeiladodd y twnnel.   (2 x 2)

ch Mae Ffigur 2.61 yn drawstoriad drwy Ddyffryn
Wardour.

(i) Enwch yr adeiledd daearegol a ddangosir
rhwng A a B.   (1)

(ii) Eglurwch sut y ffurfiwyd Dyffryn Wardour. (3)

2.60 *Trawstoriad o'r Sianel yn dangos Twnnel y Sianel*

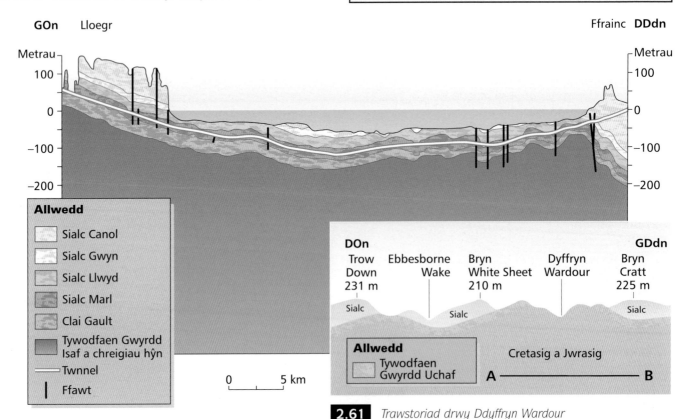

Allwedd
- Sialc Canol
- Sialc Gwyn
- Sialc Llwyd
- Sialc Marl
- Clai Gault
- Tywodfaen Gwyrdd Isaf a chreigiau hŷn
- Twnnel
- Ffawt

0   5 km

DOn   GDdn
Trow   Ebbesborne   Bryn   Dyffryn   Bryn
Down   Wake   White Sheet Wardour   Cratt
231 m   210 m   225 m
Sialc   Sialc   Sialc

Allwedd
- Tywodfaen Gwyrdd Uchaf
Cretasig a Jwrasig
A ——————————————————— B

2.61 *Trawstoriad drwy Ddyffryn Wardour*

E Mathau o greigiau a thirwedd

Tirweddau creigiau igneaidd

Astudiwch Ffigur 2.62. Mae'n dangos rhai o ffurfiau cyffredin creigiau igneaidd. Sylwch fod rhai o'r ffurfiau hyn yn rhai allwthiol ac eraill yn rhai mewnwthiol.

Basalt

Mae basalt yn lafa hynod o hylifol a all lifo am nifer o gilometrau cyn oeri. Yn aml mae'n gorchuddio ardaloedd eang, ac fel arfer yn ffurfio tirweddau gwastad, unffurf. Os treulir ymaith y creigiau o amgylch, gall basalt ffurfio gwastadedd cymharol uchel a elwir yn **llwyfandir**, er enghraifft llwyfandir Antrim yng Ngogledd Iwerddon.

Pan mae basalt yn oeri mae'n cyfangu i ffurfio bregion. Os yw'r oeri yn digwydd yn gyson, gall patrwm chweochrog rheolaidd o fregion ffurfio. Pan mae'r bregion hyn wedyn yn cael eu hindreulio a'u herydu, gall colofnau gael eu ffurfio (gweler Ffigur 2.63). Cyfeirir at yr adeileddau hyn fel **bregu pilerog**.

Dolerit

Craig ddwys, dywyll ei lliw sy'n aml yn ffurfio **siliau** a **deiciau** yw dolerit (gweler Ffigur 2.62). Mae'n graig wydn iawn ac, unwaith y mae'r creigiau uwchben wedi eu herydu, mae'n aml yn ffurfio tir cymharol uchel.

Mae Sil Grisgraig Mawr yn ffurfio arwedd sgarp yn rhedeg yn afreolaidd ar draws gogledd ddwyrain Lloegr ac yn gorchuddio

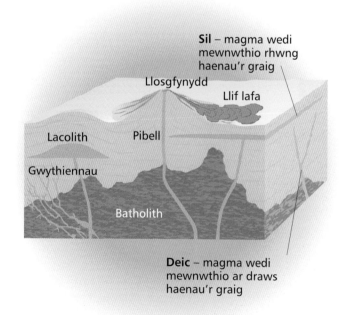

Sil – magma wedi mewnwthio rhwng haenau'r graig

Llosgfynydd

Llif lafa

Lacolith Pibell

Gwythiennau

Batholith

Deic – magma wedi mewnwthio ar draws haenau'r graig

2.62 *Ffurfiau cyffredin craig igneaidd*

2.63 *Bregu pilerog mewn basalt, Antrim, Gogledd Iwerddon: Sarn y Cewri*

ardal o 2500 km². Gwnaeth y Rhufeiniaid ddefnydd o'i ffurf-cefnen drwy adeiladu Mur Hadrian ar hyd rhan ohono (Ffigur 2.64). Mae'r sil yn torri ar draws Afon Tees mewn nifer o fannau, lle mae ei gryfder cymharol wedi arwain at raeadrau'n cael eu ffurfio, rhai fel Rhaeadr High Force a Cauldron Snout.

Gwenithfaen

Mae gwenithfaen yn ffurfio yn ddwfn yn y ddaear ac ni ddaw i'r golwg ar yr arwyneb ond ar ôl miliynau lawer o flynyddoedd o erydiad. Fel craig wydn yn ffisegol, mae gwenithfaen yn gallu gwrthsefyll erydiad, ac fel arfer mae'n ffurfio uwchdiroedd, er enghraifft Dartmoor a Gwaun Bodmin yn ne orllewin Lloegr. Un o'r arweddion mwyaf cyffredin sy'n gysylltiedig â gwenithfaen yw'r brigiadau creigiog noeth a geir ar bennau'r bryniau, sef **twr** (*tor*) (Ffigur 2.65).

Adran 2 Y Ddaear

Credir bod tyrrau wedi eu ffurfio gan hindreuliad yn ddwfn yn y ddaear cyn i'r gwenithfaen gael ei ddinoethi ar yr arwyneb. Er bod gwenithfaen yn graig ffisegol gryf, mae'n agored iawn i hindreuliad. Mae'r ffelsbar yn adweithio'n rhwydd iawn â dŵr asidig gan ffurfio clai, ac mae'r newid cemegol hwn (hydrolysis) yn gwanhau'r gwenithfaen gan achosi iddo ddarnio. Mae gwenithfaen wedi ei fregu'n drwm (gweler Ffigur 2.65) ac, fel y mae Ffigur 2.66 yn egluro, credir bod dwysedd y bregu wedi bod yn ffactor critigol yn ffurfiant tyrrau.

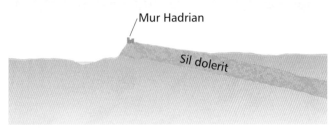

2.64 *Mur Hadrian a Sil Grisgraig Mawr*

2.65 *Twr gwenithfaen: Hound's Tor, Dartmoor*

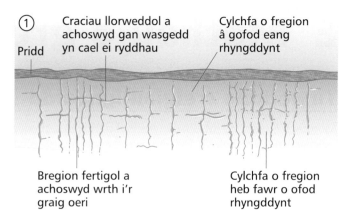

① Craciau llorweddol a achoswyd gan wasgedd yn cael ei ryddhau
Pridd
Cylchfa o fregion â gofod eang rhyngddynt
Bregion fertigol a achoswyd wrth i'r graig oeri
Cylchfa o fregion heb fawr o ofod rhyngddynt

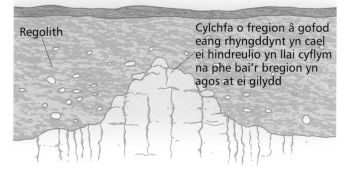

② Hindreuliad cemegol dwfn o dan amodau cynnes a gwlyb
Regolith
Cylchfa o fregion â gofod eang rhyngddynt yn cael ei hindreulio yn llai cyflym na phe bai'r bregion yn agos at ei gilydd

③ Gwenithfaen a hindreuliwyd ac a erydwyd gan brosesau arwyneb yn gadael y twr yn noeth
Twr

2.66 *Theori ffurfiant twr*

YMARFERION

1 Pam y mae llifoedd lafa basalt yn tueddu i ffurfio tirwedd eang gwastad?

2 Astudiwch Ffigur 2.63.

   a Lluniwch fraslun i ddangos y bregu pilerog yn y llun.

   b Disgrifiwch yn fyr sut y ffurfiwyd y tirwedd.

3 Astudiwch Ffigur 2.64. Pa dystiolaeth sydd bod y dolerit sy'n ffurfio Sil Grisgraig Mawr yn graig gymharol wydn?

CWESTIWN STRWYTHUREDIG 1

Mae Ffigur 2.67 yn dangos amrywiaeth o arweddion igneaidd.

a Enwch yr arweddion a rifir 1, 2 a 3 ar y diagram.
(3)

b Enwch y math o graig sy'n arferol yn ffurfio pob un o'r arweddion a rifir 1 a 4 ar y diagram.
(2)

c Cymerwch fod arwedd rhif 3 yn goleddu ar ongl o ychydig raddau i'r llorwedd. Lluniwch ddiagram wedi ei labelu i ddarlunio'r tirffurf y byddech yn disgwyl iddo ddatblygu ar ôl i'r arwedd gael ei ddinoethi ar yr arwyneb, o ganlyniad i'r creigiau gorchudd yn cael eu herydu.
(2)

Cyfeiriwch at Ffigur 2.65 sy'n dangos twr ar Dartmoor.

ch Disgrifiwch un darn o dystiolaeth fod y twr wedi cael ei hindreulio.
(1)

d Enwch a disgrifiwch ddwy broses hindreulio sy'n debygol o fod yn gweithredu ar y twr ar hyn o bryd.
(2 x 2)

dd (i) Pa arwedd adeileddol yw S ar Ffigur 2.65?
(1)

(ii) Eglurwch sut y mae'r arweddion adeileddol hyn wedi rheoli ffurf y twr uwchlaw'r ddaear.
(2)

e Amlinellwch eglurhad posibl ar esblygiad tyrrau.
(4)

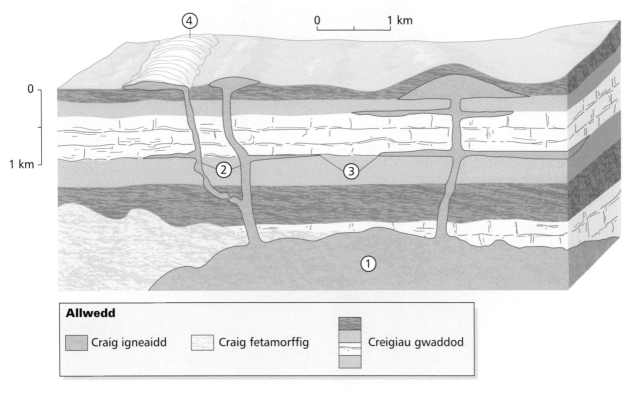

2.67 *Nodweddion creigiau igneaidd*

Tirweddau calchfaen carbonifferaidd

Mae calchfaen carbonifferaidd yn ffurf cyffredin o galchfaen a ffurfiwyd 300 miliwn o flynyddoedd yn ôl yn ystod y cyfnod daearegol carbonifferaidd (gweler Ffigur 2.1 tudalen 24). Mae'n brigo i'r arwyneb ledled y DU, o Benrhyn Gŵyr yn Ne Cymru hyd at Fryniau'r Pennines yn Swydd Efrog. Mae'r calchfaen yn y mannau hyn wedi arwain at dirwedd nodweddiadol a elwir yn **carst**. Gellir gweld tirweddau tebyg mewn rhannau eraill o'r byd.

Mae nifer o ffactorau yn cyfuno i greu'r tirwedd calchfaen nodweddiadol a ddangosir yn Ffigur 2.68:

- Mae calchfaen yn gryf iawn yn ffisegol ac yn ffurfio llethrau serth yn rhwydd heb iddynt gwympo.
- Mae gan galchfaen system ddwys o fregion a phlanau haenu, ac mae'n hynod o athraidd. Mae dŵr yn teithio'n gyflym drwy galchfaen, gan ffurfio systemau enfawr o ogofâu tanddaearol (ceudyllau). Fodd bynnag, craig ddifandwll yw calchfaen.
- Wedi ei wneud o galsiwm carbonad, mae calchfaen yn hynod o agored i'r broses hindreulio cemegol carbonadu (gweler tudalen 52) sy'n hydoddi'r graig yn raddol, yn arbennig ar hyd ei bregion.

2.68 *Tirwedd calchfaen nodweddiadol: ger Malham yn Swydd Efrog*

- Mae tuedd i ardaloedd calchfaen fod â phriddoedd tenau (gan fod cymaint ohono wedi hydoddi yn ystod hindreuliad). Nid yw'r rhain yn gallu cynnal llawer o lystyfiant: mae coed yn eithaf prin a brigiadau o greigiau noeth yn gyffredin.

- Mae calchfaen wedi cael ei chwarela am gyfnod hir ar gyfer sment a cherrig ar gyfer ffyrdd. Mae nifer o'r brigiadau calchfaen ym Mryniau'r Pennines yn gymaint o ganlyniad i weithgaredd dynol ag ydynt yn ganlyniad i brosesau eraill.

Pa arweddion a welir mewn tirweddau calchfaen?

Mae Ffigur 2.69 yn dangos y prif arweddion sy'n gysylltiedig â chalchfaen carbonifferaidd. Sylwch fod arweddion ar yr arwyneb yn ogystal ag yn danddaearol.

Mae ardaloedd calchfaen yn aml yn arddangos arwyneb o graig noeth wedi ei chris-groesi gan fregion wedi eu lledu, sy'n gwahanu blociau o galchfaen. Gelwir yr arwyneb noeth hwn yn **galchbalmant**. Y bregion llydan yw **greiciau** a'r blociau o galchfaen rhyngddynt yw **clintiau**. Mae Ffigur 2.70 yn disgrifio'r arweddion hyn ac yn dynodi rhai ffactorau a reolodd eu ffurfiant.

Mae arwynebau calchfaen yn aml yn dyllog gan bantiau. Mae rhai yn ddim ond pibellau ffurf twmffat yn cynrychioli'r bregion mwy, tra bod eraill yn bantiau mawr a all fod â thwll yn eu gwaelod neu beidio. Tueddа dŵr sy'n llifo oddi ar graig orchudd anathraidd i lifo i lawr breg sydd wedi ei ledu yn fuan ar ôl llifo ar y calchfaen (gweler Ffigur 2.69). Hwn yw'r **llyncdwll** (gweler Ffigur 2.71). Gelwir yr hen lyncdyllau a adawyd yn sych wrth i'r graig anathraidd gael ei herydu yn ôl yn raddol yn **llyncdyllau sych**. Gall pantiau ar arwyneb y calchfaen fod yn ganlyniad hindreuliad arwyneb, neu yn ganlyniad arwyneb yn cwympo naill ai i ogof danddaearol neu i gylchfa leoledig o hindreuliad arddwys o dan yr arwyneb.

Hwyrach mai'r arwedd calchfaen mwyaf trawiadol yw'r **dyffryn sych** serth ochrog neu'r **ceunant**. Mae'r arweddion hyn, a all fod ag afon ar y gwaelod neu beidio, yn aml yn gul iawn gyda waliau creigiog fertigol (Ffigur 2.72). Cyflwynwyd dwy theori wrthgyferbyniol i egluro sut y'u ffurfiwyd:

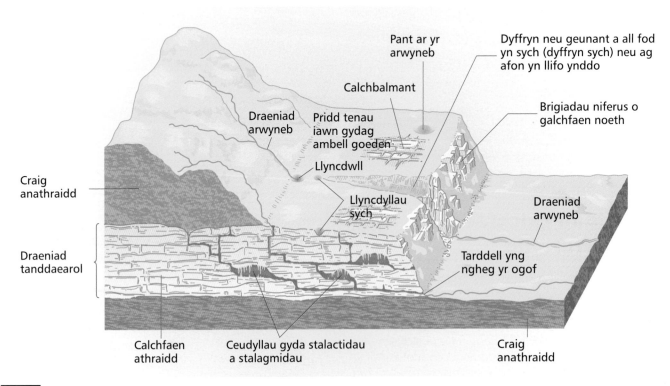

2.69 *Golygfa calchfaen carbonifferaidd*

Maen dyfod rhewlifol a adawyd gan rew yn encilio

Arwyneb llyfn wedi ei sgwrio gan rew

Clint – bloc o galchfaen wedi ei amgylchynu gan greiciau

Arwyneb creigiog, noeth gan fod rhew wedi tynnu'r pridd oddi arno

Llystyfiant mewn greiciau yn cynyddu asidedd y dŵr sydd mewn cyswllt â'r graig

Greiciau – bregion wedi eu hindreulio yn y calchfaen

2.70   *Calchbalmant: y Burren, Iwerddon*

2.71   *Llyncdwll mewn calchfaen: Hunt Pot, Swydd Efrog*

2.72   *Dyffryn sych mewn calchfaen: Ceunant Winnat, Swydd Derby*

- **Cyflwr hinsawdd y gorffennol** Yn ystod y cyfnodau gwlypach, er enghraifft ar ddiwedd yr Oes Iâ, gallai'r lefel trwythiad fod wedi bod yn llawer uwch nag y mae heddiw. Byddai hyn wedi achosi i afonydd lifo dros yr arwyneb, gan dorri dyffrynnoedd. Pan ddechreuodd y lefel trwythiad ostwng, byddai'r afonydd wedi tyrchu'n ddyfnach i loriau eu dyffrynnoedd, gan ffurfio ceunentydd cul, serth ochrog. Heddiw, os yw'r lefel trwythiad yn isel ac yn is na lefel llawr y dyffryn, bydd y dyffryn yn 'sych'.

- **Cwymp ceudwll** Mae hyn yn golygu bod cyfres o geudyllau (ogofâu tanddaearol) yn cwympo yn raddol, gan ddinoethi a datgelu system afon tanddaearol. Tra bod hyn yn sicr wedi digwydd mewn rhai rhannau o'r byd, ni chredir ei fod mor gyffredin yn y DU.

Wrth i ddŵr glaw fynd tanddaear drwy'r bregion ac ar hyd planau haenu, mae hindreuliad ac, yn wir, erydiad gan ddŵr rhedegog, yn ffurfio pibellau, twnelau a **cheudyllau**. Mae diferfeini yn gyffredin mewn ogofâu. **Stalactid** yw'r un hir, pigfain sy'n ymestyn i lawr o do'r ogof tra bod yr arwedd byrrach, stwmpiog ar lawr yr ogof yn **stalagmid**. Maent yn ffurfio wrth i ddŵr, sy'n diferu drwy'r calchfaen, gyrraedd ogof ac yna anweddu gan adael ar ôl ddyddodiad calchit. Bydd stalagmid yn ffurfio yn syth islaw stalactid wrth i ddŵr

ddiferu oddi ar ei flaen a glanio ar y llawr. Ar ôl miloedd lawer o flynyddoedd, mae'n bosib i'r ddau arwedd ymuno i ffurfio **colofn** neu biler.

YMARFERION

1 Astudiwch Ffigur 2.69. Gyda chymorth brasluniau, disgrifiwch nodweddion calchbalmant a rhowch eich barn ar y ffactorau a arweiniodd at iddynt gael eu ffurfio.

2 Beth yw'r gwahaniaethau rhwng llyncdwll, llyncdwll sych a phant ar yr arwyneb? Defnyddiwch ddiagramau syml i ddarlunio eich cymhariaeth.

3 Dychmygwch eich bod wedi darganfod ceunant serth ochrog mewn brigiad arunig o galchfaen. Pa dystiolaeth y byddech yn chwilio amdani i geisio profi sut o bosib y cafodd ei ffurfio? Anelwch at ysgrifennu sawl paragraff, gan ddefnyddio diagramau i'ch helpu.

4 Pam fod ardaloedd calchfaen yn aml yn denu ymwelwyr?

CWESTIWN STRWYTHUREDIG 2

a Astudiwch Ffigur 2.73. Pam nad oes nentydd ar arwyneb craig C? *(1)*

b Pantiau bychain yw **cwympdyllau** tua 1-3 m o ddyfnder a 3-5 m ar draws. Mae Ffigur 2.74 yn dangos dilyniant camau posibl yn ffurfiant cwympdyllau.

   (i) Pa *ddau* ffactor sy'n penderfynu union leoliad cwympdyllau? *(2)*

(ii) Enwch a disgrifiwch y broses hindreulio sydd debycaf o fod yn gyfrifol am eu ffurfiant. *(2)*

c Nodwch *ddau* reswm posibl pam fod y llethr yn X yn Ffigur 2.73 mor serth. *(2)*

ch Ceir nifer o ddyffrynnoedd sych yn yr ardal. Nodwch un eglurhad posibl o'r ffyrdd y mae amodau'r gorffennol wedi arwain at yr arweddion hyn i gael eu ffurfio. *(2)*

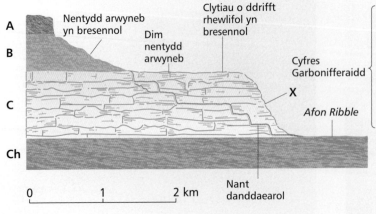

Allwedd

A	Grut Melinfaen	Tywodfaen caled bras.
B	Cyfres Yoredale	Haenau o galchfaen bob yn ail â thywod a chleiau. Dyddodion rhewlifol dros yr arwyneb.
C	Calchfaen Great Scar	Calchfaen gyda dyddodion rhewlifol mewn mannau. Gwelir nifer o arweddion yma – llyncdyllau, cwympdyllau, dyffrynnoedd sych a chalchbalmentydd.
Ch	Hen graig waelodol galed	

2.73 *Trawstoriad wedi ei symleiddio o ardal Ingleborough, yng ngogledd Lloegr*

① Drifft rhewlifol yn cadw dŵr yn erbyn arwyneb y graig

② Pant ar yr arwyneb yn ymddangos

③ Cwympdwll

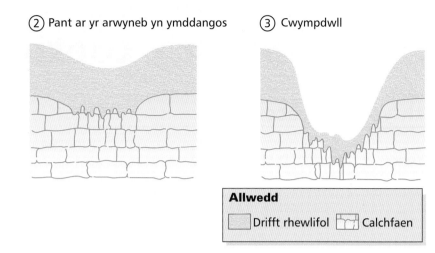

0   1   2   3 m

Allwedd

⬚ Drifft rhewlifol   ⬚ Calchfaen

2.74 *Ffurfiant cwympdwll mewn calchfaen yn llawn o fregion*

Tirweddau sialc

Mae sialc yn ffurf hynod bur o galchfaen. Nid yw'n graig arbennig o gryf, ond mae ei gradd uchel o fandylledd ac athreiddedd yn golygu nad oes fawr o nentydd ar yr arwyneb, a bod cyfradd erydiad yn araf. Dyma pam y mae sialc yn tueddu i ffurfio ardaloedd o uwchdir fel y Wolds yng Ngogledd Swydd Efrog a'r Chilterns i'r gogledd o Lundain (gweler Ffigur 2.54 tudalen 63).

Fe blygwyd sialc yn dyner yn ystod yr orogeni Alpaidd rhyw 20-50 miliwn o flynyddoedd yn ôl. Mae'r plygu hwn wedi arwain at **cuestas** sialc yn ffurfio. Mae'r arweddion hyn fel arfer wedi eu nodweddu â llethr sgarp serth a golethr graddol (Ffigur 2.75).

Un o'r arweddion mwyaf cyffredin a welir ar olethrau sgarpdiroedd sialc yw **dyffrynnoedd sych** (Ffigur 2.76). Mae'r dyffrynnoedd hyn gydag ochrau serth, weithiau yn debyg i ddyffrynnoedd afon ymhob ffordd ar wahân i'r ffaith nad oes ganddynt afon! Mae'n debyg eu bod wedi eu ffurfio rhywbryd tua diwedd yr Oes Iâ pan oedd y sialc yn rhannol wedi rhewi, ac felly yn ei wneud yn anathraidd. Pan oedd y dadmer yn digwydd yn yr haf, byddai dŵr yn cael ei orfodi i lifo dros yr arwyneb, gan gerflunio dyffrynnoedd yn sgil hynny. Heddiw, gyda lefelau trwythiad llawer is, gadewir y dyffrynnoedd hyn yn 'sych'.

Ceir dyffrynnoedd sych hefyd ar rai llethrau sgarp. Mae'r arweddion hyn, a elwir weithiau yn **combes**, mwy na thebyg

wedi eu ffurfio mewn modd tebyg iawn i'r dyffrynnoedd sych ar y golethr. Fodd bynnag, gall ôl-erydu (blaen erydu) gan nentydd (a elwir yn **darddell-danseilio**) fod wedi bod yn rhannol gyfrifol.

Mae gwerth economaidd pwysig i sialc gan y'i defnyddir i gynhyrchu sment, ac mae chwareli yn arwydd cyffredin o weithgaredd dynol, mewn tirweddau sialc.

2.76 *Dyffryn sych mewn tirwedd sialc: Incombe Hole, Chilterns*

YMARFERION

1 Ym mha ffyrdd y mae litholeg ac adeiledd daearegol wedi cyfuno i achosi i sialc ffurfio ardaloedd cymharol o uwchdir?

2 Astudiwch Ffigur 2.76.

   a Disgrifiwch y dyffryn sych yn y llun.

   b Amlinellwch ffurfiant posibl yr arwedd.

3 Ym mha ffyrdd, ac am ba resymau, mae'r tirwedd a gysylltir â chalchfaen Carbonifferaidd yn wahanol i dirwedd sialc?

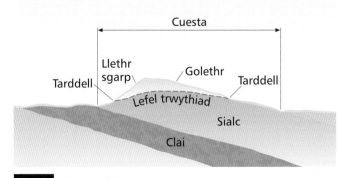

Cuesta

Llethr sgarp

Golethr

Tarddell

Tarddell

Lefel trwythiad

Sialc

Clai

2.75 *Cuesta sialc*

A Ecosystem y coetir

Beth yw ecosystem?

Grŵp o organebau sy'n byw mewn amgylchedd arbennig yw **ecosystem**, er enghraifft, coetir (Ffigur 3.1). Mae ecosystemau yn aml yn hynod o gymhleth ac yn cynnwys rhyngweithiadau a pherthnasau rhwng organebau byw (megis planhigion, anifeiliaid a ffyngau) a ffactorau amgylcheddol anfyw, megis heulwen a dyodiad. Mae holl gydrannau ecosystem wedi eu cysylltu â'i gilydd mewn rhyw

ffordd fel y dangosir gan y saethau yn Ffigur 3.1. Mae'r cysylltau hyn fel arfer yn cyfeirio at brosesau arbennig, megis hindreuliad creigiau neu ddadelfeniad deilbridd.

Ceir nifer o ddiffiniadau pwysig sy'n berthnasol i ecosystemau:

- **Biomas** – dyma gyfanswm pwysau (a fynegir fel arfer fel kg/m^2) defnydd organig byw; mewn geiriau eraill, y planhigion a'r coed sy'n tyfu yn Ffigur 3.1.

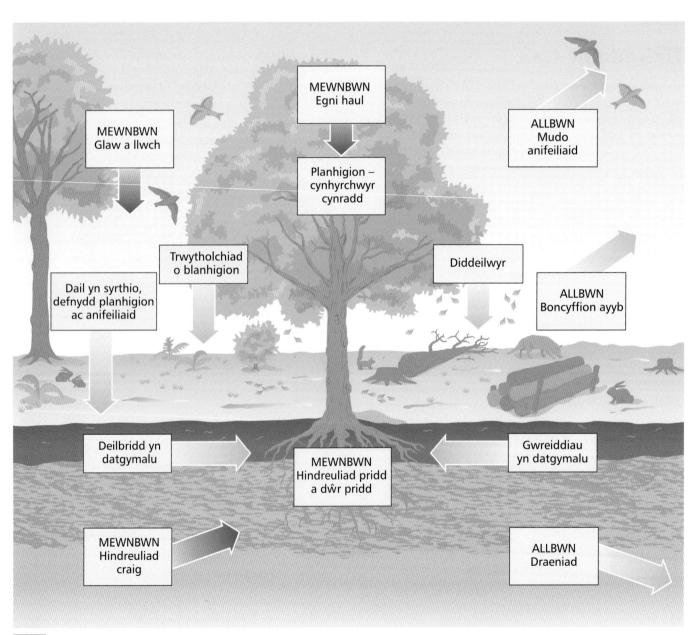

3.1 Ecosystem y coetir

- **Cynefin** – math o gartref yw hwn, er enghraifft, canopi coeden lle mae adar a phryfed yn gwneud eu cartref.
- **Cymuned** – grŵp o organebau sy'n byw mewn ecosystem benodol fel cymuned. Yn Ffigur 3.1 byddai hyn yn cynnwys pryfed genwair, adar, cwningod a llwynogod.
- **Ffactorau biotig** – mae'r rhain yn gydrannau byw, megis planhigion ac anifeiliaid.
- **Ffactorau anfiotig** – mae'r rhain, i'r gwrthwyneb, yn ffactorau amgylcheddol anfyw ac yn cynnwys creigiau a dyodiad.

Byw mewn ecosystem coetir

Mae gan ecosystemau y gallu i fod yn unedau hunangynhaliol. O fewn ecosystem, megis un y coetir yn Ffigur 3.1, ceir llifoedd a chylchredau sy'n galluogi holl rannau gwahanol yr ecosystem i oroesi.

1 Llif egni

Ffynhonnell pob egni yw'r haul. Mae planhigion yn trawsnewid egni'r haul yn siwgrau (carbohydradau) drwy'r broses o **ffotosynthesis**. Gelwir cyfanswm yr egni a amsugnir neu a sefydlir gan blanhigion gwyrdd yn **gynnyrch cynradd crynswth** (CCC). Collir rhywfaint o'r CCC drwy drydarthiad wrth i blanhigion weithredu eu swyddogaethau arferol. Defnyddir y gweddill i gynhyrchu dail newydd. Gelwir hyn yn **gynnyrch cynradd net** (CCN). Mae cynhyrchedd planhigion ar ei orau o dan amodau ffafriol, h.y. digonedd o olau, cynhesrwydd, dŵr a maetholynnau. Mae gan goedwigoedd glaw trofannol gyfraddau uchel o gynhyrchedd tra bod twndra'r Arctig â chyfraddau isel.

Pan mae planhigion yn cael eu bwyta, mae'r egni a drawsnewidiwyd o'r haul yn cael ei basio ymlaen. Astudiwch Ffigur 3.2 sy'n dangos **cadwyn fwyd**. Ceir gostyngiad yn swm yr egni sy'n pasio o un cyswllt i'r llall. Mae hyn yn ganlyniad colli gwres (e.e. resbiradaeth a dadelfeniad) sy'n gallu bod mor uchel â 90 y cant ar bob lefel.

Gellir cyfeirio at bob cyswllt neu gam yn y gadwyn fwyd fel **lefel troffig**. Astudiwch Ffigur 3.3. Sylwch fel y mae nifer yr unigolion, cyfanswm y biomas a chyfanswm cynhyrchedd yn disgyn ar bob lefel troffig. Ychydig yw'r cadwynau bwydydd sy'n mynd tu hwnt i bedwar neu bump lefel oherwydd yn syml, nid oes digon o egni i gynnal yr organebau.

Mae cadwynau bwydydd yn ffordd syml o ddeall bywyd mewn ecosystem. Mewn gwirionedd, ceir nifer mwy o gysylltau rhwng unigolion, ac felly mae'r cysyniad o **we fwyd** (Ffigur 3.4) yn fwy realistig.

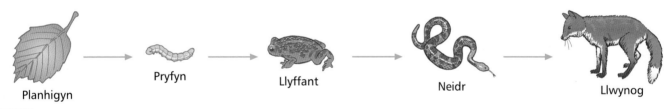

Planhigyn → Pryfyn → Llyffant → Neidr → Llwynog

3.2   *Cadwyn fwyd*

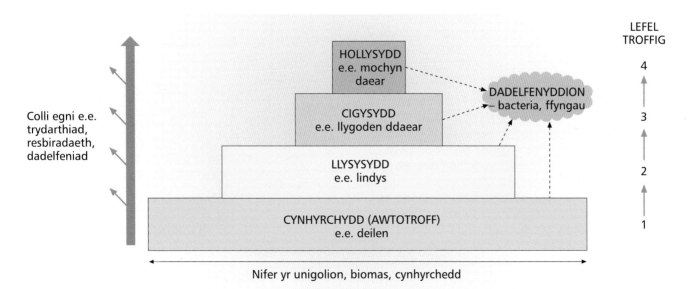

3.3   *Lefelau troffig*

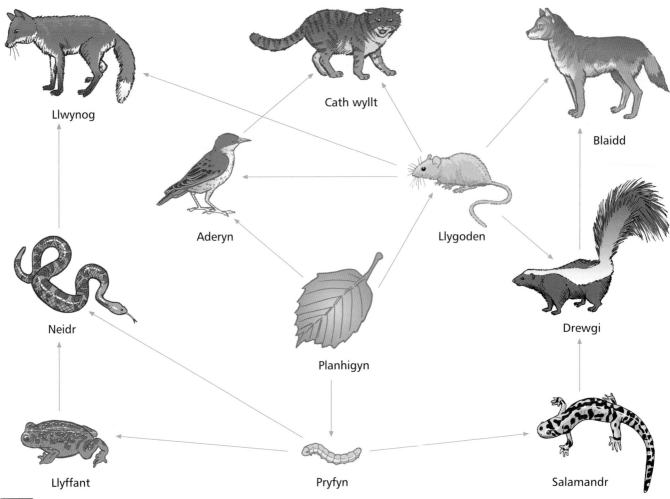

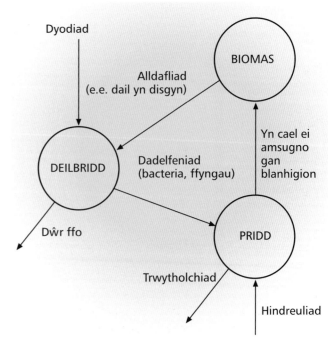

3.4 *Gwe fwyd coetir collddail nodweddiadol o ogledd ddwyrain UDA*

2 Cylchredau maetholynnau

Bwydydd planhigion yw **maetholynnau**. Maent yn cynnwys mwynau a chemegion a ddeilliodd o ddyodiad, hindreuliad craig, neu o ddadelfeniad defnydd organig. Mae ar blanhigion angen maetholynnau er mwyn gallu goroesi a thyfu. Ym myd natur, mae maetholynnau ar gael yn rhwydd; fodd bynnag, mae'n rhaid bwydo planhigion tŷ yn gyson â bwydydd masnachol sydd ar gael ar gyfer planhigion. Mae hyd yn oed blodau wedi eu torri bellach yn cael eu gwerthu â bag bychan o fwyd planhigyn i'w ychwanegu at y dŵr.

Mae'r **gylchred maetholynnau** yn hanfodol os am gynnal bywyd mewn ecosystem. Mae'n golygu nifer o storfeydd a chysylltau, a'r ffordd orau o'i egluro yw ar ffurf diagram syml (Ffigur 3.5). Cyflwynir y diagram bob amser yn y ffurf safonol hon. Dangosir y tair storfa (biomas, deilbridd a phridd) bob amser fel cylchoedd a dynodir eu pwysigrwydd cymharol gan faint y cylch. Dangosir y cysylltau (prosesau) bob amser yn yr un lleoliadau yn y diagram. Fe'u cynrychiolir gan saethau. Po fwyaf trwchus yw'r saeth, mwyaf ei harwyddocâd.

Astudiwch gylchredau maetholynnau ar gyfer tair ecosystem gyfandirol gyferbyniol yn Ffigur 3.6. Cymerwch eich amser i ddeall pam fod arwyddocâd y storfeydd a'r cysylltau yn amrywio rhwng gwahanol ecosystemau.

3.5 *Y gylchred faetholynnau*

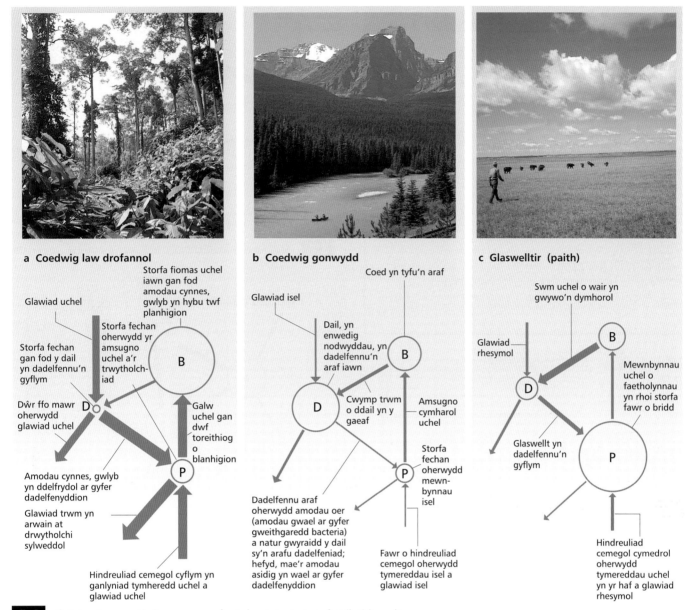

a Coedwig law drofannol

Storfa fiomas uchel iawn gan fod amodau cynnes, gwlyb yn hybu twf planhigion

Glawiad uchel

Storfa fechan oherwydd yr amsugno uchel a'r trwytholch-iad

Storfa fechan gan fod y dail yn dadelfennu'n gyflym

B

Dŵr ffo mawr oherwydd glawiad uchel

D

Galw uchel gan dwf toreithiog o blanhigion

P

Amodau cynnes, gwlyb yn ddelfrydol ar gyfer dadelfenyddion

Glawiad trwm yn arwain at drwytholchi sylweddol

Hindreuliad cemegol cyflym yn ganlyniad tymheredd uchel a glawiad uchel

b Coedwig gonwydd

Coed yn tyfu'n araf

Glawiad isel

Dail, yn enwedig nodwyddau, yn dadelfennu'n araf iawn

B

D

Cwymp trwm o ddail yn y gaeaf

Amsugno cymharol uchel

Storfa fechan oherwydd mewnbynnau isel

P

Dadelfennu araf oherwydd amodau oer (amodau gwael ar gyfer gweithgaredd bacteria) a natur gwyraidd y dail sy'n arafu dadelfeniad; hefyd, mae'r amodau asidig yn wael ar gyfer dadelfenyddion

Fawr o hindreuliad cemegol oherwydd tymereddau isel a glawiad isel

c Glaswelltir (paith)

Swm uchel o wair yn gwywo'n dymhorol

Glawiad rhesymol

B

D

Mewnbynnau uchel o faetholynnau yn rhoi storfa fawr o bridd

Glaswellt yn dadelfennu'n gyflym

P

Hindreuliad cemegol cymedrol oherwydd tymereddau uchel yn yr haf a glawiad rhesymol

3.6 *Cylchredau maetholynnau ar gyfer tair ecosystem gyfandirol bwysig*

YMARFERION

1 Diffiniwch y term 'ecosystem' a rhowch enghreifftiau o ecosystemau ar wahanol raddfeydd.

2 a Beth yw ystyr CCC?

   b Sut y mae'n gwahaniaethu oddi wrth CCN?

   c Sut y collir egni wrth iddo fynd o un organeb i un arall?

3 a Beth yw lefel troffig?

   b Ydych chi'n meddwl bod y pyramid yn Ffigur 3.3 yn ffordd dda o ddarlunio lefelau troffig? Eglurwch eich ateb.

4 a Beth yw maetholynnau?

   b Beth yw'r tair brif ffynhonnell o faetholynnau?

5 Astudiwch Ffigur 3.6. Disgrifiwch ac eglurwch y cyferbyniadau yn y canlynol rhwng y dair ecosystem:

   a biomas

   b deilbridd

   c hindreuliad

   ch dadelfeniad.

Cwestiwn Strwythuredig 1

Astudiwch Ffigur 3.7, sy'n dangos system o lefelau troffig (cadwyn fwyd).

a Enwch:

   (i) mewnbwn X

   (ii) llif Y

   (iii) llif Z. *(3)*

b Eglurwch y ffordd y mae egni yn trawsnewid rhwng X a'r awtotroffau. *(2)*

c Eglurwch pam y mae nifer yr unigolion a chynhyrchedd yn lleihau drwy bob lefel uwch yn y system. *(2)*

ch Tybiwch fod nifer y llysysyddion yn gostwng yn sydyn oherwydd fod afiechyd yn lledaenu. Awgrymwch yr effeithiau y gallai hyn eu cael ar y system yn Ffigur 3.1. *(4)*

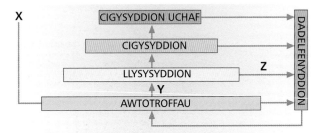

3.7 *System lefelau troffig*

Cwestiwn Strwythuredig 2

Astudiwch Ffigur 3.8, sy'n dangos y system gylchu maetholynnau ar gyfer coedwig gonwydd ogleddol.

a Enwch y storfeydd maetholynnau X, Y a Z. *(3)*

b Enwch y llifoedd maetholynnau 1, 2 a 3. *(3)*

c Eglurwch y gwahaniaethau ym meintiau'r storfeydd maetholynnau. *(3)*

ch Eglurwch y gwahaniaethau yng nghyfraddau llif maetholynnau. *(3)*

d Eglurwch sut y bydd meintiau'r storfeydd maetholynnau a chyfraddau'r llif maetholynnau yn amrywio gyda'r tymhorau. *(4)*

Mae Ffigur 3.9 yn dangos newidiadau yn y gylchred maetholynnau mewn ardal goediog.

dd Disgrifiwch y newidiadau yn y storfeydd sy'n digwydd yn syth ar ôl i'r coed gael eu clirio. *(2)*

e Awgrymwch resymau am y newidiadau hyn. *(4)*

f Pam y disgrifir y gylchred yn niagram **c** fel un sydd mewn 'cydbwysedd'. *(2)*

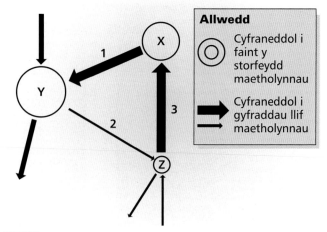

3.8 *System gylchu maetholynnau mewn coedwig gonwydd ogleddol*

a   Cyn clirio'r goedwig

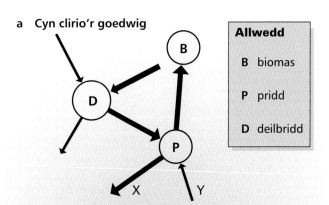

b   Yn syth ar ôl y clirio

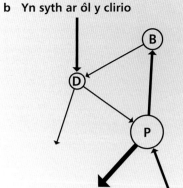

c   Cydbwysedd wedi'r clirio, porfa

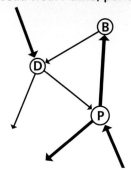

3.9 *Newidiadau mewn cylchred maetholynnau ardal goediog*

A all gweithgaredd dynol effeithio ar ecosystemau?

Gall gweithgaredd dynol effeithio'n sylweddol iawn ar ecosystemau. Er enghraifft, gall pobl ddylanwadu ar lif egni drwy ddileu un o'r lefelau troffig er mwyn cynyddu swm yr egni sy'n mynd ymlaen i rywogaethau dilynol 'gwerthfawr'. Mewn amaethyddiaeth neu goedwigaeth, mae pobl yn ceisio cyrraedd y potensial uchaf mewn cynhyrchedd.

Gellir dylanwadu llawer ar gylchred maetholynnau drwy dorri coed, aredig y borfa neu drwy ychwanegu gwrtaith. Er enghraifft, mae datgoedwigo yn lleihau yn syth y storfa fiomas. Os tynnir coed allan o'r ecosystem, bydd gostyngiad yn y storfa deilbridd. Bydd hyn, yn ei dro, yn effeithio ar swm y dadelfeniad a fydd yn digwydd.

Mae bywydau pobl yn aml yn ddibynnol ar oroesiad iach ecosystem naturiol. Mae hyn yn arbennig o wir mewn llawer o wledydd LlEDd. Mae Ffigur 3.10 yn darlunio dwy agwedd: un yn gynaliadwy a'r llall yn anghytbwys ac yn anghynaliadwy.

YMARFERION

1 Awgrymwch ffyrdd y gall gweithgaredd dynol effeithio ar:

   a y llif egni

   b y gylchred maetholynnau.

2 Astudiwch Ffigur 3.10.

   a Pam y mae'r gylchred anghytbwys yn anghynaliadwy?

   b Awgrymwch rai canlyniadau posibl cylchred anghytbwys.

   c Beth a allasai fod wedi achosi i'r gylchred ddod yn anghytbwys? (Awgrymwch ffactorau dynol a ffactorau 'naturiol'.)

   ch Awgrymwch fesurau y gellir eu mabwysiadu i wneud y gylchred anghytbwys yn un gynaliadwy.

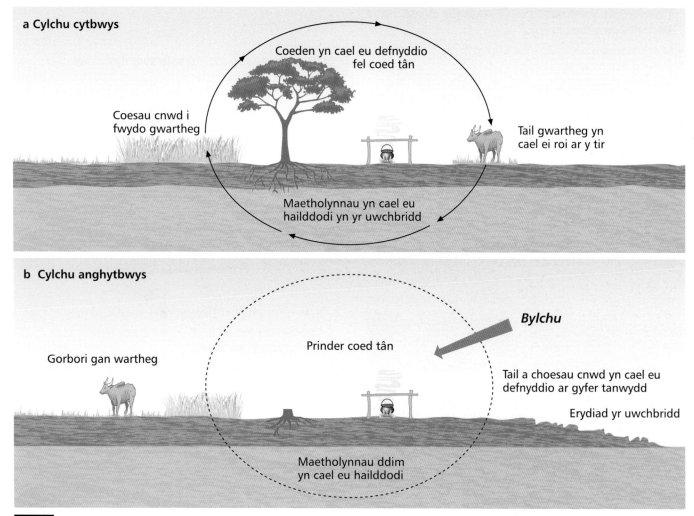

3.10 *Cylchu maetholynnau mewn systemau ffermio mewn GLIEDd*

B Olyniaeth llystyfiant

Beth yw olyniaeth llystyfiant?

Pan adewir llain o dir yn llonydd, er enghraifft rhandir (*allotment*), dim ond mater o ychydig wythnosau fydd cyn y bydd chwyn yn dechrau gafael (Ffigur 3.11). Drwy adael llonydd iddynt am flynyddoedd bydd y chwyn yn cael eu dilyn gan weiriau, llwyni, ac yn y pen draw, coed. Mae'r dilyniant hwn o lystyfiant yn cael ei alw'n **olyniaeth llystyfiant**.

Gelwir y rhywogaethau cynharaf o lystyfiant, megis y chwyn ar randir wedi'i adael, yn **rhywogaethau arloesi**. Maen nhw'n addas iawn ar gyfer goroesi mewn amgylcheddau gweddol galed ac yn aml mae ganddynt allu arbennig i ymaddasu er mwyn ymdopi:

- gall planhigion ar arwyneb craig noeth oroesi heb fawr ddim pridd trwy dynnu maetholynnau o ddyodiad ac o'r atmosffer
- mae gan blanhigion twyni tywod wreiddiau hir i'w galluogi i sugno dŵr yn ddwfn dan yr arwyneb; gallant hefyd wrthsefyll gwyntoedd cryfion
- mae planhigion cors arfordirol yn gallu dal crynodiadau uchel o halen
- mae rhywogaethau arloesol mewn pyllau dŵr croyw yn gallu goroesi wedi'u gorchuddio'n gyfan gwbl gan ddŵr.

Beth sy'n achosi i olyniaeth llystyfiant ddigwydd?

Y rheswm pam y mae olyniaeth yn digwydd yw fod amodau amgylcheddol yn newid yn raddol dros amser i fod yn fwy addas ar gyfer tyfiant rhywogaethau eraill o blanhigion.

Ar y dechrau, mae'r rhywogaethau arloesi yn helpu i sefydlogi'r amgylchedd trwy, er enghraifft, glymu priddoedd llac â'i gilydd.

Mae gwreiddiau a dail yn dal gwaddod, gan achosi'r pridd sylfaenol i gryfhau. Mae dail pydredig a gwreiddiau yn dadelfennu i ychwanegu maeth i'r pridd. Mae'r arloeswyr hefyd yn cynnig nodded rhag gwyntoedd cryfion neu heulwen danbaid, gan alluogi rhywogaethau eraill mwy bregus i oroesi. Yn y bôn, mae'r rhywogaethau arloesi yn gymorth i baratoi ardal ar gyfer olyniaeth.

Wrth i'r pridd fynd yn ddyfnach ac yn gyfoethocach, a'r amgylchedd yn llai garw, mae glaswellt a llwyni yn dechrau gafael. Mae cystadlu am oleuni yn arwain at blanhigion yn tyfu hyd yn oed yn dalach, gan gysgodi gormod ar y planhigion llai. Mae cystadlu am faetholynnau yn y pridd yn aml yn arwain at lefelau dyfnder gwahanol i systemau gwreiddiau planhigion.

Mae pob cam yn yr olyniaeth yn tueddu i achosi cynnydd yn y canlynol:

- biomas
- amrywiaeth rhywogaethau (planhigion ac organebau eraill)
- cynhyrchedd
- cymhlethdod adeileddol, sy'n golygu haenu.

Yn y pen draw, cyrhaeddir **uchafbwynt llystyfiant**. Bydd hwn yn teuddu i adlewyrchu cyflwr hinsawdd y rhanbarth. Astudiwch Ffigur 3.12, sy'n dangos hen goetir derw yn Swydd Efrog. Dyma'r uchafbwynt llystyfiant i'r rhan fwyaf o'r DU. Sylwch ar y ffordd mae'r llystyfiant mewn haenau (haenedig) a sylwch fel y mae'r gwreiddiau mewn haenau gwahanol yn y pridd. Ceir nifer mawr iawn o rywogaethau planhigion yn y coetir hwn, ac maent yn dangos yr amrywiaeth rhywogaethau sy'n nodweddiadol o uchafbwynt llystyfiant.

3.11 *Rhandir wedi tyfu'n wyllt*

YMARFERION

1 Beth yw ystyr y term 'olyniaeth llystyfiant'?

2 **a** Beth yw rhywogaethau arloesi a beth sy'n eu gwneud yn arbennig?

   b Sut y mae rhywogaethau arloesi yn gwella amodau amgylcheddol i alluogi olyniaeth llystyfiant ddigwydd?

3 Astudiwch Ffigur 3.12.

   a Beth yw uchafbwynt llystyfiant?

   b Gwnewch restr o'r haenau yn y coetir hwn?

   c Eglurwch bresenoldeb gwahanol haenau o lystyfiant.

   ch Ar wahân i haeniad eglur (haenu) beth yw nodweddion eraill uchafbwynt llystyfiant o'u cymharu â'r camau cynharach?

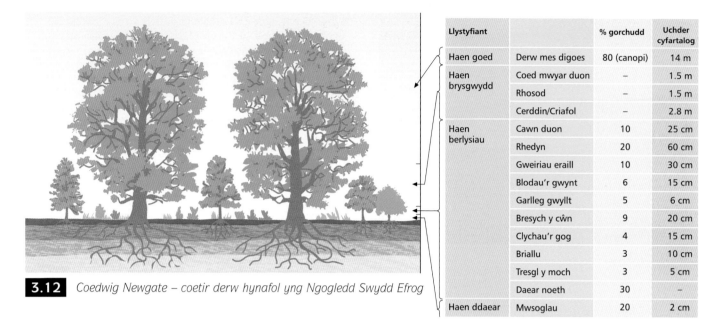

Llystyfiant		% gorchudd	Uchder cyfartalog
Haen goed	Derw mes digoes	80 (canopi)	14 m
Haen brysgwydd	Coed mwyar duon	–	1.5 m
	Rhosod	–	1.5 m
	Cerddin/Criafol	–	2.8 m
Haen berlysiau	Cawn duon	10	25 cm
	Rhedyn	20	60 cm
	Gweiriau eraill	10	30 cm
	Blodau'r gwynt	6	15 cm
	Garlleg gwyllt	5	6 cm
	Bresych y cŵn	9	20 cm
	Clychau'r gog	4	15 cm
	Briallu	3	10 cm
	Tresgl y moch	3	5 cm
	Daear noeth	30	–
Haen ddaear	Mwsoglau	20	2 cm

3.12 *Coedwig Newgate – coetir derw hynafol yng Ngogledd Swydd Efrog*

Beth yw'r gwahanol fathau o olyniaeth llystyfiant?

Mae olyniaeth llystyfiant yn digwydd mewn ystod eang o amgylcheddau, yn cynnwys arwynebau creigiog, llynnoedd o ddŵr croyw a thwyni tywod. Defnyddir y term **ser** i ddisgrifio'r olyniaeth sy'n gysylltiedig ag amgylchedd arbennig. Gelwir pob cam yn yr olyniaeth yn **gam serol**. Y serau mwyaf cyffredin yw:

* lithoser   – craig/darnau o graig
* hydroser   – dŵr croyw
* haloser   – dŵr hallt
* samoser   – tywod.

Gelwir olyniaeth naturiol sy'n datblygu heb ymyrraeth o gymuned arloesi drwodd i uchafbwynt llystyfiant yn **olyniaeth gynradd**. Fodd bynnag, gall olyniaeth yn aml ddioddef ymyrraeth naill ai yn naturiol, er enghraifft gan lifogydd neu dân, neu drwy weithredoedd pobl. Pan mae'r olyniaeth yn ailddechrau fe'i gelwir yn **olyniaeth eilaidd**.

Gall pobl ymyrryd ar olyniaethau llystyfiant mewn sawl ffordd:

* torri coed ar gyfer datblygiad (tai, ffyrdd, ayyb.)
* pori da byw ar dir pori
* draenio tiroedd gwlyb ar gyfer ffermio
* newid priddoedd a chynefinoedd drwy ddefnyddio cemegion artiffisial (e.e. gwrteithiau a phlaleiddiaid)
* llosgi dan oruchwyliaeth.

Mae nifer o olyniaethau yn cael eu rhwystro rhag datblygu ymhellach gan reolaeth ddynol. Cyfeirir at y cam terfynol, a all fod yn laswelltir neu'n weundir grug, er enghraifft, yn **blagiouchafbwynt**. Yn y DU, mae'r rhan fwyaf o'n llystyfiant yn cynrychioli plagiouchafbwynt o un math neu'r llall.

YMARFERION

1 Diffiniwch y termau canlynol:

* *olyniaeth gynradd*
* *olyniaeth eilaidd*
* *plagiouchafbwynt.*

2 Ym mha ffyrdd y gall pobl amharu ar olyniaethau llystyfiant naturiol? Ceisiwch awgrymu rhai gweithgareddau na chyfeiriwyd atynt yn (1).

Astudiaethau achos olyniaeth gynradd

1 Hydroser

Mae hydroser yn datblygu ar ymylon llyn neu bwll o ddŵr croyw (Ffigur 3.13). Mewn amgylchedd afonol, gall hydroser ddatblygu mewn ystumllyn.

Mae Ffigur 3.14 yn disgrifio'r camau yn natblygiad hydroser yn y DU. Y rhywogaethau arloesi yw'r planhigion soddedig sy'n gallu goroesi'n gyfan gwbl o dan ddŵr. Mae planhigion eraill, megis lilïau'r dŵr, yn gallu goroesi mewn dŵr bas gyda'u gwreiddiau o dan ddŵr, ond eu rhannau blodeuol ar arwyneb y dŵr. Mae'r planhigion dŵr hyn yn casglu gwaddod rhwng eu gwreiddiau ac yn ychwanegu defnydd organig at y gwaddod sy'n casglu ar lawr y pwll. Wrth i'r dŵr fynd yn fasach, mae rhywogaethau eraill o blanhigion megis brwyn a chynffon y gath yn dod allan. Mae'r rhain eto'n dal mwy o waddod, gan achosi yn y pen draw iddo dorri'r arwyneb i ffurfio tir newydd. Mae'r olyniaeth yn parhau gyda hesg, prysgwydd a choed (helyg a gwern) yn raddol yn gwladychu'r tir sychach.

3.13 *Hydroser*

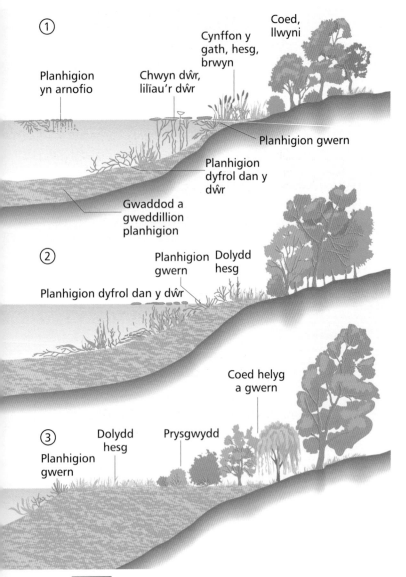

① Planhigion yn arnofio
Chwyn dŵr, liliau'r dŵr
Cynffon y gath, hesg, brwyn
Coed, llwyni
Planhigion gwern
Planhigion dyfrol dan y dŵr
Gwaddod a gweddillion planhigion

② Planhigion dyfrol dan y dŵr
Planhigion gwern
Dolydd hesg

③ Planhigion gwern
Dolydd hesg
Prysgwydd
Coed helyg a gwern

3.14 *Camau yn natblygiad hydroser*

Ffen Redgrave a Lopham

Mae Ffen Redgrave a Lopham yn Suffolk yn un o'r safleoedd gwlyptir pwysicaf yn Ewrop, oherwydd ei ddiddordeb ecolegol yn ogystal ag fel un o ddau le sy'n gartref i'r Pry copyn Rafft Mawr, sy'n hynod o brin. Dros y blynyddoedd, mae'r ffen wedi dioddef difrod hanesyddol. Roedd hyn yn bennaf oherwydd fod yr awdurdod lleol yn tynnu dŵr allan er mwyn cyflenwi'r gymuned leol, ac oherwydd y gwaith draenio tir yn yr 1960au. Hefyd ni fu rheolaeth ffen yn ddigonol. Mae Asiantaeth yr Amgylchedd, ynghyd ag Ymddiriedolaeth Bywyd Gwyllt Suffolk, Cwmni Dŵr Essex a Suffolk, ac English Nature yn awr yn cydweithio i adennill y ffen i'w gyflwr naturiol.

Cyfanswm cost hyn i gyd fydd £3.2 miliwn, a bydd hyn yn dod yn rhannol o grant o £1.4 miliwn o gronfa LIFE yr Undeb Ewropeaidd.

Cyn yr adferiad

Wrth i'r ffen gael ei ddraenio, pydrodd yr haenau o fawn ar yr arwyneb gan ollwng y cyfan o'r maetholynnau a storiwyd. Ni fedrai'r planhigion a'r anifeiliaid prinnaf fyw yn y ffen tal a bras a ddatblygodd. Yna daeth y llwyni a'r coed gan lechfeddiannu, a newid y ffen o fod yn wlyptir agored yn gyfoethog mewn rhywogaethau i fod yn dir prysg caeëdig.

Wedi'r adferiad

Mae Cwmni Dŵr Essex a Suffolk, sy'n berchen y twll turio, yn chwilio am safle arall, a bydd tyrchwyr yn tynnu ymaith yr hen fawn pydredig a'i bentyrru i wneud sarnau a llwybrau. Yna bydd y coed crablyd yn cael eu tynnu allan i ailgreu'r ffen agored. Bydd gwartheg a merlod gwlyptir yn cael eu cyflwyno i bori'r ffen ac ailgreu'r cynefinoedd a wnaeth Redgrave a Lopham yn enwog yn rhyngwladol.

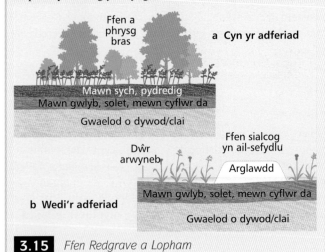

Ffen a phrysg bras
a Cyn yr adferiad
Mawn sych, pydredig
Mawn gwlyb, solet, mewn cyflwr da
Gwaelod o dywod/clai
Dŵr arwyneb
Ffen sialcog yn ail-sefydlu
Arglawdd
Mawn gwlyb, solet, mewn cyflwr da
b Wedi'r adferiad
Gwaelod o dywod/clai

3.15 *Ffen Redgrave a Lopham*

Ffynhonnell: The Guardian, 24 Medi 1996

YMARFERION

1 Beth sydd mor arbennig am Ffen Redgrave a Lopham?

2 Disgrifiwch achosion ac effeithiau rheolaeth wael ar yr ardal.

3 Sut y cafodd y ffen ei adfer?

Datblygiad hydroser o fewn ystum afon Le Sauget, Ffrainc

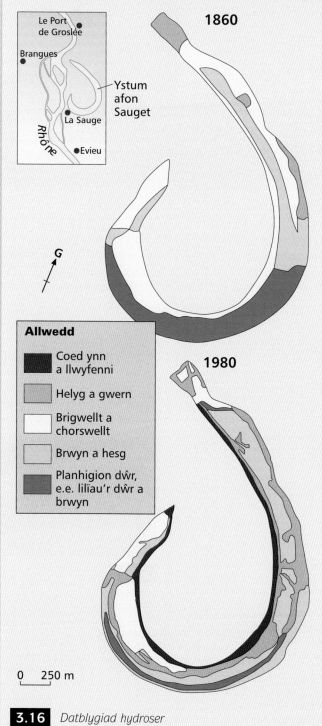

1860

Le Port de Groslée
Brangues
Ystum afon Sauget
La Sauge
Rhône
Evieu

G

Allwedd

- Coed ynn a llwyfenni
- Helyg a gwern
- Brigwellt a chorswellt
- Brwyn a hesg
- Planhigion dŵr, e.e. lilïau'r dŵr a brwyn

1980

0   250 m

3.16 *Datblygiad hydroser*

Mae ystum Le Sauget mewn gwirionedd yn ystumllyn a ffurfiwyd yn 1690. Mae'n un o nifer o ystumllynnoedd ar ddarn hynod o ddolennog yng nghwrs uchaf Afon Rhône, ger Brangues, Ffrainc. Wrth i'r ystumllyn siltio yn raddol dros y canrifoedd, datblygodd olyniaeth glir o lystyfiant, ac mae'r ystumllyn yn ffurfio enghraifft ardderchog o hydroser.

Edrychwch yn ofalus ar Ffigur 3.16, a darllenwch y detholiad canlynol am ecoleg yr ystum:

'Yn y rhan ddyfnaf o'r ystumllyn ceir cynrychiolaeth dda o blanhigion hydroffytig (planhigion dŵr) megis lilïau'r dŵr melyn. Mae'r olyniaeth ddaearol (tir) yn dechrau gyda datblygiad brwyn a hesg. Mae gwreiddiau'r planhigion hyn yn cynhyrchu rhyw fath o fatres sy'n datblygu'n llorweddol, gan leihau maint yr arwyneb dŵr. Gall brwyn a hesg oroesi mewn dŵr a thu allan iddo, ac maent yn gyffredin mewn amgylcheddau corsiog neu mignennog. Dros amser, mae silt yn adeiladu o gwmpas eu gwreiddiau, gan greu amodau delfrydol ar gyfer y rhywogaethau dilynol yn yr olyniaeth. Mae brigwellt a chorswellt yn meddiannu'r tir sych. Fel arfer mae'r planhigion hyn i'w gweld ar y rhosydd a'r gweundiroedd gwlyb lle mae'r lefel trwythiad yn amrywio. Ymhen amser, dilynir y gweiriau gan helyg a gwern, coed sydd fel arfer yn cael eu cysylltu â lefelau trwythiad uchel.

Dyddodwyd haen sylweddol o silt ar ymylon yr ystum dros sawl canrif. Mae'r haen silt hyd at 2 m o drwch fel gorchudd dros y tywod llifwaddodol. Mae'r priddoedd trwchus hyn, cryn bellter o ganol yr ystumllyn a gweddillion olaf unrhyw ferddwr, wedi eu gwladychu'n dda gan goed ynn a llwyfenni, sy'n cynrychioli uchafbwynt llystyfiant.'

YMARFERION

1 Gwnewch restr, ar ffurf diagram llif, o gamau serol yr olyniaeth llystyfiant hon. O safbwynt pob cam, enwch y rhywogaethau llystyfiant cyffredin a disgrifiwch sut y maent yn addas ar gyfer yr amodau.

2 Disgrifiwch y newidiadau ym math a dosbarthiad y llystyfiant yn ystum Le Sauget rhwng 1860 ac 1980.

3 Os gadewir llonydd llwyr i'r ystum (h.y. does dim rheolaeth), awgrymwch beth a all ddigwydd i'r llystyfiant yn y dyfodol.

2 Haloser

Mae haloser yn datblygu lle y ceir crynodiadau uchel o halen, er enghraifft ar forfa heli arfordirol (Ffigur 3.17).

Mae Ffigur 3.18 yn dangos trawstoriad drwy forfa heli ar arfordir Georgia, UDA. Mae'r rhywogaethau gwahanol yn cynrychioli gwahanol gamau yn yr haloser, gyda'r arloeswyr ar y chwith a'r uchafbwynt llystyfiant ar y dde. Mae planhigion morfa heli wedi eu haddasu ar gyfer amgylchedd caled, lled ddyfrol a phriddoedd halwynog. Coesau cadarn, dail bychan ac addasiadau arbennig ar gyfer ysgarthu halen yw nodweddion trigolion y cilfachau llanw a'r corstiroedd isel. Mae'r rhywogaethau arloesi yn cynnwys gwellt y gamlas sydd â'i wreiddiau dyfrol yn gymorth i sefydlogi'r silt a'r

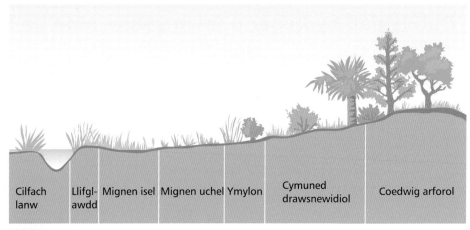

| Cilfach lanw | Llifgl-awdd | Mignen isel | Mignen uchel | Ymylon | Cymuned drawsnewidiol | Coedwig arforol |

3.17 *Llystyfiant morfa heli arfordirol* **3.18** *Trawstoriad drwy forfa heli, Georgia, UDA*

defnydd pydredig a ddaliwyd. Mae cordwellt yn tyfu ar y llifgloddiau sychach lle mae'r amodau yn llai halwynog. Yn fewndirol mae'r fignen uchel yn llawer sychach ac mae ganddi briddoedd mwy tywodlyd ac yn draenio'n dda. Mae'r amodau yn dal yn hynod halwynog, a thuedda'r planhigion i fod yn grablyd. Mae'r ymylon yn llai halwynog am nad yw'r llanw byth bron yn eu cyrraedd. O ganlyniad, ceir amrywiaeth fwy o blanhigion, yn cynnwys lafant a brwyn y fignen. Yn olaf, prysg ac yna coed sy'n meddiannu'r priddoedd sychach, llai halwynog, mewndirol.

3 Samoser

Samoser yw'r olyniaeth llystyfiant sy'n datblygu ar dywod, fel arfer ar dwyni tywod arfordirol.

Mae twyni tywod yn amgylchedd hynod o elyniaethus i blanhigion. Maent yn sych iawn (mae tywod yn draenio'n gyflym) ac maent yn agored i wyntoedd halwynog cryfion sy'n gyson yn ailweithio'r tywod ac achosi'r twyni i newid eu ffurf a'u safle. Mae tywod yn naturiol yn anffrwythlon ac mae'r priddoedd yma'n datblygu yn araf iawn.

Mae Ffigur 3.19 yn drawstoriad drwy dwyni tywod yn Ynyslas, i'r gogledd o Aberystwyth, Ceredigion. Fel yn Ffigur 3.18, gellir gweld yr olyniaeth yn datblygu gyda phellter i mewn i'r tir. Mae'r

tywod ger y môr, lle mae egin-dwyni yn ffurfio, yn cynrychioli'r amgylchedd mwyaf garw. Tra bod y rhan fwyaf o'r gylchfa hon yn cynnwys tywod noeth, mae rhai planhigion megis marchwellt arforol, yn gallu goddef halen ac mae ganddynt wreiddiau dwfn.

Efallai mai'r planhigyn mwyaf eang ei ymlediad a geir ar y twyni aeddfetaf, yw **moresg** (Ffigur 3.20). Mae gan foresg ddail cyrliog rhag colli dŵr ac mae ganddo wreiddiau dwfn iawn er mwyn sugno dŵr tanddaearol. Wrth i ddefnydd a chwythir gan y gwynt gael ei ddal yn y gwair, ac wrth i ddail marw ddarparu maetholynnau ar gyfer y pridd sy'n datblygu o'r newydd, mae rhywogaethau eraill yn dechrau gafael. Wrth i'r pridd ddatblygu ymhellach, caiff planhigion isel eu disodli gan lwyni ac yn y pen draw gan goed.

3.20 *Moresg ar dwyni tywod*

Mae angen amgylchiadau sychach ar gyfer moresg, wrth iddo wasgaru mae'n helpu i rwystro tywod rhag cael ei chwythu ymaith

Egin-dwyni tywod – rhaid i blanhigion ymdopi â dŵr hallt, e.e. marchwellt arforol

Erydiad môr a chwistrelliad halen

Mae gweddillion planhigion pydredig a baw adar a chwningod yn ychwanegu mater organig gan alluogi planhigion eraill i dyfu, e.e. llaethlys y môr

Yn araf, mae'r haen uchaf o dywod yn newid i fod yn bridd brownlwyd sy'n addas ar gyfer planhigion rhostir (e.e. grug) ac mae'r moresg yn marw

Gall coed bach a llwyni dyfu

Coed mwy sy'n addas ar gyfer priddoedd tywodlyd, e.e. masarne

Cynefinoedd: Tywod Twyni tywod melyn Twyni tywod llwyd Rhostir twyni tywod Prysg Coetir

3.19 *Olyniaeth twyni tywod yn Ynyslas, Cymru*

YMARFERION

Disgrifiwch olyniaethau llystyfiant nodweddiadol sy'n gysylltiedig â :

- hydroser

- haloser

- samoser.

O safbwynt pob un, dylech:

- ganolbwyntio yn arbennig ar nodweddion a swyddogaeth rhywogaethau arloesi

- llunio braslun syml neu gyfres o frasluniau i ddarlunio'r olyniaeth

- awgrymu ffyrdd y gall gweithgareddau dynol ymyrryd ar yr olyniaeth.

GWEITHGAREDD ESTYNEDIG

Rheoli twyni tywod Ynyslas

Mae'r gweithgaredd estynedig hwn yn ymwneud yn gyfan gwbl â rheoli'r twyni tywod yn Ynyslas. Mae twyni tywod yn gynefinoedd naturiol pwysig ac maent yn ecosystemau bregus a ellir yn hawdd eu difrodi.

Amcan y gweithgaredd hwn yw i chi astudio materion rheolaeth yn Ynyslas.

Darllenwch yr adrannau isod ac yna ceisiwch ateb y cwestiynau sy'n dilyn. Fel dewis arall, gallwch ddefnyddio'r cwestiynau fel canllawiau bras ac ysgrifennu eich adroddiad taclus eich hun, wedi ei strwythuro yn ôl eich dymuniad.

Pam fod angen rheoli Ynyslas?

Mae'r twyni tywod yn ecosystem fregus iawn a all gael ei difrodi yn hawdd gan brosesau naturiol neu gan bobl yn ei defnyddio. O bryd i'w gilydd gall gwyntoedd cryfion achosi

3.21 *Twyni Ynyslas, Cymru, yn dangos chwythbant*

chwythbantiau (Ffigur 3.21). Mae'r rhain yn arwain at erydu'r twyni a gall achosi difrod i lystyfiant a bywyd gwyllt. Gan fod y twyni tywod yn boblogaidd gan dwristiaid, gall mannau gael eu sathru, a bydd hyn yn arwain at ladd y llystyfiant, y twyni tywod yn cael eu herydu a chynefinoedd bywyd gwyllt yn cael eu dinistrio.

Ceir tua 300 o wahanol blanhigion blodeuog ar y twyni, llawer ohonynt ddim ond yn tyfu o dan amodau arbennig fel sydd yma. Ceir blodau fel tegeiriannau, caldrist y gors, teim gwyllt a melyn yr hwyr, i enwi ond ychydig. Mae yma hefyd famaliaid megis llwynogod, cwningod, draenogod a charlymiaid, a nifer o adar yn cynnwys y cwtiad torchog, hwyaden yr eithin, corhedydd y waun, melyn yr eithin a chlochdar y cerrig. Mae'r cudyll coch, y dylluan a chnocell y coed yn bwydo yn rheolaidd ar y twyni, er bod ganddynt eu nythod yn rhywle arall.

Mae'r amrywiaeth eang o gynefinoedd yn cynnig nifer o amgylchiadau gwahanol. Heb reolaeth ofalus, gall cynefinoedd gael eu dinistrio a bydd ecoleg yr ardal yn dioddef.

Beth yw oblygiadau rheolaeth?

Mae twyni tywod Ynyslas yn rhan o Warchodfa Natur Genedlaethol Dyfi. Rheolir y Warchodfa gan Gyngor Cefn Gwlad Cymru, ac mae warden llawn amser ar gael yma.

Mae rheoli'r twyni yn golygu:

- gwarchod y twyni a'r cynefinoedd naturiol

- galluogi ymwelwyr i fwynhau y twyni ac i ddeall yr amgylchedd naturiol heb achosi niwed iddo.

Anogir pobl i ymweld â'r ardal a'i mwynhau, ond fe geir hefyd nifer o lwybrau wedi eu dangos yn eglur i'w galluogi i gerdded o'r maes parcio at y traeth, yr hyn y mae y rhan fwyaf o bobl am ei wneud. Mae rhannau o'r llwybrau hyn wedi eu codi ar fyrddau coed uwchlaw'r twyni fel nad ydynt yn cael eu sathru (gweler Ffigur 3.22). Mae'r mannau sy'n arbennig o fregus neu y rhai sy'n cael eu hadfer, megis lle bu chwythbant (gweler Ffigur 3.23) yn cael eu hamgylchynu, gydag arwyddion yn gofyn

3.22 *Byrddau cerdded dros dwyni tywod yn Ynyslas*

**Ymladd erydiad cyflym yn y twyni blaen.
Mae pedair rhan i'r broses hon:**

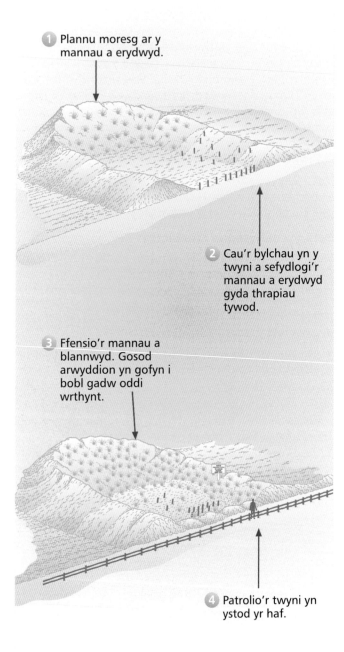

1 Plannu moresg ar y mannau a erydwyd.

2 Cau'r bylchau yn y twyni a sefydlogi'r mannau a erydwyd gyda thrapiau tywod.

3 Ffensio'r mannau a blannwyd. Gosod arwyddion yn gofyn i bobl gadw oddi wrthynt.

4 Patrolio'r twyni yn ystod yr haf.

3.23 *Adfer chwythbant*

i bobl gadw allan. Mae'r byrddau gwybodaeth yn egluro i'r ymwelwyr pam y mae'n bwysig i adael llonydd i'r mannau hyn.

Mae rheolaeth yn Ynyslas yn ymwneud yn gyfan gwbl â cheisio cadw cydbwysedd rhwng yr amgylchedd naturiol, â'i amrywiaeth o gynefinoedd, planhigion ac anifeiliaid a dymuniad y bobl i ddefnyddio'r twyni tywod ar gyfer hamdden ac adloniant. Mae Ffigur 3.24 yn dangos rhai o'r mesurau rheolaeth yn Ynyslas.

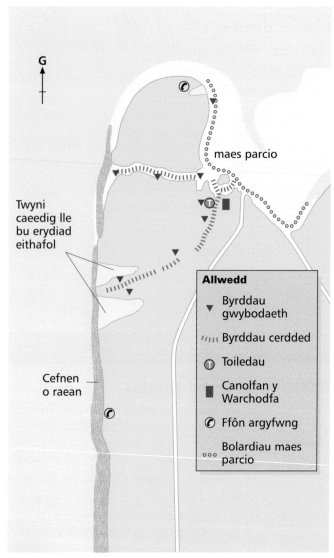

G

maes parcio

Twyni caeedig lle bu erydiad eithafol

Cefnen o raean

Allwedd

▼ Byrddau gwybodaeth

⥤ Byrddau cerdded

Ⓣ Toiledau

◼ Canolfan y Warchodfa

Ⓒ Ffôn argyfwng

°°° Bolardiau maes parcio

3.24 *Rheolaeth twyni tywod Ynyslas*

1 Beth yw nodweddion naturiol arbennig twyni Ynyslas?

2 a Beth yw chwythbant a sut mae'n cael ei ffurfio?

 b Disgrifiwch gyda chymorth diagram sut y gellir adfer chwythbant drwy reolaeth ofalus.

 c A ddylid adfer chwythbantiau neu a ddylid gadael iddynt ddatblygu'n naturiol?

3 Beth yw'r problemau posibl (materion rheolaeth) a achosir gan dwristiaid yn dod i'r ardal?

4 Amlinellwch y strategaethau rheolaeth a ddefny-ddiwyd i leihau'r niwed a ddaeth yn sgil y twristiaid tra, ar yr un pryd, yn hybu eu mynediad i'r twyni tywod a'r pleser a gânt.

5 Awgrymwch strategaethau rheoli eraill y gellid eu mabwysiadu ar gyfer yr ardal ac amlinellwch eu manteision a'u hanfanteision.

CWESTIWN STRWYTHUREDIG 1

Astudiwch Ffigur 3.25.

a Diffiniwch y term 'ser'.   *(1)*

b Pa fath o ser yw hwn?   *(1)*

c Mae'r graff (Ffigur 3.26) yn dangos y newidiadau yn y biomas, ym mhwynt A ar Ffigur 3.25, er pan enciliodd y rhewlif heibio'r pwynt hwn yn 1915.

   (i) Diffiniwch y term 'biomas'.   *(1)*

   (ii) Eglurwch y cynnydd yn y biomas a ddangosir yn Ffigur 3.26.   *(2)*

ch Beth yw'r mathau cyntaf o lystyfiant i wladychu'r ardal wedi'r dadrewlifiant?   *(1)*

d Bellach coed sydd bennaf yn yr ardal o gwmpas pwynt A ar y diagram - coed megis y fedwen arian. Nodwch *un* rheswm pam fod coed wedi cymryd drosodd fel y prif fath o lystyfiant ym mhwynt A. *(2)*

dd Cyfeirir yn aml at y goedwig ar ochr dde'r diagram fel uchafbwynt llystyfiant.

   (i) Diffiniwch y term 'uchafbwynt llystyfiant'.   *(1)*

   (ii) Nodwch *un* rheswm pam y gallai'r uchafbwynt llystyfiant ym mhwynt A beidio â dod yn barhaol?   *(2)*

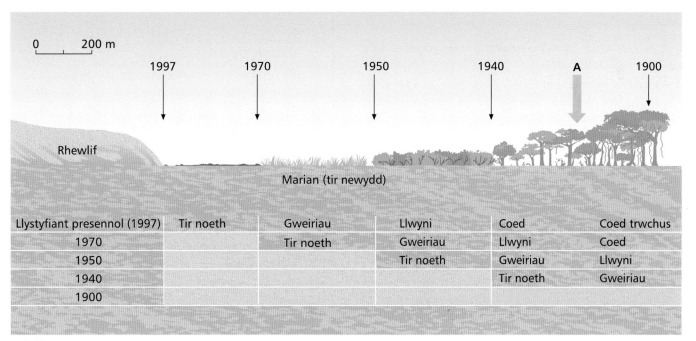

Llystyfiant presennol (1997)	Tir noeth	Gweiriau	Llwyni	Coed	Coed trwchus
1970		Tir noeth	Gweiriau	Llwyni	Coed
1950			Tir noeth	Gweiriau	Llwyni
1940				Tir noeth	Gweiriau
1900					

3.25 *Trawstoriad blaen rhewlif a'r ser a ddatblygodd ar y dyddodion marian a adawyd ar ôl wrth i'r rhewlif encilio (tuag at ochr chwith y diagram)*

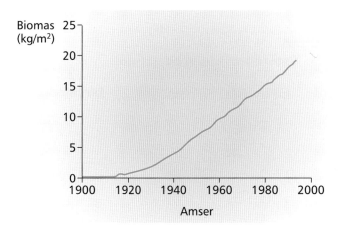

3.26 *Y newidiadau yn y biomas ym mhwynt A*

Olyniaeth eilaidd: plagiouchafbwynt gweundir grug

Mae'r golygfeydd porffor enfawr sy'n nodweddiadol o weundiroedd Prydain (Ffigur 3.27) yn creu argraff o dirwedd cyfan gwbl naturiol. Fodd bynnag, mae hyn yn bell o fod yn wir. Nid yw'r grug porffor blodeuog nodweddiadol (*Calluna vulgaris*) yn uchafbwynt llystyfiant naturiol. Mae'n cael ei gynnal yn gyfan gwbl gan reolaeth dyn, a dyma paham y mae'n enghraifft ardderchog o blagiouchafbwynt.

Coedwig dderw yw'r uchafbwynt llystyfiant sy'n ganlyniad olyniaeth naturiol yn yr amgylchedd hwn (gweler Ffigur 3.28). Sylwch yn Ffigur 3.28 mai prin, os o gwbl, yw'r grug mewn

3.27 *Gweundir grug porffor*

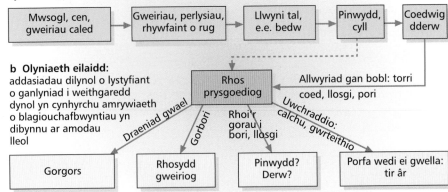

a Olyniaeth gynradd: llwybr posibl mewn olyniaeth gynradd yn ystod y cyfnod ôl-rewlifol yn uwchdiroedd isel Prydain

Mwsogl, cen, gweiriau caled → Gweiriau, perlysiau, rhywfaint o rug → Llwyni tal, e.e. bedw → Pinwydd, cyll → Coedwig dderw

b Olyniaeth eilaidd: addasiadau dilynol o lystyfiant o ganlyniad i weithgaredd dynol yn cynhyrchu amrywiaeth o blagiouchafbwyntiau yn dibynnu ar amodau lleol

Rhos prysgoediog

Allwyriad gan bobl: torri coed, llosgi, pori

Draeniad gwael → Gorgors

Gorbori → Rhosydd gweiriog

Rhoi'r gorau i bori, llosgi → Pinwydd? Derw?

Uwchraddio: calchu, gwrteithio → Porfa wedi ei gwella: tir âr

3.28 *Olyniaethau gweundir*

unrhyw gam serol. Dyma'r olyniaeth o ddigwyddiadau sy'n egluro ei fodolaeth heddiw:

1 Filoedd o flynyddoedd yn ôl, ar ôl estyniad olaf yr iâ, datblygodd olyniaeth gynradd ac fe gyrhaeddodd ei hanterth fel coedwigoedd derw.

2 Yn raddol torrwyd y coed i wneud lle i amaethyddiaeth a datblygiadau eraill. Dirywiodd y priddoedd a mynd yn hynod o anffrwythlon. Fodd bynnag, roedd prinder maetholynnau a natur asidig y priddoedd yn ddelfrydol ar gyfer grug.

3 Mae cyffion ifanc y grug yn addas ar gyfer defaid yn pori, a defnyddiwyd y gweundiroedd yn eang gan ffermwyr mynydd. Roedd y grug dan reolaeth y ffermwyr hyn ac felly yn cael ei gynnal, a thrwy hyn yn rhwystro datblygiad pellach yr olyniaeth eilaidd. Yn wir, pe na byddai'r grug o dan reolaeth, byddai'n fuan yn cael ei gymryd drosodd gan lwyni ac ymhen amser gan goed (Ffigur 3.28).

4 Heddiw, drwy raglen o bori a llosgi yn achlysurol (i gael gwared o hen goed a hybu cyffion newydd), mae'r grug yn cael ei gynnal fel plagiouchafbwynt.

3.29 *Rhai o'r prif newidiadau yn ystod pedwar cam cylchred ddatblygu Calluna vulgaris (grug)*

CWESTIWN STRWYTHUREDIG 2

Astudiwch Ffigur 3.29.

a (i) Disgrifiwch yr amrywiadau dros amser o'r 'corlwyni a gweiriau'. (2)

(ii) Amlinellwch *un* rheswm dros yr amrywiadau yr ydych wedi eu disgrifio. (2)

b Yn ystod pa ddau gam y mae *Calluna* yn cael ei gynhyrchu fwyaf yn y biomas? (1)

c (i) Pa adeg yw'r gorau, o gofio'r pedwar cam, i losgi'r grug? (1)

(ii) Rhowch resymau dros eich ateb. (3)

Mae Ffigur 3.30 yn dangos symudiad maetholynnau yn system *Calluna vulgaris*.

ch (i) Sut y mae pori yn rhoi mewnbwn o faetholynnau? (1)

(ii) Sut y mae llosgi'r grug yn effeithio ar lifoedd y maetholynnau? (2)

(iii) Amlinellwch bwysigrwydd dŵr yn y system faetholynnau. (3)

d Pe byddai dirywiad pellach mewn ffermio defaid a chynnal y grug yn dod i ben, beth fyddai'n digwydd i'r grug a pham? (4)

	Camau y gylchred ddatblygu			
	1 **Arloesi**	**2** **Adeiladu**	**3** **Aeddfed**	**4** **Dirywiedig**
Cyfartaledd uchder (cm)	24.1	52.1	63.2	55.2
Cyfartaledd oedran unigolion (blynyddoedd)	5.7	9.0	17.1	24.0
Biomas (g/m^2)				
(a) *Calluna* yn unig	287.2	1507.6	1923.6	1043.2
(b) Corlwyni eraill a gweiriau	179.6	41.2	52.0	83.2
(c) Cyfanswm, yr holl blanhigion	889.2	1702.0	2305.2	1560.8
Cynnyrch net cyffion *Calluna* ifanc (g/m^2 mewn blwyddyn)	148.8	442.4	363.6	140.8
Golau yn cyrraedd arwyneb y pridd (% yr hyn sy'n amlwg i olau dydd)	100.0	2.0	20.0	57.0

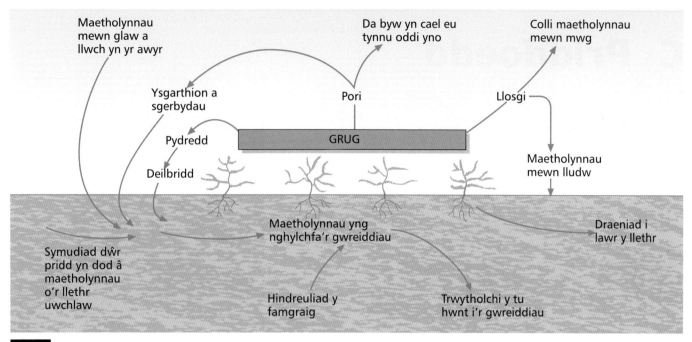

Maetholynnau mewn glaw a llwch yn yr awyr

Da byw yn cael eu tynnu oddi yno

Colli maetholynnau mewn mwg

Ysgarthion a sgerbydau

Pori

Llosgi

Pydredd

GRUG

Deilbridd

Maetholynnau mewn lludw

Symudiad dŵr pridd yn dod â maetholynnau o'r llethr uwchlaw

Maetholynnau yng nghylchfa'r gwreiddiau

Draeniad i lawr y llethr

Hindreuliad y famgraig

Trwytholchi y tu hwnt i'r gwreiddiau

3.30 *Enillion a cholledion maetholynnau yn system* Calluna vulgaris

Ymyrraeth ddynol mewn gwledydd Mediteranaidd

Mae natur drawsnewidiol hinsawdd a thir mynyddig llawer o'r rhanbarth Mediteranaidd wedi cynhyrchu llystyfiant naturiol bregus ac ansefydlog. Mae patrwm y glawiad, sy'n amrywio rhwng sychder a chawodydd trwm sydyn, yn cynyddu erydiad pridd. Mae hyn wedi bod o gymorth i gynhyrchu fflora sydd bedair gwaith yn fwy amrywiol na'r hyn a geir mewn coedwigoedd tymherus.

Ychydig o lystyfiant naturiol sy'n weddill, gyda 75 y cant o lystyfiant uwchdir Ewrop Fediteranaidd yn cael eu creu gan weithgareddau dynol. Ceir hanes hir o ymelwa dynol (10 000 o flynyddoedd neu fwy). Cliriwyd yr uchafwynt coedwigoedd naturiol o dderw a phinwydd, a ddylai fod yn gorchuddio 80 y cant o'r uwchdiroedd, er mwyn cael coed ar gyfer tanwydd a defnyddiau adeiladu neu ar gyfer agor tir pori newydd. Mae'r clirio yn gwneud y microhinsawdd yn fwy eithafol, gan waethygu problemau erydiad pridd.

Mewn llawer lle mae'r llystyfiant naturiol yn dioddef atchweliad (gweler Ffigur 3.31) a chyfradd y dirywiad yn dibynnu ar ffactorau lleol megis topograffi, hinsawdd, erydiad pridd neu ymyrraeth ddynol. At ei gilydd mae'r newid o lystyfiant mesoffytig i lystyfiant seroffytig; hynny yw, o blanhigion sy'n tyfu mewn amgylchedd llaith i rai sy'n tyfu mewn amgylchedd

sych. Mae llawer o'r tir Mediteranaidd wedi ei orchuddio gan brysgwydd *(maquis)*. Os caiff hwn lonydd, bydd yn adfywio drwy olyniaeth naturiol i goedwig, ond os yw'n cael ei orbori neu fel arall, ei reoli'n wael, bydd yn dirywio'n bridd noeth. Mewn rhai mannau, lle aethpwyd heibio'r trothwy allweddol, ni fydd y llystyfiant fyth eto yn gallu cael ei adfer.

Un ardal a ddioddefodd yn ddrwg o ymyrraeth ddynol yw Corsica. Defnyddiwyd y coedwigoedd gwreiddiol ar gyfer cynhyrchu siarcol a thanin, ac mae moch wedi pori y glasbrennau. Cliriwyd tiroedd eraill ar gyfer amaethyddiaeth, gan waethygu erydiad pridd ar hyd y llethrau graddol.

YMARFERION

1   Beth fyddai uchafwynt llystyfiant naturiol mewn ardaloedd uwchdir Mediteranaidd?

2   Ym mha ffyrdd y mae pobl wedi ymyrryd â'r olyniaeth?

3   Beth fu rhai o ganlyniadau ymyrraeth ddynol?

4   Rhowch sylwadau ar y gosodiad fod gan yr ardal hon 'lystyfiant naturiol bregus ac ansefydlog'.

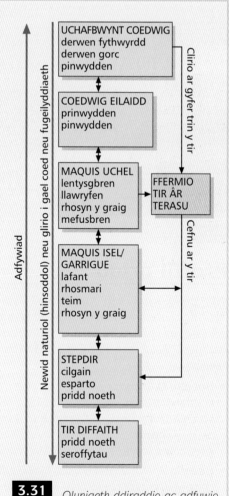

UCHAFBWYNT COEDWIG
derwen fythwyrdd
derwen gorc
pinwydden

COEDWIG EILAIDD
prinwydden
pinwydden

MAQUIS UCHEL
lentysgbren
llawryfen
rhosyn y graig
mefusbren

FFERMIO TIR ÂR TERASU

MAQUIS ISEL/ GARRIGUE
lafant
rhosmari
teim
rhosyn y graig

STEPDIR
cilgain
esparto
pridd noeth

TIR DIFFAITH
pridd noeth
seroffytau

Adfywiad

Newid naturiol (hinsoddol) neu glirio i gael coed neu fugeilyddiaeth

Clirio ar gyfer trin y tir

Cefnu ar y tir

3.31 *Olyniaeth ddiraddio ac adfywio llystyfiant Mediteranaidd o dan ddylanwadau dynol a naturiol*

C Priddoedd

Beth yw pridd?

Pridd yw haen uchaf y Ddaear; yn aml mae'n llai na metr mewn trwch. Mae wedi ei wneud o gymysgedd o ddefnydd mwynol (craig a hindreuliwyd) a defnydd organig (e.e. dail pydredig). Creigiau a hindreuliwyd yn unig sy'n ffurfio **creicaen (regolith)**: mae'n troi yn bridd dim ond pan fo defnydd organig yn cael ei ychwanegu ato.

Mae'n amlwg bod pridd yn hanfodol i fywyd ar y Ddaear. Mae'n darparu'r cyfrwng ar gyfer tyfu bwyd ac ar gyfer pori anifeiliaid. Mae pridd yn cymryd miloedd o flynyddoedd i ffurfio eto gellir ei ddinistrio mewn munud neu ddau drwy **erydiad pridd** (Ffigur 3.32). Mae angen rheoli priddoedd yn ofalus i sicrhau cynaliadwyedd. Gall gorddefnyddio priddoedd olygu eu bod yn mynd yn anffrwythlon a'u hadeiledd yn newid, gan eu gwneud yn fwy agored i wynt ac erydiad dŵr.

3.32 *Erydiad pridd*

Proffil pridd

Mae pridd sydd wedi datblygu'n llawn yn arddangos dilyniant o haenau. Gelwir pob haen yn **haenlin** ac fel arfer fe'i gwahaniaethir oddi wrth ei gymdogion drwy fod o liw gwahanol. Astudiwch Ffigur 3.33. Sylwch fod yma bedwar haenlin:

- **Haenlin O** Dyma'r haen organig. Mae'n cynnwys deilbridd ar gyfnodau amrywiol o ddadelfeniad. Mae defnydd organig sydd wedi dadelfennu'n llwyr yn ffurfio sylwedd du, fel jeli a elwir yn **hwmws**. Mae'n cynnwys llawer o faetholynnau gwerthfawr ac mae'n rhan hanfodol o bridd.
- **Haenlin A** Dyma'r uwchbridd. Mae'n gyfuniad o ddefnydd craig wedi ei hindreulio oddi isod a defnydd organig oddi uchod. Daw'r ddau gyfansoddyn hyn at ei gilydd ac fe'u cymysgir gan weithgaredd yr organebau sy'n byw o fewn y pridd, yn arbennig pryfed genwair. Fel arfer haenlin A yw'r haenlin pridd ffrwythlonaf.

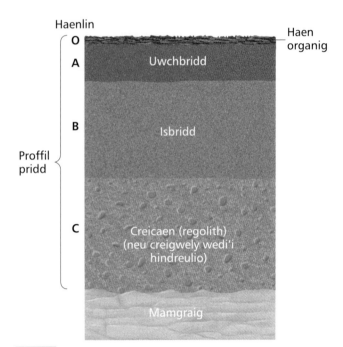

3.33 *Proffil pridd*

- **Haenlin B** Yn gyffredinol mae'r isbridd yn llai ffrwythlon am ei fod yn bellach oddi wrth ffynhonnell y defnydd organig. Mae'n cynnwys cyfran uwch o ddefnydd craig a hindreuliwyd.
- **Haenlin C** Dyma'r defnydd craig a hindreuliwyd ac sy'n cyflenwi'r pridd â'i ddefnydd mwynol. Oddi tan y graig a hindreuliwyd, neu'r greicaen, mae'r **defnydd gwreiddiol (mamgraig)** na chafodd ei hindreulio. Fel arfer, mae'r famgraig yn graig solet, megis calchfaen, ond fe all gynnwys dyddodion megis tywod a graean.

YMARFERION

1 Beth yw'r gwahaniaeth rhwng creicaen (regolith) a phridd?

2 Gwnewch gopi o Ffigur 3.33 ac ychwanegwch labeli i ddisgrifio prif nodweddion y pedwar haenlin pridd.

Beth yw priodweddau pridd?

1 Cyfansoddiad pridd

Tra bod priddoedd yn bennaf yn cynnwys defnydd mwynol ac organig, maent yn cynnwys dau gynhwysyn pwysig arall: aer a dŵr. Mae Ffigur 3.34 yn dangos cyfansoddiad cyfartalog pridd amaethyddol yn y DU. Sylwer bod tua 50% yn aer a dŵr. Po fwyaf yw cyfran yr aer a'r dŵr yn y pridd, mwyaf fydd cyfradd y mandyllau yn y pridd. Mae mandyllau

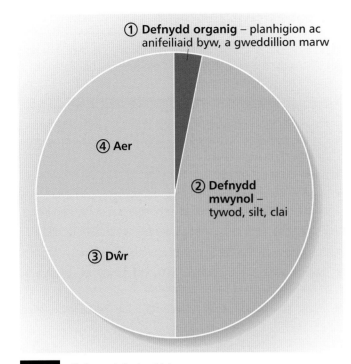

3.34 *Cyfansoddiad pridd*

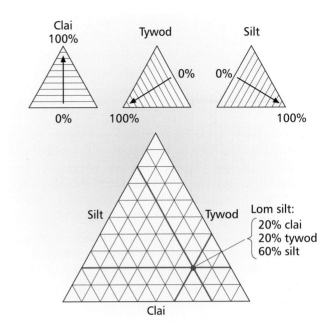

3.35 *Plotio gwead pridd ar driongl gwead pridd*

Gwead pridd	% tywod	% silt	% clai
Tywod	90	5	5
Tywod lomog	85	10	5
Lom tywodlyd	65	25	10
Lom	45	40	15
Lom silt	20	60	20
Lom clai	28	37	35
Clai	25	30	45

3.36 *Gweadau pridd cyffredin*

yn bwysig iawn oherwydd bod ocsigen a dŵr yn hybu twf planhigion.

2 Gwead pridd

Mae gwead pridd yn disgrifio trefn a meintiau'r gronynnau pridd unigol. Mae gwead pridd yn cael ei benderfynu gan bresenoldeb gronynnau o dywod, silt a gronynnau maint clai, sydd wedi deillio o'r famgraig. Y gwahanol gyfrannau o'r tri math o'r gronynnau hyn sy'n penderfynu gwead pridd arbennig.

Astudiwch Ffigur 3.35. Mae'n graff trionglog a elwir yn **driongl gwead pridd**. Fel y mae Ffigur 3.35 yn dangos, mae'n bosibl lleoli gwead unrhyw sampl o bridd ar y graff hwn.

Ceir nifer o fathau gweadeddol cydnabyddedig (Ffigur 3.36):

- Mae priddoedd tywodlyd yn draenio'n dda am fod eu gronynnau mawr yn creu mandyllau mawr sy'n hybu llif dŵr. Fodd bynnag, nid yw priddoedd tywodlyd yn ffrwythlon iawn.

- Mae priddoedd clai yn llawer gwaeth o ran draeniad a gallant ddioddef bod yn ddwrlawn gan fod y gronynnau bychain yn ffitio'n glòs at ei gilydd. Eto, maent yn aml yn ffrwythlon gan fod y gronynnau clai yn gallu denu elfennau cemegol (maetholynnau) yn y pridd.

- Ystyrir priddoedd lomog, sydd â gwead rhywle hanner ffordd rhwng pridd tywodlyd a phridd cleiog, fel arfer yn briddoedd o ansawdd da. Maent yn caniatáu rhyfaint o ddraeniad ac fel arfer maent yn ffrwythlon iawn.

Penderfynir gwead pridd yn bennaf gan natur y famgraig. Mae creigiau megis tywodfaen a gwenithfaen yn tueddu i gynhyrchu mwy o ronynnau maint tywod, tra mae siâl neu garreg laid dyweder, yn cynhyrchu cyfrannau uwch o glai.

3 Adeiledd pridd

Mae adeiledd pridd yn disgrifio'r modd y mae gronynnau unigol o bridd yn grwpio gyda'i gilydd i ffurfio lympiau a elwir yn **pedau**. Ceir llawer o wahanol fathau o adeiledd pridd (e.e. blociog, prismatig, haenaidd), ond yr un a werthfawrogir fwyaf gan ffermwyr yw'r un a elwir yn **friwsionog**. Mae hwn wedi ei wneud o bedau bychain, crwn sy'n gydbwysedd da rhwng defnydd mwynol ac organig. Mae priddoedd briwsionog yn draenio'n dda ac yn ffurfio cyfrwng tyfu delfrydol ar gyfer cnydau.

4 Lleithder pridd

Mae dŵr yn cael ei gynnal yn y mandyllau sydd mewn pridd. Yn dilyn storm o law, mae dŵr yn ymdreiddio i mewn i'r pridd ac yn llenwi'r mandyllau. Yna mae'n teithio drwy'r pridd mewn ymateb i rym disgyrchiant. Pan mae dŵr wedi stopio llifo drwy'r pridd, fe ddywedir ei fod ar ei **gynhwysedd maes**. Mae'r dŵr sy'n cael ei adael ar ôl yn y pridd yn cael ei gynnal gan dyniant neu ffurf o 'sugnedd', fel mae hylif yn cael ei gynnal yn erbyn ochr fewnol potel wydr.

Mae planhigion yn gwneud defnydd o'r dŵr sy'n cael ei ddal yn llac yn y pridd. Fodd bynnag, unwaith y mae'r dŵr hwn wedi ei gymryd, a'r unig ddŵr sy'n weddill yn cael ei ddal yn dynn wrth y gronynnau pridd ac yn methu â chael ei sugno gan y planhigion, cyrhaeddir yr hyn a adnabyddir yn **bwynt gwywo**. Os yw'r cyflwr hwn yn parhau yna bydd y planhigion yn marw.

5 Defnydd organig

Mae'r defnydd organig sy'n troi creicaen yn bridd go iawn yn deillio o ddefnydd a ddyddodir ar arwyneb y ddaear, megis dail a changhennau. Malurir y defnydd hwn yn raddol gan organebau pridd, megis ffyngau a bacteria, i ffurfio, yn y pen draw, hwmws du. Mae'r broses o **lufadredd** gyflymaf mewn amgylcheddau cynnes a gwlyb, fel yn y trofannau, oherwydd mae'r dadelfenyddion yn ffynnu o dan y fath amodau.

Astudiwch Ffigur 3.37. Mae'n dangos y gwahanol haenau sy'n gwneud haenlin O. Sylwch fod haenlin A oddi tano yn lliw brown tywyll. Mae hyn oherwydd bod cyfran uchel o'r haenlin hwn wedi ei wneud o ddefnydd organig.

Mae hwmws yn bwysig am nifer o resymau:

- mae'n cyflenwi'r pridd â maetholynnau, sy'n cael eu rhyddhau pan falurir y defnydd organig gan organebau'r pridd
- mae'n gymorth i'r pridd amsugno a chadw lleithder
- mae'n gwella adeiledd y pridd ac yn gymorth i glymu gronynnau'r pridd at ei gilydd.

Mae pwysigrwydd defnydd organig yn egluro pam fod garddwyr yn rhoi compost pydredig neu wrtaith/tail i welyau blodau a lleiniau llysiau yn yr hydref neu'r gwanwyn.

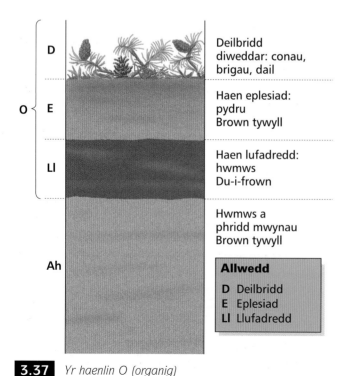

3.37 *Yr haenlin O (organig)*

D — Deilbridd diweddar: conau, brigau, dail

E — Haen eplesiad: pydru Brown tywyll

Ll — Haen lufadredd: hwmws Du-i-frown

Ah — Hwmws a phridd mwynau Brown tywyll

Allwedd
D Deilbridd
E Eplesiad
Ll Llufadredd

Beth sy'n gwneud pridd yn ffrwythlon?

Pridd ffrwythlon yw un sy'n addas iawn i roi cynhyrchedd uchel o gnydau amaethyddol. Ceir nifer o ffactorau sy'n cyfuno i roi pridd ffrwythlon:

- cynnwys organig uchel sy'n cyflenwi digonedd o faetholynnau ac yn rhoi adeiledd cadarn i gynnal planhigion ar eu twf
- cynnwys mwynol cytbwys, yn cynhyrchu pridd lomog gyda draeniad da ac awyriad
- adeiledd briwsionog
- gwerth pH niwtral neu ychydig yn asidig sydd fel arfer yn adlewyrchu cynnwys uchel o faetholynnau a defnydd organig.

Gall ffermwyr wella ansawdd eu pridd mewn sawl ffordd:

- defnyddio cemegion i ychwanegu maetholynnau
- gwella adeiledd a gwead y pridd drwy, er enghraifft ychwanegu tywod i wella draeniad
- newid yr asidedd drwy ychwanegu tail (asid) neu galch (alcalïaidd)
- aredig yn ddwfn i gymysgu'r pridd
- cylchdroi cnydau er mwyn cynnal cydbwysedd y maetholynnau; er enghraifft, mae pys yn cael eu cydnabod yn blanhigion sefydlogi nitrogen gan eu bod yn ychwanegu nitrogen at y pridd.

Fodd bynnag, mae rhywfaint o bryder am y defnydd gormodol o gemegion a'r duedd gynyddol tuag at amaethyddiaeth arddwys. Gwyddom ei bod yn bosibl i gemegion fod â sgil-effeithiau niweidiol i fywyd gwyllt a gallant arwain at lygru ffynonellau dŵr (gweler tudalen 264). Gwelir fod y dymuniad i brynu'n 'organig' yn cynyddu ymysg rhai defnyddwyr, ac mae hyn yn golygu cynhyrchu neu fagu heb ddefnyddio cemegion artiffisial.

YMARFERION

1 Ar gopi o'r triongl gwead pridd (Ffigur 3.35), plotiwch leoliad y prif weadau pridd gan ddefnyddio'r wybodaeth yn Ffigur 3.36.

2 Eglurwch ystyr y termau 'cynhwysedd maes' a 'phwynt gwywo'.

3 a Beth yw hwmws?

b Disgrifiwch sut y ffurfir hwmws.

c Pam fod hwmws yn ffurfio'n fwyaf cyflym mewn amgylcheddau cynnes, llaith?

ch Pam fod hwmws yn gydran bwysig o bridd?

4 Sut y gall ffermwyr wella priodweddau canlynol pridd:
- adeiledd pridd
- ffrwythlondeb pridd?

5 Aseswch y dadleuon o blaid ac yn erbyn y defnydd cynyddol o gemegion mewn ffermio.

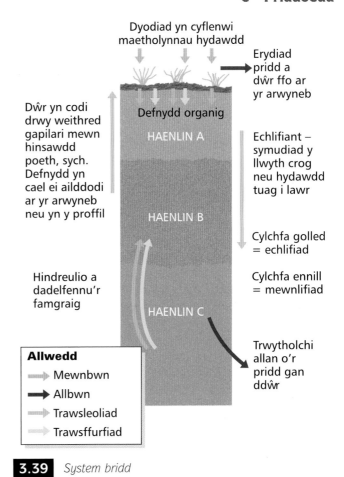

3.39 *System bridd*

CWESTIWN STRWYTHUREDIG 1

Mae Ffigur 3.38 yn dangos gwerthoedd cyfartalog ar gyfer cyfansoddiad pridd.

a Enwch y cyfansoddyn sy'n gyfrifol am 5% ar gyfartaledd o gyfansoddiad pridd. *(1)*

b Beth yw prif ffynhonnell defnydd mwynol yn y pridd? *(1)*

c Awgrymwch pam na luniwyd y llinell a ddefnyddiwyd ar y graff i wahanu dŵr ac aer fel llinell syth. *(2)*

ch (i) Beth yw ystyr 'gwead pridd'? *(1)*

(ii) Pam y mae gwead pridd mor bwysig i benderfynu potensial amaethyddol pridd? *(4)*

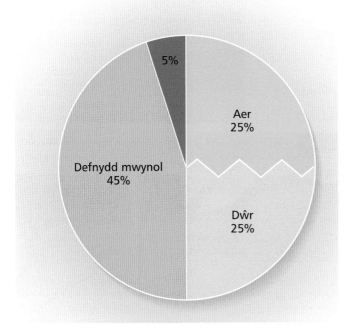

3.38 *Cyfansoddiad pridd*

Pa brosesau sy'n gyfrifol am ffurfio priddoedd?

Astudiwch Ffigur 3.39, sy'n dangos y system bridd. Sylwch bod pedair set o brosesau yn weithredol:

- mewnbynnau – mae'r rhain yn cynnwys mamgraig a hindreuliwyd a'r defnydd organig
- allbynnau – yn bennaf dŵr a gwaddod
- trawsffurfiadau – prosesau sy'n golygu newid, er enghraifft dadelfeniad defnydd organig
- trawsleoliadau – symudiad defnydd drwy'r proffil pridd.

Sylwch ar Ffigur 3.39 fel mae nifer fawr o'r prosesau yn ymwneud â symudiad dŵr. Mae llif dŵr mewn pridd yn gyfrifol am bum proses bwysig iawn:

1 **Trwytholchiad** Mae dŵr glaw ychydig yn asidig ac, fel y mae'n mynd drwy'r pridd, bydd yn hydoddi rhai o'r maetholynnau a'u cludo tuag i lawr. Canlyniad trwytholchiad yw gadael haenlin A yn dlawd ac yn brin o ffrwythlondeb. Gan fod y rhan fwyaf o'r cemegion hydawdd yn fasau (alcalïau), megis potasiwm a chalsiwm, gall haenlin echlifiad A fynd yn reit asidig. Mae trwytholchiad yn digwydd amlaf pan fo glaw trwm, cyfraddau isel o anwedd-drydarthiad a phridd yn draenio'n dda.

2 **Podsoleiddiad** Dyma ffurf eithafol o drwytholchiad ac mae'n ffurfio math arbennig o bridd a elwir yn **podsol**. Mae'n digwydd pan fo'r dŵr sy'n diferu drwy'r pridd yn hynod asidig, gan iddo godi asidau organig wrth fynd drwy haenlin O. Mae'n gyffredin o dan goed conwydd gan fod tueddiad i'r nodwyddau fod yn asidig iawn ac yn araf iawn yn dadelfennu. Mae glaw trwm a phriddoedd sy'n draenio'n hynod o dda (tywod a graean) yn hybu trwytholchiad cryf sy'n gallu hydoddi'r elfennau llai hydawdd megis haearn ac alwminiwm (a elwir gyda'i gilydd yn **sescwiocsidau**). Mae podsoleiddiad yn arwain at haenlinau hynod glir (gweler Ffigur 3.40), gyda haenlin echlifiad A sy'n llwyd a haenlin mewnlifiad B sy'n frowngoch, lle yr ailddyddodwyd y

sescwiocsidau (Ffigur 3.41). Os ffurfir haen grynodedig o ffurfiau haearn wedi eu hailddyddodi, fe'i gelwir yn **gletir haearn**. Bydd hyn yn arafu'r draeniad drwy'r pridd a gall, yn wir, arwain at bridd dwrlawn.

3 **Golchiad mecanyddol tuag i lawr** Wrth i ddŵr draenio drwy'r pridd, mae'n gallu cludo gronynnau bychain o hwmws neu glai. Bydd cludo'r hwmws yn effeithio ar liw y pridd a bydd y clai yn effeithio ar ei wead.

4 **Gleio** Os yw pridd yn ddwrlawn, fel er enghraifft ar orlifdir yn agos at afon, mae'n agored i brosesau anaerobig (heb ocsigen). Bydd y broses o rydwythiad yn achosi unrhyw gyfansoddion haearn yn y pridd i ffurfio clai llwydaidd ei olwg. Lle mae ocsigen yn dal i fod, er enghraifft ar hyd gwreiddiau planhigion neu mewn tyllau anifeiliaid, bydd ocsideiddio'r cyfansoddion yn arwain at 'flotiau' coch. Mae **gleiau** yn fath cyffredin o bridd, ac maent yn aml yn ymddangos yn frith oherwydd pocedi unigol o ocsigen (gweler Ffigur 3.42). Mae cletiroedd haearn hefyd yn nodweddion cyffredin mewn gleiau.

5 **Calcheiddiad** Mewn hinsoddau sychach, gall cyfraddau uchel o anweddiad dynnu dŵr y pridd tuag at yr arwyneb. Gall hyn arwain at galsiwm carbonad i gael ei dynnu i fyny o'r defnydd gwreiddiol i'w ddyddodi fel cnepynnau yn haenlin B. Gall y broses hon arwain at briddoedd o ansawdd da sy'n arbennig o addas ar gyfer tyfu cnydau.

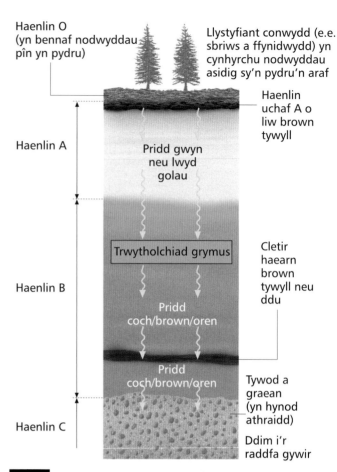

3.40 *Podsol nodweddiadol gyda chletir haearn*

a llystyfiant yr arwyneb: coedwig o sbriws du a gwyn cymysg

b proffil pridd

3.41 *Podsol nodweddiadol, Saskatchewan, Canada*

3.42 *Pridd glei, yn dangos nodweddion brith*

YMARFERION

1 Beth yw'r gwahaniaeth rhwng:

- echlifiad a mewnlifiad

- trawsleoliadau a thrawsffurfiadau?

2 Pam fod trwytholchiad yn aml yn arwain at haenlin A anffrwythlon?

3 Astudiwch Ffigur 3.40.

   a Sut mae math y llystyfiant yn annog proses podsoleiddiad?

   b Beth yw'r famgraig a sut y mae wedi hybu podsol i gael ei ffurfio?

   c Eglurwch sut y ffurfir cletir haearn.

   ch Sut mae hinsawdd claear, gwlyb yn hyrwyddo podsoleiddiad?

4 Gwnewch fraslun gofalus o'r proffil pridd yn Ffigur 3.41.

   a Lluniwch focs sy'n fras yr un ffurf â'r llun.

   b Defnyddiwch bensil i lunio ffiniau'r gwahanol haenlinau. Cyfeiriwch at Ffigur 3.40 i'ch helpu.

   c Lluniwch y blotiau brown tywyll sydd wedi crynhoi wrth waelod y proffil pridd.

   ch Yn awr defnyddiwch Ffigur 3.40 i'ch helpu i ychwanegu cymaint o labeli ag a fedrwch at eich braslun.

   d Cwblhewch eich braslun drwy ychwanegu graddfa a theitl.

5 Sut y byddech yn disgwyl i olchiad mecanyddol tuag i lawr effeithio ar:

- liw y pridd pe byddai'r hwmws yn cael ei drawsleoli

- gwead y pridd pe byddai clai yn cael ei drawsleoli?

6 Astudiwch Ffigur 3.42. Disgrifiwch a rhowch gyfrif am nodweddion pridd glei.

CWESTIWN STRWYTHUREDIG 2

Mae Ffigur 3.43 yn dangos olyniaeth llystyfiant a phriddoedd ar lan de Llyn Michigan, UDA. Mae hwn yn lyn o ddŵr croyw.

a Beth yw'r term a ddefnyddir i ddisgrifio olyniaeth y newidiadau mewn llystyfiant a ddangosir ar hyd y trawstoriad?   *(1)*

b Amlinellwch *un* rheswm pam nad oes haenlinau ym mhroffil X.   *(2)*

c Nodwch *dri* ffactor sydd wedi cyfrannu at ddatblygiad podsol, Proffil Y.   *(3 x 2)*

ch Eglurwch pam y mae'r llystyfiant yn y pantiau rhwng y twyni (h.y. llaciau) yn newid yn sylweddol gyda phellter o lan y llyn.   *(3)*

d Awgrymwch *ddwy* ffordd y gallai gweithgaredd dynol addasu datblygiad olyniaeth y newid yn y llystyfiant a ddangosir yma.   *(4)*

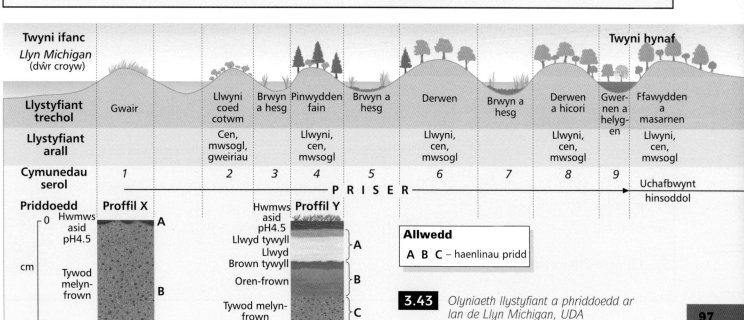

3.43 *Olyniaeth llystyfiant a phriddoedd ar lan de Llyn Michigan, UDA*

Pa ffactorau sy'n effeithio ar ddatblygiad pridd?

Mae sawl ffactor yn effeithio ar ddatblygiad a nodweddion pridd:

1 **Hinsawdd** Mae glawiad yn ddylanwad pwysig iawn am fod nifer fawr o brosesau pridd yn gysylltiedig â dŵr, er enghraifft trwytholchiad a phodsoleiddiad. Mewn hinsoddau gwlyb mae dŵr yn tueddu i lifo i lawr drwy'r pridd, tra mewn hinsoddau sych fe dynnir y dŵr tuag at yr arwyneb (calcheiddiad). Mae amodau cynnes a gwlyb yn hybu defnydd organig i ddadelfennu.

2 **Mamgraig** Mae math y famgraig yn effeithio ar asidedd, gwrtaith a ffrwythlondeb y pridd. Er enghraifft, pridd sy'n cael ei ddraenio ond ddim yn faethlon iawn. Mae craig igneaidd, megis basalt, yn hindreulio i gynhyrchu pridd clai sydd fel arfer ddim yn draenio cystal.

3 **Organebau** Mae organebau sy'n byw yn y pridd yn bwysig mewn dadelfeniad defnydd organig ac ar gyfer cymysgu gwahanol gydrannau o'r pridd. Mae organebau yn fwyaf niferus mewn amgylcheddau cynnes a llaith. Nid ydynt yn hoffi amodau rhy asidig, fel o dan goetir conwydd.

4 **Tirwedd** Mae goledd y tir yn effeithio ar ddraeniad. Mae ardaloedd gwastad yn tueddu i fod â draeniad gwael ac yn agored i fynd yn ddwrlawn a ffurfio gleiau. Bydd llethr serth yn hybu llif y dŵr drwy'r pridd ac felly'n hybu trwytholchiad. Gelwir y dilyniant yn yr amrywiol briddoedd i lawr llethr yn **catena pridd** (Ffigur 3.44).

5 **Amser** Mae priddoedd angen miloedd o flynyddoedd i ddatblygu'n llawn gyda haenlinau pendant. Yn y DU, mae priddoedd aeddfed yn ôl pob tebyg yn cymryd 10 000 o flynyddoedd i ffurfio – dyma hyd yr amser ers estyniad diwethaf yr iâ a sgwriodd ymaith y pridd a fodolai mewn llawer man yn uwchdir Prydain. Natur araf iawn ffurfiant y pridd sy'n gwneud rheolaeth ofalus yn angenrheidiol os am osgoi erydiad pridd.

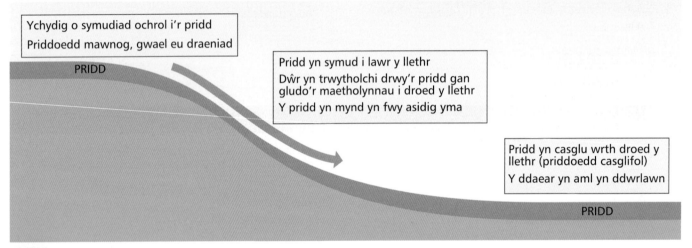

3.44 *Catena pridd*

Labeli yn y ffigur:
- Ychydig o symudiad ochrol i'r pridd / Priddoedd mawnog, gwael eu draeniad
- PRIDD
- Pridd yn symud i lawr y llethr / Dŵr yn trwytholchi drwy'r pridd gan gludo'r maetholynnau i droed y llethr / Y pridd yn mynd yn fwy asidig yma
- Pridd yn casglu wrth droed y llethr (priddoedd casglifol) / Y ddaear yn aml yn ddwrlawn
- PRIDD

CWESTIWN STRWYTHUREDIG 3

Mae Ffigur 3.45 yn dangos catena pridd sydd wedi datblygu ar lethrau Bryn Bennachie, Swydd Aberdeen. Gwenithfaen yw'r famgraig.

a Beth yw ystyr y term 'mamgraig'? *(1)*

b Beth yw ystyr 'catena pridd'? *(1)*

c Awgrymwch pam y ceir haenlin wedi'i gannu *(bleached)* yn y pridd yn B. *(2)*

ch Ym mha ffordd y mae'r llystyfiant wedi hybu proses podsoleiddiad yn B? *(2)*

d **(i)** Cyferbynnwch drwch y ddau broffil pridd yn B ac C. *(2)*

   (ii) Eglurwch y gwahaniaeth a welsoch. *(2)*

dd Pam y ffurfiodd glei yn C? *(1)*

e Eglurwch bresenoldeb clai brychlwyd yn haenlin C. *(2)*

f Awgrymwch ddau reswm pam y digwyddodd y broses o gleio yn A. *(2)*

ff Gellir disgrifio llystyfiant naturiol Bryn Bennachie fel plagiouchafbwynt.

   (i) Beth yw ystyr 'plagiouchafbwynt'? *(1)*

   (ii) Awgrymwch sut y gallai'r plagiouchafbwynt hwn fod wedi datblygu. *(3)*

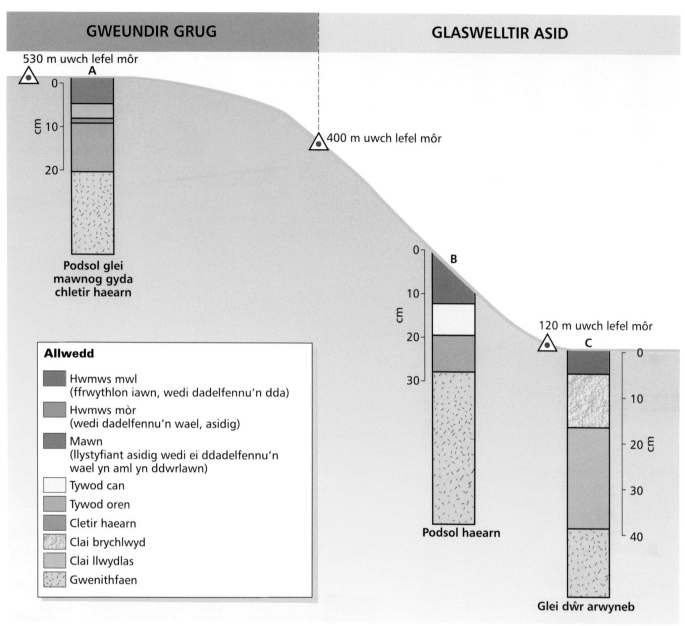

GWEUNDIR GRUG

GLASWELLTIR ASID

530 m uwch lefel môr

A

cm

400 m uwch lefel môr

Podsol glei
mawnog gyda
chletir haearn

120 m uwch lefel môr

B

C

Podsol haearn

Glei dŵr arwyneb

Allwedd

Hwmws mwl
(ffrwythlon iawn, wedi dadelfennu'n dda)

Hwmws môr
(wedi dadelfennu'n wael, asidig)

Mawn
(llystyfiant asidig wedi ei ddadelfennu'n
wael yn aml yn ddwrlawn)

Tywod can

Tywod oren

Cletir haearn

Clai brychlwyd

Clai llwydlas

Gwenithfaen

3.45 *Priddoedd ar Fryn Bennachie, Swydd Aberdeen, Yr Alban*

GWEITHGAREDD ESTYNEDIG

Cymharu priddoedd byd

Ceir nifer o wahanol fathau o briddoedd. Rydym yn barod wedi dod ar draws dau bridd cyffredin, podsolau a gleiau. Mae podsolau yn ffurfio mewn priddoedd o ddraeniad da a fwydir gan ddŵr asidig iawn. Ar raddfa fyd-eang, cysylltir podsolau fel arfer â chylchfa o goedwig gonwydd sy'n ymestyn ar draws Canada, gogledd Ewrop ac i mewn i Rwsia (Ffigur 3.46). Mae podsolau yn enghraifft o **bridd cylchfaol** byd-eang.

Nid yw gleiau yn ffurfio pridd cylchfaol. Tueddant i ddigwydd ar raddfa llawer mwy lleol mewn ymateb i ddwrlenwi.

Yn y gweithgaredd hwn byddwch yn cymharu tri phridd cylchfaol eang:

- pridd brown (yn gysylltiedig ag amgylcheddau coedwig gollddail)
- tsiernosem (pridd du – yn gysylltiedig â glaswelltiroedd, megis y Paith yng Ngogledd America)
- latosol trofannol (yn gysylltiedig ag amgylcheddau coedwig law drofannol).

Dangosir y proffiliau pridd ar gyfer pob un o'r mathau o briddoedd yn Ffigur 3.47. Gwelir eu dosbarthiad byd-eang ar Ffigur 3.46

Chi sydd i benderfynu sut i strwythuro eich cymhariaeth o'r tri phridd. Fodd bynnag, dylech yn sicr ystyried y cwestiynau canlynol:

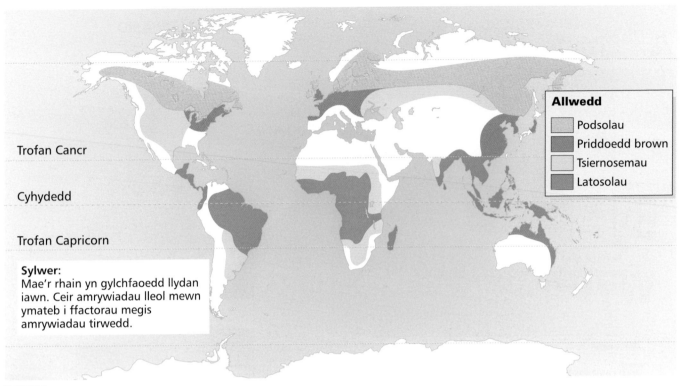

Trofan Cancr

Cyhydedd

Trofan Capricorn

Allwedd

- Podsolau
- Priddoedd brown
- Tsiernosemau
- Latosolau

Sylwer:
Mae'r rhain yn gylchfaoedd llydan iawn. Ceir amrywiadau lleol mewn ymateb i ffactorau megis amrywiadau tirwedd.

3.46 *Dosbarthiad byd-eang priddoedd cylchfaol dewisol*

1 Sut mae'r proffiliau pridd yn gwahaniaethu o ran nodweddion a natur eu haenlinau?

2 Pa brosesau ffurfiant pridd sydd yn weithredol a pham?

3 Pa ran y mae hinsawdd yn ei chwarae yn ffurfiant pob un o'r proffiliau?

4 Mae pob math o bridd yn gysylltiedig â math arbennig o lystyfiant. Aseswch bwysigrwydd llystyfiant yn ffurfiant pob proffil.

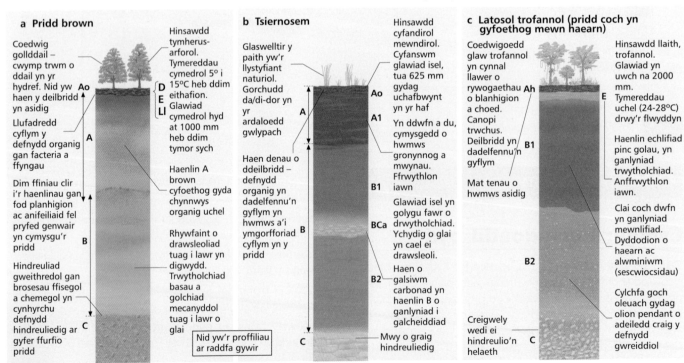

a Pridd brown

Coedwig gollddail – cwymp trwm o ddail yn yr hydref. Nid yw haen y deilbridd yn asidig

Llufadredd cyflym y defnydd organig gan facteria a ffyngau

Dim ffiniau clir i'r haenlinau gan fod planhigion ac anifeiliaid fel pryfed genwair yn cymysgu'r pridd

Hindreuliad gweithredol gan brosesau ffisegol a chemegol yn cynhyrchu defnydd hindreuliedig ar gyfer ffurfio pridd

Hinsawdd tymherus-arforol. Tymereddau cymedrol 5° i 15°C heb ddim eithafion. Glawiad cymedrol hyd at 1000 mm heb ddim tymor sych

Haenlin A brown cyfoethog gyda chynnwys organig uchel

Rhywfaint o drawsleoliad tuag i lawr yn digwydd. Trwytholchiad basau a golchiad mecanyddol tuag i lawr o glai

b Tsiernosem

Glaswelltir y paith yw'r llystyfiant naturiol. Gorchudd da/di-dor yn yr ardaloedd gwlypach

Haen denau o ddeilbridd – defnydd organig yn dadelfennu'n gyflym yn hwmws a'i ymgorfforiad cyflym yn y pridd

Hinsawdd cyfandirol mewndirol. Cyfanswm glawiad isel, tua 625 mm gydag uchafbwynt yn yr haf

Yn ddwfn a du, cymysgedd o hwmws gronynnog a mwynau. Ffrwythlon iawn

Glawiad isel yn golygu fawr o drwytholchiad. Ychydig o glai yn cael ei drawsleoli.

Haen o galsiwm carbonad yn haenlin B o ganlyniad i galcheiddiad

Mwy o graig hindreuliedig

Nid yw'r proffiliau ar raddfa gywir

c Latosol trofannol (pridd coch yn gyfoethog mewn haearn)

Coedwigoedd glaw trofannol yn cynnal llawer o rywogaethau o blanhigion a choed. Canopi trwchus. Deilbridd yn dadelfennu'n gyflym

Mat tenau o hwmws asidig

Hinsawdd llaith, trofannol. Glawiad yn uwch na 2000 mm. Tymereddau uchel (24-28°C) drwy'r flwyddyn

Haenlin echlifiad pinc golau, yn ganlyniad trwytholchiad. Anffrwythlon iawn.

Clai coch dwfn yn ganlyniad mewnlifiad. Dyddodion o haearn ac alwminiwm (sescwiocsidau)

Cylchfa goch oleuach gydag olion pendant o adeiledd craig y defnydd gwreiddiol

Creigwely wedi ei hindreulio'n helaeth

3.47 *Proffiliau pridd y tri phridd cylchfaol*

A Twf poblogaeth

Ar 12 Hydref 1999, cyrhaeddodd poblogaeth y byd 6 biliwn (6 000 000 000). Prin 40 mlynedd yn ôl, nid oedd ond hanner y nifer yma.

Darllenwch Ffigur 4.1. Mae'r erthygl yn nodi nifer o bwyntiau am boblogaeth y byd:

Byd gorlawn yn wynebu brwydr am adnoddau prin

John Vidal
Golygydd yr Amgylchedd

Am 1.24 a.m. amser Efrog Newydd ar 12 Hydref bydd yr Ysgrifennydd Cyffredinol yn datgan bod 6 biliwn o bobl yn fyw. Dylid cymryd hyn â phinsiad o halen gan nad oes neb yn gwybod yn union boblogaeth y byd, ond fe fydd y pwynt gwleidyddol am gynnydd aruthrol y boblogaeth yn cael ei fynegi.

Wedi'r cyfan nid yw'r 5 biliwnfed person sy'n fyw heddiw, eto yn ei arddegau, y 4 biliwnfed prin yn 30, a'r 2 filiwnfed yn dal dan 70 oed. Fe gymerodd bron y cyfan o hanes dyn ar y ddaear i gyrraedd 1 biliwn o bobl.

Ni fydd dathlu mawr i groesawu'r 6 biliwnfed baban. Fe rannwyd yn hynod o anghyfartal y dyblu a fu ym mhoblogaeth y byd mewn llai na 40 mlynedd. Mae naw deg saith o bob 100 plentyn a enir heddiw yn dod o'r byd sy'n datblygu lle bu cyfuniad o ffactorau, yn bennaf yn ymwneud â thlodi eithafol a chynyddol a diffyg cymorth ar ran y cyfoethog, yn gwrthsefyll rhaglenni rheoli poblogaeth.

Yn y cyfamser, mae'r gwledydd cyfoethog yn mwynhau niferoedd sy'n sefydlog neu'n gostwng ac mae rhai yn darogan o fewn 50 mlynedd y bydd chwarter yn llai o bobl yn byw yn Ewrop a 21 miliwn yn llai yn Japan.

Ond yn gyson profwyd y proffwydi yn anghywir. Ugain mlynedd yn ôl tybiwyd mai ymhen ychydig o amser dim ond lle i bawb sefyll a fyddai ar y Ddaear; 10 mlynedd yn ôl, a'r niferoedd yn cynyddu bron 100 miliwn y flwyddyn, tybiwyd y byddai poblogaeth y byd yn cynyddu 13 biliwn o fewn 100 mlynedd. Heddiw mae'r cynnydd wedi arafu i tua 78 miliwn y flwyddyn, a'r amcangyfrifon gorau o Gronfa Poblogaeth y CU yw, y byddwn, er trychinebau naturiol a dynol o bwys, yn cyrraedd 8.9 biliwn ymhen 50 mlynedd. Erbyn hynny, bydd teirgwaith yn fwy o bobl yn Affrica nag yn Ewrop, ac UDA fydd yr unig wlad ddatblygedig ymysg 20 gwlad fwyaf y byd.

Wedi hynny, mae'r ddadl yn poethi. Mae'r CU yn awr yn credu y bydd y boblogaeth yn lefelu ymhen 120 mlynedd o amser ar tua 11 biliwn, ond mae eraill yn dadlau oherwydd lleihad tymor hir mewn ffrwythlondeb, oherwydd AIDS a chynnydd mewn cyfoeth, mai problem tymor hir y ddynoliaeth fydd rhy ychydig o bobl.

Sut fyddai bywyd gyda bron ddwywaith yn fwy o bobl? Ynddo'i hun nid yw cynnydd yn y boblogaeth yn broblem, ac er y darlun tywyll a fygythir am y ddynoliaeth yn methu â bwydo ei hun yn y dyfodol heb ddatblygiadau technolegol enfawr, gwell rheolaeth o amaeth-yddiaeth, cyflenwadau dŵr, diwygio tir, ffermio pysgod a rhoi gorau i ddiet y Gorllewin o fwyta cig, buasem yn sicr yn gallu bwydo yr 11 biliwn. Y problemau fydd, fel heddiw, dosbarthu a chael mynediad i adnoddau sy'n mynd yn gynyddol brinnach.

Nid yw cynnydd poblogaeth o anghenraid yn golygu argyfwng ecolegol ond ni fydd yn ysgafnu ecosystemau sy'n barod dan straen ac mae'n anorfod yn mynd i arwain at gystadlu neu hyd yn oed wrthdaro dros adnoddau prin megis dŵr croyw, tir ffermio, mwynau a choed.

Dangoswyd bod y cyfoethog yn llygru ac yn ansefydlogi'r Ddaear yn llawer mwy na'r tlawd, ond mae diraddiad tir a diffeithdiriad yn broblem real a chynyddol mewn nifer o wledydd sydd leiaf abl i fforddio eu datrys. Bydd canlyniadau cynhesu byd-eang dros yr 50 mlynedd nesaf yn effeithio fwyaf ar y poblogaethau tlawd.

Ond bydd y 6 biliwnfed babi, fel y mwyafrif ohonom, yn cael taith ysgytiog anwastad mewn bywyd. Os na welir newid sylweddol yn sefyllfa'r byd, bydd ef neu hi yn dod i oed mewn byd wedi ei bolareiddio o safbwynt tlodi, yr economi, technoleg a demograffi, a lle bydd y mwyafrif o raid yn byw mewn dinasoedd.

Mae'r CU yn rhagweld prinder bwyd helaeth, problemau glanweithdra ac iechyd, ac mae ymchwilwyr yn cysylltu cynnydd yn y boblogaeth â thyndra cymdeithasol, ac â diffygion mewn cyfraith a threfn. Yn ffodus, fodd bynnag, anaml iawn mae'r belen risial yn darogan yn gywir.

4.1 *Detholiad o'r* Guardian, *14 Awst 1999*

- Mae cynnydd poblogaeth yn anwastad ei ddosbarthiad, gyda 97 allan o bob 100 o blant yn cael eu geni heddiw yn y gwledydd llai economaidd ddatblygedig (GLlEDd). Ar yr un pryd, gwelodd y byd mwy economaidd ddatblygedig (GMEDd) eu cyfraddau ffrwythlondeb yn gostwng a'u cyfraddau twf poblogaeth yn sefydlogi.

- Mae amcangyfrifon am lefelau poblogaethau'r dyfodol yn enwog am fod yn annibynadwy. Mae twf poblogaeth yn dibynnu ar nifer fawr o ffactorau.

- Ceir cytundeb cyffredinol y dylid rheoli twf poblogaeth. Mae hyn oherwydd bod nifer cynyddol o bobl yn gwasgu ar adnoddau megis tir, cyflenwadau bwyd a dŵr.

Sut y tyfodd poblogaeth y byd?

Am y rhan fwyaf o hanes y ddynoliaeth, mae twf poblogaeth, ar gyfartaledd, wedi aros yn agos i sero. Mae hyn oherwydd bod y nifer uchel o enedigaethau yn cael eu diddymu gan afiechydon cyffredin, rhyfeloedd a newyn (Ffigur 4.2). Dim

4.2 *Yn y gorffennol roedd newyn ac afiechydon yn rheoli poblogaeth*

ond yn y 18fed ganrif y dechreuodd twf modern poblogaeth y byd pan ostyngodd cyfraddau marwolaethau yn Ewrop a Gogledd America. Ychwanegwyd mwy o bobl i'r byd ers 1950 nag yn ystod holl gyfnod hanes dyn cyn hynny. Â phoblogaeth y byd yn cyrraedd 6 biliwn yn 1999, y prif gwestiwn yw ymhle a sut y bydd y bobl yma yn byw?

Mae Ffigur 4.3 yn dangos sut mae poblogaeth y GMEDd wedi cynyddu 44 y cant rhwng 1950 ac 1990. Y ffigur ar gyfer y GLlEDd am yr un cyfnod oedd 143 y cant. Y pryder mawr yw y bydd y fath gyfraddau uchel o dwf poblogaeth yn rhoi gwasgedd mawr ar adnoddau, fel y byddwn yn trafod yn nes ymlaen yn yr adran hon.

Mae maint unrhyw boblogaeth dros amser yn amlwg yn gysylltiedig â'r cydbwysedd rhwng y nifer o bobl sy'n cael eu geni (**ffrwythlondeb**) a'r nifer o bobl sy'n marw (**marwoldeb**).

YMARFERION

Ailddarllenwch Ffigur 4.1 ac atebwch y cwestiynau canlynol.

1 Yn fyr, disgrifiwch brif nodweddion newid ym mhoblogaeth y byd ers 1950.

2 Pam y dylem fod yn amheus o gywirdeb rhagolygon maint poblogaeth y byd yn y dyfodol?

3 Pa ffactorau a allai egluro'r gwahaniaethau mewn lefelau ffrwythlondeb rhwng y GMEDd a'r GLlEDd?

4 Beth, yn ôl yr erthygl papur newydd, yw canlyniadau posibl y cynnydd mewn poblogaeth byd yn y dyfodol?

Beth yw ffrwythloneb?

Mae mesuriadau ffrwythlondeb yn dynodi cyfradd yr aelodau newydd a ychwanegir at y boblogaeth drwy enedigaethau. Y mesur symlaf yw **cyfradd genedigaethau syml**, a ddiffinnir fel cyfanswm nifer y genedigaethau byw mewn blwyddyn am bob 1000 person yn y boblogaeth. Ceir perthynas rhwng cyfradd genedigaethau syml â lefelau datblygiad

	Poblogaeth (biliynau)			% cynnydd	Amcangyfrif poblogaeth (biliynau)		% cynnydd
	1900	1950	1990	1950–90	2025	2100	1990–2100
GLlEDd	1.07	1.68	4.08	143	7.07	10.20	150
GMEDd	0.56	0.84	1.21	44	1.40	1.50	24
Byd	1.63	2.52	5.30	110	8.47	11.70	121

4.3 *Cyfraddau cynnydd poblogaeth byd-eang*

economaidd. Yn ychwanegol, mae strwythur y boblogaeth yn bwysig gan y gall poblogaeth ifanc gynhyrchu mwy o blant na phoblogaeth sy'n heneiddio. Mae demograffwyr (y rhai sy'n astudio poblogaeth) yn credu bod cyfradd genedigaethau syml yn cael ei dylanwadu gan y ffactorau canlynol:

- statws merched mewn gwlad, gyda lefelau uchel o ymwneud ag addysg ffurfiol a gwaith yn arwain at lefelau is o ffrwythlondeb
- crefydd ac arferion cymdeithasol

- lefelau gofal iechyd.

Astudiwch Ffigur 4.4. Sylwch bod lefelau uchel o ffrwythlondeb mewn rhannau helaeth o'r byd LlEDd a lefelau is o ffrwythlondeb yn y byd MEDd.

Mae'r rhan fwyaf o'r GMEDd wedi cyrraedd lefelau isel o ffrwythlondeb (Ffigur 4.5). Ceir nifer o resymau am hyn. Maent yn cynnwys gostyngiad yn y nifer o bobl yn priodi neu'n dewis gohirio priodi, cynnydd mewn addysg, statws a chyflogaeth merched sy'n golygu bod llawer o ferched yn

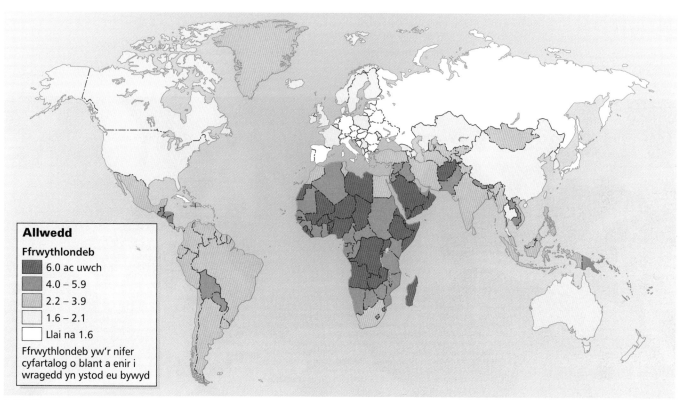

Allwedd

Ffrwythlondeb

- 6.0 ac uwch
- 4.0 – 5.9
- 2.2 – 3.9
- 1.6 – 2.1
- Llai na 1.6

Ffrwythlondeb yw'r nifer cyfartalog o blant a enir i wragedd yn ystod eu bywyd

4.4   *Lefelau ffrwythlondeb byd-eang*

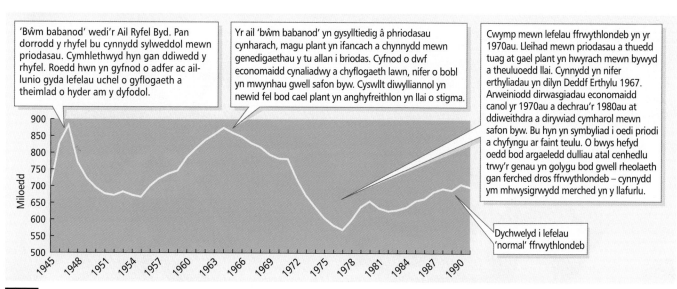

'Bŵm babanod' wedi'r Ail Ryfel Byd. Pan dorrodd y rhyfel bu cynnydd sylweddol mewn priodasau. Cymhlethwyd hyn gan ddiwedd y rhyfel. Roedd hwn yn gyfnod o adfer ac ail-lunio gyda lefelau uchel o gyflogaeth a theimlad o hyder am y dyfodol.

Yr ail 'bŵm babanod' yn gysylltiedig â phriodasau cynharach, magu plant yn ifancach a chynnydd mewn genedigaethau y tu allan i briodas. Cyfnod o dwf economaidd cynaliadwy a chyflogaeth lawn, nifer o bobl yn mwynhau gwell safon byw. Cyswllt diwylliannol yn newid fel bod cael plant yn anghyfreithlon yn llai o stigma.

Cwymp mewn lefelau ffrwythlondeb yn yr 1970au. Lleihad mewn priodasau a thuedd tuag at gael plant yn hwyrach mewn bywyd a theuluoedd llai. Cynnydd yn nifer erthyliadau yn dilyn Deddf Erthylu 1967. Arweiniodd dirwasgiadau economaidd canol yr 1970au a dechrau'r 1980au at ddiweithdra a dirywiad cymharol mewn safon byw. Bu hyn yn symbyliad i oedi priodi a chyfyngu ar faint teulu. O bwys hefyd oedd bod argaeledd dulliau atal cenhedlu trwy'r genau yn golygu bod gwell rheolaeth gan ferched dros ffrwythlondeb – cynnydd ym mhwysigrwydd merched yn y llafurlu.

Dychwelyd i lefelau 'normal' ffrwythlondeb

4.5   *Genedigaethau yng Nghymru a Lloegr, 1945-91*

dewis cael teuluoedd llai a dechrau magu plant yn hwyrach, a dyheadau materol cynyddol cymdeithas y defnyddwyr. Ychydig yw'r dystiolaeth bod y tueddiadau hyn yn cael eu gwrthdroi. Mae lefelau ffrwythlondeb yn y GLlEDd yn llai rhagweladwy, oherwydd yr amrywiaeth yn y lefelau ffrwythlondeb, cyraeddiadau addysg, iechyd atgenhedlu ac argaeledd dulliau atal cenhedlu (Ffigur 4.6).

Mae demograffwyr yn cytuno bod rôl y ferch yn hanfodol i unrhyw ddirywiad mewn ffrwythlondeb. Mae astudiaethau yn dangos bod gwelliannau mewn addysg i ferched wedi bod o bwysigrwydd allweddol yn lleihau ffrwythlondeb drwy ohirio priodi ac felly'r oedran y mae merched yn dechrau cael plant. Mae addysg hefyd yn arwain at gynnydd mewn cyflogaeth merched ac felly yn codi statws merched, yn lleihau maint teuluoedd a galluogi merched i gynllunio eu ffrwythlondeb. Gwnaeth Cynhadledd Ryngwladol

1994 ar Boblogaeth a Datblygiad yn Cairo (El Qâhira) gydnabod bod addysg a chynnydd cymdeithasol merched yn bwysig ar gyfer lleihau ffrwythlondeb.

YMARFERION

1 Ysgrifennwch baragraff i ddisgrifio'r amrywiadau yn y lefelau ffrwythlondeb a ddangosir yn Ffigur 4.4. Gwnewch yn siŵr bod eich paragraff yn cynnwys sylwadau ar lefelau ffrwythlondeb yn yr ardaloedd canlynol: Affrica, Gorllewin Ewrop, Gogledd America, De America a De Ddwyrain Asia.

2 Beth ddigwyddodd i lefelau ffrwythlondeb rhwng 1950 a 2000 yn (a) GLlEDd (b) GMEDd?

4.6 *Mae demograffwyr yn cydnabod pwysigrwydd codi statws merched ar gyfer gostwng lefelau ffrwythlondeb*

CWESTIWN STRWYTHUREDIG 1

Astudiwch Ffigur 4.7, sy'n dangos cyfartaledd ffrwythlondeb merched, a chanran merched mewn addysg uwchradd, mewn gwledydd dewisol.

a Pa wlad sydd â'r gyfradd ffrwythlondeb uchaf? *(1)*

b Pa wlad sydd â'r gyfradd ffrwythlondeb isaf? *(1)*

c A yw'r graffiau yn awgrymu bod perthynas rhwng lefelau ffrwythlondeb ac ymwneud merched mewn addysg? *(2)*

ch Pam yr ystyrir cyfraddau genedigaethau syml yn ddull aneffeithiol o ddisgrifio lefelau ffrwythlondeb? *(2)*

d Beth yn eich barn chi yw ystyr 'cyfradd ffrwythlondeb oedran-penodol'? *(2)*

dd Pa ffactorau a allai fod yn gyfrifol am yr amrywiadau yng nghyfraddau ffrwythlondeb gwahanol wledydd? *(4)*

e Yn gyffredinol ystyrir gwella statws merched mewn cymdeithas yn hanfodol i gyflawni lefelau is o ffrwythlondeb. Pa rwystrau allai atal gwelliannau yn statws merched mewn cymdeithas? *(6)*

4.7 *Statws merched mewn gwledydd dewisol*

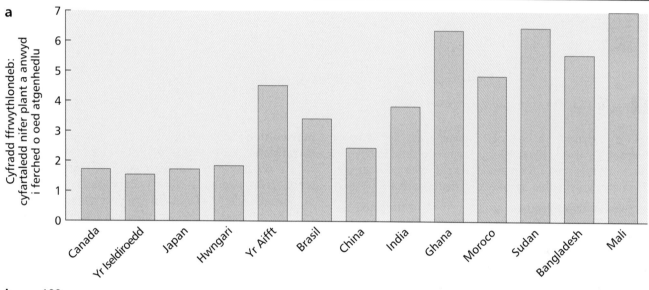

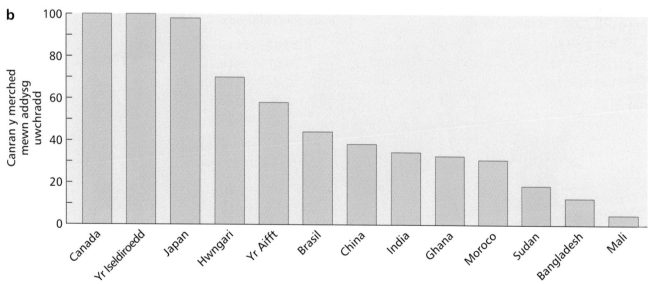

Beth yw marwoldeb?

Mae mesuriadau marwoldeb yn dynodi cyfradd marwolaeth pobl mewn poblogaeth benodol. Eto, y mesur symlaf yw **cyfradd marwolaethau syml** neu gyfanswm nifer y marwolaethau mewn blwyddyn am bob 1000 person yn y boblogaeth. Fel gyda chyfraddau genedigaethau, mae cyfraddau marwolaethau syml yn gysylltiedig â lefelau datblygiad economaidd mewn gwlad (Ffigur 4.8). Fel arfer mae'r gwledydd sydd â chyfraddau genedigaethau isel gyda chyfraddau marwolaethau isel. Fodd bynnag, mae strwythur y boblogaeth yn bwysig gan y gall poblogaeth â chyfran

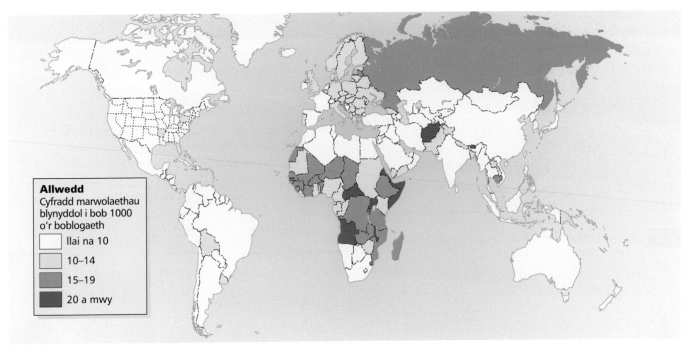

Allwedd
Cyfradd marwolaethau blynyddol i bob 1000 o'r boblogaeth

- llai na 10
- 10–14
- 15–19
- 20 a mwy

4.8 *Cyfraddau marwolaethau syml byd-eang*

uchel o ddynion a henoed arwain at gyfraddau marwolaethau uwch. Bydd lefelau argaeledd gofal iechyd, dosbarth cymdeithasol a'r mathau o waith mae pobl yn ei wneud hefyd yn effeithio ar gyfraddau marwolaethau.

Mae cyfradd marwolaethau syml yn fesur cyffredinol o farwoldeb, ond mae'n anwybyddu gwahaniaethau oedran a rhyw mewn poblogaeth. Dull arall o fesur yw **cymhareb**

marwoldeb safonedig (CMS) sy'n cymharu nifer y marwolaethau a wir ddigwyddodd mewn man arbennig â'r nifer a ddisgwylid pe byddai cyfraddau marwolaethau ym mhob grŵp oedran a rhyw y boblogaeth yn cyfateb i'r boblogaeth gyfan. Gellir gweld hyn drwy gymharu'r ddau fap yn Ffigur 4.9. Mae'r map cyfraddau marwolaethau syml yn ôl siroedd yn awgrymu bod y lefelau uchaf o farwolaethau yn

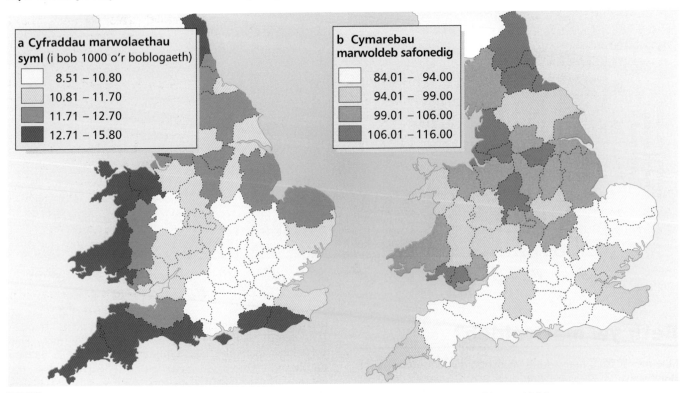

a Cyfraddau marwolaethau syml (i bob 1000 o'r boblogaeth)

- 8.51 – 10.80
- 10.81 – 11.70
- 11.71 – 12.70
- 12.71 – 15.80

b Cymarebau marwoldeb safonedig

- 84.01 – 94.00
- 94.01 – 99.00
- 99.01 – 106.00
- 106.01 – 116.00

4.9 *Cyfraddau marwolaethau syml a chymarebau marwoldeb safonedig yng Nghymru a Lloegr, 1993*

1993 ar hyd arfordir y de, yn East Anglia, Swydd Gaerhirfryn a Gororau'r Alban. Fodd bynnag, mae'r cyfraddau marwolaethau hyn yn adlewyrchu'r cyfrannau uwch o henoed ym mhoblogaeth yr ardaloedd hyn. Mae'r map sy'n dangos y cymarebau marwoldeb safonedig wedi ei 'addasu' ar gyfer y gwyriadau hyn ac yn caniatáu cymhariaeth uniongyrchol i gyfraddau marwoldeb. Gwelwch y blwch isod am astudiaeth o farwoldeb yng Nghymru a Lloegr.

Patrymau marwoldeb yng Nghymru a Lloegr

Mae Ffigur 4.9b yn dangos bod yng Nghymru a Lloegr, raniad eglur rhwng gogledd-de o safbwynt iechyd. Mae'r map yn dangos lefelau uwch o farwoldeb yn rhanbarthau diwydiannol gogledd a gorllewin Prydain, a lefelau is yn y de a'r dwyrain.

Yn gyffredinol, credir bod y patrwm hwn yn gysylltiedig ag amrywiadau yn amodau'r amgylchedd a chymdeithas. Ceir cyswllt rhwng dinasoedd, yn arbennig dinasoedd diwydiannol, â materion megis llygredd atmosfferig, diffygion mewn tai a mwynderau cymdeithasol gwael. Dadleuir bod yr amodau hyn yn hybu afiechydon a dulliau o fyw afiach. Fodd bynnag, mae hyn ynddo'i hun yn eglurhad rhy syml. Mae'r degawdau diweddar wedi gweld gwelliannau mewn amodau amgylcheddol mewn ardaloedd trefol, yn arbennig pan gyflwynwyd Deddf Aer Glân yn 1957. Mae achosion marwolaethau yn gysylltiedig â ffactorau cymdeithasol yn cynnwys amodau byw a chyfleoedd mewn bywyd. Ceir patrwm dosbarth cymdeithasol amlwg i farwoldeb, a gellir cysylltu daearyddiaeth marwoldeb â dosbarthiad gwahanol grwpiau cymdeithasol ym Mhrydain.

Mae rhai o'r ffactorau sy'n effeithio ar gyfraddau marwolaethau yn cynnwys:

- Ceir digon o gyhoeddusrwydd i'r cysylltiad rhwng **ysmygu** ac iechyd. Mae patrymau ysmygu yn amrywio rhwng gwahanol grwpiau cymdeithasol. Er enghraifft, mae 15% o weithwyr proffesiynol yn ysmygu o'i gymharu â 40% o weithwyr llaw di-grefft. Mae hyn yn dibynnu ar lle mae pobl yn byw. Mae'r ardaloedd o ysmygu trwm wedi eu crynhoi yn y gogledd a'r gorllewin, gan gynnwys yr Alban. Mae'r ffigurau isaf i'w cael yn y Siroedd Cartref, East Anglia a'r De Orllewin.

- **Ymarfer ac iechyd yn gyffredinol** Mae hyn yn amrywio yn ôl oedran, gydag unigolion yn tueddu i fod fwyaf bywiog yn eu harddegau ac ym mlynyddoedd cynnar oedolion. Ceir elfen o ddosbarth cymdeithasol yn hyn, lle mae ymarfer corff yn fwy poblogaidd gydag oedolion 'dosbarth canol', ac mae dosbarthiad llawer o gyfleusterau chwaraeon yn uwch mewn lleoliadau maestrefol o'i gyferbynnu ag ardaloedd tlotach y dosbarth gwaith.

- **Gordewdra a diet** Pan oedd yn Weinidog Iechyd yng nghanol yr 1980au, gwnaeth Edwina Currie sylw a gafodd lawer o gyhoeddusrwydd am ddiet gwael dosbarth gwaith y gogledd yn dibynnu ar sglodion a physgod. Mae ymchwil diweddar wedi datgelu amrywiadau pwysig yn niet pobl yn y gwahanol ranbarthau. Mae bwyta cig yn digwydd fwyaf yn rhanbarthau'r Gogledd a'r Gogledd Orllewin a Llundain, ac isaf yn y De Orllewin, Cymru a'r Alban. Mae llysiau gwyrdd ffres, ffrwythau a bara gwenith cyflawn i gyd i'w cael fwyaf yn y dietau 'deheuol'. Mae dosbarthiadau cymdeithasol yn cymhlethu'r patrwm rhanbarthol. Mater o bwys yw'r mathau o fwyd sydd ar gael i bobl. Er enghraifft, dadlennodd rhywfaint o ymchwil ar allfeydd bwyd cyflym yn Lerpwl fod rhain wedi eu crynhoi yn rhannau tlotaf y ddinas. Mae Uned Eithrio Cymdeithasol y Llywodraeth wedi sylwi bod problem y 'diffeithdiroedd bwyd' i'w chael lle mae prinder allfeydd bwyd addas.

- **Galwedigaeth** Yn gyffredinol arweiniodd y dirywiad mewn llafur llaw trwm yn economi Prydain at wanhau y cyswllt rhwng galwedigaeth a marwoldeb. Fodd bynnag, cysylltir straen yn y gwaith ag afiechyd y galon, ac mae peidio â gweithio yn ddrwg i iechyd, ac mae record iechyd y rhai sy'n ddiwaith yn sylweddol waeth nag un y rhai sydd mewn gwaith. Mae patrymau gwaith y gorffennol yn parhau i ddylanwadu ar gyfraddau marwolaethau gyda'r genhedlaeth sydd yn ei 60au heddiw wedi'u geni ym mlynyddoedd dirwasgiad yr 1930au. Gall fod llawer o bobl mewn oed sy'n dioddef problemau anadlu wedi eu hetifeddu o'u dyddiau cynnar pan oedd aer dinasoedd yn fwy llygredig.

Sut mae poblogaeth yn newid dros amser?

Y gwahaniaeth rhwng cyfradd genedigaethau syml a chyfradd marwolaethau syml yw cyfradd **cynnydd naturiol,** ac mae hyn yn amrywio'n helaeth rhwng gwledydd. Mae nifer o ddemograffwyr yn credu bod cysylltiad agos rhwng cyfraddau ffrwythlondeb a marwoldeb a lefel datblygiad economaidd ardal. Maent yn dangos bod newidiadau sy'n gysylltiedig â diwydiannu a threfoli yn arwain at **drawsnewid demograffig** lle mae cyfraddau genedigaethau a marwolaethau isel yn cymryd lle cyfraddau genedigaethau a marwolaethau uchel.

Mae'r **model trawsnewid demograffig** yn disgrifio sut mae'r cydbwysedd rhwng ffrwythlondeb a marwoldeb yn newid dros amser. Dangosir y model trawsnewid demograffig yn Ffigur 4.10.

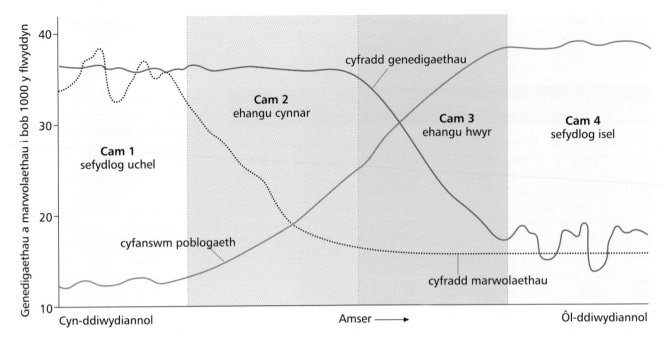

4.10 *Model trawsnewid demograffig*

Mae'r model yn awgrymu cyfres o gamau.

- **Cam 1: sefydlog uchel neu cam cyn-drawsnewid**

  Yn y cam hwn mae'r cyfraddau genedigaethau a marwolaethau yn uchel ac yn agored i amrywiadau tymor byr. Mae'r gyfradd marwolaethau yn uchel o ganlyniad i ataliadau megis newyn ac afiechyd. Mae cyfraddau genedigaethau yn uchel wrth i bobl geisio cael y cyfle gorau i'w plant oroesi. Yn gyffredinol, mae twf poblogaeth yn statig neu'n ddibwys.

- **Cam 2: ehangu cynnar neu cam trawsnewid cynnar**

  Cyfraddau marwolaethau yn dechrau gostwng oherwydd safon byw gwell, yn bennaf oherwydd gwelliannau mewn maeth ac iechyd cyhoeddus. Mae newynau ac epidemigau yn llai aml. Mae'r gyfradd genedigaethau yn aros yn uchel, gan fod plant yn ffynhonnell werthfawr o lafur teulu ac yn gweithredu fel sicrwydd yn nes ymlaen mewn bywyd. Yn y cam hwn mae poblogaeth yn cynyddu ar gyfradd gyflymach.

- **Cam 3: ehangu hwyr neu cam trawsnewid canol**

  Yn y cam hwn oherwydd technoleg well mewn amaethyddiaeth a diwydiant, ynghyd â systemau addysg gwell a deddfwriaeth yn rheoli cyflogaeth plant, ceir gostyngiad yng ngwerth economaidd a chymdeithasol plant a lleihad cysylltiedig yn y gyfradd genedigaethau. Mae gwelliannau sy'n dal i barhau mewn safon byw yn gyffredinol ac mewn iechyd cyhoeddus yn arwain at ostyngiad yn y gyfradd marwolaethau. Mae cyfradd twf poblogaeth yn dechrau gostwng.

- **Cam 4: sefydlog isel neu cam trawsnewid hwyr**

  Mae pedwerydd cam y trawsnewid demograffig yn cael ei nodweddu gan lefelau isel o ffrwythlondeb a marwoldeb. Prin bod unrhyw dwf mewn poblogaeth, er bod cyfraddau genedigaethau yn dueddol i brofi cynnydd yn ysbeidiol. Mae rhai demograffwyr wedi awgrymu y dylid ychwanegu pumed cam at y model, lle mae cyfraddau genedigaethau yn disgyn yn is na chyfraddau marwolaethau ac yn arwain at dwf poblogaeth negyddol neu ddirywiad mewn poblogaeth.

Trawsnewid demograffig Prydain

Mae Prydain yn cynnig enghraifft o'r camau mewn trawsnewid demograffig. Rhwng canol y 18fed ganrif a'r 1930au profodd Prydain drawsnewid demograffig pwysig. Edrychwch ar Ffigur 4.11, sy'n dangos newidiadau yng nghyfraddau genedigaethau a marwolaethau yn y cyfnod ers 1700. Cyn dechrau diwydiannu, roedd poblogaeth yn cael ei rheoli gan lefelau uchel marwolaethau a'r cyfyngiadau cymdeithasol ac economaidd a oedd ar ffrwythlondeb. Chwalodd diwydiannu un o brif gyfyngiadau twf poblogaeth – sef adnoddau cyfyngedig – a chyhoeddi oes newydd o boblogaeth yn ehangu'n gyflym.

Roedd y cyfnod o'r 1740au hyd at yr 1880au yn cyd-daro gyda blynyddoedd cynnar y Chwyldro Diwydiannol, ac yn ystod yr amser hwn cynyddodd cyfanswm y boblogaeth o 6 i 25 miliwn. Mae cryn ddadlau am achosion y twf cyflym hwn. Awgrymwyd mai'r ffactor allweddol oedd gostyngiad yn y gyfradd marwolaethau o ganlyniad i ddatblygiadau mewn meddygaeth a llawdriniaethau neu'n fwy cyffredinol oherwydd cyfraniad iechyd cyhoeddus gwell. Ar y llaw arall, efallai mai cynnydd yn y gyfradd genedigaethau gan fod pobl yn priodi'n gynharach ac yn bwyta'n well a arweiniodd at gynnydd mewn ffrwythlondeb.

Rhwng 1880 ac 1920, bu cwymp sydyn yn y cyfraddau marwolaethau a chyplyswyd hyn gyda dirywiad mewn cyfraddau genedigaethau. O ganlyniad, roedd cyfradd cynnydd naturiol yn arafach. Yn y cyfnod hwn cododd safonau byw yn gyffredinol, ac roedd pwysau i gyfyngu maint teulu drwy reoli cenhedlu. Arweiniodd y Rhyfel Byd Cyntaf (1914-18) at ostyngiad llym mewn ffrwythlondeb, a dangosir hyn yn eglur ar y graff.

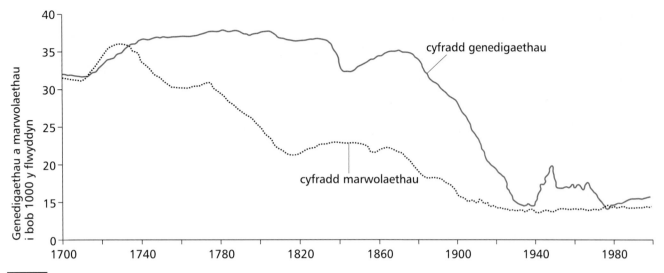

4.11 *Newidiadau mewn cyfraddau genedigaethau a marwolaethau syml yn y DU, 1700-2000*

O tua 1920 hyd at heddiw, nodweddir poblogaeth Prydain gan gyfraddau genedigaethau a marwolaethau cymharol isel. O ganlyniad, mae cyfradd cynnydd naturiol wedi bod yn araf. Er gwaethaf hyn, mae cyfraddau genedigaethau wedi amrywio yn y cyfnod hwn, yn dilyn dirwasgiad economaidd yr 1930au, defnydd eang o atal cenhedlu o'r 1960au ymlaen, deddfwriaeth erthyliad, y duedd tuag at briodi hwyr, a 'bŵm babanod' wedi'r Ail Ryfel Byd.

YMARFERION

1 Gwnewch gopi o Ffigur 4.10, y model trawsnewid demograffig. Anodwch eich diagram i ddangos y gwahanol gamau yn y trawsnewid.

2 Pa ffactorau sy'n helpu i egluro'r cwymp mewn cyfraddau marwolaethau dros y cyfnod a ddangosir ar Ffigur 4.11?

3 Pam wnaeth y gyfradd genedigaethau ddirywio'n gyflym o 1870 ymlaen?

4 Mae Ffigur 4.11 yn dynodi tra bod cyfraddau genedigaethau at ei gilydd yn isel, maent yn dal i arddangos amrywiadau. Sut y gellid egluro'r cynnydd tymor byr hwn mewn ffrwythlondeb?

GWEITHGAREDD ESTYNEDIG

Astudiwch Ffigur 4.12 sy'n dangos cyfraddau genedigaethau a marwolaethau syml gwahanol gyfandiroedd.

a Ar fraslun o Ffigur 4.12a, plotiwch y ffigurau ar gyfer De America.

b Nodwch y cyfandir a oedd yn 1995 â'r:
  i gyfradd genedigaethau syml uchaf
  ii gyfradd marwolaethau syml uchaf.

a Cyfraddau genedigaethau a marwolaethau syml yn ôl cyfandir

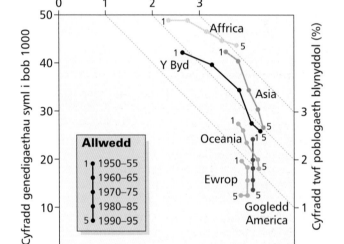

b Cyfraddau genedigaethau a marwolaethau syml De America, 1950-95

Dyddiadau	Cyfradd genedigaethau syml	Cyfradd marwolaethau syml
1950–55	37	21
1960–65	35	15
1970–75	32	12
1980–85	28	10
1990–95	25	8

4.12 *Cyfraddau genedigaethau a marwolaethau syml gwahanol gyfandiroedd*

c Rhowch resymau posibl am eich atebion i (**b**).

ch Diffiniwch y term 'cynnydd naturiol'.

d Pam y gallai cynnydd naturiol fod yn wahanol i'r gwir newid mewn poblogaeth?

dd Ysgrifennwch baragraff i grynhoi goblygiadau economaidd gwahaniaethau mewn cyfraddau twf poblogaeth.

Strwythur poblogaeth

Ceir dau ddimensiwn sylfaenol i strwythur unrhyw boblogaeth. Y rhain yw'r cydbwysedd rhwng y rhywiau, a'r rhaniadau rhwng y gwahanol grwpiau oedran (**carfannau**). Fel arfer cynrychiolir y dimensiynau ar ffurf **pyramid poblogaeth** sy'n dangos dosbarthiad cymharol y niferoedd mewn categorïau oedran. Mae Ffigur 4.13 yn dangos pyramid poblogaeth ar gyfer Cymru a Lloegr 1994.

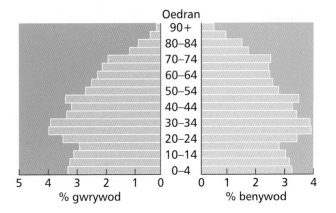

Oedran

4.13 *Pyramid poblogaeth ar gyfer Cymru a Lloegr, 1994*

Adeiledir pyramidiau poblogaeth, neu **byramidiau oed-rhyw,** gyda'r categorïau oedran ar yr echelin fertigol ganolog. Fel arfer, defnyddir categorïau blynyddol neu bob pum mlynedd, a chyfunir yr oedrannau terfynol mewn un categori (e.e. '90+'). Cofnodir ffigurau ar gyfer gwrywod ar ochr chwith y diagram, a'r benywod ar y dde. Gall y raddfa lorweddol gynrychioli naill ai niferoedd go-iawn, neu ganran o'r boblogaeth gyfan ymhob categori oedran. Gellir dadansoddi'r rhaniad rhwng y rhywiau hefyd drwy weithio

allan y gymhareb gwryw:benyw, neu'r **gymhareb ryw**. Mae hyn yn dynodi nifer y gwrywod yn y boblogaeth fel cyfran o nifer y benywod.

Cymharu pyramidiau poblogaeth

Mae yna wahaniaethau pwysig i siâp y pyramidiau poblogaeth ar gyfer GMEDd a GLlEDd, sy'n deillio o'r gwahaniaethau yn strwythur eu poblogaeth. Yn gyffredinol, mae gan byramid poblogaeth GLlEDd sylfaen llydan sy'n dynodi poblogaeth ifanc (o ganlyniad i gyfraddau genedigaethau uchel), a brig cul (mae llai o bobl yn y grwpiau oedran hŷn gan fod disgwyliad oes cyfartalog yn is). Mewn cyferbyniad, mae gan byramid poblogaeth ar gyfer GMEDd sylfaen culach (oherwydd cyfradd genedigaethau is) a brig llydan (sy'n adlewyrchu disgwyliad oes cyfartalog hwy).

Mae'r pyramid oed-rhyw ar gyfer Kenya yn nodweddiadol o wlad LlEDd sy'n profi twf sydyn mewn poblogaeth (Ffigur 4.14a). Dynoda'r sylfaen llydan fod niferoedd mawr o blant dibynnol o oedran 0-14 yn y boblogaeth gyfan – canlyniad lefelau uchel o ffrwythlondeb. Mae brig y pyramid yn gul ac yn dynodi bod cyfradd is o'r boblogaeth yn byw i oedran teg. Mae'n debyg bod nifer o oblygiadau pwysig posib i'r strwythur poblogaeth hwn:

- Bydd adnoddau cyfyngedig yn cael eu defnyddio hyd yr eithaf i geisio ateb anghenion y nifer mawr o blant dibynnol sydd am gael addysg, maeth a gofal iechyd.

- Fel y mae'r grŵp hwn yn cyrraedd oed gweithio, bydd angen creu nifer mawr o swyddi i'w galluogi i gynnal eu hunain a'u teuluoedd.

- Fel y bydd y grŵp hwn yn cyrraedd oed cael plant, mae'n debygol y bydd cyfraddau ffrwythlondeb yn uchel, gan arwain at gyfraddau uchel parhaol o gynnydd naturiol yn y boblogaeth.

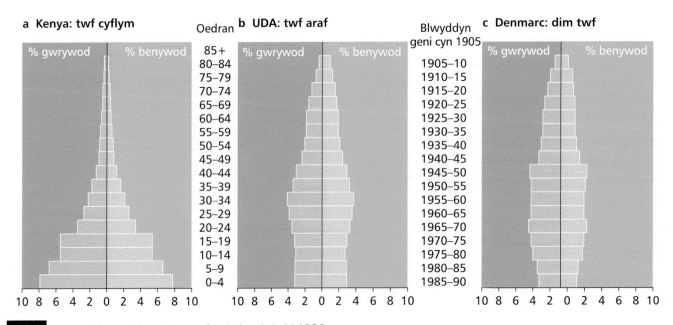

4.14 *Pyramidiau poblogaeth ar gyfer rhai gwledydd, 1990*

Cymarebau dibyniaeth

Mae pyramid oed-rhyw UDA (Ffigur 4.14b) yn nodweddiadol o'r un sy'n berthnasol i wlad MEDd sy'n profi cyfraddau araf o gynnydd naturiol. Mae'r sylfaen cul yn adlewyrchu cyfraddau genedigaethau isel tra bod brig lletach y pyramid yn ganlyniad pobl yn byw yn hŷn. Mae'r 'chwydd' yng ngharfan 30-34 oed yn ganlyniad 'bŵm babanod' yr 1960au. Mae'r pyramid oed-rhyw ar gyfer Denmarc (Ffigur 4.14c) yn debyg i un UDA. Fodd bynnag, mae'n cynrychioli pyramid dim twf, lle mae'r cyfraddau genedi-gaethau a marwolaethau yn diddymu ei gilydd. Yn yr achos hwn, mae'r pyramid oed-rhyw yn fwy fel colofn na phyramid, ac mae'r bobl wedi eu dosbarthu'n gyfartal ledled y carfannau. Mae'r materion sy'n wynebu UDA a Denmarc yn ymwneud â'r disgwyliad o 'boblogaeth yn heneiddio' lle mae cyfran lai o'r boblogaeth o oed gwaith ac yn wynebu'r dasg o gynhyrchu digon o gyfoeth ar gyfer yr henoed yn y boblogaeth. Gelwir y gymhareb o bobl sydd ddim yn weithredol yn economaidd i'r rhai sy'n weithredol economaidd yn y boblogaeth yn **gymhareb ddibyniaeth**. Fe'i cyfrifir drwy ddefnyddio'r fformiwla ganlynol:

$$\text{Cymhareb ddibyniaeth} = \frac{\text{\% y boblogaeth } 0\text{--}15 \text{ oed} + \text{\% y boblogaeth } 65\text{+ oed}}{\text{\% y boblogaeth o oed gwaith}}$$

GWEITHGAREDD ESTYNEDIG

Astudiwch Ffigur 4.15 sy'n dangos data poblogaeth México, a Ffigur 4.16 sy'n dangos pyramid oed-rhyw ar gyfer y Deyrnas Unedig.

1 a Defnyddiwch y data yn Ffigur 4.15 i adeiladu pyramid poblogaeth ar gyfer México.

   b Ychwanegwch labeli i ddynodi prif nodweddion y pyramid.

Grŵp oedran	% gwrywod	% benywod
0–4	8.5	8.5
5–9	7.5	7.5
10–14	6.5	6.5
15–19	5.5	5.0
20–24	4.5	4.5
25–29	3.5	3.5
30–34	3.0	2.9
35–39	2.5	2.5
40–44	2.0	2.0
45–49	1.5	2.0
50–54	1.4	1.4
55–59	1.0	1.0
60–64	0.5	0.9
65–69	0.5	0.8
70–74	0.4	0.6
75–79	0.2	0.5
80–84	0.2	0.3
85+	0.1	0.3

4.15 *Data oed-rhyw México*

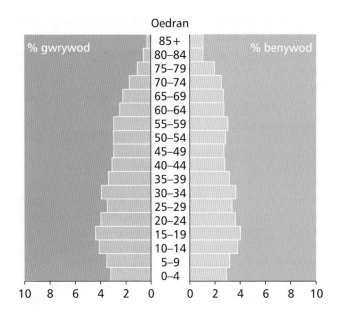

Oedran

4.16 *Pyramid poblogaeth y DU, 1991*

2 Gwnewch gopi o'r tabl canlynol a defnyddiwch byramid a data México i gwblhau'r tabl.

Grŵp oedran	DU %	Mexico %
0– 19	29.3	
20–59	50.9	39.2
60+	19.8	

3 Pa ffactorau allai fod yn gyfrifol am gyfrannau gwahanol y rhai dros 60 mlwydd oed yn México a'r Deyrnas Unedig?

4 Awgrymwch rai o oblygiadau y gwahaniaethau rhwng pyramidiau poblogaeth México a'r Deyrnas Unedig.

YMARFERION

1 Beth yw pyramid poblogaeth a sut y gall fod o gymorth i awdurdodau cynllunio megis llywodraeth ganolog a llywodraeth leol?

2 Lluniwch fraslun o'r tri pyramid poblogaeth yn Ffigur 4.14 ac ychwanegwch labeli manwl (anodiadau) i ddisgrifio ac egluro eu siapiau.

3 Diffiniwch y termau 'poblogaeth o oed gwaith' a 'phoblogaeth ddibynnol'.

4 Pam y mae demograffwyr yn ystyried bod y berthynas rhwng y ddau grŵp hyn yn bwysig?

5 Pa feirniadaeth y gellid ei gwneud ar y gymhareb ddibyniaeth fel dull o fesur?

Goblygiadau poblogaeth sy'n heneiddio ym Mhrydain

Ym Mhrydain yn yr 1990au, mae heneiddio graddol y boblogaeth wedi dod yn gynyddol yn fater o bwys gwleidyddol: sef y broblem ariannol o ddarganfod digon o adnoddau i dalu am bensiwn. Mae'n gysylltiedig â'r syniad o'r gymhareb ddibyniaeth ac â'r ffaith y bydd cyfran lai o'r rhai sy'n gallu gweithio yn

Pensiynwyr yn mwynhau eu hymddeoliad

gweithio i gynhyrchu'r cyfoeth sydd ei angen i gynnal poblogaeth fwy o bobl oedrannus. Cyflwynwyd y system bresennol o bensiynau'r wladwriaeth ym mlynyddoedd cynnar yr 20fed ganrif pan oedd ffrwythlondeb yn sylweddol uwch a disgwyliad bywyd yn is. Sylfeinir y system ar yr egwyddor o 'dalu wrth ennill', lle mae cyfraniadau Yswiriant Cenedlaethol y rhai sy'n gweithio yn talu am bensiynau y rhai wedi ymddeol. Roedd hyn yn gweithio tra oedd y gymhareb o ddibynyddion i'r rhai mewn gwaith yn isel. Yn 1950, roedd un pensiynwr am bob pump person mewn gwaith. Erbyn 2030 amcangyfrifir y bydd tri i bob pump. Awgrymwyd nifer o atebion:

- Gostwng maint pensiynau unigol. Mae hyn yn ymddangos yn annheg i'r rhai sydd wedi talu eu cyfraniadau Yswiriant Cenedlaethol drwy gydol eu cyfnod mewn gwaith a disgwyliant fudd o'r taliadau hyn pan fyddant yn ymddeol.

- Codi cronfeydd ychwanegol drwy drethi uwch. Mae hyn yn ddewis amhoblogaidd ar hyn o bryd ac mae llywodraethau wedi ceisio osgoi unrhyw fesurau i godi trethi, rhag ofn ôl-effeithiau etholiadol.

- Rhoi'r gorau i bensiynau'r wladwriaeth a chyflwyno cronfeydd pensiynau preifat gorfodol yn eu lle.

Mae'r dadleuon hyn yn rhan o ddadl ehangach am y rhan y mae'r wladwriaeth yn ei chwarae yn darparu cymorth i'w dinasyddion. Mae'r ddadl ar bensiynau yn ddim ond un broblem sy'n deillio o boblogaeth 'gwallt gwyn' Prydain. Gyda chynnydd mewn oedran, bydd cynnydd yn y galw am ofal meddygol a gwasanaethau cefnogi. Mae hyn yn arbennig o arwyddocaol oherwydd y cynnydd mewn disgwyliad oes.

Mae Deddf Gwasanaeth Iechyd Cenedlaethol a Gofal yn y Gymuned 1993 yn disgwyl i awdurdodau lleol asesu a chyfarfod ag anghenion gofal yr oedrannus. Mae nifer o awdurdodau wedi ceisio lleihau costau drwy annog yr henoed i aros yn eu cartrefi eu hunain, gyda chefnogaeth ymweliadau gan y staff gofal. Yn ychwanegol, disgwylir i'r henoed sydd â mwy na £16 000 o asedau dalu am ofal preswyl. Mae hyn wedi bod yn fater dadleuol iawn, gan fod nifer wedi gorfod gwerthu eu cartrefi er mwyn cael arian i dalu am y gofal.

Disgwylir i niferoedd yr henoed mewn gofal preswyl gynyddu fwy na 100 000 yn neng mlynedd cyntaf yr 21ain ganrif. Mae hyn yn codi cwestiynau pwysig am y rhan y mae 'gofalwyr anffurfiol' yn ei chwarae – fel arfer plant yr henoed – pan fo nifer ohonynt yn gweithio ac yn magu eu plant eu hunain. Gwelwyd cynnydd aruthrol mewn cartrefi nyrsio yn y sector preifat, ond mae pris gofal preswyl yn uchel, yn amrywio rhwng £1000 a £2000 y person bob mis. Ar hyn o bryd mae'r wladwriaeth yn gwarantu talu cost gofal dros y rhai sy'n methu â fforddio hyn, ond mae hyn yn faes dadleuol yn wleidyddol, yn arbennig pan fo llywodraethau yn ceisio cyfyngu ar wariant a chadw trethi yn isel.

YMARFERION

1 Pa ffactorau sy'n egluro heneiddio graddol poblogaeth Prydain?

2 Eglurwch pa effaith y bydd y duedd hon yn ei chael ar y gymhareb ddibyniaeth.

3 Pam y mae llywodraethau yn poeni am y boblogaeth yn heneiddio?

4 Pa atebion a awgrymwyd i oresgyn y problemau hyn?

CWESTIWN STRWYTHUREDIG 2

Astudiwch Ffigur 4.17, sy'n dangos data cyfrifiad poblogaeth 1991 ar gyfer dau anheddiad yng Nghaint: dinas Caergaint, a thref glan-y-môr Herne Bay.

a Mae'r data yn dangos canran y boblogaeth o dan 20, yn hytrach na'r ganran arferol o bobl dan 15. A fedrwch chi awgrymu rhesymau pam y gellid ystyried mwy o bobl rhwng oedran 15 ac 20 fel rhan o'r boblogaeth ddibynnol? *(2)*

b Ym mha ffyrdd y byddech yn disgwyl i gyfraddau genedigaethau syml a chyfraddau marwolaethau syml wahaniaethu yn yr aneddiadau hyn? *(2)*

c Awgrymwch resymau dros y gwahaniaethau yng nghanrannau'r boblogaeth dros 60 mlwydd oed yng Nghaergaint a Herne Bay. *(3)*

ch Sut y gallai darpariaeth cyfleusterau amrywio rhwng Caergaint a Herne Bay? *(4)*

d Trafodwch ganlyniadau cymdeithasol ac economaidd strwythur poblogaeth sy'n heneiddio ar gyfer gwlad fel y DU. *(5)*

| | Cyfanswm poblogaeth | % oedran y boblogaeth | | | | |
		dan 20	20–39	40–59	60–79	dros 80
Caergaint	37 000	25	30	22	19	4
Herne Bay	32 000	23	23	22	24	8

4.17 *Data poblogaeth ar gyfer Caergaint a Herne Bay, 1991*

B Pobl ac adnoddau

Oes gormod o bobl yn y byd?

Mae'r erthygl papur newydd (Ffigur 4.1 ar dudalen 101) yn awgrymu y dylem fod yn poeni am gyfradd twf poblogaeth y byd. Y pryder yw y gall nifer y bobl fod yn rhy fawr i swm y bwyd a'r adnoddau eraill sydd ar gael. Ceir, fodd bynnag, safbwyntiau eraill.

Mae datblygiad cymdeithasau dynol yn dibynnu ar yr adnoddau ffisegol a gawn yn y byd. Mae'r adnoddau hyn yn gweithredu fel defnyddiau crai a ffynonellau egni mewn prosesau diwydiannol ac amaethyddol. Maent yn amsugno a chludo is-gynhyrchion y prosesau hyn. Defnyddir adnoddau hefyd i gyfarfod ag anghenion dynol o safbwynt cysgod a chynnal ein dull o fyw. Mae'r ddadl am y cyswllt rhwng poblogaeth ac adnoddau wedi ei seilio ar y syniad o **gynhwysedd cludo** sy'n cyfeirio at y rhif uchaf o bobl y gellid eu cynnal gan yr amgylchedd heb amharu ar allu'r amgylchedd i gynnal ei hun. Gellir mynegi'r berthynas rhwng maint poblogaeth ac adnoddau yn y cysyniad o **boblogaeth optimwn**, sydd i'w chael lle mae poblogaeth ardal mewn cydbwysedd â'r adnoddau sydd ar gael yno. Mae **gorboblogaeth** yn cyfeirio at sefyllfa lle mae poblogaeth ardal yn rhy fawr i gael ei chynnal gan yr adnoddau yno.

Thomas Malthus: proffwyd gwae?

Codwyd y cwestiwn o'r cyswllt rhwng poblogaeth ac adnoddau yng ngwaith clerigwr Seisnig o'r enw **Thomas Robert Malthus** (Ffigur 4.18) ar ddiwedd y 18fed ganrif. Cyhoeddodd draethawd enwog yn 1798 sef *An Essay on the Principle of Population*. Dadleuai fod bwyd yn angenrheidiol i fodolaeth pobl, a bod 'angerdd rhwng y rhywiau' yn angenrheidiol ac yn rheolaidd. Sylweddolodd tra bod gan bobl fwyd i'w cynnal, yna byddai tuedd i'r boblogaeth gynyddu. Byddai cyfyngiadau ar dwf poblogaeth yn cael eu penderfynu gan y cyflenwad bwyd. Dadleuai Malthus bod cynnydd mewn cynhyrchu bwyd yn tueddu i gynyddu mewn dull rhifyddol syml (h.y. 1...2...3...4...5... ayyb) tra bod poblogaeth yn tueddu i gynyddu mewn dull geometrig (h.y. 1...2...4...8...16...32... ayyb). Fel mae Ffigur 4.19 yn dangos, roedd Malthus yn awgrymu y byddai twf poblogaeth yn mynd yn drech na'r bwyd a gynhyrchwyd a byddai hyn yn arwain at newyn. Ar bwynt arbennig byddai'r adnoddau yn cyrraedd eu terfyn a chyfradd twf poblogaeth yn gwastatáu. Hyd at y pwynt hwn fodd bynnag, dadleuai Malthus y byddai tuedd i'r boblogaeth gynyddu. Dywedodd Malthus: 'Mae grym poblogaeth yn anfeidrol fwy na grym y Ddaear i gynhyrchu cynhaliaeth.'

4.18 *Parchedig Thomas Malthus*

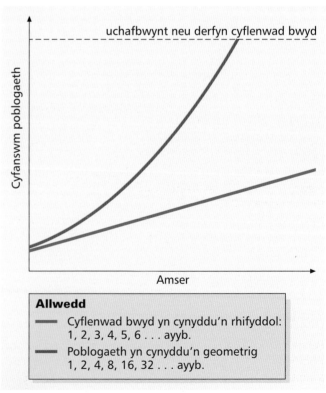

Allwedd

― Cyflenwad bwyd yn cynyddu'n rhifyddol: 1, 2, 3, 4, 5, 6 . . . ayyb.

― Poblogaeth yn cynyddu'n geometrig 1, 2, 4, 8, 16, 32 . . . ayyb.

4.19 *Syniadau Malthus ar dwf poblogaeth*

Er mwyn deall pam y mabwysiadodd Malthus agwedd mor besimistaidd mae'n bwysig deall y cyd-destun yr oedd yn ysgrifennu ynddo. Roedd yn gyfnod o newid mawr yn amaethyddiaeth a diwydiant Lloegr. Roedd llawer o bobl yn cael eu dadleoli o'r tir gan ddatblygiadau mewn technoleg amaethyddol, ac yn ceisio chwilio am waith yn y trefi. Roedd llawer o'r cyfoethogion yn pryderu bod 'gorged' o weithwyr di-alw-amdanynt. Roedd Malthus yn ceisio deall y sefyllfa.

Er bod Malthus yn ysgrifennu ar ddiwedd y 18fed ganrif, mae ysgrifenwyr diweddarach wedi rhannu ei besimistiaeth. Weithiau gelwir y rhain y **neomalthwsiaid** (neu 'y Malthwsiaid newydd') am eu bod yn rhannu perspectif Malthus mai maint poblogaeth y byd ynddo'i hun yw achos y problemau. Ysgrifennodd Paul Ehrlich, yn ei lyfr *The Population Bomb* (1968):

> *'Bob blwyddyn mae cynhyrchiad bwyd yn y byd sy'n datblygu ychydig bach yn llai na'r twf poblogaeth cynyddol, ac mae'r bobl yn mynd i'r gwely ychydig bach yn fwy newynog.'*

Yn gynnar yn yr 1970au rhybuddiodd Clwb Rhufain bod y pwynt argyfyngus yn nhwf poblogaeth byd yn agosàu a bod angen i'r ddynoliaeth ddarganfod cydbwysedd rhwng poblogaeth ac adnoddau. Yn ôl y farn hon twf sydyn mewn poblogaeth yw prif achos problemau'r byd sy'n datblygu oherwydd mae'n arwain at dlodi, marweidd-dra economaidd, problemau amgylcheddol, trefoli sydyn, diweithdra ac ansefydlogrwydd gwleidyddol. Gan mai twf sydyn mewn poblogaeth yw achos y problemau, yr ateb yw perswadio pobl i gael llai o blant. Y ffordd orau o gyflawni hyn yw trwy gynllunio teulu.

A oedd Malthus yn iawn?

Mae pobl wedi dadlau yn erbyn syniadau Malthus. Dadleuodd Karl Marx a Freidrich Engels fod mater poblogaeth yn un ffug; credent y gellid datrys y broblem trwy ddatblygiadau technolegol newydd a fyddai'n caniatáu cynnydd mewn cynnyrch amaethyddol a dosbarthiad mwy cyfartal o adnoddau. Yn ddiweddarach, dadleuodd yr economegydd amaethyddol Esther Boserup (1965) fod twf mewn poblogaeth yn ffactor pwysig wrth alluogi cymdeithasau i ddarganfod dulliau arloesol o gynyddu cyflenwadau bwyd. Mae'r agwedd hon yn awgrymu y gall pobl, wyneb yn wyneb gyda gofynion newydd, ymaddasu'n greadigol i ddatrys problemau cyflenwi bwyd.

Ai achos neu symptom yw twf poblogaeth?

Perspectif arall ar y cwestiwn poblogaeth yw nad twf poblogaeth yw achos y problemau, ond yn hytrach symptom. Mewn geiriau eraill, yn hytrach na bod yn dlawd oherwydd bod ganddynt ormod o blant, mae pobl yn cael nifer o blant am eu bod yn dlawd. Mae plant yn ffynhonnell

werthfawr o lafur i deuluoedd, a gallant ryddhau mamau i weithio. Yn ychwanegol, mewn economïau lle nad oes fawr neu ddim darpariaeth lles, mae plant yn cynnig sicrwydd i'w rhieni yn eu henaint. Yn y gwledydd lle bu gwelliannau mewn gofal iechyd ac addysg, bu dirywiad rhyfeddol mewn ffrwythlondeb. Mae'r rhai sy'n cefnogi'r farn hon felly yn dod i'r casgliad mai'r ffordd orau i sbarduno pobl i gael llai o blant yw drwy gynnydd mewn safonau byw a hynny drwy ddatblygiadau cymdeithasol ac economaidd tecach.

Gall y ddadl hon fynd gam ymhellach drwy awgrymu mai statws y ferch sy'n allweddol i reoli twf poblogaeth. Mae'r merched sy'n cael gwell addysg a chyfleoedd gwaith yn tueddu i ddibynnu llai ar eu plant am sicrwydd economaidd. Yn hytrach na cheisio perswadio (neu orfodi) merched i gael llai o blant drwy atal cenhedlu a chynllunio teulu, mae angen i ferched fod yn gallu rheoli eu hatgenhedliad. Y ffordd orau i gyflawni hyn yw trwy wella lles cymdeithasol ac economaidd merched. Mae hyn, wrth gwrs, yn gofyn am newid cymdeithasol sylweddol.

Sut y gellir lleihau ffrwythlondeb?

Mae maint poblogaeth byd a'r tebygolrwydd o gynnydd poblogaeth yn fater pwysig ar lefelau cenedlaethol a rhyngwladol. Ar lefel ryngwladol mae'r ymdrech ar y cyfan wedi ei hanelu at leihau nifer y genedigaethau ledled y byd. Mae tri phrif reswm am hyn:

- pryder am y cynnydd cyflym yn y boblogaeth a'r ffaith bod y cynnydd hwn yn gryfach yn y GLlEDd nag yn y GMEDd
- y syniad bod cynnydd cyflym mewn poblogaeth yn gysylltiedig ag anhafaledd cymdeithasol ac economaidd
- y gwasgedd y mae twf poblogaeth yn ei roi ar argaeledd adnoddau a'r pryder y gallai hyn arwain at ddiraddiad a difrod i'r amgylchedd (Ffigur 4.20).

4.20   *Dinistr y goedwig law: canlyniad gorboblogaeth?*

Polisi poblogaeth byd-eang

Mae'r Cenhedloedd Unedig yn noddi cynhadledd ryngwladol ar boblogaeth bob deng mlynedd. Yr amcan yw datblygu polisi poblogaeth byd-eang.

1 Dylanwadwyd ar gynhadledd Bucuresti yn 1974 gan yr anghytuno a fu dros y dull o leihau ffrwythlondeb, a'r amheuon a oedd problem poblogaeth yn bod o gwbl. Dadl y GMEDd oedd bod 'bom poblogaeth' ar fin ffrwydro o ganlyniad i gyfraddau genedigaethau uchel yn y GLIEDd. Roeddynt o blaid polisïau cynllunio teulu ar gyfer gostwng lefelau ffrwythlondeb. Roedd y GLIEDd yn dadlau bod y bygythiad yn dod o'r GMEDd a oedd yn dinistrio'r amgylchedd gyda'u diwydiant a'u defnydd trwm o adnoddau naturiol. Eu barn oedd y byddai'r broblem boblogaeth yn diflannu drwy ddatblygiad a chynnydd economaidd.

2 Gwelodd cynhadledd Dinas México yn 1984 yr agweddau hyn yn cael eu gwrthdroi wrth i'r GLIEDd bwyso am fuddsoddiad mewn rhaglenni cynllunio teulu a'r GMEDd ddadlau mai 'datblygiad yw'r dull atal cenhedlu gorau'.

3 Bu cynhadledd ar boblogaeth a datblygiad yn Cairo yn 1994. Cydnabyddodd y gynhadledd, er bod poblogaeth ledled y byd yn dal i gynyddu, fod cyfraddau genedigaethau bron ymhob gwlad bron yn lleihau, ac y dylid canolbwyntio ar barhau i leihau cyfraddau twf fel bod poblogaeth y byd yn lefelu ynghynt yn hytrach nag yn hwyrach. Adlewyrchodd y gynhadledd y syniad mai dim ond rhan o'r ateb yw cynllunio teulu, a bod lleihau twf poblogaeth yn gysylltiedig â lleihau tlodi ac afiechydon, gwell cyfleoedd addysgol (yn arbennig ar gyfer merched a gwragedd), a datblygiad amgylcheddol cynaliadwy.

Swyddogaeth y ferch

Bellach cydnabyddir yn helaeth mai ffactor o bwys mewn lefelau ffrwythlondeb yw statws merched. Fel arfer, yn y gwledydd lle mae merched yn cael mynediad rhwydd i addysg a chyflogaeth, mae lefel ffrwythlondeb yn is, gan nad oes ar y merched hyn gymaint o angen y sicrwydd economaidd a chydnabyddiaeth cymdeithasol a ddaw drwy gael plant. At hyn, mae cydraddoldeb rhwng dynion a merched hefyd yn gysylltiedig â ffrwythlondeb is. Yng nghynhadledd y CU yn Cairo yn 1994 rhoddwyd pwyslais ar wella hawliau, cyfleoedd a statws merch fel y ffordd fwyaf effeithiol o ostwng twf poblogaeth byd-eang. Mae hon yn dasg enfawr, gan fod statws merch mewn llawer gwlad yn llawer is na statws dyn (Ffigur 4.21).

4.21 *Mae gan ferched ran hanfodol mewn penderfynu ffrwythlondeb*

Polisïau poblogaeth cenedlaethol

Mae rhai llywodraethau wedi ceisio rheoli twf poblogaeth. Mae'r rhai sy'n cefnogi'r polisïau dros enedigaethau yn ceisio cynyddu'r cynnydd naturiol mewn poblogaeth drwy annog cynnydd yn y gyfradd genedigaethau. Mae'r polisïau gwrth-enedigaethau yn ceisio lleihau twf naturiol poblogaeth drwy leihau genedigaethau.

Mae **polisïau dros enedigaethau** wedi cael eu dilyn gan lywodraethau sy'n ceisio cryfhau eu grym gwleidyddol. Er enghraifft, roedd cyfundrefn y Natsïaid yn yr Almaen yn ystod yr 1930au a'r 1940au yn gryf o blaid yr agwedd hon, gan gynhyrchu propaganda am yr angen i greu yr hil Aryaidd oruchaf. I annog hyn, cynigiwyd lwfansau treth i deuluoedd mawr, codwyd trethi ar oedolion dibriod, a chosbwyd merched yn cael erthyliadau. Yn fwy diweddar, mae Israel a Saudi Arabia wedi annog twf poblogaeth, yn bennaf i gryfhau eu grym gwleidyddol. Mae'r cynnydd mewn ffwndamentaliaeth Islamaidd wedi annog rhai llywodraethau i fabwysiadu polisïau o blaid genedigaethau. Yn 1984 cyflwynodd Malaysia ei Pholisi Poblogaeth newydd a anogai ferched i 'fynd am bump' er mwyn dal i fyny â gwladwriaethau cyfagos mwy poblog ac i rwystro'r Tsieineaid fod yn fwy niferus na hwy.

Mae **polisïau gwrth-enedigaethau** yn fwy cyffredin. Roedd gan India raglen rheoli teulu mor gynnar ag 1952. Dechreuodd y Cenhedloedd Unedig ddarparu gwasanaethau yn cynghori rheoli poblogaeth yn 1965. Mae'n debyg mai polisi un plentyn China yw'r rhaglen rheoli poblogaeth fwyaf adnabyddus. Fe'i rhoddwyd mewn grym drwy reolaeth gymunedol dynn a chyfres o wobrwyon a sancsiynau. Mae Ffigur 4.22 yn dangos sut, erbyn yr 1990au hwyr, yr oedd yn bosibl i ddadlau bod polisïau poblogaeth wedi arwain at ddiffiwsio bom amser poblogaeth.

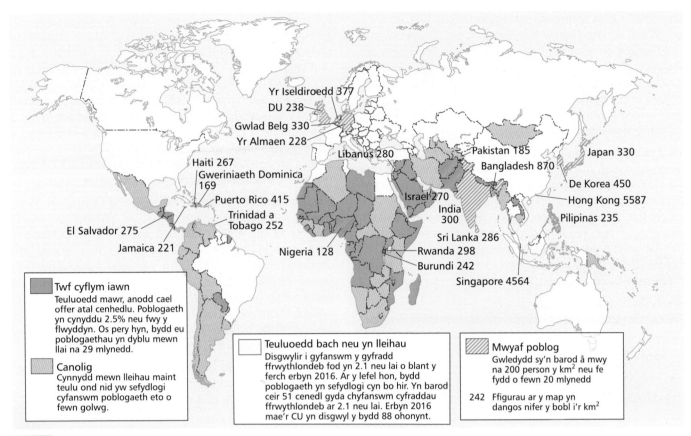

Yr Iseldiroedd 377
DU 238
Gwlad Belg 330
Yr Almaen 228
Libanus 280
Haiti 267
Gweriniaeth Dominica 169
Puerto Rico 415
Trinidad a Tobago 252
El Salvador 275
Jamaica 221
Nigeria 128
Pakistan 185
Bangladesh 870
Japan 330
De Korea 450
Hong Kong 5587
Israel 270
India 300
Pilipinas 235
Sri Lanka 286
Rwanda 298
Burundi 242
Singapore 4564

Twf cyflym iawn
Teuluoedd mawr, anodd cael offer atal cenhedlu. Poblogaeth yn cynyddu 2.5% neu fwy y flwyddyn. Os pery hyn, bydd eu poblogaethau yn dyblu mewn llai na 29 mlynedd.

Canolig
Cynnydd mewn lleihau maint teulu ond nid yw sefydlogi cyfanswm poblogaeth eto o fewn golwg.

Teuluoedd bach neu yn lleihau
Disgwylir i gyfanswm y gyfradd ffrwythlondeb fod yn 2.1 neu lai o blant y ferch erbyn 2016. Ar y lefel hon, bydd poblogaeth yn sefydlogi cyn bo hir. Yn barod ceir 51 cenedl gyda chyfanswm cyfraddau ffrwythlondeb ar 2.1 neu lai. Erbyn 2016 mae'r CU yn disgwyl y bydd 88 ohonynt.

Mwyaf poblog
Gwledydd sy'n barod â mwy na 200 person y km² neu fe fydd o fewn 20 mlynedd

242 Ffigurau ar y map yn dangos nifer y bobl i'r km²

4.22 Cyfraddau cynnydd poblogaeth byd-eang

Polisi un plentyn China

Yn yr 1950au a'r 1960au profodd China ddirywiad yn ei phoblogaeth, oherwydd trychinebau megis teiffwnau, llifogydd a newynau difrifol a ddilynodd. Fodd bynnag, o 1963 ymlaen fe brofodd y wlad 'bŵm babanod' a chynyddodd y boblogaeth yn gyflym. Roedd y llywodraeth yn bryderus y gallai poblogaeth a dyfai yn gyflym roi pwysau ar adnoddau, ac yn ystod yr 1970au fe geisiodd hybu cynllunio teulu a gohirio priodas. Y slogan poblogaidd oedd 'nid yw un yn rhy fychan, fe wna dau yn iawn ac mae tri yn ormod i chi'. Anogwyd cymunedau i gynllunio pa ferched a ddylai gael plant a daeth yr arfer o 'roi genedigaeth yn ei dro' yn gyffredin.

Yn 1980 mabwysiadwyd yn swyddogol y polisi o un plentyn i bob teulu. Y nod oedd cyfyngu ar y boblogaeth i ddim mwy na 1200 miliwn erbyn y flwyddyn 2000. Roedd eithriadau i'r rheol, ac yn yr ardaloedd trefol y gweithredwyd y polisi lwyraf. Gorfodwyd y polisi drwy system o wobrwyo a chosb; er enghraifft, roedd rhieni yn cael cynnig 5-10 y cant o gyflog fel cymhelliad i gyfyngu eu teulu i un plentyn, a gostyngiad o 10 y cant yn eu cyflog i'r rhai a genhedlai fwy na dau blentyn.

Mae'r polisi wedi arafu cyfradd twf poblogaeth. Fodd bynnag, mae wedi creu tensiynau. Mae'n gwrthdaro yn erbyn gwerthoedd teulu traddodiadol China, sy'n edrych ar blant fel ffynhonnell hapusrwydd a boddhad ac yn fodd o barhau y llinell deuluol. Mynegwyd pryder am effeithiau tymor hir creu cenhedlaeth o 'ymerawdwyr bychain' wedi eu difetha heb frawd na chwaer na chefndryd. Yn ychwanegol, adroddodd y wasg Tsieneaidd achosion o fabanod benywaidd yn cael eu gadael neu eu diystyru, profion cyn genedigaeth yn cael eu dilyn gan erthyliad dewisol, ac enghreifftiau o fabanladdiad benywaidd.

Singapore

Lansiwyd Rhaglen Cynllunio Teulu Cenedlaethol yn 1966, yn fuan ar ôl i Singapore gael annibyniaeth. Ei swyddogaeth oedd cynllunio lefelau cyffredinol y boblogaeth. Yn yr 1960au teimlai'r llywodraeth fod cyfradd cynnydd naturiol yn rhy uchel, ac yn rhoi pwysau ar gyflogaeth ac yn hawlio lefelau uchel o fuddsoddiad mewn cartrefi a gwasanaethau megis iechyd ac addysg. Roedd yn ceisio annog pobl i gael llai o blant drwy nifer o fesurau:

- darparu gwasanaethau cynghori a chlinigau cynllunio teulu
- rhaglen gyhoeddusrwydd yn anelu at addysgu a hybu pobl i gael llai o blant
- deddfwriaeth yn ymwneud ag erthyliad a diffrwythloni
- gwrthanogaethau cymdeithasol ac economaidd i gyplau sydd â theuluoedd mawr.

Lleihaodd y cyfradd ffrwythlondeb gyfan rhwng 1966 ac 1982 o 4.5 i 1.7, ac roedd hyn yn awgrymu bod polisi'r llywodraeth o 'Stopiwch ar ddau' yn llwyddiannus iawn. Fodd bynnag, nid yw'n glir os mai'r polisïau cynllunio teulu hyn oedd yn gyfrifol am y dirywiad mewn ffrwythlondeb. Yn ystod y cyfnod hwn, profodd Singapore dwf economaidd cyflym a gwelliannau mewn addysg, a chwaraeodd y rhain ran helaeth yn annog newidiadau mewn agwedd at faint teulu.

Yn 1983, arweiniodd pryder y llywodraeth bod y rhai a addysgwyd orau yn cynhyrchu rhy ychydig o blant, at fesurau i annog merched addysgedig i gael mwy o blant. Roedd y pryderon hyn yn gysylltiedig â'r ofnau am brinder llafur a olygai bod angen denu gweithwyr tramor i lenwi'r swyddi gweigion. At hyn, roedd pryder bod cyfradd genedigaethau isel yn arwain at boblogaeth Singapore yn heneiddio'n raddol. Bellach nid datgan 'Stopiwch ar ddau' y mae'r rhaglen cynllunio teulu ond 'Ewch am dri, neu fwy os gellwch eu fforddio'.

YMARFERION

1 Ysgrifennwch nodiadau i grynhoi agwedd Thomas Malthus at boblogaeth. Ym mha ffyrdd y mae neomalthwsiaid wedi datblygu ei syniadau?

2 Pa feirniadu a fu ar agweddau Malthwsaidd ar boblogaeth?

3 Sut y mae polisïau rhyngwladol ar gwestiwn poblogaeth byd wedi datblygu ers 1974?

4 Pam y mae statws y ferch bellach yn hanfodol ar gyfer lleihau cyfradd twf poblogaeth byd-eang?

5 Nodwch enghreifftiau o sut a pham y mae llywodraethau cenedlaethol wedi ceisio dylanwadu ar faint poblogaeth.

ASTUDIAETH ACHOS

Mauritius

Mae Mauritius yn enghraifft o'r berthynas fregus sydd rhwng poblogaeth ac adnoddau. Ynys yw Mauritius wedi ei lleoli yng Nghefnfor India tua 800 km i'r dwyrain o Madagascar (Ffigur 4.23). Crater llosgfynydd marw ydyw. Mae'r tir yn fynyddig, er ceir gwastadedd arfordirol mewn mannau. Mae'r hinsawdd trofannol yn golygu bod y glawiad blynyddol yn uchel, ac mae'r priddoedd folcanig yn gymharol ffrwythlon. Yn ne orllewin yr ynys ceir ardal o goedwig a phrysgwydd. Siwgr yw'r prif gnwd, er bod te, coffi a llysiau hefyd yn cael eu tyfu. Mae hanes Mauritius ynghlwm wrth hanes gwladychiad. Gwladychwyd yr ynys gan yr Iseldirwyr, y Ffrancod ac yna'r Prydeinwyr. Daeth y Ffrancwyr i reoli'r ynys yn 1715. Gwnaethant ddatblygu gweithgareddau'r porthladd a ffyrdd, a dechrau cynhyrchu siwgr. Roedd poblogaeth gyfyngedig yr ynys yn golygu bod yn rhaid mewnforio caethweision Affricanaidd fel llafur i weithio ar y planhigfeydd siwgr. Yn 1790 roedd poblogaeth Mauritius yn 59 000 a 49 000 ohonynt yn gaethweision o Affrica. Cipiodd Prydain reolaeth yr ynys yn 1815. Gyda dileu caethwasiaeth yn 1835 gadawodd y boblogaeth ddu y diwydiant siwgr, a mewnforiodd y Prydeinwyr weithwyr o India i weithio yn y planhigfeydd. Mae'r tonnau hyn o fewnfudwyr yn golygu bod yr ynys yn amrywiol o ran cenedl, yn Fauritaniaid Ffrengig, Tsieineaid, Mwslimiaid, Hindŵiaid a Chreoliaid.

Roedd mewnfudo ar raddfa fawr wedi dod i ben erbyn 1900. Yr adeg hon, roedd y boblogaeth yn 370 000 ac yna fe gynyddodd yn araf i 428 000 erbyn 1939. Dyblodd y boblogaeth rhwng 1940 a chanol yr 1970au. Roedd hyn oherwydd dirywiad dramatig yn y gyfradd farwolaethau, yn bennaf oherwydd difodi malaria. Mae'r model trawsnewid demograffig yn awgrymu y dylai cwymp yn y cyfraddau marwolaethau gael eu dilyn gan leihad yn y cyfraddau genedigaethau. Fodd bynnag, ym Mauritius, arhosodd y cyfraddau genedigaethau yn uchel. Roedd nifer o resymau am hyn:

- roedd cyfartaledd oedran priodi yn dal yn isel, ac yn sicrhau bod cyfraddau ffrwythlondeb yn aros yn uchel
- roedd yr economi yn gryf, ac yn galluogi pobl i briodi yn gynnar a chael teuluoedd mawr
- roedd rôl y ferch yn golygu bod merched yn dal ynghlwm i'w cartrefi.

Gwnaeth cynnydd cyflym yn y boblogaeth roi pwysau mawr ar economi Mauritius, a oedd yn dal yn ddibynnol, i raddau helaeth, ar siwgr. Yn 1953, galwodd adroddiad gan y llywodraeth am fesurau i leihau'r gyfradd genedigaethau. Fodd bynnag, nid oedd yr adroddiad hwn yn cyd-fynd â safbwynt normau diwylliannol a disgwyliadau'r boblogaeth. Roedd y ddwy grefydd bwysicaf – Pabyddiaeth ac Islam – yn gwrthwynebu rheoli poblogaeth.

Yn 1963, bu i'r Eglwys Babyddol dynnu'n ôl ei gwrthwynebiad i argymhellion y llywodraeth ar gyfer cynllunio teulu. O 1965 ymlaen ariannodd llywodraeth Mauritius ystod o fesurau i ofalu bod cynllunio teulu ar gael yn helaeth i'r boblogaeth. Canlyniad y mesurau hyn oedd gostwng cyfraddau genedigaethau syml o'u huchafbwynt o 49.8 yn 1950 i tua 20 yng nghanol yr 1990au. Roedd y dirywiad hwn yn gysylltiedig â nifer o ffactorau eraill:

- cynnydd yng nghyfartaledd oedran priodi, yn arbennig ymysg Hindŵiaid ym Mauritius wledig – roedd hyn yn gysylltiedig â'r cwympiadau yn yr economi o ddiwedd yr 1960au
- newid diwylliannol mewn agwedd at faint teulu: yn yr 1970au ystyrid ar y cyfan bod tri phlentyn yn rif optimwm o blant; erbyn yr 1980au, dau oedd y rhif ffafriol
- cynnydd yn statws merched, wrth i ddarpariaeth addysg i fenywod wella a merched yn cael gwaith y tu allan i'r cartref.

Roedd mesurau rheoli poblogaeth Mauritius yn bennaf yn ymateb i sail gyfyng adnoddau naturiol yr ynys.

Mae enghraifft Mauritius yn pwyntio at gyfyngiadau'r agwedd Falthwsaidd, gan ei bod yn awgrymu bod maint poblogaeth yn ganlyniad cyfraith anochel, ond eto'n cael ei benderfynu gan ystod cymhleth o ffactorau economaidd, cymdeithasol, gwleidyddol a diwylliannol. Mae hefyd yn awgrymu nad yw maint y swm o adnoddau yn sefydlog ac yn ddigyfnewid, ond yn dibynnu ar y cyd-destun y mae twf poblogaeth yn digwydd ynddo. Er enghraifft, yn y degawdau diweddar mae Mauritius wedi ceisio amrywio ei heconomi. Fe wnaeth hyn drwy ddenu banciau tramor a chorfforaethau trawsgenedlaethol mawr ac felly yn gwneud defnydd o sgiliau a phriodoleddau ei phoblogaeth, a thrwy ddatblygu diwydiant twristiaid.

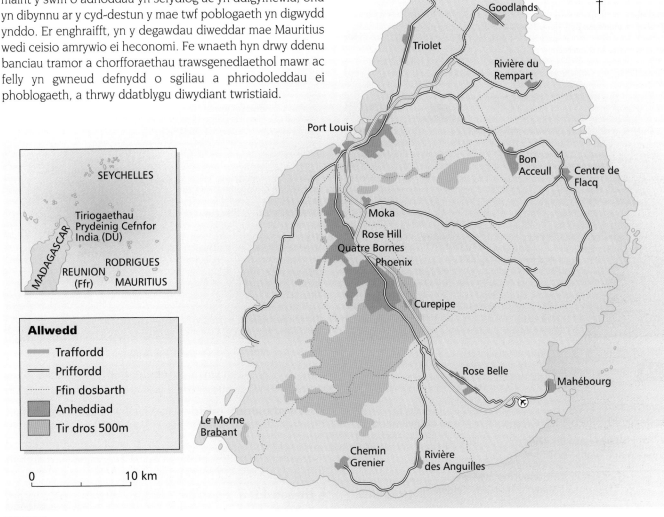

4.23 *Mauritius*

YMARFERION

1 Gan ddefnyddio'r wybodaeth yn yr astudiaeth achos hon a map atlas i'ch helpu, ysgrifennwch baragraff yn disgrifio daearyddiaeth Mauritius. Dylid cynnwys y wybodaeth ganlynol:

- hinsawdd
- tirwedd
- maint poblogaeth
- prif gnydau
- cyfartaledd incwm y pen.

2 Disgrifiwch y newidiadau yn y boblogaeth ers 1900. I ba raddau y mae'r newidiadau hyn yn adlewyrchu'r trawsnewid demograffig?

3 Sut y llwyddodd Mauritius i osgoi'r problemau gorboblogaeth a ragfynegwyd gan Malthus?

C Dosbarthiad poblogaeth

a Amgylchedd yn cynnal dim ond poblogaeth wasgarog

4.24 *Amgylcheddau cyferbyniol*

b Amgylchedd â phoblogaeth ddwys

Edrychwch ar Ffigur 4.24. Mae'n dangos dau amgylchedd ffisegol gwrthgyferbyniol. Cyfeiriwch at y naill amgylchedd a'r llall ac ystyriwch y ffactorau sy'n ei wneud yn amgylchedd deniadol neu wael i bobl fyw ynddo.

Nid yw'r 6 biliwn o boblogaeth y byd wedi eu gwasgaru yn gyson ar draws arwyneb y Ddaear. Gellir gwneud rhai gosodiadau cyffredinol am ddosbarthiad poblogaeth y byd:

• Mae bron y cyfan o boblogaeth y byd yn byw ar ddegfed rhan o arwynebedd y tir.

• Mae'r rhan fwyaf yn byw ger ymylon yr eangdiroedd, ger y cefnforoedd a'r moroedd, neu ar hyd afonydd hawdd eu mordwyo.

• Mae bron 90 y cant o boblogaeth y byd yn byw i'r gogledd o'r Cyhydedd, lle y lleolir y gyfran fwyaf o'r holl arwynebedd tir (63 y cant).

• Mae'r rhan fwyaf o boblogaeth y byd yn byw mewn ardaloedd isel, tymherus gyda phriddoedd ffrwythlon.

Mae Ffigur 4.25 yn dangos dosbarthiad poblogaeth byd-eang. Sylwch bod crynoadau arbennig o bobl mewn mannau penodol. Ceir nifer o ffactorau ffisegol sy'n gymorth i egluro dosbarthiad poblogaeth y byd. Mae'r rhain yn cynnwys y canlynol:

• **Uchder** – gellir egluro i raddau duedd pobl i fyw mewn ardaloedd isel gan ffisioleg ddynol sy'n methu â dioddef uchderau.

• **Ffrwythlondeb pridd** – mae hwn yn ffactor pwysig gan ei fod yn rheoli lefelau'r bwyd a gynhyrchir ac felly gallu'r tir i gynhyrchu. Y duedd fu i bobl ganolbwyntio ar ddyffrynnoedd yr afonydd sy'n rheolaidd yn derbyn dyddodion afonol ffrwythlon.

• **Hinsawdd a thywydd** – mae'r duedd i bobl osgoi eithafion tymheredd yn egluro'r lefelau isel o boblogaeth mewn rhanbarthau pegynol a diffeithdiroedd poeth.

• **Argaeledd ac ansawdd dŵr** – mae gorlifdiroedd yr afonydd mawr wedi bod yn atyniadol i aneddiadau dynol, er gall peryglon llifogydd ac afiechydon a gludir gan ddŵr fod yn rhwystr i fyw yno.

• Math ac argaeledd **adnoddau naturiol.**

YMARFERION

1 Astudiwch Ffigur 4.25. Ar fap amlinellol gwag o'r byd, nodwch y mannau lle mae'r boblogaeth yn ddwys a'r mannau lle mae'n wasgarog.

2 Anodwch eich map i awgrymu rhesymau dros y patrymau hyn.

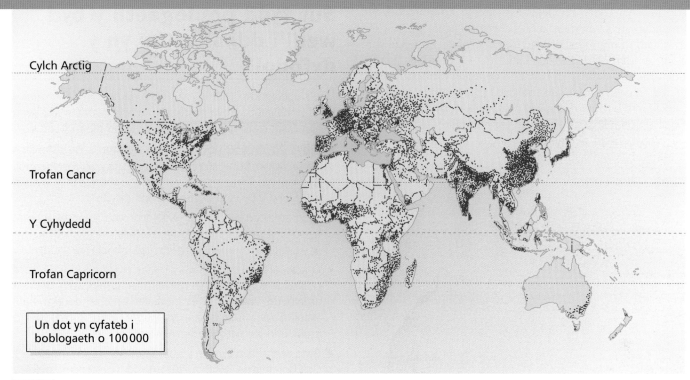

4.25 *Dosbarthiad poblogaeth byd-eang*

Dwysedd poblogaeth

Un dull o fesur dosbarthiad poblogaeth yw **dwysedd poblogaeth**. Dwysedd syml yw cyfanswm y boblogaeth yn cael ei rannu gan gyfanswm arwynebedd y tir. Fel y mae Ffigur 4.26 yn dangos, mae rhai rhannau o'r byd yn boblog iawn, tra bod eraill yn denau eu poblogaeth. Fel arfer dangosir dwysedd poblogaeth drwy lunio map coropleth. Un o anfanteision y dull hwn yw ei fod yn cuddio'r amrywiadau yn nwysedd poblogaeth ardal. Er enghraifft, mae cyfartaledd dwysedd poblogaeth Awstralia yn llai na 4 person y km². Fodd bynnag, mae hyn yn cuddio'r ffaith bod poblogaeth

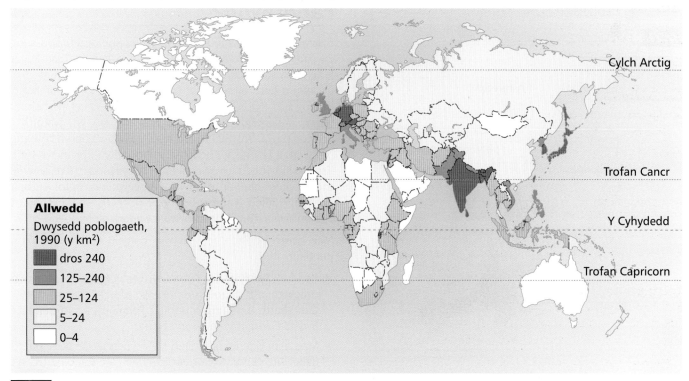

Allwedd

Dwysedd poblogaeth, 1990 (y km²)

- dros 240
- 125–240
- 25–124
- 5–24
- 0–4

4.26 *Dwysedd poblogaeth byd-eang*

Awstralia yn clystyru'n bennaf ar hyd yr arfordiroedd, yn arbennig yn y dwyrain a'r gorllewin (Ffigur 4.27). Ceir cysylltiad rhwng y dosbarthiad hwn â phatrwm anheddu gan bobl o darddiad Ewropeaidd. Yn y mewndir, mae'r boblogaeth wasgarog yn bennaf o darddiad cynfrodorol. Yn yr un modd, mae gan México gyfartaledd dwysedd poblogaeth o rhwng 125 a 240 person y km², ond mae'r rhan fwyaf o'i phoblogaeth i'w chael ym mewndir y wlad ymhell o'r mynyddoedd ac mewn ardaloedd lle mae'r pridd yn ffrwythlon iawn (Ffigur 4.28).

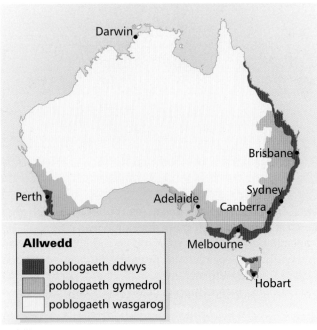

4.27 *Dosbarthiad poblogaeth Awstralia*

Allwedd
- poblogaeth ddwys
- poblogaeth gymedrol
- poblogaeth wasgarog

4.28 *Dosbarthiad poblogaeth México*

Allwedd
- poblogaeth ddwys
- poblogaeth gymedrol
- poblogaeth wasgarog

Sut fydd poblogaeth y byd wedi'i ddosbarthu yn y dyfodol?

Mae'r daearyddwr John Clarke wedi dadlau yn ddiweddar y bydd poblogaeth y byd yn clystyru'n fwyfwy oherwydd bydd y rhan fwyaf o dwf poblogaeth yn digwydd mewn GLlEDd:

- Erbyn 2030 bydd poblogaethau Dwyrain a De Asia dros 4.1 biliwn o bobl, tua 1.8 biliwn yn fwy na'r presennol. Byddant yn cynnwys 44 y cant o boblogaeth y byd ar ddim ond 13 y cant o arwynebedd tir y byd.

- Bydd ardaloedd y Ddaear nad ydynt wedi eu gwladychu ar hyn o bryd yn aros heb boblogaeth. Mae'r amgylcheddau hyn ar y cyfan yn rhy anodd ar gyfer nifer o bobl i fyw ynddynt.

- O fewn ardaloedd trigiadwy y rhan fwyaf o wledydd bydd polareiddio cynyddol yn nosbarthiad poblogaeth. Bydd yr ardaloedd craidd yn economaidd, megis de ddwyrain Brasil a Jawa (Indonesia), yn parhau i ddenu mudwyr o ardaloedd llai datblygedig y gwledydd.

- Bydd cynnydd cyflym yn y boblogaeth drefol yn parhau yn y GLlEDd. Rhwng 1950 a 2025 bydd poblogaeth drefol y GLlEDd wedi lluosi mwy na 14 gwaith. Mae llawer o'r cynnydd hwn yn digwydd yn y megaddinasoedd. Mae goblygiadau'r cynnydd hwn yn niferus o safbwynt darpariaeth tai, isadeiledd, cyflogaeth, addysg, iechyd a gwasanaethau.

Dosbarthiad poblogaeth: sut mae'n amrywio ar wahanol raddfeydd?

Sylwyd yn gynharach bod map dwysedd poblogaeth byd-eang yn cuddio amrywiadau pwysig o fewn gwledydd. Mae Ffigur 4.29 yn dangos bod y rhan fwyaf o boblogaeth Prydain wedi ei glystyru o fewn ardal eithaf bach. Yn wir, nodwedd amlwg o boblogaeth Prydain yw'r modd y mae i'w chael yn bennaf mewn ardaloedd trefol. Bydd rhai ffigurau yn gymorth i ddarlunio hyn. Yn 1801 roedd tua 9 miliwn o bobl yn byw yng Nghymru a Lloegr, ac roedd un ymhob tri yn byw mewn trefi. Erbyn 1851 roedd y boblogaeth wedi cynyddu i 18 miliwn, ac roedd dros hanner ohonynt yn drigolion trefol. Erbyn dechrau'r 20fed ganrif roedd y boblogaeth wedi cynyddu i 32.5 miliwn a 78 y cant yn byw mewn trefi a dinasoedd.

Mae golwg fanylach ar y map yn datgelu rhai nodweddion pendant.

- Band o boblogaeth ddwys yn ymestyn tua'r gogledd orllewin o'r Sianel ar draws afon Tafwys, drwy'r Canolbarth a rhannu o bobtu'r Pennines, ac yn parhau i Swydd Gaerhirfryn a Swydd Efrog.

- Mae rhan ddeheuol y band hwn o ddwysedd poblogaeth uchel yn canolbwyntio ar Lundain a'r Canolbarth, a'r rhannau gogleddol yn canolbwyntio o gwmpas Birmingham, Manceinion a Leeds.

Allwedd

Pob dot yn cynrychioli 100 000 person

G

0 ——— 100 km

4.29 *Dosbarthiad poblogaeth y DU*

- Y tu allan i'r band hwn ceir canolfannau poblogaeth eraill o bwys, mewn llinell o ranbarth diwydiannol De Cymru a Bryste, drwy Orllewin a Dwyrain y Canolbarth hyd at foryd Humber.
- Ymhellach i'r gogledd ceir rhanbarth Tyne a Wear, gyda Newcastle upon Tyne fel y brif ganolfan.
- Mae ardal canolbarth yr Alban, gyda Glasgow (Glaschu) a Chaeredin fel y prif ddinasoedd, yn dominyddu dosbarthiad poblogaeth yr Alban.

YMARFERION

1 Beth yw 'dwysedd poblogaeth'?

2 Pam y mae 'cyfartaledd dwysedd poblogaeth' yn aml yn ddisgrifiad anghywir o ddwysedd poblogaeth o fewn gwlad?

3 Awgrymwch resymau dros yr amrywiadau yn nwysedd poblogaeth o fewn gwlad.

4 Disgrifiwch ac eglurwch ddosbarthiad poblogaeth o fewn Prydain.

CWESTIWN STRWYTHUREDIG 1

Nod y gweithgaredd hwn yw archwilio dosbarthiad poblogaeth rhanbarth (Cymru), ac i awgrymu rhesymau dros y dosbarthiad hwnnw.

a Astudiwch Ffigur 4.30a. Ar gopi o Ffigur 4.30b, lluniwch fap coropleth i gynrychioli'r data hyn. Defnyddiwch y categorïau canlynol:

- 149 neu lai
- 150–299
- 300–599
- 600–999
- 1000 neu fwy.

b Disgrifiwch batrwm dwysedd poblogaeth yng Nghymru fel y dangosir ar eich map.

c Gyda chymorth atlas a Ffigur 4.30c, awgrymwch sut y gallai'r ffactorau canlynol ddylanwadu ar ddosbarthiad poblogaeth:

- tirwedd
- ffrwythlondeb pridd
- hinsawdd
- adnoddau naturiol.

Poblogaeth i'r km²

Blaenau Gwent	670	Sir Fynwy	102
Pen-y-bont ar Ogwr	529	Castell-Nedd Port Talbot	316
Caerffili	608	Casnewydd	720
Caerdydd	2250	Sir Benfro	71
Ceredigion	39	Powys	24
Conwy	98	Rhondda, Cynon, Taf	566
Sir Ddinbych	109	Abertawe	609
Sir y Fflint	331	Torfaen	718
Gwynedd	46	Bro Morgannwg	356
Ynys Môn	94	Wrecsam	248
Merthyr Tudful	523		

4.30a *Dwysedd poblogaeth yng Nghymru*

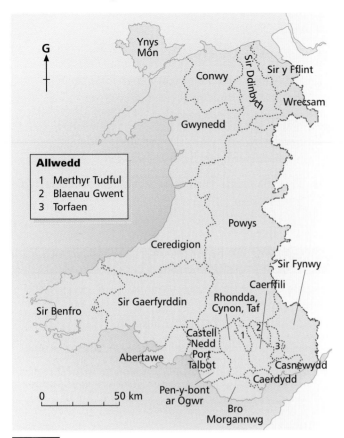

4.30b *Is-ranbarthau*

Allwedd
1 Merthyr Tudful
2 Blaenau Gwent
3 Torfaen

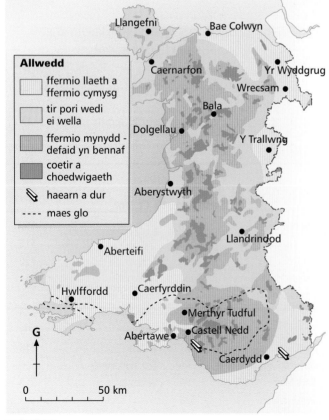

4.30c *Defnydd tir*

Allwedd
- ffermio llaeth a ffermio cymysg
- tir pori wedi ei wella
- ffermio mynydd – defaid yn bennaf
- coetir a choedwigaeth
- haearn a dur
- - - - maes glo

ASTUDIAETH ACHOS

Brasil

Mae llywodraeth Brasil wedi annog datblygu mewndiroedd y wlad, sydd â dwysedd poblogaeth isel. Mae wedi adeiladu ffyrdd i mewn i ranbarth Amazonas, wedi hybu gwladychiad amaethyddol a sefydlu prifddinas newydd Brasilia.

Canlyniad y polisïau hyn oedd agor adnoddau enfawr y wlad. Mae'r rhain yn cynnwys mwynau megis casiterit yn Rondônia, manganîs yn Amapa, a mwyn haearn, bocsit ac aur yn ardal Carajas, Pará. Yn ychwanegol, mae echdynnu coedydd a chyflwyno ransio gwartheg wedi arwain at bobl yn symud i'r mewndir prin ei boblogaeth.

Ni fu'r polisïau hyn yn gwbl llwyddiannus. Mae dinistrio coedwig law Amazonas a chyflwyno gweithgareddau megis ransio a thorri coed yn foncyffion wedi cymryd lle gweith-gareddau cynaliadwy megis tapio rwber a chnydau coed. Mae ffordd o fyw y tapwyr rwber a'r boblogaeth Indiaidd frodorol wedi cael ei bygwth.

Rhwng 1970 ac 1990 roedd y cyfraddau twf poblogaeth uchaf yn rhanbarth y Gogledd a rhanbarth y Gorllewin Canol, tra profodd gweddill y wlad gyfraddau twf is. Profodd y Gogledd Ddwyrain a'r De golled fudo net.

Mae traddodiad o ymfudo mewnol yn y Gogledd Ddwyrain. Mae hyn mewn ymateb i sychderau aml ym mewndir y rhanbarth, a elwir yn *sertao*. Ceir traddodiad o fudo tymhorol wrth i bobl adael cefn gwlad a theithio i ddinasoedd arfordirol megis Recife a Fortaleza i chwilio am waith, cyn dychwelyd ar gyfer y tymor glawog nesaf. Mae'r gweithwyr hyn wedi chwarae eu rhan yn adeiladu Brasilia a diwydiannu São Paulo. Yn y 19eg ganrif gadawodd llawer i weithio fel tapwyr rwber yn y Gogledd ac yn yr 1980au symudodd llawer i Amazonas fel trefedigaethwyr amaethyddol. Cefnogwyd y symud hwn gan lywodraeth Brasil gan ei fod yn lleddfu'r gwasgedd ar orboblogaeth wledig a oedd yn achosi tensiynau gwleidyddol.

Mae'r De a'r De Ddwyrain wedi bod yn ardaloedd o fewnfudo mewnol ers y 19eg ganrif, pan oedd pobl yn symud i mewn i weithio ar y planhigfeydd coffi mawr. Fodd bynnag, pan foderneiddiwyd amaethyddiaeth, gwthiwyd llawer o'r gweithwyr hyn oddi ar y tir a symudodd nifer mawr ohonynt i Mato Grosso a Rondônia.

Mae cyswllt rhwng y symudiadau hyn a chynnydd yn lefel trefoli. Yn 1940 roedd llai na thraean y boblogaeth yn byw mewn dinasoedd, ond erbyn 1970 roedd hyn wedi cynyddu i tua hanner. Heddiw mae mwy na 75 y cant o boblogaeth Brasil yn byw mewn trefi a dinasoedd. Fodd bynnag, fel y mae Ffigur 4.31 yn dangos, mae lefelau trefoli yn amrywio llawer rhwng rhanbarthau. Mae'r rhan fwyaf o'r twf trefol wedi ei grynhoi yn nwy ddinas fawr Rio de Janeiro a São Paulo sy'n gweithredu fel canolfannau ar gyfer rhanbarthau diwydiannol arbenigol megis Belo Horizonte (gweithgynhyrchu metel) a Salvador (petrocemegion).

a   Rhanbarthau

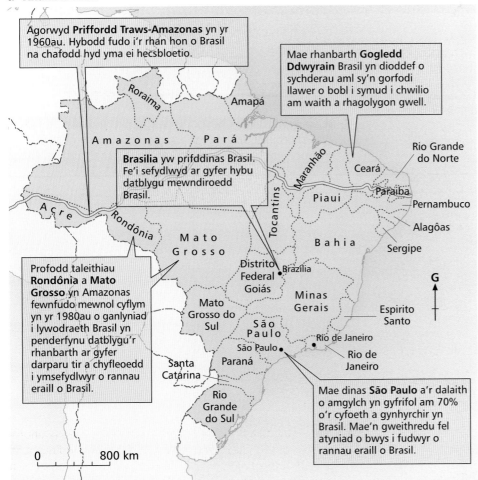

Agorwyd **Priffordd Traws-Amazonas** yn yr 1960au. Hybodd fudo i'r rhan hon o Brasil na chafodd hyd yma ei hecsbloetio.

Mae rhanbarth **Gogledd Ddwyrain** Brasil yn dioddef o sychderau aml sy'n gorfodi llawer o bobl i symud i chwilio am waith a rhagolygon gwell.

Brasilia yw prifddinas Brasil. Fe'i sefydlwyd ar gyfer hybu datblygu mewndiroedd Brasil.

Profodd taleithiau **Rondônia** a **Mato Grosso** yn Amazonas fewnfudo mewnol cyflym yn yr 1980au o ganlyniad i lywodraeth Brasil yn penderfynu datblygu'r rhanbarth ar gyfer darparu tir a chyfleoedd i ymsefydlwyr o rannau eraill o Brasil.

Mae dinas **São Paulo** a'r dalaith o amgylch yn gyfrifol am 70% o'r cyfoeth a gynhyrchir yn Brasil. Mae'n gweithredu fel atyniad o bwys i fudwyr o rannau eraill o Brasil.

Roraima, Amapá, Amazonas, Pará, Maranhão, Ceará, Rio Grande do Norte, Paraiba, Pernambuco, Alagôas, Sergipe, Acre, Rondônia, Tocantins, Piaui, Bahia, Mato Grosso, Distrito Federal, Goiás, Brazília, Minas Gerais, Espirito Santo, Mato Grosso do Sul, São Paulo, Rio de Janeiro, Paraná, Santa Catarina, Rio Grande do Sul

G

0   800 km

YMARFERION

Astudiwch Ffigur 4.31.

1   Ar gopi o Ffigur 4.31a, nodwch prif lifoedd symudiad poblogaeth yn y cyfnod 1970-90.

2   Disgrifiwch y prif ardaloedd sydd wedi profi cynnydd mewn poblogaeth yn y cyfnod hwn.

3   Awgrymwch resymau dros y newidiadau yr ydych wedi'u disgrifio.

4   Defnyddiwch labeli Ffigur 4.31a a'r astudiaeth achos i anodi eich map i egluro'r newidiadau yn nosbarthiad poblogaeth Brasil. (Gweler Ffigurau 4.31b ac c.)

b   Poblogaeth 1970

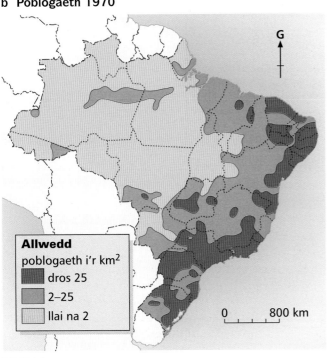

Allwedd
poblogaeth i'r km²
- dros 25
- 2–25
- llai na 2

G

0   800 km

c   Poblogaeth 1990

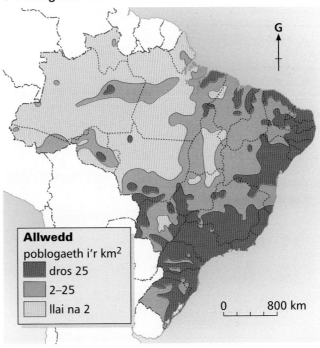

Allwedd
poblogaeth i'r km²
- dros 25
- 2–25
- llai na 2

G

0   800 km

4.31 *Brasil*

CWESTIWN STRWYTHUREDIG 2

Astudiwch Ffigur 4.32a.

a Ar gopi o Ffigur 4.32b, brasluniwch ddwyseddau poblogaeth o'r arfordir yn X i'r mewndir yn Y. *(4)*

b Awgrymwch resymau dros:

    (i) y dwyseddau poblogaeth uchel ar yr arfordir *(2)*

    (ii) y dwysedd poblogaeth isel yn y mewndir. *(2)*

c Pam yn eich barn chi bod poblogaeth gymharol uchel yn C? *(2)*

ch Awgrymwch resymau pam y gallai'r map fethu â chyflwyno darlun cywir o ddwysedd poblogaeth yn y wlad. *(2)*

d Dewiswch wlad benodol, neu ranbarth mewn gwlad benodol, a disgrifiwch ac eglurwch pam y mae'r boblogaeth wedi newid dros amser yno. *(5)*

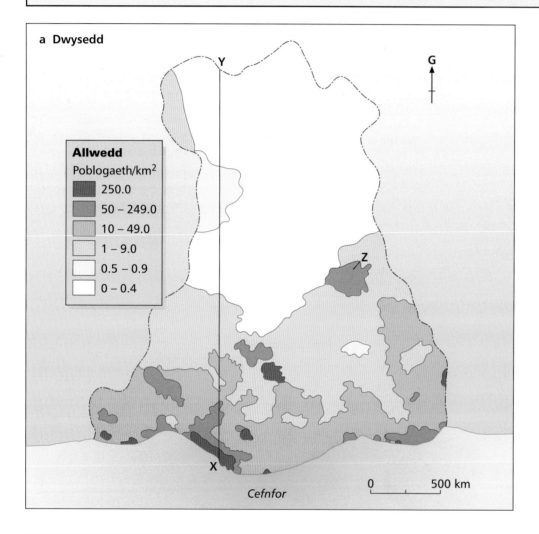

a Dwysedd

Allwedd

Poblogaeth/km^2

- 250.0
- 50 – 249.0
- 10 – 49.0
- 1 – 9.0
- 0.5 – 0.9
- 0 – 0.4

Cefnfor

0   500 km

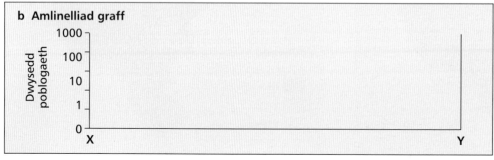

b Amlielliad graff

Dwysedd poblogaeth

1000
100
10
1
0

X   Y

4.32 *Poblogaeth mewn GLIEDd*

Ch Byd symudol?

Mae'r bennod hon yn ymdrin â materion perthnasol i fudo. Gellir diffinio **mudo** fel:

Symudiad person rhwng dau le am gyfnod penodol o amser.

Mae'r diffiniad hwn sy'n ymddangos yn un syml yn codi rhai cwestiynau pwysig. Pa mor bell ac am ba hyd mae'n rhaid i rhywun fod wedi symud i gael ei ystyried yn fudwr? Ydy'n bosib i ddweud bod symudiad person i fyw a gweithio mewn gwlad dramor yr un peth â thrip i siop y gornel? Yn gyffredinol, mae daearyddwyr yn ystyried mudo fel symudiad ar draws uned o arwynebedd (ffin wleidyddol). Ystyrir dau brif fath o fudo:

- **Mudo mewnol** Dyma lle mae ffin o fewn y wlad yn cael ei chroesi, er enghraifft, person yn symud o Lundain Fwyaf i sir gyfagos megis Surrey. Gelwir y rhai sy'n symud i mewn i uned arwyneb yn **fewnfudwyr mewnol**, tra gelwir y rhai sy'n symud allan yn **ymfudwyr mewnol.**

- **Mudo rhyngwladol** Dyma symudiad pobl ar draws ffiniau cenedlaethol, megis rhwng yr Almaen a Gwlad Pwyl. Y rhai sy'n symud i mewn i wlad yw'r **mewnfudwyr**, tra'r bobl sy'n symud allan yw'r **ymfudwyr**.

Nid yw pobl yn penderfynu symud o un lle i'r llall heb reswm, gan fod mudo yn aml yn golygu y bydd newid mawr yn eu bywyd. Er enghraifft, meddyliwch pa mor aml y mae pobl pan yn trafod eu bywyd yn cyfeirio at symud o un lle i le arall fel digwyddiad arwyddocaol. Gwelir dosbarthiad syml o fudo yn Ffigur 4.33. Mae'r dosbarthiad yn gwahaniaethu rhwng mudo a symbylir gan resymau economaidd a mudo a yrrir gan ffactorau cymdeithasol a gwleidyddol. Gall unrhyw fudo gael ei leoli ar unrhyw bwynt ar hyd y continwwm yn dibynnu ar y cydbwysedd sydd rhwng y grymoedd. Mewn gwirionedd, y symbyliad i fudo yw cyfuniad o'r ddau. Yn ychwanegol, gall mudo fod naill ai'n wirfoddol neu'n anwirfoddol (gorfodol). Felly mae unrhyw bwynt ar y diagram yn cynrychioli ffurf unigryw o fudo.

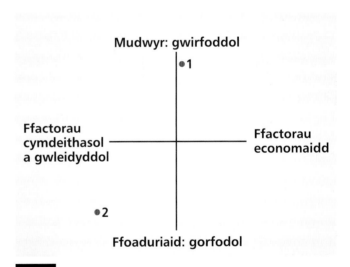

Mudwyr: gwirfoddol

●1

Ffactorau cymdeithasol a gwleidyddol ——————— **Ffactorau economaidd**

●2

Ffoaduriaid: gorfodol

4.33 *Teipoleg mudo*

Caethweision Affricanaidd yn cael eu gwerthu

Ffoaduriaid yn ffoi rhag rhyfel

YMARFERION

Gwnewch gopi o Ffigur 4.33 a cheisiwch roi'r mathau canlynol o fudo ar y diagram. Mae'r ddau gyntaf wedi eu gwneud drosoch.

- Cwpl yn ymddeol ac yn gwerthu eu cartref yn Llundain ac yn symud i gartref newydd ar arfordir de Lloegr. (=1)
- Teuluoedd yn ffoi o'u cartrefi o ganlyniad i drychineb naturiol megis llifogydd neu ddaeargryn. (=2)
- Gwerinwyr tlawd o México yn croesi'r ffin i UDA yn anghyfreithlon ar gyfer chwilio am waith.
- Grŵp o weithwyr y mae eu cyflogwr yn adleoli eu gweithgareddau ac yn cynnig cyfle i'r gweithwyr i symud gyda'r cwmni.

- Person sy'n gwrthgilio o wlad am ei fod yn anghytuno â natur system wleidyddol y wlad honno.
- Dioddefwyr rhyfel y mae eu ffermydd neu eu cartrefi o dan fygythiad neu wedi eu dinistrio gan wrthdaro.
- Aelodau grŵp ethnig sy'n gadael eu cartrefi oherwydd ofn erledigaeth.
- Affricanwyr yn cael eu gwerthu fel caethweision i weithio ar blanhigfeydd yn y Caribî.
- Asiaid Kenya a alltudiwyd o Kenya yn yr 1970au.
- Gweithwyr gwadd (gastarbeiter) o Twrci a recriwtiwyd i lenwi swyddi gwag yng Ngorllewin yr Almaen yn yr 1950au a'r 1960au.

Modelau mudo

1 Ravenstein (1876)

Y ffigur mwyaf dylanwadol mewn astudiaethau mudo yw'r cartograffydd Ravenstein. Cyhoeddodd gyfres o bapurau yn amlinellu nifer o ddeddfau mudo. Cyhoeddwyd deddfau neu ragdybiaethau Ravenstein yn y *Geographical Magazine* yn 1876. Roeddynt wedi eu seilio ar ddata cyfrifiad Prydain yn dangos mannau geni am 1871 ac 1881. Y deddfau oedd y canlynol:

- Dim ond pellter byr yw taith y rhan fwyaf o fudwyr.
- Mae mudo yn symud gam wrth gam.
- Mae mudwyr sy'n mynd bellteroedd mawr fel arfer yn mynd i ganolfannau mawr poblog a diwydiannol.
- Mae'n llai tebygol bod pobl sy'n byw mewn trefi yn mudo na phobl sy'n byw mewn ardaloedd gwledig.
- Mae merched yn fwy tebygol na dynion i fudo o fewn eu gwlad enedigol. Ond mae gwrywod yn fwy tebygol o fudo i wlad arall.
- Mae'r rhan fwyaf o fudwyr yn oedolion. Pur anaml y mae teuluoedd yn mudo allan o wlad eu genedigaeth.
- Mae twf trefi mawr yn dibynnu mwy ar fudo nag ar gynnydd naturiol.
- Mae'r nifer o fudwyr yn cynyddu wrth i ddiwydiant a masnach ddatblygu a chludiant wella.
- Prif gyfeiriad mudo yw o ardaloedd amaethyddol i ganolfannau diwydiant a masnach.
- Mae prif achosion mudo yn rhai economaidd.

2 Model disgyrchiant

Mae daearyddwyr wedi ceisio profi deddfau Ravenstein. Yr ymgais fwyaf dylanwadol yw'r model disgyrchiant. Roedd wedi ei seilio ar ddeddf gyffredinol disgyrchiant gan Isaac Newton, a ddatganodd fod grym disgyrchiant (atyniad)

rhwng dau wrthrych yn uniongyrchol gyfrannol i'w masau ac yn gyfrannol o chwith i sgwâr y pellter rhyngddynt.

Dull symlach o gofio hyn yw:

Mae nifer y mudwyr sy'n symud rhwng A a B yn cyfateb i'r boblogaeth yn y tarddiad, wedi ei lluosi gan boblogaeth y cyrchfan, a'i rannu gan y pellter rhwng y ddau le.

Ar yr olwg gyntaf mae rhywfaint o resymeg i ddeddf disgyrchiant, gan fod nifer y mudwyr posibl yn fwy os yw'r ffynonellau a'r cyrchfannau yn fawr, ac fe ddisgwyliwn i bellter chwarae rhan. Fodd bynnag, wrth geisio cymhwyso'r ddeddf, buan y gwelwyd bod llawer mwy na phellter a niferoedd pobl yn penderfynu llifoedd mudo.

3 Model trawsnewid symudedd Zelinsky (1971)

Datblygodd Zelinsky fodel cyffredinol i ddangos y newidiadau sy'n digwydd yng nghyfraddau a graddfa mudo wrth i gymdeithas gael ei thrawsnewid dros amser (Ffigur 4.34). Mae ei fodel o drawsnewid symudedd yn awgrymu fod cymdeithasau wrth brofi trawsnewid demograffig hefyd yn profi newidiadau yn natur symudedd personol:

- Yn y gymdeithas draddodiadol cyn-fodern roedd mudo yn gyfyngedig a phan ddigwyddai tueddai i fod yn lleol, rhwng mannau gwledig.
- Yn y gymdeithas drawsnewid gynnar ceir newid dramatig a nodweddir gan symudiad o gefn gwlad i'r dinasoedd.
- Wrth i gymdeithas ddatblygu i fod yn wladwriaeth fodern mae lefelau mudo yn uchel, ond gyda phoblogaeth drefol yn bennaf; mae'r mwyafrif llethol o'r mudo rhwng ardaloedd trefol.
- Mewn cymdeithasau diwydiannol modern hwyr ceir rhywfaint o batrymau mudo o'r chwith hyd nes mewn cymdeithasau ôl-ddiwydiannol ceir dirywiad cyffredinol mewn mudo wrth i wybodaeth gael ei chylchredeg fwyfwy drwy'r cyfryngau cyfathrebu.

Gwelwyd bod y model yn eithaf derbyniol i ddisgrifio digwyddiadau yn y byd datblygedig. Fodd bynnag, mae'n ddiffygiol am ei bod yn rhy benagored ac yn dibynnu ar y syniad amwys mai 'moderneiddio' yw'r grym y tu ôl i newid.

Mae'r tri model hyn yn canolbwyntio ar fesur, meintioli a chyflwyno patrymau llifoedd mudo. Fodd bynnag, ni ddywedant fawr wrthym am y mecanweithiau sydd y tu ôl i unigolyn yn mudo. Ni ddywedant wrthym *pam* y mae pobl yn penderfynu mudo a beth y mae'r penderfyniad hwn yn ei olygu iddynt.

4 Modelau ymddygiadol

Mae dulliau ymddygiadol yn canolbwyntio ar y modd y mae barn oddrychol neu bersonol pobl yn penderfynu ble i fyw ac a ddylent fudo. Mae Ffigur 4.35 yn enghraifft o fodel ymddygiadol (ar ôl Clark 1986). Mae **defnyddioldeb lle** unrhyw fan a brofir gan unigolyn yn gyfuniad o ffactorau

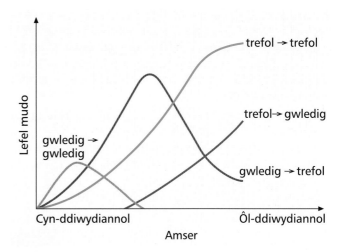

4.34 *Model trawsnewid symudedd Zelinsky*

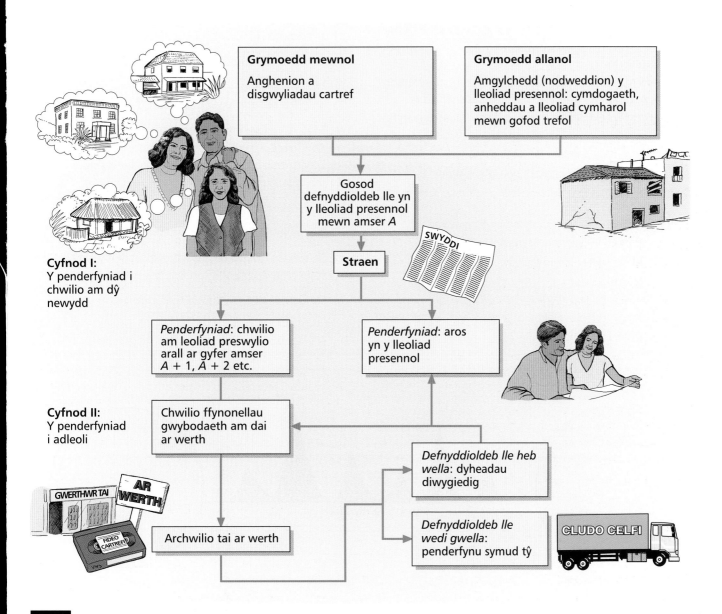

4.35 *Model Clark ar benderfyniad mudo*

mewnol (e.e. anghenion a dewisiadau cartref) yn ogystal â ffactorau allanol (e.e. math yr amgylchedd, ansawdd y gymdogaeth, ayyb). Mae'r rhain yn creu **straen** a all annog unigolion i werthuso eu lefel o ddefnyddioldeb lle. Pan fo unigolion yn canfod dirywiad yn nefnyddioldeb lle gallant benderfynu symud.

Enghraifft arall o fodel ymddygiadol yw model **rhwystrau rhyngol** Lee (Ffigur 4.36). Mae'r tarddiad a'r cyrchfan gyda ffactorau 'gwthio' a 'thynnu'. Fodd bynnag, cymhlethir unrhyw gymhariaeth syml gan bresenoldeb rhwystrau megis dyletswyddau teuluol yn y tarddiad, neu gostau uchel symud, a gall y rhain rwystro mudo rhag digwydd.

Mae astudio mudo o safbwynt ymddygiad yn awgrymu bod y dewis i symud neu i aros yn dibynnu ar y cydbwysedd rhwng ffactorau gwthio a ffactorau tynnu. Mae enghreifftiau o'r rhain yn cynnwys:

Ffactorau gwthio

- Gostyngiad mewn adnoddau (megis glo) neu yn y prisiau y maent yn eu denu; gostyngiad yn y galw am gynnyrch neu wasanaeth.
- Colli swydd oherwydd anghymhwyster, anghenion cyflogwyr yn newid, awtomatiaeth neu fecaneiddiad.
- Triniaeth ar sail rhagfarn o ran gwleidyddiaeth, crefydd neu hil.
- Ymddieithrio diwylliannol oddi wrth gymuned.
- Cyfleoedd gwael ar gyfer priodi neu gael swydd.
- Trychineb naturiol neu ddynol.

Ffactorau tynnu

- Cyfleoedd gwell ar gyfer cael swyddi.
- Cyfleoedd ar gyfer cyflogau uwch, arbenigedd neu hyfforddiant.
- Amgylchedd gwell neu amodau byw gwell.
- Symud oherwydd dibyniaeth ar rywun arall sydd wedi symud, megis gŵr neu wraig.

- Amgylchedd diwylliannol, deallusol neu adloniadol amrywiol, cyfoethog neu newydd.

Mae ystyried ffactorau gwthio a thynnu yn rhy syml i egluro'r mudo sy'n digwydd. Yn ychwanegol, mae angen rhoi sylw i rwystrau rhyngol a all atal mudo. I ddeall y rhwystrau hyn mae'n ymddangos bod angen deall cymhellion ac ystyr mudo i bobl, a'r cyd-destunau ehangach y mae mudo yn digwydd ynddynt.

YMARFERION

1 Beth yw ystyr y term 'mudo'? Nodwch rai enghreifftiau i ddarlunio gwahanol fathau o fudo.

2 Gwahaniaethwch rhwng y termau canlynol:

   a mewnfudo mewnol a mewnfudo

   b ymfudo mewnol ac ymfudo.

3 Pam y gallai fod yn anodd i gasglu data dibynadwy ar gyfer astudio patrymau mudo?

4 Mae astudiaethau clasurol mudo yn ceisio ffurfio deddfau cyffredinol ar gyfer y broses o fudo. Disgrifiwch a rhowch sylwadau ar ddefnyddioldeb y modelau canlynol:

   a model disgyrchiant

   b model Zelinsky ar drawsnewid symudedd.

5 Sut mae agweddau ymddygiadol at astudiaeth o fudo yn gwahaniaethu oddi wrth agweddau clasurol?

6 Diffiniwch y term 'defnyddioldeb lle'.

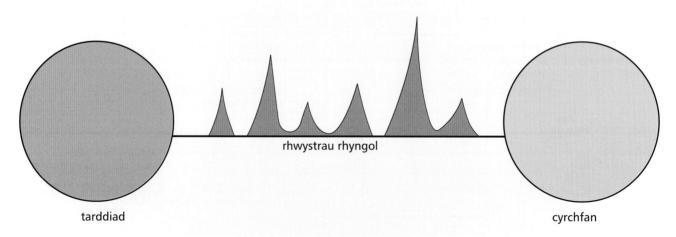

tarddiad   rhwystrau rhyngol   cyrchfan

4.36 *Model Lee ar rwystrau rhyngol*

ASTUDIAETH ACHOS

Mudo rhanbarthol yng Nghymru a Lloegr

Mae'r astudiaeth achos hon yn ceisio esbonio'r modd y mae dosbarthiad poblogaeth yng Nghymru a Lloegr wedi newid o ganlyniad i fudo. Mae'n awgrymu bod y grymoedd sy'n gyfrifol am y mudo rhanbarthol hwn yn gysylltiedig â newidiadau yn natur yr economi.

1851–1911

Dyma'r cyfnod pan oedd ardaloedd gwledig Prydain yn dioddef oddi wrth ddiboblogi maith a thrwm. Roedd ardaloedd megis de orllewin Lloegr yn colli poblogaeth i dde'r Canolbarth fel y gwnaeth ardaloedd amaethyddol eraill fel East Anglia, Cymru wledig, Swydd Lincoln, Wolds Efrog a gogledd y Pennines. Roedd y diboblogi hwn yn gysylltiedig â'r dirywiad yn y galw am weithwyr amaethyddol wrth i fecaneiddiad ddigwydd. Roedd gweithwyr amaethyddol yn cael cyflogau llawer llai na gweithwyr yn y dinasoedd diwydiannol, ac arweiniodd llai o sicrwydd swydd i nifer ohonynt symud i'r dinasoedd a oedd yn diwydiannu ac yn cynyddu'n gyflym (Ffigur 4.37). Roedd y dinasoedd hyn ar feysydd glo ac arfordiroedd (porthladdoedd) gogledd Lloegr a de Cymru, a Llundain, lle roedd galw cynyddol am weithlu, amrywiaeth o gyfleoedd gwaith a chyfleoedd i gael addysg a dringo'r ysgol yn gymdeithasol. Ffactor arwyddocaol mewn mudo yn y cyfnod hwn oedd y cynnydd yn nifer y rhai o dras Gwyddelig a oedd yn symud i mewn i drefi a dinasoedd Cymru a Lloegr.

1911–45

Gwelodd y cyfnod hwn barhad yn y diboblogi o'r ardaloedd gwledig mwyaf anghysbell a'r rhai mwyaf dibynnol ar amaethy-

4.37   *1851–1911: pobl yn symud i'r dinasoedd*

ddiaeth megis Exmoor, canolbarth Cymru, gogledd East Anglia, y Ffens, ardaloedd eang o Swydd Lincoln, a'r Pennines. Hefyd yn arwyddocaol yn ystod y cyfnod hwn oedd colli poblogaeth o'r cytrefi mawr a'r trefi diwydiannol ar y meysydd glo. Roedd hyn yn rhannol oherwydd yr awydd gan rai i fyw yng nghefn gwlad ond parhau i weithio mewn trefi, ac yn rhannol yn ganlyniad cynlluniau ailgartrefu adrannau o'r boblogaeth o ganol y dinasoedd. Collodd ardaloedd y meysydd glo eu poblogaeth oherwydd marweidd-dra neu ddirywiad prif ddiwydiannau'r ardaloedd hyn, megis y diwydiant tecstilau, adeiladu llongau, cloddio glo a pheirianneg drwm.

Yr ardaloedd a brofodd gynnydd net yn eu poblogaeth oedd rhannau o'r Canolbarth a de ddwyrain Lloegr (Ffigur 4.38). Daeth hyn i gael ei adnabod fel y 'drifft i'r de' allan o'r

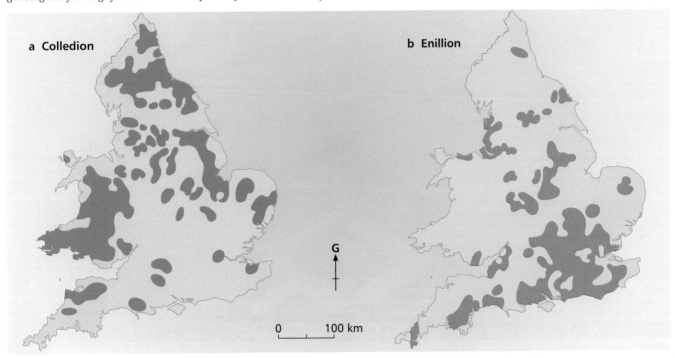

a Colledion   **b Enillion**

G

0   100 km

4.38   *Newid poblogaeth yng Nghymru a Lloegr, 1921-47*

rhanbarthau diwydiannol a oedd yn dirywio i'r diwydiannau twf newydd mewn gweithgynhyrchu a gwasanaethau.

1945–2000

Bu'r cyfnod ers yr Ail Ryfel Byd yn bennaf dan ddylanwad symudiad cymharol y boblogaeth o'r hen ardaloedd gweithgynhyrchu yng ngogledd a gorllewin Prydain tuag at ardaloedd cymharol lewyrchus y de a'r dwyrain. Ar yr un pryd, bu symudiad o'r de ddwyrain tuag at y de orllewin ac East Anglia. Mae'r patrymau mudo hyn yn gymdeithasol ddetholiadol. Mae'r mewnfudo mewnol yn tueddu i gynnwys yn bennaf oedolion ifanc a chyfran anghyfartal o bobl broffesiynol ifanc, medrus. Mae mudo i'r de orllewin ac East Anglia yn tueddu i fod yn bennaf yn rheolwyr a phobl broffesiynol canol oed ynghyd â'u teuluoedd, a mudwyr wedi ymddeol.

Mae'r tueddiadau hyn yn gysylltiedig â'r newidiadau yn economi Prydain dros y 30 mlynedd diwethaf ac mae'r rhain wedi arwain at ddirywiad yn y cyfleoedd gwaith yn y rhanbarthau diwydiannol blaenorol a chynnydd mewn swyddi 'newydd' yn sectorau gwasanaethol a thrydyddol yn y de. Yn ychwanegol, o'r 1950au ymlaen roedd polisi o symud niferoedd mawr o bobl a swyddi allan o Lundain i'r Trefi Newydd o amgylch cyrion Llundain (Ffigur 4.39).

Nodweddion amlwg y cyfnod hwn yw cartrefi a gwaith yn ehangu y tu hwnt i leiniau glas y dinasoedd mawr wrth i berchenogaeth ehangach o geir a gwell systemau ffyrdd ddod â mwy o hyblygrwydd mewn symudiadau o swydd i swydd. O gwmpas Llundain ychwanegwyd 'trefi estynedig' at raglen y Trefi Newydd. Yn olaf, nodwedd bwysig o'r cyfnod wedi'r rhyfel oedd y rhai a fewnfudodd o'r Gymanwlad Newydd a Pakistan mewn ymateb i brinder llafur mewn diwydiannau allweddol. Ymsefydlodd y rhan fwyaf o'r mewnfudwyr hyn yn y dinasoedd mawr a'r cytrefi, gerllaw ffynonellau cyflogaeth.

YMARFERION

1 Yn achos pob un o'r tri chyfnod mudo yng Nghymru a Lloegr:

  a enwch y prif darddiadau a chyrchfannau

  b awgrymwch beth oedd prif achosion y mudo.

2 Awgrymwch rai effeithiau negyddol ymfudo mewnol ar ranbarth.

3 Awgrymwch rai effeithiau cadarnhaol a negyddol mewnfudo mewnol ar ranbarth.

4.39 *Tref Newydd: Harlow, yn Essex*

CWESTIWN STRWYTHUREDIG 1

Astudiwch Ffigur 4.40, sy'n dangos cyfraniad cynnydd naturiol a mudo net at newid poblogaeth yn siroedd Prydain o 1981 i 1991.

a Diffiniwch y termau canlynol:

(i) cynnydd naturiol

(ii) mudo net. *(2)*

b Enwch un sir sydd wedi profi cynnydd naturiol a cholled mudo net rhwng 1981 ac 1991. *(1)*

c Enwch y siroedd sydd wedi profi:

(i) y cynnydd naturiol mwyaf rhwng 1981 ac 1991

(ii) yr ennill net mwyaf mewn mudo rhwng 1981 ac 1991. *(2)*

ch Ym mha ffyrdd y gallai colled net mewn mudo newid strwythur poblogaeth sir neu ranbarth? *(3)*

d Awgrymwch resymau dros y gostyngiad naturiol mewn poblogaeth a'r ennill net mewn mudo yn y siroedd ar hyd arfordir de Lloegr rhwng 1981 ac 1991. *(5)*

Astudiwch Ffigur 4.41.

dd Pa dystiolaeth sy'n awgrymu bod y newid ym mhatrwm poblogaeth yn y cyfnod hwn dan ddylanwad:

(i) drifft gogledd de

(ii) symudiad trefol gwledig? *(6)*

e Awgrymwch resymau dros batrwm newid poblogaeth yn y cyfnod 1981-97. *(5)*

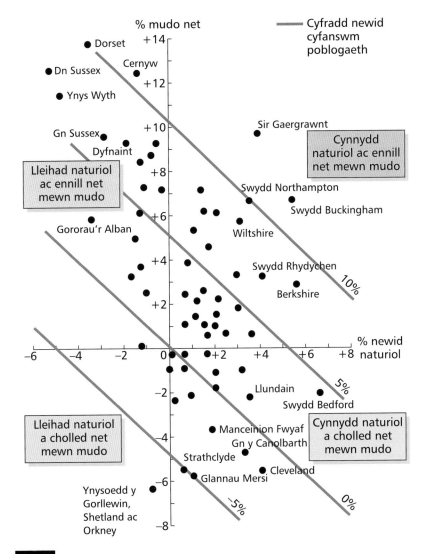

4.40 *Cyfraniad cynnydd naturiol a mudo net at newid ym mhoblogaeth siroedd Prydain, 1981-91*

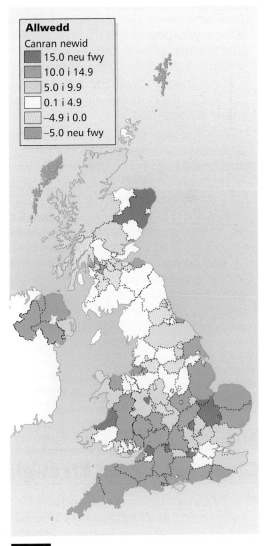

4.41 *Newid poblogaeth yn y DU, 1981-97*

Mudo gwirfoddol

Un prif eglurhad dros fudo gwirfoddol yw bodolaeth mwy o gyfleoedd economaidd mewn rhai mannau arbennig, a'r rhain yn annog unigolion i chwilio am 'fywyd gwell' iddynt eu hunain. Mae enghreifftiau o'r math hwn o fudo economaidd yn cynnwys gweithwyr yn mewnfudo i wledydd Arabaidd sy'n gyfoethog mewn olew yn y Dwyrain Canol ar adeg pan y mae incwm o olew yn codi, yn ogystal â rhai yn croesi'n anghyfreithlon y ffin rhwng México a'r UDA – yr hyn a elwir yn 'Len Tortilla'. Fel y mae'r blwch isod yn disgrifio, un math pwysig o fudo yn y cyfnod wedi'r rhyfel yw'r un o'r gwledydd sy'n gymharol yn llai datblygedig yn economaidd yn ne Ewrop a Gogledd Affrica i economïau mwy datblygedig gorllewin Ewrop. Bu dadlau bod twf economi byd-eang yn arwain at fwy o wahaniaethau rhwng craidd ac ymyl, ac mae gweithwyr yn mudo i chwilio am gyfleoedd gwell.

Mudo i orllewin Ewrop ers 1945

Ers 1945, mae miliynau o bobl wedi mudo o rannau tanddatblygedig de Ewrop, Affrica, Asia a'r Americas i orllewin Ewrop, yn chwilio am waith a safonau byw gwell. Mae bron pob un o GMEDd Ewrop wedi profi mewnfudo ar raddfa fawr ar yr un pryd. Mae gweithwyr sydd wedi mewnfudo wedi dod yn angenrheidiol i economïau y gwledydd derbyn.

Mae achosion y symudiadau hyn yn amrywiol a chymhleth. Ond fe geir rhai nodweddion cyffredin sy'n weithredol bron ymhob achos. Mae'n bosib gwahaniaethu rhwng y **ffactorau tynnu** sydd wedi denu mudwyr i rai gwledydd yng ngorllewin Ewrop, a'r **ffactorau gwthio** sydd wedi achosi iddynt adael eu gwledydd.

Mae'r ffactorau tynnu yn gyfuniad o ddatblygiadau economaidd, demograffig a chymdeithasol yng ngorllewin Ewrop yn ystod y cyfnod wedi'r rhyfel. Bu twf economaidd cyflym iawn a bron yn ddi-dor yn y rhan fwyaf o wledydd. Gwnaeth ailadeiladu wedi'r rhyfel lyncu'n gyflym y milwyr a ddaeth adref ac yn fuan gwelwyd prinder amlwg o weithwyr. Ar yr un pryd mae cyfraddau twf poblogaeth wedi bod yn araf fel nad yw'r gweithlu yn cynyddu'n gyflym. Yn wir, erbyn hyn mae'n rhaid i bob gweithiwr gefnogi nifer cynyddol o bersonau nad ydynt yn gweithio. Mae'r henoed yn ffurfio cyfran gynyddol o'r boblogaeth, ac mae cyfartaledd hyd yr amser y mae pobl yn ei dreulio mewn addysg llawn amser wedi cynyddu.

Ffactor cymdeithasol o bwys yw fel y mae dyheadau poblogaeth frodorol gwledydd gorllewin Ewrop yn codi, mae llai ohonynt yn barod i ymgymryd â gwaith mewn swyddi sâl, corfforol, di-grefft.

Y ffactorau gwthio sy'n gwneud i fudwyr adael gwledydd eu gwreiddiau yw diweithdra, tlodi a thanddatblygiad. Tuedda gwledydd eu gwreiddiau fod â chyfraddau uwch o dwf poblogaeth. Mae ganddynt hefyd lefelau isel o incwm y pen a thwf economaidd araf. At hyn, ceir anghyfartaledd mawr rhwng gwahanol ranbarthau o fewn y gwledydd hyn, rhwng ardaloedd gwledig a threfol, a rhwng gwahanol ddosbarthiadau cymdeithasol. Er enghraifft, mae gan yr Eidal economi diwydiannol ffyniannus a chyflym ei dwf yn y gogledd, ond yn y de, ceir economi amaethyddol araf a di-symud. O ardaloedd deheuol fel Calabria a Sicilia y mae'r mwyafrif llethol o ymfudwyr Eidalaidd yn dod.

Ceir cysylltiad rhwng achosion ymfudo â thanddatblygiad. Mae patrymau anwastad datblygiad rhwng gwledydd cyfoethocach a gwledydd tlotach yn arwain at ormod o bobl yn methu â chael gwaith yn eu gwlad eu hunain ac yn wynebu gorfod dewis rhwng tlodi a bron newyn gartref, neu ymfudo i orllewin Ewrop lle mae diwydiant yn gofyn am lafur.

Gweithwyr ceir Ffrengig

Yn yr 1950au a'r 1960au roedd y diwydiant ceir Ffrengig yn dioddef o brinder gweithwyr. Roedd y prinder gweithwyr hwn yn ganlyniad cyfraddau genedigaethau isel yn yr 1930au a'r 1940au. Daethpwyd dros y broblem o brinder gweithwyr yn y gorffennol drwy recriwtio gweithwyr o wledydd eraill Ewrop megis Gwlad Belg, Sbaen, Gwlad Pwyl a'r Eidal. Roedd cyswllt rhwng Ffrainc â gwledydd Gogledd Affrica yn Tunisia, Moroco ac Algeria oherwydd roeddynt gynt yn drefedigaethau Ffrengig. Yn yr 1950au a'r 1960au anfonai cyflogwyr asiantau i bentrefi anghysbell yn y gwledydd hyn i chwilio am ddynion a oedd yn barod i adael cartref i weithio mewn ffatrïoedd yn Ffrainc.

O safbwynt cwmnïau Ffrengig, roedd y gweithwyr o Ogledd Affrica yn ffynhonnell rad o lafur (Ffigur 4.42). Roeddynt yn

4.42   *Gweithiwr Affricanaidd mewn ffatri geir Ffrengig*

gweithio am gyflogau isel ac nid oedd raid rhoi budd-daliadau diweithdra na gofal iechyd iddynt. Roedd y gwaith yn y diwydiant ceir yn waith caled, yn golygu oriau hir ac ailadroddus. Fodd bynnag, roedd y gweithwyr hyn, na fedrant fawr o Ffrangeg, yn annhebyg o ymwneud ag undebau llafur a phrin oedd eu hawliau gwaith, ac felly hawdd oedd eu llogi a'u diswyddo.

Roedd yr atyniad o weithio yn Ffrainc yn gysylltiedig â phrinder cyfleoedd gwaith ar gyfer mudwyr yn eu gwledydd eu hunain, a denwyd llawer i Ffrainc gan y gobaith o ffyniant economaidd.

Ni wnaeth nifer o'r gweithwyr ddychwelyd i'w gwledydd eu hunain, ac unwaith y gwnaethont sefydlu yn Ffrainc, daeth eu teuluoedd atynt. Arweiniodd hyn at gynnydd sylweddol ym mhoblogaeth Ffrainc a anwyd dramor yn ystod y cyfnod 1967-74. Erbyn canol yr 1970au roedd dirwasgiad byd-eang, ynghyd â chynnydd mewn mecaneiddiad, yn golygu bod cyfleoedd gwaith yn brin. Dechreuodd llywodraeth Ffrainc geisio cyfyngu ar fewnfudo. Yn 1977 dechreuodd llywodraeth Ffrainc geisio anfon adref y gweithwyr a'u teuluoedd drwy gynnig taliadau anogaeth iddynt ddychwelyd. Dychwelodd tua 45 000 o bobl i'w gwledydd eu hunain, ond fe arhosodd nifer yn Ffrainc. Wrth i Ffrainc geisio rheoli newidiadau economaidd, y rhai o Ogledd Affrica a ddioddefai waethaf o'r polisïau i leihau gwariant ar fudd-daliadau, ac maent yn fwy tebygol o fyw mewn tai gwael eu hansawdd a bod allan o waith. I waethygu'r sefyllfa, gwelwyd yn y blynyddoedd diweddar, aileni y Ffrynt Cenedlaethol, sy'n ymgyrchu ar lwyfan senoffobig.

Er gwaethaf y problemau hyn, mae llawer o'r ail genhedlaeth o Ogledd Affrica a anwyd yn Ffrainc yn gweld eu hunain fel Gogledd Affricanwyr Ffrengig (galwant eu hunain yn 'Beurs') heb fawr o ymlyniad i'w 'mamwlad'.

Beth yw effeithiau mudo gwirfoddol?

Ceir manteision yn ogystal ag anfanteision i fudo. Mae mudwyr yn ffynhonnell o lafur, sy'n aml yn gymharol rad i'r wlad sy'n eu derbyn ac mae hyn yn galluogi'r wlad gyflawni twf economaidd. Mae gobaith cael mwy o ffyniant materol i'r mudwyr eu hunain, a thrwy anfon eu henillion (**taliadau**) i'w mamwlad, hefyd i'w teuluoedd. Mae'r taliadau hefyd yn helpu economi'r wlad wreiddiol gan eu bod yn cynyddu incwm a'r galw am nwyddau a gwasanaethau. Rhaid pwyso a mesur y manteision hyn wyneb yn wyneb â'r costau personol sydd ymhlyg mewn mudo. Mae'r broses o adael cartref a theulu am wlad arall yn aml yn brofiad poenus a dryslyd, yn enwedig lle ceir gwahaniaethau diwylliannol cryf, ac mae llawer o fudwyr yn wynebu senoffobia a rhagfarn. Ym Mhrydain, mae profiadau mudwyr y genhedlaeth gyntaf a'r ail o'r Gymanwlad Newydd a Pakistan wedi cael eu harchwilio drwy amrywiol ffurfiau o ddiwylliant poblogaidd, megis ffilmiau, nofelau a cherddoriaeth.

CWESTIWN STRWYTHUREDIG 2

Astudiwch Ffigur 4.43, sy'n dangos llifoedd mudo llafur ar draws y byd.

a Diffiniwch y term 'mudo llafur'. (1)

b Gan ddefnyddio'r map, enwch ddwy ffynhonnell o fudo llafur a dau gyrchfan. (4)

c I ba raddau y mae'r map yn cefnogi'r syniad bod mudo llafur fel arfer yn ymwneud â symudiad pobl o wledydd LlEDd i wledydd MEDd. (3)

ch Disgrifir mudo llafur yn aml yn 'ddetholus' o ran oed a rhyw. Beth yw ystyr y term hwn? (2)

d Am bob un o lifoedd mudo A, B ac C, awgrymwch:

   (i) y rhesymau tebygol am y llif

   (ii) nodweddion tebygol y mudwyr ynghlwm wrth hyn. (6)

dd Beth yw manteision ac anfanteision mudo llafur rhyngwladol i'r:

   (i) wlad letyol (host)

   (ii) wlad wreiddiol? (4)

Mudo ar ôl ymddeol

Trafodwyd y syniad o 'boblogaeth yn heneiddio' yn gynharach yn yr adran hon. Mae ffyniant economaidd cynyddol mewn henoed (canlyniad cynnydd mewn pensiynau preifat a phensiwn y wladwriaeth) a hirhoedledd cynyddol (disgwyliad oes) yn golygu bod pobl yn treulio cyfnodau hwy mewn ymddeoliad. Datblygiad pwysig yw twf mudo ar ôl ymddeol. Mae Ffigur 4.44 yn dangos llifoedd mudo yr henoed yng Nghymru a Lloegr. Mae'r map yn dangos dau brif batrwm:

- Mae'r rhan fwyaf o fudo ar ôl ymddeol dros bellter byr, er enghraifft, prin fod y rhai sy'n byw ym maestrefi deheuol a gorllewinol Llundain yn ystyried symud i'r gogledd ond yn hytrach maent yn dewis symud i'r trefi glan y môr cyfagos ar arfordir y de. Mae'r rhai i'r gogledd a'r dwyrain yn fwy tebygol o symud i East Anglia gerllaw. Yn yr un modd, mae'r rhai sy'n gadael Manceinion neu Lerpwl yn aml yn symud i arfordiroedd Swydd Gaerhirfryn a Gogledd Cymru.

- Yn ychwanegol at yr enghreifftiau mudo pellter byr hyn, mae'r map yn dangos tystiolaeth o lifoedd pellter mwy. Fodd bynnag, mae'r rhain yn tueddu i effeithio tair ardal: y de orllewin, y de ac East Anglia.

Canlyniad y symudiadau hyn yw datblygiad cyfres o ardaloedd ymddeol pendant (Ffigur 4.45). Pan yn astudio'r mapiau hyn mae'n bwysig peidio â chael eich twyllo i gredu bod pob person oedrannus yn rhan o'r broses hon. Fel unrhyw broses fudo, mae mudo i ymddeol yn gymdeithasol ddetholus, sy'n golygu mai dim ond y rhai sy'n gallu fforddio

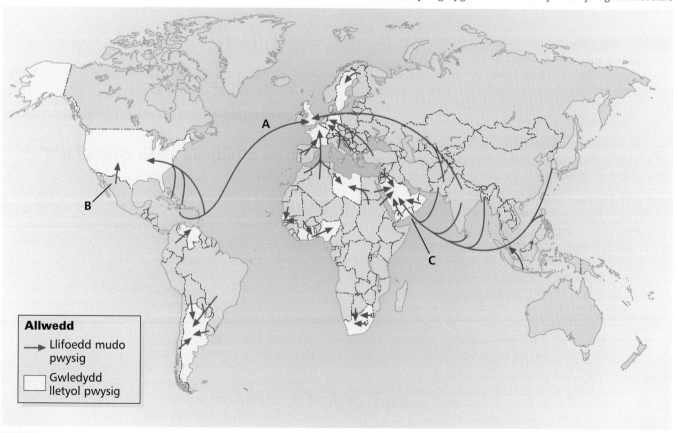

4.43 *Llifoedd mudo llafur byd-eang*

Allwedd

→ Llifoedd mudo pwysig

☐ Gwledydd lletyol pwysig

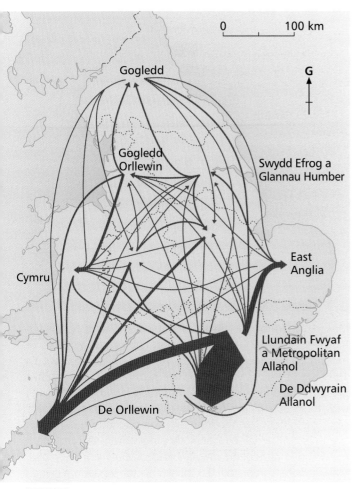

4.44 *Llifoedd mudo yr henoed yng Nghymru a Lloegr*

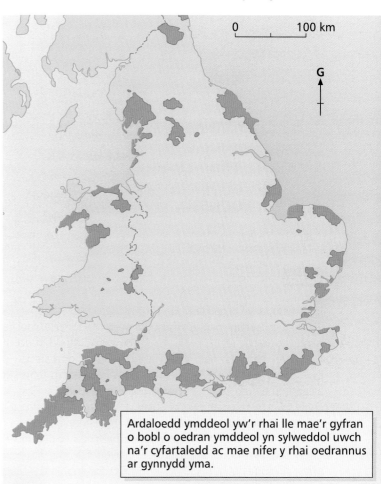

Ardaloedd ymddeol yw'r rhai lle mae'r gyfran o bobl o oedran ymddeol yn sylweddol uwch na'r cyfartaledd ac mae nifer y rhai oedrannus ar gynnydd yma.

4.45 *Ardaloedd ymddeol yng Nghymru a Lloegr*

i adleoli eu hunain sy'n gallu gwireddu eu dymuniad. Mae'r rhai sy'n methu â symud mewn perygl o gael eu gadael ar ôl fel poblogaeth weddill yn y trefi a'r dinasoedd, naill ai yn y maestrefi sy'n magu'n gynyddol rhyw naws o fod yn 'hen', neu yn ardaloedd canol y dinasoedd sy'n cael eu hybu fwyfwy am eu cymeriad ifanc a bywiog. Mae'n ddiddorol nodi mai yr unig grŵp y gall datblygwyr eiddo yn gyfreithiol hyrwyddo eu tai a chyfeirio atynt fel 'datblygiad dethol' yw'r henoed – ni allent wneud hyn ar sail hil na rhyw, er enghraifft.

GWEITHGAREDD ESTYNEDIG

Astudiwch Ffigur 4.45.

1 Gwnewch gopi o'r map. Gan ddefnyddio atlas i'ch helpu, labelwch eich map i ddangos y prif ardaloedd ymddeol.
2 Beth ydych yn sylwi ynglŷn a lleoliad ardaloedd ymddeol?
3 Awgrymwch resymau dros leoliad ardaloedd ymddeol yng Nghymru a Lloegr.
4 Pa oblygiadau y gallai'r mudo hwn ar gyfer ymddeol ei gael ar y mannau lle mae'n digwydd?

Mudo gorfodol

Mae mudo gorfodol yn digwydd pan fo'r penderfyniad i adleoli yn cael ei wneud gan bobl ar wahân i'r mudwyr eu hunain. Mae enghreifftiau o fudo gorfodol yn cynnwys y fasnach gaethweision ar draws Cefnfor Iwerydd o ddiwedd yr 16eg ganrif i ddechrau'r 19eg ganrif pan gludwyd mwy na 10 miliwn o Affricanwyr i weithio ar blanhigfeydd Gogledd a De America a'r Caribî. Yn fwy diweddar, yn 1983, alltudiodd Nigeria yng Ngorllewin Affrica 2 filiwn o weithwyr tramor, a 750 000 yn ychwanegol yn 1985, er mwyn lleihau diweithdra ymysg ei phobl ei hun yn ystod y dirwasgiad a ddilynodd y bŵm olew yn yr 1970au.

ASTUDIAETH ACHOS

Mudo gorfodol yn Indonesia

Defnyddir y term **trawsfudo** yn Indonesia i ddisgrifio adleoli 6 miliwn o Indonesiaid o rannau poblog y wlad, megis Jawa, Bali, Madura a Lombok i rai o'r 'ynysoedd allanol' llai poblog megis Sumatera, Sulawesi, Kalimantan ac Irian Jaya (Ffigur 4.46).

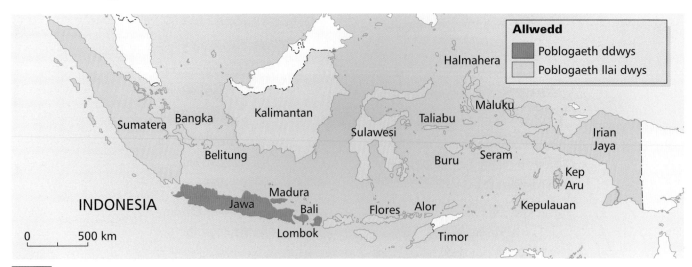

Allwedd
■ Poblogaeth ddwys
□ Poblogaeth llai dwys

INDONESIA

Sumatera · Bangka · Kalimantan · Belitung · Jawa · Madura · Bali · Lombok · Sulawesi · Taliabu · Halmahera · Maluku · Buru · Seram · Flores · Alor · Kepulauan · Kep Aru · Irian Jaya · Timor

0 ____ 500 km

4.46 *Indonesia: ardaloedd o boblogaeth dwys a llai dwys*

Dechreuodd yr ailgartrefu yn 1905 o dan reolaeth drefedi-gaethol yr Iseldirwyr a chyflymodd wedi i Indonesia gael ei hannibynniaeth ar ôl 1945. Yn 1969 cyrhaeddodd y polisi hwn lefel newydd pan gyflwynwyd 'rhaglen drawsfudo' y llywodraeth. Enillodd y rhaglen hon gefnogaeth nifer o asiantaethau datblygu rhyngwladol megis Banc y Byd a chafwyd cymorth gan lywodraethau yr Iseldiroedd, Ffrainc a'r Almaen. Bu'n rhaglen ddadleuol. Bu'n rhaid defnyddio grym i gael y tir ar ynys Irian Jaya ar gyfer darparu lle i bobl o Jawa. Canlyniad hyn oedd aflonyddwch cynyddol rhwng lluoedd arfog Indonesia a'r cenedlaetholwyr o Irianiaid. Mae adroddiadau yn awgrymu bod pentrefi wedi eu bomio, a phobl yn cael eu harteithio a'u lladd, a thros 20 000 o Irianiaid yn ffoi o'u cartrefi a cheisio lloches yn Papua Guinea Newydd. Mae llywodraeth Indonesia am weld holl bobloedd llwythol y wlad yn cyfanheddu ac yn cael eu cymathu, ac mae hyn yn golygu symud y cyfan o boblogaeth frodorol Irian Jaya, sef 800 000 i safleoedd ailgartrefu ar yr ynys.

Mae trawsfudo yn digwydd mewn mannau eraill yn Indonesia. Yn 1975 cipiwyd Dwyrain Timor gan y fyddin er mwyn cael ardaloedd ar gyfer ailgartrefu pellach o Jawa. Yn 1999 roedd yr ynys yn ganolbwynt gwrthdaro ffyrnig yn dilyn pleidlais trigolion Dwyrain Timor dros annibyniaeth oddi wrth Indonesia (Ffigur 4.47). Mae'r rhaglen ailgartrefu hefyd wedi cael effeithiau niweidiol ar yr amgylchedd naturiol, yn cynnwys colli ardaloedd helaeth o'r goedwig law drofannol mewn un o ardaloedd mwyaf biolegol amrywiol yn y byd. Mae Sumatera wedi colli 2.3 miliwn hectar o goedwig law, ac mae'r tir a gliriwyd wedi ei ddiraddio'n gyflym. Amcangyfrifir bod 300 000 o'r boblgaeth yn byw o dan amodau economaidd enbyd, heb unrhyw isadeiledd sylfaenol megis clinigau, ysgolion a ffyrdd. Maent hefyd yn dioddef o falaria ac afiechydon eraill. Mae llawer yn dychwelyd i'r trefi a'r dinasoedd.

4.47 *Gwrthdaro yn Nwyrain Timor*

'Argyfwng' y ffoaduriaid

Bellach mae'n gyffredin i sôn am 'argyfwng y ffoaduriaid' (Ffigur 4.48). Diffinnir **ffoaduriaid** gan Uwch Gomisiwn Ffoaduriaid y Cenhedloedd Unedig (UNHCR) fel:

'personau sydd ar sail dda ofn cael eu herlid oherwydd rhesymau hiliol, crefyddol, cenedlaethol neu agweddau gwleidyddol y tu allan i'w gwlad enedigol ac oherwydd y fath ofnau, sydd ddim yn dymuno cael eu gwarchod gan y wlad honno'.

Mae Ffigur 4.49 yn dynodi twf dramatig yn amcangyfrif niferoedd ffoaduriaid ledled y byd ers canol yr 1970au. Mae'r graff yn dangos dau gynnydd amlwg rhwng 1980 ac 1983 ac 1988 ac 1991. Mae'r cynnydd yn nifer ffoaduriaid y byd yn ganlyniad nifer o ffactorau:

- mae newidiadau mewn cyfathrebu rhyngwladol wedi hwyluso mudwyr potensial i gael gwybodaeth am gyrchfannau posibl

- mae gwelliannau mewn cludiant yn golygu ei bod yn haws ac yn rhatach i fudwyr potensial i ddianc o'u sefyllfa

- gyda chynnydd yn nifer y gwladwriaethau yn y byd ystyrir symudiadau a oedd unwaith o fewn gwladwriaeth fel llifoedd rhyngwladol

- datblygiad gwladwriaethau lles mewn nifer o wledydd datblygedig a sefydlu cyrff dyngarol uwch genedlaethol megis UNHCR ac UNICEF yn galluogi niferoedd mawr o ffoaduriaid gael llety.

Mae Ffigur 4.50 yn disgrifio cyflwr ffoaduriaid fel hyn.

4.48 *Ffoaduriaid*

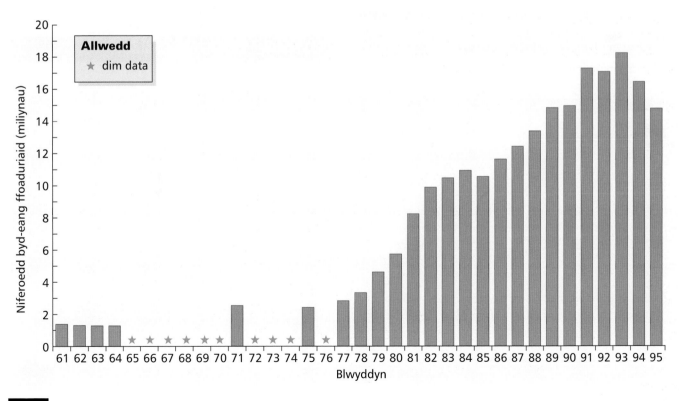

4.49 *Nifer cynyddol ffoaduriaid, 1961-95*

Cyflwr ffoaduriaid

BU HANES Y 50 MLYNEDD DIWETHAF, a'r 1990au yn arbennig, yn gyfnod o symud gorfodol pobl o'u cartrefi a thonnau mawr o bobl yn ffoi rhag terfysgaeth ethnig o du'r wladwriaeth a rhag glanhau ethnig a chamddefnydd o hawliau dynol. Amcangyfrifir bod 25 miliwn o bobl wedi cael eu gorfodi i adael eu gwledydd, a 25 miliwn arall sydd bellach wedi eu dadleoli'n fewnol yn eu gwledydd eu hunain ond yn methu â dychwelyd i'w tiroedd neu eu pentrefi.

Ond mae mwy i'r ystadegau swyddogol nag a welir ar y wyneb. Mae miliynau lawer arall wedi cael eu dadleoli o ganlyniad i wledydd yn rhannu, trychinebau ecolegol a rhaglenni datblygu enfawr. Ar y cyfan, nid yw'r ystadegau yn cynnwys y bobl hyn.

Ychydig o'r ffoaduriaid hyn fydd yn dychwelyd yn barhaol i'w cartrefi. Dim ond 250 000 o'r miliynau a ddadleolwyd oherwydd y gwrthdaro yn y Balcanau yn yr 1990au sydd wedi dychwelyd, ac ychydig iawn ohonynt ddychwelodd i'w cartrefi gwreiddiol.

Enghreifftiau amlwg o ddadleoliad pobl y ganrif hon yw'r Iddewon a'r Armeniaid yn ffoi rhag hil-laddiad, mudo gorfodol ar raddfa enfawr yn yr Undeb Sofietaidd o dan Stalin, miliynau yn ffoi rhag comiwnyddiaeth, a mwy nag 20 gwlad wedi eu rhwygo gan boblogaethau yn ffoi rhag gormes.

Mae problem gynyddol ffoaduriaid yn ganlyniad llywodraethau yn ymwybodol ei bod yn haws nag erioed i wneud i bobl ffoi. Gall dulliau newydd o ymladd, lledaeniad arfau rhyfel ysgafn a ffrwydron tir rhad yn hawdd gynhyrfu poblogaethau. Mae defnyddio gorchmynion troi allan ar raddfa fawr ac alltudiadau fel arf rhyfel ar ran y wladwriaeth bellach yn gyffredin fel ffordd o sefydlu cymdeithasau homogenaidd eu diwylliant (neu wedi eu glanhau yn hiliol), fel yn nhalaith Kosovo yn yr hen Iwgoslafia.

Mae cyflymder y digwyddiadau hyn–y ffoi a'r alltudio–yn cynyddu. Enghreifftiau o'r fflachfudo hwn yn y blynyddoedd diweddar yw symud mwy na miliwn o Gwrdiaid Iraq, Albaniaid Kosovo, dros filiwn o ddinasyddion Rwanda a 2 filiwn o bobl oddi mewn ac allan o Liberia. Y rhai a effeithir fwyaf yw'r rhai gwannaf a'r rhai a erlidir. Mae'r rhain yn cynnwys grwpiau lleiafrifol, rhai heb ddinasyddiaeth, a phobl heb fawr, os nad dim, cynrychiolaeth wleidyddol.

Yn ychwanegol at y problemau hyn yw'r ffaith mai ychydig o groeso a gaiff ffoaduriaid mewn byd sydd wedi ei orlwytho gan bobl wedi eu dadleoli. Ar draws y byd mae ffoaduriaid yn wynebu gwrthodiad cynyddol, ac mae'r gwledydd wedi bod yn gyflym yn codi rhwystrau ffisegol a gweinyddol. Gall pobl sy'n ceisio lloches dreulio blynyddoedd yn ofni cael eu halltudio, yn methu â chael yr hawl i gyfanheddu'n barhaol, i gael gwaith ac i dderbyn budd-daliadau lles.

I'r rhai sy'n gallu dychwelyd, gall bywyd fod yn galetach nag erioed. Gall dychwelyd, er yn aml yn freuddwyd hapus, fod cyn waethed â thrawma ffoi a bod yn alltud, ac mor boenydiol ag alltudiaeth ei hun. Mae asiantaethau dyngarol yn adrodd y gall y rhai sy'n dychwelyd deimlo mor anniogel ag yr oeddynt pan yn gadael, yn or-optimistaidd eu gobeithion am yr hyn y byddant yn ei ddarganfod, ac yn aml heb y tir na'r adnoddau sydd eu hangen at ailadeiladu eu bywydau. Yn y rhan fwyaf o achosion mae'r isadeiledd cymdeithasol a ffisegol wedi ei ddinistrio, mae gwaith yn brin a does fawr o gefnogaeth gan asiantaethau'r llywodraeth.

Ffynhonnell: ar sail 'The endless diaspora', The Guardian, 2 Ebrill 1999

4.50 *Cyflwr ffoaduriaid*

YMARFERION

1 Eglurwch y gwahaniaeth rhwng 'mudo gwirfoddol' a 'mudo gorfodol'.

2 Nodwch enghreifftiau i ddarlunio mudo gwirfoddol a mudo gorfodol.

3 Ers yr 1970au, mae llawer o wledydd wedi bod yn gyndyn i dderbyn mudwyr economaidd. Pam yn eich barn chi y mae hyn yn bod?

4 Awgrymwyd bod nifer y mudo gorfodol wedi cynyddu yn ddiweddar. Awgrymwch resymau posibl dros y cynnydd hwn.

CWESTIWN STRWYTHUREDIG 3

Astudiwch Ffigur 4.51, sy'n dangos tarddiad ffoaduriaid y byd yn 1995.

a O ba gyfandir y daeth y nifer mwyaf o ffoaduriaid yn 1995? *(1)*

b Enwch ddwy wlad o ble ddaeth dros 3 000 000 o ffoaduriaid yn 1995. *(2)*

c Disgrifiwch batrwm tarddiad ffoaduriaid y byd yn 1995. *(2)*

ch Awgrymwch resymau dros y patrwm rydych wedi ei ddisgrifio. *(4)*

Mae Ffigur 4.52 yn dangos lleoliad ffoaduriaid y byd yn 1995 – hynny yw, ble maent yn byw ar hyn o bryd.

d Disgrifiwch y patrwm a ddangosir gan y map hwn. *(2)*

dd Awgrymwch resymau posibl am y patrwm rydych newydd ei ddisgrifio. *(4)*

e Pam y mae'r mater o gael cartrefi i ffoaduriaid yn cael ei ystyried yn fater sensitif yn wleidyddol? *(4)*

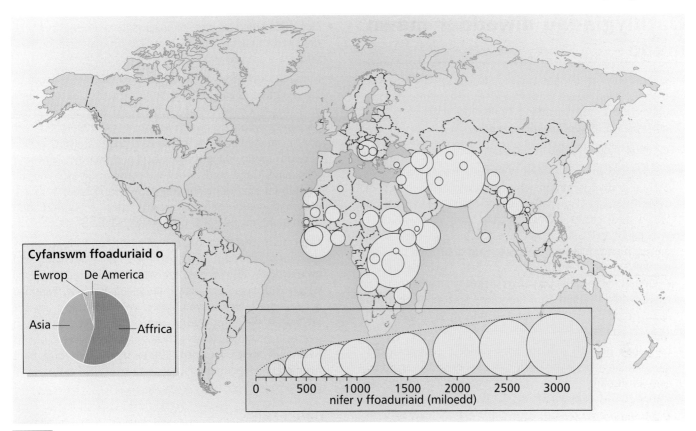

Cyfanswm ffoaduriaid o

Ewrop   De America

Asia

Affrica

4.51   *Tarddiad ffoaduriaid y byd, 1995*

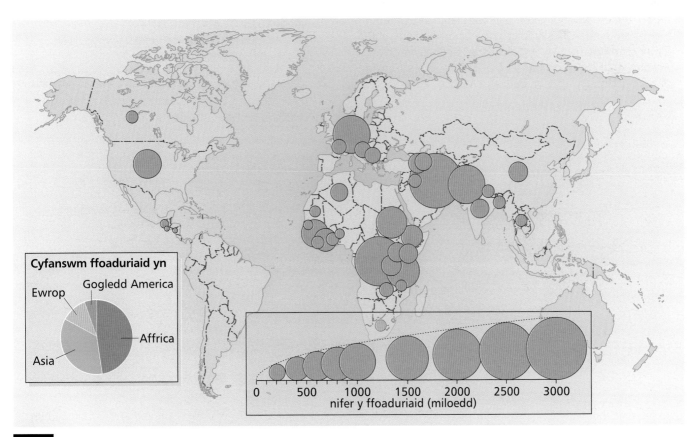

Cyfanswm ffoaduriaid yn

Ewrop   Gogledd America

Affrica

Asia

4.52   *Lleoliad ffoaduriaid y byd, 1995*

Datblygiadau diweddar mewn mudo

Mae Ffigur 4.53 yn dangos prif lifoedd mudo y byd cyfoes. Mae mwy o wledydd yn ymwneud â'r llifoedd mudo hyn, ac mae cynnydd cyson yn nifer y bobl sydd ynghlwm â hyn. Disgrifiwyd hyn fel **globaleiddio mudo.**

Gwelir nifer o ddatblygiadau pwysig yn natur mudo:

- Bu dirywiad yn nifer y bobl sy'n mudo i wlad arall ac yn cael eu derbyn yn unionsyth i fyw yno'n barhaol a chael derbyn hawliau dinasyddion llawn. Mae nifer o wledydd MEDd wedi ceisio cyfyngu ar gyfanswm y mewnfudwyr sy'n cael hawl i geisio am fynediad neu yn cael dod i mewn. Tuedd ddiweddar yw i wledydd ddatblygu polisïau mewnfudo ar y cyd. Yn yr Undeb Ewropeaidd, er enghraifft, mae dinasyddion yr aelod wladwriaethau yn cael rhyddid i symud, ond ni roddir caniatâd i bobl o du allan y bloc gwleidyddol hwn i deithio yn yr UE heb gael visa ymlaen llaw.

- Mae rhan helaeth o fudo rhyngwladol â chysylltiad â'r galw am lafur. Lle mae angen llafur isel ei sgiliau, bydd yn cael ei fonitro'n gaeth ac fe'i diffinnir fel 'mudo ar gytundeb'. Mae enghreifftiau o hyn yn cynnwys gastarbeiter (gweithwyr gwadd) yn yr Almaen, gweithwyr olew yn y Gwlff ac, yn gynyddol, llafur yn economïau 'Teigr' De ddwyrain Asia.

- Mae llifoedd mudwyr yn gysylltiedig ag anghysondebau mewn cyfoeth economaidd, gan fod llafur anfedrus yn chwilio am waith. Oherwydd cyfyngiadau mwy caeth, mae llawer o'r mudo hwn yn 'guddiedig' ac yn anghyfreithlon. Amcangyfrifir bod cynifer â 5.5 miliwn o estroniaid anghyfreithlon yn UDA, yn bennaf o México.

- Ceir nifer cynyddol o resymau dros fudo. Er enghraifft, bu cynnydd yn nifer y symudiadau dros dro gan bobl busnes, ymwelwyr a myfyrwyr.

- Mae nifer cynyddol o symudiadau mudo rhyngwladol yn cael eu gwneud gan ferched. Yn y gorffennol, dynion oedd yn y mwyafrif mewn mudo llafur. Fodd bynnag, mae'r twf yn nifer y cyfleoedd gwaith ar gael ar gyfer merched wedi arwain at ferched yn chwarae'r rhan amlycaf mewn llifoedd mudo. Mae enghreifftiau o hyn yn cynnwys Pilipiniaid, Cape Verdiaid a De Americanwyr sy'n mudo i weithio fel staff domestig a gofalwyr yn yr Eidal a Sbaen. Merched sydd bennaf mewn nifer o symudiadau ffoaduriaid, megis y rhai o'r hen Iwgoslafia.

- Mae mudo rhyngwladol yn cael ei ddylanwadu'n fwyfwy gan fudo gorfodol. Gall hyn fod yn ganlyniad erlid gwleidyddol, ethnig neu grefyddol; projectau datblygu megis codi argae neu newid yn yr amgylchedd. Weithiau gelwir y math hwn o symudiadau yn 'fflachfudo' – maent yn fawr o ran nifer ond yn fyr o ran amser. Maent yn gyffredin yn Affrica, fel yn achos symudiad miliwn o bobl o Rwanda i mewn i Congo (Zaire) mewn dim ond pum niwrnod yng Ngorffennaf 1994, neu'r ymgiliad cyflym iawn o Kosovo yn 1999.

YMARFERION

1 Beth yw ystyr y term 'globaleiddio mudo'?

2 Edrychwch ar Ffigur 4.53. Ar gopi o'r map, anodwch rai o'r saethau i egluro'r rhesymau dros rai o'r llifoedd mudo a ddangosir (defnyddiwch enghreifftiau o'r bennod hon).

3 Yn ystod eich cwrs, defnyddiwch bapurau newydd, cylchgronau, CD-ROMau a safleoedd rhyngrwyd i adeiladu ffeil adnoddau ar enghreifftiau o fudo.

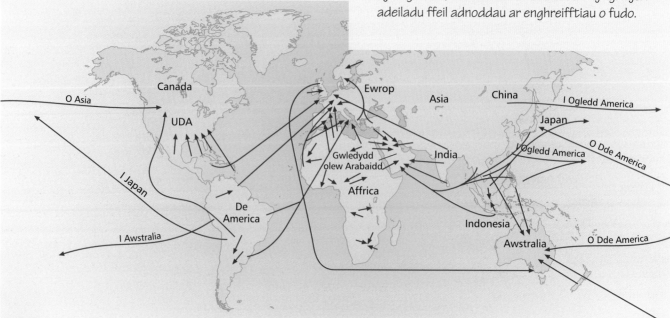

4.53 *Prif lifoedd mudo'r byd ers 1973*

A Cyflwyniad

Edrychwch ar Ffigur 5.1. Ymddangosodd yr hysbyseb yng nghylchgrawn *Country Living* yng nghanol yr 1990au. Roedd y cylchgrawn ymysg y cylchgronau a oedd yn gwerthu gyflymaf drwy gydol yr 1980au a'r 1990au, er gwaethaf y ffaith fod Prydain yn bennaf yn wlad drefol. O gofio hyn, mae'n demtasiwn i awgrymu bod y cylchgrawn yn boblogaidd am ei fod yn hybu delwedd o fyw yn y wlad, ymhell o'r ofnau a'r pryderon sy'n gysylltiedig â bywyd trefol. Dyma'r hyn a geir hefyd yn yr hysbyseb ar Milton Keynes. Edrychwch yn ofalus ar y testun: mae'n llawn o sylwadau am y 'dafarn Seisnig ramantus', 'cymuned', 'cefn gwlad tawel o fryniau a phantiau', 'maes y pentref', 'tafarndai to gwellt' ac yn y blaen.

Eto fel daearyddwyr, efallai y byddem yn hoffi gofyn ambell gwestiwn am y delweddau a'r geiriau yn yr hysbyseb hon. Er enghraifft, os yw'r holl reolwyr gyfarwyddwyr hyn wedi symud i'r pentrefi o amgylch Milton Keynes a bellach maent yn bobl leol, beth sydd wedi digwydd i'r 'bobl leol' gwreiddiol? Gallwn ofyn cwestiynau eraill am y mathau o waith y mae'r bobl hyn yn ei wneud, a ble maent yn prynu nwyddau a gwasanaethau. Yn wir, mae darlun syml fel hwn yn codi set gyfan o gwestiynau daearyddol am natur anheddiad gwledig.

Mae'r adran hon o'r llyfr yn trafod y ffyrdd y gall daearyddiaeth gyfrannu at ein dealltwriaeth o ardaloedd gwledig.

Mac Makino, MBD of New Wave Logistics (UK) Ltd, enjoys a quiet drink with his wife, Nobuko, at The Thatched Inn, Adstock.

Gloria James (centre), General Manager of Click Systems Ltd, drops in to meet friends at Ye Olde Swan Tavern, Wroughton-on-the-Green. Legendary haunt of Dick Turpin.

Malcolm Brighton (left), MD of DRS Plc, chats with a neighbour outside The Swan, a 16th century inn at Milton Keynes village.

MD of Datanews Ltd, Stella Hitner (right), with her husband Bob and a friend, relaxing over drinks outside The Three Locks, Stoke Hammond.

Locals.

The idyllic English village pub.

The focus of the community; a "drop in, see a friend" sort of place.

A dying breed, you may say, but not if you live within 10 miles of Milton Keynes.

Whether you're in one of the 13 original villages that nestle within the city itself or in one of the typical English villages that lie in the peaceful rolling countryside nearby, you'll find the kind of village pubs that you thought were fast disappearing.

The Black Horse at Great Linford. Favourite watering hole of Dick Jones, General Manager of Dana Distribution, Milton Keynes, and his wife Pamela.

Pubs on village greens. Pubs next to quiet picturesque canals. And a 16th century thatched pub right in the very heart of Milton Keynes, with ancient beams and peaceful garden haunted only by birdsong and convivial atmosphere.

No wonder the lucky locals who have chosen to relocate their business to Milton Keynes seem pleased with themselves.

They are able to enjoy an ideal lifestyle. English village life at its best combined with a business environment that is world famous for its modernity and efficiency.

Yet the two are only a few miles apart. And a world away from everywhere else.

To find out more about relocating your business to Milton Keynes, call CNT on 0800 721 721.

The City of *Milton Keynes*

Friedhelm Stellet (right), Chief Executive GB of SCHÜCO International KG, unwinds in the garden of The Bell at Beachampton.

5.1 *Dewch i Milton Keynes*

Beth yw 'gwledig'?

Edrychwch ar Ffigur 5.2. Mae'n dangos cyfres o olygfeydd y gellid eu disgrifio fel rhai 'gwledig'. Fodd bynnag, mae'n anodd cytuno ar ystyr 'gwledig'. Mae daearyddwyr wedi treulio cryn amser yn ceisio diffinio beth yw ystyr y term. Awgrymwyd nifer o ddiffiniadau.

1 Diffiniadau ar sail poblogaeth

Ceir un dull cyffredin o ddiffinio 'gwledig' ar sail mesur maint neu ddwysedd poblogaeth. Er enghraifft, mae Denmarc, Ffrainc, yr Eidal, Sbaen a Sweden yn dosbarthu ardaloedd gwledig fel yr unedau gwleidyddol sy'n disgyn oddi tan boblogaeth drothwy (lleiafswm) ddiffiniedig. Un broblem gysylltiedig â hyn yw bod y boblogaeth **drothwy** a ddefnyddir yn amrywio'n fawr. Mae'r Eidal a Sbaen, er enghraifft, yn dosbarthu ardaloedd gwledig fel y rhai sydd â phoblogaeth o lai na 10 000 o drigolion. Ond yn Ffrainc mae'r ffigur yn 2000 ac yn Iwerddon mae'n 100. Yn Lloegr, mae'r Asiantaeth Cefn Gwlad yn diffinio anheddiad fel 'gwledig' os oes ganddo boblogaeth o 10 000 neu lai. Mae Ffigur 5.3 yn dangos maint a nifer yr aneddiadau gwledig yn Lloegr. Sylwch fod y mwyafrif o aneddiadau gwledig Lloegr yn llai na 500 o ran poblogaeth. Fel y gwelwn, mae maint bychan llawer o'r aneddiadau gwledig yn golygu bod ganddynt rai nodweddion unigryw.

Maint anheddiad	Nifer yr aneddiadau	Cyfanswm poblogaeth o fewn band maint anheddiad (miliynau)
<500	13 142	1.7
500–999	1 581	1.1
1000–2999	1 330	2.3
3000–9999	682	3.7
Cyfanswm 10 000+	16 735	8.8

5.3 *Aneddiadau gwledig yn Lloegr*

2 Diffiniadau ar sail swyddogaeth

Mae daearyddwyr wedi tybio bod ardaloedd gwledig yn rhannu'r nodweddion canlynol:

- maent wedi eu llywodraethu gan ddefnyddiau tir eang (megis amaethyddiaeth a choedwigaeth), neu ardaloedd agored helaeth o dir heb ei ddatblygu

- maent yn cynnwys aneddiadau llai, o drefn is (megis pentrefannau a phentrefi)

- maent yn seiliedig ar ddull o fyw a nodweddir gan gymuned glòs.

Mae diffinio 'gwledig' yn ôl swyddogaeth wedi bod yn ddefnyddiol i alluogi daearyddwyr i gynhyrchu mesurau gwrthrychol. Er enghraifft, dyfeisiodd y daearyddwr Paul Cloke **fynegai gwledigrwydd** a olygai edrych ar gyfres o fesurau ystadegol o wledigrwydd (Ffigur 5.4).

O'i ddadansoddiad, dosbarthodd Cloke, leoedd yn bedwar categori, yn ymestyn o 'gwledig eithafol' i 'anwledig eithafol'. Mae Ffigur 5.5 yn dangos canlyniadau'r math hwn o ddadansoddiad drwy ddefnyddio gwybodaeth o Gyfrifiad 1991.

5.2 *Beth yw 'Prydain wledig'?*

• Cyfraddau deiliadaeth	Cyfran y cartrefi neu'r anheddau sydd mewn deiliadaeth.
• Cymudo	Canran y preswylwyr sy'n gweithio y tu allan i'r ardal leol.
• Poblogaeth fenywaidd	Cyfran y boblogaeth gyfan sy'n ferched 15-44 mlwydd oed.
• Amwynderau	Canran y cartrefi sydd â defnydd neilltuedig o faddon sefydlog a thoiled mewnol.
• Dwysedd poblogaeth	Nifer y bobl i'r km².
• Cyflogaeth amaethyddol	Cyfran y gweithlu a gyflogir mewn amaethyddiaeth.
• Poblogaeth oedrannus	Canran o'r boblogaeth sy'n 65 mlwydd oed neu fwy.
• Pellter	Y pellter o'r anheddiad agosaf sydd â mwy na 50 000 o bobl.

5.4   *Diffiniadau o rai dangosyddion o wledigrwydd*

3 Diffiniadau sy'n canolbwyntio ar y grymoedd sy'n effeithio ar ardaloedd 'gwledig'

Un o broblemau yr agwedd swyddogaethol yw ei bod yn canolbwyntio ar nodweddion yr ardal wledig ei hun, tra bod yr hyn sy'n digwydd i ardaloedd gwledig yn dibynnu ar ddigwyddiadau y tu allan iddynt. Er enghraifft, mae penderfyniad cwmni trawsgenedlaethol i gau ei gangen leol mewn ardal wledig yn aml yn deillio o bencadlys y cwmni mewn ardal fawr drefol neu hyd yn oed mewn gwlad wahanol.

4 Diffiniadau ar sail canfyddiad

Mae ceisio diffinio 'gwledig' yn ôl y swyddogaethau sy'n digwydd yno wedi cael ei herio gan ddaearyddwyr, sy'n edrych ar y gwledig fel lluniad cymdeithasol. Ystyr hyn yw bod 'gwledig' yn golygu gwahanol beth i wahanol bobl. Mae hyn i gyd yn dibynnu ar **ganfyddiad** yr unigolyn. Maent yn cymryd diddordeb yn yr ystyron mae pobl yn eu cysylltu ag ardaloedd gwledig a sut y maent yn dylanwadu ar eu hymddygiad. Fel y gwelwch yn ddiweddarach, mae'r gred bod ardaloedd gwledig yn fannau lle mae bywyd yn arafach, lle mae ansawdd byw yn well, wedi arwain rhai pobl i geisio gadael y trefi a'r dinasoedd a byw yng nghefn gwlad.

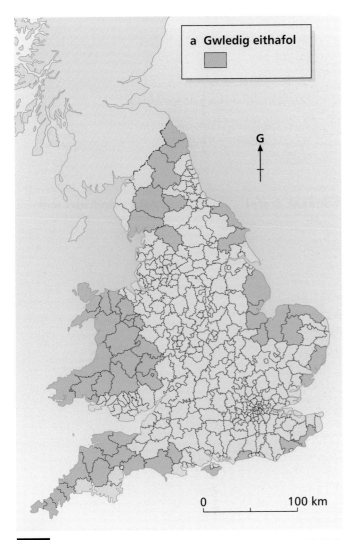

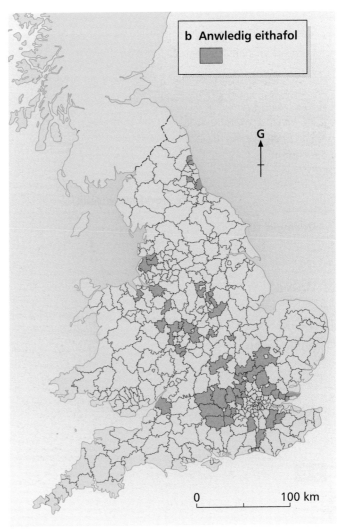

5.5   *Ardaloedd 'gwledig eithafol' ac 'anwledig eithafol' Cloke (1991)*

YMARFERION

1 **a** Gwnewch gopi o Ffigur 5.6. Edrychwch ar y rhestr o enwau o dan y penawdau sy'n dilyn. Gosodwch nhw yn y blychau cywir ar eich copi chi o Ffigur 5.6.

Defnydd tir	Tirwedd	Poblogaeth	Ansawdd bywyd
ffermydd	gwyrdd	poblogaeth ddwys	cyfeillgar
ffatrïoedd	diffeithdra	poblogaeth wasgarog	trosedd
diwydiant	agored	mewnfudwyr	unig
amaethyddiaeth	naturiol	cymudwyr	traddodiadol
coedwigaeth	simneiau	cyfoethog	modern
swyddfeydd	awyr	wedi ymddeol	swnllyd
cnydau	glân	gwasgarog	diogel
gwartheg	coed	digartref	iach
pentrefi	adeiledig	ffermwyr	heddychlon
gwrychoedd	aer iach	dosbarth canol	diflas
trafnidiaeth	gordyrrog	pentrefwyr	tlawd
trefi			hen ffasiwn

b Cymharwch eich canlyniadau â rhai aelodau eraill yn eich dosbarth.

c Rhowch sylwadau ar y rhwyddineb o ddidoli'r termau i mewn i'r blychau.

2 Mewn grwpiau o ddau neu dri, trafodwch ystyr y term 'gwledig'. Ceisiwch ysgrifennu diffiniad byr o'r term.

3 Crynhowch y ffyrdd y mae daearyddwyr wedi diffinio'r term 'gwledig'. Rhowch sylwadau ar fanteision ac anfanteision pob un.

4 Gan gyfeirio at anheddiad gwledig y gwyddoch amdano amlinellwch y mesurau y gallech eu defnyddio i adeiladu mynegai gwledigrwydd.

5 Astudiwch Ffigur 5.5.

a Gan ddefnyddio atlas i'ch helpu, enwch y rhannau o Gymru a Lloegr a ddisgrifir fel yn 'wledig eithafol'.

b Pam y mae nifer o ardaloedd 'gwledig eithafol' i'w cael ar ymylon Cymru a Lloegr?

c Gyda chymorth atlas, rhowch sylwadau ar batrwm 'ardaloedd anwledig eithafol'.

ch Faint o werth, yn eich barn chi, yw gwahaniaethu rhwng ardaloedd gyda graddau gwahanol o wledigrwydd (ar gyfer cynllunio)?

6 Awgrymodd rhai daearyddwyr bod 'gwledig' yn lluniad cymdeithasol.

a Gofynnwch i nifer o bobl beth yw ystyr y term iddynt hwy.

b A oedd eu hatebion yn debyg i'r diffiniadau a ddefnyddiwyd gan y daearyddwyr?

c O ble yn eich barn chi y mae'r math hwn o ddealltwriaeth gyffredinol o'r term 'gwledig' yn deillio?

	Yn bendant wledig	Yn bendant drefol	Y ddau/ddim y naill na'r llall
Defnydd tir			
Tirwedd			
Poblogaeth			
Ansawdd bywyd			

5.6 Grid gwledigrwydd

B Patrymau anheddu gwledig

Mae astudiaethau o aneddiadau gwledig wedi ystyried tarddiad anheddiad, gan geisio ateb y cwestiwn pam fod pentrefi wedi datblygu mewn mannau arbennig. Yn y cyfnodau cynhanes roedd dwysedd llystyfiant yr iseldir yn golygu bod aneddiadau i'w cael ar diroedd uwch. Roedd y **safleoedd** hyn yn rhai sych, yn hygyrch ac yn hawdd i'w hamddiffyn. Dros amser, wrth i dechnoleg amaethyddol wella, cliriwyd y llystyfiant a thriniwyd y dyffrynnoedd. Datblygodd aneddiadau ar y tir is lle roedd manteision cysgod, dŵr a phriddoedd dwfn. Yn aml, roedd bod o fewn cyrraedd tarddell neu goedwig yn fanteisiol. Yn ddiweddarach, wrth i fasnach ddatblygu rhwng cymunedau, roedd safleoedd yn cael eu mabwysiadu am resymau masnachol, er enghraifft, am eu bod ar groesffyrdd.

Datblygodd dau fath o batrwm anheddu. Y cyntaf yw'r patrwm **cnewyllol** (Ffigur 5.7), lle mae anheddau unigol wedi eu grwpio neu wedi eu pacio'n agos at ei gilydd. Yr ail yw'r patrwm **gwasgarog** (Ffigur 5.8) lle mae anheddau unigol yn wasgarog. Mae Ffigur 5.9 yn trafod rhai o'r ffactorau sy'n hybu aneddiadau i fod yn gnewyllol, ynghyd ag enghreifftiau o ble mae'r ffactorau hyn yn gweithredu. Mae'r syniadau o

5.7 *Anheddiad cnewyllol*

5.8 *Anheddiad gwasgarog*

Amddiffyn

Roedd hwn yn ffactor pwysig yn y gorffennol, pan oedd bandiau o herwyr yn crwydro yn rhydd a ffermwyr yn penderfynu amddiffyn eu hunain drwy gasglu at ei gilydd mewn pentrefi. Enghreifftiau diweddarach yw argyfwng y Mau Mau yn Kenya a arweiniodd at dros filiwn o bobl yn casglu at ei gilydd i chwilio am ddiogelwch, neu yn y gwrthdaro rhwng Israel a Phalestina, ar fynd ers 1948, lle mae nifer fawr o ffermwyr yn byw mewn aneddiadau crynodol ac yn cymudo i'r caeau fel ymateb i ymosodiadau gerila gan luoedd Palestina. Lle mae heddwch a sefydlogrwydd yn bodoli, nid oes angen gymaint o bwyslais ar fod yn gnewyllol.

Clymau teuluoedd a llwythau

Lle roedd anheddiad mewn ardal wedi ei sefydlu gan bobl a oedd yn perthyn drwy waed neu â chyswllt cryf, roedd aneddiadau cnewyllol yn fwy tebygol. Mae'n hawdd adnabod yr aneddiadau hyn drwy dystiolaeth enwau lleoedd. Er enghraifft, mae llawer o fannau yng ngorllewin Ewrop â'r ôl-ddodiaid –ingen, -inge, -ing ac –ange. Mae'r rhain yn Almaeneg ac yn golygu 'pobl o . . .'. Lle sefydlwyd aneddiadau gan bobl heb glymau teuluol a lle nad oedd perthyn i grŵp mor gryf, datblygodd patrwm mwy gwasgarog o aneddiadau.

Cyflenwad dŵr

Lle mae dŵr yn brin, datblygodd patrymau cnewyllol o aneddiadau. Er enghraifft, roedd ardaloedd o greigiau athraidd megis sialc yn hybu clystyrau o aneddiadau lle roedd dŵr ar gael mewn ffynhonnau dwfn neu darddellau fel ar Downs y De yn Sussex. Mewn mannau corsiog, roedd aneddiadau yn clystyru ar y 'pwyntiau sych' a oedd ar gael.

Patrymau etifeddu

Gall bod aneddiadau cnewyllol yn gysylltiedig ag arferion etifeddu. Lle mae tir yn cael ei rannu'n gyfartal rhwng meibion a merched perchennog y tir, bydd patrwm cnewyllol yn datblygu wrth i genedlaethau olynol adeiladu tai ar yr un safle. Lle penderfynir etifeddiaeth yn ôl deddf cyntaf-anedigaeth (tir yn cael ei etifeddu gan y mab neu'r ferch hynaf) bydd patrwm gwasgarog yn datblyu wrth i aelodau eraill y teulu symud ymaith i adeiladu ffermdai eraill.

Rhesymau gwleidyddol neu grefyddol

Yn yr hen Undeb Sofietaidd roedd gan y llywodraeth bolisi o grynhoi pobl mewn pentrefi o 1000 neu fwy. Roedd hyn yn rhannol er mwyn gwella darpariaeth gwasanaethau ond hefyd fel modd o gynnal rheolaeth ideolegol ar y werin. Roedd yr un patrwm yn wir am China gomiwnyddol, a sefydlodd gomiwnau mawr er mwyn cynyddu cynhyrchion bwyd. Enghraifft o reswm crefyddol dros aneddiadau cnewyllol oedd gwladychiad y Mormoniaid yn UDA.

5.9 *Ffactorau yn ffafrio aneddiadau cnewyllol*

safle a'r gradd o fod yn gnewyllol yn ddefnyddiol ar gyfer deall y ffordd y datblygodd aneddiadau.

Yn ychwanegol, mae daearyddwyr wedi dosbarthu aneddiadau gwledig yn ôl trefn y tai o'u mewn (**morffoleg**, neu ffurf). Mae Ffigur 5.10 yn ymgais i wneud hyn.

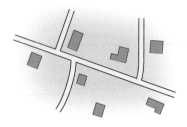

Nid oes gan bentrefi darniog neu llac eu gwead gnewyllyn gwreiddiol. Mae'n debyg iddynt ddatblygu mewn mannau lle cliriwyd coed ar gyfer ffermio.

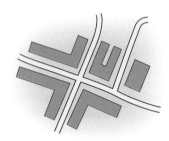

Mae pentrefi cnewyllol neu glystyrog yn ffurfio ar ganolfannau ffyrdd. Gallant yn wreiddiol adlewyrchu yr angen am amddiffyniad, neu safle lle'r oedd ffermio yn digwydd yn gymunedol.

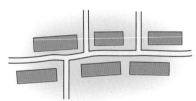

Mae pentrefi llinol yn ymestyn ar hyd ffyrdd, afonydd, cefnennau neu ddyffrynnoedd.

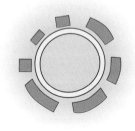

Pentrefi agored yw'r rhai sy'n gnewyllol o gwmpas man agored canolog, megis llyn neu faes pentref. Ym Mhrydain roedd y rhain mae'n debyg yn gysylltiedig â'r angen am amddiffyn.

|0| |500 m|

5.10   *Dosbarthiad ffurfiau anheddu*

YMARFERION

1 **a** Beth yw 'safle' anheddiad?

   b Gan gyfeirio at eich anheddiad gartref, trafodwch fanteision ei safle ar gyfer ymsefydlwyr cynnar.

2 Astudiwch Ffigur 5.7 a 5.8. Cymharwch batrymau anheddu y ddau bentref, gan ddefnyddio termau addas.

Mannau canol

Gellir ystyried cymuned wledig fel y boblogaeth sy'n byw o fewn **dylanwad**, neu **dalgylch**, man canol y mae'r bobl yn ddibynnol arno. Yn y mannau canol hyn ceir siopau, uwchfarchnadoedd, banciau, swyddfeydd busnesau masnachol, a gwasanaethau megis ysgolion uwchradd, canolfannau iechyd ac ysbytai. Dim ond yn y canolfannau mwyaf y ceir y gwasanaethau hyn oherwydd mae angen maint arbennig o boblogaeth i wneud y cyflenwadau hyn yn economaidd hyfyw.

Yn ystod yr 20fed ganrif, ac yn arbennig ers i gludiant modur ddod yn fwy cyffredin, mae dalgylchoedd, neu gylchau dylanwad, mannau canol mwy wedi ehangu, ac mae swyddogaethau megis siopau a gwasanaethau wedi eu canoli yn yr aneddiadau mwyaf. Mae hyn yn golygu bod llawer o bentrefi wedi colli nifer o'r swyddogaethau a oedd ganddynt yn gynnar yn y ganrif ddiwethaf. Canlyniad y prosesau hyn fu datblygiad **hierarchaeth** gymhleth o ganolfannau, o bentrefannau a phentrefi bychain ar y pen isaf, i drefi mawr ar y pen arall. Ar wahân i ychydig o dai neu ffermdai, nid yw'r bentrefan neu'r pentref bychan fel arfer yn cynnwys fawr mwy nag eglwys, tafarn neu flwch llythyrau a chiosg ffôn. Mae'r canolfannau trefol mwy yn cynnig swyddogaethau mwy arbenigol, nad oes eu hangen mor aml.

GWEITHGAREDD ESTYNEDIG

Pwrpas y gweithgaredd hwn yw rhoi cyfle i chi ystyried rhai o'r ffactorau sy'n effeithio ar lefel darpariaeth gwasanaethau mewn ardal wledig.

Mae Ffigur 5.11 yn fap sy'n dangos Swydd Northampton, ei phrif drefi, ffyrdd ac aneddiadau gwledig, ac mae Ffigur 5.12 yn dangos maint poblogaeth 11 pentref yn y sir a'r gwasanaethau sydd ar gael yn y pentrefi hyn.

1 Lluniwch graff i ddangos y berthynas rhwng maint poblogaeth a nifer y gwasanaethau (swyddogaethau) ar gael. Plotiwch nifer y gwasanaethau sydd ar gael ar echelin y a maint y boblogaeth ar echelin x.

2 Ysgrifennwch baragraff i grynhoi canlyniadau eich graff. Beth yw'r berthynas rhwng maint poblogaeth a nifer y swyddogaethau?

3 Ar Ffigur 5.12 edrychwch ar ddarpariaeth gwasanaeth bysiau yn y pentrefi. Pam yn eich barn chi fod gan y mwyafrif o'r pentrefi wasanaeth bws ar gyfer siopa ond dim ond un pentref sydd â gwasanaeth bws gyda'r nos?

Yn awr astudiwch Ffigur 5.13 sy'n dangos canran y pentrefi yn Swydd Northampton gyda swyddogaethau a enwir.

4 Gan ddefnyddio'r categorïau canlynol, nodwch bob swyddogaeth ar y copi o'r grid dosbarthu (Ffigur 5.14). Mae'r swyddogaeth gyntaf wedi ei gwneud drosoch.

> 80%	presenoldeb uchel
50%–79%	presenoldeb canolig
20%–49%	presenoldeb isel
< 20%	presenoldeb gwael

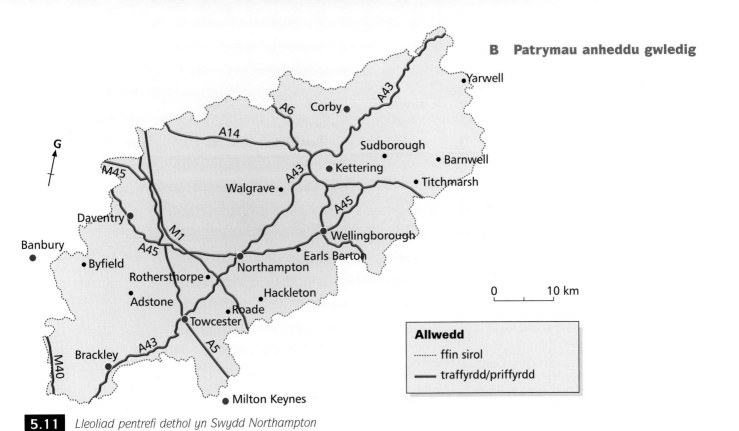

5.11 Lleoliad pentrefi dethol yn Swydd Northampton

	Adstone	Sudborough	Yarwell	Barnwell	Rothersthorpe	Titchmarsh	Walgrave	Hackleton	Byfield	Roade	Earls Barton
Poblogaeth (1991)	93	131	246	370	415	546	747	785	1205	2176	4810
Siop bob peth			*	*		*	*	*	*	*	*
Siop di-fwyd								*	*	*	*
Swyddfa'r Post			*	*	*	*	*	*	*	*	*
Banc										*	*
Tafarn		*	*	*	*	*	*	*	*	*	*
Gorsaf betrol							*	*	*	*	*
Siop fwyd deithiol	*	*	*	*		*	*		*	*	
Llyfrgell deithiol	*	*	*	*	*	*	*	*	*	*	
Gwasanaeth bws siopa		*	*	*	*	*	*	*	*	*	*
Bws taith-i-waith		*			*		*	*	*	*	*
Gwasanaeth bws gyda'r nos											*
Gwasanaeth bws ar y Sul											
Blwch llythyrau	*	*	*	*	*	*	*	*	*	*	*
Hysbysfwrdd y pentref	*	*	*	*	*	*	*	*	*	*	*
Neuadd bentref	*	*			*	*	*	*	*	*	*
Llyfrgell gyhoeddus											*
Meddygfa							*	*	*	*	*
Gorsaf yr heddlu											*
Ysgol gynradd			*	*	*		*	*	*	*	*
Ysgol uwchradd										*	
Man chwarae		*					*	*	*	*	*
Maes chwarae		*		*	*		*	*	*	*	*

5.12 Argaeledd swyddogaethau mewn pentrefi dethol yn Swydd Northampton

Cyfleuster	Poblogaeth		
	< 600	600–1200	> 1200
Siop bob peth	32	88	100
Siop di-fwyd	6	33	88
Swyddfa'r Post	44	95	100
Banc	0	0	15
Tafarn	67	98	98
Gorsaf betrol	13	43	83
Siop fwyd deithiol	75	80	80
Llyfrgell deithiol	94	100	93
Gwasanaeth bws siopa	93	100	100
Bws taith-i-waith	44	93	85
Gwasanaeth bws gyda'r nos	1	13	29
Gwasanaeth bws ar y Sul	7	25	27
Blwch llythyrau	100	100	100
Hysbysfwrdd y pentref	95	98	100
Neuadd bentref	74	98	95
Llyfrgell gyhoeddus	0	0	29
Meddygfa	8	38	68
Gorsaf yr heddlu	0	8	22
Ysgol gynradd	25	95	100
Ysgol uwchradd	0	3	15
Man chwarae	42	85	100
Maes chwarae	30	90	95

5.13 *Canran pentrefi yn Swydd Northampton â chyfleuster a enwir, yn ôl maint anheddiad, 1992*

5 Enwch y swyddogaethau lle mae'r ddarpariaeth yn **uchel** mewn pentrefi o bob maint.

6 Enwch y swyddogaethau lle mae'r ddarpariaeth yn **isel** neu yn **wael** yn y pentrefi bychain, ond yn **uchel** yn y pentrefi mwyaf.

7 Pa ffactorau allai egluro lefel y ddarpariaeth o wasanaethau mewn aneddiadau gwledig yn Swydd Northampton?

Damcaniaeth man canol

Mae'r enghraifft o Northampton yn dangos yn eglur **hierarchaeth aneddiadau** lle, ar y brig mae canolfannau mawr yn gallu darparu nifer fawr o swyddogaethau, tra ar y gwaelod mae canolfannau bychain heb fawr o swyddogaethau. Archwiliwyd y duedd hon o ddatblygiad hierarchaethau aneddiadau gan y daearyddwr Almaenig Walter Christaller yn yr 1930au. Datblygodd Christaller **ddamcaniaeth man canol** i egluro maint aneddiadau a'r pellter rhyngddynt o ganlyniad i arferion siopa pobl. Yn ei astudiaethau o dde'r Almaen sylwodd Christaller ar niferoedd mawr o fannau bychain yn cynnig nifer cyfyngedig o siopau a gwasanaethau (neu swyddogaethau). Fe sylwodd fod y rhain wedi eu lleoli bellteroedd bychain oddi wrth ei gilydd. Roedd y trefi mawr, fodd bynnag, yn llai niferus a'r pellter rhyngddynt yn fwy, ond yn cynnig llawer mwy o swyddogaethau, gan ddenu siopwyr o bellteroedd mwy.

Grŵp	Poblogaeth		
	< 600	600–1200	> 1200
Adwerthu			
1 Siopbobpeth	isel	uchel	uchel
2			
3			
4			
5			
Meddygol			
1			
Addysgol			
1			
2			
3			
4			
Cludiant cyhoeddus			
1			
2			
3			
4			
Cymuned			
1			
2			
3			
4			
5			
6			
7			
8			

5.14 *Grid dosbarthiad*

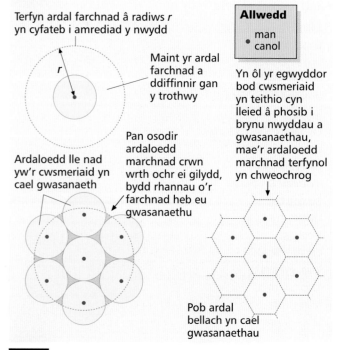

5.15 *Patrwm chweochrog ardaloedd marchnad*

Er mwyn egluro'r patrwm hwn a welwyd, defnyddiodd Christaller y syniadau o amrediad a throthwy cynnyrch neu wasanaeth (Ffigur 5.15). **Amrediad** yw'r pellter mwyaf y mae cwsmeriaid yn teithio fel arfer i gael gafael ar nwyddau a gwasanaethau. Nwyddau a gwasanaethau uwch-werth yw'r rhai sy'n gymharol ddrud ac nad ydynt yn cael eu prynu yn aml (er enghraifft, triniaeth feddygol arbenigol neu ddodrefn); y rhain sydd â'r amrediad mwyaf. Mae nwyddau a gwasanaethau is-werth yn llai drud ac mae eu hangen yn amlach (er enghraifft, siop bapur newydd neu siop trin gwallt); amrediad bychan iawn sydd iddynt. **Trothwy** nwydd neu wasanaeth yw'r ardal farchnad leiaf gyda digon o gwsmeriaid posibl i wneud darpariaeth nwydd neu wasanaeth yn broffidiol. Mae gan wasanaethau megis prifysgol drothwy mawr tra bod trothwy bychan i siop groser.

O'r syniadau hyn, lluniodd Christaller batrwm damcaniaethol ar gyfer aneddiadau. Sylfaenodd ei ddamcaniaeth ar nifer o dybiaethau:

- Ceir gwastadedd diarffin unffurf lle gellir teithio yn rhwydd i bob cyfeiriad. Mae costau teithio yn cynyddu yn uniongyrchol yn ôl y pellter a deithir, a does ond un math o gludiant yn bosibl.
- Dosbarthiad cyson y boblogaeth ar draws y gwastadedd.
- Mannau canol wedi eu lleoli ar y gwastadedd i ddarparu nwyddau a gwasanaethau ar gyfer eu cefnwledydd (yr ardaloedd o'u cwmpas).
- Cwsmeriaid yn ymweld â'r man canol agosaf er mwyn cael y nwyddau a'r gwasanaethau y mae arnynt eu hangen.
- Mae cyflenwyr y nwyddau a'r gwasanaethau yn gweithredu fel 'dynion economaidd' drwy geisio gwneud cymaint o elw â phosibl drwy leoli eu hunain ar y gwastadedd er mwyn dal y farchnad fwyaf posibl.

- Mae rhai mannau canol yn cynnig amrediad mwy o swyddogaethau (nwyddau a gwasanaethau) a swyddogaethau uwch-werth. Mae eraill yn darparu amrediad llai o swyddogaethau a swyddogaethau is-werth.
- Mae'r holl ddefnyddwyr yn derbyn yr un incwm a'r un yw'r galw am nwyddau a gwasanaethau.

Sut mae'r ddamcaniaeth man canol yn gweithredu?

Astudiwch Ffigur 5.15. Mae'n dangos y dylai pob man canol, mewn theori, gael ardal fasnach gylchol o'i gwmpas. Fodd bynnag, os daw tri neu fwy o gylchoedd at ei gilydd, bydd rhai mannau heb unrhyw wasanaeth. Er mwyn dileu'r mannau gwag hyn rhaid i ardaloedd marchnad crwn orgyffwrdd. Gan fod trigolion y cylchfaoedd gorgyffwrdd hyn yn mynd i'r ganolfan agosaf (cofiwch y dybiaeth o deithio'r pellter lleiaf), bydd yr ardaloedd marchnad terfynol yn chweochrog. Y patrwm chweochrog yw'r dull mwyaf effeithiol o bacio ardaloedd marchnad ar y gwastadedd fel bod pob preswylwr o fewn cyrraedd y gwasanaethau.

Yn ôl Christaller ceir tri phatrwm anheddu ar sail gwahanol egwyddorion. Disgrifiwyd y rhain fel **gwerthoedd** k sy'n dynodi nifer y canolfannau is-werth o dan ddylanwad anheddiad uwch-werth (Ffigur 5.16). Y gwerthoedd k a ddefnyddir amlaf yw:

- $k = 3$ – yr **egwyddor farchnata** sef yr un sy'n cyfarfod yn fwyaf effeithiol ag anghenion y defnyddwyr
- $k = 4$ – yr **egwyddor drafnidiaeth** sy'n ceisio cael y nifer mwyaf o aneddiadau ar hyd llinellau syth – mae hyn yn cynyddu hygyrchedd
- $k = 7$ – yr **egwyddor weinyddu** yw'r patrwm mwyaf effeithiol o ddarparu llywodraeth dros ardal.

$k = 3$

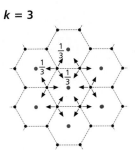

Yn rhwydwaith $k = 3$, mae pob canolfan uwch-werth yn gwasanaethu yr hyn sy'n cyfateb i dair canolfan is-werth. Mae hyn yn cynnwys y farchnad gyfan ar gyfer y ganolfan ei hun, yn ogystal â thraean ($\frac{1}{3}$) o siâr farchnad y chwe chanolfan is-werth o amgylch.

h.y. $1 + \frac{1}{3} + \frac{1}{3} + \frac{1}{3} + \frac{1}{3} + \frac{1}{3} + \frac{1}{3} = 3$

Allwedd
- • canolfan uwch-werth
- • canolfan is-werth
- ← cyfeiriad a chyfran y cwsmeriaid a ddaw o'r canolfannau is-werth i'r rhai uwch-werth

$k = 7$

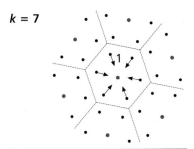

Allwedd
- ← cyfeiriad a chyfran y cwsmeriaid a ddaw o'r canolfannau is-werth i'r rhai uwch-werth

Yn rhwydwaith $k = 4$, trafnidiaeth rhwng aneddiadau yw'r egwyddor bwysicaf. Mae'r ganolfan uwch-werth yn gwasanaethu ei marchnad ei hun yn ogystal â hanner poblogaeth y chwe chanolfan is-werth

h.y. $1 + \frac{1}{2} + \frac{1}{2} + \frac{1}{2} + \frac{1}{2} + \frac{1}{2} + \frac{1}{2} = 4$

$k = 4$

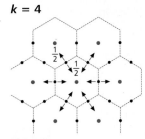

Mae rhwydwaith $k = 7$ yn seiliedig ar yr egwyddor weinyddu lle mae un ganolfan uwch-werth yn gwasanaethu poblogaeth chwe chanolfan is-werth. Yn yr achos hwn mae'r ganolfan uwch-werth yn gwasanaethu ei phoblogaeth ei hun yn ogystal â phoblogaeth y chwe chanolfan is-werth.

h.y. $1 + 1 + 1 + 1 + 1 + 1 + 1 = 7$

5.16 *Gwerthoedd-k*

A yw'r ddamcaniaeth man canol yn berthnasol i'r 'byd go iawn'?

Bu model Christaller yn ddylanwadol iawn mewn astudiaethau patrymau anheddu ers yr 1960au. Mae'n cynnig model sy'n gallu cymharu patrymau anheddu. At hyn, fe'i defnyddiwyd gan gynllunwyr yn y cyfnod wedi'r rhyfel ar gyfer penderfynu pa aneddiadau i'w hymestyn a pha rai i'w cyfangu. Bu cryn feirniadaeth ar y model gan ei fod wedi'i seilio ar set o amodau sydd byth bron yn bodoli go iawn.

- Mae'r model yn tybio mai gwasanaethau yw'r unig reswm dros fodolaeth anheddiad. Nid yw'n cydnabod bod swyddogaethau eraill (megis y diwydiant gweithgynhyrchu) hefyd yn creu gwaith a phoblogaeth.

- Mae'n cynnig darlun un-dimensiwn o ymddygiad pobl. Fel arfer, nid yw defnyddwyr bob amser yn mynd i'w siop agosaf.

- Roedd damcaniaeth Christaller yn weithredol yn yr 1930au ac nid yw'n cydnabod pwysigrwydd newidiadau cymdeithasol ac economaidd mwy diweddar megis symudedd poblogaeth, twf trefol, datblygiad yr archfarchnadoedd a phwysigrwydd rheoliadau cynllunio mewn lleoli canolfannau gwasanaeth.

- Mae'r model yn tybio mai'r ffactorau economaidd yw'r rhai pwysicaf eu heffaith ar batrymau anheddu. Drwy wneud hyn mae'n esgeuluso dylanwadau hanesyddol pwysig.

- Bylchog yw'r dystiolaeth bod model Christaller yn disgrifio patrymau anheddu go iawn.

Fel pob model arall, gellir beirniadu damcaniaeth man canol Christaller am ei bod yn symleiddio realiti. Hwyrach mai'r hyn a ddylid ei gydnabod yn bennaf yw bod model Christaller yn cynrychioli tirwedd gwledig o'r gorffennol, ac mai cyfyng yw ei werth i ddeall y prosesau sydd ar waith ym Mhrydain wledig heddiw. O ganlyniad, mae daearyddwyr wedi edrych i rywle arall yn eu hymdrech i ddeall natur ardaloedd gwledig (gweler y blwch gyferbyn).

YMARFERION

1 Diffiniwch y termau canlynol:

  a trothwy   c nwydd uwch-werth

  b amrediad   ch nwydd is-werth.

2 Crynhowch y tybiaethau sy'n sail i ddamcaniaeth man canol Christaller. Rhowch eich barn ar ba mor realistig ydynt.

3 Gyda chymorth diagram syml, eglurwch sut y gall patrwm anheddu k = 3 ddeillio o ddamcaniaeth Christaller.

4 Amlinellwch yn fyr ystyr yr 'egwyddor drafnidiaeth' a'r 'egwyddor weinyddu'.

CWESTIWN STRWYTHUREDIG

Astudiwch Ffigur 5.17 sy'n dangos ardaloedd marchnad ar sail damcaniaeth man canol Christaller.

a Ym mha ffyrdd y gall man canol gradd dau wahaniaethu oddi wrth man canol gradd un? *(2)*

b Mae Ffigur 5.17a yn dangos lleoliad canolfannau gradd un yn ôl egwyddor farchnata (k = 3). Eglurwch ystyr yr 'egwyddor farchnata'. *(2)*

c Ar gopi o Ffigur 5.17b, marciwch leoliad canolfannau gradd un yn ôl yr egwyddor drafnidiaeth (k = 4). *(3)*

ch Eglurwch ystyr yr 'egwyddor drafnidiaeth'. *(3)*

d Rhowch sylwadau ar gryfder a gwendidau damcaniaeth man canol Christaller. *(5)*

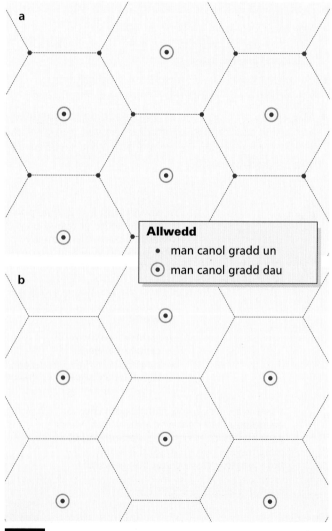

5.17 *Ardaloedd marchnad ar sail model man canol Christaller*

Chwilio am drefn

Un enghraifft o chwilio am drefn mewn patrymau anheddu yw'r defnydd o'r dechneg a elwir yn **ddadansoddiad cymydog agosaf.** Mae hwn yn ceisio mesur dosbarthiad aneddiadau yn ôl a ydynt yn glystyrog, ar hap neu yn rheolaidd. Ceir enghraifft o ddadansoddiad cymydog agosaf yn Ffigur 5.18. Techneg yw dadansoddiad cymydog agosaf a ddefnyddir gan ddaearyddwyr i chwilio am drefn a rheoleidd-dra mewn tirwedd. Fe'i defnyddir fel arfer ar gyfer cymharu patrymau dosbarthiad aneddiadau mewn gwahanol fannau. Fodd bynnag, nid yw'n cynnig unrhyw eglurhad dros y patrymau – daw hyn yn fwy eglur drwy astudiaeth fanwl o fapiau, ynghyd â dealltwriaeth o'r rhesymau hanesyddol dros yr anheddiad.

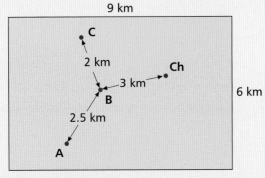

1 Mesurwch y pellter rhwng pob anheddiad a'i gymydog agosaf:

A → B = 2.5 km
B → C = 2 km
C → B = 2 km
Ch→ B = 3 km

2 Cyfrifwch y pellter cymedrig rhwng aneddiadau:

$$2.5 + 2 + 2 + 3 = \frac{9.5}{4} = 2.4$$

3 Cyfrifwch faint yr ardal:

9 km × 6 km = 54 km^2

0   clystyrog

1.0   ar hap

2.15   rheolaidd

Bydd ystadegyn Rn yn rhoi canlyniad rhwng 0 a 2.15.

4 Defnyddiwch y fformiwla ganlynol:

$$Rn = 2\bar{d}\sqrt{\frac{n}{A}}$$ lle mae Rn = mynegai cymydog agosaf
A = maint yr ardal
$\underline{d}$ = y pellter cymedrig rhwng aneddiadau
n = nifer yr aneddiadau

h.y. $Rn = 2 \times 2.4\sqrt{\dfrac{4}{54}}$

$= 4.8 \times 0.27$

$Rn = 1.29$
Mae'r ffigur yn awgrymu dosbarthiad braidd ar hap.

5.18 *Dadansoddiad cymydog agosaf*

Patrymau anheddu gwledig yn Norfolk

Amcan yr astudiaeth achos hon yw cynnig enghraifft o sut y gellir cymhwyso rhai o'r syniadau yn y bennod hon i batrymau anheddu go iawn mewn ardaloedd gwledig.

Mae Ffigur 5.19 yn fap sy'n dangos lleoliad rhai o brif aneddiadau Norfolk. Mae patrymau anheddu gwledig yn amrywio ledled Norfolk, a cheir pum ardal bendant. Mae'r paragraffau canlynol yn disgrifio prif nodweddion patrymau anheddu yr ardaloedd hyn. Wrth eu darllen, lleolwch y mannau y sonnir amdanynt ar y map.

Gogledd Orllewin Norfolk - ardal o dirweddau âr a glaswelltir. Fe'i dominyddir gan ystadau mawr, ac o ganlyniad prin yw'r aneddiadau. Mae'n ardal hynod o sych, ac yn y

gorffennol roedd hyn yn golygu nad oedd llawer o ddŵr ar gael. O ganlyniad, datblygodd yr aneddiadau yn nyffrynnoedd afonydd Burn, Stiffkey a Nar uchaf. Mae pentrefi Creakes, Walsingham a West Acre yn enghreifftiau o bentrefi dyffryn afon a ddatblygodd lle roedd tir pori ar gael. Hyd at yr 18fed ganrif, defnyddiwyd yr ardal yn bennaf ar gyfer pori defaid, ac felly roedd aneddiadau yn brin. Mae'r pentrefi wedi eu lleoli yn bell oddi wrth ei gilydd (tua 4-5 milltir ar wahân) ac wedi eu cysylltu gan ffyrdd syth. Maent yn aml yn aneddiadau cnewyllol, wedi eu clystyru o amgylch maes neu bwll y pentref, megis pentrefi 'pwll' Stanhoe, Docking a Great Massingham. Nid yw'r rhwydwaith cludiant wedi datblygu yn yr ardal ac mae'r pentrefi wedi osgoi'r gwasgedd datblygu. Mae diddordeb ymwelwyr mewn tai mawr gwledig fel Sandringham yn rhoi gwasgedd ar lonydd gwledig. At hyn, mae pentrefi Heacham, Snettisham a Dersingham wedi denu niferoedd mawr o garafanau, cytiau traeth a byngalos.

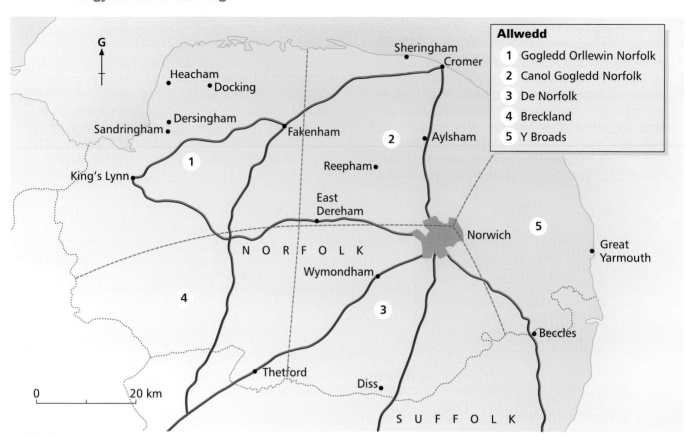

Allwedd

1 Gogledd Orllewin Norfolk
2 Canol Gogledd Norfolk
3 De Norfolk
4 Breckland
5 Y Broads

5.19 *Llinfap o Norfolk*

Canol Gogledd Norfolk - ardal i'r gogledd orllewin o Norwich. Mae'n ardal wledig sy'n dibynnu'n bennaf ar ffermio âr. O safbwynt aneddiadau mae'n cael ei dominyddu gan Norwich, ac nid oes unrhyw ganolfan boblog fawr arall yma. Cymharol brin yw'r trefi, ond mae rhai megis Aylsham ac East Dereham yn ganolfannau bywiog, pob un â'i hunaniaeth ei hun. Mae gan y pentrefi mwy, fel Hingham a Reepham, fwy o swyddogaethau nag arfer gan eu bod yn gymharol bell o ganolfannau eraill. I'r gogledd o'r rhanbarth hwn, mae'r patrwm anheddu yn cynnwys pentrefi bychain yn wasgaredig ymysg rhwydwaith dwys o lonydd cul troellog. Ar yr arfordir, Cromer a Sheringham yw'r prif aneddiadau.

5.20 *Anheddiad gwledig yn Norfolk: Aylsham*

Cawsont eu sefydlu fel cyrchfannau gwyliau yn gynnar yn yr 19eg ganrif. Yn y blynyddoedd diwethaf, mae'r aneddiadau sy'n agos at Norwich ar hyd yr A47 a'r A1067 wedi profi 'maestrefoli ymledol' a'r pentrefi a fu unwaith yn rhai pendant ei ffiniau yn cyfuno.

De Norfolk – ardal eang o East Anglia i'r de o Norwich. Mae'n ardal wastad o glog-glai a cheir ffermio âr, ar wahân i borfa ar lawr y dyffrynnoedd. Gwelir perthynas agos rhwng y patrwm anheddu a'r dyffrynnoedd afon, lle roedd y llethrau yn haws i'w draenio a'u trin na'r priddoedd cleiog gwael eu draeniad. Ceir dwysedd uchel o bentrefi gwasgarog yn Ne Norfolk. Mae llawer o'r trefi yma, megis Wymondham, Diss a Long Stratton yn ganolfannau hanesyddol sydd wedi profi mewnlenwi ers yr Ail Ryfel Byd. Mae'r ardaloedd hyn i'r de o Norwich, wedi datblygu yn lleiniau cymudol helaeth, ac maent yn wynebu gwasgedd datblygu ar hyd y prif lwybrau cludiant (coridor yr A14). I'r de ddwyrain o Bungay mae'r tirwedd yn cynnwys ardaloedd eang a ddefnyddiwyd yn y gorffennol ar gyfer pori tir comin. O ganlyniad ychydig o aneddiadau a ddatblygodd yma.

Breckland – profodd hanes hir o anheddu ond sydd bellach, fodd bynnag, yn denau ei boblogaeth. Mae'n cynnwys tywod gwael yn draenio'n rhwydd ac felly cyfyngir ar y cyflenwad dŵr. O ganlyniad esblygodd y patrwm anheddu o gwmpas argaeledd dŵr a chroesir yr ardal gan nifer o afonydd y mae eu dyffrynnoedd wedi eu marcio gan gyfres o bentrefi cnewyllol. Ar yr uwchdiroedd nid oes ond ambell dŷ fferm a phentrefan. Thetford yw'r unig dref o faint sylweddol yn yr ardal hon. Roedd yn un o drefi gorlif cynharaf Llundain a bellach mae'n cynnal ystod eang o ddiwydiannau. Bu'r canolfannau awyr yn Lakenheath, Honington a Mildenhall yn fodd o atgyfnerthu'r boblogaeth leol ers 1945.

Ardal isel yw'r **Broads** yn Norfolk. Mae'n gorwedd ar ochr ddwyreiniol East Anglia, rhwng Norwich ac arfordir Môr y Gogledd. Mae'r Broads yn ardaloedd o ddŵr agored wedi eu hamgylchynu gan ardaloedd helaeth o gorstir. Y prif ddefnydd tir amaethyddol yw porfa ar gyfer gwartheg, er gwelwyd cynnydd mewn ffermio âr yn ddiweddar. Prin yw poblogaeth yr ardal a cheir eangderau mawr o gorstiroedd heb unrhyw anheddiad. Prin yw'r ffyrdd ac maent yn glynu at ochrau'r dyffryn, ac yn cysylltu'r pentrefi sy'n clystyru ar yr ymyl, lle mae'r tir yn sychach. Prin yw'r aneddiadau yn y corstiroedd, lle mae ffermdai unigol yn anghysbell ac unig. Y prif aneddiadau yw Great Yarmouth sydd â hanes hir fel porthladd ac sydd bellach yn gyrchfan gwyliau poblogaidd, a Beccles, ar ymyl ddeheuol y Broads.

GWEITHGAREDD ESTYNEDIG

Bydd angen map atlas o Norfolk ar gyfer y gweithgaredd hwn.

1 a Lluniwch linfap amlinellol mawr o Norfolk (gweler Ffigur 5.19).

b Ar eich map, lleolwch a labelwch yr holl aneddiadau y soniwyd amdanynt yn y testun. Ychwanegwch fanylion eraill, yn cynnwys:

- afonydd
- uwchdiroedd
- rhifau ffyrdd
- coedwigoedd.

c Gan ddefnyddio nodiadau o'r astudiaeth achos hon, anodwch eich map i ddarlunio'r patrwm anheddu yn Norfolk.

ch Ysgrifennwch grynodeb i gyd-fynd â'ch map ar gyfer egluro'r patrymau rydych wedi eu disgrifio. Defnyddiwch y syniadau ar safle, ffurf a phatrwm cnewyllol i'ch helpu.

Astudiwch Ffigur 5.21, ac yna atebwch y cwestiynau canlynol.

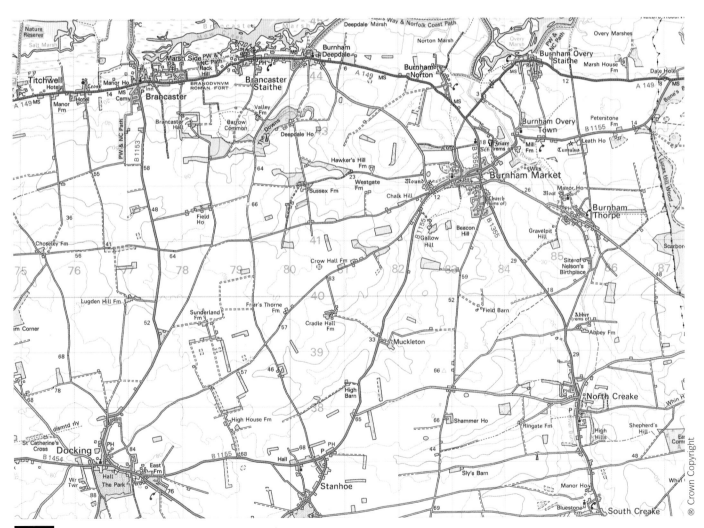

5.21 *Detholiad Map Ordnans o ran o Ogledd Orllewin Norfolk*

2 a Disgrifiwch brif nodweddion patrwm anheddu yr ardal a ddangosir ar y map.

b Awgrymwch resymau dros y safleoedd:

(i) South Creake (8635)

(ii) Brancaster (7744)

(iii) Burnham Market (8342).

c Disgrifiwch ffurf (morffoleg) anheddiad Stanhoe (8036).

ch Awgrymwch ffyrdd y gallai swyddogaethau aneddiadau Brancaster a Burnham Market fod wedi newid yn y 25 mlynedd diwethaf.

3 Mae Ffigur 5.22 yn amlinelliad o'r ardal a ddangosir ar y Map Ordnans. Dilynwch y camau yn y dadansoddiad cymydog agosaf (gweler y blwch ar dudalen 153). A yw yn batrwm gwasgaredig, ar hap neu'n glystyrog?

4 Edrychwch ar Ffigur 5.23. Mae'n dangos y newidiadau sy'n digwydd i ardaloedd marchnad rhai aneddiadau yn Norfolk. Mae rhai wedi ehangu ac eraill wedi cyfangu.

a (i) Disgrifiwch y newidiadau yn ardaloedd marchnad Swaffham a North Walsham.

(ii) Nodwch resymau posibl pam y digwyddodd y newidiadau yn yr ardaloedd marchnad hyn.

b Pa newidiadau y byddech yn disgwyl eu gweld ers 1971 yn

(i) y swyddogaethau

(ii) ardaloedd marchnad yr aneddiadau a nodir yn Ffigur 5.23?

c Sut y gallai'r newidiadau hyn effeithio ar rai trigolion gwledig yn fwy nag eraill?

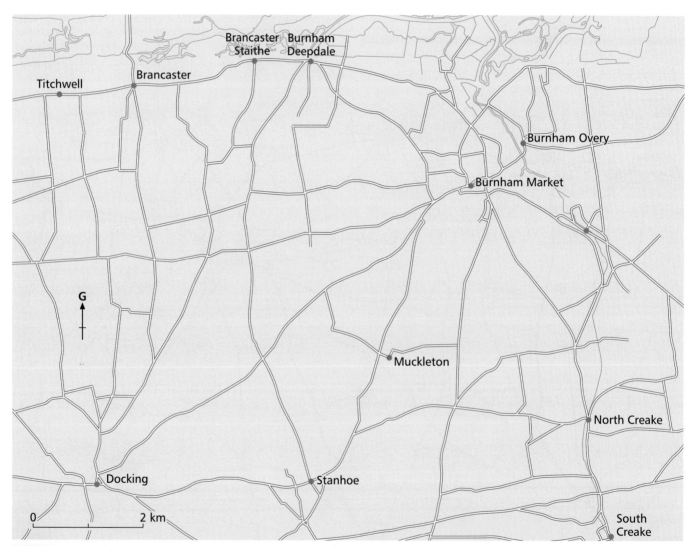

5.22 *Patrwm anheddu yng ngogledd orllewin Norfolk*

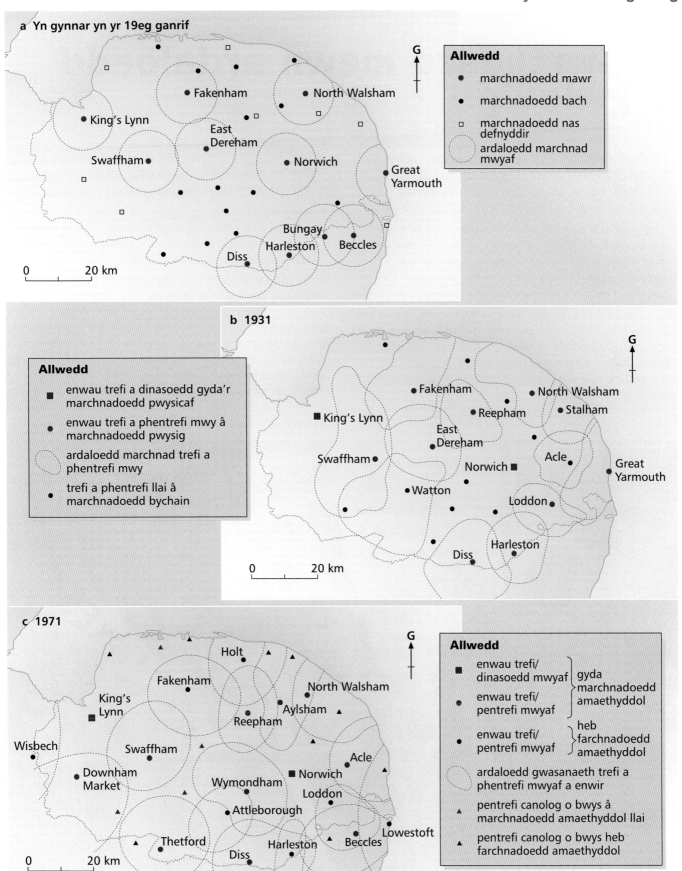

a   Yn gynnar yn yr 19eg ganrif

G

Allwedd
- marchnadoedd mawr
- marchnadoedd bach
□ marchnadoedd nas defnyddir
⌁ ardaloedd marchnad mwyaf

Fakenham
North Walsham
King's Lynn
East Dereham
Swaffham
Norwich
Great Yarmouth
Bungay
Harleston   Beccles
Diss

0   20 km

b   1931

G

Allwedd
■ enwau trefi a dinasoedd gyda'r marchnadoedd pwysicaf
- enwau trefi a phentrefi mwy â marchnadoedd pwysig
⌁ ardaloedd marchnad trefi a phentrefi mwy
- trefi a phentrefi llai â marchnadoedd bychain

Fakenham
North Walsham
King's Lynn
Reepham   Stalham
East Dereham
Swaffham
Acle
Norwich ■
Watton
Great Yarmouth
Loddon
Harleston
Diss

0   20 km

c   1971

G

Allwedd
■ enwau trefi/ dinasoedd mwyaf ⎫ gyda marchnadoedd amaethyddol
- enwau trefi/ pentrefi mwyaf ⎭
- enwau trefi/ pentrefi mwyaf ⎫ heb farchnadoedd amaethyddol
⌁ ardaloedd gwasanaeth trefi a phentrefi mwyaf a enwir
▲ pentrefi canolog o bwys â marchnadoedd amaethyddol llai
▲ pentrefi canolog o bwys heb farchnadoedd amaethyddol

Holt
Fakenham
North Walsham
King's Lynn
Aylsham
Reepham
Wisbech
Swaffham
Acle
Downham Market
Norwich ■
Wymondham
Loddon
Attleborough
Lowestoft
Thetford
Harleston   Beccles
Diss

0   20 km

5.23   *Newidiadau mewn ardaloedd marchnad yn Norfolk: o ddechrau'r 19eg hyd at 1971*

C Gwrthdaro mewn ardaloedd gwledig

Edrychwch eto ar yr hysbyseb ar gyfer Milton Keynes (Ffigur 5.1 tudalen 143). Mae'n ceisio cynnig delwedd o gefn gwlad â'i ysbryd cymunedol ac fel lle i osgoi tensiynau trefol – mewn geiriau eraill, mae'n ddelwedd o **baradwys wledig**. Mae'r daearyddwr John Short (1991) yn sôn am 'fyth' cefn gwlad:

> *Darlunnir cefn gwlad fel bywyd hamddenol lle mae pobl yn dilyn y tymhorau yn hytrach na'r gyfnewidfa stoc, lle mae ganddynt fwy o amser i'w gilydd ac yn byw mewn cymuned organig lle mae gan bob person rôl gyfiawn i'w chwarae. Daeth cefn gwlad yn noddfa o'r bywyd modern.*

Mae'r ddelwedd ar gardiau post o fywyd cefn gwlad yn gyffredin mewn diwylliant poblogaidd. Fodd bynnag, mae Short yn defnyddio'r syniad o 'fyth' ac yn galw ar ddaearyddwyr i edrych ymhellach na'r olwg 'ramantaidd' o ardaloedd gwledig. Mae dwy brif broblem yn gysylltiedig â'r agwedd 'ramantaidd' hon:

- Drwy weld ardaloedd gwledig fel cymunedau cytûn ac agos, tueddir i anwybyddu'r gwrthdaro a'r tensiynau go iawn sy'n bodoli mewn ardaloedd gwledig, yn arbennig y rhai sy'n gysylltiedig â chadwraeth, twf cyflogaeth a thai.

- Mae'n tueddu i ystyried ardaloedd gwledig ar wahân ac yn wahanol i rannau eraill o gymdeithas. Yn wir, mae'r hyn sy'n digwydd mewn ardaloedd gwledig yn gysylltiedig â digwyddiadau mewn mannau eraill.

Drylliwyd yr agwedd bod Prydain wledig yn fan heddychlon a thawel gan Orymdaith Cefn Gwlad, ar 1 Mawrth 1998 (Ffigur 5.24). Er bod yr orymdaith wedi ei symbylu gan y gwrthwynebiad i'r gwaharddiad arfaethedig ar hela, fe gwmpasodd ystod ehangach o faterion, megis gwrthwynebiad i adeiladu tai newydd, a phroblemau economiadd y ffermwyr. Roedd yr orymdaith mewn sawl ffordd yn adlewyrchu'r newidiadau pwysig a ddigwyddodd ym Mhrydain wledig yn y blynyddoedd diweddar. Mae Ffigur 5.25 yn crynhoi rhai o'r materion sy'n wynebu rhai mannau ym Mhrydain wledig.

5.24 *Gorymdaith Cefn Gwlad, 1 Mawrth 1998*

'Dim atebion cyflym' ar y llwybr i'r hafan werdd

Gan Brian Groom

Datgelwyd darlun o genedl mewn perygl o garu ei chefn gwlad hyd at farwolaeth ddoe gan Asiantaeth Cefn Gwlad, corff ymgynghorol newydd y llywodraeth ar gyfer Lloegr wledig. Mae'n dod i fodolaeth Ddydd Iau.

Mynegodd Ewen Cameron, y cadeirydd, wrth lansio'r Asiantaeth nad oedd 'atebion cyflym' i broblemau cefn gwlad, ond credai y gallai'r Asiantaeth wneud gwahaniaeth. Ei blaenoriaethau cyntaf oedd: dangos sut i daclo anfanteision gwledig; gwella cludiant gwledig tra'n dofi effaith twf mewn trafnidiaeth; arddangos agwedd mwy gynaliadwy at amaethyddiaeth; a chynyddu mynediad i gefn gwlad.

Yn *The State of the Countryside 1999*, proffil ystadegol, mae'r Asiantaeth yn dangos bod Lloegr wledig mewn sawl ffordd yn llwyddiant economaidd mawr.

Tyfodd ei phoblogaeth 6.9% rhwng 1981 ac 1991, o'i gymharu â chynnydd o 3% yn genedlaethol. Cynyddodd nifer y swyddi yn yr ardaloedd gwledig 8.1% rhwng 1991 ac 1996, o'i gymharu â 3.7% yn genedlaethol.

Mae cyfraddau diweithdra yn is – 4.4% mewn ardaloedd gwledig Awst ddiwethaf o'i gymharu â chyfartaledd Lloegr o 6.4%.

Ac mae cefn gwlad wedi addasu mor dda i ddirywiad mewn amaethyddiaeth fel bod y gymysgedd o ddiwydiannau a gwasanaethau yn awr yn adlewyrchu yr economi cenedlaethol; mae 39% o gyflogaeth mewn ardaloedd gwledig yn y sector gwasanaethau, o'i gymharu â 40% yn genedlaethol.

Mae 9.3 miliwn yn byw yng nghefn gwlad, sef pumed ran yr holl boblogaeth. Mae mor ddeniadol fel bod y mwyafrif o bobl yn dymuno byw yno: mae 89% o drigolion gwledig yn dweud eu bod yn fodlon, ond mae llai na hanner trigolion

y trefi a'r maestrefi, a dim ond un o bob pump o drigolion y ddinas yn hapus â'u man preswylio.

Dyma lle mae'r problemau'n dechrau. Rhagwelir y bydd nifer y cartrefi yn cynyddu 25% yn y ddau ddegawd hyd at 2011, ond mae prisiau uchel yn creu prinder o gartrefi fforddiadwy. Nid yw dwy ran o dair o ddeiliaid yn gallu fforddio prynu tai digon mawr, ac yn gynnar yn yr 1990au, derbynnid bod 16 000 o deuluoedd mewn ardaloedd gwledig yn flaenoriaeth ddigartref bob blwyddyn.

Yn 1997, roedd 75% o blwyfi gwledig heb wasanaeth bws dyddiol, 42% heb unrhyw siop, 83% heb feddyg teulu sefydlog yn y plwyf, ac roedd 29% heb unrhyw dafarn.

Cynyddodd trafnidiaeth deirgwaith yn gyflymach ar ffyrdd A yng nghefn gwlad rhwng 1981 ac 1997 nag ar ffyrdd trefol. Roedd ffyrdd gwledig yn gyfrifol am 55% o holl farwolaethau ffyrdd, o'i gymharu â 41% mewn trefi a 4% ar draffyrdd.

Ceir y lefelau cyflog isaf yn Lloegr yn y siroedd gwledig ymylol. Mae cyfartaledd cyflog wythnos yng Nghernyw £88 yn is na'r cyfartaledd cenedlaethol, ac mae ymysg siroedd gwledig eraill ar waelod y 10 isaf o safbwynt cynnyrch mewnwladol crynswth y pen.

Meddai Mr Cameron: 'Mae nifer o bobl yn credu bod cefn gwlad o dan fygythiad yn fwy nag erioed a'i fod wedi newid er gwaeth yn yr 20 mlynedd diwethaf'.

Gyda 380 o weithwyr a chyllideb o £50 miliwn y flwyddyn, rhaid i'r Asiantaeth ddibynnu ar bartneriaeth cyrff eraill, o Frwsel i'r cynghorau plwyf, er mwyn gwneud gwahaniaeth.

Mae Mr Cameron yn gobeithio creu fforwm 'arfer da' gyda chynrychiolwyr gwledig wyth asiantaeth ddatblygu rhanbarthol sydd hefyd yn dechrau yr wythnos hon.

Ffurfiwyd yr asiantaeth drwy uno'r Comisiwn Cefn Gwlad gyda swyddogaethau cenedlaethol Comisiwn Datblygu Cefn Gwlad.

Ffynhonell: *Financial Times*, 30 Mawrth 1999

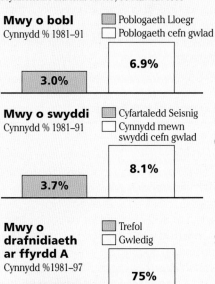

Gwasanaethau gwael

- 75% o blwyfi gwledig heb wasanaeth bws dyddiol
- 42% heb siop
- 43% heb swyddfa'r post
- 83% heb feddyg teulu
- 49% heb ysgol

Incwm o ffermio
Mynegai (1995 = 100)

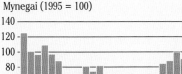

5.25 *Gwasgeddau ar Brydain wledig*

Newidiadau mewn amaethyddiaeth

Yn *The State of the Countryside* 1999 mynegwyd bod 88% o Loegr yn 'gefn gwlad', sef ei fod yn rhydd o ddefnydd preswylio, diwydiant a chludiant. Yn nhermau defnydd tir, mae'r rhan fwyaf o Brydain yn amaethyddol. Fodd bynnag, mae ffermio fel gweithgaredd economaidd wedi profi newidiadau pwysig ers 1945. Mae'r newidiadau hyn yn gysylltiedig â phrosesau **arbenigaeth** (lle mae ffermydd yn canolbwyntio ar gynhyrchu un neu ddau gynnyrch) ac

arddwysáu (lle y gwesgir mwy o gynnyrch o'r un maint o dir). Canlyniad hyn yw fod llai o bobl yn ymwneud â ffermio, a maint ffermydd yn cynyddu. Yn ychwanegol, mae newidiadau mewn polisïau amaethyddol ar lefelau cenedlaethol a'r Undeb Ewropeaidd wedi annog nifer o ffermwyr i ddarganfod ffyrdd eraill o gynyddu eu hincwm.

Mae'r gred ganolog a welwyd ym mholisi defnydd tir wedi'r rhyfel – sef y dylid cadw tiroedd gwledig ar gyfer amaethyddiaeth – yn dechrau gwanhau, gan arwain rhai daearyddwyr i sôn am **gefn gwlad 'ôl-gynhyrchiol'**. Canlyniad y newid hwn oedd creu cyfres o ddadleuon a thrafodaethau am yr hyn sy'n addas ar gyfer ardaloedd gwledig. Bu'r gwrthdaro mwyaf ynglŷn â rôl y ffermwyr. Yn y cyfnod wedi'r Ail Ryfel Byd, prif nod polisi amaethyddol oedd cynyddu cynhyrchu bwyd, a rhoddwyd cefnogaeth ariannol i ffermwyr ar gyfer moderneiddio eu gweithgareddau. O ganlyniad, roedd ardaloedd gwledig yn cael eu cyfystyru â ffermio. Fodd bynnag, yn awr pan fo cynhyrchu bwyd yn Ewrop wedi ehangu, gofynnir i ffermwyr gynhyrchu llai. Mae llawer wedi cael eu talu i neilltuo tir o'r system gynhyrchu. Mae hyn wedi arwain at ddadleuon pwysig ar sut y dylid defnyddio ardaloedd gwledig.

Gwrthdrefoli

Gan fod pwysigrwydd ffermio yn lleihau mewn ardaloedd gwledig, agorwyd y drws i breswylwyr gwledig newydd wrth i hen adeiladau a bythynnod amaethyddol gael eu trawsnewid yn dai 'uwchraddol' a hyd yn oed yn fusnesau bychain. Wedi degawdau o leihad mewn poblogaeth, mae rhai ardaloedd gwledig yn profi cynnydd yn eu poblogaeth. Gelwir y patrwm hwn yn **wrthdrefoli**. Defnyddiwyd y term hwn i ddisgrifio'r twf poblogaeth a ddigwyddai yn siroedd gwledig UDA a'r dirywiad ym mhoblogaeth y siroedd trefol yno, yn ystod yr 1960au a'r 1970au. Mae daearyddwyr wedi nodi patrymau tebyg o wrthdrefoli yng ngogledd orllewin Ewrop, Japan, Awstralia, Seland Newydd a rhannau o Lychlyn. Fel arfer mae'r mudwyr mewn swyddi sicr, cymharol dda o ran cyflog (sy'n golygu eu bod yn debyg o fod yn ddosbarth canol a chanol oed).

Ceir dau brif eglurhad i'r tuedd hwn:

- **'Dilyn swydd'** Bu newid sylweddol ym math y gwaith mewn GMEDd. Tra arferai cwmnïau glystyru gyda'i gilydd, maent yn gwasgaru fwyfwy, gan nad ydynt mwyach wedi eu clymu i leoliadau arbennig. Mae'r symudiad o fás-gynhyrchu ar raddfa fawr i gwmnïau bychain yn eu galluogi i leoli mewn ardaloedd gwledig mwy anghysbell. Yn y mannau hyn gallant elwa o gronfeydd o lafur 'gwyrdd' (yn bennaf merched a gweithwyr di-undeb), rhenti isel, a gwasanaethau a chyfathrebau sy'n gwella. Ond byddai'r cwmnïau hyn yn cael anhawster i ddenu rheolwyr i ardaloedd gwledig, ac o ganlyniad, mae'r bobl hyn yn debyg o symud gyda'r cwmni i leoliadau gwledig. Gelwir y broses lle mae mwy a mwy o weithgynhyrchu a gwasanaethau i'w cael mewn ardaloedd gwledig yn **'ddiwydiannu cefn gwlad'**.

- **'Dilyn pobl'** Mae hyn yn awgrymu bod gwrthdrefoli yn ganlyniad hoffter pobl am gefn gwlad. Datgelodd arolwg diweddar o fudwyr Prydeinig yn symud i gefn gwlad sawl rheswm dros iddynt symud:

  - roedd y mannau gwledig yn fwy agored a llai poblog; roedd pobl yn dweud nad oeddynt wedi cael eu cau i mewn gan dai – roedd graddfa ddynol i bethau

  - roedd yn dawelach ac yn llonydd, gyda llai o sŵn trafnidiaeth a llai o ffws a ffwdan

  - roedd yr ardal yn lanach, yr awyr yn iach a llai o lygredd trafnidiaeth

  - roedd yr ardal yn gymorth i ddianc oddi wrth gystadlu a chymdeithas yn gyffredinol

  - roedd bywyd yn fwy hamddenol yn yr ardal gyda mwy o amser ar gyfer pobl

  - roedd mwy o bwyslais ar gymuned a hunaniaeth, a theimlad o agosatrwydd, ac yn llai amhersonol

  - ystyrid bod llai o droseddu yn yr ardal, llai o broblemau cymdeithasol a llai o fandaliaeth – teimlai'r bobl yn ddiogelach yn ystod y nos

  - roedd yr amgylchedd yn fwy ffafriol at fagu plant

  - roedd llai o bobl heb fod yn wyn yn yr ardal

  - roedd llai o 'fywyd nos' a llai o deipiau 'chwaraeon'.

Un canlyniad i'r hoffter hwn o fyw yn y wlad fu'r cynnydd yn y galw am adeiladu tai. Er enghraifft, disgwylir i boblogaeth Lloegr gynyddu o 49.1 miliwn i 52.5 miliwn rhwng 1999 a 2021. At hyn, bydd cyfraddau ysgaru uwch a phriodasau hwyr yn cynyddu'r galw am dai. Mae hyn yn golygu y bydd angen adeiladu nifer mawr o gartrefi newydd. Amcangyfrifir y bydd angen 3.8 miliwn o dai newydd rhwng 1996 a 2025. Ymhle yr adeiledir y tai newydd hyn? Un argymhelliad yw eu codi ar safleoedd **maes brown** (tir a ddefnyddiwyd yn flaenorol gan ddiwydiant – Ffigur 5.26a). Fodd bynnag, nid yw dymuniad pobl i fyw y tu allan i ardaloedd trefol mawr yn debyg o ddiflannu, ac felly bydd galw mawr am adeiladu ar safleoedd maes glas yng nghefn gwlad (Ffigur 5.26b).

a Safle maes brown

b Safle maes glas   **5.26** *Safleoedd adeiladu*

Hamdden a thwristiaeth

Bellach mae gan lawer yr arian a'r amser hamdden i'w gwario yng nghefn gwlad. Mae ehangu parciau hamdden, gwyliau cadwraeth ac yn y blaen wedi canolbwyntio ar ardaloedd gwledig. Effaith hyn oedd gwneud yr ardaloedd gwledig yn 'faes chwarae' ar gyfer poblogaeth drefol Prydain. Ceir nifer o dueddiadau sy'n gymorth i egluro'r gwasgedd cynyddol ar ardaloedd gwledig ar gyfer hamdden a thwristiaeth.

- Mae incwm real mwyafrif y bobl wedi cynyddu'n gyson dros y ddau neu dri degawd diwethaf, gyda mwy ar gael ar gyfer gwario ar hamdden.

- Mae perchenogaeth ceir yn dal i gynyddu. Mae mwy na 70% o gartrefi yn y DU yn berchen ar gar. Hefyd, mae pobl yn teithio ymhellach.

- Mae poblogrwydd cefn gwlad ar gyfer ymwelwyr wedi cynyddu. Bu 1.3 biliwn o dripiau undydd i gefn gwlad Lloegr yn 1996. Bu 76% o boblogaeth Lloegr yn ymweld â chefn gwlad o leiaf unwaith yn 1990.

- Mae cyfran uwch o boblogaeth y DU mewn swyddi sy'n gofyn am allu deallusol a medrus ac mae llawer mwy o bobl gyda chymwysterau addysg bellach/uwch. Mae arolygon yn awgrymu bod y math hwn o bobl ddwywaith yn fwy tebygol o ymweld â chefn gwlad ag yw gweithwyr lled grefftus neu ddi-grefft.

- Mae cefn gwlad yn awgrymu heddwch a llonyddwch. Mae nifer o bobl yn dyheu am fannau agored cefn gwlad o'i gyferbynnu â 'straen a llygredd' ardaloedd trefol.

Mae'r ffactorau hyn wedi arwain at wasgedd cynyddol ar gefn gwlad ac at gyflwyno cyfres o wrthdrawiadau. Ceir crynhoad o'r gwrthdrawiadau pwysicaf yn y blynyddoedd diwethaf yn Ffigur 5.27.

Un o'r ffactorau allweddol sy'n arwain at wasgedd cynyddol hamdden a thwristiaeth ar ardaloedd gwledig yw'r cynnydd mewn symudedd personol. O ganlyniad i gyfraddau uchel perchenogaeth ceir, a chynnydd yn y galw am hamdden, mae ardaloedd gwledig yn profi gwasgedd cynyddol gan ymwelwyr. Rhagwelodd adroddiad ar ddechrau'r 1990au y bydd trafnidiaeth ar ffyrdd gwledig yn debygol o gynyddu rhwng 127% a 267% erbyn 2025. Ar ben hynny, fe all trafnidiaeth mewn ardaloedd trefol oherwydd ei fod yn cael ei gyfyngu gan fesurau megis prisio ffyrdd a thympathau gostegu, annog mwy o berchenogion ceir symud allan o'r dinasoedd, gan waethygu'r broblem mewn ardaloedd gwledig.

Ers 1945, bu nifer o fesurau ar gyfer gwneud ardaloedd gwledig yn fwy hygyrch i bobl sydd eisiau hamdden ac adloniant. Dangosir y rhain ar Ffigur 5.28. Maent yn cynnwys:

- saith o Barciau Cenedlaethol a ddynodwyd yn y mannau mwyaf anghysbell, a dwy ardal ddynodedig arbennig yn y Broads Norfolk ac yn y Fforest Newydd

- 34 Ardal o Harddwch Naturiol Eithriadol (AHNE)

- 29 Arfordir Treftadaeth

- tua 192 000 km o hawliau mynediad cyhoeddus, yn cynnwys deg Llwybr Cenedlaethol

- Coedwig Genedlaethol newydd a 12 Coedwig Gymunedol.

Mae'r mesurau hyn yn ganlyniad newidiadau cymdeithasol sydd wedi creu patrymau newydd i'r galw a'r ddarpariaeth am hamdden gan fod cymdeithas yn dod yn fwy symudol a phobl yn chwilio am foddhad o ystod eang o weithgareddau hamdden. Mae'r ystod o ardaloedd dynodedig a ddangosir ar y map yn dyddio o benderfyniadau polisi a wnaed yn dilyn yr Ail Ryfel Byd (1939-45). Cymerwyd yn ganiataol fod y mannau hyn yn fannau 'arbennig' angen eu hamddiffyn. Teimlwyd bod yr ardaloedd gwledig eraill yn ddiogel yn nwylo ffermwyr. Fodd bynnag, yn y degawdau diweddar, cydnabyddir nad oedd angen mwyach yr ymgyrch gyson i gynhyrchu mwy o fwyd, ac mae ffermwyr wedi cael eu hannog i arallgyfeirio eu gweithgareddau. Yn ychwanegol, mae pobl yn edrych yn gynyddol ar ardaloedd gwledig fel ffynonellau hamdden.

Marinas arfordirol

Ers diwedd yr 1980au bu cynnydd yn y galw am farinas newydd a datblygiadau cysylltiedig mewn mannau ar forydau arfordirol yng Nghymru a Lloegr. Mynegodd grwpiau megis RSPB a WWF bryderon am effaith y math hwn o gynlluniau ar gynefinoedd bywyd gwyllt a meithrinfeydd.
Enghraifft: Cymeradwywyd cynllun ailddatblygu Bae Caerdydd gan y Senedd yn 1993. Golygai hyn bod y foryd yn cael ei thrawsffurfio ar raddfa fawr, a SoDdGA (SSSI) yn cael ei lwyr ddinistrio, gan fared ar draws y bae.

Mynediad i dir preifat

Mae'r rhan fwyaf o Brydain wledig yn eiddo preifat. Mae mater mynediad cyffredinol i gefn gwlad – 'hawl tramwyo' – yn creu drwgdeimlad rhwng tirfeddianwyr a'r cyhoedd.

Meysydd golff

Gwelodd yr 1980au gynnydd cyflym yn natblygiad meysydd golff newydd, yn bennaf ar dir ffermio gradd-is sy'n dirywio yn ei werth cynhyrchiol. Tuedda'r rhain i fod yn wrthdrawiadau lleol, er maent yn codi cwestiynau gan eu bod yn aml mewn mannau yn y Llain Las. Digwyddodd yr un mwyaf nodedig yn y cais am faes golff yn Catholes ym Mharc Cenedlaethol Dales Efrog. Bu Cymdeithas y Cerddwyr yn wrthwynebus iawn, yn ogystal â grwpiau cadwraeth eraill.

Cabanau gwyliau

Mae'r gwasgedd economaidd ar ffermwyr i arallgyfeirio wedi arwain at lawer ohonynt yn creu cyfleusterau twristaidd ar y fferm, megis cabanau gwyliau.
Enghraifft: cynllun ar gyfer datblygu 10 caban mewn AHNE ger Great Witcombe yn y Cotswolds (Swydd Gaerloyw) – rhoddwyd caniatâd i'r cynllun er gwaethaf gwrthwynebiad Cyngor Dosbarth Tewkesbury. Mae ceisiadau fel hyn yn aml yn achosi dadleuon gan ei fod yn achosi newidiadau mewn defnydd tir sy'n gwrthdaro â pholisïau cynllunio eisoes mewn grym.

Beiciau mynydd

Ers 1992 mae Bro'r Llynnoedd Lloegr wedi bod yn safle gwrthdaro rhwng beicwyr mynydd a defnyddwyr adloniant eraill (cerddwyr a dringwyr) am y dull priodol o ddefnyddio'r ardal. Bu gwrthdaro tebyg yn Eryri – yn arbennig y Wyddfa ei hun – a arweiniodd at waharddiad gwirfoddol ar feicio ar rai llethrau penodedig.

Gemau rhyfel/peli paent

Mae twf gemau rhyfel yn ganlyniad arallgyfeirio ar ffermydd. Fel arfer maent yn digwydd mewn coetiroedd.
Enghraifft: Bonny Wood, ger Stowmarket (Suffolk). Dyma goetir SoDdGA 15 hectar, sydd wedi cael ei ddefnyddio ar gyfer gemau rhyfel/peli paent. Darganfu'r Cyngor Gwarchod Natur (English Nature bellach) fod difrod wedi cael ei wneud i goetir hynafol o dderw ac ynn, ac yn arbennig i'r llystyfiant llawr toreithiog a'r llwyni.

Pentrefi gwyliau

Mae Pentref Gwyliau Center Parcs yn Longleat, Wiltshire yn ddatblygiad 160 hectar a gafodd ganiatâd cynllunio yn 1992. Mae'r safle o fewn AHNE Cranbourne Chase. Ceir mentrau tebyg eraill yn Sherwood ac Elvedon, a chynlluniau tebyg yn Market Weighton (Swydd Efrog), Dyffryn Eden (Cumbria) a West Wood (Caint).

5.27 *Defnydd tir a gwrthdrawiadau hamdden yn yr 1990au*

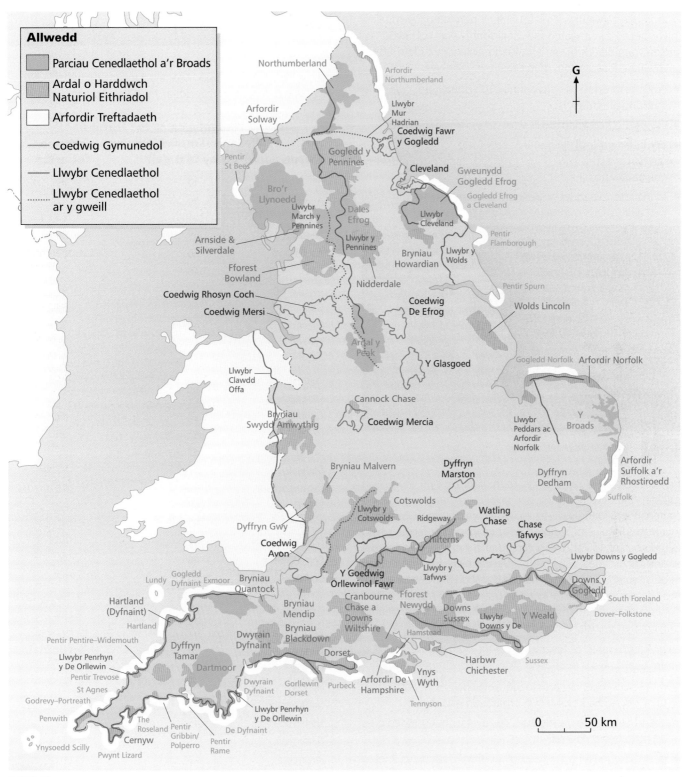

Allwedd

- Parciau Cenedlaethol a'r Broads
- Ardal o Harddwch Naturiol Eithriadol
- Arfordir Treftadaeth
- Coedwig Gymunedol
- Llwybr Cenedlaethol
- Llwybr Cenedlaethol ar y gweill

G

Northumberland

Arfordir Northumberland

Arfordir Solway

Pentir St Bees

Llwybr Mur Hadrian

Coedwig Fawr y Gogledd

Gogledd y Pennines

Cleveland

Gweunydd Gogledd Efrog

Gogledd Efrog a Cleveland

Bro'r Llynoedd

Llwybr March y Pennines

Dales Efrog

Llwybr Cleveland

Llwybr y Pennines

Bryniau Howardian

Llwybr y Wolds

Pentir Flamborough

Arnside & Silverdale

Fforest Bowland

Nidderdale

Coedwig Rhosyn Coch

Coedwig De Efrog

Pentir Spurn

Wolds Lincoln

Coedwig Mersi

Ardal y Peak

Y Glasgoed

Gogledd Norfolk

Arfordir Norfolk

Llwybr Clawdd Offa

Cannock Chase

Coedwig Mercia

Bryniau Swydd Amwythig

Llwybr Peddars ac Arfordir Norfolk

Y Broads

Bryniau Malvern

Dyffryn Marston

Dyffryn Dedham

Arfordir Suffolk a'r Rhostiroedd

Suffolk

Cotswolds

Watling Chase

Dyffryn Gwy

Llwybr y Cotswolds

Ridgeway

Chiltern

Chase Tafwys

Coedwig Avon

Y Goedwig Orllewinol Fawr

Llwybr y Tafwys

Llwybr Downs y Gogledd

Lundy

Gogledd Dyfnaint

Exmoor

Bryniau Quantock

Cranbourne Chase a Downs Wiltshire

Fforest Newydd

Downs Sussex

Downs y Gogledd

South Foreland

Hartland (Dyfnaint)

Hartland

Bryniau Mendip

Bryniau Blackdown

Hamstead

Llwybr Downs y De

Y Weald

Dover–Folkstone

Pentir Pentire–Widemouth

Dyffryn Tamar

Dwyrain Dyfnaint

Dorset

Arfordir De Hampshire

Harbwr Chichester

Sussex

Llwybr Penrhyn y De Orllewin

Dartmoor

Ynys Wyth

Pentir Trevose

St Agnes

Dwyrain Dyfnaint

Gorllewin Dorset

Purbeck

Tennyson

Godrevy–Portreath

Penwith

The Roseland

Pentir Gribbin/ Polperro

Llwybr Penrhyn y De Orllewin

De Dyfnaint

Pentir Rame

Cernyw

Pwynt Lizard

Ynysoedd Scilly

0   50 km

5.28 *Ardaloedd gwarchodedig yn Lloegr*

Cludiant

I lawer, mae car yn symbol o ryddid a symudedd. Mae cynnydd mewn lefelau incwm personol ac mewn amser hamdden wedi arwain at gynnydd yn y defnydd o geir. Dros yr 20 mlynedd diwethaf mae'r pellter a deithir mewn car wedi cynyddu 55%, tra bod cerdded, beicio a theithio mewn bws, oll wedi dirywio (20%, 25% a 38% yn y drefn hon). Mae'r llywodraeth yn rhagweld y gall trafnidiaeth gynyddu eto 36-84% erbyn y flwyddyn 2031.

Mae twf trafnidiaeth wledig yn fwy na thrafnidiaeth drefol, ac eglurir hyn gan y dirywiad yn lefelau cludiant cyhoeddus yn yr ardaloedd gwledig, lefelau uchel o berchenogaeth ceir a thwf mewn gweithgareddau hamdden. Mae cynnydd yn lefelau trafnidiaeth mewn ardaloedd gwledig yn creu nifer o broblemau (Ffigur 5.29). Mae'r rhain yn cynnwys:

- colli tirweddau a chynefinoedd oherwydd adeiladu ffyrdd/rheilffyrdd
- llygredd o gerbydau modur
- erydiad graddol cymeriad arbennig cefn gwlad a'r tawelwch sydd yno drwy gynnydd mewn trafnidiaeth, goleuadau nos a safoni cynllunio ffyrdd
- arunigedd cynyddol y 22% o'r boblogaeth wledig sydd heb geir.

5.29 *Tagfa drafnidiaeth wledig*

Mae'r cwestiwn o sut i leihau trafnidiaeth mewn ardaloedd gwledig yn un cymhleth. Tra bod pobl ar y cyfan yn cydnabod cymeriad ardaloedd gwledig, maent yn gwrthwynebu'n ffyrnig y camau i leihau trafnidiaeth drwy gyfyngiadau megis prisio ffyrdd neu gwotâu ar nifer y cerbydau a ganiateir mewn ardal ar unrhyw un adeg. Enghraifft o'r math hwn o wrthwynebiad oedd yr ymateb i'r awgrym gan Awdurdod Parc Cenedlaethol Bro'r Llynnoedd y dylid cyfyngu trafnidiaeth frig yn y Parc Cenedlaethol. Ni ddatblygwyd y syniad hwn, er y problemau cynyddol yn yr ardal amgylcheddol sensitif hon.

Awgrymwyd nifer o fesurau ar gyfer lleihau'r broblem o drafnidiaeth mewn ardaloedd gwledig. Maent yn cynnwys:

- rhwystro lledaeniad ardaloedd trefol drwy atal datblygiad tai a siopau alldrefol mewn ardaloedd gwledig
- gosod cyfyngiadau cyflymder 40 mya ar ffyrdd gwledig ac 20 mya mewn pentrefi
- gosod targedau cenedlaethol er mwyn gostwng lefelau trafnidiaeth erbyn y flwyddyn 2025
- cynnig mwy o ddewis o gludiant drwy wella gwasanaethau gwledig bws a thrên.

Fel y mynegwyd uchod, mae'r car yn symbol o ryddid i nifer o bobl. Mae hefyd yn holl bwysig mewn ardaloedd gwledig ar gyfer cael mynediad i ofal iechyd, addysg, adwerthu a gwasanaethau eraill. Mae hyn yn awgrymu ei bod yn debygol y gall ymdrechion i reoli a gostwng trafnidiaeth mewn ardaloedd gwledig yn y dyfodol orfod wynebu gwrthwynebiad.

GWEITHGAREDD ESTYNEDIG

Edrychwch ar Ffigur 5.30. Mae'n cynrychioli data a gyhoeddwyd gan Gyngor Diogelu Lloegr Wledig (CDLlW) ar dwf trafnidiaeth yn y dyfodol ar ffyrdd gwledig yn Lloegr.

Sir/ Swydd	Rhagolygon % twf trafnidiaeth	
	gyda mesurau i leihau'r defnydd o geir	busnes fel arfer
Amwythig	48	94
Avon	48	107
Bedford	121	265
Berkshire	49	99
Buckingham	53	107
Caer	45	90
Caergrawnt	53	140
Caerhirfryn	41	93
Caerloyw	46	90
Caerlŷr	47	102
Caint	44	91
Cernyw	48	94
Cleveland	104	221
Cumbria	42	82
Derby	45	96
Dorset	57	115
Durham	41	81
Dwyrain Sussex	65	145
Dyfnaint	46	90
Essex	52	112
Glannau Humber	44	85
Gogledd Efrog	46	90
Gorllewin Sussex	60	127
Gwlad yr Haf	48	94
Hampshire	53	113
Henffordd a Chaerwrangon	47	92
Hertford	54	118
Lincoln	48	94
Norfolk	47	91
Northampton	49	96
Northumberland	43	84
Nottingham	56	134
Rhydychen	49	110
Stafford	45	104
Suffolk	46	105
Surrey	49	107
Warwick	44	93
Wiltshire	49	100
Ynys Wyth	43	84

5.30 *Rhagolygon trafnidiaeth Lloegr wledig, 1996-2031*

1 Gan ddefnyddio map amlinellol o Gymru a Lloegr neu gopi o Ffigur 5.31, dewiswch ddull i ddangos y ffigurau ar gyfer y siroedd hynny sy'n wynebu'r gwasgedd mwyaf o gynnydd mewn trafnidiaeth gan dderbyn bod 'busnes fel arfer'.

2 Awgrymwch resymau dros y patrwm ar eich map.

3 Ar ail fap o Gymru a Lloegr, lliwich y siroedd lle byddai mesurau lleihau trafnidiaeth fwyaf effeithiol.

4 Pam y gallai'r data ar lefelau trafnidiaeth y dyfodol fod yn annibynadwy?

5 Awgrymwch resymau pam y gallai llywodraethau fod yn amharod i weithredu polisïau lleihau lefelau trafnidiaeth mewn ardaloedd gwledig.

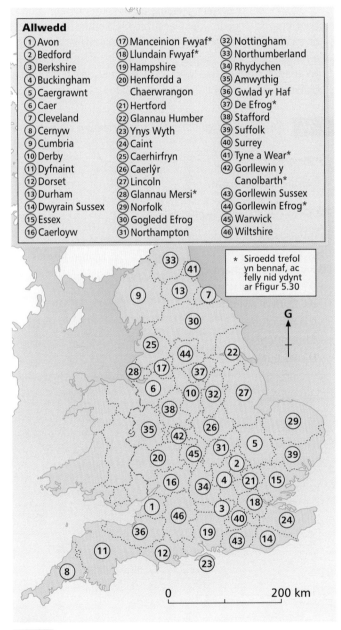

Allwedd

1 Avon	17 Manceinion Fwyaf*	32 Nottingham
2 Bedford	18 Llundain Fwyaf*	33 Northumberland
3 Berkshire	19 Hampshire	34 Rhydychen
4 Buckingham	20 Henffordd a	35 Amwythig
5 Caergrawnt	Chaerwrangon	36 Gwlad yr Haf
6 Caer	21 Hertford	37 De Efrog*
7 Cleveland	22 Glannau Humber	38 Stafford
8 Cernyw	23 Ynys Wyth	39 Suffolk
9 Cumbria	24 Caint	40 Surrey
10 Derby	25 Caerhirfryn	41 Tyne a Wear*
11 Dyfnaint	26 Caerlŷr	42 Gorllewin y
12 Dorset	27 Lincoln	Canolbarth*
13 Durham	28 Glannau Mersi*	43 Gorllewin Sussex
14 Dwyrain Sussex	29 Norfolk	44 Gorllewin Efrog*
15 Essex	30 Gogledd Efrog	45 Warwick
16 Caerloyw	31 Northampton	46 Wiltshire

* Siroedd trefol yn bennaf, ac felly nid ydynt ar Ffigur 5.30

0   200 km

5.31 *Siroedd Lloegr, 1996*

Newidiadau economaidd

Yn ychwanegol at newidiadau poblogaeth a phatrymau newydd gweithgareddau hamdden, mae ardaloedd gwledig ym Mhrydain wedi profi newidiadau sylweddol mewn gweithgareddau economaidd. Mae'r dirywiad tymor hir mewn cyflogaeth amaethyddol yn golygu bod llai na 2% o gyflogaeth ar hyn o bryd ym Mhrydain mewn amaethyddiaeth. Felly, er mai tirweddau amaethyddol sy'n bennaf mewn ardaloedd gwledig, mae economi'r ardaloedd hyn yn dibynnu llai a llai ar gyflogaeth amaethyddol.

Sylwodd daearyddwyr bod cynnydd wedi bod drwy gydol yr 1980au mewn swyddi gweithgynhyrchu gwledig. Gelwid hyn yn **'symudiad trefol-gwledig'**, ac roedd y twf mewn cyflogaeth gweithgynhyrchu gwledig yn hollol i'r gwrthwyneb i'r sefyllfa mewn nifer o ardaloedd mawr trefol a oedd yn dioddef colledion mewn swyddi.

Mae rhai ardaloedd gwledig cyfyngedig wedi denu uwchdechnoleg neu weithgareddau diwydiannol eraill, yn arbennig y rhai sy'n agos at fynediad i draffyrdd neu lle mae safleoedd maes glas ar gael (Ffigur 5.32). Gellir egluro hyn gan y tir rhatach a'r rhenti is sydd ar gael, a hefyd yr awydd i fyw a gweithio mewn amgylchedd deniadol. At hyn, mae asiantaethau'r llywodraeth wedi ceisio denu buddsoddiad drwy ddarparu cymorthdaliadau ar gyfer cwmnïau newydd.

Mae ardaloedd gwledig hefyd wedi profi twf yn y sector gwasanaethau yn y degawdau diweddar (Ffigur 5.33). Yn y 1960au a'r 1970au bu cynnydd yng nghyflogaeth y sector cyhoeddus megis iechyd, addysg a llywodraeth leol. Yn ddiweddarach, mae technoleg gwybodaeth newydd wedi arwain at ffurfiau newydd o gyflogaeth. Ar raddfa fechan, ceir twf mewn gweithio o gartref neu 'waith telefwthyn', lle mae pobl yn gweithio o gartref yn defnyddio technoleg fodern megis e-bost ar gyfer cyfathrebu ag eraill. Ar raddfa fawr, mae swyddi newydd yn y sector gwasanaethau, megis canolfannau galw yn trafod

5.32 *Busnes uwch-dechnoleg mewn lleoliad gwledig: mae'r gweithwyr yn yr adeilad hwn yn dylunio a gwneud syntheseisyddion llefaru*

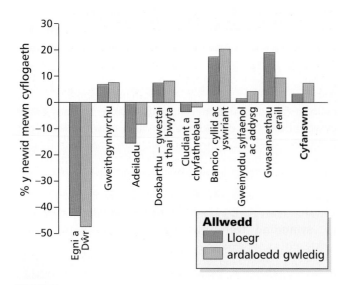

5.33 *Newid mewn cyflogaeth yn Lloegr wledig, 1991-96*

gweithgareddau busnes cwsmeriaid megis ceisiadau yswiriant a gweinyddu tocynnau awyrennau, yn cael eu denu i ardaloedd gwledig er mwyn dod o hyd i weithlu rhad a swyddfeydd ar renti isel.

ASTUDIAETH ACHOS

Gwasgeddau datblygiad yn Nyffryn Aylesbury, Swydd Buckingham

Mae Swydd Buckingham yn ne ddwyrain Lloegr (Ffigur 5.34). Mae'n gorchuddio ardal o 80 km o'r gogledd i'r de a 40 km o'r dwyrain i'r gorllewin. I'r gogledd ceir tref newydd Milton Keynes, tra yng nghanol y sir mae dosbarth Dyffryn Aylesbury a'r brif dref, Aylesbury. I'r de o Sgarp y Chilterns mae dosbarthiadau De Buckingham, Chiltern a Wycombe. Mae Dyffryn Aylesbury yn enghraifft dda o ardal wledig sy'n dioddef gwasgedd datblygiad.

Mae'r sir wedi profi twf poblogaeth cyflym. Yn ystod yr 1970au y sir hon oedd yr un a dyfodd gyflymaf yn y DU, gyda chynnydd poblogaeth o bron i 20% rhwng 1971 ac 1981. Roedd rheoliadau cynllunio yn ne'r sir yn golygu bod gwasgedd datblygu wedi ei grynhoi yng ngogledd y sir. Mae Dyffryn Aylesbury wedi dioddef bron wasgedd twf di-dor ers yr 1950au. Ar y dechrau roedd hyn yn ganlyniad adleoli pobl o Lundain wedi'r Ail Ryfel Byd, ond fe gadwyd y momentwm gan y ffaith fod lleoliad yr ardal yn cael ei ffafrio gan y sector gwasanaethau newydd a diwydiannau uwch-dechnoleg.

Erbyn diwedd yr 1970au y polisi oedd ffrwyno datblygiad yn Ne Buckingham a sianelu'r twf trefol newydd i leoliadau dethol yng ngweddill y sir, sef Milton Keynes, Aylesbury, Newport Pagnell, Olney a Buckingham. Y cynllun oedd cynnal y rhaniad rhwng tref a chefn gwlad. Roedd y tir amaethyddol i'w ddiogelu a datblygiadau yn y pentrefi i'w cyfyngu oddi mewn i'w ffiniau. Canlyniad y ffyniant

economaidd di-dor a thwf poblogaeth oedd bod mannau fel Dyffryn Aylesbury wedi wynebu gwasgedd i dderbyn y cartrefi newydd. Gellir gweld sut y trafodwyd y datblygiadau hyn drwy edrych ar ddwy enghraifft o aneddiadau penodol.

- **Swanbourne** sydd yn y rhan fwyaf 'gwledig' o Ddyffryn Aylesbury (gweler Ffigur 5.34). Mae ei boblogaeth o 400 wedi aros bron yn sefydlog am 20 mlynedd. Mae llawer o adeiladau'r pentref wedi aros yn ddigyfnewid ers yr 17eg ganrif. Gellir egluro hyn gan ddylanwad perchennog y stad sydd wedi gwrthsefyll datblygiad ar raddfa fawr o fewn ac o gwmpas y pentref.

- **Weston Turville** (Ffigurau 5.34 a 5.35) pentref mawr 3 km i'r de ddwyrain o Aylesbury ac yn union y tu allan i AHNE y Chilterns (gweler Ffigur 2.76 ar ddudalen 75). Mae wedi tyfu'n drawiadol ers dechrau'r 1980au, ac mae'n enghraifft dda o bentref sydd wedi dioddef maestrefoli sylweddol. Bu adeiladu un safle o 58 tŷ yn fodd i 'agor y drws' i ddatblygiadau pellach a newid cymeriad y pentref. Mae llawer o'r ffermydd a oedd yn rhan o'r anheddiad wedi cael eu trawsnewid yn dai, a bellach does ond un fferm weithredol ar ôl.

5.34 *Swydd Buckingham a Dyffryn Aylesbury*

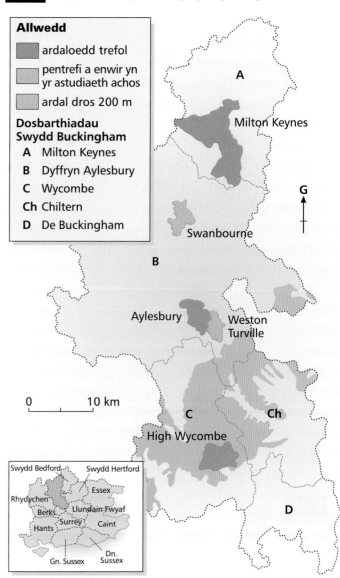

Allwedd
- ardaloedd trefol
- pentrefi a enwir yn yr astudiaeth achos
- ardal dros 200 m

Dosbarthiadau Swydd Buckingham
A Milton Keynes
B Dyffryn Aylesbury
C Wycombe
Ch Chiltern
D De Buckingham

5.35 *Weston Turville, ar ymylon AHNE y Chilterns*

Mae'r gwasgedd i ddatblygu'r lleiniau glas ymhellach wedi achosi gwrthdaro yn Weston Turville, ac erbyn hyn mae rhannau o'r pentref wedi eu dynodi fel ardaloedd cadwraeth. Fodd bynnag, mae'n debyg y bydd twf cyson Aylesbury yn creu gwasgedd am fwy o ddatblygiad. Yn ddiweddar, mewn ymchwiliad cyhoeddus, gwrthodwyd codi archfarchnad arfaethedig ar ymyl yr ardal, ac mae sôn am ffordd osgoi ar ochr ddeheuol Aylesbury a fyddai'n torri drwy diroedd y Llain Las.

Ceir gwasgeddau datblygu eraill yn Nyffryn Aylesbury. Er enghraifft, cyd-ddigwyddodd y galwadau ar ffermwyr i arallgyfeirio eu gweithgareddau a chwilio am ddefnyddiau eraill i'r tir â thwf poblogaeth a'r cynnydd ym mhoblogrwydd gweithgareddau hamdden mewn ardaloedd gwledig. Un o'r rhai mwyaf deniadol yw golff. Rhwng 1987 ac 1992, derbyniodd Cyngor Dosbarth Dyffryn Aylesbury 24 o geisiadau am gyfleusterau newydd ar gyfer golff. Mae cyflwyno eu tiroedd ar gyfer cyrsiau golff yn apelio at ffermwyr gan fod angen darnau helaeth o'u tiroedd a bod eu sgiliau rheoli tir yn cael eu defnyddio.

Yn eu hastudiaeth o Ddyffryn Aylesbury, awgrymodd y daearyddwyr Jonathan Murdock a Terry Marsden (1994) nad tasg hawdd fyddai'r ymdrech i warchod cymeriad Dyffryn Aylesbury (a mannau eraill tebyg). Mae atyniad 'cerdyn post' y mannau hyn yn eu gwneud yn agored i wasgedd am ddatblygiadau newydd. Fodd bynnag, mae cynnwys cymdeithasol y mannau hyn yn golygu y bydd unrhyw ddatblygiadau 'annerbyniol' yn cael eu gwrthwynebu'n gryf drwy'r system gynllunio. Mae hyn yn cynnig rhai materion o wir ddiddordeb i ddaearyddwyr.

Mae Aylesbury yn atyniadol i'r 'mewnfudwyr' cyfoethocaf oherwydd ei fod yn ffitio eu delwedd hwy o fywyd gwledig, sy'n golygu bywyd mewn 'cymuned'. Fodd bynnag, mae'r 'gymuned' hon yn ceisio cadw allan yr holl elfennau y mae'r preswylwyr hyn yn ceisio symud oddi wrthynt. O ganlyniad, defnyddir y system gynllunio i amddiffyn diddordebau pobl sydd wedi gwario cryn arian er mwyn 'dianc' i gefn gwlad. Mae bydoedd o wahaniaeth rhwng y pryderon hyn a phrofiadau pobl sy'n byw mewn ardaloedd gwledig llai cefnog a mwy anghysbell.

YMARFERION

1 Awgrymwch resymau dros y twf cyflym mewn poblogaeth a brofwyd yn Swydd Buckingham ers yr 1970au.

2 Pa broblemau cymdeithasol, economaidd ac amgylcheddol a allai godi o ganlyniad i dwf cyflym yn y boblogaeth yn ardaloedd gwledig y sir?

3 Mater o bwys yn Nyffryn Aylesbury yw'r galw cynyddol am dai. Ceir tri dull posibl o ddatrys y broblem:

- cyfarfod â'r galw am dai newydd drwy 'fewnlenwi' ardaloedd yn nhref Aylesbury lle ceir mannau agored

- bodloni'r galw drwy wasgaru'r tai o gwmpas pentrefi'r ardal

- adeiladu anheddiad cyfan gwbl newydd.

a Copïwch a chwblhewch Ffigur 5.36. Ar eich tabl, ticiwch yn y mannau priodol i asesu i ba raddau y mae pob un o'r dewisiadau uchod yn bodloni'r criteria a ddangosir.

b O'ch gwerthusiad, awgrymwch pa un o'r tri dewis y byddech chi yn ei ffafrio. Rhowch resymau dros eich ateb.

	Ardaloedd mewnlenwi a datblygiad o fewn ac o gwmpas Aylesbury	Datblygiad gwasgarog ym mhentrefi'r dosbarth	Adeiladu anheddiad cyfan gwbl newydd
Amddiffyn tir y Llain Las			
Cadw cymeriad yr anheddiadau gwledig			
Lleihau'r mannau o dir diffaith yn y trefi			
Lleihau lefelau llygredd aer yn y trefi			
Lleihau'r angen i bobl deithio			

5.36 *Sut i ddelio â thwf poblogaeth wledig*

ASTUDIAETH ACHOS

Materion yn y Gymru wledig anghysbell

Mae'r ardaloedd gwledig anghysbell, megis darnau helaeth o'r Alban, canolbarth Cymru, gogledd y Pennines, penrhyn y de orllewin a llawer o arfordir dwyreiniol Lloegr, yn draddodiadol wedi cael eu dominyddu gan amaethyddiaeth. Gwelwyd dirywiad yn eu poblogaeth drwy lawer o'r 20fed ganrif, wrth i bobl adael y tir. Yn y degawdau diweddar mae rhai ardaloedd wedi denu mewnfudwyr mewnol (yn aml pobl wedi ymddeol neu berchenogion ail gartrefi), tra oedd y grwpiau oedran ifanc yn parhau i adael. Yn y mannau hyn, mae nifer o faterion yn codi. Maent yn cynnwys dyfodol yr economi wledig, o gofio

bod y mannau hyn yn tueddu i fod yn ffisegol anghysbell ac wedi eu lleoli ymhell o farchnadoedd defnyddwyr. Mae prinder cyfleoedd gwaith yn cael ei waethygu gan y ffaith bod lefelau cyflogau cyfartalog yn tueddu i fod yn is, a hyn yn arwain at incwm teulu is. Mewn rhai mannau, ceir tensiynau rhwng y mewnfudwyr a'r boblogaeth frodorol (leol) dros gartrefi, gan fod llawer o'r ifanc yn methu â fforddio tai. Gwaethygodd y mater hwn oherwydd gostyngiad yn nifer y tai newydd a godwyd gan yr awdurdodau lleol.

Mae'r rhai sy'n byw yn y Gymru wledig wedi dioddef nifer o broblemau penodol yn y blynyddoedd diweddaf.

1 Newidiadau poblogaeth

Yn ystod bron y cyfan o'r 20fed ganrif, profodd y Gymru wledig ddirywiad mewn poblogaeth, wrth i bobl adael ar gyfer dod o hyd i waith yn y trefi a'r dinasoedd, yng Nghymru yn

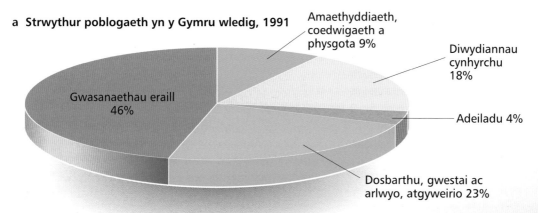

a Strwythur poblogaeth yn y Gymru wledig, 1991

- Amaethyddiaeth, coedwigaeth a physgota 9%
- Diwydiannau cynhyrchu 18%
- Adeiladu 4%
- Dosbarthu, gwestai ac arlwyo, atgyweirio 23%
- Gwasanaethau eraill 46%

b Cyfartaledd enillion wythnosol oedolion sy'n gweithio'n llawn amser (gwrywaidd) 1991, wedi eu mynegi fel canran o'r cyfartaledd cenedlaethol

Gorllewin Clwyd	83.5
Dyfed	80.8
Gwynedd	83.6
Powys	77.3
Cymru	87.7
Prydain Fawr	100.0

c Y prif broblemau sy'n wynebu pobl ifanc sy'n chwilio am lety (canran)

Dim problemau	9.9
Prinder tai fforddiadwy i'w prynu	38.9
Prinder tai fforddiadwy ar rent	16.1
Prinder tai cyngor	11.5
Cystadleuaeth gan fudwyr cefnog	9.0
Anawsterau cael morgeisi	6.3
Eraill	8.4

5.37 *Gwybodaeth am y Gymru wledig*

ogystal ag yng ngweddill Prydain. Fodd bynnag, erbyn yr 1970au a dechrau'r 1980au, roedd data'r cyfrifiad yn dangos cynnydd poblogaeth mewn nifer o fannau yn y Gymru wledig. Er enghraifft, cynyddodd poblogaeth y Gymru wledig 37 000 o bersonau rhwng 1981 ac 1991, ac mae hyn yn cynrychioli cynnydd o 6% yn y boblogaeth wledig gyfan. Mae'r twf poblogaeth hwn yn ganlyniad mewnfudo mewnol, yn arbennig pobl o Loegr. Yn wir, erbyn 1991, roedd 30% o boblogaeth wledig Cymru wedi eu geni yn Lloegr, cynnydd o bron i draean ers 1981. Mae'n bwysig nodi natur ddewisol y symudiadau hyn o boblogaeth, gan fod y cynnydd cyffredinol mewn poblogaeth yn cuddio ymfudo mewnol net yr ifanc o gefn gwlad Cymru. Yn wir, mae'r newid yng ngwneuthuriad cymdeithasol y Gymru wledig wedi arwain at bryder am gymeriad diwylliannol y Gymru wledig, ei fod dan fygythiad, yn enwedig oherwydd y dirywiad yn y nifer o Gymry Cymraeg brodorol.

2 Statws economaidd isel

Mae Ffigur 5.37 yn dangos strwythur cyflogaeth y Gymru wledig. Mae'n amlwg mai gwasanaethau yw'r sector cyflogaeth amlycaf, yn cyfrif am 69% o'r holl swyddi. Fodd bynnag, mae hyn yn cuddio'r gwir ddarlun, gan fod twf y sector gwasanaethau wedi bod yn anwastad yn ddaearyddol, a chryfaf yn y mannau mwyaf hygyrch o gefn gwlad. At hyn, mae nifer o'r swyddi hyn yn waith o ansawdd isel, yn targedu merched ac yn cael eu llenwi ganddynt. Adlewyrchir hyn yn yr ystadegau incwm. Ar y cyfan, dim ond 85% o gyfartaledd y DU gyfan yw cyfartaledd cynnyrch mewnwladol crynswth (CMC) y pen Cymru. Mae siroedd megis Dyfed, Powys a Gwynedd hyd yn oed yn waeth, â'u CMC y pen 19% yn is na chyfartaledd yr Undeb Ewropeaidd.

3 Colli gwasanaethau

Bu cryn newid yn y cludiant a ddarperir yn y Gymru wledig ers yr 1960au. Bu lleihad yn y gwasanaethau trenau fel nad oes rheilffordd mwyach yn gwasanaethu sawl ardal yng Nghymru. Hefyd o ganlyniad i wasanaethau bysiau yn cael eu dadreoli yn gynnar yn yr 1980au bu gostyngiad yn y gwasanaethau i ardaloedd gwledig. Rhaid ystyried y newidiadau hyn ochr yn ochr â chyfraddau uchel o berchenogaeth ceir, ond mae'n bwysig rhoi sylw i bwy sy'n gallu defnyddio ceir. Mae ymchwil yn awgrymu mai ar y cyfan y bobl gyda'r incwm isaf, merched, yr ifanc a'r henoed sy'n 'dlawd o ran cludiant' ac felly yn fwy tebygol i ddioddef o arunigedd.

Yn ôl arolwg Lifestyles in Rural Wales (1994), a edrychodd ar bedair ardal wledig mewn gwahanol rannau o Gymru, gwelwyd bod llawer yn cydnabod bod dirywiad cyffredinol yn lefel darpariaeth gwasanaethau. O'r 185 pentref gyda phoblogaeth o lai na 3000, roedd 66% heb siop barhaol, 21% heb unrhyw swyddfa'r post, 31% heb ysgol gynradd, a 15% heb wasanaeth bws.

4 Tlodi ac amddifadiad

Mae'n bwysig osgoi'r argraff bod bywyd yn y Gymru wledig yn stori ddi-ddiwedd o dranc ac anobaith. Fodd bynnag, fe wnaeth Lifestyles in Rural Wales gynnig tystiolaeth o dlodi ac amddifadiad. Gellir gweld hyn yn achos Corris, pentref yng Ngwynedd. Mae wedi profi newid economaidd yn y cyfnod wedi'r rhyfel. Caeodd y chwareli llechi a roddodd y sylfaen economaidd i'r gymuned ac mae cyflogaeth mewn amaethyddiaeth a choedwigaeth hefyd wedi dirywio. Yn ychwanegol, bu newidiadau pwysig yn ddiwylliannol a chymdeithasol o ganlyniad i nifer o siaradwyr Saesneg yn symud i mewn fel preswylwyr llawn amser a pherchenogion ail gartrefi. Y teuluoedd a siaradai Gymraeg yn bennaf a gafodd eu heffeithio fwyaf gan incwm isel; ac adlewyrchai hyn brinder swyddi a dalai'n dda o fewn pellter teithio rhesymol. Ceir prinder tai ar rent a thai fforddiadwy, ac mae hyn yn golygu ei bod yn anodd i'r bobl ifanc allu aros yn yr ardal. Mae problemau cludiant gwael wedi golygu fod rhai pobl yn gorfod dibynnu ar siop bentref neu siop deithiol ddrud.

YMARFERION

1 Disgrifiwch effeithiau tebygol newid poblogaeth yn ardaloedd gwledig Cymru.

2 Crynhowch y data ar nodweddion economaidd y Gymru wledig a ddangosir ar Ffigur 5.37.

3 Ym mha ffordd y byddai colli gwasanaethau mewn ardal wledig yn effeithio ar y grwpiau canlynol yn fwy nag eraill:

   a yr henoed

   b pobl ar incwm isel?

4 Awgrymwch fesurau y gallai'r llywodraeth eu cymryd er mwyn lleihau effeithiau tlodi mewn rhannau o'r Gymru wledig.

5 Copïwch a chwblhewch y grid isod i ddangos sut y mae'r problemau sy'n wynebu'r ardaloedd gwledig dan wasgedd (megis Dyffryn Aylesbury) a'r ardaloedd gwledig anghysbell (megis y Gymru wledig) yn gwahaniaethu.

	Ardaloedd gwledig dan wasgedd	Ardaloedd gwledig anghysbell
Economaidd		
Cymdeithasol		
Amgylcheddol		

CWESTIWN STRWYTHUREDIG

Astudiwch Ffigur 5.38a, b ac c. Maent yn dangos y defnydd tir yn newid o fewn ac ar gyrion Bournemouth yn ne Lloegr.

1 Defnyddiwch y mapiau i ddynodi pedwar newid sydd wedi digwydd i ddefnydd tir ardal Littledown.
(4)

2 Am bob un o'r newidiadau a ddynodwyd gennych, awgrymwch resymau dros y newidiadau. (4)

3 Awgrymwch ffyrdd y gallai'r newidiadau hyn fod wedi achosi gwrthdaro rhwng gwahanol grwpiau o bobl yn yr ardal. (6)

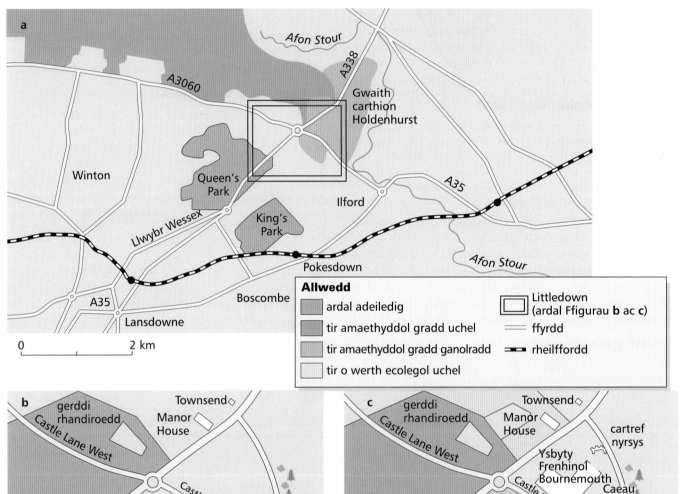

Allwedd

- ardal adeiledig
- tir amaethyddol gradd uchel
- tir amaethyddol gradd ganolradd
- tir o werth ecolegol uchel
- Littledown (ardal Ffigurau **b** ac **c**)
- ffyrdd
- rheilffordd

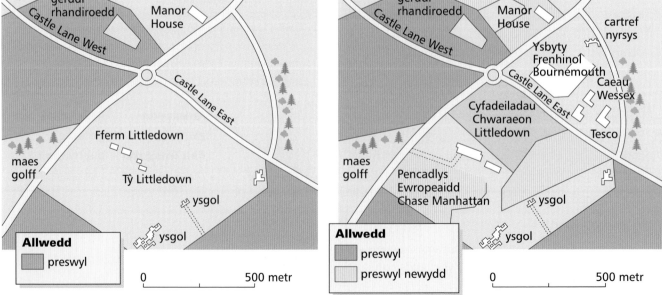

Allwedd
- preswyl

Allwedd
- preswyl
- preswyl newydd

5.38 *Newidiadau mewn defnydd tir: Bournemouth*

Ch Dyfodol Prydain wledig

Yn y bennod hon byddwn yn ystyried rhai o'r datblygiadau cyfredol ym mholisi gwledig Prydain. Gwnaeth Gorymdaith Cefn Gwlad yn 1998 (gweler Ffigur 5.24) amlygu arwyddocâd gwleidyddol materion gwledig, a dangos na all llywodraethau fforddio anwybyddu pryderon pobl sy'n byw mewn ardaloedd gwledig.

Amlinellodd Llywodraeth Llafur newydd (etholwyd yn 1997) ei gweledigaeth ar gyfer Prydain wledig:

- cefn gwlad byw gyda chymunedau gwledig ffyniannus lle mae'r bobl i gyd yn cael mynediad i wasanaethau megis gofal iechyd, ysgolion a siopau
- cefn gwlad gweithgar sy'n cyfrannu at ffyniant cenedlaethol, gyda chymysgedd o fusnesau, swyddi a chartrefi, gan leihau yr angen i gymudo pellteroedd mawr
- perthynas gref rhwng gwlad a thref
- amgylchedd wedi ei warchod yn iawn
- dylai cefn gwlad fod ar gael i bawb – dylai pawb gael mynediad a chyfle i fwynhau'n eang gymeriad cefn gwlad.

Fel gweledigaeth ar ddyfodol cefn gwlad mae hon yn rhestr ddeniadol. Fodd bynnag, mae angen gofyn rhai cwestiynau pwysig, yn enwedig yng ngoleuni yr hyn yr ydym wedi ei astudio yn yr adran hon. Er enghraifft, rydym wedi gweld bod llawer o fannau gwledig anhygyrch yn brin o wasanaethau sylfaenol. O ganlyniad, mae nifer o'r ardaloedd hyn yn dioddef ymfudo mewnol neu ddiboblogi. Mae'r un peth yn wir am gyflogaeth: mae rhai rhannau o Brydain wledig yn debygol o ddenu busnesau newydd, tra bod mannau eraill yn llai deniadol. Mae'r rhain yn faterion pwysig ac nid ydynt yn hawdd i'w datrys (Ffigur 5.39).

Pwy sy'n poeni am gefn gwlad?

Mae nifer o gyrff a grwpiau diddordeb (grwpiau sy'n ymgyrchu ar faterion penodol) yn bryderus am ddatblygiad ardaloedd gwledig yn y dyfodol.

1 Asiantaeth Cefn Gwlad

Mae llywodraethau yn ceisio cyflawni eu gweledigaethau drwy ystod o bolisïau a ddyluniwyd ar gyfer ardaloedd gwledig. Ffurfiwyd yr **Asiantaeth Cefn Gwlad** yn Ebrill 1999. Fe gyfunodd y Comisiwn Datblygu Gwledig a'r Comisiwn Cefn Gwlad. Y Comisiwn Cefn Gwlad oedd yn cynghori'r llywodraeth ar gefn gwlad a thirweddau. Amcanai i wneud yn siŵr bod cefn gwlad yn cael ei warchod. Roedd yn gyfrifol am ddynodi Parciau Cenedlaethol ac Ardaloedd o Harddwch Naturiol Eithriadol (AHNE), am ddiffinio rhannau o'r arfordir a oedd o werth arbennig (Arfordiroedd Treftadaeth) ac am reoli Llwybrau Cenedlaethol Lloegr. Roedd y Comisiwn Datblygu Gwledig yn asiantaeth y llywodraeth ar gyfer datblygiadau economaidd a chymdeithasol yn Lloegr wledig. Ei brif swyddogaeth oedd symbylu creu swyddi a darparu gwasanaethau angenrheidiol yng nghefn gwlad. Yn Ebrill 1999 unwyd y ddau gomisiwn yn asiantaeth newydd – Asiantaeth Cefn Gwlad – gyda chyfrifoldeb am gynghori'r llywodraeth a gweithredu ar faterion perthnasol i les amgylcheddol, economaidd a chymdeithasol cefn gwlad Lloegr.

5.39 *Cefn gwlad: cymuned fyw, weithgar*

Amcanion yr Asiantaeth Cefn Gwlad yw:

- gwarchod a gwella cefn gwlad
- hybu cyfiawnder cymdeithasol a chyfleoedd economaidd ar gyfer y rhai sy'n byw yno
- helpu pawb, lle bynnag y maent yn byw, i fwynhau yr ased cenedlaethol hwn.

2 Asiantaethau Datblygu Rhanbarthol

Yn Ebrill 1999 cyflwynwyd nifer o Asiantaethau Datblygu Rhanbarthol. Maent wedi ymgymryd â nifer o raglenni adfywio gwledig y Comisiwn Datblygu Gwledig. Mae'r Asiantaethau Datblygu Rhanbarthol yn gyfrifol am nifer o gynlluniau sy'n amcanu i wella ansawdd bywyd mewn ardaloedd gwledig.

Ardaloedd Datblygu Gwledig

Mae Ardaloedd Datblygu Gwledig (ADG) yn cynnwys rhannau o 29 o siroedd Lloegr. Maent yn cynnwys tua 35% o arwynebedd tir Lloegr ac yn cynnwys tua 6% o'r boblogaeth (2.75 miliwn o bobl). Fe'u cyflwynwyd yn 1984. Mae Ardaloedd Datblygu Gwledig yn cynnwys y rhannau hynny o Brydain wledig sydd fwyaf mewn angen (Ffigur 5.40). Mae'r rhan fwyaf o'r ardaloedd hyn wedi eu lleoli mewn mannau gwledig anghysbell.

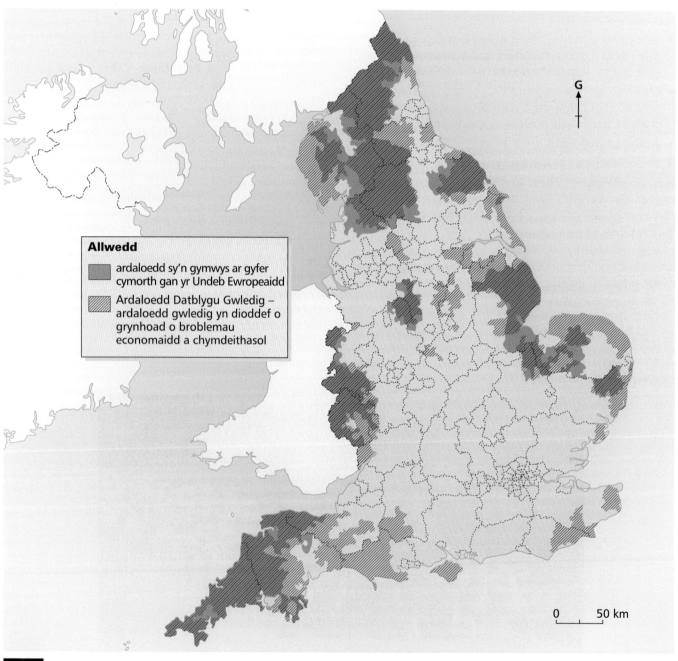

Allwedd

- ardaloedd sy'n gymwys ar gyfer cymorth gan yr Undeb Ewropeaidd
- Ardaloedd Datblygu Gwledig – ardaloedd gwledig yn dioddef o grynhoad o broblemau economaidd a chymdeithasol

5.40 *Ardaloedd Datblygu Gwledig Lloegr, ac ardaloedd sy'n gymwys i dderbyn cymorth gan yr UE*

Mae Ffigur 5.41 yn dangos yr Ardal Ddatblygu Gwledig ar gyfer Dyfnaint yn ne orllewin Lloegr. Mae'n ardal flaenoriaeth oherwydd ei hanfanteision economaidd a chymdeithasol cymharol. Ariannwyd projectau gan y Comisiwn Datblygu Gwledig yn yr ardaloedd hyn. Cynlluniwyd y projectau hyn fel eu bod yn cynyddu yr ystod o weithgareddau economaidd yn yr economi lleol, a gwella argaeledd cyfleoedd hyfforddi. Mae'r amcanion economaidd hyn yn gysylltiedig ag ystod o dargedau megis cynorthwyo adfywiad anneddiadau gwledig, cynyddu'r cyflenwad o dai fforddiadwy, gwella mynediad i gyfleusterau a gwasanaethau cymunedol, a wynebu'r problemau sy'n rhan o fywyd grwpiau dan anfantais.

Sialens wledig

Y Comisiwn Datblygu Gwledig sy'n trefnu'r Sialens Wledig. Mae wedi ei chynllunio i hybu adfywiad economaidd a chymdeithasol mewn cymunedau gwledig yn Lloegr. Fe'i cyflwynwyd yn 1995 ac mae ar ffurf cystadleuaeth flynyddol yn cyfrannu gwobrau hyd at £1 miliwn. Mae'n annog partneriaethau o grwpiau lleol cyhoeddus, preifat, gwirfoddol a chymunedol yn yr Ardaloedd Datblygu Gwledig i gyflwyno dulliau newydd o daclo problemau economaidd a chymdeithasol. Dyfernir chwe gwobr y flwyddyn a dewisir projectau mewn cyfres o gystadlaethau cyfnodol. Ceir amod y dylai'r cynnig gynrychioli'r sectorau preifat, cyhoeddus a chymunedol a bod y cynlluniau yn cael cefnogaeth y gymuned leol.

3 Cyngor Cefn Gwlad Cymru

Hwn yw'r corff sy'n gyfrifol am gynnig cynghorion i'r llywodraeth ar faterion sy'n effeithio ar y Gymru wledig. Mae'n ceisio cynnal prydferthwch naturiol tir ac arfordir Cymru drwy ddarparu cymorth a chyngor i'r rhai sy'n gyfrifol am eu rheoli. Mae'n ceisio hybu'r syniad o gefn gwlad cynaliadwy drwy gydbwyso'r galw am waith ac am ffyniant economaidd â'r awydd i warchod cymeriad y tirwedd a bywyd gwyllt.

Mae'n ymddangos y bydd rôl CCGC yn cynyddu mewn pwysigrwydd yn y dyfodol gyda sefydlu Cynulliad Cenedlaethol ar gyfer Cymru. Yn 1999 cyflwynodd CCGC adroddiad i'r Cynulliad Cenedlaethol a oedd yn nodi'r diraddio amgylcheddol a oedd wedi digwydd yn y blynyddoedd diweddar. Roedd yr adroddiad yn cynnwys enghreifftiau o broblemau economaidd. Roedd y rhain yn cynnwys:

- colli dolydd ecolegol amrywiol ar diroedd isel o ganlyniad i gynnydd mewn ffermio âr
- colli rhostir a phorfa fynydd oherwydd gorbori gan dda byw, a phlannu coed conwydd
- plannu coed conwydd, sydd wedi arwain at asidio'r pridd sydd wedyn yn effeithio ar yr afonydd a'r llynnoedd
- datblygiad ffermydd gwynt, sydd wedi effeithio ar gymeriad cefn gwlad Cymru.

4 Y dimensiwn Ewropeaidd

Mae nifer o'r penderfyniadau sy'n effeithio'n uniongyrchol ar fywydau pobl ym Mhrydain wledig, megis lefel y gefnogaeth ariannol ar gyfer ffermio, yn cael eu penderfynu ar raddfa Ewropeaidd. Yn wir, un o'r cwestiynau allweddol sy'n wynebu'r rhai sy'n penderfynu yw sut i ostwng y lefel cymorth ar gyfer amaethyddiaeth heb ddinistrio natur y cymunedau

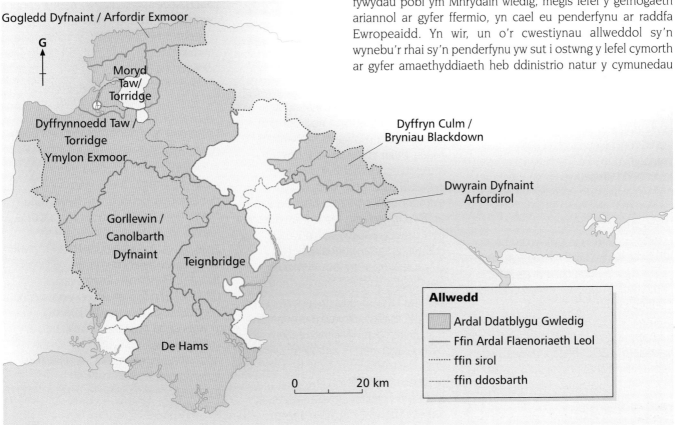

5.41 *Ardaloedd Datblygu Gwledig yn Nyfnaint*

gwledig ledled Ewrop. Y nod yw datblygu strategaeth wledig gyfunol sy'n caniatáu i ffermwyr amrywio eu gweithgareddau ond eto wneud bywoliaeth mewn aneddiadau gwledig.

Mae gan yr Undeb Ewropeaidd raglen o'r enw *The Future of Rural Society*, sy'n dynodi tri math o ardaloedd gwledig a'r materion sy'n gysylltiedig â hwy:

1 Ardaloedd gwledig yn agos at ganolfannau trefol mawr ac sy'n profi gwasgeddau datblygiad modern. Yn y mannau hyn, y flaenoriaeth yw cryfhau mesurau i amddiffyn yr amgylchedd gwledig.

2 Ardaloedd gwledig yn dirywio ac a fyddai'n elwa o arallgyfeirio'n economaidd.

3 Ardaloedd ymylol ac anghysbell sy'n dioddef o ddiboblogi ac yn parhau felly oni bai y ceir lefelau uchel o gymorth ariannol.

Mae Ffigur 5.40 yn dangos yr ardaloedd ym Mhrydain sy'n gymwys i dderbyn cymorth yr UE ('Ariannu Amcan 5'). Arian yw hwn sy'n benodol ar gyfer adfywio ardaloedd gwledig.

YMARFER

Gwnewch nodiadau ar nodau a gweithgareddau'r cyrff canlynol:

- Asiantaeth Cefn Gwlad
- Asiantaethau Datblygu Rhanbarthol
- yr Undeb Ewropeaidd
- Cyngor Cefn Gwlad Cymru.

Dod dros y Mynydd Bwyd

Yr Athro Philip Lowe yn trafod y sialensau sy'n wynebu'r Asiantaeth Cefn Gwlad wrth i Brydain wledig ddechrau ar y cyfnod ôl-gynhyrchiol.

'Mae'r Asiantaeth Cefn Gwlad newydd yn adeiladu ar etifeddiaeth ei rhagflaenwyr ond eto'n cyflwyno cyfleoedd newydd. Gwnaeth y Comisiwn Datblygu Gwledig (CDG) a'r Comisiwn Cefn Gwlad (CCG) lawer i hybu datblygiad gwledig a rheolaeth cefn gwlad, ond fe'u ffurfiwyd am resymau nad ydynt bellach yn bodoli.

Cawsont eu sefydlu oherwydd y gred mai cynhyrchu bwyd oedd swyddogaeth ardaloedd gwledig ac y dylid rhoi blaenoriaeth i bolisi amaethyddol. Fe'u sefydlwyd ar adeg pan oedd amaethyddiaeth y prif rym mewn ardaloedd gwledig. Yn eironig, gwnaeth y gwaith a wnaeth y CDG a'r CCG yn wir danseilio'r syniad bod cefn gwlad = ffermio = cynhyrchu bwyd. Llwyddodd y CDG i wneud hyn drwy ein hatgoffa bod economi gwledig amrywiol i'w gael y tu hwnt i ffermio. Dangosodd y CCG y difrod amgylcheddol a ddaeth drwy amaethyddiaeth fodern. Mewn gwahanol ffyrdd, gwnaeth y ddau herio arglwyddiaeth amaethyddiaeth yng nghefn gwlad.

Ni diffinnir ardaloedd gwledig mwyach gan eu swyddogaeth economaidd ond gan eu daearyddiaeth. Maent yn cael eu heffeithio gan yr un gwasgeddau ag sy'n effeithio ar ardaloedd trefol. Mae'r rhain yn cynnwys gwasgeddau am dai, cludiant, gwasanaethau a gwaith. Y sialens i'r Asiantaeth Cefn Gwlad fydd creu gweledigaeth gyfoes o wledigrwydd sy'n cydnabod yr amrywiaeth o amgylchiadau gwledig sy'n cael eu rhannu'n helaeth gan drigolion gwledig a threfol. Mae angen i'r weledigaeth hon hefyd gydnabod anghenion cenedlaethau'r dyfodol. Prif rôl yr Asiantaeth Cefn Gwlad fydd dathlu a gwarchod yr hyn sy'n werthfawr am ardaloedd gwledig. Bydd hyn yn golygu adnabod a chefnogi nodweddion neilltuol cefn gwlad mewn gwahanol ranbarthau. Mae'r rhain yn cynnwys y tirwedd ffisegol, ond hefyd y nodweddion cymdeithasol a diwylliannol sy'n cyfrannu at werthoedd nodweddiadol ardaloedd gwledig (ardulliau adeiladu lleol, traddodiadau, celfyddydau, crefftau a sgiliau, tafodieithoedd, chwaraeon cefn gwlad, gwyliau a bwydydd a diodydd rhanbarthol).

Gan fod amaethyddiaeth a diwydiannau cynradd eraill yn dirywio'n economaidd, mae angen denu gweithgareddau economaidd eraill i'r ardaloedd gwledig. Dylai'r amrywiaeth gwledig hwn adeiladu ar arbenigrwydd lleol a chynnwys twristiaeth, crefftau, gwasanaethau ac isadeileddau gwledig. Mae angen i ardaloedd a rhanbarthau feithrin eu fersiynau cadarnhaol eu hunain ar gyfer dyfodol yr economi gwledig.

Tasg o bwys i'r Asiantaeth Cefn Gwlad newydd yw helpu pontio'r bwlch rhwng gwledig a threfol. Mae ymrwymiad y llywodraeth i helaethu mynediad i gefn gwlad yn hanfodol. Mae'n rhaid i drigolion trefol gael y cyfle i fwynhau cefn gwlad, ond mae'n bwysig bod hyn hefyd o fudd i'r ardaloedd gwledig, ac nad yw pobl cefn gwlad yn dod i deimlo eu bod yn ddim mwy na chelficyn mewn parc thema gwledig. Mae'n rhaid hefyd i bobl wledig gael y cyfle i fod yn rhan o'r byd modern. Mae hyn yn gofyn am gynnydd mewn symudedd, a buddsoddiad mewn uwch delegyfathrebau ar gyfer ardaloedd gwledig.

A ble mae ffermio yn hyn oll? Yn gynyddol, bydd yn rhaid i ffermwyr gyflwyno amgylchedd glân, iach a deniadol yn hytrach na chynhyrchu bwyd. Dyma'r hyn y mae'r gymdeithas fodern yn ei ddisgwyl o ardaloedd gwledig, ac amaethyddiaeth yw'r grym sylfaenol ar gyfer rheoli'r amgylchedd ffisegol. Bydd symudiad tuag at ddyfodol sy'n fwy ymwybodol o warchod adnoddau yn rhoi mwy o bwyslais i rôl yr ardaloedd gwledig fel safleoedd ar gyfer cyflenwi, defnyddio ac ailgyflenwi adnoddau adnewyddadwy. Gall hyn ymwneud â mathau newydd o gynhyrchu megis biomas, cnydau egni a ffermydd gwynt.'

Cefn gwlad cynaliadwy?

Mae'r rhan fwyaf o drafodaethau ar ddyfodol ardaloedd gwledig yn awr yn cyfeirio at yr angen i greu **amgylcheddau gwledig cynaliadwy**. Mae cynaladwyedd yn syniad o bwys. Un diffiniad dylanwadol o ddatblygiad cynaliadwy yw:

> 'datblygiad sy'n cyfarfod ag anghenion y presennol heb gyfaddawdu gallu cenedlaethau'r dyfodol i gyfarfod â'u hanghenion eu hunain'.

Bu uwchgynhadledd Rio yn 1992 yn fodd i fwyafrif o lywodraethau'r byd i fabwysiadu'r egwyddor o ddatblygiad cynaliadwy. Cyhoeddodd Llywodraeth Prydain *Strategy for Sustainable Development* yn 1994, a sefydlodd syniadau am wella'r system gynllunio i adlewyrchu pryderon amgylcheddol. Tra bod cytundeb cyffredinol bod cynaladwyedd yn darged dymunol i'w gyrraedd, mae dod i gytundeb ar sut i gyflawni hyn yn anodd. Gwelir un rhestr wirio isod ar gyfer yr hyn y mae datblygiad cynaliadwy yn ei olygu mewn ardaloedd gwledig:

I gyflawni datblygiad cynaliadwy mae angen:

- ehangu'r biomas cyfan drwy gynyddu ardaloedd coedwig, plannu coed ar hyd ffiniau caeau ac amddiffyn ardaloedd o lystyfiant naturiol
- cynnydd mewn troi gwastraff organig yn gompost a lleihau'r defnydd o wrtaith artiffisial
- cynnydd mewn cynhyrchu egni o ffynonellau adnewyddadwy megis gwynt, tonnau, llanw a geothermol
- lleihau'r defnydd o danwyddau ffosil
- gwella mynediad a chludiant cyhoeddus yn nhermau amlder a chyfleustra
- gostyngiad mewn teithio pellter mawr
- hunan-gynhaliaeth gynyddol yr economi lleol – er enghraifft, amrywiaeth fwy o gyfleoedd gwaith lleol a chyflenwad o nwyddau dyddiol o ffynonellau lleol
- cyhoeddi archwiliadau cyson ar wastraff, llygredd, egni a dŵr.

YMARFERION

1   Beth yw ystyr y term 'cynaladwyedd'?

2   Mae sawl defnydd o dir gwledig yn anghynaliadwy. Gall hyn fod yn ganlyniad defnydd gormodol (e.e. erydiad llwybr o amgylch llyn) neu reolaeth wael (e.e. ffatri leol yn llygru afon). Gwnewch gopi o Ffigur 5.42. Gydag aelodau eraill eich grŵp meddyliwch am ffyrdd y gallai defnydd o dir gwledig fod yn anghynaliadwy, ac awgrymwch ffyrdd y gallant fod yn fwy cynaliadwy.

Defnydd tir	Defnydd anghynaliadwy posibl	Defnydd cynaliadwy posibl
Amaethyddiaeth		
Cludiant	Tagfeydd ar ffyrdd gwledig	Cyfyngu ar yr angen i deithio drwy hybu gweithio gartref, lleoli gwasanaethau mewn pentrefi
	Llygredd sŵn a phroblemau diogelwch ar ffyrdd gwledig	Cyfyngiadau ar gyflymder drwy bentrefi
Coedwigaeth a choetir		
Echdynnu mwynau		
Diwydiant		
Tai		
Hamdden		

5.42   *Defnydd tir gwledig: cynaliadwy, neu ddim?*

Cynllunio defnydd tir

Y system gynllunio defnydd tir sy'n penderfynu pa ddatblygiad a all ddigwydd mewn ardaloedd gwledig a lle y lleolir y datblygiad. Mae'r system gynllunio yn cynnwys nifer o lefelau neu haenau:

- Mae'r llywodraeth ganolog yn cyhoeddi arweiniad ar gynllunio cenedlaethol ar gyfer awdurdodau lleol. Mae'r arweiniad hwn yn amlinellu'n fras y nodau a'r amcanion y mae'r llywodraeth yn dymuno eu gweld yn cael eu mabwysiadu.
- Gall y llywodraeth ganolog hefyd ddarparu arweiniad cynllunio rhanbarthol sy'n gosod allan yr amcanion ar lefel ranbarthol.
- Mae awdurdodau lleol yr haen uchaf neu gynghorau sir yn llunio Cynlluniau Strwythur sy'n dynodi lle y dylai datblygiadau tai, diwydiant, adwerthu a hamdden ganolbwyntio.
- Mae awdurdodau lleol yr haen is neu gynghorau dosbarth yn cynhyrchu Cynlluniau Lleol gyda gwybodaeth fanylach a pherthnasol i safle.

Cynlluniau Strwythur

Mae Cynlluniau Strwythur yn bwysig am eu bod yn manylu ar bolisïau ar gyfer datblygiad y dyfodol o fewn sir. Maent yn seiliedig ar arolwg daearyddol o ardal sy'n cynnwys materion megis newidiadau defnydd tir, tueddiadau poblogaeth, newidiadau economaidd a rhwydweithiau cludiant. Y nod yw adeiladu argraff o'r problemau allweddol neu'r materion sy'n wynebu ardal yn y blynyddoedd i ddod ac sydd angen eu datrys. Mae Cynlluniau Strwythur yn trafod ystod eang o faterion. Mae'r rhain yn cynnwys:

- poblogaeth
- patrymau anheddu
- cyflogaeth
- diwydiant
- tai
- adwerthu
- cludiant
- cadwraeth
- hamdden ac adloniant
- mwynau.

Wedi clustnodi'r prif faterion sy'n wynebu'r sir, mae'r cynllunwyr yn penderfynu ar bolisïau i'w datrys. Mae cynllunwyr yn ôl y gyfraith yn gorfod ymgynghori ag unigolion a chyrff sy'n ymddiddori yn y gymuned ar wahanol adegau. Unwaith y mae'r Cynllun Strwythur wedi ei gwblhau fe'i cyflwynir i Ysgrifennydd yr Amgylchedd a fydd yn trefnu bod y cyhoedd yn gallu archwilio unrhyw bwnc dadleuol o bwys.

Cynllun Strwythur Swydd Bedford 2011

Mae Swydd Bedford yn sir fechan, boblog. Yn 1991 roedd ei phoblogaeth yn 533 000, a'r mwyafrif ohonynt yn byw yn y trefi mawr. Rhwng 1951 ac 1991 cynyddodd poblogaeth y sir 64%.

Mae Cynllun Strwythur 2011 yn cydnabod bod angen mwy o dai. Mae hyn oherwydd y cynnydd disgwyliedig o 9% yn y boblogaeth a'r duedd tuag at gartrefi o feintiau llai wrth i nifer y rhai wedi ymddeol a'r rhai sengl gynyddu. Bydd y galw am dai newydd yn rhoi gwasgedd ar y Llain Las bresennol. Mae tri chwarter o arwynebedd swydd Bedford yn dir amaethyddol, a llawer ohono o ansawdd da, ac mae'n cynnwys rhannau o AHNE y Chilterns.

Er bod rhannau o swydd Bedford yn gefnog, ceir pocedi o ddiweithdra uchel a pherfformiodd yr economi yn waelach yn yr 1990au. Mae'r Cynllun Strwythur yn nodi'r angen i ddarparu cyfleoedd gwaith drwy ddenu diwydiannau newydd.

Bu cynnydd yn y defnydd o'r car ar gyfer teithio i'r gwaith o 58% i 71% rhwng 1981 ac 1991. Cynyddodd perchenogaeth car tra gostyngodd y nifer sy'n defnyddio bysiau, yn beicio a cherdded. Mae hyn wedi arwain at broblemau tagfeydd traffig.

Mewn ymateb i'r materion hyn, mae Cynllun Strwythur 2011 yn enwi nifer o amcanion allweddol. Mae'r rhain yn cynnwys yr angen:

- i gyfrannu at ddatblygiadau cynaliadwy tra'n cryfhau yr economi lleol
- i ganolbwyntio datblygiad yn y prif ardaloedd trefol ac o fewn dau goridor strategol
- i nodi targedau a dangosyddion ar gyfer asesu'r cynnydd tuag at ddatblygiad cynaliadwy.

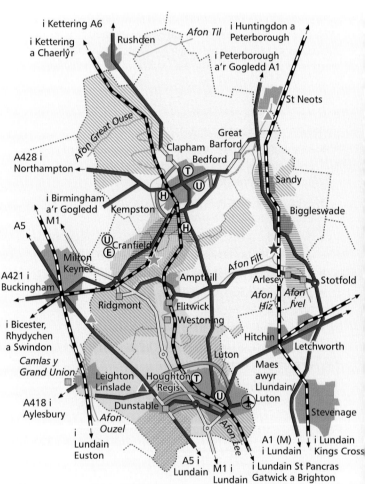

5.43 *Cynllun Strwythur Swydd Bedford 2011*

Mae Ffigur 5.43 yn fap sy'n dangos rhan o Gynllun Strwythur Swydd Bedford. Dyma brif nodweddion y Cynllun:

- Mae Llain Las De Swydd Bedford i'w gadw.
- Bydd 43 000 o dai newydd i'w darparu rhwng 1991 a 2011, yn bennaf mewn dau Goridor Twf Strategol: un i'r de o Bedford yng nghanol y sir, y llall yn nwyrain Swydd Bedford.

- Canol trefi i'w cadw, ond ni roddir cefnogaeth i ddatblygiadau ar gyrion trefi.
- Datblygiadau tai i fynd law yn llaw ag ehangiad cyflogaeth a'u cyfuno â llwybrau cludiant.
- Cyn lleied â phosibl o echdynnu mwynau a bydd effeithlonrwydd, ailddefnydd ac ailgylchu gwastraff yn cael eu hannog.

ASTUDIAETH ACHOS

Cynllun Strwythur Swydd Dyfnaint 2011

Mae Cynllun Strwythur Swydd Dyfnaint yn nodi tri phrif fath o ardal. Y rhain yw:

- prif ardaloedd gweithgaredd economaidd
- ardaloedd gwledig lle y cyfyngir datblygiad
- ardaloedd gwledig lle mae annog arallgyfeirio economaidd yw'r nod.

Dangosir yr ardaloedd hyn ar Ffigur 5.44.

Mae'r Cynllun Strwythur yn amlinellu'r angen am 74 500 o dai newydd a 775 hectar o dir cyflogaeth yn y sir rhwng 1995 a 2011. Mae prif ran y datblygiad hwn i'w ganolbwyntio yn y pum prif ardal o weithgaredd economaidd. Mae prif ardaloedd trefol Plymouth ac Exeter yn cael eu clustnodi fel mannau sydd dan wasgedd mawr, ac mae dwy gymuned newydd yn yr arfaeth i gyfarfod ag anghenion tai a gwaith yr ardaloedd hyn. Drwy ganolbwyntio datblygu fel hyn bydd gwasgedd ar yr ardaloedd gwledig eraill yn cael ei liniaru. Derbynnir bod ar ran helaeth o'r sir, sy'n bennaf yn wledig, angen buddsoddiad newydd mewn gweithgaredd economaidd.

Yn ychwanegol, mae'r Cynllun Strwythur yn ceisio lleihau'r angen i deithio a hybu'r defnydd o gludiant cyhoeddus, a gwarchod ansawdd tirweddau presennol y sir.

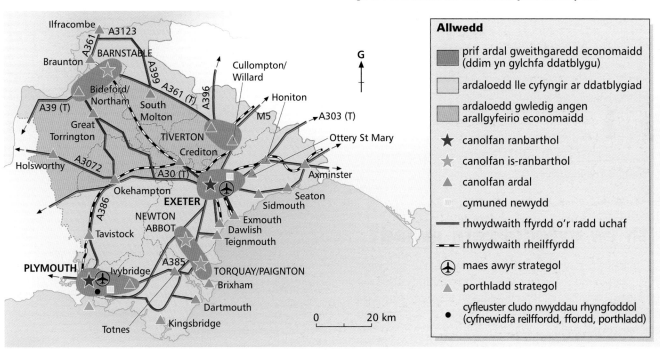

5.44 *Diagram Strategaeth Dyfnaint*

A yw Cynlluniau Strwythur yn gweithio?

Fel y gwelsom, mae Cynlluniau Strwythur yn nodi lle y byddai awdurdodau lleol yn hoffi gweld mathau arbennig o ddatblygiad yn digwydd. Fodd bynnag, mewn gwirionedd, gall cynlluniau gael eu gwrthod. Gall datblygwyr wneud cais i ddatblygu safleoedd nad ydynt yn cael eu dangos ar gynllun a dal i obeithio y cânt eu derbyn. Gallant fod yn llwyddiannus am nifer o resymau:

- Penderfynir ar geisiadau cynllunio drwy gyfeirio at 'holl ystyriaethau materol', a dim ond un o'r rhain yw'r Cynllun Strwythur. Mae eraill yn cynnwys gofynion priffyrdd a thrafnidiaeth, dyluniad a dwysedd y datblygiad arfaethedig a'r effaith ar y tirwedd.

- Gall y bydd yn anodd gwrthsefyll gwasgeddau economaidd hyd yn oed os yw'r cynllun yn ceisio cyfyngu ar ddatblygiad trefol. Mae hyn yn aml yn digwydd o safbwynt tir ar ymylon trefi y mae mawr alw amdano am dai i gymudwyr ond heb fod wedi ei leoli o fewn y Llain Las.

- Er y gallai Cynlluniau Strwythur geisio cyfyngu ar ddatblygiad trefol o fewn ardal, gall y penderfyniad gael ei wrthod gan y llywodraeth ganolog. Dyma fu'r sefyllfa yn y blynyddoedd diwethaf. Hwyrach mai'r enghraifft fwyaf nodedig yw Bwrdeistref Stevenage, lle roedd y Cynllun Strwythur yn cyfyngu datblygiad tai newydd ar dir amaethyddol ond fe ddyfarnodd y llywodraeth y byddai'n rhaid iddo ymgorffori tai ychwanegol o fewn y cynllun.

YMARFERION

1   Beth yw ystyr 'datblygiad cynaliadwy'?

2   Awgrymwch set o ddangosyddion y gellid eu defnyddio i fesur pa mor gynaliadwy yw ardal wledig.

3   Beth yw 'Cynllun Strwythur'?

4   Ym mha ffyrdd y mae Cynlluniau Strwythur Swydd Bedford a Dyfnaint yn adlewyrchu problemau ardaloedd gwledig dan wasgedd ac ardaloedd gwledig anghysbell?

5   Pam y gallai fod bwlch rhwng nodau Cynllun Strwythur a realiti datblygiad mewn ardal?

6   Ceisiwch gael copi o'r Cynllun Strwythur ar gyfer eich ardal chi. Defnyddiwch y rhestr wirio ar dudalen 175 i werthuso i ba raddau y mae'n symud tuag at gynaladwyedd.

Beth yw dyfodol cefn gwlad?

Mae'r mileniwm newydd yn llawn ansicrwydd o safbwynt dyfodol ardaloedd gwledig. Mae 'ailddarganfod' tlodi ac amddifadiad mewn ardaloedd gwledig yn herio'r syniad bod cymdeithas, yn syml, yn datblygu ar lwybr di-stop, gan arwain at fywyd gwell i bawb. Yn hytrach, rydym yn fwy ymwybodol o anhafaleddau yn ansawdd bywyd y rhai sy'n byw mewn ardaloedd gwledig. I'r mwyafrif sy'n byw mewn ardaloedd trefol, mae'n deimlad braf gwybod bod amgylchedd tawelach, mwy ymlaciol a mwy 'naturiol' y tu draw i ffiniau'r ddinas.

Mae'n anodd cyffredinoli am natur ardaloedd gwledig: mae gwahaniaethau yn fwy amlwg na thebygrwydd. Yn ychwanegol, mae'r cydsyniad a ddaliwyd unwaith y dylai ardaloedd gwledig ymwneud yn bennaf â chynhyrchu amaethyddol, wedi chwalu fel nad oes mwyach gytundeb pa ddefnydd y dylid ei wneud o ardaloedd gwledig (gwelir hyn orau yn y gwrthdaro dros hamdden).

Yn olaf, mae daearyddwyr yn dechrau sylweddoli bod gwahanol bobl yn profi ardaloedd gwledig mewn dulliau gwahanol (rhai yn ofni'r mannau hyn, eraill yn eu cael yn fannau ysbrydol), ac felly mae ceisio trafod sut fannau yw ardaloedd gwledig (neu sut fannau y dylent fod) yn dasg anodd.

YMARFERION

1   Darllenwch unwaith eto y cyfan o'r adran hon. Wedyn, gwnewch nodiadau byr ar yr hyn yn eich barn chi yw ei phrif themâu. Cymharwch eich nodiadau â rhai eich cydfyfyrwyr. A sylwoch chi ar yr un pethau? Ym mha ffyrdd yr oedd eich dealltwriaethau yn wahanol?

2   a   Paratowch gyflwyniad byr o dan y teitl 'Dyfodol Prydain Wledig'. Rhannwch eich cyflwyniad yn gyfres o adrannau. Gall yr isdeitlau posibl gynnwys:

- cyflwr Prydain wledig

- materion yn wynebu Prydain wledig

- polisïau'r llywodraeth tuag at Brydain wledig

- yr 20 mlynedd nesaf

b   Cyflwynwch eich cyflwyniad i aelodau eraill eich grŵp. Defnyddiwch ef fel sail ar gyfer trafodaeth grŵp.

A Egni byd-eang: y peiriant atmosfferig

Mae'r **atmosffer** yn haen o nwyon (nitrogen 78 y cant, ocsigen 20.95 y cant a charbon deuocsid 0.03 y cant), hylifau (e.e. dŵr) a solidau (e.e. llwch) sy'n ffurfio amlen o amgylch y Ddaear. Mae'n cael ei chadw yn ei lle gan rym disgyrchiant. Cyfyngir haen weithredol yr atmosffer neu'r haen sy'n 'cynhyrchu'r tywydd' i'r haen isaf neu'r **troposffer** sy'n ymestyn hyd at 16 km ar y Cyhydedd ac at 8 km ar y pegynau.

Mae'r tywydd yn dylanwadu'n fawr ar brosesau ffisegol (yn cynnwys hindreuliad, màs-symudiad, ecosystemau a ffurfiant priddoedd), yn ogystal ag ar weithgareddau dynol megis amaethyddiaeth a thwristiaeth. Mae'r atmosffer yn hynod ddynamig ac yn ymddwyn fel hylif. Mae'n eithriadol o gymhleth, a does dim un cyfrifiadur hyd yn hyn wedi llwyddo i ddynwared yn fanwl ei weithgareddau amrywiol.

Gellir astudio'r atmosffer ar ddwy raddfa:

Tywydd – mae hyn yn disgrifio cyflwr yr atmosffer mewn lle arbennig ar adeg arbennig. Mae'n cynnwys disgrifiadau o dymheredd, cyflymder gwynt, cyfeiriad gwynt a dyodiad. Mae tywydd yn gofnod manwl o gyflyrau go-iawn ac mae'n newid yn gyson.

Hinsawdd – mae hyn yn golygu tywydd cyfartalog dros gyfnod arwyddocaol o amser, fel arfer 30-35 mlynedd. Mae'n gyfartaledd ystadegol ac nid yw'n perthyn i unrhyw amser *penodol*.

Y gyllideb egni

Calon yr holl brosesau atmosfferig yw'r egni gwres sy'n deillio o'r haul. Hwn yw'r egni sy'n gyrru'r atmosffer ac mae'n gyfrifol am fywyd ar y Ddaear.

Ffynhonnell egni yw'r haul, sy'n allyrru pelydriad **tonfedd fer**. Yr enw a roddir ar swm y pelydriad sy'n cyrraedd yr atmosffer allanol yw'r **cysonyn heulol**. Wrth i'r pelydriad deithio drwy'r atmosffer, fe'i dihysbyddir mewn sawl ffordd (gweler Ffigur 6.11). Fe all gael ei **adlewyrchu** oddi ar arwyneb uchaf y cymylau, neu ei **wasgaru** gan yr aer (gwasgariad y tonfeddi glas sy'n rhoi awyr las i ni). Fe all gael ei **amsugno** gan hylifau a nwyon; er enghraifft, mae oson yn yr atmosffer yn amsugno pelydrau uwchfioled a allai fod yn niweidiol i bobl. Yn y pen draw, mae tua hanner y cysonyn heulol yn cyrraedd arwyneb y Ddaear.

Wedi cyrraedd arwyneb y Ddaear, mae rhywfaint o'r pelydriad yn cael ei adlewyrchu'n syth yn ôl i'r atmosffer. Gelwir hyn yn **effaith albedo**. Albedo arwyneb yw ei adlewyrchedd – mae gan arwyneb gwyn (megis iâ) albedo uchel ac arwyneb tywyll (megis coed neu ddŵr) albedo isel. Mae rhywfaint o'r pelydriad yn cynhesu'r Ddaear, ac fel pob corff cynnes, fe ailbelydrir gwres. Gelwir hyn yn **belydriad daearol** ac yn wahanol i belydriad heulog, mae'n egni **tonfedd hir**.

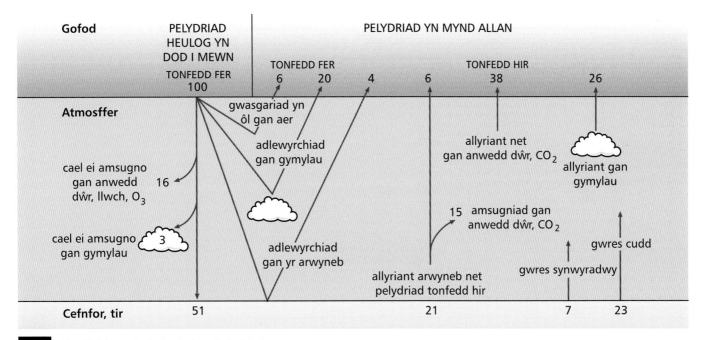

6.1 *Y gyllideb egni: darheulad a phelydriad*

Fe gollir egni i'r atmosffer hefyd drwy drosglwyddiad **gwres cudd**. Pan mae dŵr yn anweddu, defnyddir gwres ac fe'i storir fel gwres cudd. Fe'i rhyddheir pan mae'r anwedd dŵr yn cyddwyso i ffurfio defnynnau cwmwl. **Trosglwyddiad gwres synwyradwy** yw trosglwyddiad gwres gan broses **darfudiad** (aer cynnes yn codi) a **dargludiad** (gwres yn cael ei drosglwyddo drwy fod mewn cyswllt ag arwyneb cynnes).

A yw pelydriad heulog yn cael ei wasgaru'n gyson ar draws arwyneb y Ddaear?

Tra bo'r gyllideb egni ar y cyfan mewn cydbwysedd, lle mae'r mewnbynnau yn cyfateb i'r allbynnau, nid yw swm y pelydriad heulog sy'n cyrraedd yr arwyneb (a elwir yn **ddarheulad**) yn cael ei wasgaru'n gyfartal ar draws y byd.

Fel mae Ffigur 6.2 yn dangos, mae llawer mwy o ddarheulad yn cael ei dderbyn ar y Cyhydedd nag ar y pegynau. Prif achos hyn yw effaith crymedd y Ddaear. Mae swm y darheulad sy'n cyrraedd yr arwyneb ar ei anterth pan fo pelydrau'r haul yn cyrraedd ar ongl sgwâr (h.y. mae'r haul yn union uwchben). Fel mae ongl y pelydrau yn dod yn gynyddol fwy arosgo, mae'r egni yn lleihau wrth iddo gael ei wasgaru dros arwynebedd mwy (Ffigur 6.3). Mae'r effaith hon yn debyg i amrywio pelydr fflachlamp ar arwyneb gwastad. Felly mae crymedd y Ddaear yn golygu bod llai o egni yn cael ei dderbyn ar y pegynau nag ar y Cyhydedd. Mae'r anhafaledd hwn yn cynyddu wrth i'r pelydrau fynd drwy drwch mwy o atmosffer (gweler Ffigur 6.3) wrth iddynt agosàu at y pegynau, ac felly'n colli mwy o egni drwy wasgariad, adlewyrchiad ac amsugniad. Mae'r albedo uchel

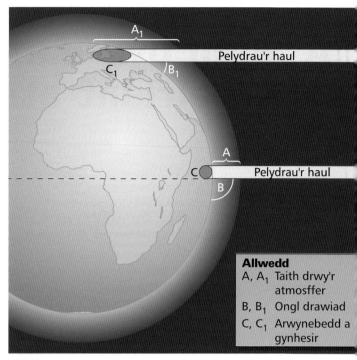

6.3 *Effeithiolrwydd darheulad*

ar y pegynau a'r amrywiadau tymhorol enfawr, sy'n cynnwys 24 awr o dywyllwch yn y gaeaf, hefyd yn lleihau maint y darheulad sydd ar gael ar gyfer amsugniad. Ar y Cyhydedd, mae'r gwahaniaethau tymhorol yn fychan, ac mae'r haul bob amser fwy neu lai yn 'syth uwchben', gan gynhyrchu egni wedi ei grynhoi ar arwyneb y Ddaear.

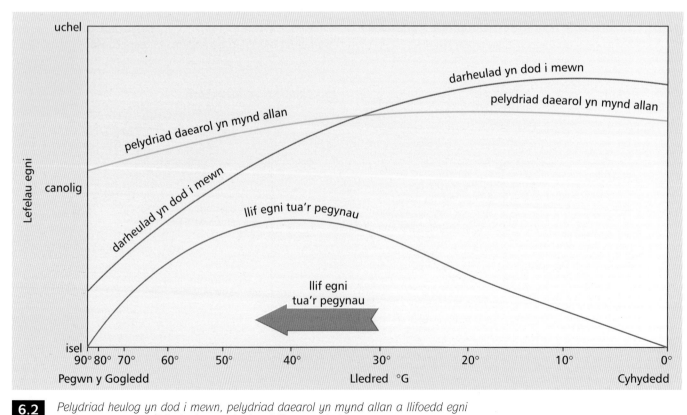

6.2 *Pelydriad heulog yn dod i mewn, pelydriad daearol yn mynd allan a llifoedd egni tua'r pegynau, yn ôl lledred, ar gyfer hemisffer y gogledd*

Pam fod tymhorau?

Nid yw echelin y byd yn cyfateb yn union i echelin yr haul. Mae hyn yn golygu bod lefel pelydriad heulog yn amrywio yn ystod y flwyddyn ar bob lledred ac yn creu patrwm tymhorol, gan gynnwys gaeaf/haf a'r tymhorau gwlyb/sych. Mae'r effaith hon leiaf amlwg ar y Cyhydedd gan fod yr haul yn syth uwchben yno ddwy waith y flwyddyn (21 Mawrth a 21 Medi – y rhain yw'r **heuldroadau**), ac felly mae'r ardaloedd hyn yn cael wyth tymor 'gwan' y flwyddyn. Ar y pegynau, ceir y cyferbyniad eithaf, gyda 24 awr o dywyllwch yn y gaeaf a 24 awr o oleuni'r haul yn yr haf. Fe ddigwydd y **cyhydnosau** pan fo'r haul uwchben ar y Trofannau – yn y DU mae'r diwrnod hiraf ar 21 Mehefin (mae'r haul uwchben Trofan Cancr, $23\frac{1}{2}°$ Gogledd) a'r diwrnod byrraf ar 21 Rhagfyr (mae'r haul uwchben Trofan Capricorn, $23\frac{1}{2}°$ De).

Sut y ceir cydbwysedd?

Yn arwynebol, mae'r wybodaeth yn Ffigur 6.2 yn awgrymu bod y Cyhydedd yn cynhesu a'r pegynau yn oeri. Wrth gwrs, nid felly y mae, gan fod cydbwysedd – mwy neu lai – yn bod. Ceir hyn oherwydd bod egni yn cael ei drosglwyddo'n lorweddol, mewn nifer o ffyrdd:

- mae ceryntau cefnforol cynnes yn symud gwres tuag at y pegynau a cheryntau cefnforol oer yn trosglwyddo dyfroedd oerach tua'r Cyhydedd
- mae'r prifwyntoedd cyson hefyd yn arwain at drosglwyddiad net o wres o'r Cyhydedd tuag at y pegynau
- mae stormydd mawr, megis corwyntoedd, yn trosglwyddo gwres tua'r pegynau.

YMARFERION

1 Beth, yn sylfaenol, yw'r gwahaniaeth rhwng tywydd a hinsawdd?

2 Astudiwch Ffigur 6.1.

a Faint o belydriad heulog sy'n cyrraedd yr arwyneb?

b Beth sydd wedi digwydd i weddill y pelydriad sy'n dod i mewn?

c Beth yw'r term technegol am y pelydriad sy'n cael ei adlewyrchu o'r arwyneb?

ch Sut y mae swm y pelydriad a adlewyrchir yn amrywio yn ôl math yr arwyneb?

d Beth a fyddai'n digwydd i'r gyllideb egni pe byddai swm y CO_2 yn yr atmosffer yn cynyddu?

dd Beth yw ystyr y term 'trosglwyddiad gwres synwyradwy', a sut mae'n gweithredu?

e Defnyddiwch ffigurau go iawn i'ch cynorthwyo i egluro sut y mae'r gyllideb egni yn ffurfio cydbwysedd.

3 Eglurwch, gan ddefnyddio diagram i'ch helpu, sut y mae crymedd y Ddaear yn bennaf gyfrifol am y dosbarthiad anghyson o ddarheulad ar arwyneb y Ddaear.

4 Sut y mae cydbwysedd gwres lledredol yn cael ei gynnal er gwaethaf dosbarthiad anghyson y pelydriad sy'n dod i mewn?

CWESTIWN STWYTHUREDIG 1

Mae Ffigur 6.4 yn dangos fersiwn syml o'r cyfnewidiadau egni sy'n digwydd yn y system atmosffer-tir ar ddiwrnod heulog digwmwl.

a Lluniwch ddiagram tebyg i ddangos y cyfnewidiadau egni cyfatebol, wedi eu symleiddio ar gyfer noson ddigwmwl. (3)

b Awgrymwch dri newid ym maint cymharol y cyfnewidiadau egni a ddangosir yn Ffigur 6.4 a fyddai'n digwydd pe byddai'r gyllideb diwrnod heulog digwmwl ar gyfer y system atmosffer-cefnfor. (3)

c Awgrymwch ddwy ffordd y gall gweithgaredd dynol newid y math hwn o gyfnewidiadau egni, ac eglurwch pam y mae'r addasu yn digwydd. (2)

6.4 *Diagram syml yn dangos cyfnewidiadau egni yn y system atmosffer-tir ar ddiwrnod heulog digwmwl*

CWESTIWN STWYTHUREDIG 2

Mae Ffigur 6.5 yn dangos amrywiadau mewn pelydriad net drwy gydol y flwyddyn mewn cyfres o orsafoedd tywydd. Dangosir lledred a hydred pob gorsaf. Diffinnir pelydriad net fel 'pelydriad sy'n dod i mewn wedi tynnu'r pelydriad sy'n mynd allan'.

a Beth yw gwerth uchaf pelydriad net yn:

- Novolazarevskaya
- Hamburg? *(1)*

b Pam y ceir gwerth misol cyfartalog uchaf pelydriad net yn Antarctica yn Novolazarevskaya yn Rhagfyr? *(2)*

c Disgrifiwch duedd blynyddol gwerthoedd pelydriad net Yangambi. *(2)*

ch Pam y mae gwerthoedd misol pelydriad net yn amrywio llai drwy gydol y flwyddyn yn Yangambi a Khormaksar, a'r ddau yn orsafoedd trofannol? *(2)*

d Pam y mae rhai gorsafoedd yn dangos gwerthoedd negyddol pelydriad net ar rai adegau o'r flwyddyn? *(2)*

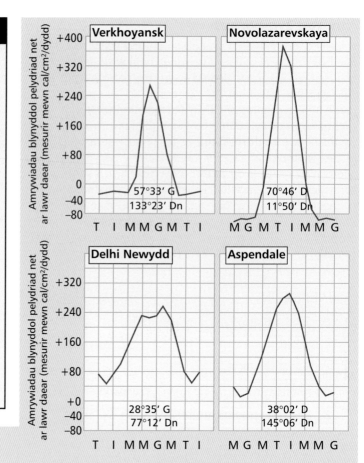

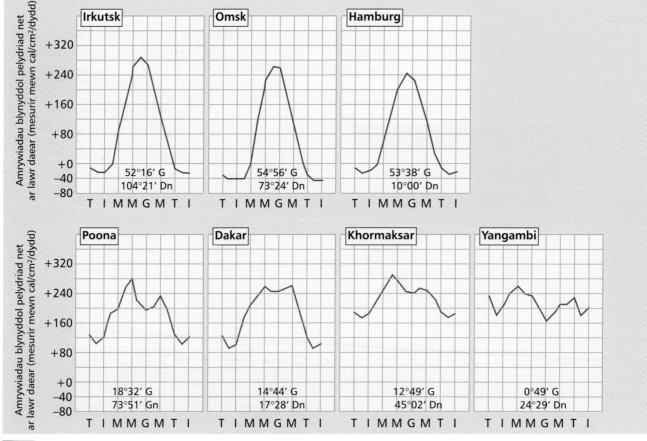

6.5 *Amrywiadau mewn pelydriad net drwy gydol y flwyddyn mewn gorsafoedd tywydd dewisol*

Pam nad yw'r cylchfaoedd tymheredd yn gyson?

Er ei bod yn bosibl dynodi patrymau tymheredd lledredol eang ceir cryn afreoleidd-dra. Mae hyn oherwydd nifer o ffactorau gwahanol.

Tir a môr

Nid yw arwyneb y Ddaear yn unffurf, ac mae hyn yn dylanwadu ar ei hymateb i belydriad heulog (ei **effeithlonrwydd thermol**). Mae masau tir yn amsugno egni tonfedd fer a phelydru egni tonfedd hir yn gyflymach na dŵr (afonydd, llynnoedd a'r cefnforoedd), gan achosi tymereddau mwy eithafol na'r rhai a geir ar yr un lledredau dros y cefnforoedd. Oherwydd hyn mae ardaloedd o dir yn cael hafau poethach a gaeafau oerach nag ardaloedd ger y môr. Mae'r effaith hon amlycaf yn hemisffer y gogledd, sy'n cynnwys 62% o diroedd byd-eang. Mae'r gwahaniaethau mewn effeithlonrwydd thermol yn rhoi bodolaeth i ddau brif fath o hinsawdd: **cyfandirol** ac **arforol**.

Albedo

Mae lliw yr arwyneb hefyd yn dylanwadu ar gyfran yr egni a amsugnir, a gelwir yr effaith hon yn **albedo** (cyfran y pelydriad sy'n dod i mewn sy'n cael ei adlewyrchu gan yr arwyneb). Ar gyfartaledd adlewyrchir 39% o belydriad heulog o'r arwyneb fel egni tonfedd fer ond mae hyn yn amrywio, o gymaint â 90% dros eira newydd neu iâ gwyn, i gyn lleied â 10% dros goedwigoedd conwydd gwyrdd tywyll (gweler Ffigur 6.6).

Ceryntau cefnforol

Fel hylif gydag effeithlonrwydd thermol isel, mae dŵr yn ffurfio mecanwaith effeithiol ar gyfer trosglwyddo egni ar draws lledredau. Gelwir llifoedd dŵr pwysig a hir dymor yn **geryntau cefnforol** ac mae gan y rhain ddylanwad cryf ar dymheredd atmosfferig, fel y mae gwres naill ai yn cael ei ryddhau (cerrynt cefnforol cynnes) neu yn cael ei amsugno (cerrynt cefnforol oer). Mae gan y prif gefnforoedd gelloedd o geryntau sy'n trosglwyddo egni o'r rhanbarthau cyhydeddol tuag at y pegynau a dychwelyd dŵr oer o'r pegynau at y lledredau isel (gweler Ffigur 6.7). Mae tymereddau gaeaf yn y DU a gogledd orllewin Ewrop yn cael eu heffeithio'n sylweddol gan ddrifft cynnes, **Drifft Gogledd Iwerydd**. Gwnaeth yr ymyrraeth i'r ceryntau arferol yn y Cefnfor Tawel yn 1998/99, a alwyd yn El Niño, effeithio'n sylweddol ar batrymau tywydd yn Ne a Chanol America.

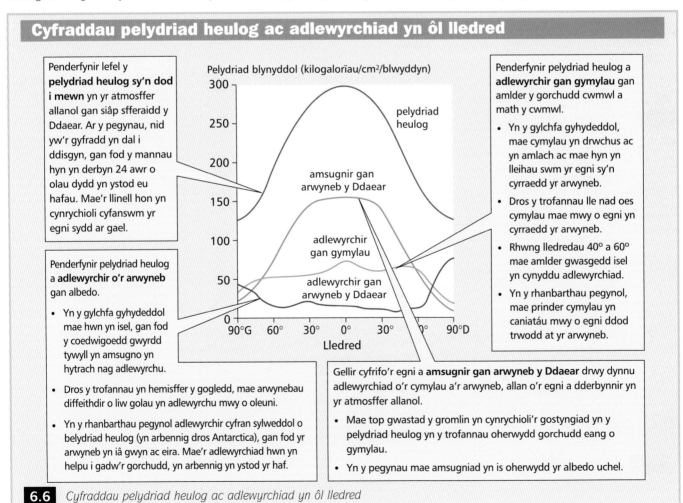

Cyfraddau pelydriad heulog ac adlewyrchiad yn ôl lledred

Penderfynir lefel y **pelydriad heulog sy'n dod i mewn** yn yr atmosffer allanol gan siâp sfferaidd y Ddaear. Ar y pegynau, nid yw'r gyfradd yn dal i ddisgyn, gan fod y mannau hyn yn derbyn 24 awr o olau dydd yn ystod eu hafau. Mae'r llinell hon yn cynrychioli cyfanswm yr egni sydd ar gael.

Penderfynir pelydriad heulog a **adlewyrchir o'r arwyneb** gan albedo.

- Yn y gylchfa gyhydeddol mae hwn yn isel, gan fod y coedwigoedd gwyrdd tywyll yn amsugno yn hytrach nag adlewyrchu.
- Dros y trofannau yn hemisffer y gogledd, mae arwynebau diffeithdir o liw golau yn adlewyrchu mwy o oleuni.
- Yn y rhanbarthau pegynol adlewyrchir cyfran sylweddol o belydriad heulog (yn arbennig dros Antarctica), gan fod yr arwyneb yn iâ gwyn ac eira. Mae'r adlewyrchiad hwn yn helpu i gadw'r gorchudd, yn arbennig yn ystod yr haf.

Pelydriad blynyddol (kilogaloriau/cm²/blwyddyn)

pelydriad heulog

amsugnir gan arwyneb y Ddaear

adlewyrchir gan gymylau

adlewyrchir gan arwyneb y Ddaear

Lledred

Penderfynir pelydriad heulog a **adlewyrchir gan gymylau** gan amlder y gorchudd cwmwl a math y cwmwl.

- Yn y gylchfa gyhydeddol, mae cymylau yn drwchus ac yn amlach ac mae hyn yn lleihau swm yr egni sy'n cyrraedd yr arwyneb.
- Dros y trofannau lle nad oes cymylau mae mwy o egni yn cyrraedd yr arwyneb.
- Rhwng lledredau 40° a 60° mae amlder gwasgedd isel yn cynyddu adlewyrchiad.
- Yn y rhanbarthau pegynol, mae prinder cymylau yn caniatáu mwy o egni ddod trwodd at yr arwyneb.

Gellir cyfrifo'r egni a **amsugnir gan arwyneb y Ddaear** drwy dynnu adlewyrchiad o'r cymylau a'r arwyneb, allan o'r egni a dderbynnir yn yr atmosffer allanol.

- Mae top gwastad y gromlin yn cynrychioli'r gostyngiad yn y pelydriad heulog yn y trofannau oherwydd gorchudd eang o gymylau.
- Yn y pegynau mae amsugniad yn is oherwydd yr albedo uchel.

6.6 *Cyfraddau pelydriad heulog ac adlewyrchiad yn ôl lledred*

Ceryntau cefnforol a thymereddau arwyneb môr

Gellir gweld ceryntau cefnforol oer ar Ffigur 6.7 fel ymestyniadau o las tuag at y Cyhydedd. Yn hemisffer y gogledd mae'r rhain yn cynnwys Cerrynt Labrador (rhwng Grønland a Canada), Cerrynt California, a Cherrynt oer yr Ynysoedd Dedwydd oddi ar arfordir gorllewinol Gogledd Affrica.

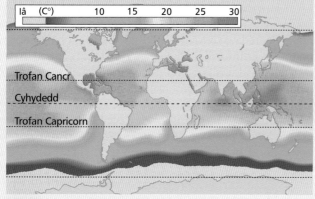

6.7 *Tymereddau arwyneb môr a cheryntau cefnforol. 15 Awst 1999*

Nid yw Drifft Gogledd Iwerydd yn hynod amlwg yn Awst, gan fod Gogledd Iwerydd yn cael ei gynhesu gan belydriad heulog. Yn Ionawr mae'n fwy amlwg.

Mae patrwm lledredol y tymheredd yn amlwg yn Ffigur 6.7, a chylchfa'r gwres uchaf i'r gogledd o'r Cyhydedd (tynnwyd y ddelwedd hon yn Awst). Yn Ionawr mae'r cylchfaoedd hyn yn mudo tua'r de a daw'r ceryntau cefnforol cynnes yn y gogledd yn fwy amlwg.

Mae'r moroedd bas sydd ar wahân i'r prif gefnforoedd gryn dipyn yn boethach. Mae hyn yn digwydd am fod y dŵr bas yn cynhesu'n gyflymach a cheir llai o gylchrediad i wasgaru'r egni.

Mae dŵr oer yn ymestyn tuag at y Cyhydedd ar hyd arfordiroedd gorllewin De America (cerrynt oer Periw), Affrica (cerrynt oer Benguela) ac Awstralia. Gyrrir y dŵr oer gan y prifwynt gorllewinol ac mae hwn yn arbennig o gryf oddi ar Chile a Periw lle mae i'w gael mewn ffos gefnforol ddofn (Ffigur 6.8).

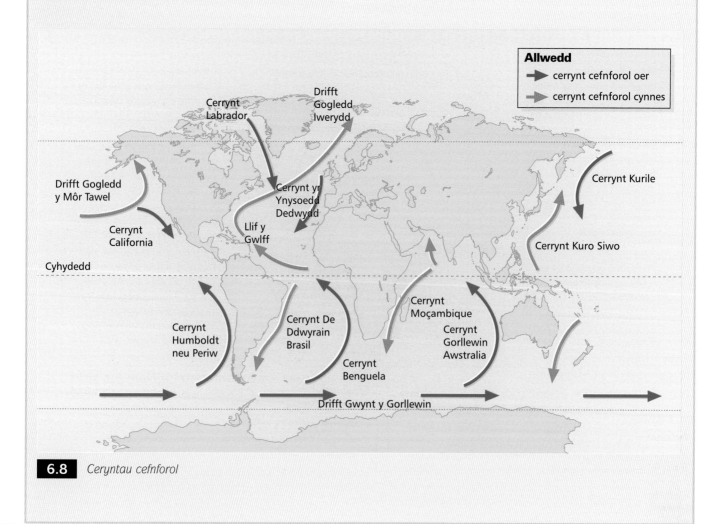

6.8 *Ceryntau cefnforol*

Digwyddiad El Niño

Pan fo El Niño yn digwydd, mae dŵr trofannol poeth yn ymestyn fel llif arwyneb hyd at arfordir De a Chanol America (Ffigur 6.9, delwedd isaf). Mae hyn yn dod â glaw i arfordiroedd Periw a Chile, ardaloedd sy'n nodweddiadol ymysg y mannau sychaf ar y Ddaear. Yn 1986 amharodd digwyddiad o'r math hwn ar bysgota ac amaethyddiaeth ac achosi i Ddiffiethdir Atacama flodeuo. Mae hyn yn dangos pwysigrwydd ceryntau cefnforol yn rheoli tymereddau a glawiad.

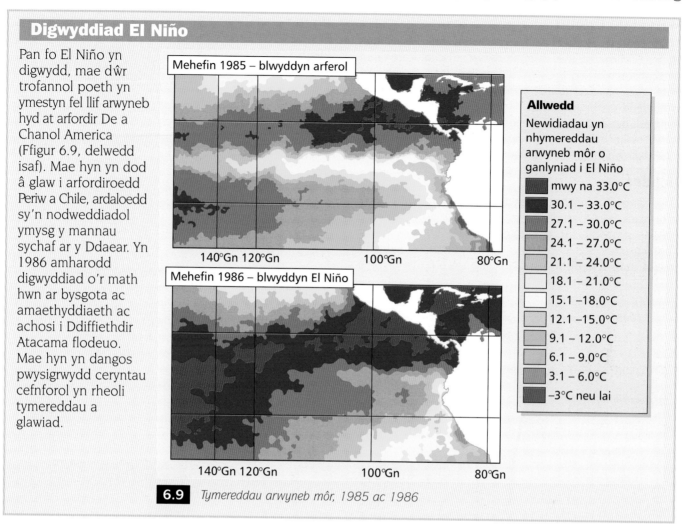

Mehefin 1985 – blwyddyn arferol

140°Gn 120°Gn   100°Gn   80°Gn

Mehefin 1986 – blwyddyn El Niño

140°Gn 120°Gn   100°Gn   80°Gn

Allwedd

Newidiadau yn nhymereddau arwyneb môr o ganlyniad i El Niño

- mwy na 33.0°C
- 30.1 – 33.0°C
- 27.1 – 30.0°C
- 24.1 – 27.0°C
- 21.1 – 24.0°C
- 18.1 – 21.0°C
- 15.1 – 18.0°C
- 12.1 – 15.0°C
- 9.1 – 12.0°C
- 6.1 – 9.0°C
- 3.1 – 6.0°C
- –3°C neu lai

6.9 *Tymereddau arwyneb môr, 1985 ac 1986*

Aergyrff

Cyfaint mawr o aer yw **aergorff** (yn aml ar raddfa gyfandirol) sy'n gymharol unffurf yn nhermau tymheredd a lleithder. Mae arwyneb yn cynhesu neu'n oeri'r aer, a phan mae aergyrff yn symud allan o ranbarth eu ffynhonnell, maent yn trosglwyddo egni. Mae gan aer effeithlonrwydd thermol uchel (mae'n colli neu'n ennill gwres yn gyflym), fel bod y trosglwyddiad egni yn llai effeithiol nag un y ceryntau cefnforol. Ceir cysylltiad agos rhwng yr aergyrff â'r cylchfaoedd tymheredd ac â dosbarthiad tir a môr, ac fe'i hadnabyddir yn ôl tymheredd (*Cyhydeddol*, *Trofannol* a *Phegynol*) ac yn ôl cynnwys dŵr (*Cyfandirol* ac *Arforol*). Un o'r prif resymau dros y newidiadau aml yn nhywydd Prydain yw lleoliad yr Ynysoedd Prydeinig ar gyffordd pum prif aergorff (Ffigur 6.10). Yn ystod taith diwasgedd mae'n eithaf posibl y gall tri o'r aergyrff hyn effeithio ar Brydain yn ystod cwrs diwrnod, gydag effaith arwyddocaol ar dymheredd.

Aergorff	Cyfeiriad y ffynhonnell	Rhanbarth ffynhonnell	Tymheredd	Lleithder	Purdeb
Arctig	gogleddol	Arctig	oer iawn	sych	glân
Pegynol arforol	gogledd orllewin	Gogledd Iwerydd	oer	gwlyb	glân
Pegynol gyfandirol	gogledd ddwyrain a dwyrain	Llychlyn a Siberia	oer yn y gaeaf, cynnes yn yr haf	sych	glân os o'r gogledd ddwyrain ond llygredig os o'r dwyrain
Trofannol arforol	de orllewin	de orllewin Iwerydd	cynnes yn y gaeaf ond claear yn yr haf	gwlyb	glân
Trofannol gyfandirol	de ddwyrain a de	de Ewrop	cynnes/poeth	sych	llygredig

6.10 *Aergyrff yn effeithio ar y DU*

Gorchudd cwmwl

Mae cwmwl yn cynnwys naill ai grisialau iâ neu ddefnynnau bychain o ddŵr, ac mae'n ffurfio rhwystr ffisegol i belydriad heulog (tonfedd fer) a phelydriad daearol (tonfedd hir). Yn lleol gellir gweld effaith hyn yn y gostyngiad mewn tymheredd wrth i gwmwl guddio'r haul, ond ar raddfa byd-eang fe'i gwelir mewn ardaloedd sy'n aml yn gymylog neu mewn mannau lle ceir awyr glir, fel yn y trofannau llaith a diffeithdiroedd uchel yr isdrofannau (gweler Ffigur 6.6).

Uchder

Daw gwres yr atmosffer o belydriad daearol tonfedd hir. O ganlyniad, mae tymheredd yn dueddol o ostwng wrth i uchder gynyddu. Ar gyfartaledd mae'r tymheredd yn gostwng 0.6°C am bob 100 m, a gelwir hyn yn **gyfradd newid amgylcheddol** neu **CNA** (Ffigur 6.11). Mae hyn yn amlwg wrth ddringo mynyddoedd ac mae'n amlwg pan fo eira yn aros ac yn ymgasglu uwchlaw'r eirlin, yn ogystal ag mewn newidiadau mewn llystyfiant a phridd gydag uchder. Mae'r berthynas rhwng uchder a thymheredd fel arfer yn cael ei dangos ar fath o graff a elwir yn **teffigram** (Ffigur 6.11).

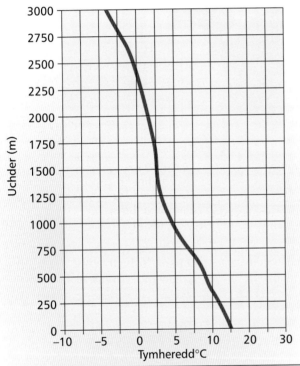

- Mae tymheredd yn gostwng gyda phellter cynyddol o'r arwyneb.
- Cyfradd gyfartalog y gostyngiad yw 0.6°C i bob 100m.
- Fel arfer nid yw'r llinell sy'n dangos cyfradd yr oeri yn unffurf, gan ei bod yn cynrychioli gwahanol haenau o aer yn yr atmosffer isaf.
- Weithiau, gall tymheredd yr aer gynyddu yn hytrach na gostwng. Gelwir hyn yn **wrthdroad tymheredd** ac mae'n digwydd amlaf yn agos at y ddaear. Pan fo arwyneb y tir yn oeri yn ystod noson dawel, glir, mae'r aer sydd mewn cysylltiad â'r ddaear yn oeri drwy ddargludiad. Gall yr haen isaf hon o aer fynd yn oerach na'r aer sy'n union uwch ei ben, gan greu gwrthdroad. Fel arfer mae gwrthdroadau yn gysylltiedig â phocedi o farrug a niwl.

6.11 *Cyfradd newid amgylcheddol*

YMARFERION

1 Pam y mae ardaloedd mewndirol yn cael hafau poethach a gaeafau oerach nag ardaloedd arfordirol?

2 Astudiwch Ffigur 6.6.

   a Gwnewch gopi o'r graff, gan ddangos y ddwy linell sy'n ymwneud ag 'adlewyrchiad'.

   b Ychwanegwch labeli i egluro tueddiadau y llinellau hyn.

3 Pa effaith y mae ceryntau cefnforol yn ei gael ar hinsawdd:

   a arfordir gorllewinol De America

   b arfordir gorllewinol UDA?

4 Beth yw 'digwyddiad El Niño', a pha effaith a gaiff ar dywydd byd-eang?

5 Astudiwch Ffigur 6.10.

   a Lluniwch linfap i arddangos llwybrau'r pum prif aergorff sy'n effeithio ar y DU.

   b Ychwanegwch labeli i ddisgrifio nodweddion pob aergorff.

6 Beth yw gwrthdroad tymheredd, a sut y caiff ei ffurfio?

GWEITHGAREDD ESTYNEDIG

Astudiwch Ffigur 6.13.

1 Gan ddefnyddio amlinelliad o fap y byd, gwnewch gopi o'r anomaleddau tymheredd ar gyfer mis Gorffennaf.

2 Ar eich map, ychwanegwch y ceryntau cefnforol o Ffigur 6.8, gan ddefnyddio pensil glas ar gyfer y ceryntau oer a phensil coch ar gyfer y ceryntau cynnes. Labelwch y ceryntau.

3 Naill ai trwy ddefnyddio anodiadau neu allwedd, enwch ac eglurwch rai o'r anomaleddau a ddangosir ar Ffigur 6.13. Ceisiwch ddarganfod rhai sy'n cael eu hachosi gan ffactorau gwahanol. Defnyddiwch atlas i'ch helpu i ddisgrifio'r lleoliadau'n fanwl.

4 Ysgrifennwch baragraff yn awgrymu pa ffactorau sy'n ymddangos fel y rhai pwysicaf wrth achosi anomaleddau tymheredd yn ystod mis Gorffennaf.

Patrymau tymheredd byd-eang

Un effaith uniongyrchol y gyllideb egni yw penderfynu patrymau tymheredd byd-eang. Mae patrwm tymheredd yn eithriadol o gymhleth – edrychwch ar fapiau mewn atlas – ac un o'r mapiau mwyaf defnyddiol yw'r un sy'n plotio anomaleddau tymheredd. Anomaledd tymheredd yw'r gwahaniaeth rhwng y tymheredd a gofnodwyd (°C) â'r cyfartaledd ar gyfer y lledred (Ffigurau 6.12 a 6.13).

Ionawr

Gelwir estyniad Llif y Gwlff ar draws Gogledd Iwerydd yn Ddrifft Gogledd Iwerydd. Mae hwn yn cludo dŵr cynnes (tua 13°C) tuag at arfordir Norwy ac mae'n codi tymereddau 24° yn uwch na chyfartaledd y lledred. Mae ardaloedd arfordirol gogledd orllewin Ewrop yn mwynhau hinsawdd gymedrol gyda gaeafau mwyn.

Yn ystod y gaeaf mae'r mewndiroedd cyfandirol yn pelydru gwres, gan achosi i dymereddau ostwng ymhell islaw cyfartaledd y lledred. Yn nwyrain Siberia, mae tymereddau Ionawr 24° yn is na'r cyfartaledd ar gyfer y lledred hwnnw, a gall isafbwynt y

tymheredd gyrraedd -70°C. Mae hyn yn rhoi hinsawdd caled gyda gaeafau oer iawn.

Yn Ionawr, mae'r uchafbwynt pelydriad heulog yn digwydd dros Drofan Capricorn. Mae tymereddau oddi ar arfordiroedd De America, Affrica ac Awstralia yn is (4°C) na chyfartaledd y lledred oherwydd ceryntau cefnforol oer.

Mae mewndiroedd cyfandirol cyfandiroedd y de yn cynhesu yn Ionawr a dod yn boethach na chyfartaledd y lledred. Mae'r effaith hon yn llai amlwg nag yn Asia yng Ngorffennaf, gan fod eangdiroedd y de yn llai. Yn gyffredinol mae anomaleddau tymheredd fwyaf yn hemisffer y gogledd.

6.12 *Anomaleddau tymheredd mis Ionawr*

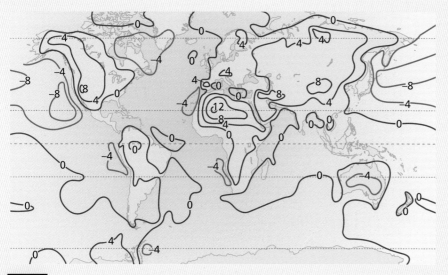

Allwedd
— anomaledd positif
— anomaledd negatif

6.13 *Anomaleddau tymheredd mis Gorffennaf*

CWESTIWN STWYTHUREDIG 3

Astudiwch Ffigur 6.12. Mae'n dangos anomaleddau tymheredd y byd ar gyfer Ionawr.

a (i) Beth yw'r uchabwynt anomaledd tymheredd dros ogledd ddwyrain Iwerydd (ardal A)? *(1)*

(ii) Amlinellwch un rheswm dros yr anomaledd tymheredd yn ardal A. *(2)*

b Disgrifiwch ac eglurwch anomaleddau tymheredd y lleoliadau canlynol:

(i) oddi ar orllewin De America (ardal B) *(3)*

(ii) yng nghanolbarth Rwsia (ardal C). *(3)*

c Astudiwch Ffigur 6.14 sy'n dangos y pelydriad heulog byd-eang a dderbynnir ar arwyneb y ddaear.

(i) Disgrifiwch leoliad yr ardaloedd sy'n derbyn y pelydriad heulog uchaf ar yr arwyneb. *(2)*

(ii) Pam nad yw'r mannau sy'n derbyn y pelydriad heulog uchaf ar yr arwyneb ddim ar y Cyhydedd? *(2)*

(iii) Eglurwch pam nad yw'r cyfan o'r pelydriad heulog a dderbynnir ar yr arwyneb ar gael i gynhesu arwyneb y ddaear. *(2)*

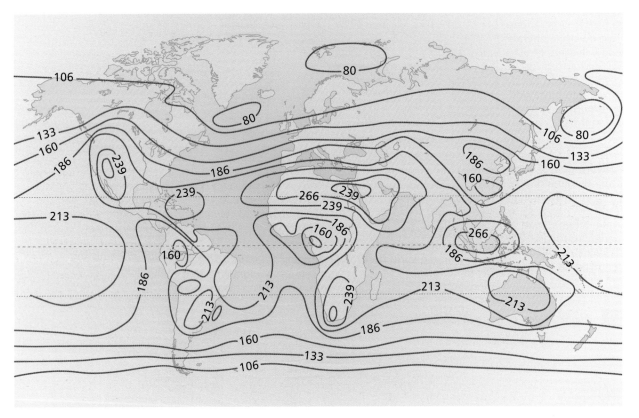

6.14 *Dosbarthiad byd-eang o belydriad heulog cyfartalog a dderbynnir ar yr arwyneb yn flynyddol (Wat/m²)*

B Gwasgedd a gwyntoedd

Beth yw gwasgedd atmosfferig?

Cedwir yr atmosffer o amgylch y Ddaear gan rym disgyrchiant. Fel arfer, mae gwasgedd aer yn gostwng wrth i uchder gynyddu, ond mae hefyd yn amrywio yn llorweddol oherwydd amrywiadau yn nhymheredd yr arwyneb.

Mesurir gwasgedd gan **faromedr** ac fe'i mynegir gan **filibarrau** (mb). Cyfartaledd gwasgedd lefel môr yw 1013 mb ond gall gwasgedd godi dros 1040 mb pan fo aer oer yn disgyn, neu ddisgyn mor isel â 950 mb pan fo aer poeth lleol yn codi. Gellir plotio gwasgedd ar siart synoptig ar ffurf **isobarrau** (iso = llinell sy'n uno pwyntiau o'r un gwerth, bar = gwasgedd baromedrig mewn milibarrau).

Mae cynhesu gwahaniaethol arwyneb y Ddaear – y buom yn ei astudio ym mhennod 6A – yn ddigonol i greu patrwm o gelloedd gwasgedd, sy'n aml yn cael ei symleiddio fel y **model tair cell** (Ffigur 6.15). Mae hwn yn sail anhepgor i ddeall tywydd a hinsawdd. Mae'r tair cell yn systemau cylchrediad sy'n gymharol ar wahân a ffurfiant ddwy brif **gylchfa gwasgedd uchel** a dwy brif **gylchfa gwasgedd isel** ar yr arwyneb. Mae cylchfaoedd gwasgedd isel yn digwydd lle mae aer arwyneb yn codi, ac mae systemau gwasgedd uchel i'w cael lle mae aer yn disgyn (gweler Ffigur 6.15).

1 Cell Hadley

Mae aer arwyneb yn cael ei gynhesu yn y lledredau isel ac yn codi, gan ffurfio prif ardal o wasgedd isel a elwir yn **wasgedd isel cyhydeddol**. Mae aer arwyneb yn codi i dros 16 km ac yn y **tropoffin** (ffin uchaf tywydd gweithredol) mae'n dargyfeirio a disgyn dros y trofannau. Mae'r aer oer hwn sy'n disgyn yn ffurfio ardaloedd o wasgedd uchel a elwir yn **wasgeddau uchel isdrofannol**. Mae'r aer sy'n disgyn yn dargyfeirio ar yr arwyneb gydag aer yn llifo'n ôl i gell Hadley (y gwyntoedd cyson) a symud tuag at y pegynau i ffurfio cell Ferrel.

2 Cell Ferrel

Yn y gwannaf o'r tair cell, mae aer yn codi yn y rhanbarthau oerach tua lledred 60° ac yn symud drwy'r atmosffer uwch, gan ddisgyn tua lledred 30°.

3 Cell Pegynol

Mae aer yn disgyn dros y pegynau oerach ac yn llifo tuag allan at gell Ferrel. Gelwir y gylchfa gydgyfeiriol rhwng y gell Pegynol a chell Ferrel yn **ffrynt Pegynol**, ac mae hyn yn ffurfio cylchfa o wasgedd isel.

Mae'r model tair cell yn dangos y berthynas rhwng tymheredd, gwasgedd a'r prif systemau gwynt. Mae lleoliad y celloedd yn amrywio mewn cylchred dymhorol wrth i'r cylchfaoedd tymheredd symud yn ôl lleoliad yr haul.

Beth yw gwynt?

Gwynt yw aer yn symud o ardal o wasgedd uchel i ardal o wasgedd isel. Mae'n deillio o'r gwahaniaeth mewn gwasgedd rhwng dau bwynt – gelwir hyn yn **raddiant gwasgedd**. Po fwya'r gwahaniaeth mewn gwasgedd, cryfaf y gwynt. Ar fap tywydd, dangosir graddiant gwasgedd serth (a gwyntoedd cryfion) gan isobarrau sy'n agos iawn at ei gilydd.

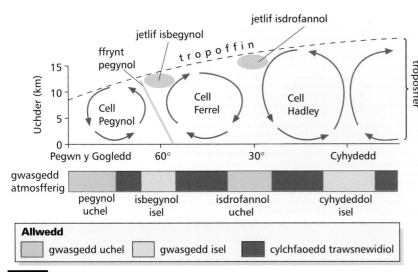

6.15 *Y model tair cell*

Cylchfaoedd gwasgedd uchel Aer yn yr atmosffer uchel yn cydgyfeirio (yn symud tuag at ei gilydd) ac yn suddo. Mae hyn yn achosi dargyfeirio atmosfferig is (aer yn ymwahanu). Mae'r aer yn disgyn am ei fod yn oer a dwys, a phrin yw'r cymylau a ffurfir.

Cylchfaoedd gwasgedd isel Aer yn codi gyda chydgyfeirio yn yr atmosffer isaf a dargyfeirio (ymwahanu) yn yr atmosffer uchaf.

Cylchfaoedd trawsnewidiol rhwng y systemau gwasgedd uchel ac isel: fe effeithir yn dymhorol ar y rhanbarthau hyn gan y gwasgeddau uchel ac isel wrth i'r cylchfaoedd gwasgedd fudo yn ôl y tymhorau (yr haul uwchben).

Jetlifau Yn yr atmosffer uwch ceir dwy system wynt o bwys a elwir yn **jetiau**. Ni phrofir y gwyntoedd hyn yn uniongyrchol ar yr arwyneb ond maent yn dylanwadu ar y tywydd. Mae gan y gwyntoedd uchder uchel (10 i 15 km uwch yr arwyneb) gyflymder o rhwng 200 a 400 km/awr ac mae'r ddau brif lif wedi eu lleoli rhwng y tair cell cylchredol.

Adnabyddir cyfeiriad y gwynt bob amser yn ôl ei darddiad: er enghraifft, mae aer mewn gwynt gorllewinol yn symud o'r gorllewin i'r dwyrain. Gwneir hyn am ei fod yn dweud llawer wrthym am gymeriad yr aer sy'n dylanwadu ar ein tywydd ar hyn o bryd. Yr ardal darddiad sy'n penderfynu tymheredd yr aer, y cynnwys dŵr (lleithder cymharol) a phurdeb, o safbwynt llygredd.

Pam fod cyfeiriad gwynt yn amrywio?

Mae cyfeiriad y gwynt ar arwyneb y Ddaear yn cael ei benderfynu gan dri phrif ffactor.

1 Graddiant gwasgedd

Mae aer yn llifo o wasgedd uchel i wasgedd isel ar draws graddiant (sef gwahaniaeth mewn gwasgedd yn cael ei rannu gan bellter) a chyfeirir at y symudiad hwn fel **gwynt graddiant gwasgedd**. Mae hyn yn egluro cyfeiriad cyffredinol prif wyntoedd yr arwyneb (gan gynnwys y gwyntoedd cyson). Ar raddfa fwy lleol, mae gwyntoedd graddiant gwasgedd yn gyffredin mewn ardaloedd arfordirol fel awelon tir a môr (Ffigur 6.16).

2 Effaith Coriolis

Ar raddfa byd-eang mae'r system syml hon o gyfeiriad gwynt yn cael ei haddasu gan gylchdro'r Ddaear, effaith a adnabyddir fel **effaith Coriolis**. Mae hyn yn achosi i lif yr aer gael ei allwyro i'r dde yn hemisffer y gogledd ac i'r chwith yn hemisffer y de (Ffigur 6.17). Mae'r allwyriad hwn yn arwain at lif aer yn bennaf o'r gorllewin yn y ddau hemisffer.

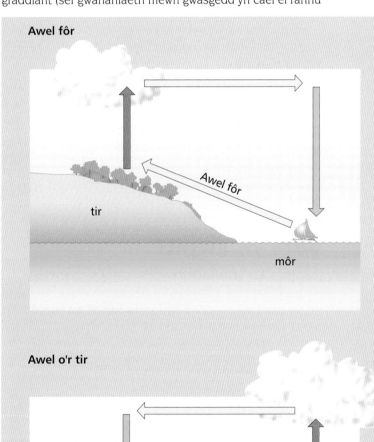

Awel fôr

- Mae'r ddaear yn cynhesu'n gyflym, gan gyrraedd uchafbwynt tymheredd yn hwyr yn y prynhawn, yn arbennig yn yr haf.
- Mae'r aer uwchben yn cael ei gynhesu ac yn dechrau codi.
- Ffurfir ardal leol o wasgedd isel dros y tir.
- Mae'r môr yn cynhesu yn llai cyflym ac mae'r arwyneb claearach yn cynnal tymheredd aer isel.
- Mae aer yn llifo o wasgedd uchel i wasgedd isel (o'r môr i'r tir) fel awel glaear, laith o'r môr.

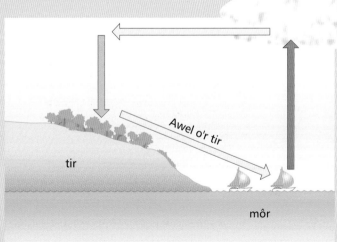

Awel o'r tir

- Yn ystod y nos mae'r tir yn pelydru gwres yn gyflym gan oeri'r aer uwchben.
- Mae'r aer oerach yn suddo i ffurfio ardal leol o wasgedd uchel.
- Mae'r môr yn cadw'r gwres a enillodd yn araf yn ystod y dydd, ac mae'r aer uwchben yn aros yn gymharol gynnes.
- Ffurfir ardal leol o wasgedd isel dros y môr.
- Mae aer yn llifo o wasgedd uchel i wasgedd isel (o'r tir i'r môr) fel awel glaear o'r tir, ac yn fwyaf amlwg yn gynnar yn y bore.

6.16   *Awelon tir a môr*

Systemau seiclonig

Systemau antiseiclonig

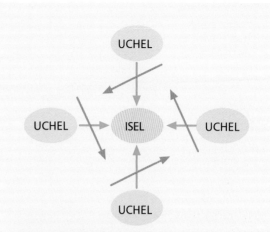

Systemau gwasgedd isel

- Aer yn llifo o ardal o wasgedd uchel i ardal o wasgedd isel ar draws y graddiant gwasgedd.

- Yn hemisffer y gogledd mae hyn yn cael ei allwyro i'r dde gan effaith Coriolis.

- Y canlyniad yw cylchrediad gwrthglocwedd o aer o amgylch y gwasgedd isel.

Allwedd

→ gwyntoedd graddiant gwasgedd

→ gwyntoedd geostroffig

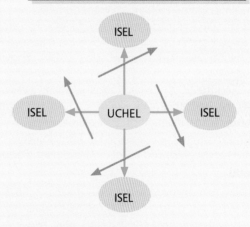

Systemau gwasgedd uchel

- Aer yn llifo o ardal o wasgedd uchel i ardal o wasgedd isel ar draws y graddiant gwasgedd.

- Yn hemisffer y gogledd mae'r llif yn cael ei allwyro i'r dde gan effaith Coriolis.

- Y canlyniad yw cylchrediad clocwedd o aer o gwmpas y gwasgedd uchel.

6.17 *Effaith Coriolis (yn hemisffer y gogledd)*

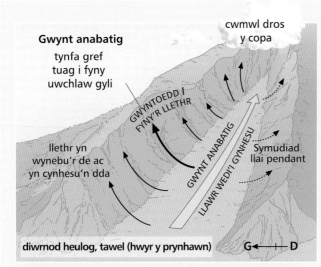

Gwynt anabatig
tynfa gref
tuag i fyny
uwchlaw gyli

cwmwl dros
y copa

GWYNTOEDD I FYNY'R LLETHR

GWYNT ANABATIG

LLAWR WEDI'I GYNHESU

llethr yn
wynebu'r de ac
yn cynhesu'n dda

Symudiad
llai pendant

diwrnod heulog, tawel (hwyr y prynhawn)   G ← | → D

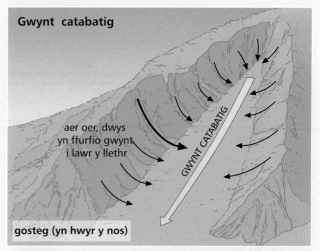

Gwynt catabatig

aer oer, dwys
yn ffurfio gwynt
i lawr y llethr

GWYNT CATABATIG

gosteg (yn hwyr y nos)

- Mae llawr y dyffryn yn cynhesu drwy ddal pelydriad yr haul.
- Mae 'r arwyneb yn cynhesu'r aer uwchben, sy'n dod yn llai dwys.
- Mae aer yn codi o lawr y dyffryn ac yn llifo i fyny ochrau'r dyffryn fel gwynt anabatig.
- Gall y broses hon fod yn ddigon cryf i gychwyn stormydd mewn rhanbarthau dyffrynnoedd.

- Pelydriad o'r llethrau uchaf yn oeri'r arwyneb yn gyflym iawn.
- Mae'r aer yn cael ei oeri gan yr arwyneb ac yn dod yn fwy dwys.
- Mae'r aer oer yn llifo i lawr ochr y dyffryn fel haen fas ar yr arwyneb neu wynt catabatig.
- Mae'r aer dwys yn casglu ar lawr y dyffryn, ac o bosibl yn ffurfio niwl dyffryn.

6.18 *Gwyntoedd dyffryn*

Mae effaith Coriolis yn cynyddu gyda lledred, ac erbyn 50-55°G mae'n ddigonol i allwyro gwyntoedd fel eu bod yn llifo bron ar ongl sgwâr i'r graddiant gwasgedd. Mae hyn yn golygu bod cyfeiriad y gwynt yn baralel â'r isobarrau, ac mae hyn yn gwneud plotio cyfeiriad y gwynt dros y DU yn gymharol rhwydd.

Gelwir y gwyntoedd sy'n symud dros raddiant gwasgedd ac sy'n cael eu heffeithio gan effaith Coriolis yn **wyntoedd geostroffig**. Mae'r rhain yn ffurfio'r sbiralau neu'r fortecsau sy'n amlwg yn y systemau gwasgedd isel (seiclonig) yn ogystal ag yn y systemau gwasgedd uchel (antiseiclonau, Ffigur 6.17).

3 Tirwedd

Mae'r cadwynau mynyddoedd uchaf megis y Rockies yn cyrraedd uchderau o dros 6000 m, ac mae'r rhain yn blocio neu yn allwyro gwyntoedd geostroffig. Mae hyd yn oed yr Alpau, sy'n gymharol isel, yn aml yn gwahanu systemau gwynt rhwng gogledd Ewrop a'r Môr Canoldir.

Mewn ardaloedd mynyddig gall graddiant gwasgedd ffurfio, o ganlyniad i gynhesu ac oeri gwahaniaethol, rhwng llawr y dyffryn a'r llethrau uchaf. Mae hyn yn ffurfio system wynt dyffryn o lifoedd anabatig a catabatig (Ffigur 6.18), â'r llethrau yn penderfynu'r cyfeiriad.

Pam fod cyflymder gwynt yn amrywio?

Mesurir cyflymder gwynt mewn notiau (1 not = 1.8 km/awr), ac fe'i penderfynir gan bedwar prif ffactor.

1 Graddiant gwasgedd

Fel arfer penderfynir cyflymder gwynt gan serthni'r graddiant gwasgedd fel y gwelir o'r bylchau rhwng yr isobarrau: mae bwlch llydan yn dynodi cyflymder isel i'r gwynt tra bod bwlch clòs yn creu mwy o raddiant gwasgedd a gwynt cyflymach. Mae cyflymderau gwynt o dros 50 not yn anarferol yn y DU gan nad oes fel arfer ddim digon o egni i greu graddiant gwasgedd digonol. Yn y trofannau, lle ceir llawer mwy o egni haul, gall cyflymder gwyntoedd fod yn fwy na 100 not (gweler tudalen 216).

2 Ffrithiant

Mae gwynt, fel dŵr, yn cael ei arafu drwy ffrithiant â'r arwyneb. Mae effaith ffrithiant yn fwy dros y tir na thros y môr.

3 Tyrfedd

Mae ffrithiant mewnol a gynhyrchir gan dyrfedd hefyd yn gostwng cyflymder gwynt. Mewn ardaloedd arfordirol, mae gwyntoedd cryfion yn gyffredin gan fod aer wrth deithio dros y môr yn cadw ei lif laminaidd. Yn y mewndir, mae cyflymder y gwynt yn gostwng yn gyflym drwy i'r tyrfedd a gynhyrchir wrth i aer deithio dros arweddion tirwedd, llystyfiant ac adeiladau aflonyddu y llif laminaidd. Yn aml, bydd coed yn cael eu plannu ar gyfer cysgodi tai ac anheddiadau, ac ar un adeg roedd gwrychoedd yn darparu amddiffyniad naturiol defnyddiol i erydiad pridd aeolaidd.

4 Ffactorau lleol

Gall rhwystrau lleol orfodi gwynt i fan culach a chyflymu cyflymder. Gall hyn ddigwydd mewn strydoedd 'canion' yn y CBD wedi'i leinio gan adeiladau uchel neu, fel yn Ffigur 6.19, rhwng tyrrau oeri pwerdy.

6.19 *Un effaith o sianelu lleol. Yn fuan ar ôl i dyrrau oeri pwerdy Ferrybridge yn ne Swydd Efrog gael eu hadeiladu, fe brofont wynt cryf (Tachwedd 1965). Adeiladwyd y strwythurau 114 m hyn mewn llinell, ac roedd hyn yn gorfodi'r gwynt rhwng y tyrrau. Achosodd y gwahaniaethau gwasgedd a ffurfiwyd i dri o'r tyrrau 'ffrwydro', a bu'n rhaid dymchwel y gweddill oherwydd fe'u hystyrid yn beryglus yn strwythurol.*

YMARFERION

1 Astudiwch Ffigur 6.15.

a Disgrifiwch sut mae cell Hadley yn gweithredu, ac eglurwch sut y mae'n gyfrifol am greu cylchfaoedd gwasgedd ar arwyneb y Ddaear.

b Beth yw 'jetlifau', ac ymhle y ceir hwy?

2 a Defnyddiwch fap atlas yn dangos daearyddiaeth ffisegol y byd er mwyn gwneud rhestr o'r prif ddiffeithdiroedd. Rhowch amcangyfrif o ledred pob diffeithdir.

b Ym mha un o'r cylchfaoedd gwasgedd a ddangosir yn Ffigur 6.15 y ceir y mwyafrif o'r diffeithdiroedd?

c Awgrymwch resymau dros hyn.

3 Disgrifiwch, gyda chymorth diagramau, sut y mae'r gwyntoedd lleol hyn yn gweithio:

a awelon tir a môr

b gwyntoedd anabatig a catabatig.

Patrymau gwasgedd a gwynt

Astudiwch Ffigur 6.20, sy'n dangos patrymau gwasgedd byd-eang a phrifwyntoedd yn Ionawr. Er bod y patrymau braidd yn gymhleth, nid yw'n rhy anodd gwneud synnwyr ohonynt (gweler yr anodiadau). Dylech sylwi ar nifer o brif nodweddion:

- Mae'r cylchfaoedd gwasgedd a ddisgrifir yn Ffigur 6.15 yn hawdd eu hadnabod, yn arbennig y gwasgedd uchel isdrofannol yn hemisffer y gogledd.

- Mae cylchfaoedd gwasgedd yn cael eu dwysáu pan fo dylanwadau 'lleol' cryf, e.e. ceryntau cefnforol neu ardaloedd cyfandirol mawr.

- Mae gwyntoedd yn symud allan o ardaloedd o wasgedd uchel (antiseiclonau) i ardaloedd o wasgedd isel (seiclonau).

- Mae gwyntoedd yn cylchredeg mewn modd cromlinol yn ôl yr effaith Coriolis.

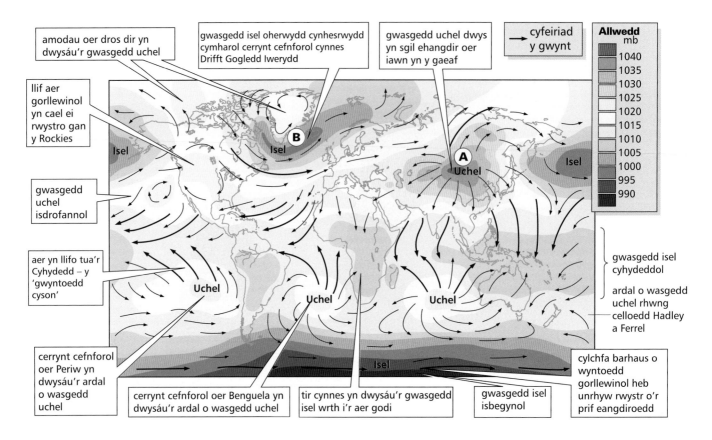

amodau oer dros dir yn dwysáu'r gwasgedd uchel

gwasgedd isel oherwydd cynhesrwydd cymharol cerrynt cefnforol cynnes Drifft Gogledd Iwerydd

gwasgedd uchel dwys yn sgil ehangdir oer iawn yn y gaeaf

cyfeiriad y gwynt

Allwedd mb
1040
1035
1030
1025
1020
1015
1010
1005
1000
995
990

llif aer gorllewinol yn cael ei rwystro gan y Rockies

gwasgedd uchel isdrofannol

aer yn llifo tua'r Cyhydedd – y 'gwyntoedd cyson'

cerrynt cefnforol oer Periw yn dwysáu'r ardal o wasgedd uchel

cerrynt cefnforol oer Benguela yn dwysáu'r ardal o wasgedd uchel

tir cynnes yn dwysáu'r gwasgedd isel wrth i'r aer godi

gwasgedd isel isbegynol

gwasgedd isel cyhydeddol

ardal o wasgedd uchel rhwng celloedd Hadley a Ferrel

cylchfa barhaus o wyntoedd gorllewinol heb unrhyw rwystr o'r prif eangdiroedd

6.20 *Patrwm gwasgedd a gwyntoedd ym mis Ionawr*

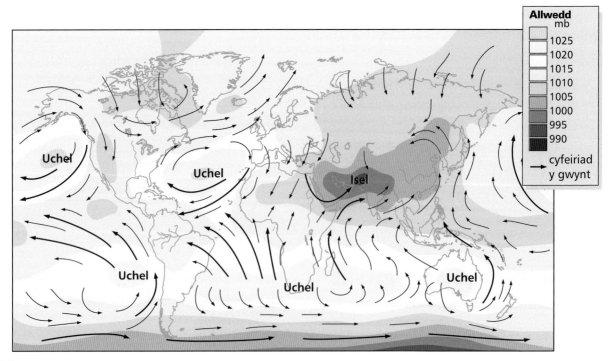

Allwedd mb
1025
1020
1015
1010
1005
1000
995
990

cyfeiriad y gwynt

6.21 *Patrwm gwasgedd a gwyntoedd ym mis Gorffennaf*

GWEITHGAREDD ESTYNEDIG

Astudiwch Ffigur 6.21, sy'n dangos patrymau gwasgedd a phrifwyntoedd ym mis Gorffennaf.

a Ar linfap o'r byd, plotiwch y manylion canlynol:

- prif ardaloedd gwasgedd uchel ac isel (defnyddiwch ddau liw gwahanol)

- y prif wyntoedd.

b Ychwanegwch anodiadau, tebyg i'r rhai yn Ffigur 6.20, i ddisgrifio ac egluro'r prif gylchfaoedd gwasgedd a chyfeiriadau gwynt. Bydd angen i chi gyfeirio at fapiau cynharach o dymheredd a cheryntau cefnforol i'ch helpu.

CWESTIWN STRWYTHUREDIG

Mae Ffigur 6.20 yn dangos patrwm gwasgedd a gwyntoedd arwyneb yn Ionawr. Rhoddir gwasgeddau mewn milibarrau wedi'u gostwng i lefel môr.

a (i) Pa enw a roddir ar y patrwm gwasgedd a labelir A? *(1)*

(ii) Pa enw a roddir ar y patrwm gwasgedd a labelir B? *(1)*

b (i) Disgrifiwch gyfeiriad y gwyntoedd sy'n cylchredeg ym mhatrwm gwasgedd A. *(2)*

(ii) Amlinellwch ddau reswm dros batrymau'r gwyntoedd rydych wedi'u disgrifio. *(4)*

c Pam fod y gwasgeddau atmosfferig uchaf i'w cael dros Asia yr adeg hon o'r flwyddyn? *(2)*

ch Mae patrymau gwynt a gwasgedd yn fwy cymhleth yn hemisffer y gogledd nag yn hemisffer y de. Awgrymwch *ddau* reswm dros hyn. *(4)*

d (i) Disgrifiwch y gwasgedd a'r patrymau gwynt dros Dde ddwyrain Asia. *(2)*

(ii) Eglurwch sut y byddai'ch disgrifiadau o'r patrymau hyn yn wahanol yng Ngorffennaf (Ffigur 6.21). *(4)*

C Dŵr yn yr aer

Beth yw'r gylchred hydrolegol?

Cymylau yw'r elfen weledol o ddŵr yn yr atmosffer. Fe'u ffurfir gan ronynnau bychain iawn o ddŵr (< 0.04 mm mewn diamedr) ac iâ. Mae cymylau yn rhan o'r **gylchred hydrolegol** (Ffigur 6.22) wrth i ddŵr gyddwyso, ar ôl anweddu o'r arwyneb. Yn y pen draw, mae'r dŵr mewn cymylau yn dychwelyd i'r arwyneb fel dyodiad. Mae'r rhan fwyaf o ddyodiad yn disgyn i mewn i'r cefnforoedd, gan eu bod yn ffurfio'r rhan helaethaf o arwyneb y Ddaear. O'r hyn sy'n disgyn ar y tir, mae cyfran uchel ohono yn y pen draw yn cael ei drosglwyddo i'r cefnforoedd gan afonydd. Mae rhywfaint ohono yn cael ei storio fel iâ neu mae'n ymdreiddio i'r creigwely gwaelodol.

Mae'r gylchred hydrolegol yn enghraifft o system gaeedig gan nad yw'n derbyn mewnbynnau o systemau allanol nac yn anfon allbynnau iddynt chwaith: mae'n hollol hunangynhaliol.

Beth yw lleithder?

Mae pob aer yn cynnwys rhywfaint o ddŵr ar ffurf anwedd. Daw hwn trwy brosesau anweddiad a thrydarthiad o ddŵr ar yr arwyneb. Mae **anweddiad** yn golygu trawsnewid dŵr yn anwedd ac o ganlyniad collir egni (gwres cudd). Rheolir graddfa anweddiad gan dri phrif ffactor:

- **tymheredd** – mae'n cynyddu wrth i'r gwres gynyddu
- **cyflymder gwynt** – symudir aer gwlyb oddi ar yr arwyneb fel bod anweddiad yn cynyddu gyda chyflymder gwynt uwch
- **lleithder** – pan fo aer sy'n agos at yr arwyneb eisoes yn wlyb mae'n amsugno llai o anwedd dŵr newydd.

Mae'r anwedd dŵr a ychwanegwyd at yr aer o'r arwyneb yn bur, wrth i fasau a hydoddion eraill gael eu gadael yn y cefnforoedd, llynnoedd ac afonydd; gelwir y broses hon yn **ddistyllu.**

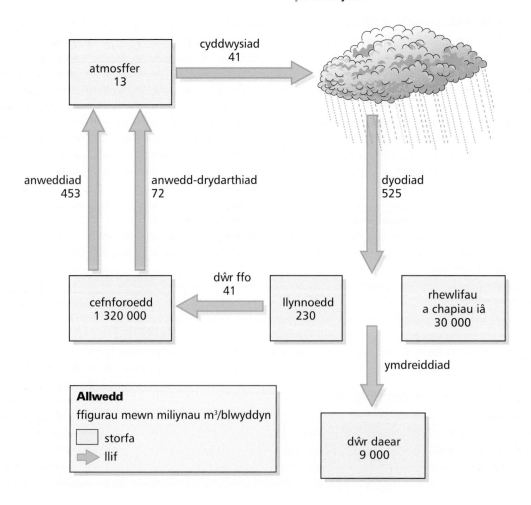

6.22 *Cylchred hydrolegol fyd-eang: storfeydd a llifoedd*

Mesurir swm yr anwedd dŵr yn yr aer mewn dwy ffordd:

- **Lleithder absoliwt (LlA)** yw mesur yr anwedd dŵr yn yr aer fel canran o gyfaint penodol yr aer. Mae'n cael ei benderfynu yn bennaf gan natur yr arwyneb o dan yr aergorff. Mae aergyrff cyfandirol yn tueddu i fod yn sylweddol sychach nag aergyrff arforol gan fod llai o ddŵr ar gael.

- **Lleithder cymharol (LlC)** yw'r mesur pwysicaf ac mae'n cynrychioli'r anwedd dŵr yn yr aer fel canran o'r cyfanswm o anwedd dŵr y gall yr aer ei ddal ar dymheredd arbennig cyn iddo fynd yn ddirlawn. Yn syml, mae'r LlC yn dynodi pa mor agos yw cyfaint o aer i'w gynhwysedd i ddal dŵr.

Sut mae lleithder cymharol yn newid?

Mae swm yr anwedd dŵr y gall aer ei gynnal yn cael ei reoli gan dymheredd. Mae cynhwysedd aer cynnes yn fwy na chynhwysedd aer oer ac, felly, wrth i aer gael ei gynhesu mae ei leithder cymharol yn lleihau er na chollir dim o'i anwedd dŵr. I'r gwrthwyneb, wrth i aer oeri mae ei leithder cymharol yn cynyddu, er na ychwanegir anwedd dŵr ato (Ffigur 6.23).

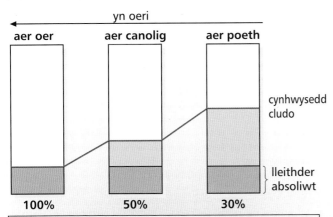

Lleithder absoliwt: yr union swm o anwedd dŵr yn yr aer. Yn yr enghraifft hon nid yw'r LlA yn newid gan na ychwanegir na chollir anwedd dŵr.

Cynhwysedd cludo: cyfanswm yr anwedd dŵr y mae'r aer yn gallu ei gludo ar y tymheredd hwnnw.

100% lleithder cymharol
Mae'r oeri wedi gostwng y cynhwysedd cludo i'r un cyfaint â'r lleithder absoliwt. Mae'r aer wedi cyrraedd gwlithbwynt (h.y. y tymheredd lle mae'n cyddwyso) a bydd yn cyddwyso i ffurfio defnynnau cwmwl.

50% lleithder cymharol
Mae'r aer hanner ffordd at ei gynhwysedd cludo. Nid yw'r LlA wedi newid ond gan fod yr aer yn gynhesach, mae'n bosib y gall ddal mwy o ddŵr.

30% lleithder cymharol
Mae'r cynhwysedd cludo wedi cynyddu ymhellach wrth i'r aer gael ei gynhesu. Gall yr aer yn awr amsugno hyd yn oed fwy o anwedd dŵr.

6.23 *Cyfaint o aer ar wahanol dymereddau, yn dangos y berthynas rhwng lleithder absoliwt, cynhwysedd cludo a lleithder cymharol*

YMARFERION

1 Astudiwch Ffigur 6.22.

   a Cyfrifwch ganran yr holl ddŵr:

     (i) sydd wedi ei storio yn y cymylau

     (ii) sydd wedi ei storio yn y cefnforoedd.

   b Disgrifiwch batrwm y cylchrediad a ddangosir yn y diagram.

   c Mae swm y dŵr a anweddir o'r cefnforoedd yn fwy na'r dŵr sy'n disgyn i'r cefnforoedd. Sut y gallwch esbonio hyn?

   ch Pam y disgrifir y gylchred hydrolegol fel 'system gaeedig'?

2 Beth yw'r gwahaniaeth rhwng lleither 'absoliwt' a lleithder 'cymharol'?

Beth yw cyddwysiad?

Pan fo aer wedi oeri'n ddigonol fel bod y LlC yn cyrraedd 100% fe ddywedir ei fod yn **ddirlawn** neu ei fod wedi cyrraedd ei gynhwysedd cludo. Gellir cyfeirio at y pwynt critigol hwn gan y tymheredd y mae'n rhaid i'r aer ddisgyn iddo cyn ei fod yn cyddwyso (ei **wlithbwynt**) neu yr uchder lle y cyrhaeddir y tymheredd hwn (ei **lefel cyddwysiad**). Ar y pwynt hwn mae molecylau'r anwedd dŵr yn cyfuno o gwmpas cnewyllyn cyddwysiad (sbecyn o lwch, er enghraifft) i gynhyrchu cwmwl (0.01–0.04 mm mewn diamedr) gyda gwres cudd yn cael ei ryddhau. Yn yr atmosffer, mae'r uchder lle y digwydd hyn yn amlwg fel gwaelod y cwmwl; dyma'r lefel cyddwysiad (Ffigur 6.24).

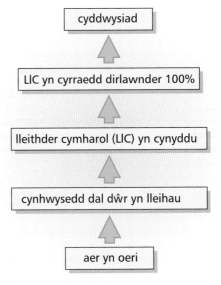

6.24 *Y broses gyddwysiad*

Sut mae aer yn oeri?

Mae anwedd dŵr yn cyddwyso i ffurfio defnynnau cwmwl oherwydd fod yr aer yn oeri. Mae hyn yn digwydd drwy ddwy brif broses.

1 Newid tymheredd adiabatig

Mae'r atmosffer yn gostwng mewn dwysedd a gwasgedd gyda chynnydd mewn uchder (gweler tudalen 189). Wrth i barsel o aer godi drwy'r atmosffer mae'n cynyddu gan fod y gwasgedd allanol yn lleihau. Yr ehangiad hwn sy'n achosi oeri adiabatig. Wrth i aer ddisgyn drwy'r atmosffer mae'r gwasgedd aer o amgylch yn cynyddu ac fe gywesgir y parsel; mae hyn yn achosi'r aer i gynhesu'n adiabatig. Newid yn y tymheredd oherwydd newid yn y gwasgedd heb drosglwyddiad allanol o egni yw'r broses adiabatig. Mae hon yn broses bwysig iawn yn yr atmosffer (ac mae hefyd yn sail i systemau rhewi ac aerdymheru) gan mai tymheredd yr aer sy'n penderfynu ei leithder cymharol (Ffigur 6.25).

Nid yw cyfradd na chyflymder newid tymheredd adiabatig yn gyson: mae'n amrywio yn ôl swm y dŵr yn yr aer:

- **cyfradd newid adiabatig sych** neu **CNAS [DALR]** – newid cyflym mewn tymheredd sy'n digwydd mewn aer annirlawn yn ôl 1.0° y 100 m o ddadleoliad fertigol

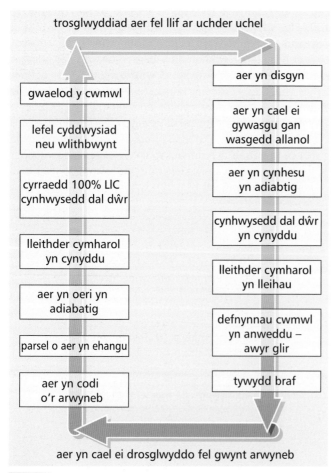

6.25 *Newidiadau mewn lleithder cymharol wrth i aer esgyn a disgyn*

- **cyfradd newid adiabatig dirlawn** neu **CNAD [SALR]** – cyfradd arafach o newid tymheredd mewn aer sydd wedi cyrraedd lleithder cymharol o 100%; mae'r newid hwn yn digwydd tua 0.5°C y 100 m.

Mae'r cyfraddau hyn fel arfer yn cael eu plotio ar graff a elwir yn **teffigram** (gweler Ffigur 6.11 tudalen 186). Maent yn dangos y newid yn y tymheredd mewn parseli o aer sy'n symud yn fertigol drwy'r atmosffer.

2 Oeri arwyneb

Gall aer oeri hefyd pan fo mewn cyswllt ag arwyneb oerach. Mae hyn yn cynnwys aergyrff eraill, arwyneb môr oerach neu arwyneb tir oerach. Gelwir y symudiad llorweddol o aer dros arwyneb yn **llorfudiant** ac mae hwn yn achosi cyddwysiad a chymylau ger yr arwyneb, yn cynnwys niwl a niwlen llorfudol. Yn wahanol i oeri adiabatig nid yw'n ymwneud â symudiad fertigol yr aer na'r newidiadau mewn gwasgedd sy'n dilyn. Yn hytrach mae'n debyg i'r effaith sy'n digwydd ar ddrych oer pan fo dŵr tap poeth yn rhedeg yn yr ystafell ymolchi yn ystod y gaeaf.

Beth yw cwmwl?

Mae cymylau yn cynnwys defnynnau o ddŵr sy'n ddigon bach i aros yn hongian yn yr aer trwy ffrithiant allanol (<0.04 mm mewn diamedr). Caiff dŵr ei storio mewn cymylau, a phan gaiff cwmwl ei symud gan wynt mae'n trosglwyddo dŵr rhwng ardaloedd, yn arbennig o'r cefnforoedd i'r eangdiroedd. Gall cymylau ddatblygu'n fertigol i gymaint â 16 km o ddyfnder, ac fel y bydd tymereddau'n gostwng gydag uchder, bydd cwmwl lefel canol yn aml yn cynnwys plu eira, a'r cymylau uchaf yn cynnwys gronynnau o iâ. Mae cymylau'n bwysig iawn i broffwydi tywydd (Ffigur 6.26).

- Fel elfen weladwy o'r tywydd, mae cymylau'n darparu gwybodaeth sylweddol ynglŷn â beth sy'n digwydd yn yr atmosffer.
- Mae ffurf neu siâp cymylau yn dweud wrthym am leithder, sefydlogrwydd a phresenoldeb aergyrff a ffryntiau.
- Mae'r cyflymder y mae cymylau'n symud yn dangos cyfeiriad a chyflymder y gwynt.
- Defnyddir dwysedd ac uchder cwmwl i broffwydo dyodiad.
- Mae cymylau'n weladwy ar luniau lloeren, a defnyddir radar cwmwl yn awr mewn rhai gwledydd, gan gynnwys y DU, i ddarparu rhagolygon tywydd tymor-byr hynod fanwl.

Pam nad oes llawer o gymylau gan rai rhanbarthau?

Mae ardaloedd eang yn y trofannau a'r pegynau yn aml heb gymylau, gan fod aer yn yr ardaloedd hyn yn disgyn. Mae'r symudiad hwn yn creu cywasgiad, cynhesu adiabatig, cynnydd mewn cynhwysedd dal dŵr a gostyngiad mewn lleithder cymharol, felly does dim cyddwysiad yn digwydd ac nid yw cymylau'n datblygu (gweler Ffigur 6.25). O ganlyniad, anaml mae cymylau'n ffurfio, gan na all yr aer oeri i wlithbwynt, a'r tywydd nodweddiadol yw awyr glir, gan ganiatáu pelydriad heulog a phelydriad daearol di-dor.

Mae aer yn disgyn oherwydd bod yr atmosffer uwch yn oerach ac yn ddwysach na'r aer o amgylch. Ar raddfa fyd-eang, mae'r effaith hon yn cael ei chynhyrchu gan yr oeri adiabatig sy'n digwydd wrth i aer esgyn yng nghell Hadley a chan y pelydriad heulog isel sydd i'w gael ger y pegynau. Mae'r cylchfaoedd o wasgedd uchel yn mudo mewn cylchred dymhorol ond maent yn gymharol gyson, ac i'w gweld ar luniau lloeren fel ardaloedd eang digwmwl.

Mae dosbarthiad byd-eang o'r mathau o gymylau a'r cylchfaoedd o wasgedd uchel digwmwl yn arbennig o glir ar ddelweddau lloeren anwedd dŵr, ac yn rhoi effaith tri dimensiwn, gan ddangos crynodiadau o anwedd dŵr a chwmwl yn yr atmosffer (Ffigur 6.27).

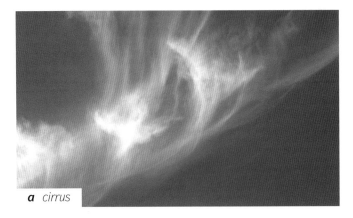

a cirrus

b cwmwlws

c stratws

6.26 *Dosberthir cymylau yn ôl eu siâp yn dri phrif gategori: ffurf cirri, ffurf cumi a ffurf strati. Ar ddelweddau lloeren mae ffurfiannau'r cymylau ac absenoldeb cymylau yn gwneud argraff. Gellir defnyddio siâp a lleoliad y cwmwl i adnabod y prosesau sydd ar waith ac i ddarogan y tywydd. Mae cymylau'n cynrychioli cydbwysedd rhwng grymoedd darfudiad sy'n symud defnynnau cwmwl i fyny, a grymoedd llorfudiant sy'n symud defnynnau cwmwl yn llorweddol.*

Defnyddir anwedd dŵr yn aml i greu delweddau lloeren. Mae'n dangos crynodiad dŵr yn yr atmosffer. Tynnwyd y ddelwedd hon o loeren yn niwedd Medi.

Mae'r ardal wen yn y canol yn dangos ardal ddwys o anwedd dŵr sy'n cael ei anweddu o arwyneb y Ddaear gan belydriad heulog grymus ar y Cyhydedd. Mae'r ardaloedd tywyll yn isdrofannau hemisffer y gogledd yn dychwelyd y dŵr hwn i arwyneb y Ddaear fel glaw.

6.27 *Anwedd dŵr byd-eang*

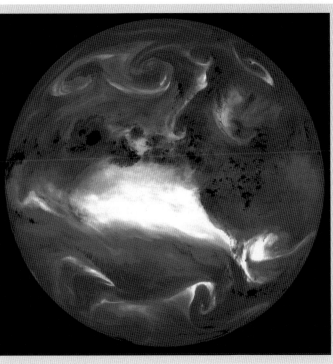

Mae'r fortecsau neu'r sbiralau crymion a throellog yn nodweddiadol o systemau seiclonig neu ddiwasgeddau sy'n datblygu ar hyd y ffrynt Pegynol. Gwelir systemau tywydd wedi datblygu'n dda fel chwyrliadau gwynion yn lledredau tymherus y ddau hemisffer.

Ceir ardal o anwedd dŵr isel ac awyr glir yng nghyswllt celloedd Hadley a Ferrel, sy'n ardal o wasgedd uchel. Yma mae aer yn disgyn, gan ei fod wedi ei gywasgu, ac yn cynhesu'n adiabatig fel bod y cynhwysedd dal dŵr yn cynyddu. O dan yr amodau hyn mae lleithder cymharol yn isel, ac nid oes yma gymylau na glaw.

1 Disgrifiwch y newidiadau mewn parsel o aer wrth iddo esgyn yn fertigol drwy'r atmosffer.

2 Beth yw'r gwahaniaeth rhwng CNAS a CNAD?

3 Beth yw 'llorfudiant', a sut y gall arwain at aer yn oeri a niwl a niwlen yn ffurfio?

4 Astudiwch Ffigur 6.27.

a Rhowch eich barn ar natur y gorchudd cwmwl sy'n cyfateb i ystlys ochr gyhydeddol cell Hadley.

b Disgrifiwch natur y gorchudd cwmwl sy'n cyfateb i'r ffrynt Pegynol yn hemisffer y de.

c Eglurwch pam y ceir cyn lleied o gymylau ar draws llawer o dde Affrica ac Awstralia.

Beth yw dyodiad?

Term cyffredinol yw dyodiad am yr holl ddŵr sy'n symud trwy'r atmosffer fel hylif neu ar ffurf solet tuag at arwyneb y Ddaear. Dim ond un math o ddyodiad yw glaw; mae glaw mân, eira, eirlaw, cenllysg a gwlith ymysg y lleill.

Nid yw'r broses o sut y ffurfir defnynnau glaw yn llwyr ddealladwy eto, ond credir bod tri mecanwaith yn gweithredu:

1 Cyfuniad

Mae defnynnau'r cwmwl yn symud yn gyson o fewn y cwmwl oherwydd tyrfedd, thermalau a thynfeydd tuag i lawr. Yn ystod y symudiad hwn mae defnynnau'r cwmwl yn gwrthdaro, yn cyfuno a chynyddu mewn màs. Wrth i'r defnynnau mwyaf symud tuag i lawr drwy'r cwmwl, mae mwy o wrthdaro yn digwydd ac mae'r defnynnau'n mynd yn fwy ac yn cyflymu. Mewn cymylau tal gall hyn arwain at gyfradd fythol gynyddol o ddefnynnau dŵr mawr yn y cwmwl is, sy'n cynhyrchu glaw.

2 Proses Bergeron-Findeisen

Gan fod yr aer yn oeri'n adiabatig wrth esgyn a chyda phellter cynyddol o'r arwyneb, mae rhannau uchaf y cymylau fel arfer ymhell islaw'r rhewbwynt. Hyd yn oed ar y Cyhydedd gall y cwmwl uchaf fod mor oer â -65°C. Mae gronynnau iâ mewn cymylau yn datblygu o amgylch cnewyll wedi'u rhewi (halen a gronynnau mân o bridd) ac mae'r rhain yn denu anwedd dŵr oer iawn ac maent yn cynyddu mewn màs. Ar y dechrau mae'r gronynnau iâ yn cadw eu huchder drwy dyrfedd, ond pan gyrhaeddant fàs critigol fe ddisgynnant tuag'r arwyneb, naill ai'n toddi i ffurfio defnynnau glaw neu yn aros wedi rhewi gan ddisgyn fel eira neu genllysg.

3 Hadwr-porthwr

Mae hon yn theori gyfansawdd a ddatblygwyd ar gyfer egluro sut mae glaw yn ffurfio mewn cymylau heb y tymheredd isel a'r datblygiad fertigol sydd ei angen ar gyfer prosesau Bergeron-Findeisen a chyfuniad. Mae haen uwch o gwmwl yn cynhyrchu glaw ysgafn drwy'r broses Bergeron-Findeisen, ac mae hwn yn disgyn i lawr i fand is o gwmwl, gan achosi i gyfuniad cyflym ddigwydd.

Pam fod dyodiad yn digwydd?

Mae aer yn cael ei dynnu tua'r arwyneb gan ddisgyrchiant, ac mae arno angen egni os yw am esgyn. Ceir tri phrif fecanwaith i achosi aer i esgyn: darfudiad, orograffig a seiclonig. Er bod gan y mecanweithiau hyn nifer o nodweddion sy'n gyffredin rhyngddynt, mae ganddynt achosion gwahanol ac, o safbwynt cymylau a dyodiad, gwahanol ganlyniadau.

1 Glaw darfudol

Mae darfudiad yn digwydd pan fo arwyneb lleol o dir a môr yn cael ei gynhesu i dymheredd uwch na'r ardal o gwmpas. Mae'r gwres yn lleihau dwysedd yr aer ac mae'n dechrau esgyn yn fertigol. Wrth i'r aer esgyn, mae'n oeri ac yn y pen draw mae cyddwysiad yn ffurfio cymylau. Pan fo poced o aer yn cynhesu ac yn llai dwys na'r **aer amgylcheddol** o gwmpas yna dywedir ei fod yn ansefydlog, a chyfeirir at gyflwr cyffredinol yr atmosffer fel **ansefydlogrwydd** (Ffigur 6.28).

Mae darfudiad yn broses gyffredin, wrth i amrywiadau yn yr arwyneb, albedo a thirwedd achosi i rai ardaloedd lleol i gynhesu yn gyflymach nag eraill. Fe all nad yw'r ceryntau thermol o barseli o aer yn esgyn fod yn ddigonol bob amser i achosi cymylau a glaw, ond yn aml ceir digon o egni i greu cymylau tyrog ac o bosib daranau, corwyntoedd a thornados i ddigwydd.

Cysylltir darfudiad:

- â'r gylchfa gyhydeddol lle mae egni o ddarheulad yn uchel
- ag ardaloedd cyfandirol lle mae arwynebau'r tir yn cynhesu'n gyflym
- â lloriau dyffryn lle mae pelydriad heulog yn cael ei ddal
- ag arwynebau tywyll lle mae'r albedo yn isel a phelydriad daearol tonfedd hir yn uchel
- ag awyr glir (antiseiclonig) pan fo pelydriad heulog yn cynyddu
- â hwyr y pnawn, pan fo'r arwyneb wedi ei gynhesu'n llwyr ac yn pelydru yr egni mwyaf
- ag ardaloedd trefol lle mae egni yn cael ei ryddhau ac yn cael ei greu mewn ynys wres.

2 Glawiad tirwedd neu orograffig

Gall gwynt hefyd greu yr egni sydd ei angen i orfodi aer i esgyn, ac mae hyn yn arwain at ffurfiant cymylau a dyodiad ar lethrau atwynt mynyddoedd a bryniau. Gorfodir y gwynt sy'n dod i mewn i godi gan rwystrau ffisegol, er fod y tymheredd a'r dwysedd yma yr un peth â'r aer o amgylch. Gelwir hyn yn **ansefydlogrwydd amodol**, gan fod yr aer sy'n esgyn yn ymddwyn fel petai yn 'ansefydlog' ond yr achos yw bodolaeth 'amodol' y tirwedd (Ffigur 6.29).

Mae dyodiad a cwmwl orograffig yn gysylltiedig â:

- tirwedd sy'n ddigon uchel i achosi i'r aer sy'n dod i mewn oeri hyd at wlithbwynt
- prifwyntoedd, fel arfer yn dod i mewn o'r môr (mae lleithder cymharol aer arforol yn uchel).

3 Systemau ffrynt

Ffin yw ffrynt rhwng dau fath gwahanol o aergorff. Edrychwch eto ar Ffigur 6.27 (tudalen 199) i weld lleoliad y ffrynt Pegynol sy'n ffurfio'r ffin rhwng aer oer o'r pegynau ac aer cynnes o'r trofannau. Tuedda ffryntiau fod yn ardaloedd prysur o gymylau a dyodiad yn ffurfio (fel y gwyddom o brofiad yn y DU). Ar ffrynt mae'r aer cynhesach yn dod yn hynod o ansefydlog o berthynas i'r aergorff oerach, ac mae'n esgyn. Mae hyn yn achosi oeri adiabatig, cyddwysiad a defnynnau glaw yn ffurfio. Yn ogystal, mae'r aer oer dwysach yn tandorri'r aergorff cynhesach a'i orfodi i godi yn yr un modd â'r rhwystr ffisegol mewn glawiad orograffig. Mae ffryntiau yn ymestyn am gryn bellter ac mae'r cwmwl a'r glaw fel arfer yn dangos ffurf llinol nodweddiadol, gan alluogi bras leoliad o'r ffrynt. Mae cymylau a glaw ffrynt yn tueddu i fod yn ddi-baid ac o ddwysedd canolig, ac yn gwasgaru wrth i'r ffrynt fynd heibio. Trafodir yn fanylach y patrymau tywydd sy'n gysylltiedig â systemau ffrynt ym mhennod 6Ch.

Ble mae'n bwrw glaw?

Mae oeri, cyddwyso a ffurfio defnynnau dŵr yn gofyn am egni, ac nid yw hwn wedi ei ddosbarthu'n gyson. Ar raddfa byd-eang, mae dyodiad cyfartalog yn amrywio o dros 30 000 mm (30 m sy'n syfrdanol) ar lethrau sy'n wynebu'r de yn yr Himalaya yng Ngogledd India, i flynyddoedd di-law mewn rhannau o Ddiffeithdir Atacama yn Chile a Periw. Mae'r patrwm byd-eang yn adlewyrchu dylanwad lledred, gwahaniaethau tir/môr, tirwedd, ceryntau cefnforol a jetlifau (Ffigur 6.30).

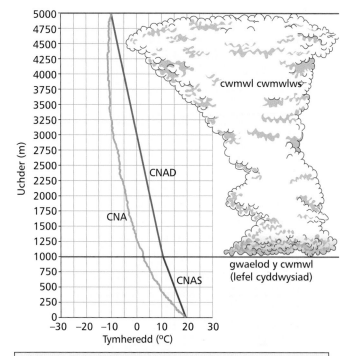

- Mae'r boced leol o aer yn gynhesach ac yn llai dwys na'r aer amgylcheddol. Mae'n ansefydlog ac fe fydd yn esgyn.
- Wrth iddo esgyn mae'n oeri yn adiabatig, yn ôl CNAS. Edrychir ar aer sydd â lleithder cymharol llai na 100% fel aer 'sych'.
- Lefel cyddwysiad: yr uchder lle mae anwedd dŵr yn cyddwyso i ffurfio defnynnau cwmwl. Mae hyn yn amlwg ar waelod y cwmwl. Dyma'r uchder lle mae tymheredd yn disgyn i wlithbwynt.
- Mae aer yn oeri ar CNAD uwchlaw lefel cyddwysiad. Rhyddheir gwres cudd yn ystod cyddwysiad, gan leihau'r gyfradd oeri.
- Pennau'r cymylau yw lle mae'r aer sy'n esgyn yn oeri i'r un tymheredd a'r un gwasgedd â'r aergorff amgylcheddol. Mae sefydlogrwydd yn cael ei adfer. Gelwir hyn yn tropoffin.

6.28 *Darfudiad: ansefydlogrwydd*

Mae aer llaith o Dde'r Iwerydd yn symud tua'r tir gyda'r prifwynt. Mae'r aer yn sefydlog gan ei fod o'r un tymheredd a dwysedd â'r aer o gwmpas.

Gorfodir yr aer llaith arforol i godi gan y prif arwedd tirwedd sef Mynydd Table (mae'r sgarp yn codi i 1000 m). Wrth i'r aer esgyn, mae'n ehangu, yn oeri'n adiabatig a chyddwyso i ffurfio cymylau ar lethrau uchaf y mynydd. Mae'r cwmwl yn haenog ac nid oes iddo ddatblygiad fertigol y systemau darfudol.

Cyfyngir ar brosesau cyfuniad a Bergeron-Findeisen gan uchder y cwmwl, ac mae dyodiad fel arfer ar ffurf glaw mân o ddwysedd isel. Fodd bynnag, gall hyn barhau am gryn amser, gan fod ei barhad yn cael ei benderfynu gan y gwynt.

Ar ochr gysgodol y mynydd mae'r aer yn suddo. Erbyn hyn mae'n hynod o sefydlog gan ei fod wedi oeri yn is na thymheredd yr aer o gwmpas. Wrth i'r aer ddisgyn mae'n cynhesu'n adiabatig ac mae'r cwmwl yn gwasgaru. O ganlyniad fe ffurfir gwynt sych, cynnes a chysgod glaw ar ochr gysgodol y mynyddoedd.

6.29 *Glawiad orograffig: y 'lliain bwrdd' – cymylau glaw dros Fynydd Table yn Ne Affrica*

YMARFERION

1 Disgrifiwch, gyda chymorth diagram, sut mae darfudiad yn cael ei achosi gan ansefydlogrwydd yr atmosffer.

2 Lluniwch linfap o gadwyn o fynyddoedd, tebyg i'r un 'Lliain bwrdd' yn Ffigur 6.29, ac ychwanegwch anodiadau i ddisgrifio'r broses o ymgodiad orograffig. Cynhwyswch y termau canlynol yn eich anodiadau:

- adiabatig
- prifwynt
- cwmwl
- cysgod glaw

3 Pam y cysylltir glaw trwm yn aml ag ymgodiad ffrynt?

4 Astudiwch Ffigur 6.30.

a (i) Gyda chymorth atlas, nodwch y rhannau o'r byd sydd â glawiad cyfartalog sy'n fwy na 2000 mm.

(ii) Gan gyfeirio at fapiau a diagramau cynharach, ceisiwch egluro lleoliad yr ardaloedd hyn.

b Cwblhewch yr un ymarfer ag yn **a** uchod, ond ar gyfer y mannau hynny sydd â llai na 250 mm o lawiad.

c Beth sy'n ymddangos fel y ffactor neu'r ffactorau pwysicaf sy'n penderfynu swm y glawiad mewn man arbennig?

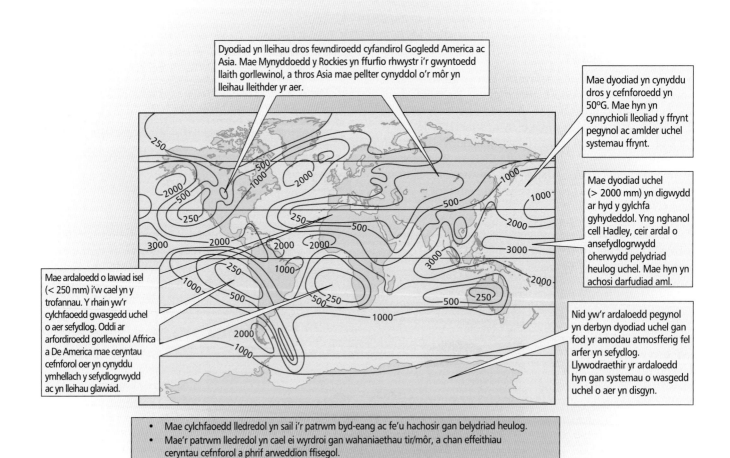

Dyodiad yn lleihau dros fewndiroedd cyfandirol Gogledd America ac Asia. Mae Mynyddoedd y Rockies yn ffurfio rhwystr i'r gwyntoedd llaith gorllewinol, a thros Asia mae pellter cynyddol o'r môr yn lleihau lleithder yr aer.

Mae dyodiad yn cynyddu dros y cefnforoedd yn 50°G. Mae hyn yn cynrychioli lleoliad y ffrynt pegynol ac amlder uchel systemau ffrynt.

Mae dyodiad uchel (> 2000 mm) yn digwydd ar hyd y gylchfa gyhydeddol. Yng nghanol cell Hadley, ceir ardal o ansefydlogrwydd oherwydd pelydriad heulog uchel. Mae hyn yn achosi darfudiad aml.

Mae ardaloedd o lawiad isel (< 250 mm) i'w cael yn y trofannau. Y rhain yw'r cylchfaoedd gwasgedd uchel o aer sefydlog. Oddi ar arfordiroedd gorllewinol Affrica a De America mae ceryntau cefnforol oer yn cynyddu ymhellach y sefydlogrwydd ac yn lleihau glawiad.

Nid yw'r ardaloedd pegynol yn derbyn dyodiad uchel gan fod yr amodau atmosfferig fel arfer yn sefydlog. Llywodraethir yr ardaloedd hyn gan systemau o wasgedd uchel o aer yn disgyn.

- Mae cylchfaoedd lledredol yn sail i'r patrwm byd-eang ac fe'u hachosir gan belydriad heulog.
- Mae'r patrwm lledredol yn cael ei wyrdroi gan wahaniaethau tir/môr, a chan effeithiau ceryntau cefnforol a phrif arweddion ffisegol.

6.30 *Patrwm byd-eang dyodiad cyfartalog (mm)*

CWESTIWN STRWYTHUREDIG

Archwiliwch Ffigurau 6.31 a 6.32. Defnyddiwch y ddau fap i ateb y canlynol:

a Lleolwch Ardal A ar Ffigur 6.31. Eglurwch pam y ceir yma ardal sy'n derbyn y cyfanswm glawiad uchaf o fewn awr. *(2)*

b Lleolwch Ardal B ar Ffigur 6.31. Eglurwch pam y ceir yma ardaloedd sy'n derbyn y cyfanswm glawiad uchaf o fewn awr. *(2)*

c Lleolwch Ardal C ar Ffigur 6.31.

   (i) Disgrifiwch batrwm yr uchafswm glawiad o fewn awr sy'n debygol o fod yma o fewn cyfnod o bum mlynedd. *(2)*

   (ii) Eglurwch pam y mae'r uchafswm glawiad o fewn awr yn isel. *(3)*

ch A yw Ffigur 6.31 yn gynrychiolaeth gywir o batrwm glawiad yn Ynysoedd Prydain? *(3)*

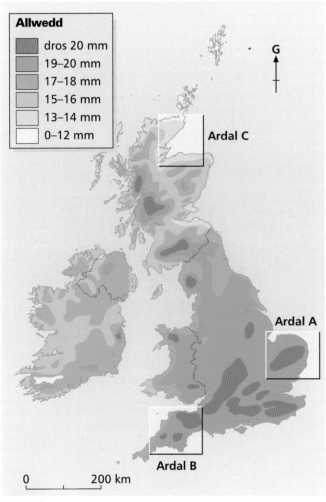

6.31 *Uchafswm glawiad o fewn awr sy'n debyg o ddigwydd unwaith mewn cyfnod o bum mlynedd yn Ynysoedd Prydain*

Allwedd
- dros 20 mm
- 19–20 mm
- 17–18 mm
- 15–16 mm
- 13–14 mm
- 0–12 mm

Ardal C

Ardal A

Ardal B

0   200 km

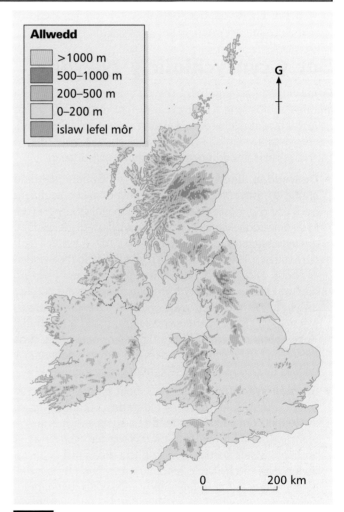

6.32 *Map tirwedd o Ynysoedd Prydain*

Allwedd
- >1000 m
- 500–1000 m
- 200–500 m
- 0–200 m
- islaw lefel môr

0   200 km

Ch Deall y tywydd: y DU

Mae'r DU yn cael ei dosbarthu fel ardal sy'n derbyn hinsawdd tymherus arforol gyda gaeafau mwyn a hafau claear. Fodd bynnag, mae'r tywydd o ddydd i ddydd yn gyfnewidiol iawn, ac mae rhagweld y tywydd am fwy na phedwar diwrnod yn ymddangos fel rhywbeth hudol. Mewn llawer o ranbarthau'r byd mae patrymau tywydd yn hynod o ragweladwy oherwydd bod patrymau tywydd yn tueddu i aros yn sefydlog mwy neu lai am gyfnodau hir o amser.

Sut y cynrychiolir y tywydd?

Er mwyn deall a rhagweld y tywydd mae'n rhaid disgrifio'r amodau atmosfferig. Gellir cyflawni hyn mewn dwy ffordd drwy ddefnyddio delweddau (fel arfer o loerenni yn y gofod), a thrwy astudio siartiau synoptig (wedi eu creu ar sail data a gafwyd gan orsafoedd tywydd a lloerenni ar y ddaear).

- **Delweddau lloeren** Mae'r rhain yn darparu delwedd graffig o'r atmosffer ar adeg arbennig o amser, ac maent wedi bod o gymorth i wella cywirdeb rhagolygon y tywydd. Mae delweddau lloeren yn dangos cymylau (delweddau gweledol) ac anwedd dŵr (delweddau AD – gweler Ffigur 6.27 tudalen 199) yn y nos ac yn ystod y dydd (delweddau is-goch). Fodd bynnag, nid yw'r mathau hyn o ddelweddau, ar hyn o bryd, yn gallu dangos tymereddau'r arwyneb (os nad oes awyr glir) na chwaith ddangos cyfeiriad na chyflymder y gwynt na gwasgedd atmosfferig. Gellir cyfrifo'r gwyntoedd drwy gymharu delweddau dros amser ond cyfyngedig yw'r defnydd o hyn i ddarogan y tywydd heb wybodaeth o systemau gwasgedd.

- **Siartiau synoptig** Mapiau yw'r rhain sydd wedi eu creu drwy ddefnyddio data o loerenni, radar cwmwl, awyrennau, llongau a gorsafoedd tir, ac maent yn cynnwys manylion llawn o amodau atmosfferig fel a brofir ar yr arwyneb. Mae'r siartiau wedi esblygu dros amser gan roi darlun cywir a chyflym o amodau atmosfferig dros ardal. Mae'r symbolau a ddefnyddir i ddisgrifio tymheredd, gwasgedd, cyfeiriad a chyflymder gwynt, gorchudd

cwmwl, dyodiad a niwl yn cyfuno technegau coropleth, isolin a rhifiadol mewn dull effeithiol iawn (gweler Ffigur 6.33). Mae siartiau synoptig yn ddisgrifiadol o gyflwr y tywydd ar adeg arbennig mewn amser ac yn rhai rhagweladwy gan eu bod yn galluogi rhagweld y tywydd dros yr ychydig oriau a dyddiau nesaf.

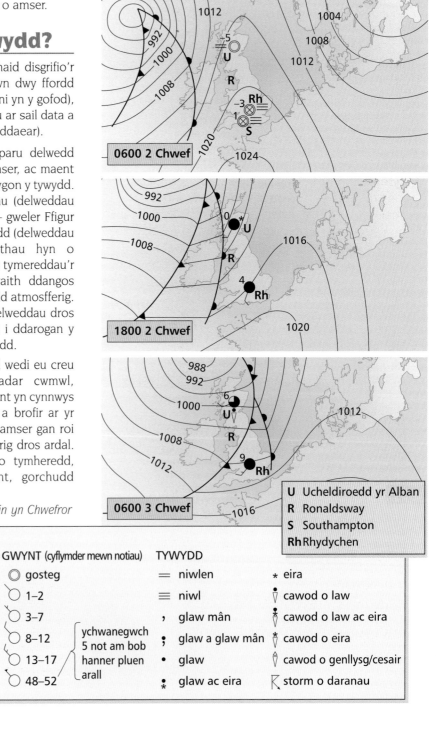

6.33 *Cyflwr y tywydd dros Ynysoedd Prydain yn Chwefror*

U	Ucheldiroedd yr Alban
R	Ronaldsway
S	Southampton
Rh	Rhydychen

Allwedd

CWMWL (swm mewn wythfedau/octau)		GWYNT (cyflymder mewn notiau)	TYWYDD	
○ 0	◕ 6	◎ gosteg	═ niwlen	✳ eira
◑ 1 neu lai	◕ 7	⊙ 1–2	≡ niwl	🌧 cawod o law
◔ 2	● 8	⊙ 3–7	, glaw mân	cawod o law ac eira
◔ 3	⊗ awyr dan gwmwl	⊙ 8–12	; glaw a glaw mân	✳ cawod o eira
◐ 4	⊗ data ar goll neu'n amheus	⊙ 13–17	• glaw	cawod o genllysg/cesair
◑ 5	⁵○ tymheredd (°C)	⊙ 48–52	⁞ glaw ac eira	⟨ storm o daranau

ychwanegwch 5 not am bob hanner pluen arall

Sut i ddehongli siart synoptig

Mae'r cylch ar ganol y data yn dangos lleoliad yr orsaf dywydd. Mae'r rhai dros y môr yn dangos data a gasglwyd o longau ac awyrennau.

Tymheredd Mae'r ffigur i'r chwith neu'r chwith uchaf o'r orsaf yn dangos tymheredd mewn graddau Celsius (°C). Cofnodir hyn ar adeg benodol ar thermomedr wedi'i leoli mewn sgrin Stevenson.

Gwasgedd Dangosir gwasgedd gan isobarrau – llinellau di-dor sy'n cysylltu pwyntiau o wasgedd atmosfferig cyfartal. Tuedda isobarrau i fod yn grwn mewn ffurf a chyfwng o 4 mb rhyngddynt. Gellir edrych arnynt fel cyfuchliniau yn dangos y mannau o wasgedd isel ac uchel. Dangosir y ffryntiau gan y symbolau:

 ffrynt cynnes

 ffrynt oer

 ffrynt achludol.

Cyfeiriad gwynt Dangosir cyfeiriad y gwynt gan linell neu 'saeth' yn ymestyn o'r orsaf. Mae'r llinell yn pwyntio i'r cyfeiriad y daeth y gwynt ohono. Mae'r gorsafoedd yn yr allwedd o dan 'Gwynt' yn cael gwynt y gogledd orllewin. Mae cyfeiriadau gwynt yn gymorth i benderfynu pa aergorff sy'n effeithio ar ardal. Er enghraifft, os yw cyfeiriad cyffredinol y gwynt o'r gogledd orllewin, mae'n debyg bod yr aergorff yn begynol arforol (gweler Ffigur 6.10 ar dudalen 185).

Cyflymder gwynt Dangosir cyflymder gwynt gan 'blu' a ychwanegir at y saeth gwynt. Dangosir amodau gosteg fel cylch dwbl o gwmpas yr orsaf.

Gorchudd cwmwl Dangosir gorchudd cwmwl drwy liwio yn gynyddol symbol yr orsaf mewn wythfedau/octau. Mae hyn yn dangos ar yr olwg gyntaf, ddosbarthiad y cymylau. Defnyddir y symbol X pan fo'r awyr wedi ei guddio gan niwl neu niwlen.

Dyodiad Dangosir dyodiad drwy ddefnyddio symbolau. Fel arfer mae'r rhain wedi eu gosod i'r chwith o'r orsaf.

Enghraifft: Y tywydd yn Rhydychen (Rh) am 0600 ar 3 Chwefror:

- tymheredd 9°C
- gorchudd cwmwl 8 wythfed
- cyfeiriad gwynt DOn
- cyflymder gwynt 13-17 not
- dim dyodiad

Beth yw'r mathau o dywydd yn y DU?

Lleolir y DU ar 51-55° Gogledd o'r Cyhydedd, ac mae'n gorwedd ar ymylon gorllewinol Ewrop. Yn y lleoliad hwn mae'n dod o dan gylchfa gydgyfeiriant pum prif aergorff (gweler Ffigur 6.10), pob un gyda nodweddion gwahanol iawn. Symudiad yr aergyrff hyn a'r rhyngweithiad rhyngddynt sy'n cynhyrchu'r patrwm tywydd nodweddiadol anhrefnus a chyfnewidiol. Mewn termau cyffredinol mae'r DU yn profi tri phrif fath o dywydd ac mae gan y rhain batrwm tymhorol cyffredin:

- systemau ffrynt gwanwyn a hydref
- systemau gwasgedd uchel y gaeaf
- systemau gwasgedd uchel yr haf.

Systemau ffrynt

Pan glywch yn ystod rhagolygon y tywydd y bydd 'y dydd yn dechrau yn glir a theg ond bydd glaw yn symud i mewn o'r gorllewin …' mae hyn fel arfer yn golygu bod system ffrynt yn agosàu (Ffigur 6.35). Mae systemau ffrynt neu **ddiwasgeddau** yn brif ffynhonnell cymylau a glaw dros y DU. Edrychwch ar y ddelwedd loeren 6.34, sy'n dangos y cwmwl trwm eang sy'n gysylltiedig â system ffrynt a diwasgedd yn mynd heibio. Mae'r systemau ffrynt hyn yn gysylltiedig â ffrynt Pegynol, y gylchfa gyswllt rhwng yr aergyrff pegynol yn symud i mewn o'r gogledd, ac aer trofannol o'r de (gweler Ffigur 6.15, tudalen 189). Mae'r cyswllt rhwng yr aer pegynol a'r aer trofannol yn cael ei newid gan effaith **tonnau Rossby** i greu patrwm tonnog, neu ddolennog. Gwyntoedd yr atmosffer uchaf yw tonnau Rossby

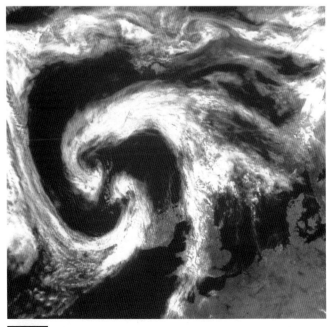

6.34 *Delwedd loeren yn dangos y cymylau sy'n gysylltiedig â systemau ffrynt a diwasgedd*

(rhan o'r jetlif pegynol) sy'n rhoi tynfa ffrithiannol ar yr atmosffer is, ac maent yn anrhagweladwy o ran eu cwrs a'u dolennu.

Mae diwasgedd yn ffurfio dros y DU pan fo aer trofannol yn cael ei wthio tua'r gogledd gan ymyrryd â'r aergorff pegynol. Amgylchynir yr aer trofannol (sector cynnes) gan aer pegynol ac aiff yn arbennig o ansefydlog. Pan fo aer trofannol yn ymwthio i'r

aer pegynol ffurfir **ffrynt cynnes** a phan fo aer pegynol yn ymwthio i'r sector cynnes caiff **ffrynt oer** ei ffurfio. Ar hyd y ddau ffrynt hyn, mae aer cynnes yn codi, yn oeri'n adiabatig ac yn cyddwyso i ffurfio cymylau a dyodiad.

Mae gan ddiwasgeddau batrwm pendant o dywydd, a ddisgrifir yn Ffigur 6.35.

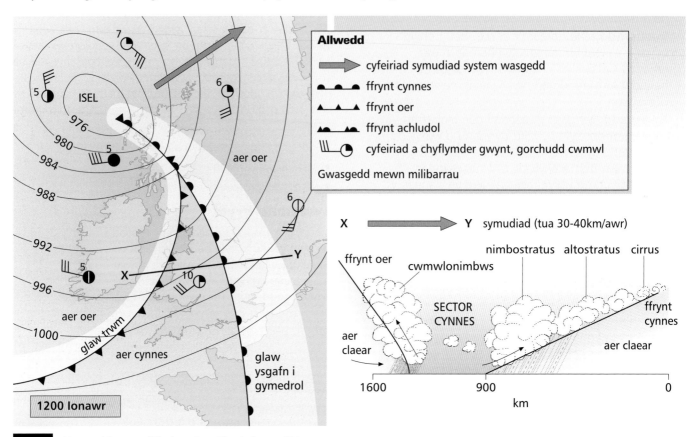

6.35 *Y tywydd a gysylltir â system ffrynt dros y DU*

Y dilyniant tywydd a gysylltir â diwasgedd (gwasgedd isel)

Mae'r ffrynt cynnes yn ymestyn ar hyd ochr ddwyreiniol Lloegr ac i mewn i orllewin Ffrainc. Mae'r ffrynt oer yn ymestyn tua'r gorllewin dros yr Iwerydd. Mae'r diwasgedd wedi dechrau achludo (mae'r ffrynt oer yn dal i fyny â'r ffrynt cynnes) i'r gogledd-orllewin. Edrychwch yn ofalus ar Ffigur 6.35 i weld y gwahaniaethau mewn nodweddion tywydd ar ddwy ochr y ffryntiau.

- Mae tymheredd yr aer yn arddangos patrwm pendant. O flaen y ffrynt cynnes, mae'r aer yn glaear. Y tu ôl i'r ffrynt cynnes, mae tymereddau'n cynyddu'n arwyddocaol, ond yn disgyn eto y tu ôl i'r ffrynt oer.

- Caiff gwasgedd aer ei benderfynu gan dymheredd, ac yn y sector cynnes, mae gwasgedd yn disgyn. Y gwasgedd isel hwn o aer trofannol mewn cyferbyniad â'r gwasgedd uwch o aer pegynol sy'n achosi i'r aer yn y sector cynnes fynd yn ansefydlog

ac i godi, gan gynhyrchu cymylau a glaw.

- Mae cyflymder gwynt yn amrywio wrth i'r ffryntiau fynd heibio. Mewn aer tyrfol y ceir y cyflymder uchaf, a achosir gan symudiad fertigol aer trofannol arforol ar y ffryntiau cynnes ac oer. Mewn ffryntiau oer mae gwyntoedd yn aml yn arbennig o gryf ac yn hyrddiog. Sylwch sut yr adlewyrchir cyflymder gwynt gan agosrwydd yr isobarrau.

- Mae dyodiad yn digwydd fel arfer mewn dau gyfnod. Mae'r ffrynt cynnes yn dod a chyfnod estynedig o lawiad ysgafn i gymedrol tra bo'r ffrynt oer yn dod a chyfnod byrrach o lawiad trwm, weithiau gyda tharanau. Lle bo'r ffryntiau wedi mynd yn achludol (dros orllewin yr Alban) ceir cyfnod sengl o lawiad cymedrol. Mae dwysedd glawiad ar ei uchaf yn y ffrynt oer oherwydd datblygiad fertigol cynyddol y cwmwl.

YMARFERION

1 Diffiniwch y termau canlynol yn eich geiriau eich hun:

   a diwasgedd

   b ffrynt cynnes

   c ffrynt oer

   ch sector cynnes

   d achludiad.

2 Astudiwch Ffigur 6.35.

   a Disgrifiwch leoliad y ffrynt cynnes.

   b Disgrifiwch leoliad y ffrynt oer.

   c I ba gyfeiriad y mae'r diwasgedd yn symud?

   ch Cymharwch led yr ardaloedd o lawiad sy'n gysylltiedig â ffryntiau cynnes ac oer.

   d Defnyddiwch y trawstoriad i'ch helpu i egluro pam y ceir gwahaniaeth yng ngyfnod amser y glawiad rhwng ffryntiau cynnes ac oer.

   dd Disgrifiwch y cyferbyniad rhwng tymereddau ar ddwy ochr y ffryntiau cynnes ac oer.

   e (i) Ble mae'r gwyntoedd cryfaf?

        (ii) Awgrymwch reswm dros eich ateb.

Beth sy'n achosi tywydd braf?

Yn yr haf a'r gaeaf mae'r ffrynt pegynol yn mudo i'r gogledd ac i'r de o'r DU, gan ddod â chwmwl a glaw i'r lledredau hyn. Mae'r DU fel arfer yn profi tywydd sy'n gysylltiedig â systemau gwasgedd uchel trofannol a phegynol, sy'n dod ag amodau cymharol sefydlog. Mewn systemau gwasgedd uchel mae'r aer oer yn yr atmosffer uchaf yn cydgyfeirio ac yn disgyn. Wrth i'r aer ddisgyn, fe'i cywesgir, mae'n cynhesu'n adiabatig ac mae'r lleithder cymharol yn lleihau (gweler tudalen 197). Mae'r lleithder cymharol wrth leihau hefyd yn lleihau'r adegau pan fydd cyddwysiad, cymylau a dyodiad yn digwydd, gan roi awyr glir a thywydd braf.

Antiseiclonau'r haf

Wrth i'r ffrynt Pegynol symud tua'r gogledd, mae system gwasgedd uchel yr Azores (antiseiclon) yn ymestyn tua'r gogledd o'r de orllewin gan orchuddio llawer o'r DU. Mae'r aer sy'n suddo yn atal cymylau rhag ffurfio ac felly ceir awyr glir, ac

mae hyd hir y dydd (17 awr ym Mehefin) yn arwain at dymereddau uchel ar yr arwyneb.

Mae cyfeiriad gwynt o fewn antiseiclon yn hemisffer y gogledd yn mynd yn glocwedd, ac mae'r gwyntoedd ar y cyfan yn ysgafn oherwydd graddiant isel sydd i'r gwasgedd. Mewn cyfuniad ag aer sefydlog mae hyn yn tueddu i achosi llygryddion yn yr aer ger yr arwyneb – oson, paill ac ocsid nitrig o bibellau gwacáu ceir. Yn nodweddiadol, mae'r gwynt o'r de (gan fod gwasgedd uchel Azores wedi ei ganoli i'r de orllewin o'r DU) ac mae hyn yn dod ag aer llygredig o ddiwydiannau yng ngogledd Ffrainc a gogledd yr Eidal.

Mewn ardaloedd mewndirol y DU gall arwynebedd y tir gynhesu'n gyflym yn ystod y dydd ac, yn hwyr yn y prynhawn mae poced lleol o aer yn mynd yn ansefydlog ac yn esgyn. Gall y rhain fod yn ddigon ansefydlog i oeri hyd at dymheredd gwlithbwynt, cyddwyso a ffurfio cymylau cwmwlonimbws tyrog gyda mellt a tharanau, a dyodiad dwys. Mae hyn yn fwyaf cyffredin yn East Anglia a'r De Ddwyrain, lle cofnodir uchafbwyntiau glawiad yn yr haf.

Antiseiclonau'r gaeaf

Yn y gaeaf mae'r ffrynt Pegynol yn symud tua'r de a systemau gwasgedd uchel pegynol o'r gogledd yn dominyddu dros y DU. Ffurfir y systemau hyn o aer pegynol oer yn suddo drwy'r atmosffer gan achosi sefydlogrwydd atmosfferig ac awyr glir. Tra bod yr aer sy'n disgyn yn cynhesu'n adiabatig, mae'n aros yn oer, er bod yr awyr yn glir o gwmwl. Mae'r haul yn isel yn yr awyr ac mae hyd y dydd yn fyr fel nad yw'r arwyneb yn cynhesu ac, yn ystod y noson hir, mae pelydriad daearol yn ddigon sylweddol i ostwng y tymheredd ymhellach i isafbwynt cyn y wawr. Mae oeri cynyddol yr arwyneb yn tueddu i gynhyrchu **gwrthdroadau**, gyda rhew a niwl.

Wrth i'r arwyneb belydru egni tonfedd hir i'r awyr glir, mae tymheredd yr arwyneb yn gostwng yn gyflym. Mae'r aer uwchlaw'r arwyneb yn oeri ac yn cyrraedd tymheredd gwlithbwynt, gan achosi cyddwysiad a defnynnau cwmwl yn ffurfio. Yn yr hydref a'r gwanwyn gall y broses oeri fod yn ddigon i oeri'r arwyneb yn unig at y rhewbwynt (gelwir hyn yn **llorrew**) tra yn y gaeaf, mae'r tymereddau rhewllyd yn ymestyn i'r aer sydd uwchben, gan gynhyrchu **rhew aer** yn ogystal, ac o bosib **niwl rhew**. Gelwir niwl a ffurfir fel hyn yn **niwl pelydriad** ac mae'n fwy cyffredin mewn ardaloedd mewndirol lle mae arwyneb y tir yn pelydru gwres gyflymaf. Ar orlifdiroedd mae'r effaith hon yn aml yn cael ei chynyddu gan aer oer, dwys yn llifo i lawr y llethrau cyfagos gan gasglu ar lawr y dyffryn (gweler Ffigur 6.36). Er mwyn i haen o aer oer ddatblygu ar yr arwyneb, mae'n rhaid cael gwynt o gyflymder isel neu amodau

6.36 *Niwl pelydriad*

llonydd/gosteg (sy'n nodweddiadol o systemau antiseiclon). Mae'r haen oer hon fel arfer yn gwasgaru yn ystod y bore wrth i belydriad heulog gynhesu'r arwyneb.

Mewn ardaloedd trefol a diwydiannol, gall mwg a llygredd gael eu hychwanegu at yr haen lonydd ar yr arwyneb, gan gynyddu ei dwysedd a chreu **mwrllwch**. Yn ffodus mae hwn yn brin bellach yn y DU gan fod allyriannau yn cael eu rheoli'n llym o dan Ddeddf Aer Glân 1956, ond yn Rhagfyr 1952 amcangyfrifwyd bod Mwrllwch Mawr Llundain wedi lladd 4000 o bobl yn anuniongyrchol. Mae niwl a rhew yn dal yn brif beryglon yn y DU gan eu bod yn amharu ar gyfathrebau ac maent yn aml yn achosi marwolaethau a damweiniau ffyrdd.

YMARFERION

1 Nodwch yr hyn sy'n debyg ac yn wahanol rhwng tywydd antiseiclonig yn yr haf a'r gaeaf. Ystyriwch yr agweddau canlynol:

   a tymheredd

   b dyodiad

   c gwyntoedd

   ch ffenomena eraill.

2 Astudiwch Ffigur 6.36.

   a Beth yw niwl pelydriad?

   b Sut y ffurfir niwl pelydriad?

   c Pam y mae'n gyffredin ar loriau dyffrynnoedd?

   ch Sut gall niwl fod yn berygl i weithgareddau dynol?

Pam fod tywydd yn amrywio o fewn y DU?

Gwlad fechan yw'r DU, gydag arwynebedd o 242 000 km², ond fe geir amrywiadau arwyddocaol yn y tywydd rhwng rhanbarthau. Mae'r gwahaniaethau hyn yn ddigon i allu eu mynegi fel cyfartaleddau ar gyfer gwahanol ranbarthau. Achosir yr amrywiadau gan gyfuniad o ffactorau, yn cynnwys:

- ymestyniad gogledd-de ar draws 10 gradd o ledred

- lleoliad ar y ffrynt Pegynol

- cerrynt cefnforol cynnes i'r gorllewin (Drifft Gogledd Iwerydd) a dyfroedd oer Môr y Gogledd i'r dwyrain gyda chyfartaledd tymereddau gaeaf o 13°C a 4°C yn y drefn hon

- tir mynyddig i'r gogledd a'r gorllewin ac iseldiroedd i'r de a'r dwyrain

- cyferbyniad rhwng ardaloedd mewndirol yn y canol ac ardaloedd arfordirol

- diwasgeddau yn aml ddim ond yn effeithio ar ran gyfyngedig o'r wlad.

Patrymau tymheredd yn y DU

Ionawr

Y patrwm cyffredinol yw un o dymheredd yn cynyddu o'r dwyrain i'r gorllewin. Mae'r arfordir gorllewinol yn cael hinsawdd **arforol** gyda gaeafau mwyn tra bod y dwyrain yn fwy **cyfandirol** ac yn derbyn gaeafau oerach. Oherwydd pelydriad heulog isel y brif ffynhonnell gwres yn y gorllewin yw Drifft Gogledd Iwerydd (tymheredd cyfartalog yn y gaeaf yn 13°C) â'r gwres yn cael ei drawsgludo dros y tir gan brifwyntoedd y gorllewin. Mae tirwedd hefyd yn gostwng tymheredd, fel yng ngogledd yr Alban a Mynyddoedd Wicklow yn Iwerddon.

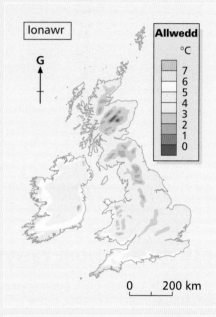

Gorffennaf

Y patrwm cyffredinol yw tymereddau yn gostwng o'r de i'r gogledd. Ceir pelydriad heulog uwch oherwydd amlder uwch o antiseiclonau yn gysylltiedig ag aergyrff yn symud i fyny o'r de. Mae effaith tirwedd eto'n amlwg, yn gostwng tymereddau dros Gymru a gogledd Lloegr.

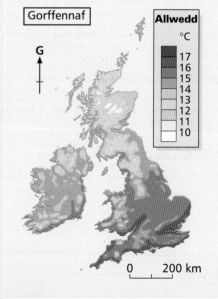

6.37 *Amrywiadau tymheredd yn y DU*

Patrymau dyodiad yng Nghymru a Lloegr

Mae arfordir y gorllewin yn derbyn glawiad uwch na'r cyfartaledd gan fod y prifwynt yn chwythu o'r gorllewin, gan gludo aer arforol llaith. Mae glawiad orograffig yn rhoi cyfansymiau uchel ym Mro'r Llynnoedd, Gogledd Cymru ac ym mynyddoedd yr Alban (mae rhai mannau yng Ngogledd Cymru yn derbyn glaw ar fwy na 300 diwrnod y flwyddyn).

Mae glawiad yn cynyddu dros y Pennines gan fod yr ardal o uwchdir yn ddigonol i orfodi'r aer i godi, cyddwyso a ffurfio cwmwl a glaw (ansefydlogrwydd amodol). I'r dwyrain, ffurfir ardal o gysgod glaw lle mae aer yn disgyn ar yr ochr gysgodol ac yn dod yn sefydlog.

Mae glawiad dros ganol Lloegr yn bennaf yn lawiad seiclonig, o'r systemau ffrynt sy'n symud dros y wlad gyfan. Mae'r ardal hon yn derbyn uchafsymiau glawiad yn y gwanwyn a'r hydref a chyfanswm cyfartalog o 600-800mm

Mae glawiad y de ddwyrain yn bennaf yn lawiad darfudol. Mae'r rhanbarth yn cynhesu yn ystod antiseiclonau'r haf, gan achosi ansefydlogrwydd a stormydd. Yn wahanol i weddill y DU, mae East Anglia yn derbyn uchafbwynt dyodiad yn yr haf.

Mae'r glawiad yn y gorllewin yn seiclonig yn ogystal ag yn orograffig. Mae glaw yn disgyn drwy gydol y flwyddyn, gydag uchafbwynt yn y gaeaf.

Mae Downs y De yn codi i 400 m, ac yn darparu digon o rwystr i achosi glawiad orograffig. Mae hyn yn rhoi 50% yn fwy o law nag ardal gymharol wastad East Anglia yn union i'r gogledd.

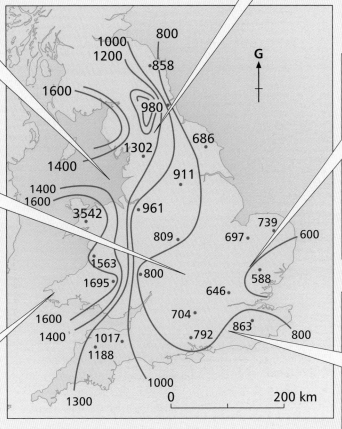

Yn gyffredinol, mae dyodiad yn cynyddu o'r dwyrain i'r gorllewin. Y prif resymau dros hyn yw:

- y prifwynt yn chwythu o'r gorllewin
- ceir mynyddoedd ger arfordir y gorllewin yn achosi glawiad orograffig
- mae'r aer o'r gorllewin yn arforol (llaith)
- dylanwadir ar y dwyrain gan aergyrff cyfandirol (sych)
- mae'r dwyrain a'r canol i ryw raddau yn ardaloedd cysgod glaw

6.38 *Dyodiad blynyddol cyfartalog yng Nghymru a Lloegr*

Niwl a niwlen yn y DU

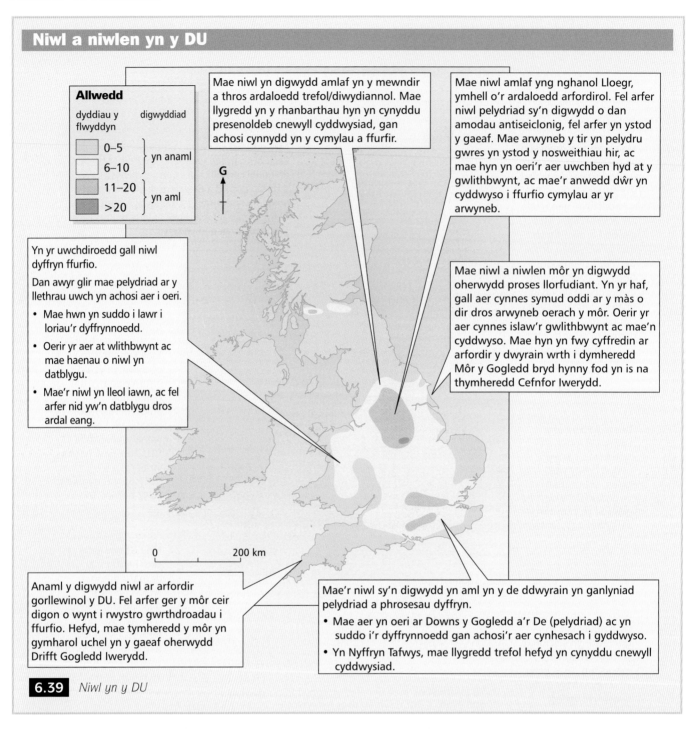

Allwedd

dyddiau y flwyddyn	digwyddiad
☐ 0–5	⎫ yn anaml
☐ 6–10	⎭
☐ 11–20	⎫ yn aml
☐ >20	⎭

Mae niwl yn digwydd amlaf yn y mewndir a thros ardaloedd trefol/diwydiannol. Mae llygredd yn y rhanbarthau hyn yn cynyddu presenoldeb cnewyll cyddwysiad, gan achosi cynnydd yn y cymylau a ffurfir.

Mae niwl amlaf yng nghanol Lloegr, ymhell o'r ardaloedd arfordirol. Fel arfer niwl pelydriad sy'n digwydd o dan amodau antiseiclonig, fel arfer yn ystod y gaeaf. Mae arwyneb y tir yn pelydru gwres yn ystod y nosweithiau hir, ac mae hyn yn oeri'r aer uwchben hyd at y gwlithbwynt, ac mae'r anwedd dŵr yn cyddwyso i ffurfio cymylau ar yr arwyneb.

Yn yr uwchdiroedd gall niwl dyffryn ffurfio.

Dan awyr glir mae pelydriad ar y llethrau uwch yn achosi aer i oeri.

- Mae hwn yn suddo i lawr i loriau'r dyffrynnoedd.
- Oerir yr aer at wlithbwynt ac mae haenau o niwl yn datblygu.
- Mae'r niwl yn lleol iawn, ac fel arfer nid yw'n datblygu dros ardal eang.

Mae niwl a niwlen môr yn digwydd oherwydd proses llorfudiant. Yn yr haf, gall aer cynnes symud oddi ar y màs o dir dros arwyneb oerach y môr. Oerir yr aer cynnes islaw'r gwlithbwynt ac mae'n cyddwyso. Mae hyn yn fwy cyffredin ar arfordir y dwyrain wrth i dymheredd Môr y Gogledd bryd hynny fod yn is na thymheredd Cefnfor Iwerydd.

0 ————— 200 km

Anaml y digwydd niwl ar arfordir gorllewinol y DU. Fel arfer ger y môr ceir digon o wynt i rwystro gwrthdroadau i ffurfio. Hefyd, mae tymheredd y môr yn gymharol uchel yn y gaeaf oherwydd Drifft Gogledd Iwerydd.

Mae'r niwl sy'n digwydd yn aml yn y de ddwyrain yn ganlyniad pelydriad a phrosesau dyffryn.

- Mae aer yn oeri ar Downs y Gogledd a'r De (pelydriad) ac yn suddo i'r dyffrynnoedd gan achosi'r aer cynhesach i gyddwyso.
- Yn Nyffryn Tafwys, mae llygredd trefol hefyd yn cynyddu cnewyll cyddwysiad.

6.39 *Niwl yn y DU*

CWESTIWN STRWYTHUREDIG 1

Astudiwch Ffigur 6.39, sy'n dangos lle mae niwl yn digwydd yn y DU.

a Diffiniwch y term 'niwl'. *(1)*

b Disgrifiwch y patrwm a ddangosir ar y map. *(3)*

c Awgrymwch resymau dros y ffaith bod niwl yn digwydd yn 'aml' yn yr ardaloedd a ddynodir. *(3)*

ch Pam fod niwl yn gyffredin mewn amodau antiseiclonig? *(2)*

d Pam fod niwl yn ffurfio fel arfer yn yr hydref a'r gwanwyn? *(2)*

dd Ym mha ffyrdd y gall gweithgaredd dynol beri i niwl ddigwydd yn amlach? *(2)*

e Pa broblemau y mae niwl yn ei achosi i weithgareddau dynol? *(2)*

Hinsoddau trefol

Mae'r DU yn wlad hynod drefoledig. Yn 1991, roedd 91% o'r boblogaeth yn byw mewn trefi a dinasoedd, ac mae ardaloedd trefol yn awr yn gorchuddio 11% o arwynebedd y tir. Mae hyn wedi creu ei batrwm ei hun o hinsawdd, gan fod ardaloedd trefol ag albedo arbennig ac maent hefyd yn cynhyrchu gwres o weithgareddau economaidd a thrwy wresogi cartrefi. Mae albedo isel i arwynebau adeiledig ardaloedd trefol ac maent yn amsugno egni tonfedd fer, ac felly'n rhyddhau mwy o egni tonfedd hir i wresogi'r aer uwchben. Mae egni pellach yn cael ei ollwng o weithgareddau trefol, gan arwain at gynnydd yn nhymheredd yr aer uwchlaw dinasoedd mewn cyferbyniad i ardaloedd gwledig; gelwir yr effaith hon yn **ynys wres** (Ffigur 6.40). Mae ynysoedd gwres fel arfer yn datblygu o dan amodau antiseiclonig, pan geir awyr glir a gwyntoedd o gyflymderau isel. Mae'r awyr glir yn cynyddu darheulad a phelydriad. Mae'r amodau llonydd yn rhwystro'r aer rhag cymysgu neu gael ei wasgaru. Mae ynysoedd gwres yn cynyddu mewn

grym wrth i faint y ddinas gynyddu.

Yn ychwanegol at addasu tymheredd, gall ardaloedd trefol hefyd gynyddu dyodiad wrth i'r llygryddion a ryddheir o'r gweithgaredd economaidd cryno gynhyrchu mwy o gnewyll hygrosgopig ac mae'r gwres yn cynyddu ansefydlogrwydd atmosfferig. Gall y cymylau a'r glaw ddwysáu wrth iddynt fynd dros y ddinas a gall y dyodiad wedi hyn ddod yn fwy asidig. Gall niwl dros ddinasoedd hefyd ddwysáu wrth i'r arwynebau belydru gwres yn gyflym a'r llygryddion gynyddu'r cnewyll cyddwysiad. Mae'r effeithiau hyn amlycaf o dan amodau antiseiclonig pan fo cyflymder y gwynt yn isel a phrin fod yr aer yn cymysgu. Mae gan ddiwasgedd wrth fynd dros ddinas ddigon o gyflymder gwynt i gymysgu aer gwledig a threfol, gan chwalu unrhyw wahaniaethau mewn tymheredd neu ansawdd aer. Mewn dinasoedd, tuedda'r gwyntoedd i hyrddio'n fwy, a'r adeiladau yn ymyrryd ar gyfeiriad cyffredinol y gwynt, gan achosi hyrddiau a gostegion. Mae'n debyg eich bod wedi cael profiad o hyn eich hun o fewn dinas, yn enwedig os oes adeiladau uchel a strydoedd cul.

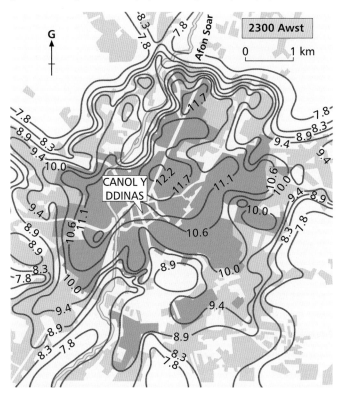

2300 Awst

0 1 km

G

Afon Soar

CANOL Y DDINAS

Allwedd

−8.3− isotherm (°C)

dwysedd adeiladau uchel canol y ddinas

dwysedd adeiladau isel, yn bennaf yn y maestrefi

tir heb adeiladu arno

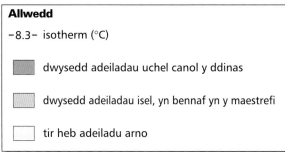

Hinsawdd trefol: ynys wres ung Nghaerlŷr

YMARFERION

1 Astudiwch Ffigur 6.40.

   a Beth yw ystyr y term 'ynys wres'?

   b Beth yw'r gwahaniaeth tymheredd rhwng canol y ddinas a'r cyrion?

   c Disgrifiwch gyfradd y newid mewn tymheredd yn ôl pellter o ganol y ddinas.

   ch Pa dystiolaeth sydd ar gael fod yr ardal adeiledig yn uniongyrchol gyfrifol am effaith yr ynys wres?

   d Pam fod dinasoedd yn tueddu i fod yn gynhesach nag ardaloedd gwledig?

2 Ar wahân i effaith yr ynys wres, ym mha ffyrdd eraill y mae hinsoddau trefol yn gwahaniaethu oddi wrth gefn gwlad o amgylch?

GWIETHGAREDD ESTYNEDIG

Gwnewch astudiaeth o hinsawdd y DU. Er mwyn gwneud hyn bydd angen i chi ystyried y wybodaeth am dymereddau a glawiad a gynhwysir yn y bennod hon.

1 Cwblhewch fapiau syml o batrymau tymheredd (Ionawr a Gorffennaf) a glawiad. Dangoswch ardaloedd y gwerthoedd uchaf ac isaf.

2 Ychwanegwch labeli at eich mapiau gan ddisgrifio ac egluro'r patrymau.

CWESTIWN STRWYTHUREDIG 2

Astudiwch y mapiau yn Ffigur 6.33 ar dudalen 204. Maent yn dangos cyflwr y tywydd dros Ynysoedd Prydain ym mis Chwefror.

a Enwch yr arwedd o batrwm gwasgedd uchel i'r gogledd o Ynysoedd Prydain am 0600 ar 3 Chwefror. *(1)*

b Enwch y ffrynt sy'n rhedeg drwy orllewin Iwerddon am 0600 ar 2 Chwefror. *(1)*

c Beth yw enw'r aergorff sy'n effeithio ar y rhan fwyaf o Loegr am 0600 ar 3 Chwefror? *(1)*

ch (i) Disgrifiwch gyflwr y tywydd yn Southampton (S) am 0600 ar 2 Chwefror. *(2)*

(ii) Awgrymwch resymau dros y tywydd a ddisgrifiwyd gennych. *(4)*

d Disgrifiwch y newidiadau ym math y dyodiad ar draws Ucheldiroedd yr Alban (U) rhwng 1800 ar 2 Chwefror ac 0600 ar 3 Chwefror. *(2)*

dd Mae Ffigur 6.41 yn dangos sut mae dwysedd dyodiad yn newid yn Ronaldsway (R ar Ffigur 6.33) rhwng 0600 ar 2 Chwefror a 0600 ar 3 Chwefror. Disgrifiwch ac eglurwch y newidiadau mewn dwysedd dyodiad a ddangosir ar y graff. *(4)*

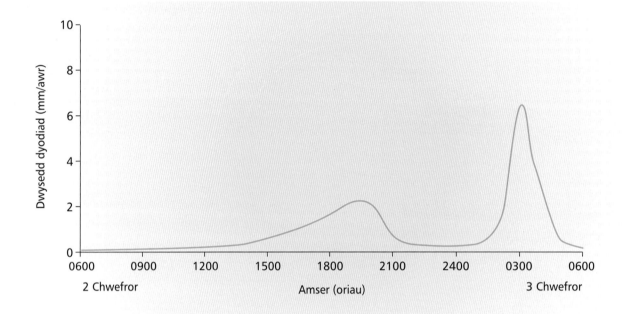

6.41 *Newidiadau yn nwysedd dyodiad ym maes awyr Ronaldsway, Ynys Manaw*

Costau economaidd y tywydd

Yng nghyfnodau cyn-ddiwydiannol a chyn-dechnegol y DU, roedd y systemau economaidd mewn perthynas weithiol â'r tywydd. Roedd ffermwyr yn defnyddio rhew y gaeaf i falu'r pridd, gan leihau costau llafur, ac roedd y gwaith yn dymhorol. Roedd llawer yn byw gerllaw eu man gwaith, ac felly'n lleihau'r angen am gludiant. Roedd nwyddau yn aml yn cael eu cynhyrchu yn lleol, ac felly yn lleihau pellter cludo. Yn yr 20fed ganrif, gwnaeth y cynnydd mewn cymhlethdod a'r defnydd o dechnoleg newid y berthynas hon a 'rhyddhau dyn o natur', ond mae hyn wedi gwneud ein systemau yn fwy bregus ac yn agored i amodau eithafol, a allai achosi anrhefn. Mae'r economi bellach mor ddibynnol ar systemau cyfathrebu fel bod unrhyw ymyrraeth yn achosi effaith syth ac o bwys ar yr economi.

Traffyrdd

Wedi eu hadeiladu er mwyn i geir symud yn gyflym waeth beth fo'r tywydd, mae traffyrdd fwyaf dwys o fewn ac o amgylch crynodiadau o ddiwydiant a phoblogaeth. Yn yr ardaloedd hyn mae cynnydd yn llygredd yr aer yn creu mwy o gnewyll hygrosgopig, sy'n cynyddu'r defnynnau dŵr a ffurfiant niwl o dan amodau antiseiclonig yn y gaeaf. Yn y DU mae prif rwydwaith y traffyrdd yn fewndirol, yn cynyddu pelydriad ac mae traffyrdd hefyd bob amser yn dilyn tir isel sy'n creu niwl llorfudol wrth i aer oer lifo i lawr y llethrau gan achosi cyddwysiad ar lawr y dyffryn. O ganlyniad i gyflymderau uwch o lif trafnidiaeth ac ymdeimlad ffug o ddiogelwch, yn llawer yn rhy aml mae hyn yn arwain at ddamweiniau difrifol yn ymwneud â nifer neu lawer o gerbydau. Fel ymateb cafwyd systemau rhybuddio a golau ar ddarnau peryglus o'r ffyrdd, fel er enghraifft, ar yr M6 ar draws Gwastatir Swydd Gaer.

Rhew ar y ffyrdd

Mae hyn yn digwydd pan fo anwedd dŵr yn cyddwyso'n uniongyrchol ar arwyneb oer ac yna mae'n rhewi naill ai fel grisialau (rhew gwyn gweledol) neu fel ffilm (yr iâ du sy'n anoddach i'w weld). Mae rhew ar ffyrdd yn weddol hawdd ei ragweld gan ei fod yn digwydd pan fo'r awyr yn glir, tymereddau aer isel a thymereddau gwlithbwynt; gellir rhagweld y rhain yn weddol fanwl. Mae arwyneb ffordd yn aml yn dywyll o ran lliw ac mae hyn yn rhoi albedo isel, gan gynyddu gwres yn ystod y dydd ond hefyd yn cynyddu cyfradd oeri o ganlyniad i belydriad yn y nos. Fel arfer rhoddir graean (cymysgedd o dywod a halen) cyn i'r rhew ddigwydd ar y priffyrdd, yn cynnwys y traffyrdd, llwybrau bysiau a ffyrdd trefol rheiddiol. Ar yr isffyrdd sydd heb eu trin mae'r nifer o ddamweiniau posibl yn debygol o leihau oherwydd bod y cyflymder gyrru yn arafach a'r gyrwyr yn lleol ac yn gwybod mwy am yr amodau. Fodd bynnag, gan fod ffyrdd dan rew ac eira yn anghyffredin yn y DU, prin yw'r gyrwyr sy'n gwybod sut i ymateb pan ddônt ar draws y fath amodau.

Rheilffyrdd

Mae'r rhwydwaith rheilffyrdd yn gymhleth, a hefyd yn gynyddol ddibynnol ar dechnoleg yn hytrach nag ar weithwyr llaw i weithredu'r systemau signalau a phwyntiau. Mae hyn wedi gwneud y system yn agored i'r 'math anghywir' o eira. Chwythir y gronynnau mân hynod oer i mewn i'r blychau cyswllt, ac maent yn achosi cylched fer yn y systemau trydanol. I'r gwrthwyneb, mae plu eira mawr gwlyb yn glynu wrth y cledrau a'r ceblau uwchben, gan achosi i gerbydau golli eu gafael a'u pŵer hybu, gan stopio'r system. Mae'r math hwn o eira yn gymharol brin yn y DU ac ni ystyrir y gellir cyfiawnhau'n economaidd y gost o amddiffyn y rheilffyrdd fel hyn. Gall gwyntoedd cryfion hefyd amharu ar y cyflenwad o bŵer gan y ceblau uwchben, fel y digwyddodd yn ne ddwyrain Lloegr yn dilyn storm 1987.

Adeiladau

Yn ystod y gaeaf, mae costau cynhesu yn uchel a phelydrir cryn wres o adeiladau fel egni tonfedd hir. Mae hyn yn cyfrannu at ynysoedd gwres trefol gael eu ffurfio ond gellir eu lleihau drwy ynysiad. Mae aer yn ddargludydd aneffeithiol o wres a gellir ei ddefnyddio i wahanu arwynebau poeth tu mewn yr adeiladau oddi wrth yr aer oer y tu allan, gan leihau'r gwres a gollir hyd at 75%. Mae'r defnydd o wydr ffibr mewn croglofftydd, gwydr dwbl mewn ffenestri ac ewyn yng ngheudodau waliau i gyd yn dal aer fel bod llai o wres yn colli. Mae'r mathau hyn o fesurau yn ddrud ac yn mynd yn fwy poblogaidd pan fo prisiau egni yn codi (h.y. cost cynhesu adeiladau).

D A yw'r cyfartaledd yn ddiystyr?

Mae prosesau atmosfferig yn gymharol gyson, ac mae llawer o dywydd byd-eang yn ffitio patrwm rhagweladwy; mae hyn yn cyfiawnhau defnyddio cyfartaleddau i adnabod hinsoddau. Am y rhan fwyaf o amser mae'r atmosffer yn ymddwyn fel y disgwylir, ac mae hyn yn galluogi pobl i fabwysiadu dulliau amaethu, pensaernïaeth, patrymau byw a hyd yn oed gwisgo i ymdopi â'r amodau yn ogystal â'u defnyddio. Mae sefydlogrwydd hefyd yn caniatáu i systemau priddoedd a llystyfiant ddatblygu a chyrraedd cydbwysedd â hinsawdd i ffurfio priddoedd a biomau cylchfaol.

Fodd bynnag, ar ysbeidiau rheolaidd sy'n aml yn anrhagweladwy, bydd y cyfartaledd yn cael ei ddisodli gan batrymau tywydd eithafol sy'n dinistrio'r cydbwysedd ac yn aml yn sbarduno newid ffisegol a dynol sydyn a dramatig. Gelwir y rhain yn **ddigwyddiadau naturiol** a chynhwysant gorwyntoedd, tornados, llifogydd, sychder a mwrllwch, y cyfan yn enghreifftiau o symud oddi wrth gyflyrau tywydd disgwyliedig. Gall amlder y fath ddigwyddiadau – yr **egwyl dychweliad** – fod gymaint ag unwaith mewn 250 mlynedd ond mae'u heffaith ar ddaearyddiaeth ddynol a ffisegol yn arwyddocaol eithriadol.

Storm Fawr 1987 yn Lloegr

Roedd y Swyddfa Dywydd wedi bod yn proffwydo tywydd eithafol bum niwrnod cyn 15 Hydref. Yn ystod y 15fed, cyhoeddwyd rhybuddion o law trwm ar gyfer y De a'r De Ddwyrain ar deledu a radio, ond ni chrybwyllwyd gwyntoedd cryfion. Mae stormydd ar yr adeg hon o'r flwyddyn yn nodweddiadol, wrth i'r ffrynt Pegynol orwedd dros dde'r DU, ond roedd y diwasgedd hwn yn mynd i fod yn wahanol.

Ar noson y 15/16 o Hydref achosodd diwasgedd a symudai'n gyflym, y difrod mwyaf dychrynllyd a welwyd yn ne ddwyrain

Lloegr am 200 mlynedd. Roedd aer oer iawn o Ogledd yr Iwerydd (6°C i'r gorllewin o Iwerddon) yn ymwthio cyn belled i'r de a Phortiwgal ac roedd aer cynnes o'r Ynysoedd Dedwydd (22°C ym Mhortiwgal) yn ymwthio tua'r gogledd dros Iberia. Canlyniad hyn oedd ffrynt oer cryf a chell ddofn o wasgedd isel. Disgynnodd gwasgedd atmosfferig cyn ised â 956 mb (Ffigur 6.42). Achosodd y graddiant gwasgedd a grewyd gan hyn hyrddiau o wynt dros 100 not, er nad aeth cyflymder y gwynt arwyneb cyson yn uwch na'r gwerth critigol o 64 not sy'n angenrheidiol ar gyfer statws 'Corwynt'.

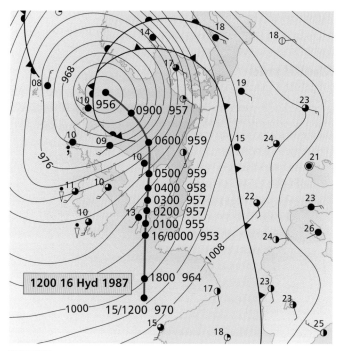

6.42 Siart synoptig o'r 'Storm Fawr'

Yr effaith ffisegol

- Tybir bod 15 miliwn o goed wedi'u chwythu i lawr neu wedi'u difrodi'n ddifrifol.
- Effeithiwyd yn arbennig ar goed llydanddail, gyda'r nifer a gafodd eu dinistrio yn cyfateb i gynnyrch dwy flynedd yn y DU.
- Cafodd coed heb fod yn rhai brodorol eu heffeithio'n ofnadwy, a chollwyd sbesimenau pwysig ar gyfer gwyddoniaeth, gan gynnwys nifer yn Kew a Ventnor.
- Cafodd perllannau yng Nghaint ac Essex eu distrywio, gan gynnwys rhai gyda rhywogaethau traddodiadol Seisnig prin.
- Achoswyd difrod i goed conwydd wrth iddynt dorri'n glec ond diwreiddiwyd llawer o goed llydanddail (a dyna dynged chwech o'r saith derwen yn Sevenoaks). Achoswyd amlder y diwreiddio gan y glaw trwm a ddisgynnodd yn yr wythnosau cyn y storm, gan beri bod y ddaear yn ddirlawn ac yn methu cynnal y gwreiddiau ac yn gwneud y tir islaw yn fwy llithrig.

Yr effaith cymdeithasol

- Fe laddwyd o leiaf 18 person o ganlyniad uniongyrchol i'r storm. Cyrhaeddodd y gwynt ei gyflymder uchaf yn oriau mân y bore, ac mae'n debyg bod hyn wedi lleihau'r nifer o fywydau a gollwyd.
- Difrodwyd tai a cheir ledled y De a'r De Ddwyrain, a chaewyd y rhan fwyaf o'r ysgolion.
- Yn Suffolk caewyd yr holl ysgolion, a difrodwyd 30 ohonynt gan goed yn cwympo.
- Ymatebodd Brigâd Dân Llundain â 6000 o alwadau mewn 24 awr.
- Yn y De Ddwyrain, dychrynwyd miliynau gan gyflymder uchel y gwynt a maint y difrod i adeiladau.

Yr effaith economaidd

- Parlyswyd gwasanaethau ffyrdd a rheilffyrdd ledled y De, De Ddwyrain ac East Anglia gan goed yn cwympo.
- Difrodwyd ceblau pŵer a pheilonau gan y gwynt a chan goed yn cwympo gan dorri cyflenwad trydan i ardaloedd eang. Peidiodd trenau tanddaearol Llundain.
- Am ddeuddydd brwydrodd y boblogaeth gyflogedig i gyrraedd eu gwaith; gorfodwyd nifer o ffatrïoedd a swyddfeydd i gau dros dro.
- Stopiodd llongau yn y Sianel a chaeaodd porthladd Dover am y tro cyntaf yn yr 20fed ganrif. Atalwyd gwasanaethau Croesi'r Sianel (Ffigur 6.43).
- Bu hyn yn hwb i weithwyr gwaith coed a gostyngwyd pris preniau caled gan fod digon o goed ar y farchnad.

YMARFERION

1   a   Pam fod 'storm 1987' mor ddifrifol?

    b   Cyfeiriodd y cyfryngau at y storm fel 'corwynt' (gweler 6.43). A oedd hyn yn gywir?

2   Gwnewch restr o effeithiau *uniongyrchol* (tymor byr) y storm, ac un arall yn rhestru'r effeithiau *tymor hir*.

3   Ydych chi'n meddwl y byddai'r storm wedi denu cymaint o sylw pe byddai wedi digwydd i ffwrdd oddi wrth dde ddwyrain Lloegr?

6.43   *Fferi'r Sianel wedi dod i dir oherwydd y storm*

Corwynt Mitch yng Nghanol America, 1998

Yn niwedd Hydref 1998 difrodwyd gweriniaethau Canol America sef Honduras, Nicaragua a Guatemala gan gorwynt mwyaf enbyd y ganrif, os nad y 200 mlynedd diwethaf. Cafodd y digwyddiad effaith mawr yn ffisegol, gymdeithasol ac economaidd ar y gwledydd datblygol hyn, ac mae'n darlunio grym y systemau naturiol a'u natur anrhagweladwy fel ei gilydd.

Sut y datblygodd corwynt Mitch?

Datblygodd corwynt Mitch fel storm drofannol dros ddyfroedd cynnes canol Cefnfor Iwerydd (Ffigur 6.44). Pan fo tymereddau arwyneb môr yn codi'n uwch na 26°C mae'r aer ar yr arwyneb yn mynd yn ansefydlog a ffurfir cell ddarfudol. Mae'r aer yn dechrau cylchdroi mewn fortecs gwrthglocwedd (hemisffer y gogledd) ac mae'r system yn ennill egni pellach o'r gwres cudd a ryddheir drwy gyddwysiad a defnynnau dŵr yn ffurfio.

Dechreuodd Mitch fel seiclon trofannol cyffredin ond buan y datblygodd yn fàs cylchdroedig dros 1000 km mewn diamedr a chyda chyflymderau gwynt yn fwy na 280 km/awr. Achosodd yr ansefydlogrwydd eithafol i gymylau gael eu ffurfio i dros 16 km o uchder gan gynhyrchu glaw trwm iawn a yrrwyd gan y gwynt.

Yn nodweddiadol mae'r systemau hyn yn symud tua'r gogledd orllewin drwy'r Caribî ac yna'n newid cyfeiriad tua'r gogledd ddwyrain cyn mynd ar hyd arfordir dwyreiniol America. Wrth iddynt fynd dros ddŵr oer mae eu hegni yn lleihau ac maent yn edwino i ffurfio stormydd. Ni wnaeth Mitch ddilyn y llwybr disgwyliedig ond fe wyrodd i'r gorllewin i Ganol America cyn troi tua'r dwyrain am Florida.

Gydag egwyl dychweliad mor uchel ag unwaith mewn 250 mlynedd, gwnaeth y digwyddiad hwn newid yn sylfaenol ddaearyddiaeth ffisegol a dynol yr holl ranbarth.

Mae'r ddelwedd anwedd dŵr yn dangos yn eglur effaith 'llif gron' y fortecs. Mae'r cwmwl yn cylchdroi yn wrthglocwedd o amgylch y gwasgedd isel yn y canol.

Yng nghanol y corwynt ceir 'llygad' clir lle mae aer oer yn suddo a'r arwyneb yn llonydd. Achosir llawer o'r difrod gan wrthdroad cyfeiriad y gwynt wrth i'r llygad symud drosodd.

Ffurfir y prif systemau cymylau o amgylch y canol, lle mae aer cynnes ansefydlog yn esgyn yn gyflym, gan ffurfio cymylau cwmwlonimbws. Rhain sy'n rhoi'r glaw trwm.

6.44 *Delwedd loeren o Gorwynt Mitch, Hydref 1998*

Yr effaith ffisegol

- Roedd cyflymderau'r gwyntoedd yn fwy na 280km/awr ac roedd y system yn ymestyn am dros 1000 km.
- Yn yr ardaloedd mynyddig, cafwyd dros 6000 mm o law mewn 24 awr (cyfartaledd blwyddyn y DU yw 850 mm). Mae 250 mm o lawiad yn ychwanegu dros 250 000 tunnell o bwysau ar bob km² o'r arwyneb.
- Mewn ardaloedd isel gorlifodd yr afonydd hyd at 15 m uwchlaw'r lefelau arferol (gorlifwyd ail lawr un o'r prif ysbytai).
- Roedd llethrau a oedd gynt yn sefydlog yn methu o dan bwysau'r dŵr ac achosodd ei effaith iro fàs-symudiadau eang. Gwnaeth un lleidlif ar ochrau llosgfynydd Casitas yn Nicaragua gladdu un dref gan ladd dros 3000 o'r trigolion. Disgrifiodd y maer lleol yr olygfa fel 'diffeithdir â chyrff dros bob man'. Màs-symudiadau oedd yn gyfrifol am y mwyafrif o'r marwolaethau.

Yr effaith economaidd

- Amcangyfrifwyd bod y difrod yn Nicaragua yn $1 biliwn ac yn $4 biliwn yn Honduras.
- Dinistrwyd yn llwyr 70% o'r cnydau gwerthu, yn cynnwys bananas a choffi.
- Yn Honduras mae amaethyddiaeth yn cyflogi 66% o'r gweithlu ac yn cyfrannu 25% o'r CGC.
- Yn Honduras dinistrwyd 90% o ffyrdd, pontydd ac isadeiledd cludiant arall.
- Roedd dyled Nicaragua yn $6 biliwn a Honduras yn $4.2 biliwn; canslwyd $134 miliwn o'r ddyled yn syth gan lywodraeth Ffrainc.
- Amcangyfrif y bydd yn cymryd hyd at 30 mlynedd i'r gwledydd hyn gael eu cefn atynt yn llwyr.

Yr effaith cymdeithasol

Lladdwyd dros 10 000 o bobl, a llawer o'r cyrff wedi eu claddu yn y mwd a'r rwbel. Roedd miloedd mwy ar goll.

- Llygrwyd y systemau cyflenwi dŵr a dinistrwyd y systemau carthffosiaeth, gan gynyddu risg a thrawiad afiechyd.
- Yn Honduras dadleolwyd 280 000 o bobl.
- Gohiriwyd defnyddio'r system addysg hyd Fawrth 1999 oherwydd defnyddiwyd yr adeiladau fel llochesau.
- Yn Rhagfyr 1999 amcangyfrifwyd bod 1.2 miliwn o bobl wedi eu dadleoli, 70 000 o gartrefi ffurfiol wedi eu dinistrio yn ogystal â 30 000 arall o gartrefi anffurfiol.

YMARFERION

1 Disgrifiwch nodweddion arferol corwynt (seiclon trofannol).

2 Disgrifiwch ddatblygiad a llwybr Corwynt Mitch.

3 a Aseswch effeithiau tymor byr a thymor hir Corwynt Mitch. Cyflwynwch eich gwybodaeth ar ffurf tabl.

   b Awgrymwch effeithiau tymor hir *mwyaf difrifol* y corwynt. Cyfiawnhewch eich awgrymiadau.

   c Roedd mwyafrif o'r gwledydd a effeithiwyd yn GLlEDd. I ba raddau y byddai'r ffaith hon wedi cynyddu effaith y corwynt?

6.45 *Difrod a achoswyd gan Gorwynt Mitch yn Honduras, Canol America*

Sychder Mawr y DU, 1976

Roedd haf 1976 yn annisgwyl. Yn sydyn fe ddaeth dŵr yn adnodd gwerthfawr, adnodd yr ystyrid bod mwy na digon ohono yn y gorffennol. Dechreuodd y sychder yn 1975 pan oedd yr haf yn weddol sych ac roedd gaeaf 1975-76 yn llawer sychach nag arfer. Yn ystod haf 1976 dominyddwyd y sefyllfa synoptig gan systemau gwasgedd uchel wedi eu hangori dros Brydain (Ffigur 6.46). Mae'r rhain yn nodweddiadol o hafau Seisnig ond fel arfer dônt bob yn ail â systemau ffrynt, a'r rhain yn dod â chymylau a glaw. Gwnaeth ton Rossby gref a sefydlog a symudai tua'r gogledd gynnal lleoliad y gwasgedd uchel am bedwar mis. Gwnaeth yr antiseiclonau wyro'r systemau ffrynt tua'r gogledd, gan ddod â thywydd gwlyb i Lychlyn, ond dros y DU cynhyrchodd yr aer awyr glir wrth ddisgyn gyda thymereddau'n codi dros 30°C yn ddyddiol.

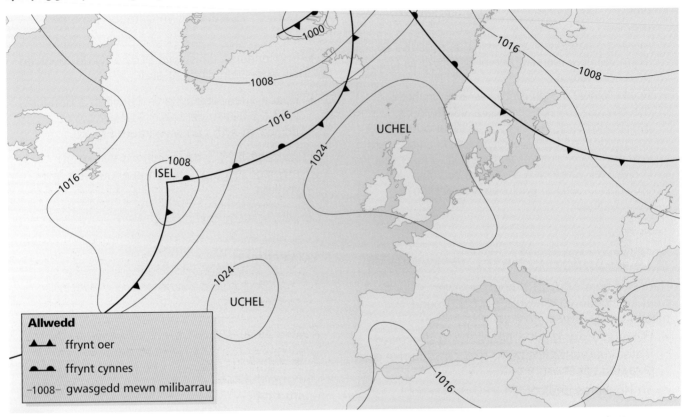

Allwedd

▲▲ ffrynt oer

●● ffrynt cynnes

—1008— gwasgedd mewn milibarrau

6.46 *Siart synoptig ar gyfer gorllewin Ewrop, Awst 1976*

6.47 *Afon Tafwys ger Wallingford, Awst 1976*

Yr effaith ffisegol

- O Fai 1975 hyd Fedi 1976 cafwyd yr 16eg mis sychaf yn holl hanes tywydd a gofnodwyd.

- Mewn rhannau helaeth o Loegr cafwyd llai na 40% o lawiad cyfartalog.

- Cynyddodd graddau anweddiad a thrydarthiad o ganlyniad i'r tymereddau ac awyr glir.

- Disgynnodd lefel dŵr daear (lefel trwythiad) a gostyngodd lefel cronfeydd dŵr yn gyflym.

- Sychodd afonydd a llynnoedd – roedd afon Tafwys ger Wallingford wedi lleihau'n fawr (Ffigur 6.47), a chollwyd ecosystemau cyfain.

- Daeth tanau yn berygl o bwys wrth i lystyfiant wywo a sychu. Cyfyngwyd mynediad i ardaloedd o goetiroedd, a digwyddodd tanau mawr mewn coedwigoedd yn Ne a chanolbarth Cymru, Sussex a Hampshire.

Yr effaith cymdeithasol

- Mae systemau cynhyrchu dŵr yn cael eu haddasu ar gyfer cyflyrau cyfartalog, ac mewn llawer ardal yn Lloegr caiff dŵr ei storio mewn cronfeydd; mae glaw cyson yn sicrhau cyflenwadau digonol. Dechreuodd y storfeydd hyn brinhau.
- Yn ne Lloegr, fe sychodd ffynhonnau a arferai gadw dŵr daear.
- Erbyn Awst roedd nifer o drefi yng Ngorllewin Swydd Efrog, De Cymru a de orllewin Lloegr yn gwahardd defnyddio dŵr o gwbl am y rhan fwyaf o'r dydd.
- Yn yr ardaloedd hyn, dim ond o ychydig o bibellau dŵr ar y strydoedd y gellid cael dŵr; roedd ciwiau yn gyffredin.
- Cafodd y Ddeddf Sychder ei phasio gan y Senedd gan rwystro pob defnydd dianghenraid, gan gynnwys pyllau nofio.

Yr effaith economaidd

- Dechreuodd cyflenwadau ar gyfer diwydiant ac amaethyddiaeth leihau.
- Lluniwyd rhestri blaenoriaeth, gyda diwydiannau cynhyrchu bwyd angenrheidiol ar y brig. Roedd diwydiannau dur a gorsafoedd cynhyrchu trydan – a ddefnyddiai lawer iawn o ddŵr – dan fygythiad.
- Roedd ffynonellau dŵr amgen naill ai'n rhy ddrud (dŵr wedi'i fewnforio o Iwerddon) neu wedi'u halogi (dŵr o fwyngloddiau glo a thun).
- Mewn amaethyddiaeth, adroddwyd nad oedd glaswellt yn tyfu o gwbl yn y De a'r De Ddwyrain.
- Syrthiodd cynnyrch cnydau, a lladdwyd miloedd o wartheg er mwyn arbed porthiant prin.
- Methodd cnydau grawn a llysiau i raddau helaeth yng nghanolbarth a dwyrain Lloegr.
- Dyblodd prisiau rhai bwydydd, tra chynyddodd costau ffermio o 20%, oherwydd bod bwydydd anifeiliaid yn cael eu mewnforio am brisiau drud; lleihaodd cyllid o 10%.
- Yn y tymor hir, daeth ymsuddiant adeiladau yn broblem ddifrifol. Sychodd clai, a ystyrid gynt yn sylfaen ddiogel, a chrebachodd gan achosi i adeiladau symud a suddo. Roedd llawer o breswylwyr yn torri coed gerllaw'r tŷ er mwyn cyfyngu ar golli dŵr, ond ar ôl i'r lefel trwythiad godi y gaeaf dilynol, achosodd hyn fwy o ddifrod hyd yn oed trwy chwyddo clai dan y tai. Ers 1976 mae tai gyda sylfeini clai wedi cael premiwm yswiriant uwch.

YMARFERION

1   Disgrifiwch achos meteorolegol y sychder.

2   Awgrymwch rai ffactorau dynol a allai fod wedi cyfrannu at y prinder dŵr.

3   Rhestrwch effeithiau economaidd y sychder yn ôl eu difrifoldeb a rhowch resymau am eich trefn.

4   Awgrymwch gamau y gallai awdurdodau eu cymryd i leihau tebygolrwydd effeithiau tebyg a gysylltir â sychder yn y dyfodol.

Cynhesu byd-eang: myth neu realiti?

Helpodd sychder 1976 a dilyniant o hafau cynhesach nag arfer yn yr 1980au i hybu'r ddadl fod yr hinsawdd byd-eang yn newid; roedd yn cynhesu. Mae'r cysyniad o 'gynhesu byd-eang' wedi cael cyhoeddusrwydd eang ond mae'n aros yn gwestiwn dadleuol ac mae'r goblygiadau'n aros yn annelwig. Mae'r holl bwnc yn tanlinellu cyn lleied a wyddom mewn gwirionedd am ein hatmosffer.

Beth yw cynhesu byd-eang?

Mae carbon deuocsid a nwyon eraill, e.e. oson a methan, yn yr atmosffer yn rhwystro peth o'r pelydriad o arwyneb y Ddaear rhag dianc i'r gofod. Maent yn amsugno ac yn gollwng egni yn ôl tua'r arwyneb; y term am hyn yw'r **effaith tŷ gwydr**. Nodwyd y mecanwaith hwn gyntaf gan Tyndall yn 1863, a rhwng 1880 ac 1940 cynyddodd tymereddau byd-eang o 0.25°C. Fodd bynnag, rhwng 1940 ac 1970 disgynnodd tymereddau byd-eang o 0.2°C a dechreuwyd colli diddordeb yn y cysyniad.

Beth yw'r 'ffeithiau'?

Mae gwyddonwyr yn cytuno'n gyffredinol ar y 'ffeithiau' canlynol:

- Trwy ddadansoddi samplau o aer wedi'u dal mewn iâ dwfn yn yr Antarctig, darganfyddwyd fod crynodiadau o 270 rhan y filiwn o garbon deuocsid wedi parhau dros y 10 000 o flynyddoedd diwethaf. Y term am y lefel hon yw'r **llinell ddechreuol**.
- Yn 1957 mae'r lefel gyfartalog wedi codi i 315 rhan y filiwn.
- Erbyn 1994 roedd wedi cyrraedd 350 rhan y filiwn.

- Mae ffynhonnell fwyaf carbon deuocsid yn yr atmosffer – sef llosgi tanwydd ffosil – wedi cynyddu'n ddramatig. Rhwng 1850 ac 1950, llosgwyd 50 000 miliwn o dunelli metrig; erbyn hyn mae'r un faint yn cael eu llosgi mewn dim ond 12 mlynedd.
- Mae'r nwy tŷ gwydr, methan, yn cynyddu o 1.2% y flwyddyn, yn bennaf trwy ecsploetio nwy naturiol ac ehangu caeau padi gwlyb.

A oes ots?

Mae pobl yn pryderu am gynhesu byd-eang oherwydd yr effeithiau difrifol posibl y gallai eu cael ar y byd ffisegol a naturiol:

- Prif effaith cynnydd mewn nwyon tŷ gwydr yw cynnydd mewn tymheredd byd-eang o 2°C erbyn 2025.
- Ni fydd y cynnydd hwn yn unffurf ond bydd yn debyg o gynyddu gyda chynnydd mewn lledred; bydd ardaloedd cyhydeddol yn cael cynnydd bychan tra bod y lledredau uchel yn cynhesu mwy.
- I wledydd fel Canada a Rwsia bydd hyn yn fanteisiol, a bydd tir addas ar gyfer amaethyddiaeth yn ehangu; bydd y 'tir gwastraff' gogleddol yn dod yn haws byw ynddo.
- Rhoddwyd sylw manwl i lefel môr, ac yn wir, cynyddodd lefelau o 15 cm yn yr 20fed ganrif, gan ddilyn yn agos y newid mewn tymheredd. Fodd bynnag, mae'n debyg fod hyn yn ganlyniad i chwyddiant dŵr môr wrth iddo gynhesu yn hytrach na chynnydd mewn dŵr yn y cefnforoedd

am fod iâ yn dadmer.

- Gyda chynnydd mewn tymheredd mae yna gynnydd mewn anweddiad dros y cefnforoedd a bydd hyn yn arwain at fwy o ddyodiad byd-eang. Mae'r iâ yn Grønland ac Antarctica yn mynd yn fwy trwchus gan fod yr ardaloedd hyn yn cael mwy o eira.
- Bydd cynnydd mewn gwres yn yr atmosffer hefyd yn cynyddu cyflymder y gwynt, felly dylai stormydd mawr gynyddu mewn mynychder. Os bydd y Môr Canoldir yn cyrraedd gwres o dros 26°C, gall corwyntoedd ddatblygu a difrodi'r ardaloedd arfordirol.
- Y brif broblem yw nad yw meteorolegwyr yn gwybod ac ni allant gytuno ynglŷn â beth i'w ddisgwyl. Mae'r atmosffer yn system ofnadwy o gymhleth a chytbwys ac mae proffwydo yn fater o ddyfalu ar y gorau. Mae newidiadau yng ngheryntau'r cefnforoedd yn un mater problematig – mae yna dystiolaeth y bydd Drifft Gogledd Iwerydd yn cael ei wanhau. Petai hyn yn digwydd, un canlyniad i gynhesu byd-eang yn y DU fyddai gaeafau oerach a chaletach.

Beth ellir ei wneud?

Gellid lleihau'r swm o nwyon tŷ gwydr a ryddheir i'r atmosffer. Cymerodd Cynhadledd Rio yn 1992 gamau i'r cyfeiriad hwn.

Byddai rheoli nwyon tŷ gwydr yn cyfyngu ar y ffordd yr ydym yn creu cyfoeth, sut yr ydym yn byw a ble'r ydym yn byw. Byddai'n cael goblygiadau economaidd, cymdeithasol a gwleidyddol enfawr. Yn fwy penodol, byddai'n rhaid cyfyngu ar ddiwydiannu yn y GLlEDd, byddai'n rhaid rhoi'r gorau i goloneiddio coedwigoedd trofannol, a byddai'n rhaid newid prosesau'n ymwneud â diwydiant ac egni yn y byd datblygedig.

Ar y foment nid yw'r bygythiad o newid atmosfferig yn ddigon i berswadio llywodraethau (yn arbennig yn UDA) fod raid gwneud aberth economaidd a chymdeithasol; mae'n fater o gydbwysedd anodd i'w sicrhau.

GWEITHGAREDD ESTYNEDIG

Mae cynhesu byd-eang yn fater enfawr ac yn un sy'n cael ei ddiweddaru yn gyson. Er bod yr adran hon yn darparu crynodeb byr, dylech ddefnyddio gwefan Stanley Thornes i wybod mwy am y pwnc. Lluniwch astudiaeth yn edrych ar y canlynol:

1. Y dystiolaeth o gynhesu byd-eang.
2. Achosion cynhesu byd-eang:
   a mecanweithiau naturiol (yr effaith tŷ gwydr)
   b y ffactorau dynol (llygryddion).
3. Effeithiau posibl cynhesu byd-eang.
4. Gweithredoedd y mae'r gymuned ryngwladol yn ymgymryd â hwy mewn ymdrech i leihau'r problemau.

A Cylchred hydrolegol basn draenio

Basn draenio (dalgylch afon) yw'r ardal sy'n cael ei draenio gan afon a'i llednentydd. Mae symudiad dŵr mewn basn draenio yn rhan bwysig o gylchred hydrolegol fyd-eang. Mae dyodiad yn trosglwyddo dŵr i arwyneb daear ac oddi yno mae'r rhan fwyaf ohono naill ai yn trylifo i'r pridd a'r creigwely neu yn anweddu. O dan amodau eithafol gall dŵr lifo dros yr arwyneb cyn cyrraedd afon ac yna llifo i'r cefnfor neu i lynnoedd.

Mae'r union lwybrau a ddilynir a chyfraddau'r dŵr a drosglwyddir yn amrywio yn enfawr o fasn i fasn ac o dro i dro, fel y gwna swm y dŵr a gaiff ei ddal mewn 'storfa' (yn y pridd neu yn y creigwely). Mae'n bwysig deall nodweddion hydrolegol basnau draenio unigol er mwyn gallu eu rheoli yn llwyddiannus.

Sut mae dŵr yn symud drwy'r system basn draenio?

Astudiwch Ffigur 7.1, sy'n dangos y prif gydrannau a'r cysyllteddau mewn system basn draenio. Sylwch fod hwn yn enghraifft o system 'agored' gan fod iddo fewnbynnau (dyodiad) ac allbynnau (dŵr a gwaddod). Mae'n gwahaniaethu oddi wrth system hydrolegol fyd-eang sy'n system 'gaeedig'. Gadewch i ni olrhain llwybr dŵr mewn basn draenio.

Rhyng-gipiad

Mae'r rhan fwyaf o fasnau draenio wedi'u gorchuddio gan un neu fwy o fathau o lystyfiant. Gall fod yn brysg a llwyni mewn rhanbarthau lled-gras, glaswelltir yn y lledredau tymherus, neu goedwigoedd conwydd a thwndra yn y lledredau uchel. Beth bynnag fo math a maint y llystyfiant, fe fydd, i ryw raddau, yn rhyng-gipio'r dyodiad (Ffigur 7.2). Gall dŵr gael ei

Math y llystyfiant/bïom	Colli dŵr drwy ryng-gipiad (cyfartaledd mewn blwyddyn)
Coedwig bîn dymherus	94% os glaw o arddwysedd isel; 15% os yw'r arddwysedd yn uchel
Coedwig law fytholwyrdd Brasil	66%
Glaswellt	30%-60%
Porfa (meillion)	40% yn y tymor tyfu
Coedwig gonwydd	30%-35%
Coedwig gollddail dymherus	20% gyda dail; 17% heb ddail
Cnydau grawnfwyd	7-15% yn y tymor tyfu

7.2 *Colledion rhyng-gipiad ar gyfer gwahanol fathau o lystyfiant/biomau*

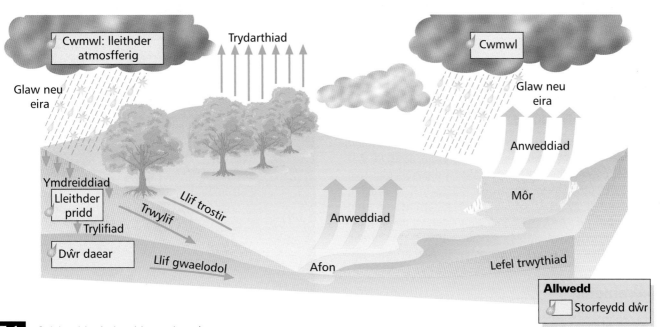

7.1 *Cylchred hydrolegol basn draenio*

ddal ar y dail ac yna anweddu, neu gall ddiferu o ddeilen i ddeilen fel **trwygwymp**. Fel arall gall lifo i lawr boncyffion coed neu goesynnau planhigyn fel **llif coesyn**.

Mae gan lystyfiant nifer o rannau pwysig i'w chwarae:

- Mae'n lleihau effaith diferion glaw drwy eu rhwystro rhag disgyn yn uniongyrchol ar y ddaear. Mae hyn yn lleihau dŵr sy'n tasgu, erydiad pridd a chywasgiad pridd (a allai hybu llif trostir).

- Mae planhigion yn gwneud defnydd o ddŵr wrth iddynt dyfu, ac felly'n lleihau'r swm o ddŵr sydd ar gael yn y system.

- Mae gwreiddiau planhigion yn hybu dŵr i fynd drwy'r pridd a'r graig, ac felly'n arafu ei gyfradd trosglwyddo.

Yn ei hanfod, mae llystyfiant yn lleihau'r swm o ddŵr sydd ar gael i fynd drwy'r system, ac mae'n arafu ei drosglwyddiad.

Roedd astudiaeth o ddau ddalgylch mewn uwchdir o'r un maint sef Afon Hafren ac Afon Gwy yn yr 1970au yn cynnig tystiolaeth o swyddogaeth coedwigoedd wrth leihau maint y dŵr sy'n cyrraedd afonydd yn y pen draw. Roedd dalgylch Hafren yn cynnwys 67.5% o goedwig tra oedd dalgylch Afon Gwy yn cynnwys dim ond 1.2%. Er bod y ddau ddalgylch wedi derbyn yr un faint o lawiad yn ystod y cyfnod astudio, roedd gwahaniaethau trawiadol yn y dŵr ffo. Yn nalgylch Hafren roedd 38% o'r dyodiad cyfan wedi'i 'golli' (e.e. wedi anweddu) o'i gymharu â dim ond 17% yn nalgylch Gwy. Ni ellid egluro'r gwahaniaethau hyn ond drwy'r ffaith bod dalgylch Hafren yn bennaf yn goedwig tra bod dalgylch Gwy yn bennaf yn laswelltir.

Nid yw rhyng-gipiad yn gyfyngedig i lystyfiant. Mae ardaloedd helaeth yn y byd wedi eu trefoli fel bod dyodiad yn cael ei ryng-gipio gan doeau, adeiladau, ffyrdd ac arwynebau trefol eraill. Yn wahanol i goed, fodd bynnag, mae'r arwynebau hyn gyda'u cwteri a phibellau draenio yn cyflymu trosglwyddiad dŵr.

Storio mewn pantiau

Unwaith y mae dŵr ar arwyneb daear, gall ymgasglu mewn tyllau a phantiau gan ffurfio pyllau bychain – gelwir hyn yn **storio mewn pantiau**. Bydd dŵr naill ai'n anweddu, neu'n ymdreiddio'n araf i'r pridd neu'n llifo dros y tir.

Anwedd-drydarthiad

Golyga hyn golli dŵr drwy anweddiad a thrydarthiad. **Anweddiad** yw pan fo dŵr hylifol yn troi'n anwedd wrth iddo gael ei amsugno gan yr aer. Mae'n digwydd pan mae dŵr yn gorwedd ar arwyneb y ddaear neu ar ddail planhigion, ac mae ar ei gyflymaf pan fo'r aer yn gynnes a sych. **Trydarthiad** yw'r broses lle mae planhigion yn gollwng dŵr trwy dyllau bychain, a elwir yn stomata, ar ochr isaf eu dail. Unwaith y mae'r dŵr wedi'i ollwng mae ar gael ar gyfer cael ei anweddu.

Ymdreiddiad

Bydd llawer o ddŵr sy'n cyrraedd arwyneb y ddaear yn trylifo neu'n ymdreiddio i'r pridd. Mae'r **cynhwysedd ymdreiddio**

– y raddfa y mae dŵr yn ymdreiddio i mewn i'r pridd – yn ffactor arbennig o bwysig. Os eir y tu hwnt i'r pwynt ymdreiddio yma bydd dŵr yn methu mynd ymaith a bydd llif trostir yn digwydd.

Gellir mynd heibio i'r cynhwysedd ymdreiddio yn ystod cyfnod o lawiad trwm neu hirfaith pan fydd y pridd yn methu amsugno dŵr yn ôl y gyfradd y mae'n disgyn (neu'n dadmer, os yw'n eira). Bydd cynhwysedd ymdreiddio isel yn bodoli'n aml os bydd y pridd yn arbennig o denau, wedi rhewi neu eisoes yn ddirlawn. Bydd llystyfiant, yn arbennig ar ffurf coed, yn aml yn hybu cynhwysedd ymdreiddio uchel oherwydd fod y gwreiddiau yn ffurfio llwybrau i'r dŵr drylifo dan y ddaear.

Mae dŵr yn ymdreiddio i'r pridd trwy gyfuniad o **weithred gapilari** (molecylau dŵr yn cael eu hatynnu at ronynnau pridd) a disgyrchiant, gyda'r ail fel arfer gryfaf.

Llif trostir

Mae llif trostir yn ymwneud â dŵr yn symud dros y tir naill ai mewn sianelau bychain a elwir yn **gornentydd** sy'n llifo i lawr i ffrydiau (Ffigur 7.3) neu ar draws yr holl arwyneb fel **llenlif**. Nid yw llif trostir yn gyffredin iawn yn y DU. Fodd bynnag, mae'n eithaf cyffredin mewn rhannau eraill o'r byd, yn arbennig mewn amgylcheddau lled-gras lle mae'r pridd yn aml wedi'i grasu'n galed rhwng stormydd glaw prin ond eto'n llifeiriol. Mae'n digwydd amlaf pan fo'r pridd yn ddirlawn neu wedi rhewi, gan leihau felly ei allu i gymryd mwy o ddŵr. Gan nad yw'r arwyneb yn cymryd y dŵr mae'n llifo ar ei hyd. Weithiau gall glaw llifeiriol arwain at lif trostir pan mae'r pridd yn methu cymryd y glaw yn ddigon cyflym.

7.3 *Nant y mynydd*

Mae llif trostir yn ffurf hynod gyflym o drosglwyddo dŵr ac yn aml mae'n un o brif achosion llifogydd. Mae'r awdurdodau sy'n gyfrifol am rwystro llifogydd dinistriol yn gwneud y cyfan o fewn eu gallu i rwystro llif trostir rhag digwydd.

Lleithder pridd

Mae priddoedd yn amrywio'n aruthrol o ran gwead ac adeiledd. Pan mae pridd wedi ei ddirlenwi â dŵr ac yna wedi ei adael i ddraenio, dywedir ei fod yn cynnal ei **gynhwysedd maes**. Mesurir cynhwysedd maes fel dyfnder dŵr, fel arfer mewn milimetrau, yn yr un modd â glawiad. Nid yw priddoedd tywodlyd mandyllog yn dal fawr o ddŵr ac felly mae ganddynt gynhwysedd maes isel, tra bo priddoedd cleiog, sy'n aml yn ddirlawn, gyda chynhwysedd maes uchel. Cyrhaeddir cynhwysedd maes yn gyflym mewn pridd tywodlyd ond mae'n cymryd llawer mwy o amser i'w gyrraedd mewn pridd cleiog.

Yn ystod yr haf gall cyfraddau uchel o anweddiad a thrydarthiad ostwng lleithder pridd islaw ei gynhwysedd maes (Ffigur 7.4). Mae hyn yn arwain at gyflwr a elwir yn **ddiffyg lleithder pridd**. O dan y fath amodau mae planhigion yn dechrau gwywo a marw ymhen amser, a bydd arwyneb y ddaear yn mynd yn galed a llychlyd. Pan ddaw'r glaw eto, **ail-lenwir** y pridd wrth i ddŵr ymdreiddio i'r pridd. Mewn rhanbarthau lle mae diffyg lleithder pridd i'w gael mwy neu lai yn barhaol, nid yw ffermio'n bosib ond drwy ddyfrhau.

Trwylif

Disgrifir dŵr sy'n llifo drwy'r pridd fel trwylif. Yn aml mae dŵr yn llifo i lawr llethr yn eithaf paralel i arwyneb y ddaear. Nid yw mor gyflym â llif trostir (fel arfer mae dŵr yn teithio rhwng 0.005 ac 0.3 m yr awr) ond mae'n aml yn gyfrifol am y rhan fwyaf o drosglwyddiad dŵr i afonydd, yn arbennig mewn lledredau tymherus.

Gall dŵr symud yn araf drwy'r pridd o fandwll i fandwll neu fe all symud yn gyflym ar hyd llwybrau pendant tanddaear (a elwir yn **bibellau**) sydd wedi'u ffurfio gan wreiddiau planhigion, tyllau anifeiliaid neu graciau bychain (yn gyffredin mewn priddoedd cleiog, er enghraifft). Weithiau gall y pibellau hyn fod sawl centimetr mewn diamedr.

Mae dŵr yn dal i lifo'n fertigol drwy'r pridd hyd nes bydd yn cyrraedd y **lefel trwythiad** (lefel uchaf craig a phridd dirlawn) neu mae'n taro haen anathraidd lle mae'n tueddu i fabwysiadu llinell lifo fwy llorweddol hyd nes y bydd yn dod allan yn y pen draw ar arwyneb y ddaear.

Llif dŵr daear

Os yw'r creigwely gwaelodol yn athraidd, bydd y dŵr yn trylifo'n araf iddo o'r pridd uwchlaw. Mae trosglwyddiad dŵr drwy graig (llif dŵr daear) yn tueddu i fod yn hynod o araf, yn aml yn cymryd degau neu gannoedd o flynyddoedd. Mae hyn yn digwydd oherwydd fod creigiau solet yn aml â llai o fandyllau na chreigiau neu bridd anghyfnerthedig. Er enghraifft, gall graean anghyfnerthedig drosglwyddo dŵr ar gyfraddau o hyd at 20 000 cm/awr tra bod y ffigur cyfatebol ar gyfer tywodfaen cyfnerthedig yn ddim ond 200 cm/awr.

Fodd bynnag, mae rhai creigiau yn trosglwyddo dŵr yn gyflym. Mae'n debyg eich bod wedi clywed adroddiadau newyddion am geudyllwyr (*potholers*) yn cael eu dal o dan y ddaear mewn ceudyllau calchfaen gan ddŵr yn codi'n gyflym yn dilyn storm sydyn. Mae calchfeini, sy'n aml yn llawn bregion, yn gallu cynhyrchu llif hynod gyflym o ddŵr daear. Mewn astudiaeth yn Cheddar, Avon cyfrifwyd cyfraddau o 583 cm/awr, sy'n sylweddol gyflymach na'r rhan fwyaf o gyfraddau trwylif. Gall rhai creigiau igneaidd fel gwenithfaen fod â chyfraddau uchel o lif dŵr daear oherwydd presenoldeb bregion.

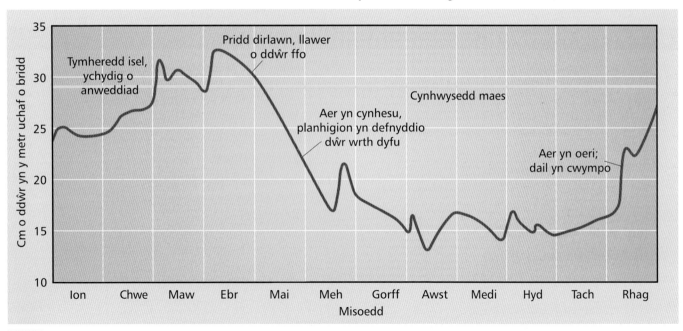

7.4 *Cylchred flynyddol o leithder pridd*

Adran 7 Dŵr Rhedegog

Mae llif dŵr daear yn bwydo afonydd drwy eu glannau a'u gwelyau. Gan fod hyn fel arfer yn ddull araf o drosglwyddo, mae'n dal yn cyflenwi afonydd ymhell ar ôl i'r gawod unigol o law ddigwydd. Hyn sy'n bennaf gyfrifol am gynnal y llifoedd yn ystod cyfnodau o sychder. Cyfeirir at y llif cyson hwn o ddŵr fel y **llif gwaelodol**. Mae'n wahanol i'r **llif storm** sy'n llawer mwy dros dro a thrawiadol o ran natur, ac yn cynnwys yn bennaf llif trostir, trwylif a dyodiad sianel uniongyrchol.

Storfa sianel

Storfa sianel yw'r afon ei hun. Tra bydd swm bychan o ddyodiad yn disgyn yn uniongyrchol iddi, mae mwyafrif helaeth y dŵr yn cyrraedd drwy ei gwely a'i glannau. Mae afonydd yn ffurfio 'allanfa' o system hydrolegol basn draenio yn yr un ffordd mwy neu lai ag anweddiad a thrydarthiad.

YMARFERION

1 Pam y mae system hydrolegol basn draenio yn enghraifft o system 'agored'?

2 Astudiwch Ffigur 7.2 sy'n dangos amrywiadau yn swm y rhyng-gipiad. Rhowch sylwadau ar bwysigrwydd y canlynol yn penderfynu maint y rhyng-gipiad:

  a math y llystyfiant

  b adeg y flwyddyn (tymor tyfu)

  c arddwysedd y glawiad.

3 Sut y gall pob un o'r canlynol hybu llif trostir:

  a datgoedwigo

  b llethrau serth yn bresennol

  c pridd wedi rhewi neu'n ddirlawn

  ch arwynebau creigiog noeth, sy'n gyffredin mewn mannau mynyddig

  d ardaloedd trefol a'u harwynebau tarmac cysylltiedig

  dd gorbori, neu'r defnydd o beiriannau fferm trwm?

4 Astudiwch Ffigur 7.4.

  a Beth yw ystyr y term 'cynhwysedd maes'?

  b Pam y mae'n aros yn gyson drwy gydol y flwyddyn?

  c Gwnewch gopi o'r graff ac ychwanegwch y labeli canlynol yn eu mannau cywir:

  • gwarged lleithder pridd yn gynnar yn y gwanwyn

  • diffyg lleithder pridd yn yr haf

  • cyfnod pan fo anweddiad a thrydarthiad ar eu hanterth

  • ail-lenwi drwy ymdreiddiad glaw ac eira tawdd

  • storm law yr haf.

  ch Dychmygwch fod y graff wedi ei lunio ar gyfer tir sy'n eiddo i ffermwr. Cymharwch y problemau tebygol sy'n wynebu'r ffermwr yn y gaeaf ac yn yr haf.

CWESTIWN STRWYTHUREDIG

Mae Ffigur 7.5 yn disgrifio hydroleg llethr ar fryn o dan goed conwydd aeddfed a gwair. Mae pob saeth yn dangos cydran o gylchred hydrolegol y basn draenio a allai weithredu pan fo dyodiad ar ffurf glaw ac mae'r tymereddau aer wedi bod uwchlaw'r rhewbwynt am gryn amser.

  a Diffiniwch y termau canlynol:

    (i) llif coesyn   *(1)*

    (ii) ymdreiddiad   *(1)*

    (iii) trwylif.   *(1)*

  b (i) Beth yw'r lefel trwythiad?   *(1)*

    (ii) Awgrymwch sut y gall un o'r cydrannau yn Ffigur 7.5 arwain at godiad yn y lefel trwythiad.   *(1)*

    (iii) Beth sy'n digwydd i'r nant os yw'r lefel trwythiad yn codi?   *(1)*

  c Tybiwch fod tymereddau wedi bod islaw 0°C am sawl wythnos a bod dyodiad wedi bod ar ffurf eira. Disgifiwch effeithiau yr amodau hyn ar y modd y mae'r canlynol yn gweithredu:

    (i) rhyng-gipiad   *(2)*

    (ii) ymdreiddiad.   *(2)*

  ch Awgrymwch ddwy ffordd y gall y newid i amodau islaw 0°C ar ryw adeg gynyddu'r risg o lifogydd o'r afon wrth droed y llethr.   *(2)*

  d Tybiwch fod perchennog y tir yn ystyried torri'r coed a defnyddio'r tir ar gyfer cnydau âr. Awgrymwch pa effaith y gallai'r newid hwn mewn defnydd tir ei gael ar:

    (i) hydroleg y llethr   *(2)*

    (ii) y risg o lifogydd.   *(2)*

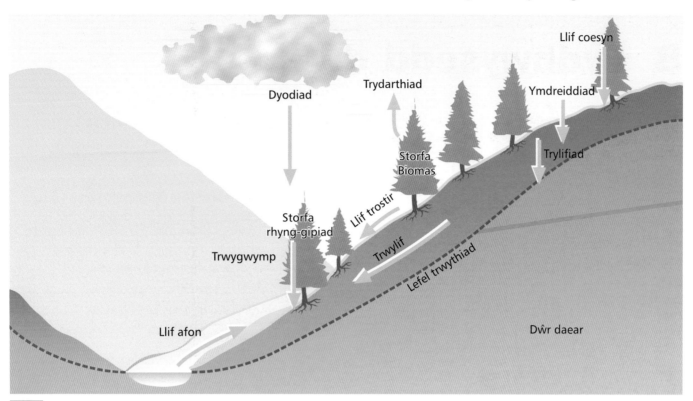

Llif coesyn

Dyodiad

Trydarthiad

Ymdreiddiad

Storfa
Biomas

Trylifiad

Storfa
rhyng-gipiad

Llif trostir

Trwygwymp

Trwylif

Lefel trwythiad

Llif afon

Dŵr daear

7.5   *Hydroleg llethr bryn o dan orchudd o lystyfiant*

B Cydbwysedd dŵr

Hafaliad syml yw **cydbwysedd dŵr** sy'n disgrifio sut y gellir esbonio dyodiad mewn basn draenio:

$$D = C + AD \pm S$$

lle mae   D = dyodiad

C = cyfanswm llif afon (dŵr ffo)

AD = Anwedd-drydarthiad

S = Storfa (yn y pridd ac yn y creigwely).

Defnyddir cydbwysedd dŵr gan hydrolegwyr ar gyfer cynllunio a rheoli cyflenwad dŵr o fewn basn draenio. Gellir ei ddefnyddio ar gyfer awgrymu prinder posibl o ddŵr sy'n gofyn am weithredu mesurau arbennig fel gwahardd pibellau dŵr rwber er mwyn arbed y stoc o ddŵr. Mae iddo oblygiadau hefyd ar gyfer dyfrhau, rheoli llygredd a llifogydd.

ASTUDIAETH ACHOS

Afonydd Teviot a Colne

Astudiwch y graff yn Ffigur 7.6. Sylwch fod blwyddyn cydbwysedd dŵr yn rhedeg o Hydref i Fedi. Mae hyn yn galluogi'r flwyddyn i gychwyn a gorffen pan fo'r storfa naturiol o ddŵr ar ei hisaf, h.y. ar ddiwedd yr haf a chyn i law y gaeaf gychwyn. Sylwch fel y gellir rhannu'r graff yn dair rhan i gynrychioli cyfanswm dyodiad, llif afon a'r hyn a 'gollir' (h.y. anwedd-drydarthiad a storio).

YMARFERION

1 Beth yw cydbwysedd dŵr a sut y mae o werth i hydrolegwyr?

2 Astudiwch y map o fasn draenio afon Teviot (Ffigur 7.7). Awgrymwch sut y gall y nodweddion basn draenio canlynol egluro pam fod cyfran mor uchel o gyfanswm dyodiad yn ganlyniad llif afon a bod cymharol ychydig wedi ei 'golli' i anwedd-drydarthiad neu storio:

   a   rhwydwaith dwys o sianelau afon

   b   llethrau cymharol serth

   c   creigwely yn cynnwys sialau anathraidd yn bennaf.

3 Astudiwch y wybodaeth ar gyfer basn Afon Colne yn ne Lloegr (Ffigurau 7.8 a 7.9).

   a   Cymharwch gydbwysedd dŵr Afon Colne ag un Afon Teviot (Ffigur 7.6).

   b   Gan ddefnyddio tystiolaeth o'r map (Ffigur 7.9), awgrymwch pam nad yw swm y llif afon prin yn codi a gostwng drwy gydol y flwyddyn er yr amrywiadau mewn dyodiad.

   c   Awgrymwch resymau, ar wahân i'r rhai a ddangosir yn Ffigur 7.9, a allai helpu i egluro patrwm cyson llif afon yn Afon Colne.

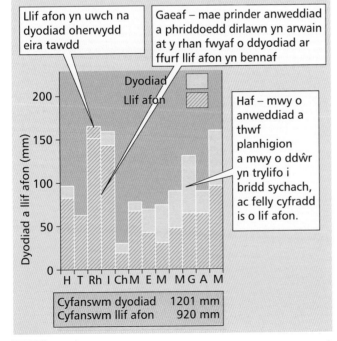

Llif afon yn uwch na dyodiad oherwydd eira tawdd

Gaeaf – mae prinder anweddiad a phriddoedd dirlawn yn arwain at y rhan fwyaf o ddyodiad ar ffurf llif afon yn bennaf

Dyodiad
Llif afon

Haf – mwy o anweddiad a thwf planhigion a mwy o ddŵr yn trylifo i bridd sychach, ac felly cyfradd is o lif afon.

| Cyfanswm dyodiad | 1201 mm |
| Cyfanswm llif afon | 920 mm |

7.6 *Cydbwysedd dŵr Afon Teviot*

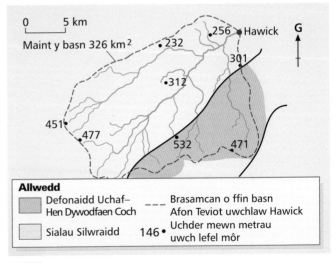

0   5 km

Maint y basn 326 km²

G

232   256 • Hawick

301

312

451

477

532   471

Allwedd

Defonaidd Uchaf– Hen Dywodfaen Coch   --- Brasamcan o ffin basn Afon Teviot uwchlaw Hawick

Sialau Silwraidd   146 • Uchder mewn metrau uwch lefel môr

7.7 *Afon Teviot, ger Hawick*

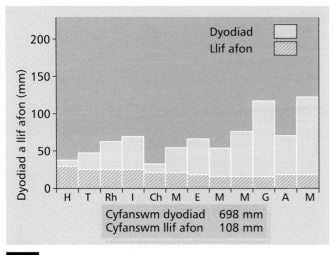

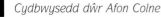

7.8 *Cydbwysedd dŵr Afon Colne*

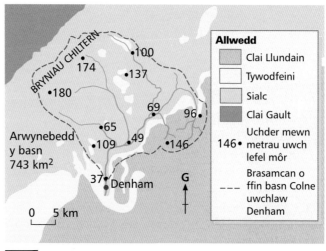

7.9 *Afon Colne, ger Denham ym Mryniau Chiltern*

Ymchwiliad TG: patrymau cydbwysedd dŵr ar gyfer basnau afonydd penodol yn y DU

Yn ddelfrydol, dylid gwneud yr archwiliad sy'n dilyn 'ar-lein' gan unigolion neu yn barau. Fodd bynnag, mae'n bosib lawrlwytho'r wybodaeth o'r Rhyngrwyd fel copi caled.

Mae'r Sefydliad Hydrolegol yn cynnal cofnod archif o ddata hydrolegol ar gyfer nifer dethol o fasnau afonydd yn y DU. Mae hyn yn cynnwys gwerthoedd dyddiol o arllwysiadau (a ellid eu defnyddio ar gyfer plotio hydrograffiau) a gwybodaeth o safbwynt anterth llif, canrannau dŵr ffo a dyodiad. Tra ei bod yn bosibl i gynnal nifer o archwiliadau cysylltiedig â TG, mae'r archwiliad hwn yn ymwneud â dod o hyd i wybodaeth am gydbwysedd dŵr.

Nod yr archwiliad

- Astudio patrymau cydbwysedd dŵr ar draws y DU gan ddefnyddio gwybodaeth a gafwyd o'r Rhyngrwyd.

Dull

1 Astudiwch Ffigur 7.10 sy'n lleoli 14 gorsaf medryddu basn afon yn y DU.

2 Defnyddiwch wefan y Sefydliad Hydrolegol ar www.nwl.ac.uk/ih/

  - cliciwch ar eicon 'National Water Archive'
  - cliciwch Blwyddlyfr diweddaraf 'Hydrological Data UK series'
  - cliciwch 'River Flow and Groundwater Level Data'
  - cliciwch 'Riverflows'
  - cliciwch 'Map'.

Byddwch yn sylwi bod nifer o orsafoedd medryddu wedi eu lleoli ar y map, yn cynnwys y 14 a restrwyd yn Ffigur 7.11.

7.10 *Lleoliad gorsafoedd medryddu afonydd dethol yn y DU*

Er mwyn cael gafael ar ddata eich 14 safle:

- dychwelwch at 'Riverflows'
- cliciwch 'river' i gael mynediad i restr o afonydd yn nhrefn y wyddor
- cliciwch y golofn ar y dde (Y) i gael mynediad i'r data hydrolegol ar gyfer yr orsaf dan sylw. Cymerwch amser i ddarllen yr hyn sydd yno.

Lleolwch yn y 'Summary statistics':

- Dŵr ffo blynyddol
- Glawiad blynyddol.

Y wybodaeth hon y byddwch yn ei defnyddio yn eich archwiliad.

3 Gwnewch gopi o Ffigur 7.11. Defnyddiwch y data hydrolegol i gwblhau'r ddwy golofn gyntaf, gan gofnodi glawiad a dŵr ffo.

4 Ychwanegwch chwe gorsaf arall ar gyfer basnau afon o'ch dewis chi, o weddill y DU, fel bod gennych ddosbarthiad cyson o orsafoedd ar draws y DU. Marciwch y gorsafoedd hyn ar gopi mwy o Ffigur 7.10.

5 Nawr cwblhewch y ddwy golofn olaf yn eich tabl.

6 Cwblhewch un neu fwy o fapiau o'ch dewis i ddangos patrymau cydbwysedd dŵr ar draws y DU. Y map pwysicaf yw'r un sy'n dangos canran dŵr ffo.

Mae i fyny i chi ddewis techneg addas, ond fe allech ystyried y canlynol:

- barrau cyfrannol yn dangos canran dŵr ffo pob gorsaf
- lliwio coropleth
- plotio isolinau i ddangos canran dŵr ffo (e.e. am 20%, 40%, 60%, ayyb).

Byddwch yn barod i fras arbrofi i ddechrau.

7 Wedi cwblhau eich map(iau), ysgrifennwch grynodeb ysgrifenedig byr yn cyfeirio at y canlynol:

a Disgrifiwch batrymau cydbwysedd dŵr ar draws y DU. Pa ardaloedd sydd â'r canrannau isaf ac uchaf o safbwynt gwerthoedd dŵr ffo?

b Defnyddiwch atlas, a map daearegol o'r DU (gweler Ffigur 2.54 tudalen 63) i geisio egluro'r patrymau a welwyd gennych. Hefyd, darllenwch y wybodaeth ar nodweddion basn ar waelod cofnod pob gorsaf medryddu ar y ddalen we. Ceisiwch egluro pam fod canrannau uchel o ddŵr ffo mewn rhai ardaloedd tra bod eraill â gwerthoedd isel. Ystyriwch beth sy'n cyfrif am y 'colledion'.

c Ym mha ffyrdd, yn eich barn chi, y gall y wybodaeth hon fod yn ddefnyddiol i reolwyr adnoddau dŵr, y rhai sy'n gyfrifol am sicrhau cyflenwad dŵr a monitro llifogydd a chyfnodau o sychder?

Afon	Pwynt Mesur	Glawiad (mm)	Dŵr ffo (mm)	Colledion (mm)	Dŵr ffo fel % o lawiad
Wysg/Usk	Chain Bridge				
Torridge	Torrington				
Tone	Bishops Hull				
Kennett	Theale				
Itchen	Highbridge ac Allbrook				
Medway	Teston				
Lee	Feildes Weir				
Don	Parkhill				
Tees	Broken Scar				
Eden	Temple Sowerby				
Ribble	Samlesbury				
Weaver	Ashbrook				
Ystwyth	Pont Llolwyn				
Teme	Tenbury				

7.11 *Data cydbwysedd dŵr ar gyfer gorsafoedd medryddu*

GWEITHGAREDDAU ESTYNEDIG

1 Cwblhewch hydrograffiau ar ddwy fasn gyferbyniol a cheisiwch egluro'r gwahaniaethau rhyngddynt.

2 Ceisiwch wybodaeth o'r un ffynhonnell am uchder pob gorsaf. Gellid defnyddio hyn i lunio prawf cyfernod cydberthyniad rhestrol Spearman i weld os oes unrhyw berthynas rhwng uchder a chanran dŵr ffo. Gall astudiaeth o uchder a chyfanswm glawiad hefyd fod yn ffordd ddiddorol o archwilio arwyddocâd glawiad orograffig.

3 Defnyddiwch ddata'r archif i ddarganfod adegau y llifogydd diweddar. Er enghraifft, gorlifodd nifer o afonydd yn Ne Canolbarth Lloegr (rhwng Warwick, Rhydychen a Northampton) yn dilyn cawodydd glaw eithafol yn ystod Pasg 1998. Defnyddiwch y data i ddarganfod sut roedd y llifoedd yn ystod y cyfnod hwn yn gwahaniaethu oddi wrth y gwerthoedd cyfartalog.

C Hydrograffiau

Hydrograff yw graff sy'n dangos y newidiadau mewn arllwysiad afon dros gyfnod o amser. Mae **hydrograff storm** yn dangos ymateb afon i ddigwyddiad glawog arbennig. Mae'r rhain o werth mawr i awdurdodau sy'n gyfrifol am fonitro a rhwystro llifogydd. Gellir hefyd lunio hydrograff i ddangos patrwm llif dros flwyddyn gyfan. Fel arfer cyfeirir at y graffiau hyn fel **patrymeddau afon.**

Hydrograff storm

Yn ystod ac wedi storm, bydd y rhan fwyaf o'r dyodiad yn llifo i lawr y bryn at sianel afon. Gall rhywfaint ohono lifo'n gyflym fel llif trostir, tra bod y gweddill yn llifo yn arafach fel trwylif neu, yn arafach fyth, fel llif dŵr daear. Wrth iddo gyrraedd yr afon, bydd yn achosi cynnydd yn swm llif afon – gelwir hyn yn **arllwysiad** afon a fesurir mewn 'ciwmecs' – (metrau ciwbig yr eiliad).

Edrychwch ar Ffigur 7.12 sy'n dangos prif nodweddion hydrograff storm. Sylwch fod yr echelin fertigol yn dangos arllwysiad mewn ciwmecs tra bod yr echelin llorweddol yn dangos amser. Sylwch fod yr hydrograff wedi ei hollti'n ddau:

- **llif gwaelodol** (yn bennaf dŵr daear drwy'r graig) yn aros yn lled gyson cyn, yn ystod ac wedi'r storm: mae'n cynnal llif yr afon rhwng cyfnodau o lawiad.
- **llif storm** (llif trostir, trwylif a dyodiad sianel uniongyrchol) sy'n gyfrifol am y swmp o'r hydrograff, gan roddi iddo ei ffurf nodweddiadol. Mae'r llif trostir fel arfer yn gyfrifol am y rhan fwyaf o'r ystlys sy'n codi yn sydyn a'r brig. Mae hyn oherwydd hwn yw'r ffurf cyflymaf o drosglwyddiad dŵr i afon.

Pam fod hydrograffiau storm yn gwahaniaethu?

Mae ffurf hydrograff storm unigol yn dibynnu ar nifer o ffactorau. Mae hydrograffiau dramatig, gydag ystlysau serth a brigau uchel, yn dueddol o ddigwydd pan fo'r llif trostir yn sylweddol, er enghraifft os ceir cyfnod o law eithafol, os yw'r pridd wedi rhewi neu yn ddirlawn, os cwympwyd coed, neu os yw llethrau'r basn yn serth. Gall hydrograffiau mwy gwastad, llai dramatig, ffurfio os yw'r storm yn un ysgafn, ac yn yr haf, pan mae cyfraddau anweddiad yn uchel, a'r canopi dail ar ei anterth.

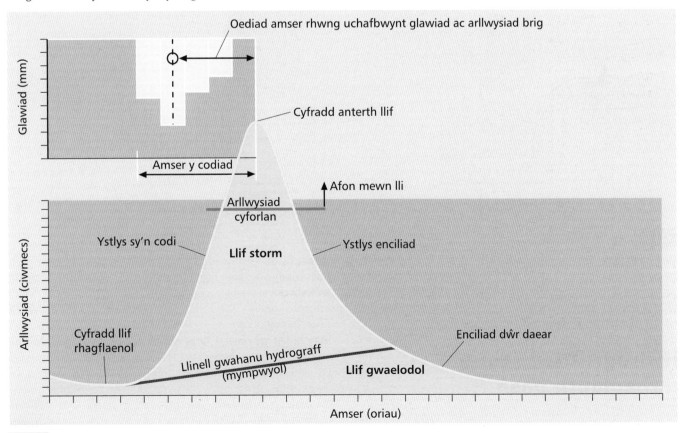

7.12 *Prif nodweddion hydrograff storm*

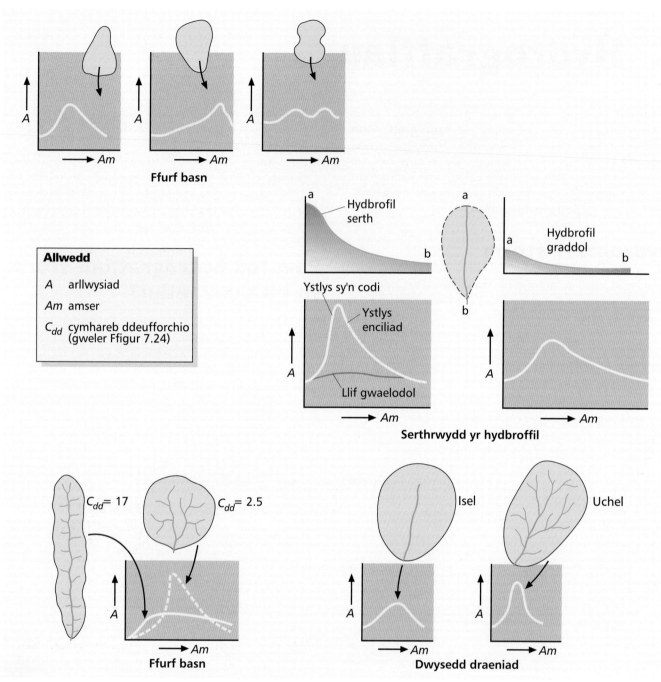

7.13 *Effaith nodweddion basn dewisol ar hydrograffiau*

Mae basn gyda chreigwely anathraidd, fel siâl, yn debygol o gynhyrchu hydrograff llawer mwy dramatig na basn gyda chreigwely athraidd, fel sialc. Edrychwch ar Ffigur 7.13 i weld sut y mae ffurf basn, graddiant a dwysedd draeniad yn gallu effeithio ar ffurf hydrograffiau storm.

Hydrograffiau storm a rheolaeth basn

Mae hydrograffiau storm yn eithriadol bwysig mewn rheolaeth basnau draenio. Mae hydrograffiau yn galluogi hydrolegwyr i asesu cyfradd y cynnydd mewn arllwysiad nant neu afon, ac felly yn eu galluogi i ragweld llifogydd. Mae gallu pob adran o'r sianel i gynnal arllwysiad heb achosi llifogydd yn wybyddys. Os yw'n debygol fod yr arllwysiad yn uwch na'r arferol, gellir cyhoeddi rhybuddion i ffermwyr a pherchenogion tai.

Mae hefyd yn bosib i bobl newid ffurfiau hydrograff storm, yn fwriadol neu'n anfwriadol. Er enghraifft, gall plannu coed yn aml wastatáu ffurf hydrograff, tra tuedda datblygiad maestrefi, gyda eu harwynebau tarmac anathraidd cysylltiedig, i gynyddu serthrwydd yr ystlys sy'n codi ac uchder y brig. Dylid gwneud pobl yn ymwybodol y gall ymyrryd â nodweddion basn draenio gael effeithiau sylweddol ar ei hydrograff 'normal'.

YMARFERION

1   Lluniwch ddiagram wedi ei labelu o hydrograff storm.

2   **a**   Beth yw ystyr y term 'oediad amser'?

    b   Pam fod oediad amser yn ffactor allweddol wrth benderfynu'r tebygrwydd o lifogydd?

Mae'n well gwneud gweithgareddau 3 a 4 yn gyntaf mewn parau, er mwyn hybu trafodaeth a rhannu syniadau.

3   Sut y disgwylir i'r amodau canlynol effeithio ar ffurf yr hydrograff? Ar gyfer pob un lluniwch hydrograff syml i ddangos sut y bydd yn edrych. Ychwanegwch anodiadau (labeli manwl) at eich diagram i egluro'r nodweddion. (O safbwynt yr ymarfer hwn, derbyniwch nad oes unrhyw ffactorau eraill yn dylanwadu.)

- basn draenio bychan gyda llethrau serth iawn
- basn draenio ar ffurf llinol
- basn draenio a ddatgoedwigwyd yn ddiweddar
- cyfnod hir o law ysgafn yn bennaf yn yr haf
- storm law drom yn disgyn ar eira trwchus ym Mawrth.

4   Mae Ffigur 7.14 yn dangos manylion pedwar basn draenio. Ar gyfer pob un, ceisiwch lunio hydrograff anodedig i ddangos yr ymateb tebygol i storm law. Dylech gymryd arnoch bod stormydd tebyg wedi digwydd yn y pedwar basn.

5   Ym mha ffyrdd y gall hydrograffiau fod yn ddefnyddiol i bobl sy'n rheoli basnau afonydd?

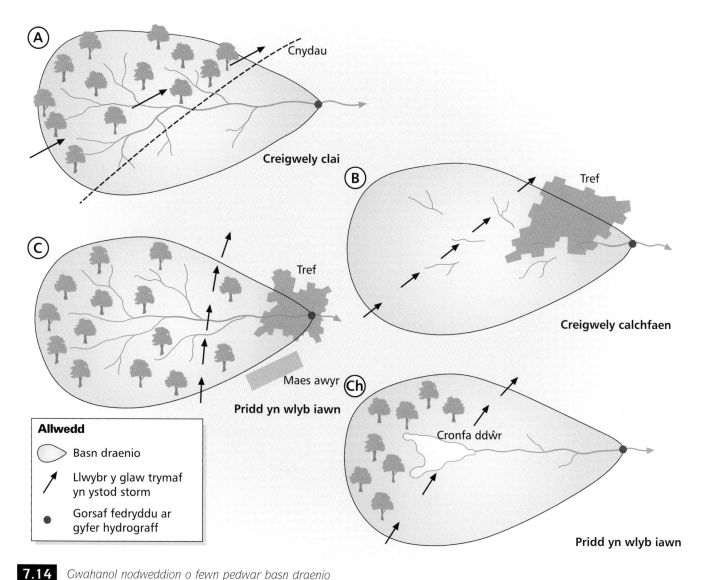

7.14   *Gwahanol nodweddion o fewn pedwar basn draenio*

Cwestiwn Strwythuredig 1

Mae Ffigurau 7.15a a 7.15b yn fapiau sy'n dangos rhai o nodweddion basn draenio bychan yng ngogledd Lloegr. Mae'r basn yn gorwedd ar dywodfaen bras. Mae Ffigur 7.16a yn nodi manylion un storm o law, a ddigwyddodd ar 18 Mawrth. Mae Ffigur 7.16b yn hydrograff storm ar sail yr arllwysiadau a gofnodwyd yn X ar Ffigur 7.15.

a Beth oedd yr arddwysedd cyfartalog (mewn mm/awr) yn ystod cyfnod y storm? *(1)*

b Cyfrifwch mewn oriau yr oediad amser. *(1)*

c Disgrifiwch ac eglurwch effaith unrhyw bedair nodwedd y basn draenio ar yr oediad amser o safbwynt yr hydrograff a gynhyrchwyd. *(4 × 2)*

ch Eglurwch sut y gallai trwylif gyfrif am yr ail frig o arllwysiad tua 27 awr o ddechrau'r storm. *(2)*

d Disgrifiwch ac eglurwch sut y byddai hydrograff storm tebyg o ran nodweddion dyodiad yn gwahaniaethu oddi wrth yr un ar 18 Mawrth, pe byddai'r storm:

- ar 21 Gorffennaf ar ôl haf cynnar sych *(4)*
- ar 29 Ionawr ar ôl cyfnod oer o dair wythnos gyda thymereddau o dan y rhewbwynt. *(4)*

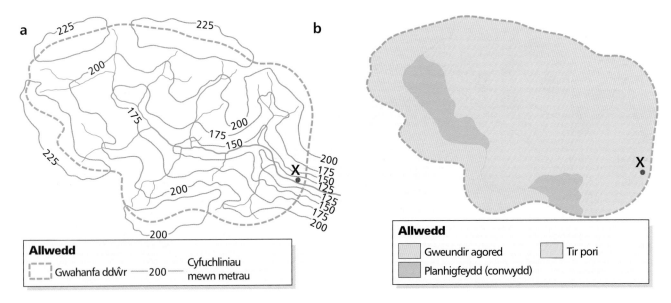

7.15 Nodweddion basn yng ngogledd Lloegr

Allwedd
[   ] Gwahanfa ddŵr —200— Cyfuchliniau mewn metrau

Allwedd
[   ] Gweundir agored [   ] Tir pori
[   ] Planhigfeydd (conwydd)

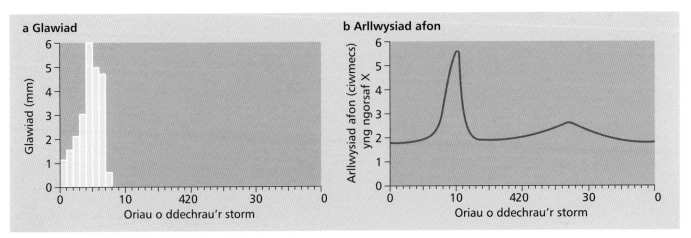

7.16 Glawiad ac arllwysiad afon yn dilyn storm law ar 18 Mawrth

CWESTIWN STRWYTHUREDIG 2

Mae Ffigur 7.17 yn dangos Afon Ouse a'i basn draenio. Mae Ffigur 7.18 yn dangos dyodiad dros y basn draenio rhwng 13 Rhagfyr 1981 a 6 Ionawr 1982. Mae Ffigur 7.19 yn dangos lefel llif rhai o'r afonydd yn y basn rhwng 25 Rhagfyr 1981 a 7 Ionawr 1982.

a Disgrifiwch hydrograff Afon Ouse fel y'i dangosir ar Ffigur 7.19. *(3)*

b Nodwch ddwy ffordd y mae hydrograff Afon Ouse yn wahanol i hydrograffiau'r tair llednant a ddangosir. *(2)*

c Gan gyfeirio at Ffigurau 7.17, 7.18 a 7.19 disgrifiwch sut yr arweiniodd ffactorau ffisegol at lifogydd difrifol yn Efrog rhwng 2 a 6 Ionawr 1982. *(10)*

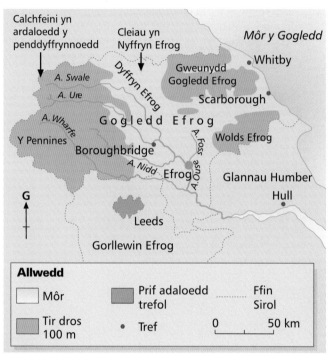

7.17 *Basn draenio Afon Ouse*

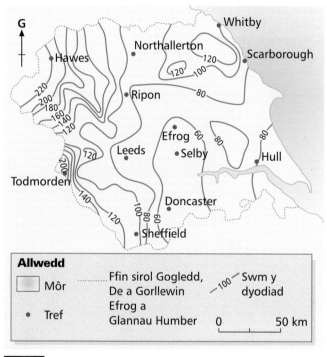

7.18 *Dyodiad dros fasn Afon Ouse, 13 Rhagfyr – 6 Ionawr 1982*

Yn ystod canol i ddiwedd Rhagfyr daeth cyfres o systemau gwasgedd isel dwfn ag eira i bob cwr o Swydd Efrog. Ar 2 Ionawr dechreuodd diwasgedd gyda ffrynt cynnes pendant symud ar draws yr ardal, gan ddod â chyfnodau o law trwm a chynnydd cyflym yn y tymheredd. Felly roedd y glaw a'r eira tawdd yn ormod i gynhwysedd ymdreiddiad y pridd, ac o ganlyniad cafwyd cryn lif trostir.

Yn dilyn cychwyniad glaw trwm neu lefelau uchel yr afon, bydd rhwydwaith o orsafoedd glawiad a lefelau afon yn cael eu monitro. Ar lefelau gosodedig, ac ar ôl ystyried amodau meteorolegol ar y pryd, cyhoeddwyd rhybuddion llifogydd cynyddol gan yr heddlu yn dilyn cyngor gan yr Awdurdod Dŵr. Yr unig broblemau a ddigwyddodd oedd y rhai mewn ardaloedd nad oeddynt ar fapiau cofnodi llifogydd.

Ffynhonnell: addaswyd o adroddiad gan yr Awdurdod Dŵr.

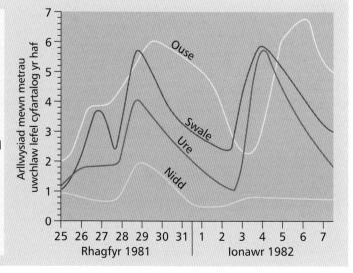

7.19 *Nodweddion hydrolegol basn Ouse, a hydrograffiau dethol*

Patrymedd afon

Gelwir patrwm llif afon dros gyfnod o amser, blwyddyn fel arfer, yn **batrymedd** afon. Gall nifer o ffactorau effeithio ar batrymedd afon:

- **Dyodiad** Y prif ffactor sy'n effeithio ar lif afon yw swm, math a phatrwm tymhorol dyodiad.
- **Tymheredd** Mae tymheredd yn effeithio ar swm yr anweddiad sy'n digwydd o fewn basn draenio. Mae'n lleihau twf planhigion, ac felly'n effeithio ar gyfraddau trydarthiad.
- **Alldynnu dŵr** Mae'r defnydd a wneir o ddŵr ar gyfer yfed neu ddyfrhau yn lleihau llif afon ac felly yn effeithio ar batrymedd yr afon.
- **Argaeau** Adeiladwyd argaeau ar draws nifer o afonydd ledled y byd er mwyn gallu rheoli eu llif. Gellir storio dŵr

mewn cronfeydd pan fo digon o gyflenwad ac yna ei ollwng mewn cyfnodau sych. Mae argaeau yn aml yn 'gwastatáu' patrymedd afon, gan ei wneud yn llai newidiol drwy gydol y flwyddyn.

Enghreifftiau o batrymeddau afon

Mae Ffigur 7.20 yn dangos pump patrymedd afon sy'n hollol wahanol:

- **Afon Sonjo, Tanzania** Sylwch fod gan y patrymedd hwn dymhorau gwlyb a sych pendant, sy'n nodweddiadol o hinsawdd trofannol, llaith. Mae'r tymereddau uchel a'r glawiad trwm yn hybu hindreuliad cemegol, sy'n arwain at briddoedd clai dwfn yn cael eu ffurfio. Mae'r rhain yn mynd yn ddirlawn yn gyflym yn y tymor gwlyb ac mae llif trostir yn creu brigau hydrograff llym. Yn y tymor sych

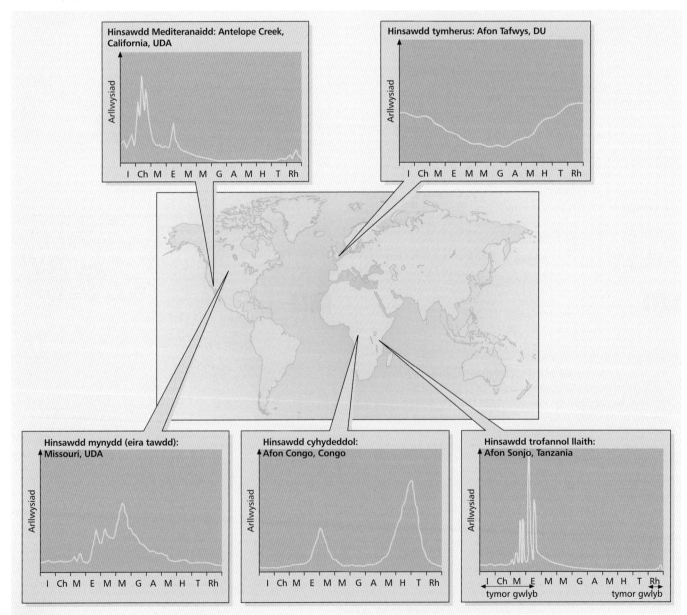

7.20 *Enghreifftiau o batrymeddau afon*

mae'r clai yn sychu'n gyflym oherwydd cyfraddau uchel o anweddiad.

- **Afon Congo, Congo** Mae'r patrymedd hwn yn nodweddiadol o hinsawdd cyhydeddol gyda'i ddau dymor gwlyb. Sylwch fel y ceir dau gyfnod pendant o arllwysiad uchel, un yn Ebrill/Mai a'r llall yn Hydref/Tachwedd.

- **Afon Tafwys, DU** Mae glawiad yn digwydd drwy gydol y flwyddyn yn yr hinsawdd tymherus hwn, gan arwain at lif di-baid o ddŵr. Mae presenoldeb llystyfiant a phriddoedd dwfn yn hybu trwylif dwfn a llif dŵr daear, sy'n cynnal llif afon ar adegau o sychder. Mae ychydig llai o lawiad a chyfraddau uwch o anwedd-drytharthiad yn yr haf yn achosi gostyngiad yn yr arllwysiad.

- **Afon Missouri, UDA** Digwydd cyfraddau uchel iawn o arllwysiad o Ebrill i Fehefin o ganlyniad i'r eira yn dadmer ar y Gwastadeddau Uchel ac ym Mynyddoedd y Rockies. Mae cyfraddau isel dyodiad, a'r ffaith bod y rhan fwyaf ohono yn disgyn fel eira, yn egluro yr arllwysiadau isel iawn yn ystod y gaeaf.

- **Antelope Creek, California, UDA** Mae'r rhan fwyaf o arfordir gorllewinol California yn profi hinsawdd Mediteranaidd. Mae hafau sych a phoeth yn aml yn achosi afonydd i lifo ar lefelau isel iawn neu hyd yn oed sychu'n gyfan gwbl. Gall stormydd yn y gaeaf, fodd bynnag, achosi cynnydd dramatig yn yr arllwysiad.

YMARFERION

1 Beth yw ystyr 'patrymedd' afon a sut y mae'n gwahaniaethu oddi wrth 'hydrograff storm'?

2 Astudiwch graff patrymedd afon ar gyfer Afon Sonjo.

   a Awgrymwch reswm dros y newid sydyn yn Rhagfyr.

   b Pa dystiolaeth sydd ar gael fod y tymor gwlyb yn cynnwys cyfres o stormydd yn hytrach nag un cyfnod parhaus o lawiad?

   c Awgrymwch resymau pam y gallai adeiladu argae gael ei ffafrio gan bobl sy'n byw wrth ochr yr afon.

   ch Lluniwch graff syml i ddangos sut y byddech yn disgwyl i batrymedd Afon Sonjo newid ar ôl i argae gael ei adeiladu.

3 Astudiwch graff patrymedd afon ar gyfer Afon Missouri.

   a Awgrymwch resymau dros y llif isel o Dachwedd hyd Fawrth.

   b Pam y mae uchafbwyntiau dramatig yn y gwanwyn hwyr a dechrau haf?

4 Beth yw'r problemau sy'n wynebu rheolwyr basn afon mewn hinsoddau Mediteranaidd?

CWESTIWN STRWYTHUREDIG 3

Astudiwch y graffiau yn Ffigur 7.21 sy'n dangos patrymeddau llif a dyodiad dau ddalgylch afon, A a B, mewn gwahanol rannau o Brydain.

a Ar gyfer dalgylch A:

   (i) disgrifiwch y berthynas gyffredinol rhwng llif afon a dyodiad. *(2)*

   (ii) eglurwch y berthynas a ddisgrifiwyd gennych yn **a(i)**. *(2)*

b Eglurwch y newidiadau mewn llif afon yn nalgylch B rhwng Ionawr a Mai. *(4)*

c Beth yw'r gwahaniaethau tebygol rhwng y ddau ddalgylch mewn perthynas â:

   (i) ymdreiddiad *(2)*

   (ii) anwedd-drydarthiad? *(2)*

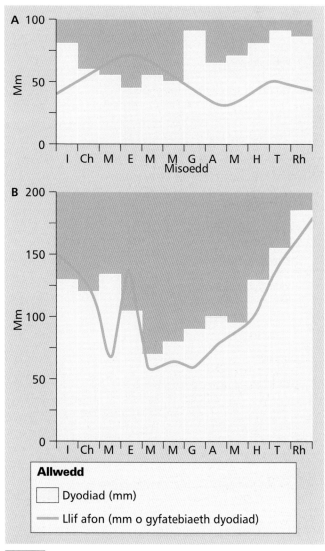

7.21 *Patrymeddau dyodiad a llif dau ddalgylch afon mewn gwahanol rannau o Brydain*

Ch Dadansoddi basn draenio

Mae rhwydweithiau afonydd yn edrych yn gymhleth iawn ar fapiau. Tra bod pob rhwydwaith afon wrth gwrs yn unigryw, mae'n bosib gweld patrymau cyffredin a rhywfaint o drefn.

Patrymau draeniad

Gellir adnabod nifer cyffredin o batrymau draeniad (gweler Ffigur 7.22). Y patrwm mwyaf cyffredin o afonydd yn y DU yw'r un **canghennog** (dendritig), sy'n edrych fel canghennau coeden. Mae'n gysylltiedig ag arweddion unffurf y basn draenio megis y creigwely a'r llethr. Tuedda'r patrymau eraill fod yn gysylltiedig ag arweddion basn penodol, er enghraifft mae draeniad **cyfochrog** yn gyffredin ar lethrau mynyddig serth iawn, tra mae draeniad **rheiddiol** yn fwy tebygol lle ceir bryn neu gromen.

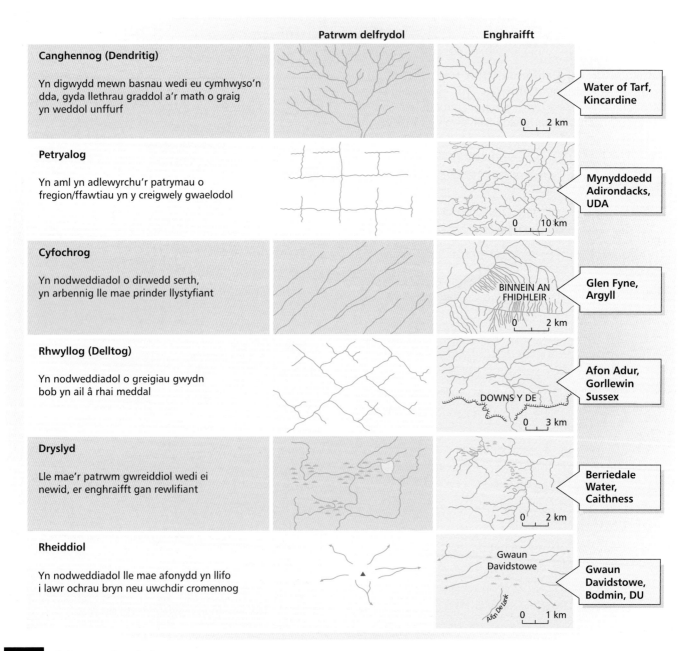

	Patrwm delfrydol	**Enghraifft**
Canghennog (Dendritig) Yn digwydd mewn basnau wedi eu cymhwyso'n dda, gyda llethrau graddol a'r math o graig yn weddol unffurf		Water of Tarf, Kincardine 0 — 2 km
Petryalog Yn aml yn adlewyrchu'r patrymau o fregion/ffawtiau yn y creigwely gwaelodol		Mynyddoedd Adirondacks, UDA 0 — 10 km
Cyfochrog Yn nodweddiadol o dirwedd serth, yn arbennig lle mae prinder llystyfiant	BINNEIN AN FHIDHLEIR	Glen Fyne, Argyll 0 — 2 km
Rhwyllog (Delltog) Yn nodweddiadol o greigiau gwydn bob yn ail â rhai meddal	DOWNS Y DE	Afon Adur, Gorllewin Sussex 0 — 3 km
Dryslyd Lle mae'r patrwm gwreiddiol wedi ei newid, er enghraifft gan rewlifiant		Berriedale Water, Caithness 0 — 2 km
Rheiddiol Yn nodweddiadol lle mae afonydd yn llifo i lawr ochrau bryn neu uwchdir cromennog		Gwaun Davidstowe, Bodmin, DU Gwaun Davidstowe · Afon De Lank · 0 — 1 km

7.22 *Patrymau draeniad*

Dwysedd draeniad

Mae dwysedd draeniad yn un o'r mesurau hawsaf i'w gymharu ac mae yn un o'r rhai pwysicaf. Diffinnir **dwysedd draeniad** basn fel cyfanswm hyd y sianelau wedi ei rannu gan arwynebedd y basn. Mynegir hyn fel 'km i'r km sgwâr' (km/km²).

Astudiwch Ffigur 7.23, sy'n cymharu gwahanol ddwyseddau. Ceir dwyseddau uchel mewn ardaloedd lle

- mae'r creigwely yn anathraidd
- mae'r priddoedd yn mynd yn ddirlawn yn rhwydd
- mae'r llethrau yn serth
- does fawr o lystyfiant na rhyng-gipiad dyodiad
- mae swm ac arddwysedd y dyodiad yn uchel.

Os oes dwysedd draeniad uchel gan fasn afon, bydd dŵr yn cyrraedd sianel yn gyflym. Yna bydd yn symud yn gyflym drwy'r basn gan gynyddu'r perygl o lifogydd. Cysylltir dwyseddau draeniad uchel hefyd ag ardaloedd sy'n profi cyfraddau cyflym o dreuliant.

Disgrifiad		Dwysedd	Daeareg	Lleoliad
Bras iawn		2.7–3.5	Sialc	De ddwyrain Lloegr
Bras		3–8	Calchfaen Carbonifferaidd	Swydd Efrog
Canolig		15–25	Igneaidd wedi'i hindreulio	California, UDA
Mân		25–40	Lafâu	Gogledd Cymru
Hynod o fân		200–900	Loess (marianbridd a chwythwyd gan y gwynt) yn y Garwdiroedd	Arizona a New Jersey, UDA

7.23 *Dwysedd draeniad*

Dadansoddiad ystadegol o rwydweithiau afon

Yn yr 1930au gwnaeth R.E. Horton, peiriannydd hydrolig, amryw o astudiaethau o rwydweithiau afon lle y darganfu bod nifer o gysylltiadau allweddol yn bodoli rhwng rhai newidynnau mesuradwy. Dadleuodd bod bodoloaeth y cysylltiadau hyn, yn awgrymu bod gan rwydweithiau afon rywfaint o drefn a rhesymeg ac nad ydynt yn llwyr ar hap. Gellid awgrymu, hwyrach, pan yr ymddengys bod trefn yn bodoli, yna bod cyflwr cydbwysedd wedi ei gyrraedd.

Graddio afonydd

Gellir cymharu rhwydweithiau yn nhermau cymhlethdod a dryswch drwy ddefnyddio'r cysyniad o **raddio afonydd**. Gellir rhoi gwerth i bob segment o'r afon, gwerth sy'n perthyn i'w 'radd' yn y rhwydwaith. Gwerth y segment afon sydd â'r radd uchaf yw **gradd y basn**. Mae'r rhan fwyaf o'r basnau afonydd yn cynnwys afonydd o'r 3edd a'r 4edd radd (mae'r un yn Ffigur 7.24 o'r 4edd radd). Fel cymhariaeth, tybir bod Mississippi yn fasn o'r 10fed radd.

Datblygwyd y system raddio a ddefnyddir fwyaf gan y daearegwr Americanaidd A.N. Strahler (gweler Ffigur 7.24). Yn ôl ei system, mae'r holl lednentydd cyntaf yn segmentau'r radd gyntaf. Pan mae dwy segment o'r radd gyntaf yn ymuno, fe ffurfiant ffrwd o'r 2il radd. Wedi hynny, bob tro mae dwy ffrwd o'r un radd yn cyfarfod, mae'r drefn yn cynyddu o un. Edrychwch ar Ffigur 7.24 i weld sut y mae hyn yn gweithio. Sylwch nad yw'r radd yn cynyddu os yw segment o radd is yn ymuno â segment o radd uwch.

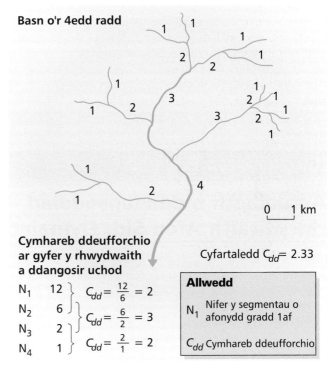

7.24 *Graddio afonydd*

Cymhareb ddeufforchio afon

Diffinnir y **gymhareb ddeufforchio** fel y gymhareb rhwng nifer y segmentau mewn gradd benodol a nifer y segmentau yn y radd uwch nesaf. Fel arfer mae'r gymhareb ddeufforchio rhwng 3.0 a 5.0. Os yw cymarebau basn benodol yn debyg, mae'n awgrymu bod gan y basn draenio nodweddion unffurf. Mae ymchwil yn awgrymu bod basnau â chymhareb ddeufforchio isel yn fwy tueddol i orlifo na'r rhai â chymhareb uchel. Astudiwch Ffigur 7.24 i weld sut y cyfrifir cymarebau deufforchio.

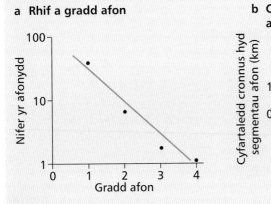

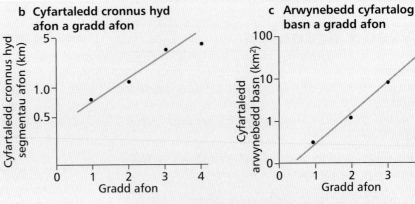

a **Rhif a gradd afon**

b **Cyfartaledd cronnus hyd afon a gradd afon**

c **Arwynebedd cyfartalog basn a gradd afon**

7.25 *Perthnasoedd gradd afon*

Perthnasoedd gradd afon

Cymharodd Horton gradd afon â nifer o agweddau eraill basnau draenio. Darganfu fod perthnasoedd pendant yn aml i'w cael. Dangosir rhai o'r rhain yn Ffigur 7.25.

Un o rinweddau dadansoddi rhwydwaith yw y gellir gwneud rhywfaint o ymchwil heb orfod mynd allan i'r maes. Wedi dod ar draws rhywbeth o ddiddordeb, er enghraifft bod llawer mwy o afonydd o'r radd 1af nag a ddisgwylid, ceir ffocws clir i barhau â'r ymchwil ymhellach (yn cynnwys gwaith maes). Fe allai, er enghraifft, fod y nifer mawr o afonydd yn ganlyniad datgoedwigo neu bod y priddoedd yn mynd yn ddirlawn yn rhwydd.

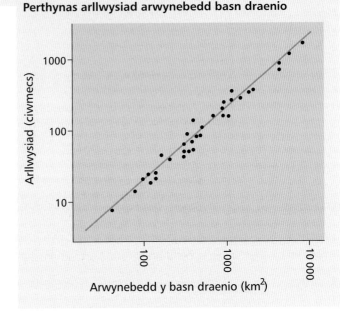

Perthynas arllwysiad arwynebedd basn draenio

Gweithgaredd Estynedig

Astudiaeth o ddadansoddiad rhwydwaith Afon Sid, Dyfnaint

Mae Afon Sid yn Ne Dyfnaint yn gorwedd mewn basn gweddol gryno ac yn draenio tir sy'n goleddu'n raddol o'r gogledd i'r de (Ffigur 7.26). Mae'r graig yn bennaf o Farl Keuper o'r gorgyfnod Triasig: mae hwn yn cynnwys cerrig llaid a thywodfeini siltiog ac mae fel arfer yn anathraidd.

Yn y gweithgaredd hwn byddwch yn gwneud eich dadansoddiad eich hun o ran o rwydwaith draenio Afon Sid. Bydd arnoch angen copi o Ffigur 7.27 ar gyfer cofnodi eich canlyniadau.

1 A yw Afon Sid yn cydymffurfio â deddf nifer afonydd Horton?

   a Graddiwch yr afonydd yn y rhwydwaith.

   b Adiwch gyfanswm y segmentau afon ar gyfer pob gradd a chyfrifwch y cymarebau deufforchio. Rhowch sylwadau ar eich canlyniadau.

   c Plotiwch nifer y segmentau afon (echelin *y*) yn erbyn gradd yr afon (echelin *x*) ar bapur lled-logarithmig (tudalen 402).

   ch Defnyddiwch bren mesur i weld pa mor agos i linell syth y mae'r pwyntiau. Sylwch fod tri o'r gwerthoedd yn

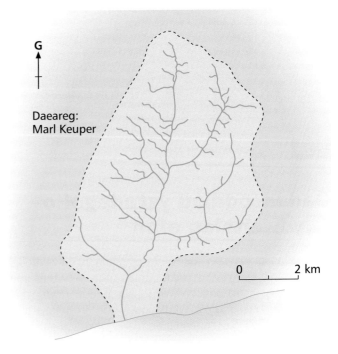

7.26 *Basn draenio Afon Sid, De Dyfnaint*

Gradd	Nifer y segmentau	Cymhareb ddeufforchio	Cyfanswm hyd yr afonydd (km)	Hyd cyfartalog yr afonydd (km)	Cyfartaledd cronnus hydoedd afon (km)
1					
2					
3					
4					

7.27 *Dadansoddi rhwydwaith afon*

ffurfio llinell syth sydd bron yn berffaith. Defnyddiwch y pwyntiau hyn i'ch helpu i lunio a labelu llinell ffit orau. Mae'r pwynt ar gyfer segmentau afon gradd 1af yn gorwedd rhywfaint oddi wrth y llinell ffit orau. Labelwch hyn fel anomaledd.

d A yw'r patrwm cyffredinol yn cefnogi neu yn gwrthod deddf Horton ar niferoedd afonydd?

dd Pam yn eich barn chi y ceir cymaint o afonydd gradd 1af? Defnyddiwch eich llinell ffit orau i awgrymu faint y byddech yn ei ddisgwyl. Ceisiwch awgrymu sut y gall y ffactorau canlynol egluro'r anomaledd hwn:

- math y graig
- graddiant
- newidiadau mewn defnydd tir.

2 A yw Afon Sid yn cydymffurfio â deddf Horton ar hydoedd afonydd?

a Adiwch gyfanswm hyd segmentau pob gradd. Bydd hyn yn cymryd amser a bydd angen i chi wneud yn siŵr

eich bod yn penderfynu hyd yr holl segmentau heb ailadrodd yr un!

b Cyfrifwch gyfartaledd hyd ar gyfer pob segment gradd. Adiwch bob cyfartaledd hyd olynol er mwyn cael cyfartaledd cronnus yr hydoedd. Byddwch yn plotio y gwerth hwn ar eich graff.

c Plotiwch gyfartaledd cronnus yr hydoedd afon (echelin *y*) yn erbyn gradd afon (echelin *x*) ar bapur lled-logarithmig (tudalen 402).

ch Defnyddiwch bren mesur i awgrymu llinell ffit orau. Peidiwch â synnu os yw gwerth yr hydoedd gradd 1af yn ymddangos fel anomaledd, o gofio yr hyn a ddarganfyddwyd gennych yn gynharach. Labelwch y llinell ffit orau ac enwch unrhyw anomaleddau.

d A yw'r patrwm cyfan yn cefnogi neu yn gwrthod deddf Horton ar gyfartaledd cronnus hydoedd afon?

dd Rhowch eich barn ar fodolaeth unrhyw anomaleddau y gwnaethoch eu hadnabod.

D Prosesau sianel afon

Mae gan ddŵr mewn sianel afon rywfaint o **egni**. Mae ar ei uchaf pan y ceir swm mawr (màs) o ddŵr a phan y ceir graddiant serth.

Defnyddir y rhan fwyaf o egni afon i wrthsefyll ffrithiant gyda'r gwely a'r glannau. Mae ffrithiant yn aml yn uchel yn rhannau uchaf afon lle gall creigiau mawr ymwthio i lif yr afon. Achosant gryn **dyrfedd** sy'n cael ei arddangos fel dŵr gwyn dramatig a cheryntau trolif chwyrlïog (gweler Ffigur 7.28). Ar yr olwg gyntaf gall y llif ymddangos fel dŵr sy'n symud yn gyflym, ond mewn gwirionedd, yr hyn ydyw yw dŵr sydd wedi profi ymyrraeth fawr ac sy'n symud i lawr y sianel yn weddol araf.

Sut y trawsgludir gwaddod?

Wedi goresgyn ffrithiant, defnyddir yr egni wedyn i gludo gwaddod. Cyfeirir at allu afon i gludo (trawsgludo) gwaddod fel **cymhwyster.** Gelwir y defnydd a gludir gan afon yn **llwyth**. Ceir tri math o lwyth:

1 **Llwyth mewn hydoddiant** Mae hwn yn golygu cludo yn anweledig gemegion wedi eu hydoddi yn y dŵr. Mae'n arbennig o arwyddocaol os yw'r dŵr wedi llifo dros (neu drwy) galchfaen neu sialc.

2 **Llwyth crog** Gwaddod yw hwn sydd wedi ei gorddi gan y dŵr ac yna ei chwyrlïo i fyny gan y llif. Dyma'r prif fath o drawsgludo gwaddod ac mae'n egluro pam y mae'r rhan fwyaf o afonydd yn edrych yn fwdlyd neu yn gymylog.

3 **Llwyth gwely** Gall y defnydd sy'n rhy drwm i'w gludo'n grog gael ei rowlio (**tyniant**) neu sboncio (**neidiant**) ar hyd gwely'r afon.

Mae swm a math y gwaddod yn dibynnu ar nifer o ffactorau:

- **Natur y gwely a'r glannau** A yw'r afon yn llifo dros waddodion rhydd neu a yw'n cerfio sianel drwy graig solet? A yw'r afon yn llifo dros sialc neu galchfaen?

- **Llif yr afon** A yw'r afon yn llifo yn gyflym neu yn araf? A yw ei llif yn gyson neu a yw yn amrywio yn fawr?

- **Ymyrraeth ddynol** A godwyd argae a allai drapio gwaddod, neu a yw'r sianel wedi'i charthu neu wedi'i leinio â choncrit?

Beth yw prosesau erydiad?

Defnyddir unrhyw egni sy'n weddill gan yr afon i erydu. Erydiad yw codi'r defnyddiau a'u cludo ymaith. Mae'n bosib adnabod tair prif broses erydu mewn sianel afon:

1 **Cyrathiad** Dyma lle mae gronynnau craig a gludir gan yr afon yn treulio'r gwely a'r glannau. Dyma'r math mwyaf sylweddol o erydiad yn y rhan fwyaf o afonydd.

2 **Gweithred hydrolig** Dyma llwyr rym y dŵr wrth iddo gwympo ar y gwely neu yn erbyn y glannau. Mae'n arbennig o arwyddocaol mewn rhaeadrau a geirw neu yn ystod llifogydd. Gall swigod aer ffrwydro (yn fanwl gywir maent yn mewnffrwydro) mewn ardaloedd o gynnwrf mawr (Ffigur 7.28) gan anfon allan siocdonnau a allai gynyddu erydiad. Gelwir hyn yn **geudodi**.

3 **Hydoddiant** Mae dŵr yn cynnwys carbon deuocsid hydoddedig o'r aer a gall hwn adweithio â chalchfaen a sialc, gan achosi iddynt hydoddi.

Wrth i'r gronynnau gael eu cludo i lawr yr afon, maent yn taro a rhwbio yn erbyn ei gilydd. Gelwir y broses hon yn **athreuliad**. Mae'n achosi i'r gronynnau fynd yn gynyddol grwn a llai mewn maint gyda phellter cynyddol i lawr yr afon (gweler Ffigur 7.29).

7.28 *Tyrfedd dŵr gwyn mewn afon yn yr uwchdir*

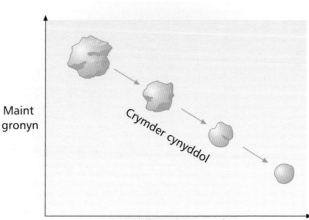

Maint gronyn

Crymder cynyddol

Pellter i lawr yr afon

7.29 *Effaith athreuliad ar faint a ffurf gronyn*

Pa bryd y mae dyddodiad yn digwydd?

Mae dyddodiad yn digwydd ar hyd cwrs afon ble bynnag y mae cyflymder y llif yn gostwng fel na all y gronynnau gael eu cludo mwyach. Gall hyn ddigwydd ar dro mewnol ystum afon, ar wely'r afon neu'n agos at ei glannau lle mae ffrithiant ar ei uchaf, neu lle mae'r afon yn cyrraedd y môr neu lyn a'i llif yn cael ei atal.

Beth sy'n rheoli prosesau afon?

Y prif ffactor sy'n rheoli trawsgludiad, erydiad a dyddodiad yw cyflymder neu **fuanedd** afon. Astudiwch Ffigur 7.30. Graff ydyw sy'n dangos y berthynas rhwng buanedd a maint gronynnau. Fe'i gelwir yn **gromlin Hjulstrom** ac mae'n ganlyniad ymchwil a wnaethpwyd yn 1935. Sylwch fod y graff wedi cael ei isrannu i dri math o brosesau.

Chwiliwch am y llinell **cyflymder erydiad critigol**. Hwn yw'r cyflymder sydd ei angen i godi gronyn o faint penodol. Gelwir y broses o godi'r gronynnau yn **llusgiant**. Yn gyffredinol, po fwyaf yw'r gronyn, mwya'r cyflymder sydd ei angen i'w godi. Y prif eithriad i'r rheol yw'r gronynnau maint clai mân iawn sydd angen cyflymderau syndod o uchel i'w llusgo. Mae hyn oherwydd eu tuedd i lynu wrth ei gilydd: dychmygwch geisio gwahanu gronynnau unigol bychain oddi wrth màs o glai gwlyb!

Fel mae'r graff yn dangos, y gronynnau sydd angen y cyflymder lleiaf i symud yw'r gronynnau maint tywod. Mae hyn yn egluro pam fod y sianelau mewn defnydd tywodlyd yn aml yn fawr ac yn newid eu ffurf yn aml. Sylwch fod proses erydu yn gweithredu uwchben y llinell cyflymder erydiad critigol.

Y llinell arall ar y graff yw **cyflymder dyddodiad critigol**. Mae hwn yn llawer mwy rhesymegol ac uniongyrchol: mae'n dangos fel y mae gronynnau llai a llai yn cael eu gollwng wrth i gyflymder ostwng. Mae'r ardal ar y graff islaw y llinell hon yn dangos pa bryd y mae dyddodiad yn digwydd.

Y rheswm am y bwlch rhwng y ddwy linell yw bod gan gorff o ddŵr allu i ddal a chadw'r gronynnau yn grog (fel y gwyddoch os ydych yn nofio), hyd yn oed os yw'r cyflymder yn disgyn yn is na'r hyn sydd ei angen i'w codi yn y lle cyntaf. Sylwch fod y man ar y graff rhwng y ddwy linell gritigol yn cynrychioli'r broses o drawsgludo.

Sut mae cyflymder yn newid gyda phellter i lawr yr afon?

Dim ots pa mor gyflym mae llif yr afon yn ymddangos yn ei dyfroedd uchaf (Ffigur 7.28), na pha mor araf mae'n ymddangos yn ei hestyniad isaf, mae mesuriadau yn datgelu cynnydd mewn cyflymder gyda phellter i lawr yr afon (Ffigur 7.31). Ceir nifer o resymau am hyn:

- mae cyfaint y dŵr yn fwy wrth i'r llednentydd ymuno â'r prif afon
- mae 'garwedd' y sianel yn lleihau wrth i silt gymryd lle cerigos a chlogfeini ar wely'r afon; mae hyn yn arwain at lai o dyrfedd a llif cyflymach heb unrhyw ymyrraeth
- mae'r sianel yn tueddu i fabwysiadu proffil mwy effeithiol – defnyddir y term **radiws hydrolig** i fesur effeithlonrwydd (gweler y blwch ar y tudalen nesaf).

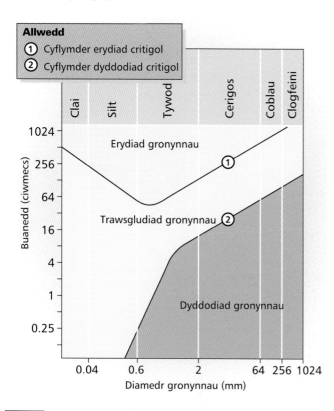

7.30 *Cromlin Hjulstrom*

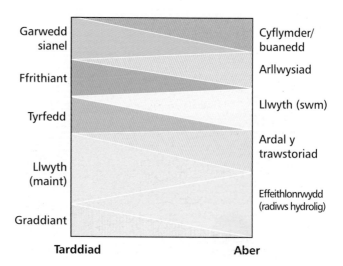

7.31 *Tueddiadau yn hydbroffil afon*

YMARFERION

1 Beth sy'n penderfynu egni afon, a sut mae'n cael ei ddefnyddio?

2 **a** O safbwnt pob un o'r tri ffactor sy'n effeithio ar dawsgludiad gwaddod (tudalen 240), awgrymwch sut y bydd yn effeithio math a swm y trawsgludiad.

b Ceisiwch enwi dau ffactor arall ac eglurwch eu rhan.

3 O safbwynt pob proses erydiad (tudalen 240), disgrifiwch ei gweithgaredd ac awgrymwch ffactorau sy'n debyg o'i gwneud yn fwy effeithiol.

4 Astudiwch gromlin Hjulstrom (Ffigur 7.30).

a Disgrifiwch y llinell cyflymder erydiad critigol.

b Pam fod angen cyflymder uchel i ronynnau clai gael eu llusgo?

c Disgrifiwch y llinell cyflymder dyddodiad critigol.

ch Rhwng pa gyflymderau y bydd cerigos yn cael eu dyddodi?

d Rhwng pa gyflymderau y bydd clogfeini yn cael eu trawsgludo?

dd Beth yw arwyddocâd y ffaith mai tywod yw'r gronyn hawsaf o ran maint i'w erydu?

Radiws hydrolig

- Mesuriad o effeithlonrwydd afon yw radiws hydrolig. Fe'i cyfrifir fel:

$$\frac{\text{arwynebedd y trawstoriad (m}^2)}{\text{perimedr gwlyb (m)*}}$$

  * perimedr gwlyb yw llinell gyswllt rhwng y dŵr a'r sianel.

- Mae'r radiws hydrolig yn mynegi'r colledion egni sy'n deillio o drechu ffrithiant ar wely a glannau'r afon.

- Mae gwerthoedd uchel yn dynodi effeithlonrwydd uchel, a'r sianel yn agosáu at ffurf hanner crwn.

- Mae gwerthoedd isel yn dynodi effeithlonrwydd isel lle gall y sianel yn aml fod yn llydan ond bas.

- Mae radiws hydrolig yn dueddol o gynyddu gyda phellter i lawr yr afon, yn bennaf oherwydd cynnydd yn yr arllwysiad.

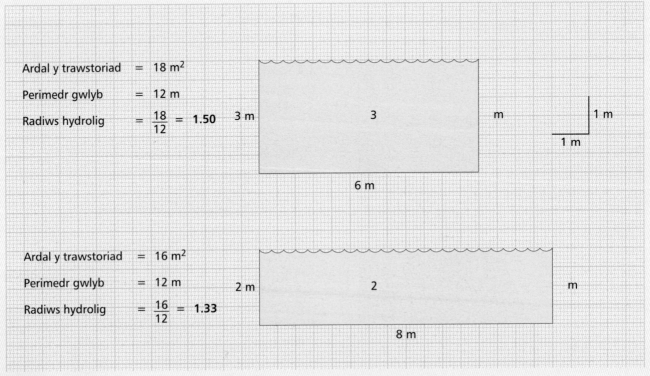

Ardal y trawstoriad = 18 m²

Perimedr gwlyb = 12 m

Radiws hydrolig = $\frac{18}{12}$ = **1.50**

3 m   3   m   1 m   1 m   6 m

Ardal y trawstoriad = 16 m²

Perimedr gwlyb = 12 m

Radiws hydrolig = $\frac{16}{12}$ = **1.33**

2 m   2   m   8 m

7.32 *Radiws hydrolig*

CWESTIWN STRWYTHUREDIG 1

Astudiwch Ffigur 7.33, sy'n dangos y berthynas rhwng gwaddodion afon (ffurf) a phellter o'r tarddiad, o safbwynt iseldir Prydain.

a **(i)** Copïwch a chwblhewch Ffigur 7.34 drwy blotio'r data a roddir yn y tabl. *(3)*

(ii) Lluniwch y llinell ffit orau ar eich copi o Ffigur 7.34. *(1)*

b **(i)** Disgrifiwch y berthynas rhwng y llinellau ffit gorau a ddangosir ar Ffigurau 7.33 a 7.34. *(2)*

(ii) Eglurwch y newid ym maint gronyn gyda phellter cynyddol o darddiad afon. *(2)*

(iii) Eglurwch y newid yng nghrymedd y gronyn gyda phellter cynyddol o darddiad afon. *(2)*

c Gan gyfeirio at lwyth afon:

(i) nodwch *dair* ffordd y mae defnyddiau'n cael eu trawsgludo *(3)*

(ii) eglurwch sut y gall cyfansoddiad y graig ddylanwadu ar ffurf a chyflymder y trawsgludo. *(3)*

ch Awgrymwch sut y gallai gweithgaredd dynol ychwanegu at lwyth yr afon. *(3)*

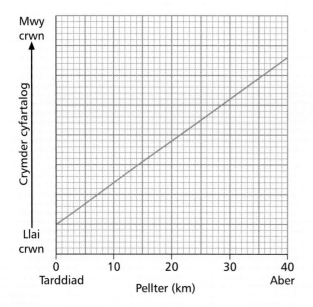

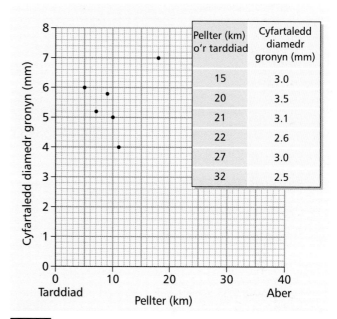

Pellter (km) o'r tarddiad	Cyfartaledd diamedr gronyn (mm)
15	3.0
20	3.5
21	3.1
22	2.6
27	3.0
32	2.5

7.33 *Y berthynas rhwng maint gronynnau mewn afon a'i phellter o'i tharddiad*

7.34 *Maint gronynnau a phellter o darddiad afon*

CWESTIWN STRWYTHUREDIG 2

Astudiwch y wybodaeth yn Ffigurau 7.35a, b ac c ar y tudalen nesaf. Mae'r map (a) yn dangos dau fasn afon cyfagos mewn ardal o uwchdir yng ngogledd Lloegr. Mae tabl (b) yn cynnwys gwybodaeth am drawsgludo gwaddod, a tabl (c) yn cyflwyno darlleniadau gwaith maes i bedwar safle ar hyd cwrs y brif sianel ym masn A.

Defnyddir basn A ar gyfer pori gwartheg a defaid, tra bod basn B yn rhannol ar gyfer porfa ddefaid ac mae'n cynnwys cronfa ddŵr.

a **(i)** Disgrifiwch *ddau* gyferbyniad rhwng dosbarthiadau maint gronynnau llwyth y gwely yn safle A a B a ddangosir yn nhabl (b). *(2)*

(ii) Awgrymwch resymau am y cyferbyniadau y sylwoch arnynt. *(2)*

b Gan ddefnyddio tystiolaeth o fap (a), nodwch *un* rheswm posibl dros y gwahaniaethau ym mhatrymau'r llwyth crog yn safleoedd A a B yn nhabl (b). *(2)*

c **(i)** Cyfrifwch y gwerthoedd radiws hydrolig sydd ar goll yn nhabl (c) [*gweler y blwch gyferbyn*]. *(1)*

(ii) Beth yw ystyr ac arwyddocâd y newid mewn radiws hydrolig i lawr yr afon o bwynt mesur 1 at bwynt mesur 4 yn nhabl (c)? *(2)*

ch Nodwch *ddau* reswm tebygol pam fod cyfartaledd cyflymder yn cynyddu i lawr yr afon yn nhabl (c). *(2)*

a

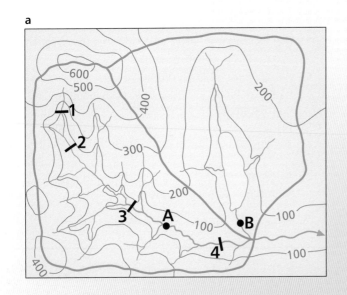

Allwedd

——— Cyfuchliniau (metrau)

——— Gwahanfa ddŵr

Sianelau afon gyda phwyntiau samplu
1 i 4 (gweler tabl c)

0 _____ 1 km

b Data gwaddod a gasglwyd yn safleoedd A a B

Maint gronynnau	Safle A		Safle B	
	Llwyth gwely	Llwyth crog	Llwyth gwely	Llwyth crog
Cerigos (> 4 mm)	45%	0	10%	0
Graean (2–4 mm)	30%	0	15%	0
Tywod (0.1–2 mm)	20%	30%	35%	0
Silt (0.004–0.1 mm)	5%	50%	30%	30%
Clai (< 0.004 mm)	0	20%	10%	70%

Cymerwyd y darlleniadau ar ddiwrnod o lif cyfartalog ym Mawrth 1977.

c Data sianel ar gyfer pwyntiau 1, 2, 3 a 4 ar y prif sianel ym masn A

Pwynt mesur	Arwynebedd trawstoriad ($ll \times d$) mewn m^2	Perimedr gwlyb* (m)	Radiws hydrolig (m)	Cyfartaledd cyflymder dŵr (m/eiliad)
1	0 .1	1.5	1	.2
2	1 .6	4.2	0.38	1.3
3	4 .8	6.8	1	.6
4	10.4	10.0	1.04	1.8

Cymerwyd y darlleniadau ar un diwrnod o lif cyfartalog.
*Mesurwyd y perimedr gwlyb drwy osod tâp mesur ar draws gwely'r
afon o lefel y dŵr ar un ochr at lefel y dŵr ar yr ochr arall

7.35 *Trawsgludiad gwaddod mewn dau fasn afon cyfagos yn uwchdir gogledd Lloegr*

Dd Tirffurfiau afon

Wrth i ddŵr lifo mewn afonydd, mae'n cynhyrchu nifer o dirffurfiau nodedig o fewn y sianel weithredol yn ogystal â thu allan iddi. Mae'n debyg mai tirffurfiau afon yw'r arweddion ffisegol mwyaf eang ar arwyneb y Ddaear ac mae afonydd yn gyfrifol am gerflunio llawer o'n tirwedd.

Ceubwll

Ceubwll yw pant crwn ar wely'r afon wedi ei gerfio allan o graig solet. Mae'n cael ei ffurfio gan fath o weithred drilio wrth i gerigos gael eu dal mewn ceryntau trolif ac yna'n cael eu chwyrlïo o gwmpas mewn crac neu dwll bychan naturiol. Gydag amser, mae'r drilio yn ehangu'r twll i ffurfio ceubwll sy'n gallu bod lawer centimetr o ran hyd a lled. Mae ceubyllau yn gyffredin islaw rhaeadrau neu eirw, lle mae'r weithred hydrolig yn broses arwyddocaol.

Rhaeadr

Mae **rhaeadr** yn gam sydyn yn hydbroffil afon. Yn aml mae'n ganlyniad band gwytnach o graig yn torri ar draws y dyffryn (gweler Ffigur 7.36). Mae'n methu erydu'r graig ar yr un gyfradd â'r creigiau cyfagos, felly mae gris yn ffurfio a'r canlyniad yw rhaeadr. Dros amser, mae'r afon yn torri yn ôl i mewn i'r graig wydn gan achosi'r rhaeadr i encilio i fyny'r dyffryn i ffurfio **ceunant** cul, serthochrog. Un o raeadrau enwocaf y DU yw High Force ar Afon Tees (gweler y *blwch* ar y dudalen nesaf).

Pan mae creigiau o wydnwch amrywiol yn torri ar draws y dyffryn, gall cyfres o risiau bychain ffurfio **geirw**. Cysylltir geirw â dŵr hynod o dyrfol.

Dyffrynnoedd afon

Yn aml dywedir bod proffil dyffrynnoedd afon ar ffurf V. Mae Ffigur 7.37 yn egluro'r rhesymeg y tu ôl i hyn. Wrth i afon dorri i lawr yn fertigol i'w gwely, mae waliau ochr y dyffryn yn dod yn ddiraddedig drwy hindreuliad a màs-symudiad, fel bod y dyffryn ei hun yn mabwysiadu proffil ar ffurf V.

Mae'n sicr yn wir bod nifer o ddyffrynnoedd afon yn arddangos y math hwn o broffil, ond ni ddylid anghofio y rhan mae daeareg yn ei chwarae. Rydym yn barod wedi gweld y gall ceunentydd serthochrog gael eu ffurfio pan mae rhaeadrau yn torri'n ôl i graig wydn. Edrychwch ar y *blwch* ar dudalen 247 i weld sut y mae daeareg yn ddylanwad allweddol yn ffurfiant ac yn ffurf un o ddyffrynnoedd afon mwyaf adnabyddus UDA.

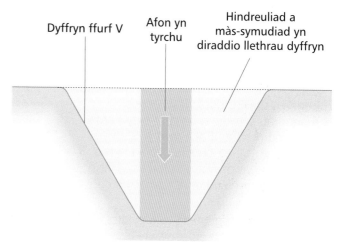

7.37 *Dyffryn afon yn cael ei ffurfio*

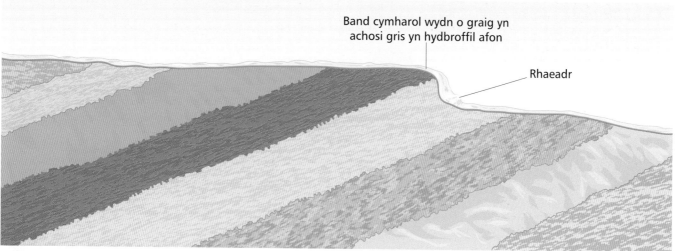

7.36 *Rhaeadr yn cael ei ffurfio*

Rhaeadr High Force, Afon Tees

Yn High Force, mae Afon Tees yn disgyn yn un llen ryw 20 m i'r pwll chwyrlïol islaw. Yn draenio o'r Pennines a orchuddiwyd gan fawn, mae'r dŵr yn frown tywyll o ran lliw oherwydd y cynnwys uchel o asidau a dynnir o'r mawn. Ond wrth ddisgyn dros y cwymp mae'n ffrwydro fel plu ewynnog gwyn, mewn gwrthgyferbyniad i'r bandiau tywyll o graig yn fframio'r olygfa; fe gymharwyd y dyfroedd ewynnog i gwrw llwyd! Gellir gweld dau fath o graig wrth y cwymp. Mae'r un isaf o haenau llorweddol ac mae'n ffurfio rhan o'r calchfaen Carbonifferaidd. Ceir bregion fertigol yn y set uchaf o greigiau tywyll eu lliw ac mae'n llawer dwysach a chaletach na'r calchfeini gwaelodol. Yn wir, mae'n frig o graig igneaidd (dolerit). Mae'r band gwydn o ddolerit yn gwrthsefyll erydiad yn effeithiol, ac felly mae'n egluro bodolaeth y rhaeadr, gan na all yr afon erydu hwn mor rhwydd â'r calchfaen. Lle nad oes dolerit, mae'r dyffryn yn lledaenu ac nid oes rhaeadrau, ond mae bandiau eraill o ddolerit yn achosi rhaeadrau ychydig o bellter i fyny'r afon yn Cauldron Snout ac i lawr yr afon yn Low Force. Mae'r bandiau caled hyn o graig, felly, yn rhwystro'r afon rhag dilyn proffil llyfn ar oledd drwy'r ardal wledig o'r tarddiad i'r aber.

Yr haen o graig igneaidd sy'n gyfrifol am fodolaeth y dyffryn cul a'i lawr wedi ei daenu â chlogfeini i lawr yr afon o'r cwymp. Wrth i'r afon blymio dros y rhaeadr, ymhen amser, mae'r creigiau Carbonifferaidd meddalach wrth droed y cwymp, wedi eu cafnu oddi tan yr haen galed o ddolerit. Mae'r dolerit sy'n llawn bregion, yn awr wedi ei danseilio, yna yn cwympo, gan lenwi'r dyffryn â malurion sy'n cael eu llyfnhau yn glogfeini gan weithred y dŵr yn llifo dros eu harwyneb. Mae cwympo cynyddol y dolerit yn arwain at enciliad y rhaeadr i fyny'r afon, gan adael i'r dyffryn cul ffurf ceunant dorri drwy'r dolerit. Mae ffurf y dyffryn hwn yn wahanol iawn i'r un 1.5 km i lawr yr afon lle nad yw'r band o ddolerit i'w gael.

Ffynhonnell: A. Goudie (1985) Discovering Landscape in England and Wales, Allen & Unwin

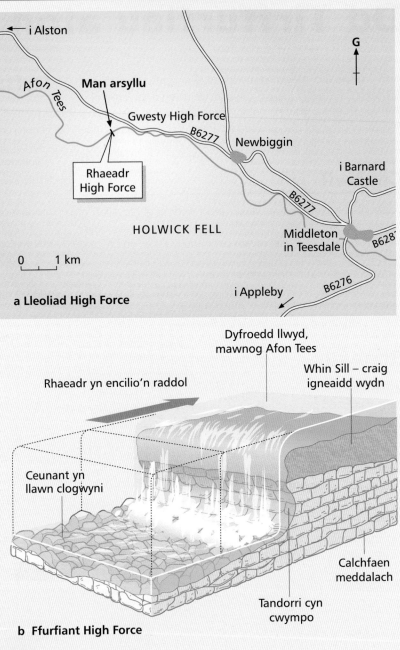

a **Lleoliad High Force**

b **Ffurfiant High Force**

7.38 *High Force, Teesdale*

YMARFER

Defnyddiwch y wybodaeth yn y blwch hwn i wneud astudiaeth achos o raeadr High Force.

a Disgrifiwch yr arwedd ei hun ac eglurwch sut y cafodd ei ffurfio.

b Trafodwch y rhan y mae'r math o graig yn ei chwarae yn ffurfiant rhaeadrau.

c Pa effaith a gafodd y rhaeadr ar brosesau'r afon?

ch Sut y gall nodweddion y rhaeadr newid dros amser?

Grand Canyon, Arizona, UDA

Mae'r Grand Canyon, yng ngogledd orllewin Arizona, yn un o'r dyffrynnoedd afon mwyaf dramatig yn y byd. Yn ei fan dyfnaf, sef 1829 m (ymhell dros filltir) o'i ymyl hyd at yr afon, mae hyd at 29 km o led.

Mae'r dyffryn afon sy'n ffurfio'r Grand Canyon (Ffigur 7.39) yn arwedd erydol a ffurfiwyd gan Afon Colorado, sy'n gyfrifol am ddyfnder y canion. O'r un pwysigrwydd y mae'r grymoedd erydiad sydd wedi rhoi ffurf iddo ac yn dal i'w ffurfio heddiw – yn bennaf dŵr rhedegog sy'n deillio o law, eira tawdd a llednentydd, ac sy'n dod i mewn i'r canion drwy gydol ei hyd. Mae hinsawdd y Grand Canyon yn cael ei ddosbarthu fel un lled-gras, ond pan ddaw'r glaw, fe ddisgyn yn sydyn, mewn stormydd ffyrnig, yn arbennig yn niwedd haf, ac mae grym erydiad o ganlyniad yn amlycach yma nag mewn mannau sy'n derbyn mwy o law.

Mae ffurf nodedig y Grand Canyon yn deillio o'r ffaith fod pob un o'r gwahanol haenau o graig yn waliau'r canion yn ymateb i erydiad mewn gwahanol ffyrdd: mae rhai yn ffurfio clogwyni a rhai yn erydu yn gyflymach nag eraill. Mae lliwiau llachar llawer o'r haenau hyn yn deillio yn bennaf o niferoedd bychain o amrywiol fwynau, y rhan fwyaf yn cynnwys haearn, sy'n rhoi arlliwiau ysgafn o goch, melyn neu wyrdd i waliau'r canion.

Detholiad o 'A quick look at Grand Canyon', Parc Cenedlaethol Grand Canyon

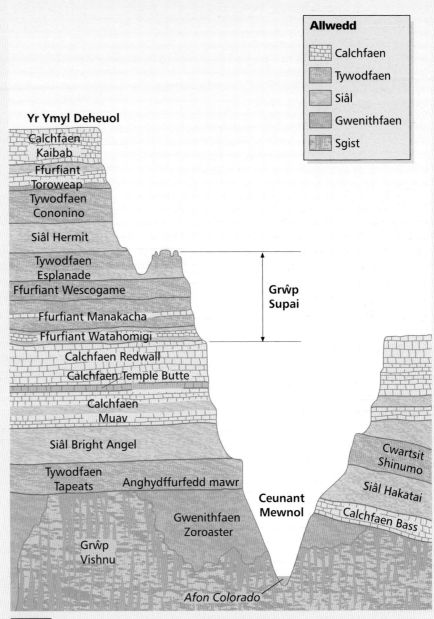

Allwedd

- Calchfaen
- Tywodfaen
- Siâl
- Gwenithfaen
- Sgist

7.39 *Trawstoriad drwy Grand Canyon, Arizona, UDA*

YMARFERION

1 Astudiwch Ffigur 7.39.

a Disgrifiwch ffurf y canion.

b Edrychwch ar yr amlygiadau calchfaen ar ochrau'r dyffryn. A ydynt yn cynhyrchu clogwyni serth neu lethrau graddol? Ceisiwch esbonio eich ateb.

c Pa fath o graig sy'n gyson yn cynhyrchu llethrau cymharol raddol ar ochrau'r dyffryn? Awgrymwch resymau dros eich ateb.

ch Mae rhan fwyaf o'r gwelyau craig yn rhai llorweddol. A dybiwch fod hyn wedi effeithio ar broffil ochrau'r canion mewn unrhyw ffordd?

d Pam yn eich barn chi fod y dyffryn ar waelod y Grand Canyon (y Ceunant Mewnol) yn gulach na'r Grand Canyon yn uwch i fyny?

2 Sut y mae hinsawdd yr ardal wedi hybu ffurfiant y canion?

Ystumiau afon

Mae'n debyg mai **ystumiau** yw arweddion mwyaf cyffredin afon. Gwelir eu troadau ysgubol ledled cwrs afon, er tueddant i fod amlycaf ar y gorlifdiroedd gwastad i ffwrdd o'r mynyddoedd. Mae ystumiau wedi bod ers tro yn un o'r arweddion daearyddol mwyaf dadleuol ac mae'r ddadl yn parhau ynglŷn â sut y cânt eu ffurfio (gweler y *blwch* isod).

Dadl fawr ystumiau afon!

Un o'r cwestiynau a ofynnir amlaf gan ddaearyddwyr yw 'Beth sy'n achosi ystumiau afon?' Nid oes ateb syml i'r cwestiwn hwn (sy'n egluro amlder y gofyn) ond, fel daearyddwr Safon Uwch, mae'n werth gwario rhywfaint o amser yn ystyried y materion sydd ymhlyg yn y cwestiwn.

I ddechrau, y ffurf fwyaf cyffredin ar sianel afon yw ystumiau. Maent yn digwydd ym mhob amgylchedd yn cynnwys arwyneb rhewlifau. Y ffurfiau sianel eraill (megis plethog a syth) sydd yn brin ac sy'n ymddangos yn gysylltiedig yn fwy uniongyrchol â ffactorau achosol. Mae plethu yn nodweddiadol o welyau tywodlyd/graeanog ac arllwysiadau afreolaidd, tra bod sianelau syth yn tueddu i ddilyn gwendidau strwythurol megis bregion a ffawtiau. Hwyrach, felly, y byddai'n fwy addas i ofyn 'Beth sy'n achosi sianel afon i fod yn blethog neu yn syth?', yn hytrach na'r hyn sy'n achosi iddi ystumio.

Gwnaethpwyd nifer o astudiaethau ar ystumiau afon yn y maes ac yn y labordy. Er nad oes consensws ar sut y ffurfir ystumiau ac nad oes unrhyw ffactor unigol yn cael ei gydnabod fel y prif achos, trafodwyd rhai ffactorau a chysylltiadau diddorol.

- Mae sianelau afon sy'n ystumio yn aml yn arddangos patrwm eglur o fasddyfroedd (a elwir yn **rifflau**) a dyfnddyfroedd (a elwir yn **byllau**). Dangosodd arbrofion labordy fod yr arweddion hyn yn ffurfio mewn sianelau syth, a'u bod, wrth ddatblygu, yn achosi i lif y dŵr ddechrau ysgwyd o ochr i ochr, ac felly gychwyn ystumio. Fodd bynnag, braidd yn ffug yw arbrofion labordy a does dim tystiolaeth o gwbl i awgrymu bod pob sianel afon, ar un adeg, wedi bod yn syth a'u bod wedyn wedi ystumio. Does fawr o amheuaeth nad yw rifflau a phyllau wedi chwarae eu rhan yn *natblygiad* ystumiau, ac yn penderfynu taith y thalweg, ond nid oes unrhyw brawf eu bod yn gyfrifol mewn unrhyw ffordd am *gychwyn* ystumiau yn y lle cyntaf.

- Mae llif dŵr mewn afon sy'n ystumio yn hynod gymhleth. Mae ffrithiant yn ymyrryd â llif y dŵr ar y gwely a'r glannau ac mae hyn, yn ei dro, yn ymyrryd â llif y dŵr mewn mannau eraill yn y sianel. Mae ymchwil wedi dangos bodolaeth llif troellog ar ffurf corcsgriw a elwir yn **llif helicoidol** sydd heb amheuaeth yn gysylltiedig â datblygiad ystumiau. Fodd bynnag, mae'r cwestiwn yn aros – ai canlyniad llif helicoidol yw ystumio, neu a achosir llif helicoidol gan ystumio?

- Mae tystiolaeth maes wedi cysylltu ystumiau afon â graddiannau graddol, gwaddodion mân ac arllwysiadau cyson (gweler Ffigur 7.40). Tra y gellir yn hawdd gysylltu'r amodau amgylcheddol hyn ag afonydd sy'n ystumio, fe geir eithriadau, megis

ystumiau sydd yn digwydd ar arwyneb rhewlifau lle nad oes unrhyw waddod ac mae'r arllwysiadau ymhell o fod yn rhai rheolaidd.

Gan ddychwelyd at y cwestiwn, 'Beth sy'n achosi ystumiau afon?' yr ateb syml yw nad oes neb yn gwybod. Fodd bynnag, hwyrach ei fod yn gwestiwn annheg i'w ofyn yn y lle cyntaf.

Ymddengys bod ystumiau afon yn cynrychioli cydbwysedd rhwng swm yr egni sydd ei angen i drawsgludo llwyth afon a'r angen i wario unrhyw egni ychwanegol ar ffurf erydiad sianel. Mae ystumiau yn amlwg yn cynrychioli ffurf naturiol ac effeithiol ar gyfer gallu dŵr sy'n llifo i ryddhau yr egni sydd ganddo. Hwyrach mai hwn sy'n cyfrif am duedd naturiol dŵr sy'n llifo i fabwysiadu cwrs sy'n troelli dros beth bynnag fo'r arwyneb y mae'n llifo drosto.

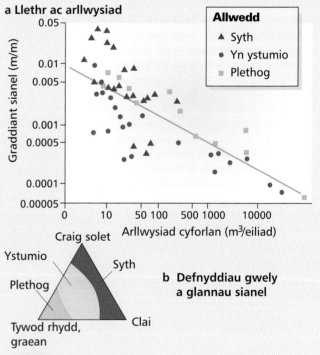

7.40 *Effaith amodau amgylcheddol ar raddiant sianel*

YMARFER

Ar ôl darllen drwy'r wybodaeth yn y blwch hwn, ysgrifennwch adroddiad byr ar y ddadl sydd ynglŷn ag ystumiau afon, o dan y teitl 'Beth sy'n achosi ystumiau afon?'

Astudiwch Ffigur 7.41, sy'n dangos rhai o brif arweddion afon sy'n ystumio. Sylwch fod llif cyflymaf y dŵr (y **thalweg**) yn symud o lan i lan. Mae hyn yn achosi i erydiad ganolbwyntio ar ochr allanol tro ystum, gan achosi i'r lan gael ei thandorri ac i **glogwyni afon** gael eu ffurfio. I'r gwrthwyneb, mae dyddodi yn digwydd ar ochr fewnol yr ystum gan arwain at **farrau pwynt** gael eu ffurfio.

Dros amser, mae cylchfaoedd eiledol erydiad a dyddodiad yn achosi'r ystumiau i fudo ar draws ac i lawr y dyffryn. Yn ychwanegol, mae'r ystumiau eu hunain yn tueddu i fod yn fwy pendant ac yn fwy **dolennog** (troellog). Wrth i ystumiau gyferbyn erydu tuag at ei gilydd, bydd gwddf y ddolen yn culhau yn gynyddol hyd nes, yn ystod cyfnod o arllwysiad uchel, bydd yr afon yn torri trwodd i ffurfio **ystumllyn** (Ffigur 7.42).

Astudiwch Ffigur 7.43, sy'n dangos darn o Afon Conwy yng ngogledd Cymru. Plotiwyd hen gwrs yr afon gan ddefnyddio hen ffiniau gwleidyddol a fu, yn y gorffennol, yn dilyn canol yr afon. Sylwch fel yr oedd patrwm yr ystumiau yn llawer mwy cymhleth nag ydyw heddiw.

Mae ystumllynnoedd yn raddol yn llenwi â llaid gan nad ydynt mwyach yn rhan o gwrs gweithredol yr afon. Wrth i'r dŵr fynd yn fwy bas mae llystyfiant yn dechrau gwladychu'r llyn. Trowch i dudalen 83 i ddarganfod olyniaeth llystyfiant (a elwir yn **hydroser**) sy'n digwydd pan mae ystumllyn yn sychu.

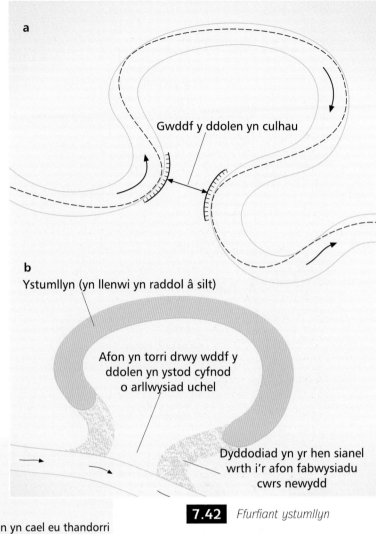

a

Gwddf y ddolen yn culhau

b

Ystumllyn (yn llenwi yn raddol â silt)

Afon yn torri drwy wddf y ddolen yn ystod cyfnod o arllwysiad uchel

Dyddodiad yn yr hen sianel wrth i'r afon fabwysiadu cwrs newydd

7.42 *Ffurfiant ystumllyn*

Ehangder ystum

Pwll

Riffl

Riffl (rhan mwy bas o ddŵr yn llifo'n gyflym rhwng pyllau)

Tonfedd yr ystum

Glan yn cael eu thandorri i ffurfio clogwyn afon

Pwll

Riffl

Pwll

Glan amgrwn

Lled arwyneb

Riffl

Croesiad thalweg

Pwll

Thalweg (llinell y cyflymder mwyaf)

Riffl

Lefel cyforlan

Clogwyn afon (erydiad)

Bar pwynt (dyddodion llethr slip)

7.41 *Arweddion afon sy'n ystumio*

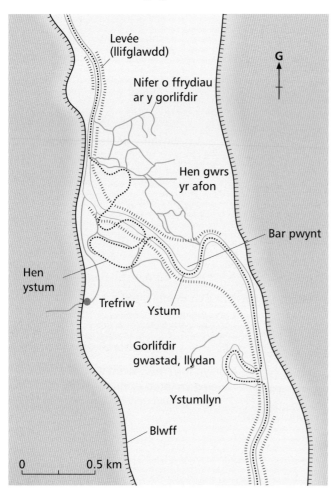

7.43 *Arweddion gorlifdir afonol, Afon Conwy, Gogledd Cymru*

(labels on figure: Levée (llifglawdd); Nifer o ffrydiau ar y gorlifdir; G; Hen gwrs yr afon; Bar pwynt; Hen ystum; Trefriw; Ystum; Gorlifdir gwastad, llydan; Ystumllyn; Blwff; 0 0.5 km)

7.44 *Afon blethog: afon Rhône wrth iddi lifo o rewlif Rhône yn y Swistir*

Plethu

Pan mae afon yn isrannu yn ffrydiau llai o fewn sianel, fe ddywedir ei bod yn **blethog** (gweler Ffigur 7.44). Rhwng y sianelau unigol, fe ffurfir ynysoedd bychain, a gall y rhain fod yn ddigon parhaol ar gyfer tai gael eu hadeiladu arnynt, fel yn achos y *chars* yn Bangladesh. Mae sianelau plethog yn enwog am fod yn gyfnewidiol a pheryglus gan fod y ffrydiau unigol yn symud yn ddi-baid.

Cysylltwyd plethu â dau amod amgylcheddol allweddol:

- ochrau sianel a erydir yn hawdd, wedi eu gwneud o dywod a graean rhydd, er enghraifft

- arllwysiadau hynod o anghyson, sy'n egluro pam fod plethu yn gyffredin mewn afonydd a geir wrth drwynau rhewlifau ac mewn rhanbarthau lled-gras.

Ystyrir sianelau plethog yn aneffeithlon ar gyfer cludo gwaddod oherwydd eu bod yn aml yn llydan a bas ac mae ganddynt radiws hydrolig isel. Er mwyn gallu ymdopi â'r aneffeithlonrwydd hwn, mae'r afon yn rhannu'n ffrydiau llai, cyflymach sy'n tyrchu i wely'r sianel, gan wneud y graddiant yn serthach a chynyddu effeithlonrwydd. Mae hyn yn egluro pam fod afonydd plethog yn tueddu i fod â hydbroffil serthach nag afonydd sy'n ystumio.

Gorlifdiroedd

Mae gorlifdir yn bennaf yn ardal wastad o dir yn ffinio ar afon sy'n dueddol i orlifo yn gyfnodol. Mae wedi ei wneud o siltiau a thywod a ddyddodwyd dros flynyddoedd lawer gan yr afon.

Tra bod rhywfaint o'r dyddodi yn digwydd o fewn sianel yr afon, dyddodir swmp y gwaddod pan mae'r afon yn gorlifo. Wrth i'r dŵr gyrraedd top y glannau, bydd cyflymder yr afon yn arafu, gan achosi dyddodiad i ddigwydd a **levées** (llifgloddiau) i ffurfio (gweler Ffigur 7.45). Unwaith dros y glannau, bydd y dŵr yn aros am nifer o ddyddiau neu wythnosau fel llen denau ar y tir gwastad cyn anweddu neu ddraenio ymaith, gan adael ar ôl haen ffres o waddod neu **lifwaddod.**

Wrth i'r ystumiau fudo i lawr y dyffryn, fe allant ledaenu'r gorlifdir drwy erydu ochrau'r dyffryn. Os bydd lefel y môr yn disgyn a'r afon yn dechrau torri i mewn i'w gwely ei hun, gall y gorlifdir gael ei adael yn clwydo uwchlaw y sianel gan ffurfio **cerlan** (teras afon). Adeiladwyd llawer o anheddiadau ar gerlannau am eu bod yn llai tebygol o gael llifogydd.

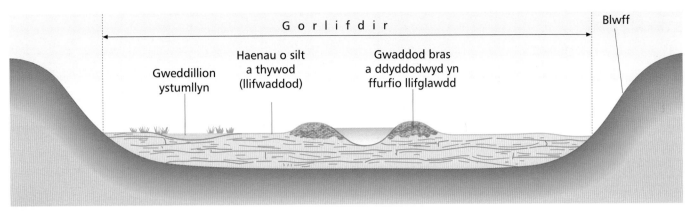

7.45 *Arweddion gorlifdir afon*

Deltâu

Pan mae afon yn cyrraedd y môr neu lyn, mae'n colli ei chyflymder a dyddodir swm mawr o waddod fel **delta**. Dros amser, bydd y bwa o waddod a ddyddodir yn torri arwyneb y dŵr i ffurfio tir newydd (gweler Ffigur 7.46). Mae afonydd sy'n llifo ar draws deltâu yn tueddu i rannu yn nifer o sianelau llai a elwir yn **allafonydd** wrth iddynt ymdrechu i ymgodymu â'r gostyngiad mewn graddiant a'r llwyth mawr o waddod.

Mae'n bosibl adnabod sawl math o ddelta – y rhai mwyaf cyffredin yw'r un **bwaog** a'r delta **crafanc** (Ffigur 7.47).

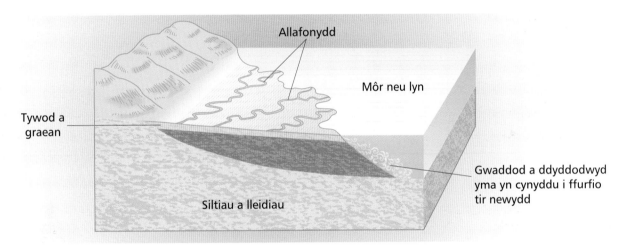

7.46 *Ffurfiant delta*

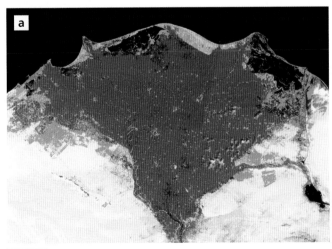

7.47 *Delta bwaog: Afon Nîl, yr Aifft*

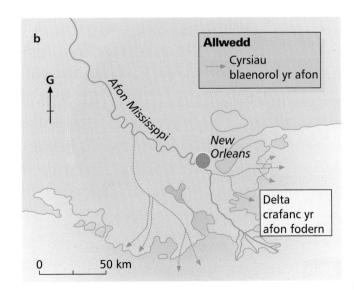

YMARFERION

1 Astudiwch Ffigur 7.43.

a Disgrifiwch arweddion gorlifdir Afon Conwy.

b Defnyddiwch gyfres o ddiagramau syml i ddangos sut y byddai'r ystumllyn wedi ei ffurfio.

c Beth yw levée (llifglawdd), a sut y byddai wedi ffurfio?

ch Lluniwch fraslun anodedig o afon, gan ddisgrifio arweddion sianel yr afon a'i gorlifdir. Ceisiwch awgrymu llinell y llif cyflymaf (y thalweg).

d Gan gyfeirio at adran ddewisol o'r afon, awgrymwch sut a pham yn eich tyb chi y gall newid dros amser.

2 Astudiwch Ffigur 7.44, sy'n dangos afon blethog.

a Beth yw plethu?

b O dan ba amodau y mae plethu yn debyg o ddigwydd?

3 Gyda chymorth brasluniau syml, disgrifiwch y gwahaniaeth rhwng delta bwaog a delta crafanc.

CWESTIWN STRWYTHUREDIG

Cyfeiriwch at Ffigurau 7.48a, b ac c, sy'n disgrifio nodweddion uwchddyfroedd dwy afon yng Nghoedwig Bowland, Sir Gaerhirfryn.

a Disgrifiwch yn fyr gynlluniau sianelau'r ddwy afon (b ac c). (2 x 2)

b Lluniwch drawstoriad bras wedi ei labelu o Marshaw Wyre ar hyd X–X$_1$. (2)

c Lluniwch drawstoriad bras wedi ei labelu o Tail Brook ar hyd Y–Y$_1$. (3)

ch Er yn agos at ei gilydd, mae ffurf sianelau'r ddwy afon yn wahanol iawn. Awgrymwch sut y gall y ffactorau canlynol fod yn gyfrifol, o leiaf yn rhannol, am yr amrywiadau hyn:

• nodweddion arllwysiad (2)
• math y graig (2)
• graddiant hydbroffil. (2)

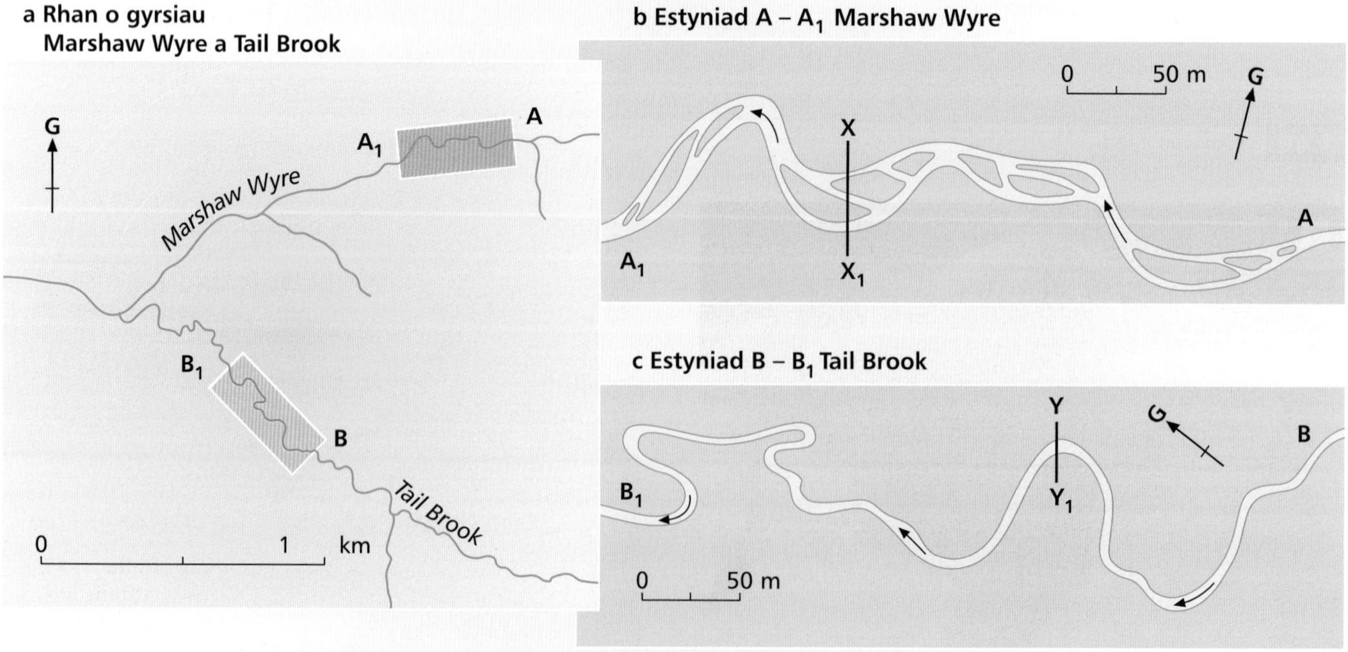

---

a Rhan o gyrsiau Marshaw Wyre a Tail Brook

b Estyniad A – A$_1$ Marshaw Wyre

c Estyniad B – B$_1$ Tail Brook

7.48 Rhan o ddwy afon yng Nghoedwig Bowland, Sir Gaerhirfryn

E Rheolaeth sianel afon

Bydd afonydd sy'n gyfan gwbl naturiol yn torri cwrs drwy'r mynyddoedd ac yna'n gwau eu ffordd ar draws eu gorlifdiroedd corsiog o dir isel cyn arllwys eu dyfroedd a'u gwaddod i mewn i'r môr neu i lyn. Fe fyddant, dros gyfnod hir o amser, yn tueddu tuag at gyflwr o gydbwysedd â'u hamodau amgylcheddol.

Fodd bynnag, ychydig iawn o afonydd a all hawlio eu bod yn gyfan gwbl 'naturiol'. Mae pobl wedi ymyrryd â hwy yn uniongyrchol ac yn anuniongyrchol am flynyddoedd drwy:

- adeiladu argaeau i greu cronfeydd dŵr a rheoli llif y dŵr
- sythu sianelau er mwyn lleihau risg llifogydd neu i wella mordwyo
- carthu sianelau i gynyddu radiws hydrolig a gwella cyfraddau arllwysiad
- torri llystyfiant glannau'r afon i gynyddu'r tir ar gyfer ffermio
- tynnu allan dŵr ar gyfer dyfrhau, defnydd diwydiannol a thraul domestig.

Yn y bennod hon byddwn yn astudio'r mater o erydiad glannau afon ac yna yn archwilio ffurf sy'n gynyddol boblogaidd i reoli'n gynaliadwy sianel afon.

Erydiad glannau afon: a yw'n broblem?

Mae erydiad glannau afon (Ffigur 7.49), wrth gwrs, yn broses sy'n gyfan gwbl naturiol. Fe'i cysylltir fwyaf ag erydiad ochrol mewn afon sy'n ystumio.

Mae ymchwil wedi dangos bod erydiad glannau afon yn erydu hyd at 10% o lannau afon 'iach' (un gyda digonedd o

fywyd gwyllt) ar unrhyw un adeg. Mae hyn oherwydd bod sawl mantais yn gysylltiedig ag erydiad glannau afon:

- mae nifer o gynefinoedd yn cael eu creu ar hyd glannau'r afon
- po fwyaf fydd amrywiaeth y cynefinoedd, mwyaf fydd yr amrywiaeth o fflora a ffawna
- mae rhai rhywogaethau wedi addasu eu hunain yn arbennig i lannau afon sy'n cwympo, fel gwennol y glennydd sy'n nythu yn y clogwyni tywodlyd a phibyddion y dorlan sy'n nythu ar y glannau agored o raean bras sy'n aml yn ganlyniad glannau wedi cwympo.

Fodd bynnag, gall erydiad glan fod yn llawer uwch na 10%, yn arbennig, ar hyd estyniadau byr o'r sianel. Fel arfer ymyrraeth ddynol sydd ar fai, a gall hyn fod mewn sawl ffurf:

- cwympo coed y glannau er mwyn cynyddu'r tir sydd ar gael ar gyfer triniad – mae coed yn gymorth i sefydlogi'r glannau drwy gynnal y pridd wrth ei gilydd
- caniatáu i anifeiliaid fferm i sathru'r glannau wrth iddynt chwilio am ddŵr yfed
- erydiad difrifol o'r llwybrau neu orddefnydd cyffredinol ar gyfer adloniant.

Mae erydiad difrifol y glannau yn cynyddu swm y gwaddod mewn afon. Gall hyn gael nifer o effeithiau niweidiol:

- gall gwaddodion mân gladdu y glannau o raean a ddefnyddir fel mannau silio gan frithyll ac eogiaid
- gall creigiau mwy arwain at gynnydd yn y carthu i lawr yr afon, yn enwedig yn ystod adegau o arllwysiad uchel
- gall sianelau'r ffrydiau llai gael eu mewnlenwi, gan leihau'r radiws hydrolig a chynyddu'r risg o lifogydd
- bydd cynefinoedd yn cael eu dinistrio
- bydd maetholynnau yn y pridd yn cael eu rhyddhau i'r dŵr lle y gallant arwain at dwf cyflym yr algâu, gan leihau'r cyflenwad ocsigen yn y dŵr.

7.49 *Erydiad glannau afon*

Mae'n amlwg y gellir croesawu ambell erydiad glannau afon, ond gall gormod ddifrodi'r amgylchedd.

Sut y gellir lleihau erydiad glannau afon?

Lluniodd Asiantaeth yr Amgylchedd lawrlyfr ar gyfer tirfeddianwyr o dan y teitl 'Deall erydiad glannau afon'. Mae'n cynnwys cyngor ar arferion rheoli sy'n amcanu at leihau erydiad difrifol:

- Osgoi gorbori (gormod o anifeiliaid mewn ardal) a pheidio â gadael anifeiliaid i bori yn y gaeaf ger y sianelau, pan mae'r llystyfiant ar ei deneuaf a'r pridd yn fwy tebygol o fod yn wlyb.

- Ffensio o amgylch yr afon a darparu dŵr yfed arall ar gyfer yr anifeiliaid, os yn bosib, cryn bellter oddi wrth yr afon.

- Lle ceir ffermio âr, cynnal 'cylchfa glustog' o lystyfiant ar hyd yr afon. Peidio aredig hyd at ymyl yr afon.

- Creu llwybr un pwrpas ar gyfer cerddwyr i'w hannog i beidio â cherdded i fyny ac i lawr y glannau, ac addysgu pobl drwy ddefnyddio posteri a hysbysfyrddau.

- Plannu coed sy'n arbennig o addas i lannau afon, coed megis helyg a gwern.

Astudiwch y darn o lan yr afon a ddangosir yn Ffigur 7.50 a sylwch ar y gwaith a wnaethpwyd i leihau erydiad.

7.50 *Project adfer glan afon*

Adfer afon

Mae ansawdd afonydd a'u hamgylcheddau o wlyptiroedd cyfagos wedi eu diraddio'n gyson wrth i sianelau afonydd gael eu sythu a'u dyfnhau, a gorlifdiroedd gael eu datblygu a'u ffermio yn arddwys. O ganlyniad, fe gollwyd llawer o'u harddwch naturiol a'u gwerth i bobl a bywyd gwyllt.

Mae **adfer afon** yn golygu gwrthdroi'r broses hon. Mae'n amcanu i ddychwelyd afon a'i hamgylchedd cyfagos i'w chyflwr naturiol. Anogir sianelau afon i ystumio a gadael iddynt dderbyn llifogydd fel yr oeddynt wedi gwneud yn y gorffennol.

Wrth ymdrechu i adfer afonydd i'w cyflwr cydbwysedd naturiol, mae adfer afonydd yn enghraifft o **reolaeth gynaliadwy**, lle nad yw'r defnydd presennol yn bygwth na diraddio goroesiad tymor hir yr amgylchedd. Mae projectau fel arfer wedi ei seilio ar ardal leol ac yn aml yn ymwneud â chymunedau lleol o safbwynt cynllunio a sefydlu. Drwy roi grym i gymunedau lleol a rhoi iddynt radd o berchenogaeth dros broject penodol, mae'n fwy tebygol y bydd yn llwyddiant.

Ceir nifer o enghreifftiau o adfer afonydd ledled y byd. Mae'r wybodaeth yn y *blychau* ar dudalennau 255 a 256-57 yn disgrifio dau broject: mae un ar raddfa reit fawr ac yn ei hanfod yn un gwledig; mae'r llall yn llawer llai, ac mewn tref fawr.

Afon Kissimmee, Florida, UDA

Mae Afon Kissimmee yn cysylltu dau lyn mawr yng nghanol Florida, UDA (Ffigur 7.51). Yn y gorffennol, roedd yn ystumio am tua 165 km o fewn gorlifdir 2-3 km o led. Fel y dengys y ffotograffau (Ffigur 7.52), mae'r ardal yn isel iawn ac yn wastad. Roedd wedi llifo yn araf iawn (oherwydd y graddiant graddol) ac roedd llifogydd yn gyffredin. Roedd adar hirgoes, adar dŵr, pysgodfeydd a chydrannau biolegol eraill unwaith yn rhan o'r ecosystem gyfannol a gwydn hon o wlyptir afon/gorlifdir ac roeddynt yn cael eu cynnal gan ac yn ddibynnol ar y brithwaith arbennig o gynefinoedd, gweoedd bwyd cymhleth, a rhyngweithiadau a phrosesau ffisegol, cemegol a biolegol cymhleth eraill.

Cyn 1940, roedd anheddau dynol yn brin o fewn basn Kissimmee. Roedd defnydd tir o fewn y basn yn cynnwys yn bennaf dir ffermio a ransio gwartheg. Wedi'r Ail Ryfel Byd, bu cryn ddatblygiad eiddo yn y basn a chynyddodd y pryder am lifogydd. Bu corwynt dychrynllyd yn 1947 a'i law trwm cysylltiedig yn gatalydd i godi gweithfeydd peirianyddol pwysig wedi eu hamcanu at ostwng risg llifogydd.

Rhwng 1962 ac 1971, sythwyd a dyfnhawyd sianel yr afon gan Gorfflu Peirianwyr Byddin UDA. Trawsnewidiwyd yr afon droellog yn gamlas 90 km o hyd, 10 m o ddyfnder, a 30 m o led. Roedd cloddio'r gamlas a'r dyddodiad a ddaeth yn sgil hynny yn golygu dileu tua 2500 hectar o gynefin gwlyptiroedd gorlifdir. Yn ychwanegol, cloddiwyd ffosydd dwfn ar draws y gorlifdir er mwyn ei ddraenio ac i alluogi i ddatblygiad pellach ddigwydd.

Erbyn yr 1970au cynnar roedd nifer o effeithiau negyddol yn dod yn eglur:

- roedd y defnydd o'r gorlifdir gan adar dŵr yn gaeafu wedi disgyn o 92%
- roedd llif isel mewn rhannau o system y gamlas wedi arwain at dwf mathau arbennig o lystyfiant a ddarwagiai'r ocsigen o'r dŵr gan effeithio ar stociau pysgod
- roedd y gwlyptiroedd gerllaw yn gras gan ddiffyg dŵr, silt a maetholynnau a chollwyd nifer o gynefinoedd.

Yn 1990 penderfynwyd adnewyddu 100 km² o orlifdir a'i droi'n wlyptir, ac i drawsnewid 70 km o gamlas yn afon droellog. Amcanion y project (a ddechreuwyd yn 1997 ac sydd i barhau tan 2010) yw:

- adfer amrywiaeth ecolegol y rhanbarth trwy alluogi llifogydd wedi'u rheoli'n dymhorol i ddigwydd

- gwella ansawdd y dŵr i alluogi stociau pysgod traddodiadol i gynyddu
- darparu cyfleoedd cynyddol ar gyfer adloniant
- darparu cyfleoedd ar gyfer addysg amgylcheddol.

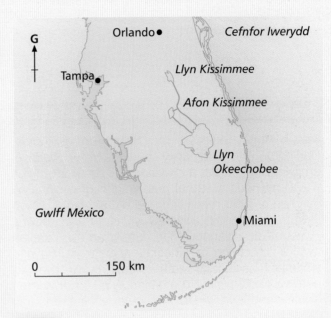

7.51 *Lleoliad Afon Kissimmee, Florida*

7.52 *Afon Kissimmee **a** cyn a **b** ar ôl iddi gael ei rheoli*

YMARFER

Ysgrifennwch adroddiad byr am broject adfer Afon Kissimmee. Yn eich adroddiad dylech ystyried y canlynol:

- y cyd-destun naturiol (daearyddiaeth ffisegol ac ecoleg yr afon a'i gorlifdir)

- y ffactorau ôl 1945 a arweiniodd at waith peirianyddol ar yr afon

- y gwaith peirianyddol ei hun a'r rhesymau hydrolig amdano

- y dadleuon o blaid adfer

- manylion a nodau y project adfer

- canlyniadau'r adfer.

(Er mwyn darganfod sut mae'r project yn mynd rhagddo ac i weld ffotograffau eraill, ewch i wefan Afon Kissimmee drwy Nelson Thornes.)

Afon Skerne, Darlington, Swydd Durham, DU

Mae Afon Skerne yn Houghton-le-Skerne, Darlington, yn llifo drwy barcdir trefol wedi ei amgylchynu gan dai a diwydiant (Ffigur 7.53). Dros y 200 mlynedd diwethaf mae wedi cael ei sythu a'i dyfnhau ar gyfer rheoli llifogydd a draeniad. Codwyd llawer o'r gorlifdir uwchlaw yr afon drwy ollwng gwastraff diwydiannol. Mae datblygiad tai, pibellau nwy a charthion a cheblau trydan yn cyfyngu ymhellach gyfleoedd adfer. Mae'r cyflwr hwn yn nodweddiadol o nifer o afonydd sy'n llifo drwy drefi a dinasoedd yn y DU, lle mae ecoleg ac apêl weladwy ac adloniadol afonydd wedi dioddef.

Ceir dau nod pendant i'r project:

- adfer 2 km o'r afon o safbwynt arweddion ffisegol, rheolaeth llifogydd, amrywiaeth cynefin, ansawdd dŵr, tirwedd a mynediad ar gyfer y gymuned

- hybu ymhellach wybodaeth a dealltwriaeth o adfer afon drwy fonitro cynhwysfawr effeithiau'r project.

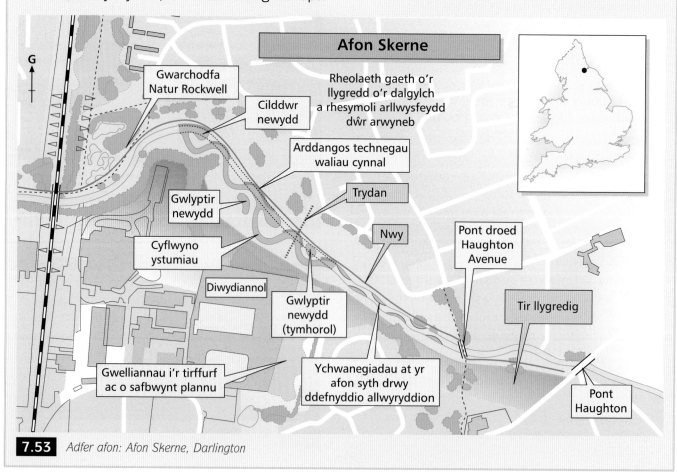

7.53 *Adfer afon: Afon Skerne, Darlington*

Bu'r adeiladu rhwng 1995 ac 1996, ac roedd yn ymwneud â nifer o arweddion:

- gostyngwyd y gorlifdir drwy symud ymaith y sbwriel diwydiannol a'i drosglwyddo i ochrau'r dyffryn – roedd hyn yn galluogi datblygu ardal y gwlyptir sy'n cael ei fwydo gan y llifogydd

- lle roedd yn bosibl, 'ail-ystumiwyd' yr afon er mwyn creu cwrs mwy naturiol

- ail-broffiliwyd glannau'r afon i greu mwy o ffurfiau naturiol

- defnyddiwyd rholiau ffibr cnau coco a choed helyg ar gyfer amddiffyn y lan ogleddol rhag erydiad, a allai ddinoethi y brif biblinell cyflenwi nwy

- plannwyd 20 000 o goed a llwyni gan blant ysgol lleol.

Ers 1996, mae'r safle wedi ei fonitro'n ofalus. Mae'r afon wedi cadw at ei hystumiau newydd, ac fe ddenwyd nifer o rywogaethau adar yn ôl i'r ardal, yn arbennig i'r gwlyptiroedd. Mae ansawdd dŵr yr afon wedi gwella ac mae'r amgylchedd i gyd yn fwy atyniadol, a mwy poblogaidd gan y trigolion lleol.

YMARFERION

1 Gwnewch fraslun gofalus o Ffigur 7.54b, sy'n awyrlun o Afon Skerne yn Darlington ar ôl iddi gael ei hadfer yn ddiweddar. Defnyddiwch y wybodaeth yn y blwch hwn ar gyfer ychwanegu labeli manwl (anodiadau) yn disgrifio rhai o nodweddion allweddol y project.

2 Mae llawer o afonydd yn y DU yn llifo drwy drefi megis Darlington. Aseswch bwysigrwydd projectau adfer, tebyg i broject Afon Skerne, i gymunedau trefol lleol.

b Ar ôl adfer

a Cyn adfer

7.54 *Adfer Afon Skerne*

F Rheolaeth basn afon

Sut mae rheoli basnau afonydd?

Asiantaeth yr Amgylchedd sy'n gyfrifol am reoli basnau afonydd yng Nghymru a Lloegr. Fe'i ffurfiwyd yn 1996 ac mae'n goruchwylio adnoddau dŵr, amddiffyn rhag llifogydd, rhwystro a rheoli llygredd, mordwyo, pysgodfeydd, adloniant a chadwraeth. Gwneir llawer o'i waith drwy ei swyddfeydd lleol (gweler Ffigur 7.55).

Ei nod yn fras yw 'gwarchod neu wella'r amgylchedd a chyrraedd yr amcan o ddatblygiad cynaliadwy'. Gellir dadlau bod tair agwedd bwysicaf gwaith Asiantaeth yr Amgylchedd yn ymwneud ag adnoddau dŵr, amddiffyn rhag llifogydd a llygredd.

- **Adnoddau dŵr** – wrth geisio cydbwyso'r galw gan ddefnyddwyr am ddŵr a'i gyflenwad, mae Asiantaeth yr Amgylchedd yn ymwneud â chadwraeth ac ailddosbarthu cyflenwadau dŵr arwyneb a dŵr daear.
- **Amddiffyn rhag llifogydd** – y pryder pennaf yw gwarchod bywyd (drwy amddiffynfeydd rhag llifogydd a systemau rhybuddio) ond mae Asiantaeth yr Amgylchedd hefyd yn ymboeni am amddiffyn yr amgylchedd.
- **Rheoli llygredd** – mae Asiantaeth yr Amgylchedd yn monitro ansawdd dŵr ac yn gweithio gyda diwydiant ac awdurdodau lleol wrth geisio atal llygredd rhag digwydd.

Mae llawer o dir gerllaw sianel afon unigol yn eiddo preifat, er enghraifft gan ffermwr. Cyfrifoldeb y tirfeddiannwr yw cynnal a chadw sianel afon a'i glannau. Anogir tirfeddianwyr i gysylltu â'r Asiantaeth cyn cynllunio neu ddechrau unrhyw waith ar sianel yr afon. Mae newidiadau i sianel yn gallu arwain at gynnydd mewn erydiad ac o bosib gynnydd yn y risg o orlifo, felly mae angen cael caniatâd gan yr Asiantaeth ar gyfer amddiffyn rhag llifogydd cyn ymgymryd ag unrhyw waith. Cyfrifoldeb y perchennog (e.e. yr awdurdod lleol, Railtrack, ayyb.) yw cynnal y strwythurau sy'n croesi'r sianel, megis pontydd troed a phontydd ffyrdd.

Yn yr Alban, mae llawer o weinyddu cyflenwadau dŵr a charthffosiaeth o ddydd i ddydd, rheoli llifogydd a draeniad yn nwylo'r awdurdodau lleol. Mae Asiantaeth Gwarchod yr Amgylchedd yr Alban (SEPA) yn monitro a chynghori ar ansawdd dŵr. Yng Ngogledd Iwerddon, mae llawer o'r polisi dŵr yn cael ei weinyddu gan Adran yr Amgylchedd.

Y dull gwahanfa ddŵr

Un broblem fawr sy'n gysylltiedig â rheolaeth basnau afonydd yw bod afonydd yn aml yn llifo ar draws nifer o ranbarthau cynllunio gwahanol. Er enghraifft, mae'r afonydd Rhein a Donaw yn Ewrop yn llifo drwy wahanol wledydd, pob un â'i system gynllunio ei hun a blaenoriaethau hydrolegol. Mae'r gwledydd sydd yn agos at aberoedd yr afonydd hyn yn aml yn gorfod ymgodymu â llygredd a achoswyd gan wledydd yn uwch i fyny'r afonydd.

Yn UDA, mae anawsterau tebyg wedi codi rhwng taleithiau unigol. Yn ddiweddar, mabwysiadwyd y **dull gwahanfa ddŵr** ar gyfer nifer o fasnau afonydd. Gan gydnabod bod gwahanfeydd dŵr yn 'ffiniau naturiol', mae'r asiantaethau talaith a ffederal yn cydweithio â grwpiau cymunedol lleol i sicrhau cynlluniau rheoli ar gyfer y basn cyfan, yn enwedig o berthynas i faterion amgylcheddol megis llygredd a chadwraeth gwlyptiroedd.

Mae llawer o faterion rheolaeth yn effeithio ar fasnau draenio afon. Yn y bennod hon byddwn yn astudio eithafion arllwysiad (llifogydd a llifoedd isel) a llygredd. Byddwn yn cloi drwy wneud astudiaeth o'r basn cyfan.

Allwedd
- ★ Pencadlys
- ▲ Swyddfa ranbarthol

GOGLEDD ORLLEWIN

GOGLEDD DDWYRAIN

G

▲ Leeds

▲ Warrington

CANOLBARTH

▲ Peterborough

CYMRU

Solihull ▲

ANGLIA

Llaneirwg/ St Mellons ▲

TAFWYS

Llundain ★

★ Bryste

▲ Reading

DE

DE ORLLEWIN

▲ Worthing

Caerwysg/Exeter ▲

0   200 km

7.55 *Swyddfeydd rhanbarthol Asiantaeth yr Amgylchedd*

1   Mae gan Asiantaeth yr Amgylchedd gyfrifoldeb dros sawl agwedd sy'n berthnasol i afonydd a basnau afonydd. A yw hyn yn eich barn chi yn syniad da, neu a ddylai pob agwedd gael ei rheoli gan gorff gwahanol?

2   Sut y gallai segment byr o afon, tua 200 m er enghraifft, gael nifer o bobl neu gyrff gwahanol yn gyfrifol amdano?

3   Awgrymwch rai problemau a allai godi pan fo nifer o wahanol wledydd yn gyfrifol am afon ryngwladol.

4   Beth yw'r 'dull gwahanfa ddŵr'? A ydyw, yn eich barn chi, yn syniad da?

Rheoli eithafion arllwysiad

Mae afonydd yn ymateb i newidiadau mewn amodau amgylcheddol, yn arbennig dyodiad. Gall cyfnodau hir o law trwm gyfrannu tuag at arllwysiadau uchel a chynyddu'r risg o orlifo, tra gall cyfnod hir o sychder arwain at lifoedd sy'n anarferol o isel. Gall gweithgaredd dynol, er enghraifft datblygu'r gorlifdir, codi argaeau, neu alldynnu dŵr, hefyd gael effeithiau arwyddocaol ar arllwysiad afon.

1 Llifogydd

Gellir diffinio **llifogydd afon** fel 'dŵr yn gorlifo tir nad yw fel arfer o dan ddŵr'. Yn y rhan fwyaf o achosion yn syml mae'n golygu dŵr yn llifo dros lannau afon oherwydd nid yw'r sianel am ryw reswm neu'i gilydd, yn gallu derbyn yr holl ddŵr.

Beth sy'n achosi llifogydd?

Mae llifogydd yn tueddu i ddigwydd pan mae dŵr yn llifo yn gyflym i'r afon, naill ai drwy lif trostir neu drwy drwylif cyflym (gweler tudalennau 222-23). Mae'r amgylchiadau canlynol yn hybu trosglwyddiad cyflym o ddŵr:

- cyfnod maith o law trwm pan mae'r ddaear wedi mynd yn ddirlawn a gorfodir unrhyw ddŵr ychwanegol i lifo dros y tir
- digwyddiad glawog dwys, megis storm ddarfudol, lle nad yw'r ddaear yn gallu ymdopi â holl swm y dŵr a laniodd arni
- eira tawdd, yn aml wedi ei gyfuno â phridd wedi rhewi
- ochrau serth y dyffryn
- creigwely anathraidd neu briddoedd tenau
- prinder coed neu laswellt fel rhyng-gipiad i'r glaw

- trefoli, yn creu arwynebau anathraidd a throsglwyddiad cyflym o ddŵr drwy bibellau a ffosydd carthion
- sianelau afon yn llenwi â silt, yn aml yn gysylltiedig ag erydiad pridd yn y basn afon.

Mae'n bwysig sylweddoli fod nifer dda o'r ffactorau hyn yn ganlyniad gweithgareddau dynol. Does dim amheuaeth nad yw problem gorlifo, mewn nifer o achosion, yn gwaethygu oherwydd gweithgareddau dynol.

Mae afon yn gorlifo, wrth gwrs, o dan amgylchiadau normal yn broses hollol naturiol. Ni ddylem synnu gweld dŵr yn lledaenu fel llen ar draws gorlifdir (Ffigur 7.56). Fodd bynnag, oherwydd ein bod wedi datblygu gorlifdiroedd ar gyfer ffermio arddwys, rhwydweithiau cyfathrebu, tai a diwydiant, mae afon wrth orlifo yn cynrychioli perygl y mae angen ei reoli, neu o leiaf gadw llygad arno, sef ei fonitro.

7.56 *Gorlifdir wedi ei orlifo* .

Sut y gellir lleihau perygl llifogydd?

Mae amddiffyn rhag llifogydd yn ymwneud â thair prif agwedd:

1   **Rheolaeth basn** Mae hyn yn amcanu i ostwng swm y dŵr sy'n cyrraedd yr afon (Ffigur 7.57).

2   **Rheolaeth sianel** Mae hyn yn golygu addasu sianelau afon fel eu bod yn gallu ymgodymu ag arllwysiadau uchel (Ffigur 7.57).

3   **Rhybuddion llifogydd** Drwy'r DU gyfan, gellir defnyddio offer basn draenio afonydd, ynghyd â gwybodaeth gan y Swyddfa Dywydd i ragweld y tebygrwydd o lifogydd, ac yna gellir cyhoeddi rhybuddion. Mae gan Asiantaeth yr Amgylchedd dair lefel rhybuddio:

- *Melyn* (llifogydd yn bosibl) – dŵr yr afon yn uchel a llifogydd yn debygol, yn enwedig dros ffyrdd a thir ffermio
- *Ambr* (llifogydd yn debygol) – llifogydd yn debygol ar nifer o ffyrdd, mewn ardaloedd sylweddol o dir amaethyddol ac ar beth eiddo sydd â risg uchel

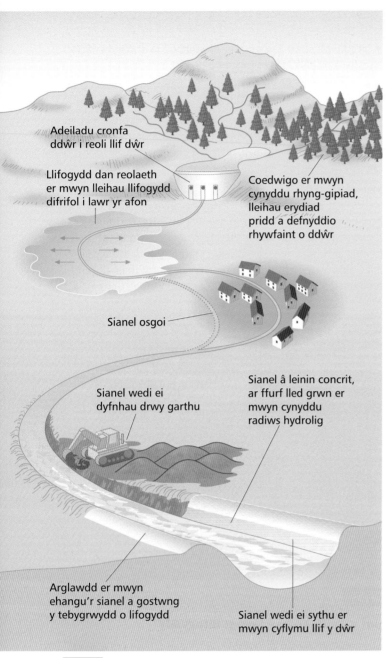

Adeiladu cronfa ddŵr i reoli llif dŵr

Llifogydd dan reolaeth er mwyn lleihau llifogydd difrifol i lawr yr afon

Coedwigo er mwyn cynyddu rhyng-gipiad, lleihau erydiad pridd a defnyddio rhywfaint o ddŵr

Sianel osgoi

Sianel wedi ei dyfnhau drwy garthu

Sianel â leinin concrit, ar ffurf lled grwn er mwyn cynyddu radiws hydrolig

Arglawdd er mwyn ehangu'r sianel a gostwng y tebygrwydd o lifogydd

Sianel wedi ei sythu er mwyn cyflymu llif y dŵr

7.57 *Mesurau rhwystro llifogydd basn a sianel*

- *Coch* (llifogydd difrifol yn debygol) – yn debygol y bydd nifer sylweddol o eiddo o dan ddŵr, ffyrdd ac ardaloedd eang o dir amaethyddol.

Beirniadwyd system rhybuddio llifogydd Asiantaeth yr Amgylchedd mewn adroddiad swyddogol ar lifogydd y Pasg 1998, pan wnaeth glaw trwm gychwyn llifogydd ar draws Cymru a Chanolbarth Lloegr. Ni chafodd nifer mawr o'r rhai a effeithwyd gan lifogydd unrhyw rybudd o gwbl. Bellach mae Asiantaeth yr Amgylchedd yn gweithio â'r Swyddfa Dywydd i sefydlu system well o fonitro hydrolegol ac o ganlyniad rybuddion llifogydd. Un o brif broblemau llifogydd y Pasg oedd nad oedd nifer o'r mannau a ddioddefodd ag unrhyw gofnod o hanes llifogydd.

Er y cynlluniau niferus a'r mesurau rheoli llifogydd sydd ar gael, mae'n bwysig cofio dau beth:

1 Proses naturiol yw gorlifo. Nid yw'n broblem ond pan fyddwn yn dewis datblygu tir sy'n dioddef llifogydd yn achlysurol. Hwyrach y dylem fod wedi osgoi adeiladu yno yn y lle cyntaf.

2 Gall gweithgaredd pobl, er enghraifft datgoedwigo llethrau'r bryniau, waethygu llifogydd.

YMARFERION

1 Enwch chwe ffactor (heb gynnwys gweithgareddau pobl) sy'n hybu llifogydd. O safbwynt pob un, eglurwch sut y gallant hybu llifogydd.

2 Ym mha ffyrdd y gall gweithgareddau pobl gynyddu'r tebygrwydd o lifogydd?

3 Astudiwch Ffigur 7.57. Enwch y gwahanol ddulliau o:

- reoli basn

- reoli sianel.

O safbwynt pob dull, awgrymwch sut y gall leihau y tebygrwydd o lifogydd.

4 Beth yw manteision ac anfanteision system rhybuddio llifogydd?

5 Beth sy'n gyfrifol am wneud llifogydd yn 'drychineb naturiol' yn hytrach na 'digwyddiad naturiol'?

ASTUDIAETH ACHOS

Talgarth, Cymru 1998

Achosodd cyfnod maith o law trwm yn gynnar yn Ebrill 1998 lifogydd eang yng Nghymru ac yn ne Canolbarth Lloegr. Torrodd nifer o afonydd eu glannau ac effeithiwyd ar filoedd o bobl. Bu farw pump o bobl yn uniongyrchol neu yn anuniongyrchol o ganlyniad i'r llifogydd ac amcangyfrifwyd fod y difrod yn £350 miliwn. Dioddefodd llawer o bobl ymyrraeth enfawr i'w bywydau a'u bywoliaeth, ac effeithiwyd ar nifer ohonynt gan afiechyd a phryder cronig.

Roedd Talgarth, yng ngodrefryniau gogledd orllewin y Mynyddoedd Duon ym Mhowys, yn un o'r nifer o drefi a phentrefi a ddioddefodd lifogydd, a achoswyd gan stormydd trwm o law. Roedd y ddaear yn barod yn ddirlawn cyn i'r glaw trwm a stormydd taranau ollwng 134 mm o law yn ystod cyfnod o 48 awr rhwng 8 a 9 Ebrill.

Mae'r llifogydd a ddigwyddodd yn Nhalgarth (Ffigur 7.58) yn gyffredin i lawer tref a phentref ym mhenddyfroedd systemau afonydd Cymru a Lloegr. Oherwydd y rheswm hwn, mae'n astudiaeth achos ddiddorol i'w defnyddio.

GWEITHGAREDD ESTYNEDIG

Nodau y Gweithgaredd hwn yw:

* deall achosion llifogydd Talgarth

* awgrymu mesurau a anelir at ostwng y risg o lifogydd yn y dyfodol.

Astudiwch Ffigur 7.59. Sylwch mai eithaf bychan yw dalgylch Afon Ennig, sy'n llifo drwy Talgarth. Mae'n eithaf crwn ei ffurf ac ar y cyfan yn serthochrog. Ceir nifer o lednentydd bychain yn llifo i lawr dyffrynnoedd serth tuag at y pentref.

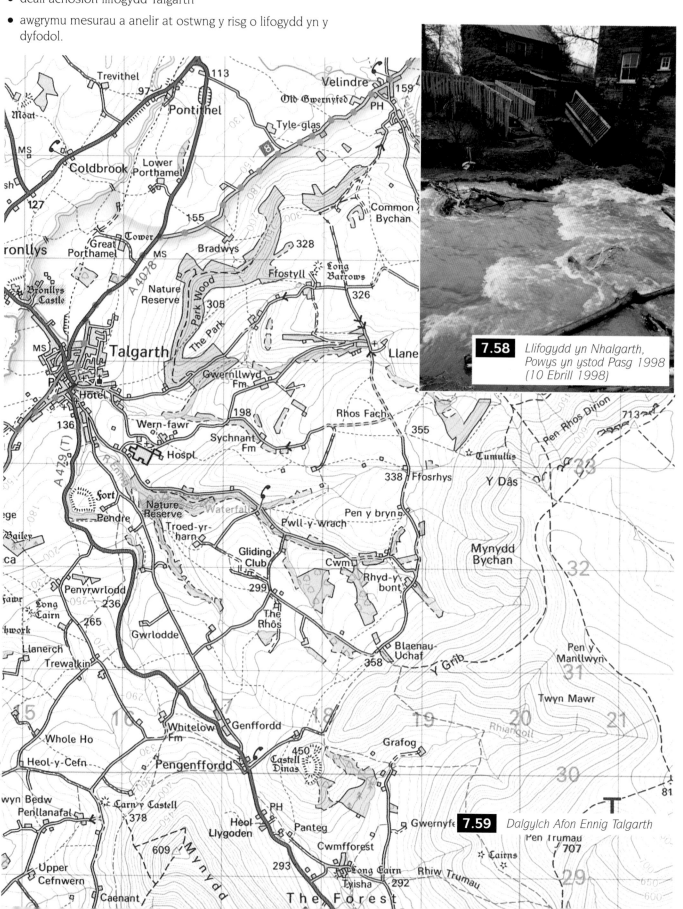

7.58 *Llifogydd yn Nhalgarth, Powys yn ystod Pasg 1998 (10 Ebrill 1998)*

7.59 *Dalgylch Afon Ennig Talgarth*

Darllenwch y wybodaeth yn Ffigur 7.60. Mae'n ddetholiad o adroddiad Asiantaeth yr Amgylchedd ar lifogydd Pasg 1998.

1 Beth oedd effeithiau'r llifogydd ar y pentref?

2 Astudiwch Ffigur 7.59. Awgrymwch sut y gallai'r nodweddion basn draenio canlynol fod wedi cyfrannu at y llifogydd:

- basn draenio bychan crwn ei ffurf
- dwysedd draeniad uchel (cyfrifwch y dwysedd)
- llethrau dyffryn serth.

3 Darllenwch y detholiad yn Ffigur 7.60

a Disgrifiwch arweddion sianelau'r afonydd yn union uwchlaw Talgarth. Trafodwch sut y gallai'r nodweddion hyn fod wedi cyfrannu at y llifogydd.

b Beth a achosodd i'r dŵr orlifo o'r sianel a llifo i lawr y briffordd?

c Pam yn eich barn chi yr oedd cymaint o bobl leol wedi eu dychryn gan y digwyddiad?

Afon Ennig, Talgarth ger Aberhonddu, Powys

Cefndir

Pentref yw Talgarth yng ngodrefryniau gogledd orllewinol y Mynyddoedd Duon ym Mhowys. Datblygodd y pentre o amgylch Afon Ennig a llednant na wyddom ei henw (Ffigur 7.59).

Mae dalgylch Talgarth yn greigiog o ran natur, yn wledig ac yn fryniog. Mae darnau o Ennig a'i llednant ger y pentref ar y cyfan yn serth o ran graddiant gyda arweddion pyllau a rifflau yn llawn clogfeini a chyfres o raeadrau. Mae'r dalgylch, sy'n 18.9 km² mewn maint, yn codi i lefel o 730 m uwch lefel môr ac yn disgyn i tua 130 m uwch lefel môr yn Nhalgarth, cyfartaledd graddiant o 1 mewn 11. Mae llethrau'r dyffryn uwchlaw a thrwy'r pentref yn goleddu'n serth i'r cyrsiau dŵr. Mae absenoldeb gorlifdir eang yn nodweddiadol o benddyfroedd system afon. Nid oes yn amlwg yn y dalgylch gronfeydd dŵr na systemau dŵr eraill a allai ddylanwadu ar hydroleg llifogydd.

Mae'n ymddangos bod datblygiad, yn bennaf tai, wedi digwydd dros y degawdau os nad dros y canrifoedd, a does fawr o adeiladu modern. Ceir rhai eiddo yn agos at y cyrsiau dŵr neu wrthynt.

Croesir yr afon yn y pentref gan naw pont, pedair ohonynt wedi eu rhwystro yn ystod y llifogydd.

Nid oes unrhyw amddiffynfeydd rhag llifogydd yn Nhalgarth. Does ond cofnod cyfyngedig o'r llifogydd yn y pentref ar gael; fodd bynnag, yn ddiweddar, daethpwyd o hyd i adroddiad o lifogydd difrifol yn 1880.

Rhybudd llifogydd

Nid oedd Talgarth yn agored i beryglon gorlifo yn aml. Nid yw'r pentref wedi ei ystyried i fod yn rhan o system rhybudd llifogydd yr Asiantaeth.

Mae rhybudd effeithiol yn cael ei negyddu gan ymateb sydyn afon Ennig i law yn y dalgylch bychan, serth o amgylch Talgarth. O ganlyniad, rhaid i'r gymuned hon ddibynnu ar ragolygon cyffredinol o dywydd drwg yn yr ardal – stormydd darfudol dwys yn arbennig – er mwyn bod yn ymwybodol o lifogydd posibl.

Disgrifiad byr o lifogydd

Achosodd glaw trwm dros lethrau gogleddol y Mynyddoedd Duon ar 8 a 9 Ebrill i lifogydd lifo ym mhenddyfroedd y rhan hon o system Gwy. O ddisgrifiadau llygad-dyston mae'n debyg mai dail a sbwriel arall a olchir gan lifogydd a gludwyd i lawr gan y llif a dagodd yn rhannol gwrs y dŵr wrth bont y ffordd i fyny'r afon o'r pentref. Achosodd lefel y dŵr, a oedd yn ganlyniad i hyn, orlifo i mewn i eiddo wrth ochr y bont, a llifo i lawr y ffordd sy'n mynd i mewn i'r pentref, gan foddi adeiladau, yn bennaf tai. Bu rhwystrau pellach wrth dair pont troed o fewn y pentref yn fodd i orlif pellach lifo trosodd i'r strydoedd a'r adeiladau. Ychwanegodd y llif trostir oddi ar lethrau serth y bryniau at yr arllwysiad i lawr y ffyrdd ac at y llifogydd yn y pentref.

Roedd y digwyddiad yn arbennig o beryglus, ac heb amheuaeth yn ddychryniad i'r gymuned, oherwydd cyflymder uchel y llif i lawr ffyrdd serth y pentref a'r llifoedd uchel yn sianelau'r cyrsiau dŵr. Hefyd, gorlifwyd peth eiddo i fwy na metr o ddyfnder.

Derbyniodd Asiantaeth yr Amgylchedd yr adroddiadau cyntaf bod eiddo wedi dioddef am 11.30 awr gan Swyddfa Gynllunio mewn Argyfwng Cyngor Sir Powys, a digwyddodd y cyntaf o ddau frig y llifogydd tua 14.30 awr, a'i ddilyn yn agos gan un arall tua 15.00 awr. Erbyn 16.30 awr roedd y llifogydd wedi gostwng rhyw 1 metr o'u huchafbwynt.

Llifodd dŵr i mewn i gyfanswm o 15 eiddo a

4 seler, a nifer ohonynt wedi eu difrodi'n ddifrifol. Yn ychwanegol, achubwyd 7 eiddo rhag llifogydd drwy ddefnyddio sachau tywod.

Ymateb brys

Ychydig a allai fod wedi ei wneud i leihau effaith y llifogydd o gofio amgylchiadau anodd a pheryglus y digwyddiad hwn. Fodd bynnag, mae'n amlwg fod adrannau Cynllunio Argyfwng a Phriffyrdd a Gwasanaethau Uniongyrchol Cyngor Sir Powys, sydd â'u depot yn y pentref, wedi ymateb yn gyflym ac wedi defnyddio cynifer â 30 o ddynion gyda chefnogaeth gang o Asiantaeth yr Amgylchedd am 11.30 awr. Roedd y camau a gymerwyd wedi'r llifogydd i glirio'r rhwystrau o'r pontydd a flociwyd ac fel arall adfer sianelau'r cyrsiau dŵr, yn bwysig o safbwynt lleihau'r risg o lifogydd pe digwyddai stormydd pellach. Defnyddiwyd sachau tywod i amddiffyn eiddo a oedd yn dueddol i gael ei orlifo, a thrwy hyn arbedwyd 7 eiddo rhag llifogydd.

Camau posib i'w cymryd

Gall cynlluniau lleddfu effeithiau llifogydd olygu adeiladu ar gyfer darpariaeth yn unigol neu mewn cyfuniad :

- dargyfeirio sianelau
- dyfeisiau dal, gwyro neu sgrinio ar gyfer atal clogfeini, graean, preniau a sothach a ysgubir i lawr gan lifoedd y llifogydd
- gwaith ar y sianelau er mwyn newid nodweddion llif fel bod lefelau llifogydd yn lleihau
- waliau llifogydd neu argloddiau.

Gyda neu heb waith lleddfu llifogydd, gall risg llifogydd leihau drwy gynnal a chadw rheolaidd er mwyn rheoli tyfiant coed a llwyni ar lannau'r cyrsiau dŵr ac er mwyn cael gwared ar y croniad o raean a chlogfeini o fannau critigol.

7.60 *Detholiad o 'Easter Floods 1998', adroddiad a gynhyrchwyd gan Dîm Adolygu Annibynnol ar gyfer Asiantaeth yr Amgylchedd*

4 Archwiliwch astudiaeth ddichonoldeb pob un o'r pedwar cynllun lleddfu llifogydd a awgrymir yn Ffigur 7.60.

  a O safbwynt pob un awgrymwch ei bwrpas hydrolegol (sut y bydd yn lleihau llifogydd yn y dyfodol).

  b Pa gynllun, neu gyfuniad o gynlluniau, yr ydych yn eu ffafrio, a pham?

  c A fedrwch chi awgrymu unrhyw gynlluniau eraill?

2 Llifoedd isel

Yn ystod yr 1990au dioddefodd nifer o afonydd arllwysiadau anarferol o isel neu **lifoedd isel.** Bu cryn bryder ymysg y cyhoedd wrth i rai afonydd, er enghraifft Afon Ver yn Swydd Hertford, sychu'n gyfan gwbl (Ffigur 7.61). Roedd y cyhoedd yn pwyntio bys at y cwmnïau dŵr ac yn rhoi'r bai arnynt am eu bod yn alldynnu gormod o ddŵr, gan achosi i'r lefel trwythiad ostwng a chreu gostyngiad yn lefelau'r afon.

Ond fodd bynnag, dim ond un achos posibl o lif isel yw alldynnu dŵr daear. Yr achos arall o bwys yw hinsawdd, ac mae'n gysylltiedig â swm y dyodiad a symudiad dilynol y dŵr drwy'r basn draenio. Rhwng 1988 ac 1992 cafwyd cyfnod o lawiad isel ledled Cymru a Lloegr a chwaraeodd ran heb amheuaeth yn y llifoedd eithriadol o isel a gofnodwyd yn ystod y cyfnod hwnnw.

7.61 *Llif isel*

Afon Wylye, Wiltshire

Mae Afon Wylye (Ffigur 7.62) yn codi o darddellau yn y Tywodfaen Gwyrdd Uchaf Cretasig (math o dywodfaen) yng ngorllewin Wiltshire. Yna mae'n llifo tua'r gogledd ac yna tua'r dwyrain yn bennaf dros sialc i uno ag Afon Nadder yn Wilton. Mae'r sialc yn hynod fandyllog ac mae'n gronfa bwysig o ddŵr glân tanddaear (**dyfr-haen**).

Ceir sawl twll turio ar hyd cwrs yr afon sy'n cael eu gweithredu gan Wessex Water. Mae'r mwyafrif yn cael eu defnyddio i alldynnu dŵr ar gyfer galw domestig, ond defnyddir rhywfaint i gynnal (**ychwanegu**) llifoedd yn yr afon ei hun, er mwyn osgoi unrhyw ddifrod i'r amgylchedd sy'n gysylltiedig ag alldynnu dŵr. Mae cyfraddau alldynnu wedi cynyddu ers yr 1970au, er eu bod wedi cadw o fewn y symiau trwyddedig.

Rhwng 1988 ac 1991, cofnodwyd llifoedd arbennig o isel yn Afon Wylye a'i llednentydd. Dechreuodd pobl boeni am gyflwr y stociau pysgod yn yr afon (mae'n enwog fel pysgodfa brithyll) ac am ansawdd yr amgylchedd dyfrol yn gyffredinol. Credai rhai pobl leol fod alldynnu dŵr yn gwaethygu'r sefyllfa.

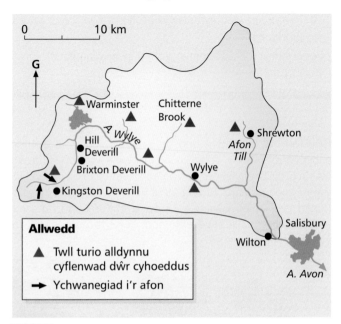

7.62 *Basn draenio Afon Wylye*

Yn 1991 comisynwyd adroddiad gan Asiantaeth yr Amgylchedd i archwilio effaith alldynnu ar Wylye a'i llednentydd. Dyma brif ddarganfyddiadau yr astudiaeth:

- roedd alldynnu dŵr daear, er bod hynny o fewn ei gyfyngiadau trwyddedig, yn cael effaith wael ar lifoedd isel

- er bod peth tystiolaeth o effeithiau gwael ar stociau pysgod, gall fod achosion cyfrannol megis twf algâu (yn cael ei achosi gan faetholynnau o wrteithiau yn cael eu golchi i ffrydiau) yn arwain at leihad mewn ocsigen, a sychder

- y rhan o Wylye Uchaf yr effeithiwyd arni'n fwyaf difrifol oedd rhwng Brixton Deverill a Hill Deverill (Ffigur 7.62) lle'r oedd alldynnu wedi lleihau llifoedd haf nodweddiol o 50-60% er gwaethaf yr ychwanegiad i fyny'r afon

- peidiodd rhannau o Chitterne Brook, llednant o Afon Wylye, a llifo ar adegau fel canlyniad i alldynnu; petai alldynnu'n cael ei gynyddu i'w ben draw eithaf, byddai newidiadau i'r ffrwd yn arwyddocaol.

Comisiynwyd astudiaeth ychwanegol i edrych ar stociau pysgod a dangosyddion amgylcheddol eraill.

O ganlyniad i'r astudiaeth, mae Wessex Water wedi cytuno i:

- dyllu dau dwll turio i ychwanegu at lifoedd yn Chitterne Brook ac Afon Till

- cynyddu ychwanegiad afon yn Brixton Deverill

- anelu at lefel fwy cyson o alldynnu, gan osgoi'r uchafbwyntiau tymhorol (haf)

- monitro effeithiau alldynnu ar lifoedd afon ac ar ansawdd yr amgylchedd dyfrol.

Yn ychwanegol, mae Asiantaeth yr Amgylchedd wedi gofyn i Wessex Water roi'r gorau i alldynnu dŵr o dwll turio cyflenwi dŵr cyhoeddus Chitterne. Byddai hyn yn gwella'n

arwyddocaol lifoedd haf yn Chitterne Brooke ac Afon Till. Byddai llif yn rhannau canol ac isaf Afon Wylye hefyd yn elwa.

YMARFERION

1 a Beth yw 'llifoedd isel'?

 b Pam y credwch fod pobl yn poeni am lifoedd isel mewn afonydd?

 c Amlinellwch ddau brif achos llifoedd isel.

2 Astudiwch yr astudiaeth achos o Afon Wylye. Ysgrifennwch adroddiad byr yn cynnwys y canlynol:

- llinfap o'r ardal yn lleoli'r lleoedd a'r darnau o'r afon a grybwyllir yn yr astudiaeth
- pam y penderfynwyd comisiynu astudiaeth yn 1991
- prif ddarganfyddiadau'r astudiaeth
- manylion y rhaglen i leihau problem llifoedd isel.

Ceisiwch roi rhesymau dros y gweithredoedd a ddewiswyd.

Llygredd afon a dŵr daear

Trwy'r byd a thros lawer o flynyddoedd, mae pobl wedi bod yn llygru afonydd a dŵr daear. Mae'r llygryddion hyn wedi achosi clefyd a marwolaeth i bobl ac anifeiliaid, ac maent wedi difetha cynefinoedd gwlyptir bregus (Ffigur 7.63).

Beth yw prif achosion llygredd dŵr?

Ceir sawl ffynhonnell o lygredd dŵr (Ffigur 7.64), er mai'r rhai mwyaf arwyddocaol yw'r rhai sy'n gysylltiedig â gwaredu carthion, ac â datblygiad diwydiannol ac amaethyddiaeth.

- **Carthion** Fel arfer mae carthion amrwd yn cael eu trin mewn gwaith carthion cyn eu harllwys i mewn i afon. Fodd bynnag, gwyddom am achosion lle mae carthion amrwd wedi cyrraedd afon, yn arbennig yn ystod llifogydd. Mae hyd yn oed carthion wedi eu trin yn cynnwys rhai cemegion a all niweidio ecosystemau dyfrol.

- **Gwastraff diwydiannol** Mae gwastraff diwydiannol yn cyfrif am bron 40% o holl ddigwyddiadau llygredd. Y rhai mwyaf euog yw diwydiannau sy'n gysylltiedig â mwyndoddi, tecstilau, prosesu bwyd, a mwydion a phapur. Gall hen byllau achosi llygredd difrifol, fel a ddigwyddodd yn achos hen byllau tun Cernyw. Mae pwerdai yn arllwys dŵr cynnes a all niweidio ecosystemau ac, wrth gwrs, gall pwerdai niwclear arllwys llygryddion mwy difrifol.

7.63 *Llygredd dŵr*

• **Amaethyddiaeth** Yn y blynyddoedd diweddar defnyddiwyd symiau cynyddol o wrteithiau nitrogen ar y pridd er mwyn cynyddu cynnyrch. Fodd bynnag, nid yw'r nitrogen i gyd yn cael ei godi gan blanhigion. Mae rhywfaint yn cael ei drwytholchi i'r pridd ac yn y pen draw bydd yn llwyddo i gyrraedd afonydd a dyfr-haenau. Mae crynodiadau uchel o nitrogen mewn dŵr yn gysylltiedig â risg i iechyd, yn arbennig i blant ifanc. Mae cemegion mewn dŵr, yn arbennig ffosffadau o weithfeydd carthion a nitradau o wrteithiau, yn hybu twf algâu mewn afonydd. Gelwir y broses hon yn **ewtroffigedd**. Mae twf yr algâu yn darwagio'r ocsigen yn y dŵr, gan achosi marwolaeth i bysgod a ffurfiau eraill o fywyd yn y dŵr.

YMARFERION

1 Astudiwch Ffigur 7.64. Lluniwch restr o'r ffynonellau niferus o lygredd, a cheisiwch adnabod y rhai sy'n effeithio ar:

• afonydd yn bennaf

• dŵr daear yn bennaf

• afonydd a dŵr daear yn gyfartal.

2 Ym mha ffyrdd y gall diwydiant achosi llygredd dŵr?

3 Defnyddiwch lifddiagram syml i ddisgrifio proses ewtroffigedd.

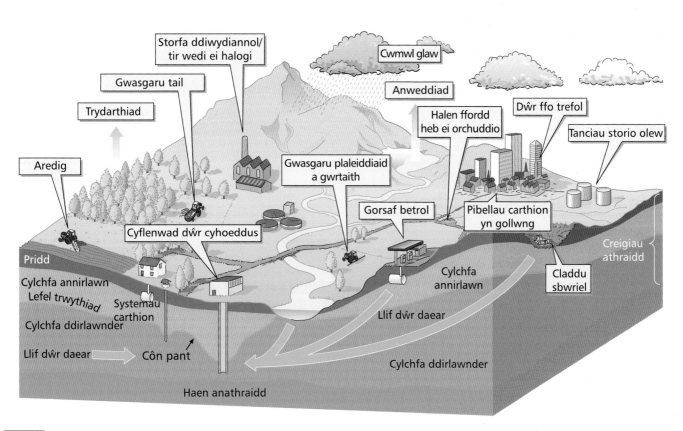

7.64 *Ffynonellau posib llygredd i afonydd a dŵr daear*

CWESTIWN STRWYTHUREDIG

Astudiwch Ffigur 7.65, sy'n dangos amrywiadau mewn crynodiad nitrad yn ystod storm.

a Pa bryd mae brig yr arllwysiad yn digwydd? (1)

b Beth sy'n digwydd i'r crynodiad nitrad ar adeg arllwysiad brig? (1)

c Awgrymwch *un* rheswm dros eich ateb i **(b)**. (2)

d Beth sy'n digwydd i'r crynodiad nitrad yn syth ar ôl brig yr arllwysiad? (1)

e Amlinellwch *un* rheswm posibl am y newid yng nghrynodiad nitrad. (2)

f O hanner nos ar 27 Mawrth 1980, mae llinell crynodiad nitrad yn adlewyrchu'n fras duedd y llinell drwylif. Beth mae hyn yn ei awgrymu am drosglwyddo nitradau i'r afon? (2)

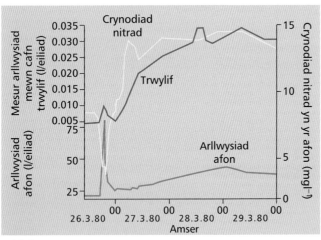

7.65 *Amrywiadau mewn crynodiadau nitrad yn ystod storm*

Beth yw swyddogaeth Asiantaeth yr Amgylchedd?

Mae Asiantaeth yr Amgylchedd yn gyfrifol am fonitro llygredd yng Nghymru a Lloegr. Mae'n cyhoeddi mapiau yn rheolaidd sy'n disgrifio ansawdd dŵr mewn afonydd ac mae'n gosod targedau ar gyfer gwelliannau yn y dyfodol. Mae arllwysiadau i mewn i afonydd yn cael eu monitro a rhoddir dirwyon os digwydd llygredd. Yn 1990, dirwywyd Shell UK £1 miliwn am golli olew i afon Mersi, ac yn 1991 gorchmynnwyd Awdurdod Dŵr y De Orllewin i dalu diryw o £10 000 a chostau oddeutu £1 miliwn am adael i alwminiwm sylffad ollwng yn ddamweiniol gan lygru Afon Camel yng Nghernyw.

Yng nghanol yr 1990au cynhyrchwyd mapiau i ddangos **gwendid dŵr daear**. Graddiwyd dyfr-haenau yn ôl pa mor agored i lygredd oeddynt. Aseswyd y gwendid ar sail:

- natur ffisegol a chemegol y creigwely (ei athreiddedd, er enghraifft)
- natur a thrwch y pridd gorchudd
- presenoldeb a thrwch drifft rhewlifol (haen anathraidd)
- dyfnder y gylchfa annirlawn (y gylchfa o graig uwchlaw'r lefel trwythiad).

Mae Ffigur 7.66 yn cymharu proffiliau pridd/craig â gallu uchel ac isel dŵr daear i wrthsefyll llygredd. Sylwch, er enghraifft, y bydd pridd tywodlyd tenau o ddraeniad da yn fwy agored i lygredd na chlai trwchus anathraidd, gan fod dŵr a llygryddion yn cael eu trawsgludo yn llawer cyflymach.

Yn 1998 nododd Asiantaeth yr Amgylchedd 68 o 'Gylchfaoedd Agored i Nitradau'. Mae ffermwyr yr ardaloedd hyn yn gaeth i reoliadau llym o safbwynt eu defnydd a'u rheolaeth o wrteithiau a thail. Mae grantiau ar gael i'w cynorthwyo i wella eu cyfleusterau storio gwastraff fferm.

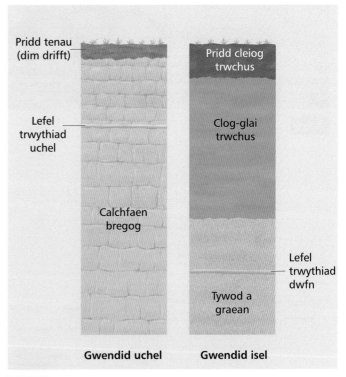

7.66 *Gwendid dŵr daear*

YMARFERION

1 Astudiwch Ffigur 7.66. Gwnewch gopi o bob proffil ac ychwanegwch labeli i egluro'r cyferbyniadau mewn gwendid.

2 Sut y gall map gwendid dŵr daear fod yn ddefnyddiol yn y broses o wneud penderfyniadau pan, er enghraifft, y bydd angen lleoli safle claddu sbwriel newydd (a ddefnyddir ar gyfer dympio sbwriel)?

GWEITHGAREDD ESTYNEDIG

Nod y gweithgaredd hwn yw astudio llygredd dŵr daear yn rhanbarth Afon Tafwys. Mae Ffigur 7.67 yn dangos y dyfr-haenau pwysicaf a dosbarthiad tyllau turio y cyflenwad cyhoeddus. Mae dŵr daear yn gyfrannwr pwysig i gyflenwad dŵr y rhanbarth. Mae Ffigur 7.68 yn rhanfap o 'Polisi ac arferion gwarchod dŵr daear' Rhanbarth Tafwys.

1 Astudiwch Ffigur 7.67. Disgrifiwch ac eglurwch ddosbarthiad y tyllau turio cyflenwad cyhoeddus mor fanwl ag y gellwch. Gall y cwestiynau canlynol fod o gymorth i chi:

- O'r tri dyfr-haen a restrir yn yr allwedd, pa un yn eich barn chi sydd bwysicaf, a pham?

- A yw'r tyllau turio yn ymddangos wedi eu clystyru yn arbennig o gwmpas y prif drefi a dinasoedd? Ceisiwch egluro eich ateb.

- Pa ddyffryn afon sydd â chrynodiad arbennig o uchel o dyllau turio?

2 Darllenwch drwy'r wybodaeth yn Ffigur 7.68.

- Beth fu canlyniadau alldynnu gormodol yn y gorffennol?

- Beth yw prif bryderon llygredd ar gyfer y dyfodol a sut y mae Asiantaeth yr Amgylchedd yn bwriadu wynebu'r materion hyn?

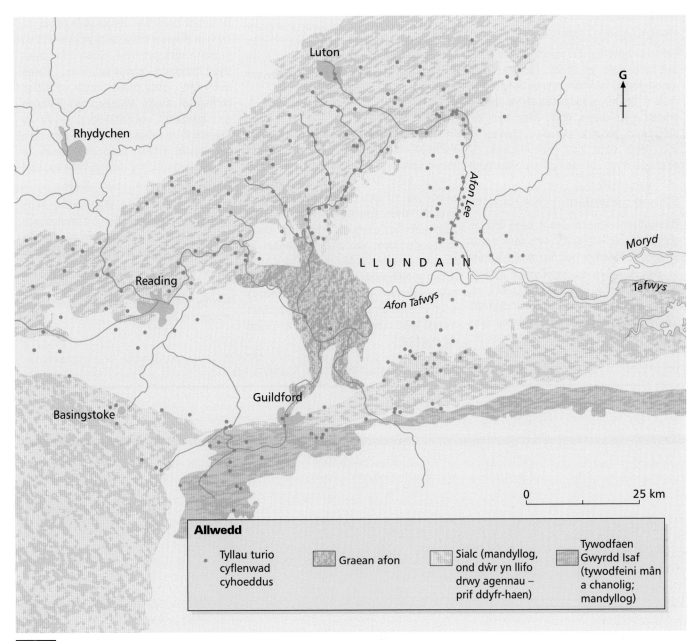

Allwedd

- Tyllau turio cyflenwad cyhoeddus
- Graean afon
- Sialc (mandyllog, ond dŵr yn llifo drwy agennau – prif ddyfr-haen)
- Tywodfaen Gwyrdd Isaf (tywodfeini mân a chanolig; mandyllog)

0   25 km

7.67 *Tyllau turio cyflenwad cyhoeddus mewn rhan o Ranbarth Tafwys*

Sefyllfa gyffredinol

Mewn llawer o'r dalgylch mae'r sefyllfa wedi cyrraedd pwynt lle nad oes dim mwy o gynhwysedd ar gyfer alldynnu oherwydd yr angen i amddiffyn llifoedd yr afonydd ac amgylchedd y dyffryn. Mewn rhai ardaloedd mae'r adnodd wedi dioddef o alldynnu gormodol hanesyddol yn arwain at lifoedd llai ac at rai o'r afonydd a gyflenwyd gan ddŵr daear yn sychu, yn arbennig ar y ddyfr-haen sialc. Effeithiodd hyn hefyd ar ansawdd y dŵr daear gan fod yr arllwysiadau o lygredd posibl i'r fath afonydd yn tueddu i drylifo i'r dyfr-haenau. Achosodd alldynnu yn agos at foryd Tafwys i ddyfroedd halwynol dreiddio sawl cilometr i mewn i'r mewndir.

Eithriad nodedig i'r duedd uchod yw dyfr-haen sialc ym Masn Llundain. Bu'r gostyngiadau sylweddol mewn alldyniadau dros y 25 mlynedd diwethaf yn fodd i lefelau dŵr daear godi. Mae hyn yn debygol o gynyddu cynnwys mwynol y dŵr daear wrth iddo godi i haenau a ddarwagiwyd o ddŵr yn flaenorol uwchben y sialc.

Rheoli alldyniadau dŵr daear

Darwagiwyd llifoedd mewn sawl afon o ganlyniad i alldyniadau mawr o ddŵr daear yn agos at benddyfroedd neu ar hyd dyffryn yr afon. O ganlyniad, symbylwyd cynllun adferol, 'Lleddfu Llifoedd Isel' (ALF) ac ystyrir atebion peirianyddol. Mae'r rhain yn cynnwys gostyngiad mewn alldynnu dŵr daear er mwyn adfer llif gwaelodol a'r posibilrwydd o leinio gwelyau afonydd â defnyddiau o athreiddedd isel. Bydd

unrhyw argymhellion i gynyddu alldynnu, yn arbennig yn y dyffrynnoedd afonydd hyn, yn gofyn am astudiaeth ofalus.

Lle mae dŵr daear wedi ei effeithio gan ymyrraeth halwynol ar hyd Afon Tafwys cyfyngedig fydd y cyfle i ddatblygu adnodd er mwyn osgoi gwaethygu'r sefyllfa bresennol.

Gwaredu gwastraff ar dir

Roedd y mwyafrif o'r safleoedd a ystyrid yn y gorffennol ar gyfer claddu sbwriel yn chwareli wedi ei lleoli ar ddyfr-haenau, megis chwareli tywod a graean yn gorwedd ar y ddyfr-haen sialc. Fodd bynnag, mewn llawer o'r ardaloedd hyn, megis De Sir Hertford, defnyddir dŵr daear yn eang ar gyfer cyflenwad dŵr cyhoeddus. Mewn achosion fel hyn bydd cyfyngiadau arbennig o lym o safbwynt gweithgareddau claddu sbwriel.

Tir halogedig

Ceir gwasgedd di-dor am ailddatblygu cyn safleoedd diwydiannol, llawer ohonynt mewn lleoliadau o'r ansawdd gorau mewn mannau trefol. Mae'r tir gan amlaf wedi ei halogi ac yn aml mae'n gysylltiedig â llygredd dŵr daear, ac o bosib cryn botensial i fwy o lygredd ddigwydd. Mae'r safleoedd hyn yn aml yn agos at ffynonellau cyflenwi dŵr daear. Gall y bydd angen gwaith eang i ddihalogi dŵr daear a dŵr a adferwyd. Bydd y gofynion yn debyg o fod yn llymach ar y dyfr-haenau pwysicaf megis sialc nag er enghraifft ar raean Tafwys Isaf.

Gwasgaru llygredd dŵr daear

Fel ymarfer ar wahân i'r polisi amddiffyn, mae Ardaloedd Sensitif i Nitrad yn barod wedi eu sefydlu ar gyfer rhai ffynonellau cyflenwi cyhoeddus. Yn yr ardaloedd hyn, anogwyd ffermwyr i ymuno â chynllun i newid arferion ffermio a chyfyngu swm y nitradau a drwytholchir. Mae cynnydd yn y crynodiadau nitrad yn amlwg mewn rhannau eraill o'r dalgylch. Rhoddir ystyriaeth i sefydlu ardaloedd sensitif ychwanegol lle mae crynodiadau yn barod yn annerbyniol o uchel neu lle bydd cyfraddau cynnydd yn arwain at lefelau eithafol.

Defnyddir cemegion, megis plaleiddiaid, yn eang ar draws y dalgylch, a bu cynnydd yn y nifer a ddarganfuwyd mewn dŵr daear. Bydd Rhanbarth Tafwys yn parhau i drafod defnyddio plaleiddiaid gyda phartïon perthnasol, megis Awdurdodau'r Priffyrdd a'r gymuned amaethyddol. Bydd y Rhanbarth yn ceisio cyfyngu ar y defnydd o blaleiddiaid o fewn ardaloedd sensitif ar ddyfr-haenau ac ar y mathau o blaleiddiaid sydd fwyaf niweidiol i ddŵr daear.

Mae dŵr daear mewn rhai mannau trefol wedi ei lygru gan golledion o garthffosiaeth a chan ddefnydd eang o gemegion megis toddyddion. Bydd Rhanbarth Tafwys yn ceisio gostwng achosion llygredd drwy gysylltu â phartïon perthnasol ac mae wedi sefydlu rhaglen o ymweliadau safle sy'n amcanu at atal llygredd.

Ffynhonnell: Asiantaeth yr Amgylchedd: o AAC(NRA), 'Policy and practice for the protection of groundwater', Atodiad Rhanbarthol, Rhanbarth Tafwys.

7.68 *Problemau a materion dŵr daear yn Rhanbarth Tafwys*

A Twf dinasoedd

Edrychwch ar Ffigur 8.1. Beth yw eich ymateb i'r llun? A yw'r amgylchedd yn ddeniadol? Pa fath o bobl sy'n byw yma? Pa fathau o weithgareddau sy'n digwydd yma? Efallai bydd eich atebion chi yn wahanol i rai pobl eraill. Gallant ddibynnu ar ble rydych yn byw ar hyn o bryd, neu ar brofiad yn gynharach yn eich bywyd. Beth bynnag, bydd yr hyn a wnewch o'r llun hwn yn adlewyrchu mewn rhyw ffordd eich agwedd at ddinasoedd, a bywyd trefol.

8.1 *Amgylchedd trefol: rhan o Lundain*

Mae'r daearyddwr John Short yn dadlau bod ein canfyddiadau ni o ddinas yn seiliedig ar gyfres o 'fythau'. Ceir cyfres o fythau gwrth-drefol yn niwylliannau'r Gorllewin:

- Mae'r ddinas yn annaturiol ac yn cymharu'n anffafriol â chefn gwlad a'r gwylltir.
- Mae'r ddinas yn ddigymeriad ac yn cyferbynnu â'r gymuned gynnes a geir mewn pentrefi a threfi bychain.
- Mae'r ddinas yn fangre pechod, afiechyd a llygredd moesol.
- Mae'r ddinas yn fygythiad i drefn gymdeithasol. Mae'n fan trosedd ac ofn.

Ar y llaw arall, ceir cyfres o fythau o blaid yr ardaloedd trefol:

- Y ddinas yw uchafbwynt gwareiddiad dynol, o'i gymharu â chyntefigrwydd ardaloedd gwledig.
- Tra bod rhai pobl yn gweld amhersonolrwydd y ddinas fel ffynhonnell pryder, mae eraill yn dathlu y rhyddid y mae hyn yn ei gynnig i bobl allu osgoi rhwystrau cymdeithasol.
- Mae dinasoedd yn lleoedd rhydd. Mae dinasoedd mawr fel Llundain ac Efrog Newydd yn fyd-eang ac yn gallu cynnig amrywiaeth o ddylanwadau yn tarddu o amrediad eang o ddiwylliannau. Maent yn llai clwm wrth draddodiad.
- Mae dinasoedd yn safleoedd newidiadau radical mewn cymdeithas. Maent yn fwy goddefgar o wahaniaethau rhwng pobl, ac yn fannau lle gall pobl ymuno â'i gilydd i greu byd gwell.

Yn 1800, dim ond 3% o boblogaeth y byd oedd yn byw mewn trefi gyda phoblogaeth o dros 5000. Roedd mwyafrif poblogaeth y byd yn wledig, ac yn ennill eu bywoliaeth o'r tir. Nid oedd ond llond llaw o ddinasoedd gyda phoblogaeth yn fwy na hanner miliwn.

YMARFERION

Gyda phobl eraill yn eich grŵp, edrychwch ar amrediad o gynrychioliadau o ddinasoedd mewn ffilmiau, llyfrau, rhaglenni teledu a cherddoriaeth.

1 Sut y cynrychiolir dinasoedd? Chwiliwch am enghreifftiau o gynrychioliadau cadarnhaol a negyddol.

2 Pa olwg ar fywyd trefol sy'n adlewyrchu orau eich un chi? O lle y daeth eich agweddau chi?

3 A oes gwahaniaethau yn agweddau aelodau gwahanol o'ch grŵp?

Gwelodd y 100 mlynedd nesaf sawl newid arwyddocaol. Yn 1900, roedd 10% o'r boblogaeth yn byw mewn trefi, ac roedd 20 o ddinasoedd â mwy na hanner miliwn o bobl. Erbyn 1990, roedd 40% o'r boblogaeth yn byw mewn trefi, ac roedd bron 600 o ddinasoedd â hanner miliwn o bobl. Mae'r ffigurau hyn yn dangos bod **trefoli** (y duedd i gyfran gynyddol o'r boblogaeth fyw mewn ardaloedd trefol) yn un o'r prosesau mwyaf arwyddocaol sy'n effeithio ar gymdeithasau yn yr 21ain ganrif.

Fel yn achos y gair 'gwledig', mae'n dasg anodd diffinio'n union ystyr y gair 'trefol'. Mae hyn oherwydd bod nifer o'r swyddogaethau a welwn mewn ardaloedd trefol (megis siopau) hefyd i'w gweld mewn ardaloedd gwledig. Yr un modd, mae'r ymdrechion i ddiffinio trefol yn ôl maint poblogaeth hefyd yn anodd. Er enghraifft, yn Llychlyn, gall aneddiadau cyn lleied â 300 o bobl gael eu dosbarthu fel trefol, tra yn Japan mae'n rhaid i anheddiad gael mwy na 30 000 o bobl i'w ddosbarthu fel trefol. Mae diffinio 'trefol' yn tueddu i ddibynnu ar y gwahaniaethau amlwg rhyngddo ag ardaloedd 'gwledig'. Mae'r rhain yn cynnwys:

- dwysedd uchel o boblogaeth
- bodolaeth ardal helaeth o dir adeiledig neu wedi ei ddatblygu
- prinder tir agored
- swyddogaethau gweithgynhyrchu neu wasanaethau yn tra-arglwyddiaethu dros swyddogaethau amaethyddol.

Mae trefoli yn cyfeirio at y broses lle mae cyfran gynyddol o holl boblogaeth rhanbarthau a chenhedloedd yn dod i fyw i fannau a ddiffinnir fel trefol. Yn aml cyfeirir at y gyfran hon fel **lefel trefoli**. Mae **twf trefol** yn cyfeirio at gynnydd absoliwt ym maint ffisegol a chyfanswm poblogaeth ardaloedd trefol.

Mewn gwledydd a brofodd drefoli nifer o ddegawdau yn ôl, mae'r duedd tuag at gyfraddau is o dwf trefol. Fodd bynnag, mae gwledydd llai economaidd ddatblygedig (GLlEDd) yn profi trefoli cyflym.

Edrychwch ar Ffigur 8.2. Mae'n dangos bod 24 o ddinasoedd y byd, yn gynnar yn yr 1920au, â phoblogaeth o dros 1 miliwn. Erbyn dechrau'r 1990au roedd nifer y **dinasoedd miliwn** yn 198. Roedd cyfartaledd maint y dinasoedd miliwn

hyn wedi cynyddu i dros 2.5 miliwn o drigolion. Yn yr 1920au cynnar roedd 1 mewn 50 o bobl y byd yn byw yn yr aneddiadau mawr hyn. Yn gynnar yn yr 1990au roedd y ffigur yn 1 mewn 10. Hwyrach yn fwy arwyddocaol na dim, yw bod cyfartaledd lledred y dinasoedd miliwn wedi symud yn gyson tuag at y Cyhydedd. Mae hyn yn golygu bod dinasoedd miliwn yn fwy a mwy cysylltiedig â GLlEDd.

1 Diffiniwch y termau canlynol:

- trefol
- trefoli
- twf trefol.

2 Gan ddefnyddio data Ffigur 8.2, crynhowch brif nodweddion trefoli byd-eang o'r 1920au i'r presennol.

3 Awgrymwch resymau pam y gall data ar lefelau trefoli fod yn annibynadwy.

CWESTIWN STRWYTHUREDIG 1

a Astudiwch Ffigur 8.3. Gan ddefnyddio atlas i'ch helpu, enwch y dinasoedd sydd â phoblogaeth o tua 20 miliwn yn 2000. (4)

b Beth ydych yn sylwi am ddosbarthiad y dinasoedd hyn? (3)

c Ysgrifennwch frawddeg yn crynhoi y lefel o drefoli a geir ym mhob un o'r rhanbarthau canlynol:

- Gogledd America
- Canol a De America
- Affrica
- De a De-ddwyrain Asia
- Ewrop (10)

ch Awgrymwch resymau dros y gwahanol lefelau o drefoli a geir mewn gwahanol ranbarthau. (5)

	Nifer y dinasoedd miliwn	Lledred cyfartalog i'r gogledd neu'r de o'r Cyhydedd	Poblogaeth gyfartalog (miliynau)	Canran poblogaeth y byd yn byw mewn dinasoedd miliwn
1920au	24	44° 30´	2.14	2.86
1940au	41	39° 20´	2.25	4.00
1960au	113	35° 44´	2.39	8.71
1980au	198	34° 07´	2.58	11.36

8.2 *Dinasoedd miliwn y byd ers yr 1920au*

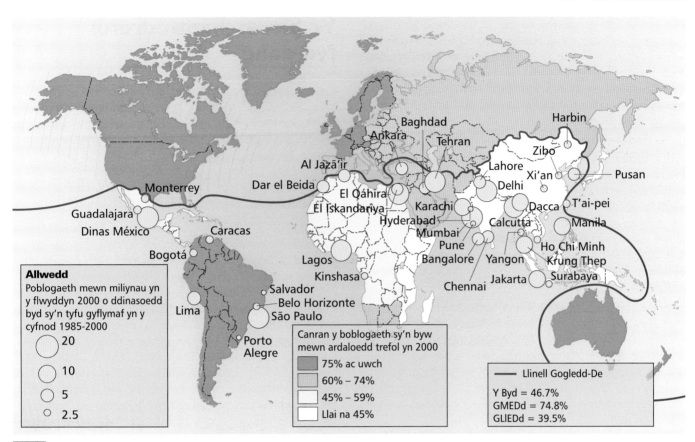

8.3   *Trefoli heddiw*

Allwedd key (within image):

Poblogaeth mewn miliynau yn y flwyddyn 2000 o ddinasoedd byd sy'n tyfu gyflymaf yn y cyfnod 1985-2000
- 20
- 10
- 5
- 2.5

Canran y boblogaeth sy'n byw mewn ardaloedd trefol yn 2000
- 75% ac uwch
- 60% – 74%
- 45% – 59%
- Llai na 45%

Llinell Gogledd-De
Y Byd = 46.7%
GMEDd = 74.8%
GLIEDd = 39.5%

Twf megaddinasoedd

Mewn llawer o fannau yn y byd sy'n datblygu, mae dinasoedd yn tyfu mor gyflym fel eu bod yn cyfuno â'i gilydd i ffurfio rhanbarthau trefol mwy a elwir yn **megaddinasoedd**. Mae enghreifftiau o'r rhanbarthau hyn yn cynnwys Dinas México, São Paulo, Lagos ac El Qáhira/Cairo. Mae mudo ar raddfa fawr yn bwydo'r twf hwn. Yn y rhan fwyaf o wledydd, y gyrchfan i'r rhan fwyaf o fudwyr yw'r dinasoedd mawr, gan fod y rhain yn cynnig y cyfleoedd mwyaf. Galwyd y broses hon yn **mega-drefoli**. Mae dinasoedd mawr yn tyfu'n gyflym ac yn ehangu ar hyd llinellau cyfathrebu i amgylchynu pentrefi. O ganlyniad, mae'r ffiniau rhwng ardaloed trefol a gwledig yn pylu.

Pam fod dinasoedd yn tyfu?

Mae twf poblogaeth drefol yn ganlyniad dwy set o brosesau:

1 **Cynnydd poblogaeth naturiol** Yn syml, dyma lle mae nifer y babanod sy'n cael eu geni mewn blwyddyn benodol yn fwy na nifer y bobl sy'n marw.

2 **Mewnfudo mewnol** Mae twf poblogaeth drefol yn digwydd o ganlyniad i fudo net o ardaloedd gwledig.

Mae'n anodd gwneud sylwadau cyffredinol ynglŷn â'r ffordd orau i egluro twf cyflym dinasoedd, ac i ddweud ai mewnfudo mewnol neu gynnydd naturiol sy'n gyfrifol am y twf. Mae'n well trafod pob dinas yn unigol. Mae'r ddau yn gysylltiedig, gan fod y bobl sy'n mudo i'r ddinas o gefn gwlad yn tueddu i fod yn ifancach. Mae hyn yn arwain at gynnydd yng nghyfanswm poblogaeth y ddinas sy'n y grwpiau oedran ffrwythlon ac felly'n fwy tebygol o gael plant. Mae hyn yn arwain at gynnydd yn nifer y plant sy'n cael eu geni.

Beth sy'n annog pobl i adael ardaloedd gwledig a symud i'r dinasoedd?

Efallai mai'r rheswm pwysicaf pam fod pobl yn gadael ardaloedd gwledig yw'r tlodi eang a diweithdra mewn rhai ardaloedd gwledig (Ffigur 8.4). Tuedda lefel cyflogau i fod yn uwch mewn ardaloedd trefol, ac mae cyfleusterau cymdeithasol a iechyd yn uwch mewn trefi mawr a dinasoedd.

8.4   *Tlodi gwledig yn y byd sy'n datblygu: Tarabuco, Bolivia*

Mae'r nifer fawr o bobl mewn trefi a dinasoedd yn golygu bod amrediad eang o gyfleoedd i wneud bywoliaeth yno. Yn y rhan fwyaf o wledydd sy'n datblygu, mae llywodraethau wedi anelu at fuddsoddi mewn ffatrïoedd, ffyrdd, isadeiledd a chyfleusterau eraill mewn ardaloedd trefol. Golyga hyn fod preswylwyr gwledig yn debyg o ystyried bod ardaloedd trefol yn cynnig gwell ansawdd bywyd.

Lle na bo gwaith ffurfiol cyson ar gael, rhaid i bobl ddod o hyd i ffyrdd eraill o ennill bywoliaeth. Gallai hyn olygu gwerthu matsys neu gareiau esgidiau ar y stryd, glanhau esgidiau, gwaith crefft, casglu poteli i gael eu hailgylchu, neu gasglu gwastraff. Gallai'r ffyrdd hyn o wneud bywoliaeth gael eu cyplysu gyda chardota, mân droseddu neu buteinio. Mae'r math hwn o gyflogaeth yn ychwanegiad pwysig i'r economi mewn llawer o ddinasoedd mawr yn y byd sy'n datblygu. Gelwir y rhan hon o'r economi yn **sector anffurfiol.**

Dylai'r adran hon o'r llyfr roi rhyw syniad i chi o raddfa a phwysigrwydd trefoli cyfoes. Mae'r ffigurau'n awgrymu bod y twf cyflym mewn bywyd trefol yn digwydd mewn rhanbarthau o'r byd lle mae amodau cymdeithasol ac economaidd ar eu tlotaf a lle mae cynhyrchu diwydiannol yn isel. O ganlyniad, mae pwysau enfawr yn cael ei roi ar blant, gwragedd a dynion sy'n byw yn y lleoedd hyn. Trafodir y pynciau hyn ym Mhennod 8Ch.

Yr hierarchaeth drefol fyd-eang

Gellir adnabod hierarchaeth o ddinasoedd, yn amrywio o'r fwyaf a'r fwyaf dylanwadol i'r lleiaf. **Dinasoedd byd** yw'r dinasoedd hynny sydd wedi dod yn ganolfannau cyffredin ar gyfer llif gwybodaeth, cyllid a chynhyrchion diwylliannol sy'n gyrru'r economi byd-eang. Yn y dinasoedd hyn y ceir canolfannau corfforaethau trawsgenedlaethol, bancio a chyllid rhyngwladol, swyddfeydd llywodraeth, a'r cyrff cyfryngol mwyaf pwerus a rhyngwladol ddylanwadol.

Mae Ffigur 8.5 yn dangos lleoliad y dinasoedd byd dylanwadol hyn. Y mwyaf pwerus o'r rhain yw Llundain, Efrog Newydd a Tokyo, oherwydd eu swyddogaeth bwysig yn y marchnadoedd cyllid trwy'r byd, eu canolfannau corfforaethau trawsgenedlaethol, a'r crynodiad o wasanaethau cyllid (cyfnewidfeydd stoc, er enghraifft). Dan y tair hyn ceir dinasoedd sydd â dylanwad mawr dros ranbarthau mawr o'r byd, ac ymysg y rhain y mae Brwsel, Frankfurt, Los Angeles, Singapore, Paris a Zurich. Mae trydedd lefel yn cynnwys dinasoedd rhyngwladol pwysig gyda swyddogaethau mwy cyfyngedig neu arbenigol. Mae dinasoedd yn aml yn awyddus i gynyddu eu statws yn hierarchaeth dinasoedd y byd, ac i'w hybu eu hunain fel canolfannau pwysig (Ffigur 8.6).

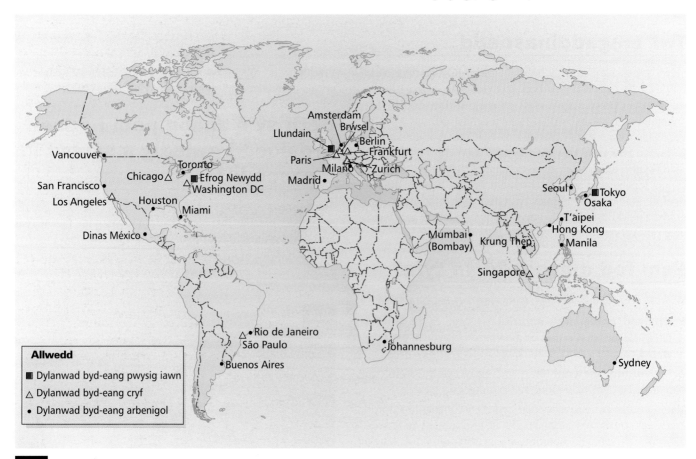

Allwedd

■ Dylanwad byd-eang pwysig iawn
△ Dylanwad byd-eang cryf
• Dylanwad byd-eang arbenigol

8.5 *Dinasoedd byd: hierarchaeth fyd-eang*

8.6 *Hybu 'dinas fyd': Sydney*

Dosraniadau gradd a maint

Wrth astudio systemau trefol o fewn gwledydd penodol, mae daearyddwyr yn ymddiddori yn y berthynas rhwng dinasoedd o wahanol faint. Mae **rheol gradd a maint** yn awgrymu y ceir rheoleidd-dra ystadegol yn nosraniadau maint dinas mewn gwledydd. Mae'r rheol yn nodi fod poblogaeth yr $n$fed ddinas fwyaf mewn gwlad yn 1/$n$fed poblogaeth y ddinas fwyaf yn y wlad neu'r rhanbarth dan sylw. Er enghraifft, os oes gan y ddinas fwyaf mewn gwlad boblogaeth o filiwn, dylai'r 4edd ddinas fwyaf fod â phoblogaeth chwarter cyn gymaint (hynny yw, 250 000), dylai'r 50fed ddinas fwyaf fod â phoblogaeth cymaint â phum degfed hynny (hynny yw, 20 000), ac yn y blaen. Gelwir hyn yn **hierarchaeth safonol** neu **normal** (Ffigur 8.7).

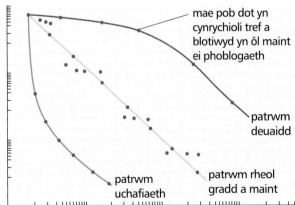

8.7 *Dosraniad gradd a maint*

Mewn rhai systemau trefol, mae'r dosraniad gradd a maint wedi ei wyrdroi oherwydd maint anghyfartal y ddinas fwyaf. Ym Mhrydain, er enghraifft, mae Llundain fwy na naw gwaith maint Birmingham, yr ail ddinas fwyaf. Yn Ffrainc, mae Paris fwy nag wyth gwaith maint Marseille. Gelwir y cyflwr hwn yn **uchafiaeth**, lle mae poblogaeth y ddinas fwyaf mewn system drefol yn anghyfartal fawr mewn perthynas â'r ail a'r drydedd ddinas fwyaf yn y system honno. Gelwir dinasoedd fel Llundain a Paris yn **archddinasoedd** (Ffigur 8.7). **Archddosraniadau** yw'r rhai lle mae'r hierarchaeth drefol yn cael ei llywodraethu gan un ddinas fawr.

ASTUDIAETH ACHOS

Dosraniadau gradd a maint

1 Prydain

Yn 1800, roedd Prydain yn ei hanfod yn dal yn gymdeithas amaethyddol. Roedd tri chwarter y boblogaeth yn byw mewn mannau â llai na 2500 o bobl. Roedd rhai canolfannau rhanbarthol i'w cael megis Norwich a Bryste, ond roedd yr hierarchaeth yn cael ei llywodraethu gan Lundain, a chwaraeai ran allweddol yn system fasnachu'r byd cyfan.

Mae goruchafiaeth Llundain yn parhau. Mae ei phoblogaeth yn fwy na holl boblogaethau y 15 dinas nesaf o ran maint ym Mhrydain gyda'i gilydd. Yma mae'r llywodraeth (er rhywfaint o ddatganoli grym gwleidyddol i'r Alban a Chymru), canolfan y system gyfreithiol Seisnig, a chanolfan bancio ac yswiriant, cyhoeddi, ffasiwn a hysbysebu. Fodd bynnag, mae angen cymedroli y darlun hwn o oruchafiaeth Llundain. Mae'r safbwynt ym Manceinion neu Gaerdydd yn hollol wahanol. Yn wir mae Prydain fel gwlad yn dioddef cystadleuaeth ranbarthol ddwys. Gellir gweld hyn yn y modd mae digwyddiadau chwaraeon megis pêl-droed a rygbi yn cynhyrchu teyrngarwch ffyrnig, ac mewn gwahaniaethau diwylliannol rhwng 'gogledd' a 'de' Prydain. Mae enghraifft Prydain yn darlunio arch-hierarchaeth drefol mewn gwlad ddatblygedig.

2 UDA

Mae UDA yn enghraifft o ddosraniad gradd a maint **normal** gan nad oes yr un ddinas yn tra-arglwyddiaethu. Ceir gwasgariad mwy cyson o boblogaeth. Bu trefoli yn hynod o amlwg yn UDA gyda 70% o'r boblogaeth yn byw mewn dinasoedd sy'n fwy na 50 000. Ceir mwy nag 20 dinas dros 1 miliwn yr un. Nid oes gan yr un ohonynt oruchafiaeth. Er mai Efrog Newydd yw'r ddinas fwyaf nid dyma ganolfan grym gwleidyddol, sydd wedi ei leoli yn Washington D.C. Yn ddiwylliannol mae Efrog Newydd a Los Angeles yn cystadlu i fod ar y blaen. Mae nifer o ffactorau yn egluro hyn:

- Mae'n wlad mor fawr fel na all yr un ddinas sengl ddominyddu. Ceir cyferbyniadau sylweddol rhwng gorllewin a dwyrain, gogledd a de. Mae hyn yn golygu fod dinasoedd mawr a dylanwadol ym mhob rhan o UDA.

- Mae'r system wleidyddol yn cynnig lefelau uchel o ymreolaeth i'r taleithiau unigol, fel y gallant hybu eu twf economaidd eu hunain. Mae hyn yn golygu fod gan bob talaith brifddinas sy'n chwarae rhan bwysig yn y bywyd economaidd a gwleidyddol.

- Dros amser mae manteision economaidd gwahanol ranbarthau wedi newid, gan arwain at lefelau uchel o fewnfudo mewnol ac ymfudo mewnol, sy'n bwydo twf poblogaeth. Er enghraifft, mae Los Angeles wedi dod yn ganolfan drefol bwysig, fel mae Dallas yn y de.

Canolrwydd

Mae'r syniad o uchafiaeth drefol yn perthyn i oruchafiaeth y ddinas fwyaf o safbwynt maint poblogaeth. Fodd bynnag, nid yw maint yn bopeth, ac mae gan rai dinasoedd bwysigrwydd economaidd, gwleidyddol a diwylliannol sy'n llawer mwy na fyddai eu maint yn awgrymu. Gelwir hyn yn **ganolrwydd**, ac mae'n cyfeirio at oruchafiaeth y dinasoedd o safbwynt swyddogaethau o fewn y system drefol. Er

enghraifft, dim ond 10% o boblogaeth Brasil sydd yn São Paulo, ond mae'n cynhyrchu tua chwarter o CMC y wlad ac yn cynnwys dros 40% o'i diwydiannau gweithgynhyrchu (Ffigur 8.8).

YMARFERION

1 Beth yw ystyr y term 'dinas byd'?

2 Dewiswch ddwy ddinas byd. Nodwch ym mha haen o hierarchaeth fyd-eang y maent, a dangoswch sut y mae ganddynt bwysigrwydd byd-eang.

3 Awgrymwch ffyrdd y gallai dinasoedd eu mabwysiadu ar gyfer cynyddu eu pwysigrwydd fel dinasoedd byd.

4 Gwahaniaethwch rhwng 'uchafiaeth' a 'chanolrwydd'.

5 Dewiswch un wlad. Nodwch os yw'n arddangos dosraniad archddinasol neu safonol. Eglurwch y dosraniad.

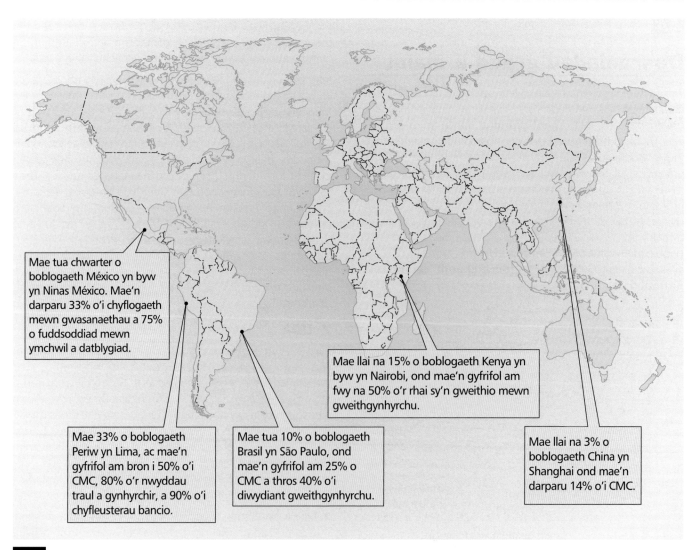

Mae tua chwarter o boblogaeth México yn byw yn Ninas México. Mae'n darparu 33% o'i chyflogaeth mewn gwasanaethau a 75% o fuddsoddiad mewn ymchwil a datblygiad.

Mae 33% o boblogaeth Periw yn Lima, ac mae'n gyfrifol am bron i 50% o'i CMC, 80% o'r nwyddau traul a gynhyrchir, a 90% o'i chyfleusterau bancio.

Mae tua 10% o boblogaeth Brasil yn São Paulo, ond mae'n gyfrifol am 25% o CMC a thros 40% o'i diwydiant gweithgynhyrchu.

Mae llai na 15% o boblogaeth Kenya yn byw yn Nairobi, ond mae'n gyfrifol am fwy na 50% o'r rhai sy'n gweithio mewn gweithgynhyrchu.

Mae llai na 3% o boblogaeth China yn Shanghai ond mae'n darparu 14% o'i CMC.

8.8 *Canolrwydd trefol: rhai enghreifftiau*

GWEITHGAREDD ESTYNEDIG

Edrychwch ar Ffigur 8.9. Mae'n dangos poblogaeth y 10 ddinas fwyaf yn Brasil ac UDA.

1 Cyfrifwch y boblogaeth a ddisgwylir ym mhob dinas yn ôl fformiwla rheol gradd a maint.

2 Ar bapur graff logarithmig dwbl, plotiwch wir feintiau'r boblogaeth. Ar echelin *x* plotiwch radd y ddinas, ac ar echelin *y* plotiwch maint y boblogaeth. Cymharwch y cromliniau a luniwyd gennych gyda'r dosraniadau nodweddiadol delfrydol a welir yn Ffigur 8.7

3 Rhowch sylwadau ar y gwahaniaethau rhwng dosraniadau Brasil ac UDA. Beth allai egluro'r gwahaniaethau a ddisgrifiwyd gennych?

	Brasil	Poblogaeth (miliynau)	UDA	Poblogaeth (miliynau)
1	São Paulo	16 832	Efrog Newydd	18 087
2	Rio de Janeiro	11 141	Los Angeles	14 532
3	Belo Horizonte	3 446	Chicago	8 066
4	Recife	2 945	San Francisco	6 253
5	Porto Alegre	2 924	Philadelphia	5 899
6	Salvador	2 362	Detroit	4 665
7	Fortaleza	2 169	Boston	4 172
8	Curitiba	1 926	Washington	3 924
9	Brasilia	1 557	Dallas	3 885
10	Nova Iguaçu	1 325	Houston	3 711

8.9 *Y deg dinas fwyaf yn Brasil ac UDA*

CWESTIWN STRWYTHUREDIG 2

Astudiwch Ffigur 8.10. Mae'n dangos data ar boblogaethau trefol yn Affrica.

a Pa ddwy ddinas Affricanaidd sydd â mwy na 7 miliwn o bobl? *(2)*

b Disgrifiwch ddosraniad gwledydd sydd â phoblogaeth drefol o dros 40%. *(4)*

c Enwch ac eglurwch ddau ffactor sy'n arwain at dwf poblogaeth drefol. *(2)*

ch Awgrymwch resymau dros lefelau cymharol uchel trefoli yn
(i) gwledydd Gogledd Affrica
(ii) De Affrica. *(4)*

d Awgrymwch resymau dros lefelau isel trefoli mewn llawer o dde Affrica. *(3)*

dd Awgrymwch rai o'r problemau y gellid eu cysylltu â chyfradd gyflym twf trefol yn ninasoedd Affrica. *(4)*

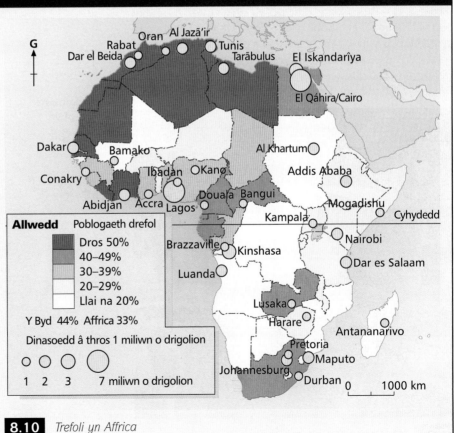

8.10 *Trefoli yn Affrica*

B Patrymau defnydd tir mewn dinasoedd

Meddyliwch am dref neu ddinas y gwyddoch yn dda amdani. Nawr meddyliwch am ei hardaloedd gwahanol. Beth sy'n digwydd yng nghanol y dref? Sut y mae'n wahanol i fannau ymhellach allan o'r canol? Oes ardaloedd 'hen' a 'newydd' yn y dref, neu ardaloedd o gartrefi 'gwell'? Ble mae'r siopau a'r cyfleusterau hamdden wedi eu lleoli?

Rydym i gyd yn cludo 'mapiau meddwl' o drefi a dinasoedd. Mae'r rhain yn fras ganllawiau i'n cynorthwyo i wneud synnwyr o gymlethdod mannau lle rydym yn byw (mae 80% o drigolion Prydain yn byw mewn trefi a dinasoedd). Wrth astudio ardaloedd trefol mae daearyddwyr wedi dyfeisio modelau sy'n symleiddio a chrynhoi arweddion pwysicaf y trefi a'r dinasoedd yn eu barn nhw. Mae'r modelau hyn fel arfer wedi eu cynhyrchu drwy astudio dinasoedd go iawn, ac argymhellir fod y modelau yn addas ar gyfer dinasoedd eraill. Mae'r bennod hon yn cyflwyno rhai o brif fodelau'r strwythur trefol.

Cylchfaoedd cydganol (Burgess)

Datblygwyd y model enwocaf gan y cymdeithasegydd E.W. Burgess, a weithiai yn Chicago yn gynnar yn yr 20fed ganrif (Ffigur 8.11). Pan ddaeth Chicago yn ddinas yn 1837, dim ond 4200 oedd ei phoblogaeth. Symbylwyd ei thwf pan gyrhaeddodd y rheilffyrdd a gwneud y ddinas yn ganolbwynt trawsgludiad pwysig. Daeth y ddinas yn ganolfan bwysig am weithgynhyrchu dur, dosbarthu cynnyrch coedwigaeth ac am brosesu a phacio cig. Denodd twf y ddinas niferoedd mawr

o fewnfudwyr o UDA yn ogystal ag o Ewrop, ac roedd ei chymdogaethau yn unigryw ar y pryd am fod yn hynod o arwahanol gyda nodweddion diwylliannol a chymdeithasol amlwg (Ffigur 8.12). Dangosodd cyfrifiadau 1880 ac 1890 fod mwy na thri chwarter poblogaeth Chicago yn fewnfudwyr a anwyd dramor.

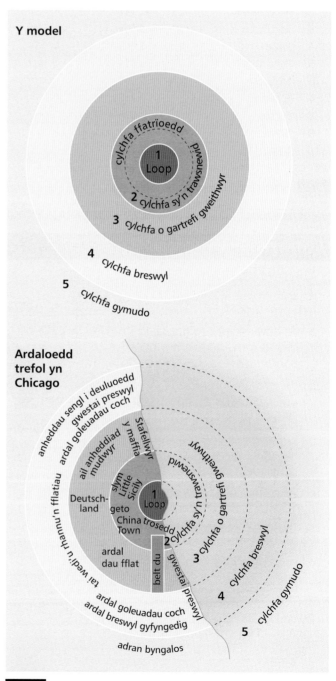

8.12 *Model cylchfaoedd cydganol Burgess*

8.11 *Chicago yn nechrau'r 20fed ganrif*

Oherwydd y ffactorau hyn mae Chicago yn fan pwysig i'w astudio, a chynhyrchodd Ysgol Cymdeithasegwyr Chicago nifer o astudiaethau o'r ddinas sy'n dal yn ddylanwadol heddiw. Astudiodd Burgess Chicago ar adeg pan oedd yn profi mewnfudo mewnol enfawr. Roedd mwyafrif y newydd-ddyfodiaid i'r ddinas yn brin o arian ac heb fawr o adnoddau. Fe symudont yn gyntaf i ganol y ddinas, lle'r oedd y cartrefi rhataf. Wrth iddynt gael eu traed danynt yn yr economi symudont ymhellach allan i gartrefi drutach. Canlyniad y prosesau hyn o oresgyniad ac olyniaeth oedd cyfres o gylchfaoedd. Mae'r termau 'goresgyniad' ac 'olyniaeth' yn arwyddocaol oherwydd fe'u cysylltir ag astudiaeth o ecosystemau. Ystyriai Ysgol Gymdeithaseg Chicago fod egwyddorion ecolegol yn dylanwadu ar ymddygiad dynol. Roeddent yn credu y byddai'r grwpiau mwyaf pwerus (rhywogaethau) yn dod o hyd i'r safle mwyaf manteisiol mewn gofod penodol drwy gystadleuaeth.

Mabwysiadwyd model Burgess gan lawer fel model o ddinas 'nodweddiadol'. Mae model Burgess yn cynrychioli'r ddinas fel system ddynamig, fyw. Hyrwyddwyd ei thwf wrth i'r mewnfudwyr mewnol newydd gyrraedd a dymuniad yr unigolyn i symud 'ymlaen ac i fyny' oddi wrth ganol y ddinas i dai o ansawdd gwell ar gyrion y ddinas. Mae'r darn isod yn crynhoi'r model.

> *'Yn ôl y ddamcaniaeth hon, roedd y ddinas nodweddiadol yn un sy'n cynnwys pum prif gylchfa cydganol, yr un fwyaf mewnol yn cael ei disgrifio fel canol busnes y dref ac yn ddi-breswyl. Yna fe'i hamgylchynir gan "gylchfa sy'n trawsnewid", lle mae ffatrïoedd a phreswylfeydd tlotach yn cydgymysgu, ac yn olaf gan dair cylchfa breswyl yn cynyddu mewn cyfoeth a statws cymdeithasol. Rhagdybiwyd y byddai'r mewnfudwyr newydd yn symud i ardaloedd preswyl rhataf y ddinas ac yna, wrth iddynt sefydlu eu hunain yn economaidd, yn mudo tuag allan. Byddai hyn yn broses barhaol, fel bod y "gylchfa sy'n trawsnewid" (fel mae'r enw'n awgrymu) â chyfradd symudedd uchel.'*

Model sectorau (Hoyt)

Yr ail fodel yw un yr economegydd trefol Homer Hoyt (1939). Seiliodd Hoyt ei fodel (Ffigur 8.13) ar ddadansoddiad o werthoedd tir mewn 25 o ddinasoedd America. Gwrthododd y syniad o gylchfaoedd cydganol. Yn hytrach fe awgrymodd fod ardaloedd preswyl yn cymryd ffurf cyfres o sectorau. Dynododd sectorau o dai statws uchel a ddatblygodd ar hyd y priffyrdd cludiant yn rheiddio allan o ardal canol y ddinas. Roedd yr ardaloedd statws uchel hyn yn tueddu i leoli eu hunain ar dir uchel i ffwrdd oddi wrth ardaloedd diwydiannol o lygredd uchel, lle roedd y risg o lifogydd yn llai, a lle ceid golygfeydd panoramig o'r ddinas. Fel cyferbyniad, nododd Hoyt sectorau o ddatblygiad diwydiannol yn tyfu allan o'r canol ar hyd llwybrau cludiant megis rheilffyrdd ac afonydd.

Model aml-gnewyll (Harris ac Ullmann)

Y trydydd model o ddefnydd tir trefol yw model aml-gnewyll Harris ac Ullmann (Ffigur 8.14). Roedd hwn wedi ei seilio ar y syniad unwaith y bydd dinasoedd wedi cyrraedd maint arbennig, nid yw'r canol y dref traddodiadol neu'r CBD mwyach yn ddigonol ar gyfer gwasanaethu gofynion masnachol y ddinas gyfan. O ganlyniad, ymddangosodd nodau ychwanegol o siopau a swyddfeydd yn yr ardaloedd alldrefol. Unwaith y mae hyn yn digwydd, mae'r nodau yn dal i dyfu drwy brosesau o ddenu. Er enghraifft, mae

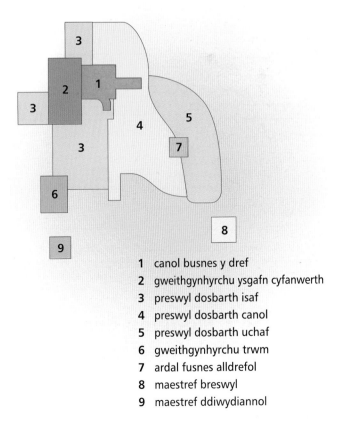

1 canol busnes y dref
2 gweithgynhyrchu ysgafn cyfanwerth
3 preswyl dosbarth isaf
4 preswyl dosbarth canol
5 preswyl dosbarth uchaf
6 gweithgynhyrchu trwm
7 ardal fusnes alldrefol
8 maestref breswyl
9 maestref ddiwydiannol

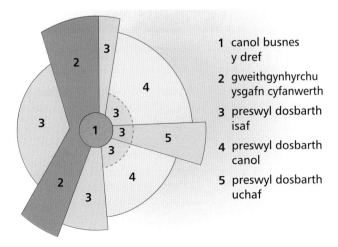

1 canol busnes y dref
2 gweithgynhyrchu ysgafn cyfanwerth
3 preswyl dosbarth isaf
4 preswyl dosbarth canol
5 preswyl dosbarth uchaf

8.13 *Model sectorau Hoyt o ddefnydd tir trefol*

8.14 *Damcaniaeth strwythur trefol aml-gnewyll Harris ac Ullmann*

Theori rhent-cynnig

Mae'r modelau hyn yn rhannu'r syniad cyffredin fod grymoedd economaidd yn penderfynu defnydd tir. Mae hyn wedi ei sylfaenu ar y syniad fod y rhan fwyaf o ddefnyddwyr tir trefol am gael yr elw mwyaf o leoliad arbennig. Tybir mai'r rhannau mwyaf hygyrch o ddinasoedd yw'r rhai mwyaf proffidiol. Er enghraifft:

- mae busnesau a siopau eisiau bod yn hygyrch i'w gilydd, i farchnadoedd, ac i weithwyr
- mae preswylwyr preifat eisiau bod yn hygyrch i swyddi, amwynderau a ffrindiau
- mae angen i sefydliadau cyhoeddus fod yn hygyrch i gleientau.

Mae gwahanol ddefnyddwyr yn cystadlu am safleoedd hygyrch ger canol y ddinas. Gelwir y swm y maent yn barod i'w dalu yn **rhent-cynnig** (Ffigur 8.15).

Fodd bynnag, mae rhai defnyddwyr yn barod i dalu mwy am safleoedd canolog oherwydd bod eu defnydd ohonynt yn fwy. Er enghraifft, bydd adwerthwyr mawr yn barod i dalu prisiau uchel am dir yng nghanol y ddinas oherwydd bydd hyn yn cael yr uchafswm o gwsmeriaid posibl y gallant eu denu (Ffigur 8.16). Ymhellach i ffwrdd o'r canol, byddant yn barod i dalu llawer llai. O ganlyniad i'r gystadleuaeth am dir, bydd patrwm cydganol o ddefnydd tir yn datblygu.

Yn ôl y rhesymeg hon gellid disgwyl y byddai'r cartrefi tlotaf yn meddiannu cyrion y ddinas. Fodd bynnag, mewn dinasoedd cyfalafol Gorllewinol nid yw hyn yn gyffredinol wir. Y rheswm am hyn yw fod y cartrefi cyfoethocaf yn aberthu cyfleuster mynediad er mwyn mwynhau defnyddio llawer mwy o ofod. Mae cartrefi incwm isel yn cyfnewid gofod byw am fynediad i leoedd gwaith, ac felly yn darganfod tai ger canol y ddinas.

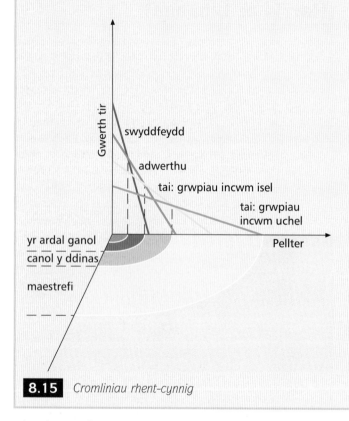

8.15 *Cromliniau rhent-cynnig*

8.16 *Allfa adwerthu fawr mewn CBD Prydeinig*

adwerthu'n gofyn am warws, cludiant a gweithgynhyrchu. Yn ychwanegol, mae gweithwyr yn cael eu denu at y nodau hyn a'r canlyniad yw cyfres o ganolfannau aml-gnewyll.

Sut mae'r modelau hyn yn berthnasol i ddinasoedd Prydeinig?

Mae nifer o ysgrifenwyr wedi profi cymhwysedd y modelau hyn i ddinsaoedd Prydeinig. Er enghraifft, datblygodd Mann (1965) fodel o'r ddinas Brydeinig a oedd yn seiliedig ar fodelau Burgess a Hoyt trwy gyfuno'r patrwm cydganol a'r patrwm sectorau o ardaloedd preswyl (Ffigur 8.17). Roedd ei fodel yn cydnabod, tra bod dinasoedd yn datblygu tuag allan mewn patrymau o gylchfaoedd cydganol, bod gwahaniaethau incwm yn aml yn sectoraidd. Ychwanegodd Mann at ei fodel hefyd weithgaredd awdurdodau lleol wrth ddarparu cartrefi. Awgrymodd y byddai llygredd o ddiwydiant yng nghanol y ddinas yn cael ei gario i ddwyrain y dinasoedd Prydeinig gan y prifwyntoedd. Creodd hyn hollt dwyrain-gorllewin yn y dosbarth preswyl wrth i'r grwpiau incwm uwch ddewis byw yn y gorllewin.

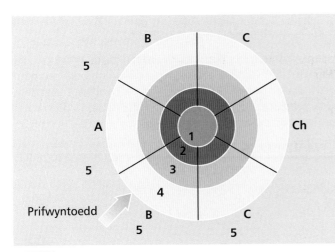

1   canol busnes y dref
2   cylchfa sy'n trawsnewid
3   cylchfa o dai teras bychain yn sectorau C a Ch;
    tai mwy yr awdurdod lleol yn B;
    hen dai mawr yn sector A.
4   ardaloedd preswyl ôl-1918, gyda datblygiad
    ôl-1945 yn bennaf ar y cyrion
5   trefi 'noswylio' o fewn pellter cymudo
A   Sector dosbarth canol
B   Sector dosbarth canol is
C   Sector dosbarth gwaith
    (a phrif stadau cyngor)
Ch Sector diwydiannol a dosbarth gwaith is

8.17   *Model Mann o strwythur dinas Brydeinig ddamcaniaethol*

Cynhyrchodd Robson (1965) fodel o batrymau arwahanu preswyl yn Sunderland (Ffigur 8.18). Dyma sut y mae'n disgrifio'r patrymau a welodd:

- Mae canol busnes y dref wedi'i leoli i'r de o'r afon, a'r ardaloedd diwydiannol yn dilyn dwy lan yr afon ac yn ymestyn tua'r de ar hyd yr arfordir o aber yr afon.

- Mae gan y patrwm preswylio yn y gogledd rai elfennau o ddatblygiadau sectorol a awgrymwyd gan Hoyt, ond yn bennaf, mae'r ardal ogleddol ar ffurf cyfres o gylchfaoedd

cydganol fel rhai Burgess. Maent yn datblygu tuag allan o gylchfa dlawd wedi ei hisrannu gerllaw yr ardal ddiwydiannol bob ochr i'r afon, drwy ardal gradd ganolig gan ymestyn at y rheilffordd gorllewin-dwyrain, ac at gylchfa gradd uwch i'r gogledd o hyn ac yn ymestyn at ffin y dref.

- I'r de o'r afon, mae'r ardaloedd preswyl wedi datblygu patrwm sectorol gyda phedwar prif sector: sector dosbarth isaf yn y dwyrain sydd wedi ei isrannu'n sylweddol ar ei begwn gogleddol; sector gradd uchel drws nesaf sy'n ymestyn allan o'r ardaloedd mewnol fel ardal ymledol at y ffin ddeheuol; sector dosbarth canol yn ymestyn tua'r gorllewin, ac yn olaf, ail sector dosbarth isel ar ochr ardaloedd diwydiannol yr afon.

- Datblygodd ardal o dai stafelloedd lletya ar ochr y dref o'r ddau sector dosbarth uchaf, un i'r gogledd o'r afon, y llall, yn helaethach, tua'r de.

ASTUDIAETH ACHOS

Bradford

Dechreuodd Bradford fel pentref bychan a ehangodd yn gyflym yn ystod y Chwyldro Diwydiannol. Roedd yn ganolfan bwysig ar gyfer y diwydiant tecstilau a datblygiad peirianneg. Astudiodd Richardson (1976) strwythur trefol y ddinas. Mae Ffigur 8.19 yn dangos nifer o nodweddion:

- Canol busnes y dref – dyma oedd safle yr anheddiad gwreiddiol ac mae'n cynnwys tri sector amlwg: ardal cyfanwerthu gwlân a swyddfeydd; ardal bancio a siopa; a'r ardal addysgol ac adloniant.

- Cylch o dai teras Fictoraidd ac Edwardaidd o amgylch yr CBD – datblygodd yr ardal hon i gwmpasu'r pentrefi cyfagos megis Manningham a Little Horton. Mae hon yn ardal o dai cefn wrth gefn o ddwysedd uchel a godwyd cyn 1880. Erbyn 1945 roedd y gylchfa sy'n trawsnewid hon wedi dirywio ac wedyn daeth dan ddylanwad unedau

Allwedd

☐ Diwydiant

Môr y Gogledd

dosbarth canol
dosbarth uchaf
stafelloedd lletya
dosbarth isaf
tai dosbarth isaf (isranwyd)

A. Wear

dosbarth isaf (isranwyd)
dosbarth isaf
CBD
dosbarth isaf (isranwyd)
dosbarth canol
stafelloedd lletya
dosbarth isaf
dosbarth uchaf

8.18   *Model Robson o arwahanu preswyl yn Sunderland*

diwydiannol bychain. Daeth Bradford yn ganolfan mewnfudiad o'r Gymanwlad Newydd a Pakistan o'r 1950au hwyr, a denodd yr ardal hon niferoedd mawr o fewnfudwyr.

- Ardaloedd allanol o dai cyngor a thai preifat – adeiladwyd y stadau cyngor ar ymyl y dref, yn dilyn clirio llawer o'r tai adfeiliedig yn yr ardal fewnol wedi'r Rhyfel Byd Cyntaf. Hyrwyddwyd twf y ddinas gan ehangiad cludiant cyhoeddus a'r cynnydd mewn perchenogaeth car. Roedd mwy o ardaloedd agored yn golygu fod tai yn cael eu hadeiladu ar ddwyseddau is.

- Cylchfa gymudo – o bentrefi ar y cyrion megis Allerton, Cottingley, Eccleshill, Woodhall a Wibsey.

- Yn ychwanegol at y cylchfaoedd cydganol llydan hyn o fathau o dai ceir sectorau diwydiant a ddatblygodd ar hyd yr afonydd tuag at Frizinghall, Thornton, Clayton a Bowling. Gellir adnabod y rhain ar Ffigur 8.19. Maent yn cynnwys sector gorllewinol ar ddwy lan Clayton Beck;

cylchfa o ddiwydiant tua'r de ar hyd Bowling Beck; a sector dwyreiniol ar hyd y rheilffordd i Leeds.

Mae strwythur trefol Bradford yn arddangos elfennau o fodel cylchfaoedd cydganol Burgess yn ogystal â model sectorau Hoyt. Fodd bynnag, mae datblygiad parhaol wedi arwain at ardaloedd adeiledig yn llyncu aneddiadau ar gyrion Bradford, gan arwain at strwythur mwy aml-gnewyll.

YMARFERION

Astudiwch Ffigur 8.19.

1 *Gwnewch gopi o'r map. Labelwch y prif ardaloedd o ddefnydd tir masnachol, preswyl a diwydiannol.*

2 *Rhowch grynodeb o ddatblygiad strwythur trefol y ddinas.*

3 *I ba raddau y mae'r model yn ymddangos ei fod yn cyd-fynd â modelau o strwythur trefol a drafodwyd yn y bennod hon?*

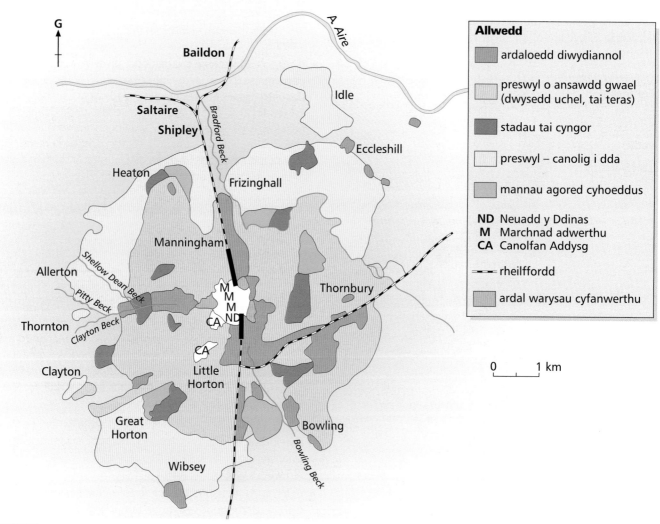

Allwedd

- ardaloedd diwydiannol
- preswyl o ansawdd gwael (dwysedd uchel, tai teras)
- stadau tai cyngor
- preswyl – canolig i dda
- mannau agored cyhoeddus
- **ND** Neuadd y Ddinas
- **M** Marchnad adwerthu
- **CA** Canolfan Addysg
- rheilffordd
- ardal warysau cyfanwerthu

0 ___ 1 km

8.19   *Strwythur trefol Bradford*

Mae daearyddwyr sy'n astudio ardaloedd trefol wedi bod â diddordeb i weld i ba raddau y mae'r modelau hyn yn cael eu dyblygu mewn dinasoedd eraill. Aeth cryn ymdrech i adnabod 'cylchfaoedd' a 'sectorau' mewn dinasoedd ar draws y byd. Mae llawer o'r gwaith hwn bellach yn cael ei feirniadu. Roedd y modelau yn gynnyrch amodau economaidd a chymdeithasol arbennig na fedrir eu cymhwyso yn aml i leoedd eraill. Mae'r

holl fodelau a drafodwyd wedi eu sylfaenu ar gymdeithas lle roedd marchnad ar gyfer tai preifat ac economi rydd lle roedd penderfyniadau ar ddefnydd tir wedi ei seilio ar yr angen i wneud elw (gweler y *blwch* isod ar ddatblygiad strwythur trefol mewn cymdeithasau sosialaidd). Wrth i ddinasoedd newid, mae daearyddwyr wedi ceisio darganfod modelau newydd i egluro'r newidiadau hyn.

Modelau trefol mewn dinasoedd sosialaidd

Effeithiwyd yn fawr ar lawer o ddinasoedd Dwyrain Ewrop gan gynllunio sosialaidd. Mae cynllunio trefol mewn gwladwriaethau sosialaidd yn adlewyrchu'r meddwl comiwnyddol (Ffigur 8.20). Er enghraifft, roedd polisïau swyddogol yn ceisio dileu crynodiad gormodol o bobl mewn dinasoedd mawr er mwyn creu system drefol gytbwys, a chulhau'r bwlch rhwng ardaloedd trefol a gwledig. Mae'r ddinas sosialaidd yn arddangos cyfres o gylchfaoedd cydganol a sectorau sydd mewn sawl ffordd yn debyg i'r rhai a geir mewn dinas gyfalafol. Fodd bynnag, ceir ardaloedd mewnol pendant sy'n gyn-sosialaidd ac ardaloedd allanol sosialaidd.

Mae'r rhan fwyaf o ddinasoedd sosialaidd yn gwarchod rhywfaint o'u hanes hir, fel arfer ar ffurf sgwâr, eglwysi cadeiriol ac eglwysi, a chestyll. Nesaf at y canolfannau hanesyddol ceir ardal fasnachol gyda diwydiant a thai cyn-gomiwnyddol. Oddi wrth y craidd hwn ceir cylchfa sy'n trawsnewid sosialaidd lle mae adeiladau modern yn raddol yn cymryd lle'r hen dai. Cyflawnwyd rhaglenni adeiladu enfawr o'r 1950au hyd at yr 1970au. Fel arfer roedd hyn ar ffurf stadau o fflatiau amrylawr parod ar gyfer nifer o ddeuluoedd. Adeiladwyd y rhain mewn clystyrau ar gyrion dinasoedd lle roedd tir ar gael. O ganlyniad, mae dwyseddau poblogaeth mewn dinasoedd yn Nwyrain Ewrop mewn gwirionedd yn cynyddu gyda phellter o'r canol. Roedd pob adeilad yn ffurfio rhan o uned gymdogaeth ac yn rhannu'r cyfleusterau oddi amgylch megis siopau, mannau gwyrdd ac ardaloedd chwarae. Yn yr achos hwn roedd y ffurf trefol wedi ei gynllunio i hybu rhyngweithiad cymdeithasol. Mae'r tai yn y cylchfaoedd hyn yn amrywio o ran oed ac yn adlewyrchu'r newidiadau mewn cynllunio a gymeradwywyd gan y wladwriaeth. O'u cymharu â dinasoedd cyfalafol, mae dinasoedd sosialaidd yn arddangos lefel is o arwahanu cymdeithasol, er fod y grwpiau economaidd gymdeithasol uwch yn tueddu i feddiannu'r tai hŷn a gwell ger y canol. Mae hyn yn wahanol i'r hyn a argymhellwyd gan Burgess, a awgrymodd y byddai'r grwpiau economaidd gymdeithasol uwch yn meddiannu ardaloedd allanol y ddinas. Mae dinasoedd sosialaidd yn cael eu gwasanaethu'n eithaf da gan gludiant cyhoeddus ac mae'r rhan fwyaf

ohonynt â rhwydweithiau o fysiau a thramiau. O amgylch hyn, ac ymhellach allan, ceir cylchfaoedd agored cynlluniedig, yn cael eu dilyn gan gylchfaoedd diwydiannol. Lle mae'n bosib, lleolir diwydiant i ffwrdd o gyfeiriad y prifwynt ac fe'i gwahenir o'r ddinas gan fannau agored gwyrdd a pharcdir.

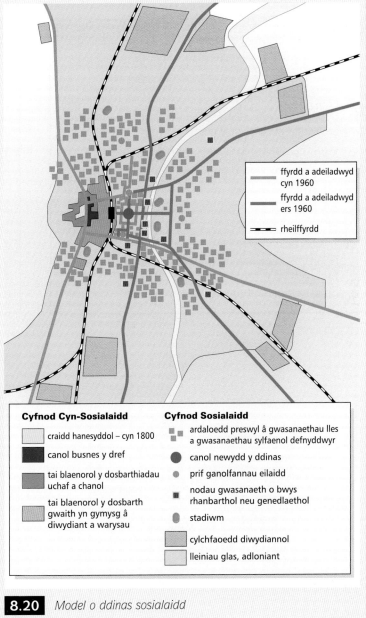

ffyrdd a adeiladwyd cyn 1960
ffyrdd a adeiladwyd ers 1960
rheilffyrdd

Cyfnod Cyn-Sosialaidd

craidd hanesyddol – cyn 1800
canol busnes y dref
tai blaenorol y dosbarthiadau uchaf a chanol
tai blaenorol y dosbarth gwaith yn gymysg â diwydiant a warysau

Cyfnod Sosialaidd

ardaloedd preswyl â gwasanaethau lles a gwasanaethau sylfaenol defnyddwyr
canol newydd y ddinas
prif ganolfannau eilaidd
nodau gwasanaeth o bwys rhanbarthol neu genedlaethol
stadiwm
cylchfaoedd diwydiannol
lleiniau glas, adloniant

8.20   *Model o ddinas sosialaidd*

YMARFERION

1 Gwnewch gopïau o'r modelau o strwythur trefol a argymhellwyd gan Burgess, Hoyt, a Harris ac Ullmann.

2 Anodwch eich diagramau i ddangos prif nodweddion pob model.

3 Crynhowch ym mha ffyrdd y mae strwythur trefol dinasoedd sosialaidd yn debyg ac yn wahanol i ddinasoedd cyfalafol y Gorllewin.

4 Gan ddefnyddio'r syniad o rent-cynnig, dangoswch sut y mae penderfynu defnydd tir mewn dinasoedd cyfalafol yn wahanol i'r un mewn dinasoedd sosialaidd.

5 Mae'r *blwch* ar dudalen 278 yn awgrymu bod yr holl fodelau hyn yn tybio bod defnydd tir mewn dinasoedd yn ganlyniad grymoedd economaidd. Eglurwch beth y mae hyn yn ei olygu i chi.

6 Meddyliwch am dref sy'n adnabyddus i chi. A fedrwch chi enwi enghreifftiau lle nad yw defnydd tir yn ganlyniad grymoedd economaidd? Yn yr achosion hyn, beth sy'n penderfynu y penderfyniadau ar ddefnydd tir?

CWESTIWN STRWYTHUREDIG 1

Astudiwch Ffigur 8.21, sy'n dangos model o ddefnydd tir trefol ar gyfer dinas yn y byd datblygedig.

a Awgrymwch ffyrdd y gall amgylchedd trefol ardaloedd preswyl y rhai ag incwm uchel wahaniaethu oddi wrth ardaloedd preswyl incwm is.   (4)

b Pam y byddai rhai aelodau o'r grwpiau incwm uchel yn dymuno byw yn agos at ganol busnes y dref (CBD)?   (3)

c Awgrymwch resymau dros leoliad yr ardaloedd preswyl incwm isel.   (2)

ch Cyfran fechan o boblogaeth y ddinas sy'n lleiafrifoedd ethnig. Ym mha rannau o'r ddinas y byddech yn disgwyl i'r grwpiau hyn fyw? Eglurwch eich ateb.   (4)

CWESTIWN STRWYTHUREDIG 2

Astudiwch Ffigur 8.22, sy'n dangos llinellau rhent-cynnig ar gyfer defnyddiau tir dethol mewn un rhan o ddinas yn y byd datblygedig.

a Eglurwch y gwahaniaethau mewn rhenti-cynnig rhwng y tri defnydd tir.   (3)

b Ar ba bellter o ganol y ddinas y mae defnydd tir preswyl yn cymryd drosodd o ddefnydd tir masnachol a diwydiannol?   (2)

c Pam y mae llinellau rhent-cynnig yn lleihau mewn gwerth gyda phellter o ganol y ddinas?   (3)

ch Sut y byddai'r cylchfaoedd defnydd tir yn newid pe byddai'r rhent-cynnig am ddefnydd tir preswyl yn cynyddu i £5 y m²?   (3)

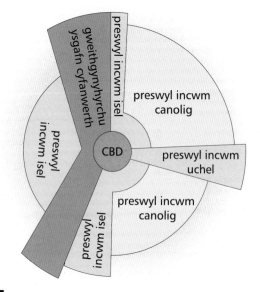

8.21 *Defnydd tir trefol mewn dinas yn y byd datblygedig*

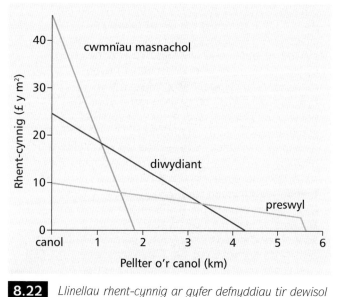

8.22 *Llinellau rhent-cynnig ar gyfer defnyddiau tir dewisol mewn rhan o ddinas yn y byd datblygedig*

Model ymylol (Harris)

Uwchraddiodd Harris (1997) y model aml-gnewyll, gan awgrymu bod datblygiadau trefol diweddar yn UDA a gwledydd eraill yn golygu bod angen **model ymylol** (Ffigur 8.23). Prif nodwedd y model hwn yw bodolaeth cylchfa ymylol sy'n gorwedd o fewn yr ardal fetropolitan ond y tu allan i ganol y ddinas. Does gan y gylchfa ymylol hon fawr ddim i'w wneud â chanol y ddinas ond mae'n gysylltiedig â datblygiadau eraill ar yr ymylon. Mae iddi nifer o nodweddion:

- Mae wedi ei chysylltu â llwybr cludiant rheiddiol.
- Mae ganddi flociau mawr o dir ar gyfer datblygiad.
- Mae ganddi nodweddion cymdeithasol, economaidd a chartrefu tebyg.
- Mae'n rhydd o broblemau ardaloedd canol y ddinas.
- Ceir tir ar gyfer datblygiad marchnadfeydd siopa rhanbarthol, ardaloedd diwydiannol, parciau thema, meysydd awyr gyda motelau a gwestai, canolfannau cynadleddau a pharciau.
- Mae preswylwyr y gylchfa ymylol â rhan fwyaf o'u cysylltiadau o fewn y sector hwn o'r ddinas ac ni wnânt fawr â chanol y ddinas.

Model ymylol o ardaloedd metropolitan

1 canol y ddinas
2 ardal breswyl faestrefol
3 priffordd cylcheddol
4 priffordd rheiddiol
5 marchnadfa siopa
6 ardal ddiwydiannol
7 parc swyddfeydd
8 canolfan wasanaeth
9 cyfadeiladau maes awyr
10 canolfan gyfunol o gyflogaeth a siopa

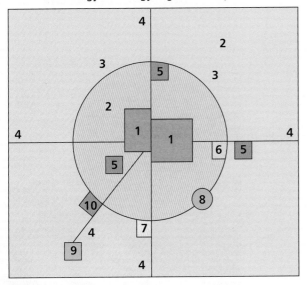

8.23 *Model ymylol Harris*

Dinasoedd ôl-fodern

Yn y blynyddoedd diwethaf mae daearyddwyr trefol wedi trafod ymddangosiad ffurfiau trefol newydd 'ôl-fodern'. Awgrymwyd fod ffurf, y patrymau defnydd tir a thirweddau dinasoedd megis Los Angeles yn wahanol iawn i'r dinasoedd modern a astudiwyd gan Burgess a Hoyt. Edrychir ar y ddinas ôl-fodern fel ymateb i newidiadau ehangach yng ngweithgareddau economi'r byd. Yn hytrach na bod yn endid cydlynol sengl, credir bod dinasoedd ôl-fodern yn cynnwys nifer o ddatblygiadau preswyl a masnachol mawr a mawreddog nad ydynt o anghenraid yn gysylltiedig. Y canlyniad yw clytwaith dryslyd ac anhrefnus o ddefnyddiau tir. Gwelir un ymgais i gynrychioli'r dryswch hwn ym model Flusty a Dear (1998) o drefolaeth ôl-fodern (Ffigur 8.24). Mae'n dangos nifer o nodweddion:

- Mae'r ddinas yn glytwaith o ddefnyddiau tir. Nid oes unrhyw batrwm na strwythur clir i'r ddinas.
- Nid oes un ganolfan glir. Yn hytrach, ceir nifer o ganolfannau.
- Mae'r ddinas yn mynd yn gymysgfa gymhleth o ddefnyddiau tir digyswllt. Ceir canolfannau traul o statws uchel ochr yn ochr â getos ethnig, tra cynlluniwyd cymunedau preswyl unigryw i rwystro adrannau o'r boblogaeth nad ydynt yn cael eu croesawu.

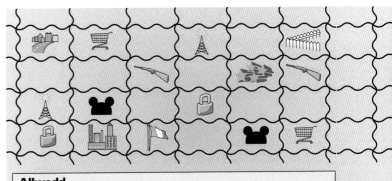

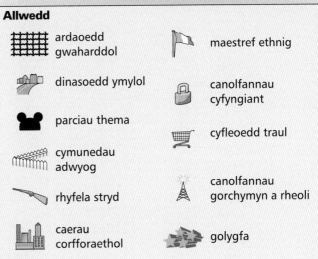

Allwedd

ardaoedd gwaharddol	maestref ethnig
dinasoedd ymylol	canolfannau cyfyngiant
parciau thema	cyfleoedd traul
cymunedau adwyog	canolfannau gorchymyn a rheoli
rhyfela stryd	golygfa
caerau corfforaethol	

8.24 *Model Flusty a Dear o drefolaeth ôl-fodern*

Problemau trefol yn Los Angeles

Yn aml disgrifir Los Angeles fel y 'ddinas fyd-eang'. Hyd yn oed os na fuoch yno byddwch yn ei hadnabod drwy'r cyfryngau. Mae ffilmiau megis LA Story yn portreadu'r ddinas fel lle yn yr haul, lle i fwynhau hamdden a moethusrwydd di-ben-draw. Ceir gweledigaethau tywyll hefyd, fel yn y ffilm Falling Down, sydd am ddyn ar ben ei dennyn, yn croesi'r ddinas ac yn colli ei amynedd gydag unrhyw un sy'n digwydd bod yn ei ffordd. Y tu hwnt i ffuglen, hwyrach eich bod yn cofio'r fideo yn dangos y gyrrwr du Rodney King yn cael eu guro gan swyddogion Adran Heddlu Los Angeles.

Yn ôl y daearyddwr trefol Ed Soja, mae Los Angeles yn fodel ar gyfer dinasoedd yn y ganrif i ddod. Mae'n dadlau y bydd y tueddiadau a'r patrymau sy'n ymddangos yn Los Angeles yn dod yn amlwg mewn dinasoedd mawr eraill. Cynyddodd poblogaeth Los Angeles o 9 miliwn yn 1970 i 14.5 miliwn yn 1996. Hyrwyddwyd y cynnydd hwn gan ehangiad di-dor o'r ddinas drwy ddatblygiad cludiant ffordd. Mae aneddiadau wedi eu hymgorffori yn yr ardal drefol a datblygodd nifer o ddinasoedd mawr ar gyrion y ddinas (Ffigur 8.25). Canlyniad y datblygiadau hyn oedd perthynas dan straen rhwng y canol a'r ymylon. Mae Soja wedi disgrifio Los Angeles fel y ddinas ddiwydiannol wedi'i throi tu chwith allan, lle mae'r ymylon wedi dod yn graidd economaidd, yn denu buddsoddiad oddi wrth ddiwydiannau awyrofod, electroneg a diwydiannau eraill uwch-dechnoleg. Gadawodd y broses dwll yn y canol a lanwyd yn y blynyddoedd diwethaf gan bencadlys corfforaethau trawsgenedlaethol mawr. O ganlyniad mae'r ddinas wedi dod yn ddinas byd, gan dynnu buddsoddiad o Ymylon y Môr

Tawel. Nid yw hyn ond un ochr y stori, fodd bynnag. Ochr yn ochr â'r mathau newydd proffidiol o gyflogaeth, bu cynnydd mewn economi ddi-undeb o gyflogau isel yn creu gwaith ar gyfer llawer o'r bobl yn y grwpiau lleiafrifol sy'n rhan o boblogaeth y ddinas.

Mae Los Angeles wedi profi trawsffurfiad dramatig o ran economi a strwythur trefol. Yn ystod dirwasgiad hir yr 1970au hwyr a dechrau'r 1980au dilewyd bron yn gyfan gwbl y sectorau diwydiant traddodiadol a oedd yn sail i dwf y ddinas wedi 1945. Rhwng 1978-83, collwyd 70 000 o swyddi cyflog uchel mewn diwydiannau yn gwneud moduron, teiars, dur ac awyrennau sifil. Roedd y rhan fwyaf o'r rhain wedi eu lleoli yn y belt diwydiannol ar hyd traffordd Long Beach. Gwnaethpwyd iawn am y rhan fwyaf o'r swyddi hyn a gollwyd drwy ennill 1.3 miliwn o swyddi rhwng 1970 ac 1990 ym mhump o siroedd De California (Los Angeles, Orange, Riverside, San Fernando a Ventura). Roedd y swyddi hyn yn bennaf mewn gweithgynhyrchu a gwasanaethau uwch-dechnoleg, ac yn y sectorau cyflog isel yn gysylltiedig â chynhyrchu awyrennau.

Mae nifer o nodweddion pwysig strwythur trefol Los Angeles yn deillio o'r datblygiadau hyn. Un o'r rhain yw'r cyferbyniad cymdeithasol rhwng gwahanol amgylcheddau preswyl. Mae Mike Davis yn cyferbynnu detholusrwydd ardaloedd megis Hollywood a Bel Air a'u maestrefi cyfoethog, lle ceir swyddogion diogelwch preifat, rhaglenni gwarchod cymunedau a chamerâu cadw golwg, â thlodi cymunedau geto megis South Central, Watts ac East LA. Yn nwyrain Los Angeles ar hyd Traffordd Santa Ana, ceir rhuban cul o ddinasoedd sy'n ffurfio calon hen economi diwydiannol De California. Adnabyddir y dinasoedd hyn fel y 'dinasoedd canolbwynt'. Maent wedi cael problemau dad-ddiwydiannu, tlodi a chartrefu. Rhwng 1978 ac 1982, collwyd 75 000 o swyddi yn ne ddwyrain Los Angeles wrth i ffatrïoedd gau yn y diwydiannau gweithgynhyrchu sylfaenol. Nodweddir y dinasoedd hyn gan fewnfudwyr o darddiad Sbaenaidd a Chicano. Y grwpiau hyn a

8.25 *Los Angeles*

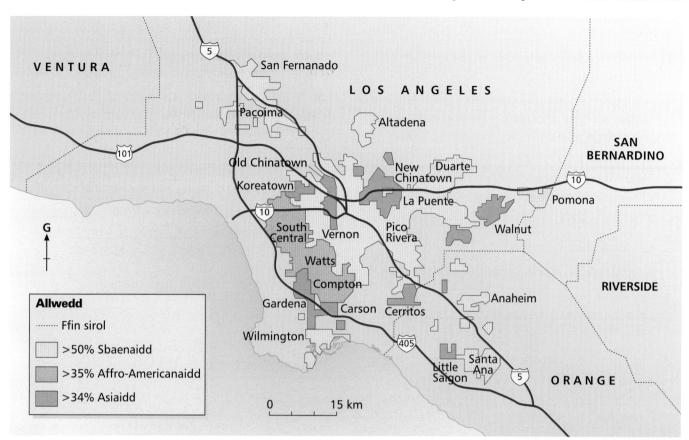

8.26 *Cymdogaethau ethnig yn siroedd Los Angeles ac Orange*

ddioddefodd o ganlyniad cau'r ffatrïoedd yn yr 1970au hwyr a'r 1980au cynnar. Bellach mae'r swyddi sydd ar gael yn y dinasoedd hyn yn swyddi cyflog isel mewn ffatrïoedd a gwasanaethau dillad. Erbyn yr 1980au hwyr roedd tair o'r dinasoedd canolbwynt – Cudahay, Bell Gardens a Huntington Park – ymysg y maestrefi tlotaf yn UDA.

Mae Watts yn un o ardaloedd tlotaf Los Angeles, ac fe effeithiwyd arni gan derfysgoedd yn 1965 ac 1992. Mae'n ardal lle ceir crynhoad o Sbaenwyr (69%) ac Affro-Americanwyr (24%), ac mae symudedd yn uchel yma wrth i fewnfudwyr ymsefydlu yn agos at ganol Los Angeles. Yn 1990 roedd traean o ddeiliaid tai ag incwm islaw'r llinell dlodi swyddogol (Ffigur 8.26).

Nodwedd amlwg o Los Angeles gyfoes yw'r ffordd y mae gofod yn cael ei rannu yn ôl statws cymdeithasol unigolion. Mae'r mannau gwag cyhoeddus, megis parciau, ar gau i bawb ond y bobl leol, ac mae'r cynlluniau ailddatblygu trefol yn cael eu plismona gan swyddogion diogelwch er mwyn cadw allan yr 'annymunol'. Ceir nodweddion sadistaidd i amgylchedd stryd, megis meinciau nad yw'n bosib cysgu arnynt, ac arwyddion yn dweud wrth bobl i beidio â loetran. Mae'r consyrn am ddiogelwch wedi arwain at gymunedau adwyog, lle mae swyddogion arfog, ffensys, waliau a swyddogion diogelwch yn cadw dieithriaid allan (Ffigur 8.27).

8.27 *Cymuned 'adwyog' ddethol yn Los Angeles*

285

YMARFERION

1 Gwnewch nodiadau ar y model ymylol a'r dinasoedd ôl-fodern.

2 Sut y mae'r modelau hyn yn gwahaniaethu oddi wrth fodelau eraill a drafodwyd yn y bennod hon? A ydynt yn cynnig gwelliannau i'n dealltwriaeth o'r ddinas gyfoes?

3 Disgrifiwch rai o brif nodweddion strwythur trefol Los Angeles. Rhowch eich barn ar:

- ei batrwm twf
- y newidiadau yn yr economi
- datblygiad rhaniadau cymdeithasol o fewn y ddinas.

4 Astudiwch Ffigur 8.28, sy'n dangos twf poblogaeth ym mhum sir Los Angeles ers 1900. Lluniwch graff i ddangos twf poblogaeth pob un o'r pum sir (Los Angeles, Ventura, Orange County, San Bernardino a Riverside).

5 a Beth sydd wedi digwydd i dwf poblogaeth rhanbarth Los Angeles ers 1900? Awgrymwch resymau dros hyn.

b Ers 1950, pa siroedd a brofodd y twf cyflymaf mewn poblogaeth? Sut y gellir egluro'r twf hwn?

c Pa effeithiau a fyddai patrwm twf poblogaeth yn ei gael ar ddefnydd tir yn rhanbarth Los Angeles? (Awgrym: preswyl, cludiant, amaethyddiaeth.)

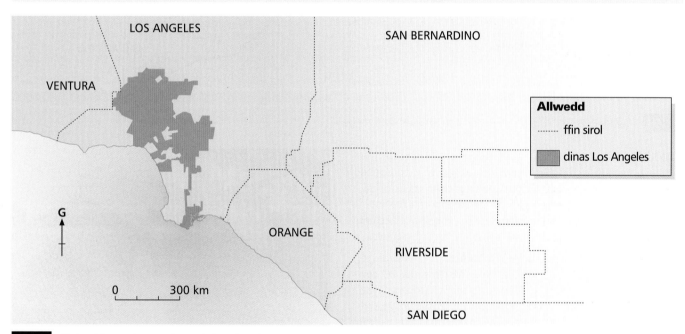

8.28 *Twf poblogaeth ym mhum sir Los Angeles*

Blwyddyn cyfrifiad	Los Angeles	Orange	San Bernardino	Riverside	Ventura	Y pum sir
1900	170	20	28	18	14	250
1910	504	34	57	35	18	648
1920	936	61	73	50	28	1148
1930	2209	119	134	81	55	2598
1940	2786	131	161	106	70	3254
1950	4152	216	282	170	115	4935
1960	6011	709	501	303	199	7723
1970	7042	1421	682	457	378	9980
1980	7478	1932	893	664	530	11 497
1990	8863	2411	1418	1170	669	14 531

C   Materion trefol mewn dinasoedd Prydeinig

Yn ei gyflwyniad i'w lyfr *Urban Decline* (1989) mae'r daearyddwr David Clark yn nodi: 'Mae dinasoedd Prydeinig yn dirywio'. Mae'n dadlau bod hyn yn arbennig o wir am ddinasoedd mawr, yng nghanol y **cytrefi** mawr trefol (Ffigur 8.29). Dau ddangosydd y dirywiad hwn yw newid yn y boblogaeth ac mewn cyflogaeth. Edrychwch ar Ffigur 8.30. Mae'r tablau hyn yn rhoi syniad o'r newidiadau sy'n digwydd yn ninasoedd mwyaf Prydain.

Allwedd

- Dinasoedd dros 200 000

Cytrefi

1   Llundain Fwyaf
2   Gorllewin y Canolbarth (Birmingham)
3   Glannau Mersi (Lerpwl)
4   De ddwyrain Sir Gaerhirfryn (Manceinion)
5   Gorllewin Efrog (Leeds)
6   Glannau Tyne (Newcastle)
7   Canol Glannau Clyde (Glasgow)

8.29   *Prif ardaloedd trefol Prydain*

	1988 poblogaeth	% newid				
		1901–51	1951–61	1961–71	1971–81	1981–88
Birmingham	993 700	49.1	1.9	−7.2	−8.3	−2.4
Glasgow	703 200	24.9	−2.9	−13.8	−22.0	−9.2
Leeds	709 600	19.3	2.5	3.6	−4.6	−1.2
Lerpwl	469 600	10.9	−5.5	−18.2	−16.4	−9.2
Llundain	6 735 000	25.9	−2.5	−6.8	−9.9	−1.0
Manceinion	445 900	8.3	−5.9	−17.9	−17.5	−3.6
Newcastle	279 600	26.1	−2.3	−8.4	−9.9	−1.6
Sheffield	528 300	23.0	0.4	−2.1	−6.1	−3.6

a   *Poblogaeth a chanran newid*

	Birmingham	Glasgow	Leeds	Lerpwl	Manceinion	Newcastle	Sheffield
Cynradd	−18.6	−16.3	−39.3	−64.8	−17.3	−38.3	−52.0
Cemegion ayyb	−48.3	−67.4	−14.8	−41.9	−44.5	−46.3	−73.0
Peirianneg ayyb	−37.8	−45.4	−26.2	−49.4	−32.8	−49.0	−31.7
Gweithgynhyrchu arall	−19.8	−40.8	−26.9	−60.4	−48.6	−37.2	−18.7
Adeiladu	−10.0	−15.0	−14.0	−24.7	−26.2	−41.1	−13.5
Gwasanaethau cynhyrchu	33.0	22.0	54.1	10.3	16.2	46.2	32.2
Gwasanaethau dosbarthu	−6.4	−25.3	9.8	−36.9	−16.0	−20.0	11.1
Gwasanaethau personol	22.2	4.6	19.3	3.3	−3.6	16.7	32.5
Gwasanaethau di-farchnad	5.3	11.1	2.6	−11.2	−0.7	26.3	7.5
Cyfanswm	**−10.8**	**−13.1**	**−0.6**	**−25.7**	**−12.9**	**−4.5**	**−15.1**

b   *Newid cyflogaeth (%) yn ôl sector, 1981–91*

8.30   *Newid mewn poblogaeth a chyflogaeth mewn rhai o ddinasoedd mawr Prydain*

Mae daearyddwyr wedi adnabod **sbiral dirywiad** sy'n effeithio ar sawl ardal yn y dinasoedd mawr. Cysylltir dirywiad poblogaeth â dirywiad yng nghyfleoedd cyflogaeth. O ganlyniad, bydd buddsoddiad yn cael ei dynnu'n ôl. Mae diweithdra yn golygu fod gan bobl lai o arian i'w wario, ac mae hyn yn cael effaith lluosydd ar fusnesau eraill, megis siopau a gwasanaethau eraill. Mae'r rhai sy'n gallu yn symud i chwilio am waith a gwell amgylchedd, gan adael ar eu hôl y boblogaeth sy'n weddill. Mae'r ardal yn cael eu hadnabod fel 'ardal broblem', ac mae'n mynd yn anodd i ddenu staff ar gyfer ysgolion, ysbytai a gwasanaethau cymdeithasol. Mae'r problemau hyn, gyda'i gilydd, yn ffurfio yr hyn a elwir yn **'argyfwng trefol'**. Mae Ffigur 8.31 yn amlinellu rhai agweddau o'r argyfwng trefol.

Argyfwng economaidd
Mae dinasoedd mawr wedi colli diwydiannau pwysig, yn enwedig mewn gweithgynhyrchu. Mae hyn wedi arwain at broblemau diweithdra a thlodi, yn ogystal ag amgylchedd ffisegol sy'n dirywio.

Argyfwng cymdeithasol
Mae problemau economaidd yn gysylltiedig â'r bwlch sy'n lledu rhwng y rhai sydd mewn gwaith a'r rhai sy'n methu â chael gwaith. Mae dinasoedd bellach yn safleoedd gwrthdaro, trosedd a gweithgaredd gwrthgymdeithasol.

AGWEDDAU O'R ARGYFWNG TREFOL

Argyfwng gwleidyddol
Nodweddir y dadleuon am ddyfodol dinasoedd gan anghytundebau gwleidyddol. Ceir cwestiynau ynglŷn â ddylid rheoli dinasoedd gan awdurdodau lleol neu gan y llywodraeth ganolog, a cheir pryderon am ddiffyg democratiaeth a chynrychiolaeth leol.

Argyfwng ideolegol
Mae'r argyfwng gwleidyddol yn gysylltiedig â chwestiwn ehangach am yr hyn y dylai dinasoedd fod. A ddylid datblygu dinasoedd fel eu bod yn ganolfannau proffidiol ar gyfer busnesau preifat, neu a ddylid eu datblygu fel eu bod yn rhoi blaenoriaeth i anghenion lles y trigolion?

Argyfwng cysyniadol
Yn draddodiadol mae'r ddinas yn arwydd o gynnydd a chymdeithas waraidd. Fodd bynnag, mae'r optimistiaeth hon wedi cael ei chwestiynu yn y blynyddoedd diwethaf, drwy gydnabod y costau amgylcheddol sy'n deillio o drefoli. Ar ddechrau'r mileniwm newydd, ceir dadleuon pwysig am ddiben dinasoedd a sut y gellir eu rheoli mewn ffyrdd cynaliadwy.

8.31 *Agweddau o'r argyfwng trefol*

YMARFERION

1 Beth yw ystyr y term 'cytref'?

2 Astudiwch Ffigur 8.30.

a Pa ddinas a brofodd y cynnydd cyflymaf mewn poblogaeth rhwng 1901 ac 1951?

b Beth sydd wedi digwydd i boblogaethau'r dinasoedd mwyaf ers 1951?

c Ym mha ddegawd y digwyddodd y newidiadau mwyaf dramatig?

ch Pa fathau o waith a ddirywiodd gyflymaf rhwng 1981 ac 1991?

d Pa fathau o waith a gynyddodd yn yr un cyfnod?

dd Beth yw'r cysylltiad rhwng y newidiadau mewn gwaith a newidiadau mewn poblogaeth?

3 Lluniwch ddiagram i ddarlunio 'sbiral dirywiad' mewn rhannau o ddinasoedd Prydain.

Materion cartrefu a thai

Map yw Ffigur 8.32 sy'n dangos ansawdd bywyd o fewn gwahanol wardiau (ardaloedd bychain) o fewn Llundain. Mae'n rhannu'r wardiau yn Llundain i bum grŵp, neu gwintelau. Os astudiwch y map, fe sylwch fod patrwm cyffredinol i'w gael:

- Mae'r wardiau â'r ansawdd bywyd gorau yn tueddu i fod yn rhannau allanol Llundain, tra bod y wardiau â'r ansawdd bywyd gwaelaf wedi eu clystyru yn Llundain fewnol, yn enwedig tua'r dwyrain.

- Mae'r map yn cynnig tystiolaeth o gyferbyniad amlwg rhwng Llundain allanol a mewnol, gyda'r amddifadiad dwysaf yn Llundain fewnol tua'r dwyrain.

- Cymhlethir y patrwm syml hwn gan y ffaith fod pocedi o lewyrch i'w cael yn Llundain fewnol a phocedi o amddifadiad o fewn Llundain allanol (Ffigur 8.33).

Mae 'amddifadiad' yn gysyniad anodd i'w ddiffinio. Mae'r map hwn wedi ei seilio ar bedwar dangosydd o amddifadiad. Y rhain yw:

- % y rhai di-waith
- % y cartrefi sy'n orlawn
- % y deiliaid nad ydynt yn berchen ar eu cartrefi eu hunain
- % y deiliaid nad oes ganddynt gar.

Ceir mesurau eraill, a gall eich astudiaethau chi wneud defnydd o ddata cyfrifiad i ddadansoddi amddifadiad yn eich ardal leol chi.

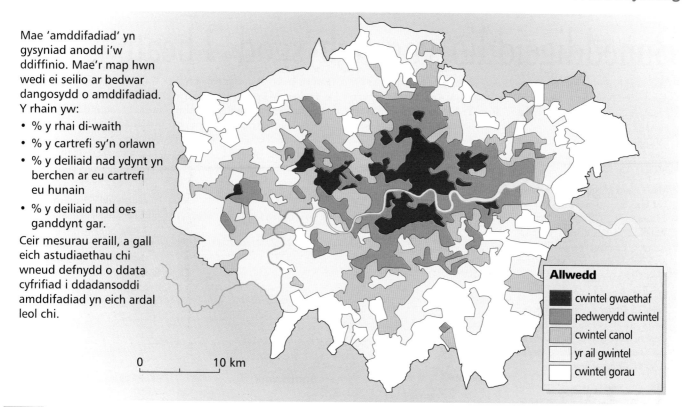

0   10 km

Allwedd

cwintel gwaethaf
pedwerydd cwintel
cwintel canol
yr ail gwintel
cwintel gorau

8.32 *Sgorau amddifadiad yn Llundain Fwyaf*

8.33 *Llundain: dinas o gyferbyniadau ...*

Beth yw boneddigeiddio?

Darllenwch erthygl papur newydd Ffigur 8.34. Mae'n amlinellu sut y mae ardal ddirywiedig yn Llundain fewnol ar fin dod yn ardal ffasiynol i fyw ynddi. Hybir y broses gan ddatblygwyr a gwerthwyr eiddo sydd wedi adnewyddu llawer o'r hen adeiladau, ac felly'n cynyddu eu gwerth, ac yna'n chwilio am brynwyr a all eu fforddio. Mae'r erthygl yn amlinellu atyniadau'r lleoliad, yn pwysleisio ei agosrwydd at y Ddinas, yr atyniadau diwylliannol, a thwf tai bwyta drud a barrau gwin. Gelwir y broses lle mae preswylwyr dosbarth canol yn gwladychu rhannau o'r ddinas sy'n bennaf yn ddosbarth gwaith yn **foneddigeiddio** (Ffigur 8.35).

Rhesymau dros foneddigeiddio

Mae'r broses a ddisgrifir yn Ffigur 8.34 yn mynd yn erbyn rhagfynegiadau model Burgess (gweler Ffigur 8.12), sy'n awgrymu y bydd grwpiau incwm uchel yn ceisio symud allan o fannau yng nghanol y ddinas. Yn hytrach, mae rhai aelodau

Boneddigeiddio yng nghysgod Theatr y Glôb

Mae buddsoddwyr yn gyson yn mynd o amgylch marchnad Llundain yn chwilio am yr ardal nesaf sy'n aeddfed i'w boneddigeiddio. Ar y funud mae'r sylw i gyd yn mynd ar Lundain SE1.

Mae'r darn o dir sy'n rhedeg ar hyd glan dde Afon Tafwys o Shad Thames yn y dwyrain hyd at Waterloo yn y gorllewin yn profi cynnydd dramatig mewn llogau a phrisiau. Ai dyma fydd yr Islington neu'r Clerkenwell nesaf?

Daeth yr ardal yn gyfystyr ag Adeilad Butler's Wharf, cartref i gyfres o dai bwyta Syr Terence Conran, lle y croesawyd y Clintons gan Blair a'i wraig. Mae'r adeilad hwn newydd gael ei werthu.

Mae'r perchennog newydd, Prestbury, yn cynllunio trawsnewid ar raddfa eang yr hyn sydd yn ei hanfod yn floc rhentu blinedig. Mae am ddod â thu mewn yr adeilad i fyny i'r safon uchaf yn Llundain. Mae nifer o'r adeiladau eraill sy'n rhan o stad Butler's Wharf yn cael eu cwblhau eleni, a'r arwyddion Gwerthwyd arnynt i gyd yn barod.

Agorodd Nicholson Estates eu swyddfeydd yn Ionawr gan ddisgwyl oerwynt y gaeaf, ond yn hytrach fe'u sathrwyd gan ruthr o brynwyr-tro-cyntaf a buddsoddwyr yn chwilio am eiddo cymharol rad yng nghanol Llundain. Gwerthodd 105 allan o 118 cartref mewn llai na dau fis.

Dilynwyd hwy gan Galliard Homes, yn gwerthu 62 o'u fflatiau mewn datblygiad warws yn Tamarind Court.

Meddai Tom Marshall, o Cluttons Daniel Smith, sydd wedi gweithio yn yr ardal am fwy na 10 mlynedd, mae Shad Thames wedi symud o fod yn rhan o ardal y dociau i fod yn ddewis ffasiynol ar steil Soho i drigolion y West End. Mae'n ardal o strydoedd coblog a threftadaeth

ddiwydiannol ddilys sydd ar goll yn y rhan fwyaf o'r ardaloedd ar lan yr afon. Yr hyn sy'n denu'r prynwyr o'r West End yw'r ddelwedd ddilys o warysau.

Mae prisiau fflatiau yn codi yn gyflymach yn Southwark nag mewn unrhyw ran arall o Lundain. Mae

Lleoliad Southwark o fewn Llundain Fwyaf

fflatiau a oedd yn gwerthu am £175 y droedfedd sgwâr y llynedd yn awr yn mynd am £250 y droedfedd sgwâr. Ar yr afon, mae prisiau datblygiadau megis Horseshoe Wharf yn Clink Street yn cyrraedd prisiau ar lefelau Covent Garden, sef £400 y droedfedd sgwâr.

Un rheswm dros boblogrwydd Borough yw cludiant. Bydd dyfodiad gorsafoedd tanddaearol newydd llinell y Jiwbili – sy'n gwasanaethu darn o'r afon yn Borough yn llawer gwell na Shad Thames – a'r bont droed dros afon Tafwys at Eglwys Gadeiriol San Paul, yn trawsnewid hygyrchedd yr ardal.

Projectau eraill sy'n uwchraddio statws Borough yw Theatr y Glôb, oriel arlunio newydd y Tate Modern a swyddfa newydd Maer Llundain.

Ar yr un pryd mae boneddigeiddio yn dod i mewn yn llechwraidd, gyda thai bwyta a thafarndai yn

cael eu hagor. Testun siarad ar hyn o bryd ym Marchnad Borough yw tŷ bwyta gwydrog Fish!, ac i ddilyn daw Vinopolis, canolfan fwyta ac yfed yn canolbwyntio ar win. Hen adeilad 150 mlwydd oed yw Siambrau Neuadd y Dref ar Stryd Fawr Borough, lle mae cadwyn Slug & Lettuce yn cynllunio agor un o'u barrau yn null caffi ar y llawr isaf.

Ar y lloriau uwch, mae Silverstreet yn datblygu 10 fflat, gydag aerdymheru, rheiddiaduron haearn bwrw a mân daclau stafell ymolchi Philippe Starck. Mae'r prisiau yn dechrau ar £170 000.

Mae'n debyg mai Berkeley Homes yw'r nesaf i fanteisio ar boblogrwydd Borough, drwy ei gynllun Benbow House, drws nesaf i Theatr y Glôb. Mae prisiau ar ddatblygiad glan yr afon yn amrywio o £250 000 i £1 miliwn. Mae hysbysfyrddau Berkeley yn barod wedi denu 1000 o ymholiadau, yn bennaf gan berchenogion preswyl.

Dywedodd un gwerthwr eiddo: 'Ceir ardaloedd lle y gellwch greu amgylchedd tebyg i'r un yn Islington fel o gwmpas Marchnad Borough ac ar hyd yr afon. Mae'r ardal mewn lleoliad mor dda, gyda'r bont a'r tiwb newydd. Teimlir bod yr ardal yn mynd i lwyddo. Ond mae rhannau ohoni sy'n hyll ac yn anghyfleus. Y perygl yw y gall y datblygwyr geisio codi'r prisiau yn rhy gyflym. Nid dros nos mae creu ardal newydd dda.'

O'r *Financial Times*, 19/20 Mehefin 1999

8.34 *Boneddigeiddio ar waith*

8.35 *Rhan o Lundain a fonneddigeiddiwyd*

o grwpiau incwm uwch yn ceisio dychwelyd i'r ddinas. Ceir nifer o esboniadau posibl am hyn:

- Bodolaeth barhaus cyflogaeth incwm uchel yng nghanol y ddinas: mae natur yr economi yn newid, gyda thwf swyddi proffesiynol, rheoli a swyddi eraill coleri gwyn, wedi arwain at newidiadau ym mhoblogaeth y dinasoedd mawr, ac mae eiddo mewn rhannau o ardaloedd canol y dinasoedd yn cynnig cyfle buddsoddi deniadol i'r grwpiau hyn.

- Patrymau newydd i strwythur teuluoedd, gyda nifer cynyddol o bersonau sengl a theuluoedd di-blant: dangosodd astudiaethau ar foneddigeiddio yn ninasoedd Gogledd America fod mannau canol dinasoedd yn denu merched proffesiynol am eu bod yn agos at ganol y dinasoedd, am fod ganddynt rwydweithiau cymdeithasol ac anffurfiol wedi datblygu'n dda, ac mae eiddo yma wedi ei brisio'n rhesymol, a cheir amrediad eang o wasanaethau cymunedol.

- Patrymau traul newydd a'r galw am dai newydd ymysg teuluoedd ifanc, llewyrchus: mae boneddigeiddio yn addas iawn ar gyfer teuluoedd lle mae'r ddau bartner yn gweithio a lle mae angen aildrefnu trefniadau gofal plant.

Mae'r rhesymau hyn i gyd yn pwysleisio pwysigrwydd y dewisiadau y mae unigolion a chyplau yn eu gwneud am y mannau lle yr hoffent fyw. Eglurhad arall am foneddigeiddio yw'r un sy'n canolbwyntio ar y broses lle mae gwerth tir wedi mynd mor isel fel bod datblygwyr yn barod i

buddsoddi er mwyn gwella eiddo gyda'r bwriad o'i werthu. Mae Neil Smith wedi dadlau bod llawer o gymdogaethau canol y ddinas wedi profi diffyg buddsoddiad. Yn hytrach, mae cyfalaf wedi ei fuddsoddi mewn lleoliadau maestrefol. Mae hyn yn creu **bwlch rhent**, neu'r gwahaniaeth rhwng gwerth tir mewn gwirionedd a gwerth potensial y tir mewn lleoliad hygyrch o fewn canol y ddinas. Pan mae gwerthoedd tir yn disgyn mor isel, mae'r buddsoddwyr yn gweld cyfle i wneud elw drwy ailddatblygu'r ardal. Mae boneddigeiddio yn un canlyniad y broses hon.

Mae tuedd i ystyried boneddigeiddio fel proses o fewnfudo mewnol. Fodd bynnag, mae boneddigeiddio hefyd yn golygu ymfudo mewnol, gan na all pobl naill ai fforddio rhenti uwch y gymdogaeth a foneddigeiddwyd nac ychwaith fyw ymysg gofynion diwylliannol newydd yr ardal (tai bwyta a barrau gwin drud yn cymryd lle caffis a thafarndai rhad). Mae'r cartŵn yn Ffigur 8.36 yn cynnig golwg arall ar broses boneddigeiddio i gydbwyso'r adroddiadau mwy optimistaidd ar y broses.

Dr Dan yn egluro boneddigeiddio (Doonesbury © 1980)

8.36 *Golwg ar foneddigeiddio*

Boneddigeiddio

Bathwyd y term 'boneddigeiddio' yn 1963 gan y gymdeithasegwraig Ruth Glass i ddisgrifio lledaeniad cymdeithasol a daearyddol 'bonedd' newydd i mewn i ardaloedd preswyl y dosbarth gwaith yn Llundain fewnol. Cysylltodd hyn â'r duedd tuag at deuluoedd llai, a olygai gynnydd yn nifer y teuluoedd dosbarth canol, yn ogystal â chynnydd yn y galw am dai iddynt:

'Fesul un, mae llawer o ardaloedd dosbarth gwaith Llundain wedi eu goresgyn gan y dosbarth canol – uchaf ac isaf – a chymerwyd drosodd y cwrtiau a'r bythynnod tila pan oedd eu les yn gorffen ac maent wedi dod yn anheddau drud, cain ... Unwaith mae'r broses hon o 'foneddigeiddio'n' dechrau mewn ardal mae'n datblygu'n gyflym hyd nes bydd y cyfan neu'r rhan fwyaf o'r preswylwyr dosbarth gwaith gwreiddiol wedi eu dadleoli a holl gymeriad cymdeithasol yr ardal wedi newid.'

Bu ardaloedd dosbarth canol ac uchel yng Nghanol Llundain erioed, ond dadl Glass oedd fod y cynnydd yn

nheuluoedd y dosbarth canol yn golygu fod y galw am dai wedi lledaenu i ardaloedd eraill.

Erbyn canol yr 1960au o ganlyniad i ddyfodiad llinell Fictoria y trenau tanddaearol, fe foneddigeiddiwyd ardal Barnsbury yn Islington. Yr un modd, boneddigeiddwyd yn gyflym yn yr 1970au ardaloedd eraill megis Primrose Hill, Camden Town, Notting Hill a Holland Park, i gyd yn agos at ganol Llundain gyda chysylltiadau da â'r tiwb. Yng nghanol yr 1970au lledaenodd boneddigeiddio ymhellach, i lawr Kings Road i Fulham, i Ealing a Gogledd Kensington ac ar draws gogledd a dwyrain Islington i ardaloedd mwy deniadol Hackney. Digwyddodd yr enghraifft fwyaf ddramatig o foneddigeiddio i'r dwyrain a'r de o'r ddinas, yn ardal dociau Llundain. Mae boneddigeiddio hefyd wedi lledaenu i ardaloedd eraill o'r hen East End, mannau fel Mile End Road ac i'r de o Afon Tafwys i Battersea, Vauxhall a Southwark, a fu mor hir yn gartref i'r dosbarth gwaith traddodiadol.

YMARFERION

1 Diffiniwch y term 'boneddigeiddio'.

2 Disgrifiwch y ffordd y mae boneddigeiddio wedi lledaenu drwy Lundain.

3 Amlinellwch ddau eglurhad pam fod boneddigeiddio wedi digwydd.

4 Astudiwch Ffigur 8.35. Awgrymwch pam mae rhai grwpiau yn ystyried yr amgylchedd hwn yn ddeniadol.

5 Gwnewch nodiadau byr i egluro pam yr ystyrir boneddigeiddio yn broses ddadleuol.

CWESTIWN STRWYTHUREDIG

Astudiwch Ffigur 8.37, sy'n dangos (a) dosbarthiad mathau o dai a (b) hygyrchedd at feddygfeydd doctoriaid yng Nghaeredin.

a Disgrifiwch ddosbarthiad (i) blociau fflatiau statws isel y 19eg ganrif (ii) tai awdurdod lleol yr 20fed ganrif. (2)

b Eglurwch y patrymau yr ydych wedi eu disgrifio. (4)

c Pam y ceir ardaloedd preswyl statws uchel weithiau yn agos at ganol dinasoedd yn y byd datblygedig? (2)

ch Disgrifiwch y berthynas a ddangosir yn Ffigur 8.37 rhwng y math o dŷ a hygyrchedd i feddygfeydd doctoriaid. (4)

d Amlinellwch ddau reswm posibl am y cysylltiadau yr ydych wedi eu disgrifio (4)

a *Ardaloedd cartrefu a mathau o gymdogaethau*   **b** *Hygyrchedd i feddygfeydd doctoriaid*

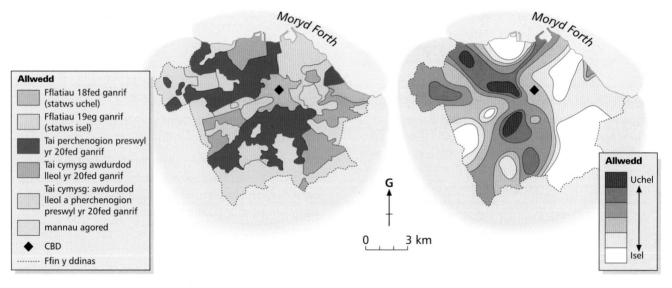

Allwedd
- Fflatiau 18fed ganrif (statws uchel)
- Fflatiau 19eg ganrif (statws isel)
- Tai perchenogion preswyl yr 20fed ganrif
- Tai cymysg awdurdod lleol yr 20fed ganrif
- Tai cymysg: awdurdod lleol a pherchenogion preswyl yr 20fed ganrif
- mannau agored
- ◆ CBD
- .... Ffin y ddinas

G

0 ___ 3 km

Allwedd
Uchel ↑ ↓ Isel

8.37 *Ardaloedd cartrefu, mathau o gymdogaethau a hygyrchedd i feddygfeydd doctoriaid yng Nghaeredin*

Bod yn ddigartref

Nodwedd bwysig ardaloedd trefol yn yr 1990au oedd y rhai digartref yn dychwelyd fel rhan weledol o fywyd dinas. Mae'n anodd amcangyfrif nifer y bobl sy'n ddigartref, gan nad oes un diffiniad cytûn o fod yn 'ddigartref'. Yn wir ceir amrywiol raddau o fod yn 'ddigartref', yn ymestyn o bobl yn byw heb sicrwydd mewn tai anniogel ac anfforddiadwy mewn perygl o fod yn ddigartref hyd at bobl yn byw ar y stryd, mewn parciau neu fel sgwatwyr.

Yn 1997, yn swyddogol roedd 165 790 yn cael eu cydnabod yn ddigartref gan awdurdodau lleol yn Lloegr. Mae'r elusen dai Shelter yn amcangyfrif fod hyn yn cynrychioli 400 000 o unigolion.

Mae'n ddyletswydd ar awdurdodau lleol i gartrefu y rhai digartref sydd â'r angen mwyaf. Mae'r rhain yn cynnwys teuluoedd â phlant, gwragedd beichiog, a'r rhai sy'n wan oherwydd oedran, anabledd, ac afiechyd meddyliol neu ffisegol. Ym Mhrydain mae cyfradd y rhai digartref yn 7 i bob

1000 o bobl ar draws y wlad. Fodd bynnag, ceir amrywiadau sylweddol, gyda Llundain â chyfradd o 25 i bob 1000.

Pam fod rhai pobl yn ddigartref?

Mae gan wneuthuriad y boblogaeth ddigartref lawer i'w wneud â dulliau cofnodi. Ym Mhrydain mae'r Ddeddf Gartrefu (Personau Digartref) 1977 yn rhoi blaenoriaeth tai i ferched beichiog ac i deuluoedd â phlant. O ganlyniad, mae 71% o'r rhai a gyfrifir yn ddigartref yn ferched a phlant, a 12% arall yn ferched beichiog heb blant.

Nid mater o hap a damwain yw bod yn ddigartref. Mae rhai grwpiau yn fwy agored i hyn nag eraill. Er enghraifft, mae pobl o leiafrifoedd ethnig ym Mhrydain bedair gwaith yn fwy tebygol o fod yn ddigartref neu yn byw mewn llety gwael. Cyfartaledd oed y rhai sy'n byw mewn llochesi ar gyfer y rhai digartref yw 35 mlwydd oed.

8.38 *Person digartref yn gwerthu* The Big Issue

Y person digartref nodweddiadol yw'r un sy'n gadael ysgol heb fawr os nad dim cymwysterau addysgol a fawr o obaith cael gwaith. Mae tua 180 000 o blant yn dod yn ddigartref yn Lloegr yn flynyddol. Mae'r mwyafrif o'r rhain wedi eu gorfodi allan o'u cartrefi ynghyd â'u mamau, sy'n aml yn ffoi rhag bartner cas. Mae'r mwyafrif llethol o'r plant hyn yn dod o deuluoedd un rhiant yn byw ar incwm isel. Mae nifer o'r plant â phroblemau ymddygiad ac yn dangos oedi arwyddocaol mewn datblygiad cymdeithasol neu ieithyddol. Cymhlethir y problemau hyn gan y ffaith fod y plant hyn yn aml wedi'u gwahardd o'r ysgol neu'n methu â'u mynychu.

Mae'r rhan fwyaf o bobl ddigartref yn anghyflogadwy oherwydd afiechyd, anabledd, henaint neu ddiffyg sgiliau. Efallai bod llawer yn gweithio yn ysbeidiol, ond nid yw gwaith dros dro yn darparu diogelwch na buddion ac mae tâl yn gyffredinol yn rhy isel i'w codi allan o'u tlodi (Ffigur 8.38).

Mae nifer o ffactorau yn cyfrannu at fod yn ddigartref, ond y mwyaf cyffredin yw pan fo pobl heb ddigon o incwm i dalu am do uwch eu pennau. Ffactorau eraill sy'n cyfrannu at fod yn ddigartref yw:

- trais (yn arbennig trais yn y cartref) sy'n gorfodi pobl i adael eu cartrefi
- diweithdra, sy'n achosi i bobl golli eu hincwm ac felly'n analluog i ad-dalu rhent neu forgais
- cam-drin cyffurfiau neu alcohol
- anabledd
- teulu yn chwalu
- colli rhwydweithiau cefnogaeth gymdeithasol.

Materion cymdeithasol

Diffiniodd cyfrifiad Prydeinig 1991 **ethnigrwydd** fel 'bod o deulu an-Ewropeaidd'. Yn 1991, roedd nifer y bobl ym Mhrydain a berthynai i'r categori hwn ychydig dros 3 miliwn, neu 5.5% o'r boblogaeth. Y grŵp mwyaf oedd y boblogaeth Indiaidd (840 255), yn cael eu dilyn gan y boblogaeth Garibïaidd Ddu (ychydig dan hanner miliwn) a Phacistaniaid ar 476 555.

Er bod y grwpiau hyn yn ganran gweddol fychan o'r boblogaeth Brydeinig, maent wedi'u gwasgaru'n anwastad (Ffigur 8.39). Ar raddfa Brydeinig, mae lleiafrifoedd ethnig i'w cael fwy yn Lloegr nag yn yr Alban neu yng Nghymru. Ar lefel sirol, mae'n eglur fod y boblogaeth ethnig i raddau mwy na'r boblogaeth wyn, wedi'i chrynhoi mewn ardaloedd trefol mawr, er bod y ffigurau'n amrywio yn ôl y grŵp ethnig.

Yn ei ddadansoddiad o ddata cyfrifiad 1991, astudiodd y daearyddwr Ceri Peach (1996) y raddfa o arwahanu ymysg grwpiau ethnig Prydain. Daeth i'r canlyniad fod arwahanu pobl o Bangladesh yn uchel iawn, nid yn unig oddi wrth y boblogaeth wyn ond hefyd oddi wrth grwpiau ethnig eraill. Roedd lefelau arwahanu Pacistaniaid, er yn uchel, yn arwyddocaol is nag ymysg y Bangladeshiaid, tra bod arwahanu Indiaid yn arwyddocaol is na Phacistaniaid. Mae lefelau arwahanu grwpiau Duon yn gyffredinol yn llai trawiadol nag ar gyfer grwpiau De Asiaidd.

Astudiwch Ffigur 8.40 sy'n dangos mynegeion arwahanu ar gyfer gwahanol grwpiau ethnig mewn dinasoedd Prydeinig. Mae gwerth y mynegeion hyn yn amrywio o 0 i 100. Po uchaf y mynegai, mwyaf y raddfa o arwahanu. Felly byddai sgôr o 0 yn dynodi integreiddiad llwyr, a sgôr o 100 yn dynodi arwahanu llwyr. O edrych ar y tabl gwelir mai'r Bangladeshiaid sy'n arddangos y raddfa uchaf o arwahanu. Gwelir y lefel isaf o arwahanu ymysg y Caribïaid Duon.

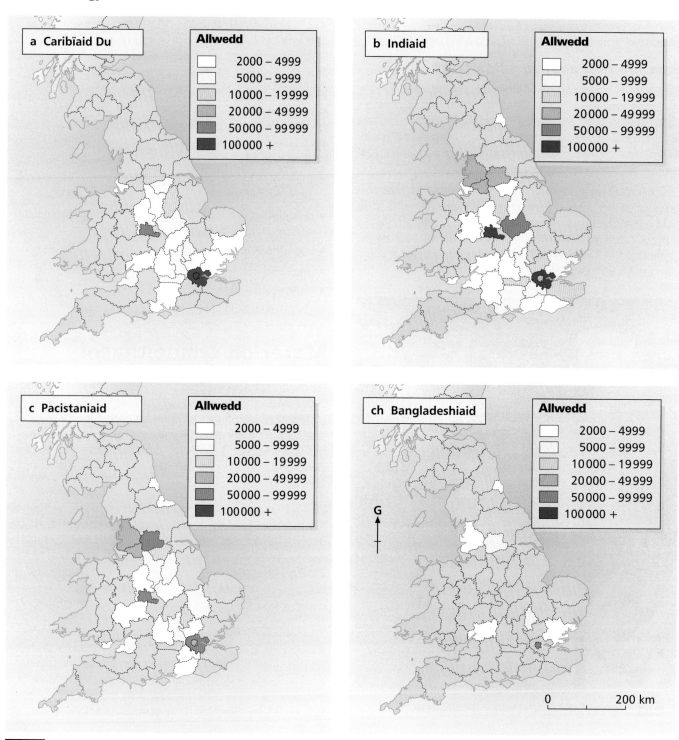

8.39 Dosbarthiad rhifol grwpiau ethnig, 1991

	Gwyn	Caribïaid Duon	Affricaniaid Duon	Eraill Duon	Indiaid	Pacistaniaid	Chineaid	Cyfartaledd MA
a Bangladeshiaid	73	57	55	59	58	46	65	69
b Pacistaniaid	61	46	42	45	39	46	53	58
c Caribïaid Duon	45	54	28	20	39	45	39	41

8.40 Mynegeion arwahanu (MA) ar gyfer gwahanol grwpiau ethnig mewn dinasoedd Prydeinig a thros 100 000 o bobl yn y grŵp hwnnw (1991)

Mae Ffigur 8.41 yn dangos rhai o'r prif resymau dros dlodi ymysg lleiafrifoedd ethnig. Yn hanesyddol, roedd mudo i Brydain yn gysylltiedig â phrinder llafur mewn diwydiannau allweddol megis gweithgynhyrchu (haearn a dur, tecstilau, gwneud ceir) a gwasanaethau cyhoeddus (cludiant a iechyd), yn bennaf mewn galwedigaethau llaw â chyflogau bychain ac â'r isafswm o hawliau gwaith. Mae ailstrwythuro economi'r DU wedi arwain at ddiweithdra ar raddfa fawr, ac mae'r problemau hyn wedi eu gwaethygu gan broblemau gwahaniaethu yn y sectorau iechyd, addysg a thai. Canlyniad hyn oedd fod pobl o'r Gymanwlad Newydd a Pakistan i'w cael yn anghyfartal mewn tai gwael, mewn teuluoedd incwm isel ac yn dioddef o iechyd gwael.

8.41   *Ffactorau yn effeithio ar dlodi ymysg lleiafrifoedd ethnig yn ninasoedd Prydain*

8.42   *Siopau ar gyfer lleiafrifoedd ethnig mewn dinas ym Mhrydain*

- **Ymosod** – gall y bydd crynodiad o aelodau grŵp yn caniatáu grym etholiadol ac ennill cynrychiolaeth swyddogol o fewn y system wleidyddol drefol.

YMARFERION

1   Astudiwch Ffigur 8.39. Disgrifiwch ddosbarthiad grwpiau lleiafrifoedd ethnig Prydain ar raddfeydd cenedlaethol a sirol.

2   Astudiwch Ffigur 8.40. Mae'n dangos mynegeion arwahanu ar gyfer gwahanol grwpiau ethnig.

   a   Eglurwch beth y mae mynegai arwahanu yn ei fesur.

   b   Pa grŵp sydd â'r mynegai cyfartalog uchaf o arwahanu?

   c   Rhowch eich barn ar radd arwahanu pob un o'r grwpiau Caribïaid Duon, Bangladeshiaid a Phacistaniaid.

3   Ysgrifennwch baragraff mewn ymateb i'r cwestiwn 'A oes getos ym Mhrydain?'

Felly ceir cryn dystiolaeth bod ystod y ffactorau yn cyfyngu ar ddewis pobl o ble i fyw. Ar y llaw arall, awgrymwyd fod arwahanu preswyl yn adlewyrchu'r dewisiadau a wnaed gan aelodau'r grwpiau ethnig am resymau penodol, er enghraifft:

- **Amddiffyn** – pan mae gwahaniaethu yn gyffredin ac yn ddwys, mae arweinwyr sy'n aelodau o'r grŵp ethnig yn encilio o elyniaeth y gymdeithas yn gyffredinol.

- **Cefnogaeth** – mae hyn yn ymestyn o sefydliadau a busnesau yn bennaf ar gyfer y grwpiau ethnig hyd at gyfeillgarwch anffurfiol a chlymau perthynas. Er enghraifft, mae temlau'r Sikhiaid a mosgiau'r Mwslimiaid yn ninasoedd Prydain wedi dod yn ganolbwynt i systemau lles lleol y Sikhiaid a'r Pacistaniaid. Gall fod awydd i osgoi cysylltiad allanol er mwyn sicrhau cydlyniad cymunedol. Ceir clystyrau o fentrau ethnig megis banciau, cigyddion, siopau groser, asiantau teithio a siopau dillad (Ffigur 8.42).

- **Cadwraeth** – gall grwpiau geisio gwarchod eu treftadaeth ddiwylliannol arbennig. Gall hyn fod ynghlwm wrth ofynion crefydd, megis diet, paratoi bwyd, bod yn bresennol ar gyfer gweddi a gwasanaeth crefyddol.

GWEITHGAREDD ESTYNEDIG

Astudiwch Ffigur 8.43, sy'n dangos nodweddion arbennig pedair ardal yn Preston, Sir Gaerhirfryn yn 1991. Mae Ffigur 8.44 yn dangos lleoliad yr ardaloedd hyn.

1   Disgrifiwch sut y mae strwythur oedran y boblogaeth yn gwahaniaethu rhwng y dosbarthiadau A-Ch.

2   Dewiswch *un* o ardaloedd A-Ch. Awgrymwch rai o'r ffyrdd y mae strwythur oedran poblogaeth yr ardal honno yn cynnig sialens i ddarparwyr y gwasanaethau lles.

3   Awgrymwch resymau posibl dros y crynodiad o grwpiau lleiafrifoedd ethnig yn nosbarth A.

	Ardal A	Ardal B	Ardal C	Ardal Ch
% Strwythur oedran				
0–15	37.0	35.3	3.9	20.8
16–29	25.5	21.4	39.8	17.2
30–60	35.0	35.6	56.3	57.7
> 60	2.5	7.7	0	4.3
% Daliadaeth cartrefi				
Perchennog preswyl	79.6	20.3	73.4	98.2
Rhentu preifat	4.8	0	23.3	1.8
Rhentu cyhoeddus	14.3	78.1	0	0
Arall	1.3	1.6	3.3	0
Ethnigrwydd %				
Gwyn	22.8	99.5	98.1	95.1
Heb fod yn wyn	77.2	0.5	1.9	4.9

8.43 *Strwythur oedran, daliadaeth tir a chyfansoddiad ethnig pedwar dosbarth yn Preston, 1991*

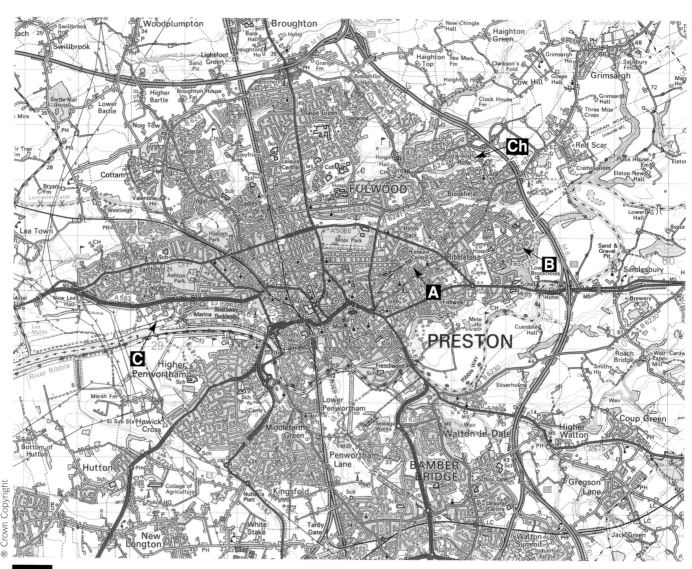

8.44 *Lleoliad pedwar dosbarth yn Preston*

4 Gan gyfeirio at Ffigurau 8.43 ac 8.44, awgrymwch lefel incwm posibl a statws teulu y bobl sy'n byw yn nosbarth Ch.

5 Awgrymwch resymau dros leoliad y grŵp hwn.

Materion adwerthu

Yn y blynyddoedd diwethaf mae canol busnes y dref mewn llawer o ddinasoedd a threfi wedi dirywio mewn pwysigrwydd fel canolfan gweithgaredd adwerthu, ac mae wedi dioddef cystadleuaeth gan siopau alldrefol mewn lleoliadau maestrefol. Gelwir y broses hon yn **ddatganoliad**. Mae hyn yn arbennig o wir am ddinasoedd Gogledd America, ond mae hefyd yn dal yn wir am ddinasoedd Prydain. Bu tri chyfnod o ddatganoli ym Mhrydain yn y cyfnod wedi'r rhyfel:

- O ddiwedd yr 1960au roedd uwchfarchnadoedd bwyd yn dechrau cael eu sefydlu mewn lleoliadau maestrefol ar ymylon dinasoedd.
- Yn yr 1980au, roedd tuedd tuag at gael warysau disgownt adwerthu yn gwerthu nwyddau swmpus ar wahân i fwydydd, nwyddau megis dodrefn, carpedi, DIY ac offer trydanol.
- Agorwyd nifer o ganolfannau siopa rhanbarthol mawr iawn yn gwerthu nwyddau a werthwyd yn draddodiadol mewn siopau adwerthu ar y stryd fawr – dillad, gemau, esgidiau, ayyb – fel y rhai ym MetroCentre Gateshead a Lakeside Thurrock.

Ceir nifer o esboniadau am y newidiadau hyn:

1 **Newid mewn arferion siopa** Bu gostyngiad yn nifer y teithiau siopa byr a dyddiol ar gyfer symiau bychain o nwyddau cyfleus, a chynnydd yn y teithiau i brynu nwyddau swmpus yn wythnosol. Mae hyn yn gysylltiedig â'r cynnydd mewn symudedd personol, cynnydd mewn gwaith i ferched, a mwy o ddefnydd o rewgelloedd. Mae'r newidiadau hyn wedi hybu twf mewn siopa teuluol gyda'r nos ac ar benwythnosau a chynnydd yn y galw am ganolfannau siopa un-stop.

2 **Poblogaeth yn symud tua'r maestrefi** Mae'r garfan ieuengach, gwell eu byd a mwy symudol o'r boblogaeth drwy symud tua'r maestrefi wedi creu ffynhonnell fawr o alw na fedrid mo'i chyflenwi gan allfeydd adwerthu.

3 **Cost uchel tir yng nghanol dinasoedd** Wrth i faint cyfartalog stordai gynyddu, mae'n fwy a mwy anodd cyfarfod â'r galw am fwy o ofod. Mae datblygwyr canolfannau mawr y tu allan i'r dref yn ceisio denu adwerthwyr mawr er mwyn 'angori' eu datblygiadau eu hunain.

4 **Hygyrchedd llafur** Mae maestrefoli'r boblogaeth yn golygu bod ffynonellau llafur wedi newid. Mae adwerthu yn ddibynnol i raddau helaeth ar weithlu benywaidd rhan amser, ac mae cael hygyrchedd cronfa o lafur sy'n bennaf faestrefol o fantais i adwerthwyr y tu allan i'r trefi.

Ffactorau economaidd

Yn aml fe ddadleuir bod datblygiad adwerthu y tu allan i'r dref yn arwain at farwolaeth canol y ddinas. O ganlyniad mae awdurdodau cynllunio yn pryderu eu bod yn ymledu. Fodd bynnag, hwyrach fod eu heffeithiau yn cael eu gorddweud. Darganfu Thomas a Bromley nad oedd datblygiad parc adwerthu maestrefol Ardal Fenter Abertawe, 7 km o ganol y ddinas, wedi effeithio llawer ar ganol y ddinas ond ei fod wedi effeithio ar y canolfannau siopa gradd ganolig gerllaw. Gwnaeth nifer o siopau cadwyn mawr ddal at eu canghennau yng nghanol y ddinas ar ôl sefydlu unedau yn y maestrefi.

Ffactorau cymdeithasol

Mae lle i bryderu bod datganoli adwerthu yn lledu'r anhafaleddau sydd rhwng canolfannau maestrefol y dosbarth canol sy'n dibynnu ar geir a'r canolfannau siopa traddodiadol a all fynd yn dlotach a gwanhau.

Ffactorau amgylcheddol

Bellach mae cynllunwyr yn poeni mwy am ddatblygiad blerdwf trefol. Edrychir yn feirniadol ar ddatblygiad adwerthu oherwydd ei effeithiau ar y Llain Las. Fodd bynnag, mae sawl canol tref yn dioddef gormod o drafnidiaeth, yn brin o feysydd parcio, a gofynion datblygiad yn anorfod yn gwrthdaro â pholisïau cadwraeth.

YMARFERION

1 Beth yw ystyr y term 'datganoli adwerthu'?

2 Awgrymwch resymau dros dwf adwerthu mewn lleoliadau y tu allan i'r canol.

3 O safbwynt tref yr ydych yn ei hadnabod yn dda, pa newidiadau sydd wedi digwydd i leoliad a math y cyfleusterau adwerthu yn y blynyddoedd diwethaf?

4 Awgrymwch rai o fanteision ac anfanteision datblygiadau adwerthu y tu allan i'r dref.

Materion cludiant

Yn nhrefi a dinasoedd y byd datblygedig, achosir y prif broblemau cludiant gan y defnydd eang o geir preifat, ac mae hyn yn creu tagfeydd difrifol ar rwydweithiau ffyrdd ac yn arwain at ddirywiad yn y defnydd o systemau cludiant cyhoeddus. Mae materion cludiant bellach yn chwarae rhan bwysicach mewn dadleuon gwleidyddol, gyda'r gwleidyddion yn datgan yr angen i leihau'r defnydd o geir preifat yng nghanol y trefi.

Tagfeydd trafnidiaeth

Mae tagfeydd yn digwydd pan nad yw rhwydweithiau cludiant yn gallu bodloni swm y drafnidiaeth sy'n eu defnyddio. Mae hyn yn broblem yn arbennig ar oriau brig. Achoswyd y tagfeydd mewn ardaloedd trefol gan y cynnydd yn nifer y ceir preifat, cludiant cyhoeddus a thrafnidiaeth fasnachol. Mae'r sefyllfa yn waeth yng nghanolfannau hŷn y dinasoedd lle mae patrymau strydoedd wedi goroesi o'r 19eg ganrif a chynt.

Dirywiad mewn cludiant cyhoeddus

Mae twf ym mherchenogaeth ceir preifat wedi arwain at ddirywiad yn y defnydd o rwydweithiau cludiant cyhoeddus mewn llawer o ddinasoedd. Mae'r gostyngiad yn y galw am wasanaethau yn aml yn arwain at ostyngiad mewn derbyniadau sydd yn ei dro yn arwain at amlder is o wasanaethau a phrisiau tocynnau uwch.

Parcio ceir

Mae parcio yn broblem i weithwyr a siopwyr yng nghanol busnes y dref yr ardaloedd trefol. Diben lledaenu cyffiniau cerdded a marchnadfeydd adwerthu yw darparu amgylchedd mwy deniadol, ond fe all y mathau hyn o gylchfaoedd 'rhydd o drafnidiaeth' achosi problemau gan eu bod yn creu patrymau mynediad newydd ar gyfer teithwyr mewn ceir a defnyddwyr cludiant cyhoeddus.

Datblygiadau ymylol

Mae datblygiadau canolfannau siopa a chyfadeiladau hamdden y tu allan i'r dref yn cael effaith gymysg ar batrymau cludiant. Tra y gallant ddargyfeirio trafnidiaeth i ffwrdd o ganol y dinasoedd, fe all nad yw y datblygiadau newydd hyn yn cael eu gwasanaethu gan y llwybrau presennol ar gyfer bysiau (mae rhai adwerthwyr mawr wedi cyflwyno eu

---

YMARFERION

1 Astudiwch Ffigur 8.45. Lluniwch graffiau i ddangos y newidiadau mewn cyflogaeth a phoblogaeth yn y saith dinas Ewropeaidd.

2 Crynhowch y newidiadau a ddangosir gan eich graffiau.

3 Pa broblemau cludiant a all ddeillio o'r tueddiadau hyn?

4 Awgrymwch atebion posibl i'r problemau hyn. Pam y gallai fod yn anodd i weithredu'r atebion hyn?

---

gwasanaethau bysiau eu hunain i gludo pobl i'w siopau), ac mae'r siopwyr a ddaw yn eu ceir i'r canolfannau hyn yn aml yn creu problemau trafnidiaeth mewn ardaloedd maestrefol.

Amddifadiad cludiant

Mae rhai grwpiau yn dioddef o broblemau mynediad i gludiant. Yr henoed, y rhai sy'n wael a'r anabl, a'r ifanc yw'r grwpiau sydd fel arfer yn 'dlawd' o ran cludiant.

Problemau amgylcheddol

Mae llawer o sôn am effeithiau lefelau cynyddol o ddefnyddio ceir preifat mewn ardaloedd trefol. Maent yn cynnwys:

- llygredd atmosfferig
- lefelau sŵn uchel a dirgryniadau
- gall adeiladu llwybrau newydd darfu ar gymunedau ac achosi gormod o sŵn.

Rheoli problemau trefol

Roedd y blynyddoedd wedi 1945 yn llawn optimistiaeth am allu'r gymdeithas i ddarparu safon byw uwch ac ansawdd bywyd gwell i'r bobl. Roedd llawer o'r hen dai yn ninasoedd mawr Prydain yn anaddas ar gyfer byw ynddynt, a dechreuwyd ar raglenni o glirio slymiau mewn sawl dinas, ynghyd â datblygiad o Drefi Newydd er mwyn cartrefu'r boblogaeth a ddadleolwyd.

Fodd bynnag, yn raddol disodlwyd optimistiaeth y cyfnod yn syth wedi'r rhyfel pan sylweddolwyd difrifoldeb nifer o'r problemau trefol. Achosodd dirywiad economaidd, a arweiniodd at ddiweithdra, a bodolaeth parhaus tlodi yn y dinasoedd mawr, at fwy o ymwybyddiaeth nad oedd ansawdd bywyd i lawer ddim yn gwella. Erbyn yr 1980au, y prif faterion a wynebai'r dinasoedd mawr oedd cynnydd mewn diweithdra, a gwaethygu'r polareiddiad cymdeithasol. Roedd diweithdra yn cael yr effaith waethaf yn ardaloedd mewnol y dinasoedd diwydiannol hŷn ymysg grwpiau megis yr ifanc, y rhai heb gymwysterau boddhaol, y gweithwyr lled grefftus, dynion yn arbennig, a lleiafrifoedd ethnig. Gydag amser, daeth y bwlch rhwng y cyfoethog a'r tlawd yn fwy amlwg a dechreuodd sylwebyddion sôn am 'y ddinas ranedig' neu 'y ddinas ddeuol'. Yn y cyd-destun hwn, datblygodd

Dinas	Poblogaeth			Cyflogaeth		
	Blynyddoedd	Craidd y ddinas	Maestrefi	Blynyddoedd	Craidd y ddinas	Maestrefi
Antwerpen	1970–81	–0.8	+1.2	1974–84	–0.7	+0.4
København	1970–85	–1.5	+1.0	1970–83	–0.3	+3.2
Hamburg	1970–81	–0.8	+1.9	1961–83	–0.8	+1.9
Lerpwl	1971–80	–1.6	–0.4	1978–84	–2.6	–3.1
Milano	1968–80	–0.6	+1.3	1971–81	–0.9	+1.9
Paris	1968–80	–1.1	+1.1	1975–82	–1.1	+0.9
Rotterdam	1970–80	–1.6	+2.2	1975–84	–1.1	+1.5

8.45 *Newid ym mhoblogaeth a chyflogaeth rhai dinasoedd Ewropeaidd*

8.46 *Terfysg yng nghanol y ddinas*

anfodlonrwydd, a phrofodd nifer o fannau mewnol y dinasoedd, ardaloedd megis Handsworth (Birmingham), Brixton (Llundain) a Toxteth (Lerpwl) aflonyddwch sifil neu 'derfysgoedd'. At hyn, roedd cryn bryder yn nechrau'r 1990au, am y camddefnydd o gyffuriau, lladrata ceir a gyrru ceir at ffenestri siopau ar stadau tai ar ymylon dinasoedd fel Newcastle upon Tyne, Glasgow a Coventry (Ffigur 8.46).

Mae'r dulliau a ddefnyddir gan lywodraethau i geisio datrys problemau yn adlewyrchu eu barn wleidyddol. Felly os am ddeall y cynigion i ddatrys problemau trefol yn yr 1980au a'r 1990au, rhaid i ni ddeall sut yr edrychai'r llywodraethau Ceidwadol ar y problemau a'r atebion yr oeddynt yn eu hargymell. Gweithredodd y llywodraethau Ceidwadol o 1979 i 1997 nifer o fesurau yn amcanu at wella ardaloedd amddifad canol y ddinas. Roedd nifer o bethau yn gyffredin yn y mesurau hyn, er enghraifft:

- ceisiwyd osgoi'r cynghorau lleol, a oedd yn llawer rhy fiwrocrataidd
- ystyriwyd adfywio yr economi lleol drwy ddenu buddsoddiad preifat i mewn i ardaloedd canol y ddinas.

Dyma ddwy o brif raglenni y llywodraethau Ceidwadol yma: Ardaloedd Menter, a Chorfforaethau Datblygiad Trefol.

Ardaloedd Menter

Roedd yr Ardaloedd Menter yn ardaloedd cymharol fychan o dir lle cynigiwyd cymhellion arbennig er mwyn annog cwmnïau i leoli yno. Roedd y cymhellion hyn yn cynnwys cael eu rhyddhau o rai trethi lleol a chanolog, rhai rheolau cynllunio yn cael eu hymlacio a gostyngiad yn ymyrraeth y llywodraeth.

Sefydlwyd Ardaloedd Menter yn 1981 ac fe'u lleolwyd mewn ardaloedd trefol mawr a oedd wedi dioddef colli swyddi mewn gweithgynhyrchu. Enghreifftiau oedd yr Isle of Dogs yn Llundain fewnol, Gateshead yn Newcastle a Clydebank yn yr Alban. Bwriad yr Ardaloedd Menter oedd denu cwmnïau bychan a chanolig sectorau twf yr economi, sef cyfrifiadureg a gweithgynhyrchu uwch-dechnoleg. Yna byddai'r cyfoeth a grewyd yn 'trylifo' i lawr i sectorau eraill ac atgyfnerthu'r economi lleol. Bu dadleuon ymysg daearyddwyr am lwyddiant

y polisi. Fe grewyd swyddi newydd, ond roedd y niferoedd yn fychan o'u cymharu â'r colledion mewn swyddi drwy'r economi cyfan. Hefyd, roedd rhywfaint o amheuaeth y byddai'r swyddi hyn wedi cael eu creu beth bynnag. Ceir hefyd y broblem fod sefydlu Ardaloedd Menter mewn un rhan o'r ddinas yn cael effaith negyddol ar yr ardaloedd o gwmpas, gan fod rhain yn awtomatig yn mynd yn safleoedd llai deniadol ar gyfer buddsoddi.

Corfforaethau Datblygiad Trefol

Y polisi trefol pwysicaf a ddatblygwyd yng nghyfnod y Ceidwadwyr oedd cyflwyno'r Corfforaethau Datblygiad Trefol (CDTau). Asiantaethau a apwyntiwyd ac a sefydlwyd gan y llywodraeth oeddynt gyda'r nod o adfywio ardaloedd dynodedig o'r dinasoedd. Roeddynt yn cael eu rhedeg gan gyrff yn cynnwys yn bennaf gynrychiolwyr o'r cymunedau busnes lleol. Roedd y CDTau yn amcanu i ddenu cwmnïau preifat a busnesau i ardaloedd trefol a oedd wedi colli eu sylfaen gweithgynhyrchu. Y syniad y tu ôl i hyn oedd y byddai cwmnïau yn ceisio lleoli mewn mannau deniadol lle disgwylid gwneud elw.

Sefydlwyd CDTau i weithredu fel catalyddion ar gyfer ailddatblygu. Yn ymarferol, mae hyn yn golygu eu bod yn cymryd rheolaeth o diroedd, yn eu hadennill a'u gwerthu i ddatblygwyr. Byddent yn darparu isadeiledd megis ffyrdd, cyflenwadau nwy a dŵr a safleoedd, a gallent gynnig grantiau a chymorth ariannol i ddatblygwyr. Roedd gan CDTau lawer o ryddid. Gallent wneud unrhyw beth yn eu barn hwy a arweiniai at 'adfywiad'. Eto, ni ddiffiniwyd 'adfywiad'.

Mae Ffigur 8.47 yn dangos lleoliad y CDTau. Rhagwelwyd fod gan bob CTD fywyd cyfyngedig o rhwng 10 a 15 mlynedd. Yn ystod yr amser hwn byddent yn creu'r amodau ar gyfer adfywiad yr ardal ac yna'n cael eu datgysylltu.

8.47 *Corfforaethau Datblygiad Trefol yng Nghymru a Lloegr*

Corfforaeth Datblygiad Trefol Bryste

Sefydlwyd CDT Bryste yn Rhagfyr 1987. Mae Bryste wedi ei lleoli yn ne orllewin Lloegr, a oedd yn yr 1980au yn un o'r rhanbarthau a dyfai gyflymaf yn y DU. Roedd yma nifer o sectorau ar gynnydd megis yswiriant, bancio a chyllid, gwasanaethau meddygol a gwestai ac arlwyo. Roedd y swyddi hyn yn cael eu creu ar yr union adeg yr oedd swyddi yn cael eu colli yn y diwydiannau papur a defnydd pacio, bwyd, diod a thybaco ac awyrofod.

Daeth y dirywiad yn y diwydiannau gweithgynhyrchu traddodiadol hyn â nifer o broblemau, yn cynnwys y polareiddiad cynyddol yn y farchnad lafur, rhaniad rhwng rhannau llewyrchus y ddinas ac ardaloedd o amddifadiad uchel, a'r broblem gyfredol o drefn gymdeithasol. Roedd y CDT yn ceisio datrys problemau tiroedd ac eiddo diffaith, system ffordd yn dirywio ac yn anaddas, halogi tir a phatrymau tameidiog perchenogaeth tir.

- O'r cychwyn cyntaf roedd y CDT yn cael ei feirniadu am sawl peth:

- ymyrraeth o'r tu allan mewn ardaloedd cynllunio a datblygu allweddol

- y defnydd o gyllid cyhoeddus fel cymhorthdal i ddatblygiad preifat

- diffyg atebolrwydd y CDT i'r ardal leol

- gwrthdrawiadau posib â pholisïau presennol yr awdurdodau lleol

- dadleuon am y diffiniad o 'adfywio'.

Mabwysiadodd CDT Bryste yr agwedd fod adfywio yn pwysleisio pwysigrwydd rhoi rhyddid i'r farchnad benderfynu. Roedd yn ceisio gwella delwedd ffisegol Bryste drwy brojectau pensaernïol o'r radd flaenaf ac ymgyrchoedd marchnata. Roedd hyn yn golygu na roddwyd pwyslais ar 'agweddau cymdeithasol' adfywiad, ac na roddid gwarantau o fanteision cyflogaeth uniongyrchol i'r bobl leol. Mae profiad Bryste yn enghraifft o CDT yn tueddu i ymgynghori mwy â gŵr busnes lleol ac â buddiannau tir ac eiddo yn hytrach nag â phobl leol na'r awdurdod lleol (Ffigur 8.48).

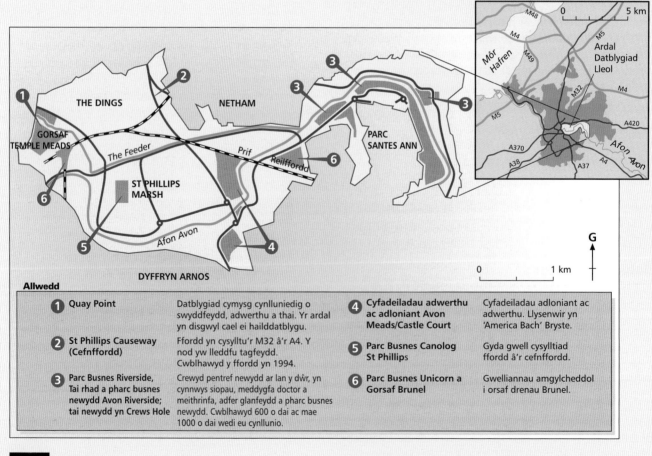

Allwedd				
❶ Quay Point	Datblygiad cymysg cynlluniedig o swyddfeydd, adwerthu a thai. Yr ardal yn disgwyl cael ei hailddatblygu.	❹ Cyfadeiladau adwerthu ac adloniant Avon Meads/Castle Court	Cyfadeiladau adloniant ac adwerthu. Llysenwir yn 'America Bach' Bryste.	
❷ St Phillips Causeway (Cefnffordd)	Ffordd yn cysylltu'r M32 â'r A4. Y nod yw lleddfu tagfeydd. Cwblhawyd y ffordd yn 1994.	❺ Parc Busnes Canolog St Phillips	Gyda gwell cysylltiad ffordd â'r cefnffordd.	
❸ Parc Busnes Riverside, Tai rhad a pharc busnes newydd Avon Riverside; tai newydd yn Crews Hole	Crewyd pentref newydd ar lan y dŵr, yn cynnwys siopau, meddygfa doctor a meithrinfa, adfer glanfeydd a pharc busnes newydd. Cwblhawyd 600 o dai ac mae 1000 o dai wedi eu cynllunio.	❻ Parc Busnes Unicorn a Gorsaf Brunel	Gwelliannau amgylcheddol i orsaf drenau Brunel.	

8.48 *Ardal Datblygiad Trefol Bryste*

Datblygiadau diweddar mewn polisi trefol

Mae ymdrechion i reoli ardaloedd trefol ynghlwm â gwleidyddiaeth. Arweiniodd ethol llywodraeth Lafur newydd ym Mai 1997 at ystod eang o fentrau newydd wedi eu canolbwyntio'n fwriadol ar yr ardaloedd oedd â'r angen mwyaf a thorri'r gylchred o broblemau economaidd a chymdeithasol a arweiniodd at amddifadiad.

Sefydlodd y llywodraeth wyth **Asiantaeth Datblygu Rhanbarthol**. Mae'r rhain yn gyfrifol am weinyddu'r Gyllideb Adfywio Sengl ac arian adfywio Ewropeaidd. Yn ychwanegol, sefydlodd y llywodraeth Uned Gwahardd Cymdeithasol sy'n gyfrifol am sicrhau fod yr holl bolisïau a allai gael effaith ar wahardd cymdeithasol yn rhan o strategaeth gyfannol yn ymgorffori iechyd, addysg a pholisi troseddau.

Gydag ethol y llywodraeth Lafur daeth agwedd wahanol at y dinasoedd mewnol. Mae agwedd Llafur yn adlewyrchu'r consensws gwleidyddol nad yw naill ai ymyrraeth y llywodraeth drwy'r wladwriaeth les na chwaith fentrau preifat yn seiliedig ar bwysigrwydd y farchnad rydd, wedi creu cymdeithas sy'n rhydd o dlodi, troseddau a thrais. Mae'r agwedd newydd yn canolbwyntio ar bwysigrwydd y gymuned, a dulliau o daclo problemau gwahardd cymdeithasol.

Sylfaenir yr agwedd hon ar y syniad y dylid adfer y cymunedau sydd wedi dirywio a datgymalu er mwyn creu trefn foesol, wleidyddol a chymdeithasol newydd. Ystyrir ysgolion a bywyd teuluol yn hanfodol os am adeiladu ymdeimlad o ddinasyddiaeth a chyfrifoldeb cymdeithasol. Y bwriad oedd cyfuno'r holl grwpiau dan anfantais yn gymunedau heb eu gwahardd rhag iddynt ffurfio 'isddosbarth' o rai digartref bygythiol.

ASTUDIAETH ACHOS

Glasgow

Drwy gydol yr 1880au a dechrau'r 1900au fe dyfodd Glasgow i fod yn un o brif ganolfannau peirianneg trwm yr Ymerodraeth Brydeinig. Yn 1801 roedd poblogaeth y ddinas yn 77 385; erbyn 1901 roedd hwn wedi codi i 761 709, dengwaith o gynnydd mewn canrif. Erbyn 1931 roedd y boblogaeth yn 1 088 417, ac roedd y ddinas yr ail fwyaf ym Mhrydain. Ar ddechrau'r 20fed ganrif, roedd Glasgow yn un o brif ganolfannau diwydiannol y byd. Roedd y crynodiad o ddiwydiannau trwm megis glo, haearn a dur, peirianneg ac adeiladu llongau yn sicrhau ei sefyllfa bwysig yn y system economaidd genedlaethol a rhyngwladol. Yn 1913, y flwyddyn frig, roedd iardau llongau ar lannau Afon Clyde yn cynhyrchu traean o gynnyrch Prydain, neu 18% o gynnyrch y byd (Ffigur 8.49).

Yn ystod y cyfnod rhwng y ddau ryfel byd (1918-39) profodd y rhanbarth ddirywiad yn ei ddiwydiannau allweddol. Erbyn yr 1930au hwyr roedd glo ac adeiladu llongau yn gweithredu ar tua hanner eu lefelau yn 1913, roedd cynhyrchu haearn

crai i lawr ddwy ran o dair a chynnyrch dur yn farwaidd. Drwy gydol y cyfnod rhwng y ddau ryfel roedd cyfartaledd diweithdra tua 20%.

Yn wir ni wnaeth Glasgow fyth wella'n llwyr o'r dirywiad yn ei sylfaen gweithgynhyrchu. Ailstrwythurwyd economi'r ddinas. Yn ystod y cyfnod 1961-81 cynyddodd y nifer a gyflogwyd mewn gwasanaethau yn Glasgow o 48% o'r gweithlu i 68%. Erbyn 1991 roedd hyn wedi cynyddu i 77%. Roedd y trawsnewidiad hwn yn sialens i hen ddelwedd Glasgow fel ardal o waith llaw trwm. Erbyn 1985 roedd Glasgow yn brif ganolfan fusnes yr Alban a'r seithfed ganolfan swyddfeydd masnachol mwyaf yn y DU. Roedd y swyddi newydd hyn yn llai deniadol i weithwyr llaw gwrywaidd (Ffigur 8.50).

Problemau poblogaeth yn crebachu

Un o effeithiau colli poblogaeth o ardaloedd mewnol dinas yw'r gwasgedd mae'n rhoi ar y gwasanaethau hanfodol megis ysgolion a gwasanaethau iechyd. Mae colli'r boblogaeth yn golygu y gall darparu'r math hwn o wasanaethau fod yn anhyfyw yn ariannol. I waethygu'r sefyllfa, y bobl a adewir ar ôl yn yr ardaloedd mewnol yw'r rhai y mae arnynt fwyaf angen y gwasanaethau hyn. Mae ysgolion ac ysbytai yr ardaloedd hyn yn ei chael hi'n anodd

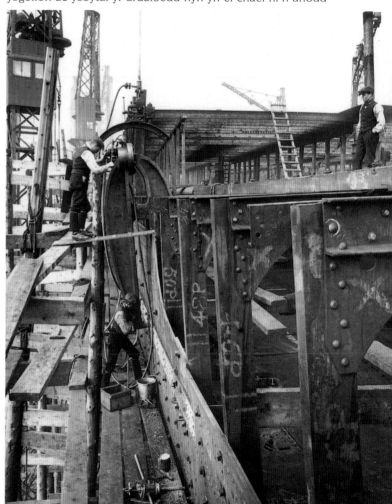

8.49 *Ardal Glannau Clyde yn ei hoes aur*

	1981		1991		Newid gwirioneddol	Canran newid
	Nifer	**%**	**Nifer**	**%**		
Cynradd	6 217	1.6	5 140	1.6	–1 077	–17.3
Eilaidd	87 651	23.2	48 782	14.5	–38 869	–44.3
Adeiladu	27 144	7.2	23 008	6.8	–4 136	–15.2
Gwasanaethau	256 819	68.0	259 614	77.1	2 795	1.1
Cyfanswm	**377 831**	**100**	**336 544**	**100**	**–41 287**	**–10.9**

8.50 *Strwythur diwydiannol a newid yn Glasgow 1981-91*

i ddenu staff o safon ac mae pobl leol yn gorfod teithio ymhellach i gael gafael ar wasanaethau. Yn Glasgow mae'r gostyngiad yn nifer y plant sy'n mynychu ysgol wedi golygu bod awdurdodau addysg lleol o dan wasgedd i gyflawni cynilion yn eu costau drwy gau ysgolion. Yn 1988 cyflwynwyd cynllun i gau saith ysgol yn Glasgow. Mae'r bobl leol wedi gwrthwynebu'r cynlluniau hyn. Mae'r un ddadl yn berthnasol i wasanaethau iechyd. Yn 1992 cyhoeddodd yr Awdurdod Iechyd gynlluniau i gau o leiaf un o bump ysbyty'r ddinas.

Nid yn unig gwasanaethau cyhoeddus a effeithir gan y dirywiad yn y boblogaeth. Mae llai o bobl yn golygu nad yw cadwyni uwchfarchnadoedd mawr, sy'n cynnig ystod eang o gynnyrch ar brisiau isel, yn gwneud elw wrth leoli mewn ardaloedd trefol mewnol.

Pwysau datblygiad

Mae sawl ardal o gefn gwlad o amgylch Glasgow wedi dod o dan bwysau mawr ar gyfer datblygiadau preswyl wrth i'r bobl symud allan o ardaloedd mewnol y ddinas. Mae'r pwysau hyn wedi bod yn arbennig o bwysig ers 1980, pan laciwyd rheolau cynllunio ar ddatblygiadau newydd. Mae'r pwysau am ddatblygiad newydd wedi bod yn arbennig o ddwys yn ardal Strathkelvin ar gyrion gogleddol Glasgow. Mae datblygiadau newydd yn effeithio ar gymysgedd gymdeithasol ardaloedd fel hyn. Er enghraifft, cynyddodd cyfran tai perchenogion preswyl o 42% i 62% rhwng 1975 ac 1998, tra gostyngodd cyfran y tai cyngor dan rent o 49% i 36% yn ystod yr un cyfnod.

Bu pentrefi ar gyrion Glasgow, rhai fel Lennoxtown, Milton of Campsie a Torrance, o dan bwysau datblygiad dwys yn yr 1990au. Yn y cyswllt hwn mae'r mater a ddylid canolbwyntio datblygiad newydd o dai ar safleoedd maes brown neu ar safleoedd maes glas yn bwysig.

Cadwraeth

Yn Glasgow yn ystod y cyfnod o ehangu Fictoraidd dinistriwyd neu trawsnewidiwyd llawer o dreftadaeth canoloesol a Sioraidd y ddinas. Wedi'r Ail Ryfel Byd, cliriwyd llawer o'r tai Fictoraidd a oedd mewn cyflwr slym a chymerwyd eu lle gan gartrefi mewn adeiladau uchel concrit. Ers yr 1960au bu ymwybyddiaeth gynyddol o'r angen i warchod amgylchedd adeiledig Glasgow. Dyluniwyd cyfres o Ardaloedd Cadwraeth ac ymgymerwyd â rhaglen o lanhau cerrig. Mae'r rhain wedi cyfrannu at ddelwedd well o'r ddinas. Fodd bynnag, dim ond rhan fechan o'r ardal adeiledig sydd o fewn yr Ardal Gadwraeth. Mae nifer fawr o drigolion y ddinas yn byw mewn tai anfoddhaol, llawer ohonynt wedi eu hadeiladu o fewn yr 50 mlynedd diwethaf.

Cludiant

Bu symudiad pendant ym mholisi cludiant Glasgow dros y 30 mlynedd diwethaf, oddi wrth gynlluniau i adeiladu ffyrdd a thraffyrdd tuag at wella cludiant cyhoeddus (Ffigur 8.51). Mae gan Glasgow y gwasanaeth rheilffordd lleol mwyaf y tu

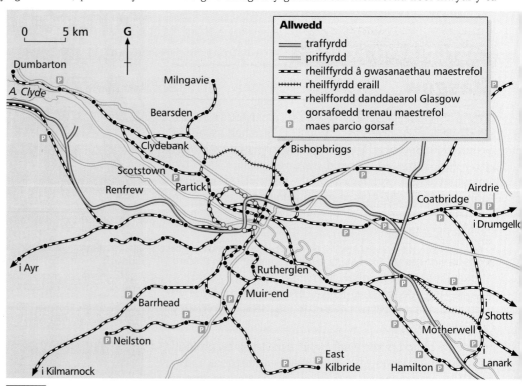

8.51 *Ffyrdd a rheilffyrdd yng nghytref Glasgow*

allan i Lundain. Yng nghanol Glasgow ceir llinell gylchol danddaearol sy'n cludo 14 miliwn o deithwyr y flwyddyn. Mae cynlluniau hefyd ar y gweill i ddatblygu cyswllt rheilffordd i Faes Awyr Glasgow, a system trên bach i wasanaethu ardaloedd allanol y ddinas a ddatblygodd o'r 1960au heb ddigon o gysylltiadau cludiant. Yng nghanol y ddinas ceir trafodaeth ar gyflwyno mesurau i gyfyngu ar barcio ac i orfodi codi tâl ar geir yn dod i mewn i'r canol.

Bu colli poblogaeth o ardaloedd canol y ddinas i stadau newydd o dai ar ymylon y ddinas yn achos dirywiad mewn teithio â bws neu drên. Effaith hyn oedd lleihad yn amlder gwasanaethau a phrisiau teithio uwch. Mae'r ymdrechion i atal y dirywiad mewn cludiant cyhoeddus yn cynnwys:

- trydaneiddio'r rheilffyrdd maestrefol i'r gogledd a'r de o Afon Clyde
- adnewyddu'r ddolen trenau tanddaearol
- darparu bysiau bychain yn y stadau tai ar y cyrion.

Ymdrechion i ddatrys problemau Glasgow

Bu amryw o ymdrechion i ddelio ag effeithiau dirywiad economaidd yn y rhannau o'r ddinas a ddioddefodd fwyaf o ganlyniad i golli gweithgynhyrchu. Yr un mwyaf sylweddol o'r rhain oedd project Adfer Ardal Ddwyreiniol Glasgow (AADdG) [GEAR], a sefydlwyd yn 1976.

Roedd project AADdG yn ymestyn am 1600 hectar (8% o arwynebedd Glasgow) ym mhen dwyreiniol y ddinas (Ffigur 8.52). Roedd hon yn ardal o ddiwydiant gweithgynhyrchu trwm a oedd yn dirywio. Roedd wedi profi ffatrïoedd yn cau a cholli swyddi medrus a lled-fedrus. Yn ychwanegol at y problemau economaidd, roedd clirio slymiau ac ailddatblygu bob yn dipyn wedi chwalu cymunedau, ac roedd llawer o deuluoedd wedi symud i stadau cyngor ar gyrion y ddinas. Rhwng 1951 ac 1976 roedd hanner y boblogaeth wedi gadael yr ardal, gan adael yn weddill boblogaeth a oedd yn anghyfartal – yn oedrannus, yn anabl, ar incwm isel, ac yn dioddef o afiechyd a chyfraddau marw uchel.

Roedd gan AADdG chwe phrif amcan:

- cynyddu ysbryd cystadleuol y preswylwyr yn chwilio am waith
- atal dirywiad economaidd a sefydlu ardal AADdG fel y prif ganolfan waith yn y ddinas
- lleddfu yr anfanteision cymdeithasol a brofwyd gan y preswylwyr
- gwella a chynnal yr amgylchedd
- rhwystro dirywiad poblogaeth a chyflawni gwell cydbwysedd oedran a strwythur cymdeithasol
- meithrin ymroddiad a hunanhyder y preswylwyr.

Gellir asesu llwyddiant y project o safbwynt tai, datblygiad economaidd a lles.

Tai

Roedd dros hanner y gwariant cyhoeddus yn AADdG ar dai.

8.52 *Ardal project AADdG*

Erbyn 1987 roedd yn fras ddwy ran o dair o'r preswylwyr yn byw mewn tai newydd neu wedi eu moderneiddio. Roedd tair asiantaeth yn gyfrifol am y gwaith hwn: Cyngor Dosbarth Glasgow, Cymdeithas Dai Scottish Special, a'r Gorfforaeth Dai.

Datblygiad economaidd

Chwaraeodd Asiantaeth Ddatblygu'r Alban (ADA) ran allweddol yn gwneud yr ardal yn fwy deniadol i fusnesau. Gwnaeth tirlunio, adnewyddu ffryntiau siopau a glanhau cerrig wella golwg ffisegol yr ardal. Erbyn 1987 roedd ADA wedi casglu at ei gilydd 190 ha o dir diwydiannol yn cynnwys Parc Buddsoddi Cambuslang, a oedd yn safle maes glas.

Ar y cyfan roedd 80 000 m² o arwynebedd llawr diwydiannol ar gael, yn cynnwys 159 uned newydd o ffatrïoedd parod a sawl adeilad wedi ei adnewyddu. Cefnogwyd gwaith yr ADA gan ddarpariaeth o unedau diwydiannu ysgafn gan y Cyngor Rhanbarthol a Phroject Clyde Workshop a noddwyd gan British Steel Corporation Industry Limited.

Lleihawyd effaith gyffredinol y datblygiadau hyn gan ddirywiad pellach yn yr economi lleol. Amcangyfrifir fod y polisïau a ddilynwyd gan AADdG wedi creu dros 2000 o swyddi ychwanegol rhwng 1976 ac 1985, ond collwyd rhyw 16 000-17 000 o swyddi oherwydd dirywiad economaidd yn yr un cyfnod. Yn wir roedd cyfradd dirywiad yn ardal AADdG yn gyflymach nag yn y ddinas gyfan. Roedd sefyllfa'r bobl leol yn y farchnad lafur yn parhau i fod yn ffiniol. Yn 1985 roedd cyfradd swyddogol y rhai allan o waith yn 25% (dynion 33%, merched 16%), ac roedd dros hanner y rhai di-waith heb waith am dymor hir. Yn wir dyblodd cyfradd diweithdra ym mhroject AADdG dros gyfnod y project.

Lles

O safbwynt lles, mae'r darlun yn dangos cryn ddatblygiad:

- Adeiladwyd tair canolfan iechyd a darparwyd amrediad eang o wasanaethau cymdeithasol.
- Lansiwyd ymgyrch o bwys yn yr 1980au i gynyddu'r nifer a gai fuddiannau lles.
- Bu gwelliant yn narpariaeth mannau cyfarfod i'r gymuned, a bu gwelliant mewn adnoddau adloniant.

Fodd bynnag, mae'r ddarpariaeth o gyfleusterau siopa a chludiant yn dal yn wael, ac yn adlewyrchu cyflwr gwan yr economi lleol a lefel incwm isel.

Dechreuodd AADdG fel partneriaeth o asiantaethau gwasanaethau cyhoeddus, ond wrth i'r 1980au fynd heibio, bu ymgais i ddenu buddsoddiad o'r sector preifat. Y nod oedd annog creu cyfoeth a fyddai'n 'trylifo' i'r bobl leol. Bu'r llwyddiant mwyaf mewn adeiladu tai preifat, gyda chwmnïau megis Barratt, Bovis a Wimpey yn buddsoddi £87 miliwn mewn 1000 o gartrefi i berchenogion preswyl. Roedd yr ardal yn denu adeiladwyr tai drwy fod rheolau cynllunio yn llai llym yn y Llain Las. Ar y cyfan, roedd gallu denu buddsoddiad y sector preifat yn fwy cyfyngedig mewn gweithgareddau eraill.

Daeth AADdG i ben yn 1987. Nid arweiniodd at newid sylweddol yn strwythur a chyfansoddiad poblogaeth yr ardal, er y denwyd rhai pobl ifanc o statws uwch a dau incwm i'r tai newydd preifat. Mae'r boblogaeth wedi sefydlogi. Mae anfanteision cymdeithasol, incymau isel a diweithdra uchel yn dal i fod. Mae'r amgylchedd wedi gwella, mae cyfleusterau hamdden a chymunedol ar gael ac mae safonau tai wedi gwella.

Ar ddiwedd project AADdG, gwnaeth un o gynghorwyr dylanwadol Glasgow sylw mai prif gyflawniad AADdG oedd darparu 'corneli stryd mwy dymunol i'r rhai heb waith sefyllian ynddynt'. Mae Ffigur 8.53 yn rhoi rhai ystadegau am ardal AADdG a Glasgow.

Ers 1980, mae Cyngor Dosbarth Glasgow wedi arbrofi ar nifer o fentrau i ddileu delwedd negyddol y ddinas. Gobeithiwyd y byddai hyn yn denu buddsoddwyr a thwristiaid posibl. Y brif fenter oedd slogan 'Glasgow filltiroedd ar y blaen' a fu mewn grym o 1983 hyd at 1990. O safbwynt niferoedd y twristiaid a ymwelodd â'r ddinas, roedd y cynllun yn llwyddiant enfawr. Cyn yr ymgyrch roedd Glasgow yn denu 700 000 o ymwelwyr y flwyddyn, ond erbyn Gŵyl Erddi Glasgow yn 1988, roedd hwn wedi codi i 2.2 miliwn. Yn 1990, enwebwyd Glasgow yn Ddinas Diwylliant Ewrop, ac o ganlyniad canolbwyntiwyd sylw rhyngwladol ar briodoleddau cadarnhaol y ddinas.

Fodd bynnag, cwestiynwyd yr ymdrechion hyn i wella delwedd Glasgow gan y rhai a ddadleuai nad oedd y fersiwn o'r ddinas a oedd yn cael ei hybu yn adlewyrchu ei 'gwir' ddiwylliant – profiad y dosbarth gwaith. Roedd y dathliadau yn hybu dim ond fersiwn arwynebol o ddiwylliant a oedd wedi ei gynllunio i apelio at ymwelwyr rhyngwladol i'r ddinas, yn hytrach nag at ei thrigolion dosbarth gwaith ei hun. Fe gostiodd y dathliadau symiau mawr o arian i'r awdurdodau lleol ar adeg pan oedd gwir angen arian at wella tai dosbarth gwaith y ddinas, yn enwedig y stadau mawr o dai cyngor ar gyrion y ddinas.

	1971		1981	
	Ardal AADdG	**Glasgow**	**Ardal AADdG**	**Glasgow**
Poblogaeth y dosbarth	533	403	247	306
Oed gweithio (%)	54.7	53.6	55.1	56.8
Oed pensiwn (%)	17.4	15.4	22.8	19.3
Dynion di-waith (%)	13.7	8.6	27.3	19.4
Merched di-waith (%)	6.5	4.3	13.6	10.5
Tai perchenogion preswyl (%)	20.7	22.5	17.2	24.2
Tai cyngor (%)	49.0	52.2	60.8	56.2
Eiddo rhent preifat (%)	28.7	18.9	7.1	8.4
Dros 1.5 person yr ystafell (%)	19.3	11.9	8.2	6.4
1–1.5 person yr ystafell (%)	13.9	14.1	12.7	13.0
Dim car (%)	84.0	68.5	77.5	67.0
Dim baddon na thoiled (%)	15.1	9.5	8.8	4.4
Rhannu baddon a thoiled (%)	0.3	1.6	0.2	0.8
Dau gar neu fwy (%)	1.1	2.8	2.0	4.3
Un neu ddwy ystafell (%)	50.2	22.0	34.8	19.4
Chwe ystafell neu fwy (%)	1.4	5.0	1.3	3.7
Teuluoedd un rhiant (%)	6.2	4.5	6.4	6.8
Yn barhaol wael/anabl (%)	2.1	1.2	4.4	2.7

8.53 *Data ar gyfer ardal broject AADdG a Glasgow*

YMARFERION

1 **a** Astudiwch Ffigur 8.50. Lluniwch siartiau cylch i ddangos cyfran y gweithlu a gyflogir ym mhob sector yn 1981 ac 1991.

b Lluniwch graffiau i ddangos union rif y gweithwyr ym mhob sector yn 1981 ac 1991.

c Rhowch sylwadau ar y canlyniadau a ddangosir gan eich graffiau.

2 **a** Disgrifiwch sut y mae ffyniant Glasgow wedi amrywio dros y 100 mlynedd diwethaf.

b Enwch ac eglurwch rai o'r problemau cymdeithasol ac amgylcheddol sy'n ganlyniad dirywiad economaidd.

3 **a** Disgrifiwch nodau project Adfer Ardal Ddwyreiniol Glasgow (AADdG).

b Amlinellwch yr hyn a gyflawnodd AADdG. Defnyddiwch yr isdeitlau canlynol i'ch helpu:

- tai
- lles
- datblygiad economaidd.

4 Defnyddiwch y wybodaeth yn yr astudiaeth achos hon i werthuso llwyddiant project AADdG.

ASTUDIAETH ACHOS

Ardal y Dociau Llundain

Arweiniodd y dirywiad mewn hen ddiwydiannau trwm mewn rhannau o ddinasoedd mawr yn y degawdau diwethaf at ddadleuon am sut y dylid eu hailddatblygu. Mewn sawl man, yr ateb oedd glanhau'r ardal a denu grwpiau newydd o bobl a mathau newydd o weithgaredd economaidd i'r ardal. Yn aml gwrthwynebir y math hwn o ddatblygiad yn ffyrnig gan y preswylwyr lleol sy'n teimlo bod eu cymdogaeth yn cael ei chymryd drosodd gan ddieithriaid. Does unman gwell i weld y broses hon yn gliriach nag yn achos Ardal y Dociau yn Llundain. Mae'r dyfyniad canlynol yn rhoi rhyw syniad o sut beth oedd byw yn Ardal y Dociau yn y gorffennol:

'Mae Ardal y Dociau yn Llundain yn ymestyn dros ardal helaeth o bum bwrdeistref glannau Tafwys. Yma yn yr ardal hon ceir traddodiadau grymus sy'n ddisyflyd. I'r rhai a dyfodd i fyny i lawr yr afon o Bont Llundain ac o fewn cyrraedd rhwydd i'r afon roedd y dociau yn un o ffeithiau bywyd. Roedd yr olygfa o graeniau ar waith uwchlaw y terasau di-dor o dai yn Bermondsey, arogl lledr yn cael ei drin, arogl sebon a bisgedi, a

synau cyrn niwl ar nosweithiau tywyll i gyd yn rhan annatod o blentyndod. Mae'n wir nad oedd fawr o gariad rhwng y rhai a anwyd ar lan dde yr afon ac yn deyrngar i Millwall ac i dîm rasio New Cross a'r gelynion ar y lan ogleddol a gefnogai West Ham. Ond roedd mwy yn eu huno nag yn eu gwahanu – fel y daeth yn amlwg mewn miloedd o ffyrdd yn ystod cyrchoedd awyr Llundain yn 1940-41.'

P. Ambrose (1986) Whatever Happened to Planning?

Doc West India oedd yr un cyntaf i'w agor yn Llundain yn 1802. Agorwyd dociau yn ddi-dor drwy gydol yr 1800au. Roedd y dociau yng nghanol casgliad o ddiwydiannau cysylltiedig megis puro a phrosesu a ddefnyddiai gynnyrch a fewnforiwyd, ac adeiladu ac atgyweirio llongau. Roedd y rhain yn cyfuno â diwydiannau gweithgynhyrchu eraill ac â'r gweithdai a masnachau bychain a wasanaethai farchnadoedd defnyddwyr y brifddinas, yn arbennig dillad, dodrefn ac argraffu (Ffigur 8.54).

Datblygodd ffordd o fyw arbennig yn y cymunedau o gwmpas y dociau. Roedd yr ardaloedd preswyl yn eithaf unig, ac roedd y rhan fwyaf o'r bobl yn gweithio, yn mynd i'r ysgol, ac yn siopa heb adael y gymdogaeth. O ganlyniad, datblygodd hunaniaeth leol gref. Erbyn 1870 roedd y dosbarthiadau canol ac uchaf wedi gadael yr East End, gan ei adael bron yn gyfan gwbl yn ardal y dosbarth gwaith. Yn y gymuned hon roedd rhaniad caeth rhwng bywyd bob dydd dynion a merched. Dynion oedd bron y cyfan o weithwyr y dociau. Roedd y merched yn gweithio yn y masnachau dillad a dodrefn neu yn y ffatrïoedd (yn cynhyrchu matsys, defnydd pacio a phrosesu bwyd). Roedd hen hanes o fewnfudo yng nghymunedau yr East End, gan fod gwaith yn rhwydd i'w gael ac roedd llawer o bobl yn ymsefydlu yn agos i'r dociau lle y cyraeddasant Brydain.

8.54 Dociau Llundain ar eu hanterth

Ymsefydlodd y Tsineaid yn Limehouse, er enghraifft, a'r Somaliaid yn Wapping.

Roedd cyflwr y tai yn aml yn aflan a thlodi yn gyffredin. Roedd hyn yn cael ei wneud yn waeth gan systemau llafur ysbeidiol a weithredwyd gan berchenogion y dociau a'r gweithgynhyrchwyr. Ymatebodd y gweithwyr drwy drefnu eu bod yn hawlio gwell cyflog ac amodau gwaith, a datblygodd yr ardal draddodiad cryf o undebaeth lafur a chefnogaeth i'r Blaid Lafur.

Dirywiad Ardal y Dociau

Bu cryn ddifrod i'r ardal o ganlyniad i fomio yn ystod yr Ail Ryfel Byd ac arweiniodd hyn at raglen sylweddol o ailadeiladu. Yn y ddau ddegawd cyntaf yn dilyn yr Ail Ryfel Byd, daeth nifer o adeiladau Ardal y Dociau i ddiwedd eu defnyddioldeb. Cyfrannodd nifer o ffactorau at y dirywiad ym mhwysigrwydd y dociau:

- Roedd y rhan a chwaraeodd Llundain fel canolfan masnach byd wedi dirywio cymaint fel nad oedd angen mwyach y dociau na'r warysau.
- Denwyd rhai o'r gweithgareddau gweithgynhyrchu i'r Trefi Newydd a oedd yn datblygu ac i safleoedd eraill y tu allan i drefi lle roedd costau yn is. O ganlyniad, roedd llawer o dir y rheilffyrdd a'r camlesi wedi mynd â'i ben iddo.
- Lleihawyd ymhellach hyfywdra economaidd y dociau drwy newidiadau yn nhechnoleg cludiant. Roedd amlwythiant yn golygu bod angen cyfleusterau dŵr dwfn ar gyfer docio, a dim ond i lawr yr afon y cafwyd rhain

O ganlyniad i'r ffactorau hyn, fe gaeodd y dociau. Caewyd doc East India yn 1967, a dechreuodd masnach yn y dociau eraill ostwng. Rhwng 1961 ac 1971, collwyd bron i 83 000 o swyddi ym mhum bwrdeistref yn Ardal y Dociau (Greenwich, Lewisham, Newham, Tower Hamlets a Southwark). Roedd llawer o'r swyddi hyn yn dod o gorfforaethau mawr trawsgenedlaethol. Gwaethygwyd y dirywiad hwn gan bolisïau'r llywodraeth a oedd yn ffafrio twf diwydiant y tu allan i Lundain. Yn cyd-fynd â'r diweithdra roedd gostyngiad yn y boblogaeth. Tra collodd Llundain fewnol 10% o'i phoblogaeth rhwng 1961 ac 1971, roedd y ffigurau ar gyfer Tower Hamlets yn 18% a Southwark yn 14%.

Corfforaeth Ddatblygu Ardal y Dociau Llundain

Roedd Ardal y Dociau Llundain yn cael ei chydnabod bellach fel 'y cyfle mwyaf o safbwynt ailddatblygu yn Ewrop' erbyn yr 1970au. Sefydlwyd Corfforaeth Ddatblygu Ardal y Dociau Llundain (CDdADLl) [LDDC] gan y llywodraeth Geidwadol yn 1981. Roedd yn gyfrifol am ddatblygiad yr ardal (Ffigur 8.55). Roedd y cyfrifoldebau hyn yn cynnwys adfer tir, darparu isadeiledd cludiant, gwella'r amgylchedd a denu buddsoddiad o'r sector preifat.

Cafodd CDdADLl dir a hybodd ddatblygiad cludiant ar ffurf Rheilffordd Trên Bach Ardal y Dociau (DLR) a Maes Awyr Dinas Llundain. Roedd yn ceisio denu datblygiad a llenwi'r Isle of Dogs. Adeiladwyd ffyrdd newydd ac adeiladau ar gyfer

swyddfeydd, megis Canary Wharf (Ffigur 8.56). O 1981 gwelodd Ardal y Dociau y crynodiad mwyaf o adeiladu tai newydd yn Llundain fewnol. Roedd daliadaeth y tai newydd yn bennaf yn berchenogion preswyl. Daeth Ardal y Dociau yn gyfystyr â ffyniant tai Llundain, gyda phrisiau'n cynyddu'n gyflym. Fodd bynnag, roedd y polisi adeiladu tai yn ddadleuol, gan fod rhai yn dadlau nad oedd yn cyfarfod â'r angen am dai yn lleol. Roedd y cynnydd mewn prisiau tai yn golygu fod tai newydd allan o afael y preswylwyr lleol, a doedd yr awdurdodau lleol na'r cymdeithasau tai yn gallu prynu tir oherwydd y pris uchel oedd arno. Pryder preswylwyr Ardal y Dociau oedd y byddai polisïau CDdADLl yn gosod cymuned newydd yn eu lle. Cyn dyfodiad CDdADLl roedd Ardal y Dociau yn bennaf yn ardal y dosbarth gwaith gyda 50-60% o'r deiliaid yn syrthio i'r categori gweithwyr llaw. Roedd cost tai yn golygu bod y boblogaeth a ddeuai i mewn ag incwm uwch ac yn dod o grŵp economaidd gymdeithasol gwahanol. Roedd eu patrymau gwaith a mannau gwaith yn wahanol: roedd 64% o'r preswylwyr newydd yn gweithio yn Ninas Llundain a dim ond 10% yn gweithio yn Ardal y Dociau. Ymysg y boblogaeth bresennol roedd 46% o'r preswylwyr lleol yn gweithio yn y bwrdeistrefi lle roeddynt yn byw. Roedd y preswylwyr newydd yn tueddu i grynhoi yn y diwydiannau gwasanaeth. Roeddynt yn fwy llewyrchus, gyda chyfraddau is ohonynt allan o waith a chyfraddau uwch yn berchenogion ceir. Roeddynt yn boblogaeth symudol – hanner y preswylwyr newydd yn cynllunio i symud o fewn dwy flynedd – ac roedd ganddynt lai o blant. Atgyfnerthwyd y teimlad byrhoedlog hwn gan brinder cyfleusterau cymdeithasol a siopau ar gyfer y gymuned.

Bu cryn ddadlau ynglŷn â CDdADLl, ac mae daearyddwyr wedi cwestiynu effeithiau economaidd, cymdeithasol a diwylliannol ei weithgareddau. Yn ei dadansoddiad o effaith CDdADLl, mae Susan Brownill (1999) yn codi rhai cwestiynau ar sut y dylid asesu llwyddiant adfywio Ardal y Dociau:

- Dadleuwyd bod Ardal y Dociau yn cynrychioli enghraifft o sut y gall 'grymoedd y farchnad' newid ardaloedd canol y ddinas. Ar y llaw arall, gellid dadlau fod popeth a ddigwyddodd yn Ardal y Dociau yn ganlyniad gwario symiau mawr o arian y trethdalwyr.
- I ba raddau yr oedd y buddsoddiad o arian i'r ardal o fudd i'r bobl leol?
- A ddylid gadael ailddatblygu rhannau o'r ddinas yn nwylo cynghorau lleol a etholir yn ddemocrataidd neu ei roi i gyrff a apwyntir gan y llywodraeth?
- Sut y dylid mesur costau a manteision datblygiad?

Daeth gwaith CDdADLl i ben yn Ardal y Dociau yn 1998. Mae'r ddadl yn dal i barhau am effeithiolrwydd ei waith, er iddo heb amheuaeth adael ei ôl ar y tirwedd. Daeth yn ei le gyfres o fentrau a ddyluniwyd i barhau adfywiad yr ardal. Roedd y rhain yn cynnwys Cromen y Mileniwm, terfynfa Twnnel y Sianel yn Stratford, Project Porth Tafwys a Phartneriaeth Glannau Greenwich.

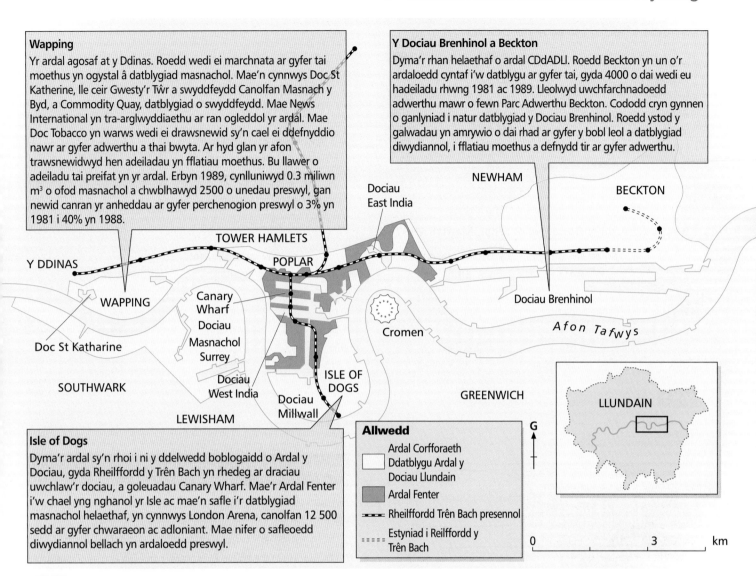

Wapping

Yr ardal agosaf at y Ddinas. Roedd wedi ei marchnata ar gyfer tai moethus yn ogystal â datblygiad masnachol. Mae'n cynnwys Doc St Katherine, lle ceir Gwesty'r Tŵr a swyddfeydd Canolfan Masnach y Byd, a Commodity Quay, datblygiad o swyddfeydd. Mae News International yn tra-arglwyddiaethu ar ran ogleddol yr ardal. Mae Doc Tobacco yn warws wedi ei drawsnewid sy'n cael ei ddefnyddio nawr ar gyfer adwerthu a thai bwyta. Ar hyd glan yr afon trawsnewidwyd hen adeiladau yn fflatiau moethus. Bu llawer o adeiladu tai preifat yn yr ardal. Erbyn 1989, cynlluniwyd 0.3 miliwn m³ o ofod masnachol a chwblhawyd 2500 o unedau preswyl, gan newid canran yr anheddau ar gyfer perchenogion preswyl o 3% yn 1981 i 40% yn 1988.

Y Dociau Brenhinol a Beckton

Dyma'r rhan helaethaf o ardal CDdADLl. Roedd Beckton yn un o'r ardaloedd cyntaf i'w datblygu ar gyfer tai, gyda 4000 o dai wedi eu hadeiladu rhwng 1981 ac 1989. Lleolwyd uwchfarchnadoedd adwerthu mawr o fewn Parc Adwerthu Beckton. Cododd cryn gynnen o ganlyniad i natur datblygiad y Dociau Brenhinol. Roedd ystod y galwadau yn amrywio o dai rhad ar gyfer y bobl leol a datblygiad diwydiannol, i fflatiau moethus a defnydd tir ar gyfer adwerthu.

Isle of Dogs

Dyma'r ardal sy'n rhoi i ni y ddelwedd boblogaidd o Ardal y Dociau, gyda Rheilffordd y Trên Bach yn rhedeg ar draciau uwchlaw'r dociau, a goleuadau Canary Wharf. Mae'r Ardal Fenter i'w chael yng nghanol yr Isle ac mae'n safle i'r datblygiad masnachol helaethaf, yn cynnwys London Arena, canolfan 12 500 sedd ar gyfer chwaraeon ac adloniant. Mae nifer o safleoedd diwydiannol bellach yn ardaloedd preswyl.

Allwedd

- ☐ Ardal Corfforaeth Ddatblygu Ardal y Dociau Llundain
- ▨ Ardal Fenter
- ▬▪▬ Rheilffordd Trên Bach presennol
- ===== Estyniad i Reilffordd y Trên Bach

0   3   km

8.55 *Ardal Corfforaeth Ddatblygu Ardal y Dociau Llundain*

8.56 *Datblygiad eiddo yn Ardal y Dociau Llundain*

YMARFERION

1 Beth oedd nodau ac amcanion Corfforaethau Datblygiad Trefol?

2 Crynhowch weithgareddau a chyflawniadau CDdADLl.

3 Gyda chymorth aelodau eraill eich grŵp, lluniwch restr o feini prawf a ellid eu defnyddio ar gyfer gwerthuso llwyddiant neu fethiant gwaith CDdADLl.

4 Gan ddefnyddio Ffigur 8.57 a'r wybodaeth yn yr adran hon, gwerthuswch weithgareddau CDdADLl.

5 Edrychwch ar y cartŵn, Ffigur 8.58. I ba raddau yn eich barn chi y mae hwn yn asesiad teg o waith CDdADLl?

a Ardal y Dociau cyn ac wedi CDdADLl

	1981	1997
Poblogaeth	39 429	81 231
Gweithwyr	27 213	72 000
Perchenogaeth cartref	5%	43%
Stoc anheddau	15 000	35 665
Cyflogaeth sector gwasanaethau	31%	70%
Cyflogaeth gwasanaethau ariannol	5%	42%

Arwynebedd masnachol lloriau ers 1981 = 2.3 miliwn m^2

Unedau tai ers 1981 = 21 615

b Adfywio Ardal y Dociau yn ôl ardal, Mawrth 1997

	Gofod swyddfeydd (m^2)	Cyfanswm masnachol (m^2)	Unedau tai	Tai cymdeithasol unedau	% tai preifat
Isle of Dogs	1 miliwn	1.4 miliwn	4178	754	82
Wapping	155 192	303 717	3874	653	84
Dociau Surrey	169 374	370 172	7654	1843	75
Dociau Brenhinol	12 673	234 348	5909	2638	55
UDA	**1.38 miliwn**	**2.23 miliwn**	**21 615**	**5968**	**72**

8.57 *Effaith CDdADLl*

8.58 *Golwg ar CDdADLl*

GWEITHGAREDD ESTYNEDIG

Astudiwch Ffigur 8.59, sy'n dangos data am rai o gyflawniadau'r Corfforaethau Datblygiad Trefol.

1 Beth yw ystyr y term 'Corfforaeth Datblygiad Trefol'?

2 Defnyddiwch y data yn y tabl i roi sylw ar gyflawniadau Corfforaethau Datblygiad Trefol o safbwynt:
- tai
- yr amgylchedd
- cyflogaeth
- denu buddsoddiadau.

3 a O safbwynt pob CDT:
- cyfrifwch y gymhareb o fuddsoddiad preifat i gymorthdaliadau cyhoeddus (gelwir hyn y **gymhareb trosoledd**)
- lluniwch graffiau i gynrychioli'r data hwn.

b Gan dderbyn yr ystyrir cymhareb trosoledd o 1:3 yn gyffredinol i fod y lleiaf sy'n dderbyniol, rhowch eich barn ar lwyddiant y CDTau.

4 Pam na allai'r data ar dai a chyflogaeth ddweud y stori gyfan am gyflawniadau'r CDTau?

Corfforaeth Datblygiad Trefol	Tir wedi'i adennill (ha)	Unedau tai a godwyd	Unedau busnesau ayyb (miloedd m²)	Ffyrdd: adeiladu neu gwella (km)	Swyddi crynswth a enillwyd	Buddsoddiad sector preifat (£m)
Llundain	776	2165	2300	282	70 484	6505
Glannau Mersi	382	3135	589	97	19 105	548
Black Country	363	3441	982	33	18 480	987
Bae Caerdydd	310	2260	379	27	9 387	774
Glannau Tees	492	1306	432	28	12 226	1004
Trafford Park	176	283	636	42	23 199	1513
Tyne a Wear	507	4009	982	39	28 111	1115
Bryste	69	676	121	7	4 825	235
Sheffield	247	0	495	15	18 812	686
Canol Manceinion	35	2583	138	2	4 944	373
Leeds	68	571	374	12	9 066	357
Perfeddwledydd Birmingham	115	669	217	41	3 526	217
Plymouth	11	28	3	4	29	4
Cyfansymiau	**3551**	**21 126**	**7648**	**629**	**222 194**	**14 318**

8.59 *Cyflawniadau Corfforaethau Datblygiad Trefol*

Ch Materion trefol mewn GLIEDd

Edrychwch ar Ffigur 8.60. Mae'n dangos cyfanswm poblogaethau trefol y rhanbarthau mwy a llai datblygedig ers 1950. Tra bod y cynnydd yng nghyfanswm poblogaeth drefol y gwledydd mwy economaidd ddatblygedig (GMEDd) yn cynyddu'n gymharol araf, mae'r gwledydd llai economaidd ddatblygedig (GLIEDd) yn profi twf cyflym yn eu poblogaeth drefol. Cytunir yn aml bod 'ffrwydrad trefol' yn digwydd yn y GLIEDd a bod hyn yn codi nifer o gwestiynau ar sut i gael lle i'r fath dwf (Ffigur 8.61). Mae'r bennod hon yn edrych yn fanylach ar y materion sy'n deillio o'r twf hwn.

Fodd bynnag, mae'n bwysig edrych yn feirniadol ar y ffigurau hyn. Mae nifer o broblemau ynglŷn â'r math o ddata a gyflwynir yn Ffigur 8.60:

- Ceir prinder data cyfrifiad dibynadwy y gellir eu defnyddio i gymharu poblogaethau trefol gwahanol wledydd.

- Hyd yn oed pan fo data ar gael, mae cymariaethu yn anodd oherwydd fod gwahaniaethau mawr yn y modd y mae llywodraethau yn diffinio canolfannau trefol.

- Wrth rannu poblogaethau cenedlaethol yn 'wledig' a 'threfol' cymerir yn ganiataol fod rhaniadau pendant yn y ffordd y mae pobl yn y wlad ac yn y dref yn byw. Mewn llawer o ganolfannau trefol, gall cyfran fawr o'r boblogaeth fod yn ymwneud ag amaethyddiaeth neu â gweithgaredd cysylltiedig.

- Hyd yn oed os ystyrir bod y data yn gywir, mae'n ffôl meddwl y gall y cyfraddau twf a brofir heddiw barhau i'r dyfodol. Yn wir, dros y ddau ddegawd diwethaf nid yw nifer o wledydd wedi tyfu ar y cyfraddau a ragwelwyd yn 1980.

Er gwaethaf yr anawsterau o ddefnyddio data am boblogaethau trefol, mae'n bosib gwneud rhai cyffredinoliadau am brosesau trefol mewn GLIEDd yn y blynyddoedd diwethaf:

- Profodd y rhan fwyaf o genhedloedd dwf cyflymach yn eu poblogaeth drefol nag yn eu poblogeth wledig, ac mae hyn yn golygu fod cyfran gynyddol o'u poblogaeth yn byw mewn canolfannau trefol (lefel trefoli).

- Yn y rhan fwyaf o'r GLIEDd bu cynnydd yn y modd y mae poblogaeth a gweithgaredd economaidd yn crynhoi mewn un neu ddwy o'r dinasoedd mwyaf.

- Yn gyffredinol, mae cynnydd naturiol yn y boblogaeth wedi cyfrannu mwy at dwf y boblogaeth drefol nag a wnaeth mudo gwledig-trefol net. Fodd bynnag ni ddigwyddodd hyn mewn nifer o ddinasoedd na gwledydd.

Mae lefelau trefoli a chyfraddau twf trefol yn gwahaniaethu'n ddirfawr rhwng gwahanol wledydd.

8.61 *La Paz, Bolivia: dinas yn y byd sy'n datblygu*

YMARFERION

Astudiwch Ffigur 8.3 ar dudalen 271. Mae'n dangos lefel trefoli mewn nifer o wledydd.

1 Cwblhewch gopi o Ffigur 8.62 i ddangos lefel trefoli o fewn pob un o'r gwledydd a restrir. Defnyddiwch atlas i'ch helpu i leoli'r gwledydd.

2 Pam y mae'n anodd gwneud cymariaethau rhwng gwledydd ar sail y data hyn yn unig?

3 Gan ddefnyddio eich tabl gorffenedig i'ch helpu, ysgrifennwch baragraffau yn rhoi sylwadau ar lefelau trefoli yn Ne a Chanolbarth America, Affrica ac Asia.

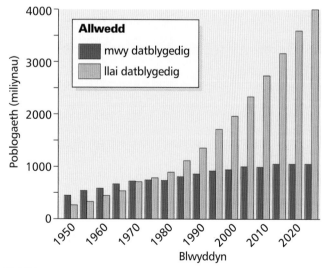

8.60 *Cyfanswm poblogaethau trefol rhanbarthau mwy a llai datblygedig, 1950-2025*

	Is na 45%	45–59%	60–74%	75% ac uwch
Yr Aifft				
Ariannin				
Brasil				
Chile				
China				
Ethiopia				
Gweriniaeth De Affrica				
India				
Indonesia				
México				
Myanmar (Burma)				
Nicaragua				
Nigeria				
Pilipinas				
Tanzania				

8.62   *Lefelau trefoli mewn gwledydd dethol*

Problemau twf trefol cyflym

Economaidd

Mewn egwyddor, does dim rheswm y dylai cynnydd yn lefelau trefoli a thwf cyflym trefol achosi problemau i genhedloedd. Wedi'r cyfan, mae trefoli fel arfer yn mynd law yn llaw â diwydiannu. Wrth i wlad ddatblygu, mae'n denu buddsoddiad gan gorfforaethau trawsgenedlaethol, a cheir cyfleoedd gwaith newydd mewn canolfannau trefol. Mae hyn yn denu pobl o ardaloedd gwledig. Fodd bynnag, mae corfforaethau trawsgenedlaethol wedi bod yn ddewisol iawn yn y mannau lle dewisant fuddsoddi, a dim ond ychydig o wledydd sy'n datblygu sydd wedi profi'r math hwn o ddiwydiannu. Mae México, Brasil ac economïau 'Teigr' De Ddwyrain Asia wedi profi'r math hwn o dwf ond hyd yn oed yn y gwledydd hyn nid yw'r ffatrïoedd yn fawr.

8.63   *Gweithgaredd sector anffurfiol: Goa, India*

Yn ymarferol, felly, mae nifer o fudwyr a ddaw i'r ddinas i chwilio am waith yn ei chael hi'n anodd i sicrhau hynny. Mae llawer yn **dangyflogedig**, sy'n golygu eu bod yn gweithio llai na llawn amser hyd yn oed os ydynt yn awyddus i weithio mwy o oriau. O ganlyniad, mae'r rhan fwyaf yn dod o hyd i waith yn yr hyn a elwir yn **sector anffurfiol** (Ffigur 8.63).

Mae'r sector anffurfiol yn cynnwys swyddi megis glanhau esgidiau, gwerthu hufen iâ, golchi car neu yrru tacsi. Mae llawer o blant yn ymwneud â'r math hwn o waith. Mae daearyddwyr trefol yn cydnabod fod rhai manteision i'r sector anffurfiol. Er enghraifft, mae'n darparu ystod enfawr o nwyddau rhad a gwasanaethau a fyddai fel arall allan o gyrraedd llawer, ac mae'n gofalu bod cyfartaledd cyflogau yn cael eu cadw'n isel, a gallai hyn rwystro corfforaethau trawsgenedlaethol chwilio am leoliadau rhatach i fuddsoddi ynddynt.

Er y manteision hyn, cydnabyddir mai un o effeithiau diffyg gwaith ffurfiol mewn ardaloedd trefol yw cynyddu tlodi. Mae'n anodd asesu'r gwir sefyllfa. Hawliai Banc y Byd yn 1993 fod tlodi yn cael ei ddileu drwy wasgariad yr economi farchnad. Fodd bynnag, roedd sefydliadau eraill yn sylwi bod twf mewn tlodi trefol. Mae rhan o'r broblem yn deillio o'r anhawster o ddiffinio tlodi, ac o natur annibynadwy data.

Mae effaith arall twf economaidd cyflym yn gysylltiedig â syniadau uchafiaeth a chanolrwydd. Gall hyn arwain at grynodiad buddsoddiad mewn un neu ddwy ganolfan neu ranbarth a cholli pobl ac adnoddau o rannau eraill o'r wlad. Mae Yangon/Rangoon (yn Myanmar/ Burma) wedi ei leoli yng nghanol rhwydwaith genedlaethol cludiant a chyfathrebau. Dyma galon economaidd a gwleidyddol Myanmar. Mae'n brif ganolfan gwasnaethau, ac mae bron y cyfan o holl fasnach mewnforio ac allforio yn mynd drwy ei phorthladd. Mae Nairobi (Kenya) yn cyfrif am ddwy ran o dair o gyflogaeth gweithgynhyrchu a ffatrïoedd diwydiannol Kenya. Mae'n cynnwys tua 10% o'r boblogaeth genedlaethol ac mae'n gweithredu fel magned pwysig i fudwyr o ardaloedd eraill o Kenya.

YMARFERION

1   Astudiwch Ffigur 8.64. Mae'n rhoi data am gyfraddau twf trefol a chyfraddau twf economaidd 14 o wledydd.

   a   Plotiwch y data hyn ar graff gwasgariad.

   b   Ceisiwch lunio llinell 'ffit orau' ar eich graff.

   c   Cyfrifwch gyfernod cydberthyniad rhestrol Spearman ar gyfer dadansoddi'r berthynas rhwng twf trefol a thwf economaidd.

   ch   I ba raddau y mae eich canlyniadau'n dangos perthynas rhwng twf trefol a thwf economaidd? Awgrymwch resymau dros eich ateb.

2   Gwahaniaethwch rhwng y 'sector ffurfiol' a'r 'sector anffurfiol'.

3   Pa ran y mae'r sector anffurfiol yn ei chwarae mewn llawer o ddinasoedd?

4   Pa broblemau a gysylltir ag uchafiaeth drefol?

	Cyfartaledd cyfradd twf trefol y flwyddyn 1980–92 (%)	Cyfartaledd cyfradd twf economaidd y flwyddyn 1985–94 (%)
Yr Aifft	2.5	1.3
Awstralia	1.5	1.2
China	4.3	7.8
DU	0.3	1.3
Yr Eidal	0.6	1.8
Ffrainc	0.4	1.6
Ghana	4.3	1.4
Gwlad Pwyl	1.3	0.8
Gwlad Thai	4.5	8.6
India	3.1	2.9
Jamaica	2.1	3.9
Kenya	7.7	0.0
México	2.9	0.9
Pakistan	4.5	1.3
Periw	2.9	–2.0
UDA	1.2	1.3

8.64 *Cyfraddau twf trefol ac economaidd mewn gwledydd dethol*

Tai

Mae tlodi a diffyg gwaith mewn llawer o ddinasoedd y byd sy'n datblygu yn arwain at broblemau gordyrru. Mae dylifiad cyflym mudwyr i ddinasoedd yn golygu bod cyflenwad tai yn brin. Un ymateb i'r prinder hwn yw ymddangosiad cartrefi sianti dros dro. Adeiledir y tai hyn yn aml ar y safleoedd rhataf a lleiaf dymunol. Gall hyn gynnwys tir isel yn dueddol i lifogydd, tir diffaith, neu lethrau serth a allai fod yn agored i dirlithriadau. Gelwir yr aneddiadau hyn yn **drefi sianti** neu **aneddiadau sgwatwyr**. Amcangyfrifir bod un biliwn o bobl ar draws y byd yn byw mewn cartrefi anaddas (Ffigur 8.65).

Un ymateb y llywodraethau i'r aneddiadau sgwatwyr hyn yw cael gwared ohonynt. Mae pobl yn cael eu troi allan o'u safleoedd a'u cartrefi yn cael eu dymchwel. Yn aml fe wneir hyn i ddarparu lle i gartrefi moethus neu ar gyfer adnewyddiad trefol. Yn Sŏul, De Korea, yn y cyfnod cyn y Gemau Olympaidd 1988, gorfodwyd bron i 750 000 o bobl i symud mewn ymdrech i 'harddu' neu lanhau'r ddinas. Ar y cyfan polisi aneffeithiol yw dinistrio aneddiadau sgwatwyr am nad oes gan y trigolion fawr o ddewis ond adeiladu aneddiadau newydd mewn man arall.

Yn ddiweddar, mae llywodraethau rhai gwledydd wedi adolygu eu hagwedd at aneddiadau sgwatwyr. Cydnabyddir eu bod yn chwarae rhan bwysig trwy ddatrys problemau tai sydd angen sylw ar frys, gan weithredu fel ardaloedd derbyn ar gyfer mudwyr sydd newydd gyrraedd, a chynnig rhwydweithiau anffurfiol o gefnogaeth i'r bobl. Mewn rhai achosion bu symudiadau i gydnabod yn ffurfiol fodolaeth yr aneddiadau hyn a darparu adnoddau ar gyfer gwella cyflwr yr adeiladau a datblygu eu hisadeiledd drwy ddarparu ffyrdd, dŵr pibellog a gwasanaethau gwaredu sbwriel.

YMARFERION

Edrychwch ar Ffigur 8.66. Mae'n dangos rhai o'r sialensiau sy'n wynebu mudwyr o ardaloedd gwledig yn chwilio am loches mewn canolfannau trefol mawr.

1 Enwch ac eglurwch y rhwystrau a wynebai y teulu Ramirez yn eu hymdrech i ddod o hyd i loches. Dosranwch y rhain yn rwystrau economaidd, amgylcheddol a gwleidyddol.

2 Beth yw ystyr y term 'anheddiad sgwatwyr'?

3 Awgrymwch pam y mae aneddiadau sgwatwyr yn gyffredin mewn ardaloedd trefol yn y byd sy'n datblygu.

4 'Slymiau gobaith, neu slymiau anobaith.' Pa un o'r rhain sy'n disgrifio orau aneddiadau sgwatwyr?

8.65 *Anheddiad sgwatwyr ym Mumbai (Bombay), India*

YN Y DECHREUAD: Mae Mr Ramirez (31), ei wraig Ines (25) a'u plant Carlos (8), Clara (5) a Rosa (3) yn sylweddoli na fedrant oroesi ar y tir ffermio maent yn ei rentu. Ni chafwyd digon o law ac mae'r llain 1 ha y maent yn ei ffermio yn cynhyrchu llai bob blwyddyn. Penderfynodd Ramirez fynd i'r ddinas i chwilio am waith. Aeth ei gefnder Juan yno 2 flynedd yn ôl, ac mae wedi cynnig ei helpu.

 Ramirez yn dal y bws i'r ddinas.

Mae'n dod o hyd i Juan, ac mae'n cysgu ar lawr caban Juan.

Ramirez yn gweithio gyda Juan yn gwerthu ffrwythau o ddrws i ddrws.

Dinistriodd sychder y cnwd y gofalai Ines amdano. Mae hi a'r plant yn ymuno â Ramirez yn y ddinas. Maent i gyd yn aros gyda Juan.

Ymhen amser, mae'r teulu yn cael ystafell ar rent mewn tenement yng nghanol y ddinas.

Mae Ines yn cael gwaith fel morwyn.

Llosgodd Rosa mewn damwain yn y cartref. Rhaid dod o hyd i arian ar gyfer y driniaeth, ac mae'n rhaid i Ines gael amser rhydd o'i gwaith er mwyn gofalu amdani.

Mae Ramirez yn clywed am ddarn o dir a sgwatwyr yn heidio yno. Mae'r teulu'n symud yno, ac yn adeiladu (yn anghyfreithlon) gaban o breniau wedi eu gadael ar domen sbwriel y ddinas.

Mae'r heddlu yn dinistrio'r caban. Dychwelodd y teulu i ystafell ar rent yng nghanol y ddinas.

Mae ail fewnlifiad o sgwatwyr yn fwy llwyddiannus. Mae'r teulu Ramirez yn adeiladu caban arall. Boddwyd y safle gan lifogydd, ac am gyfnod byr bu'n rhaid byw mewn pabell blastig, ond llwyddant i aros yn yr un man.

Ines yn prynu peiriant gwnïo ail law. Mae'n gwneud dillad, ac mae Rosa yn ei helpu i'w danfon i'w chwsmeriaid. Mae'r arian ychwanegol yn eu galluogi i adeiladu cartref mwy sylweddol.

Clara yn mynd i'r ysgol. Mae'r costau ychwanegol ar lyfrau a dillad yn gohirio adeiladu'r tŷ.

Carlos yn gadael yr ysgol ac yn dechrau gweithio fel adeiladydd. Incwm ychwanegol: parhau i adeiladu'r tŷ.

Wedi blynyddoedd o drafod ag awdurdodau'r ddinas, mae preswylwyr yr anheddiad sgwatwyr o'r diwedd yn derbyn daliadaeth gyfreithiol. Preswylwyr yn ffurfio cwmni cydweithredol ac yn gwneud cais am fenthyciadau ar gyfer gwella eu cartrefi.

Ramirez ac Ines yn cael eu pedwerydd plentyn.

Mae'r teulu Ramirez yn cael benthyciad ar gyfer adeiladu rhywbeth mwy parhaol na'u caban pren presennol. Mae'r cymdogion yn helpu ei gilydd i godi eu tai concrit eu hunain.

Mae baban Ramirez yn marw o ddysenteri am fod y cyflenwad dŵr yn llygredig. Ramirez yn dal y ddarfodedigaeth (TB). Rhaid rhoi'r gorau i adeiladu'r tŷ am gyfnod.

Clara yn ennill cymwysterau i fod yn athrawes ac mae'n cael gwaith. Mae'r incwm ychwanegol yn galluogi'r teulu i ychwanegu llawr arall at eu cartref.

Awdurdodau'r ddinas yn darparu cyflenwad o ddŵr pibellog yn agos at gartref Ramirez.

Clara yn priodi ac yn symud allan. Y teulu yn gosod ei hystafell er mwyn cael mwy o incwm.

BELLACH mae gan deulu Ramirez gartref diogel wedi ei adeiladu'n dda. Bu'n 20 mlynedd o frwydr. Mae Ramirez yn awr yn 51 oed, Ines yn 45, Carlos yn 28, Clara yn 25 a Rosa yn 23.

8.66 *Chwilio am loches – stori teulu o Brasil*

CWESTIWN STRWYTHUREDIG 1

Astudiwch Ffigur 8.67, sy'n dangos dosbarthiad aneddiadau sgwatwyr a chynlluniau cartrefi rhad yn Nosbarth Kariobangi, ar ymyl ddwyreiniol Nairobi. Prifddinas Kenya yw Nairobi. Mae ei phoblogaeth wedi cynyddu'n gyflym ers 1950. Yn 1993, roedd 55% o boblogaeth Nairobi yn byw mewn aneddiadau sgwatwyr a orchuddiai yn union 6% o arwynebedd preswyl y ddinas.

a Pa ffactorau a allai egluro twf cyflym poblogaeth Nairobi ers 1950? (2)

b Beth mae'r ystadegau am y gyfradd fawr o boblogaeth mewn aneddiadau sgwatwyr yn ei awgrymu am lefelau datblygiad economaidd yn Nairobi? Rhowch resymau dros eich ateb. (4)

c Gan ddefnyddio tystiolaeth o Ffigur 8.67, awgrymwch dri rheswm posibl dros leoliad aneddiadau sgwatwyr yn Nosbarth Kariobangi. Eglurwch eich atebion. (6)

ch Mae Dandora (gweler Ffigur 8.67) yn gynllun tai rhad a noddir gan y llywodraeth ar gyfer cartrefi incwm isel yn Nairobi.

(i) Pam y gallai'r llywodraeth fod wedi noddi'r math hwn o ddatblygiad?

(i) Beth fyddai manteision ac anfanteision byw yn y math hwn o gynllun i'r bobl leol? (4)

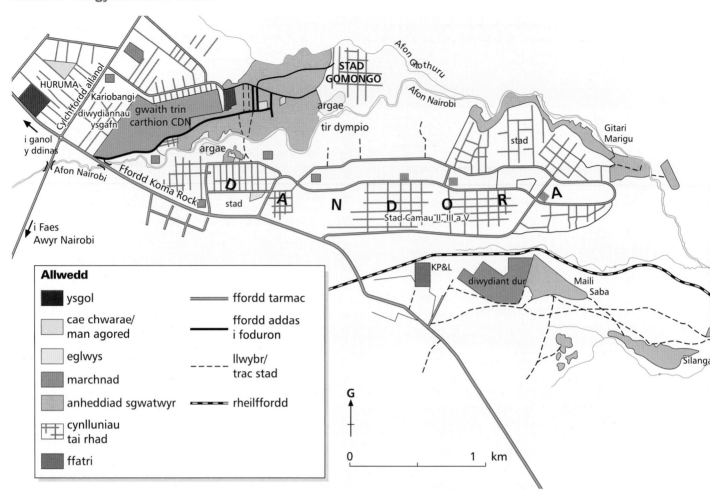

8.67 *Aneddiadau sgwatwyr a thai rhad yn Nosbarth Kariobangi, Nairobi*

Amgylchedd

Ceir problemau amgylcheddol sylweddol mewn llawer o ddinasoedd yn y GLlEDd. Mae gan lawer o'r dinasoedd hyn grynodiadau mawr o ddiwydiannau. Er enghraifft, mae gwledydd fel China, India, México, Brasil a De Korea ymysg cynhyrchwyr mwyaf y byd o nwyddau diwydiannol. Mae cynhyrchu diwydiannol wedi cynyddu'n gyflym mewn llawer o GLlEDd ac mae hyn yn aml wedi digwydd heb unrhyw reolaeth gaeth ar lygredd.

Cymhlethir y broblem gan y ffaith bod cynhyrchu diwydiannol mewn nifer o wledydd wedi ei grynhoi yn arw mewn un neu ddwy ddinas graidd neu ranbarth. Er enghraifft yng Ngwlad Thai mae cyfran helaeth o'r holl ddiwydiannau wedi eu lleoli yn ninas Krung Thep (Bangkok) a'r taleithiau cyfagos.

Nid yw problemau amgylcheddol yn cael eu cyfyngu i lygredd diwydiannol. Lle nad oes gwasanaethau carthffosiaeth na gwaredu sbwriel o fewn cyrraedd cyfraddau helaeth o'r boblogaeth ceir problemau llygredd ar dir ac yn y dŵr. Mae

Cubatão

Mae dinas Cubatão yn agos at São Paulo a phrif borthladd Santos. Mae'n cael ei hadnabod fel 'Glyn Cysgod Angau'. Yma ceir crynodiad uchel o ddiwydiant trwm a ddatblygodd heb fawr – os dim – ymdrech gan y llywodraeth i reoli llygredd. Mae'r diwydiannau yn cynnwys cwmnïau tramor a chwmnïau o Frasil yn cynhyrchu gwrteithiau, olew, cemegion a dur. Mae'r bobl yma yn dioddef iechyd gwael sy'n gysylltiedig â llygredd aer, a cheir lefelau uchel o fabanod wedi'u geni yn farw neu'n dioddef o anffurfiad corfforol, y ddarfodedigaeth, broncitis ac asthma.

Roedd Afon Cubatão unwaith yn ffynhonnell bwysig o bysgod, ond nid felly bellach. Dympiwyd gwastraff gwenwynig yn y coedwigoedd o amgylch ac mae hyn wedi llygru'r dŵr arwyneb a'r dŵr daear a ddefnyddir ar gyfer yfed a choginio. Mae llystyfiant wedi dioddef o ganlyniad i lygredd aer, ac ar rai llethrau mae colli llystyfiant wedi gwanhau strwythur y pridd, gan arwain at ddirlithriadau.

Mae bywyd i drigolion Cubatão yn beryglus. Ni fu fawr os nad dim amddiffyniad i'r gweithwyr mewn llawer o'r diwydiannau, ac mae llawer yn dioddef afiechydon ac anabledd difrifol oherwydd eu bod yn agored i gemegion a chynhyrchion gwastraff wrth eu gwaith.

tagfeydd trafnidiaeth a pheiriannau ceir heb eu cynnal yn dda yn ychwanegu'n sylweddol at lygredd aer. Amcangyfririf bod 600 miliwn o drigolion trefol yn byw dan amodau sy'n barhaus yn bygwth eu hiechyd.

Dŵr

Mae rhyw 170 miliwn o drigolion trefol yn methu cael dŵr glân ger eu cartrefi. Yn Indonesia dim ond traean o'r boblogaeth drefol sydd o fewn cyrraedd dŵr glân diogel. Mae twf poblogaeth mewn dinasoedd megis Krung Thep (Bangkok) a Dinas México wedi arwain at orddefnyddio'r cyflenwadau dŵr daear gan arwain at broblemau ymsuddiant tir. Dim ond am ychydig o oriau'r dydd y mae dŵr i'w gael o'r tapiau cymunedol, ac mae llawer yn gorfod cludo dŵr, ychydig ar y tro, dros bellteroedd mawr.

Gwaredu sbwriel

Yn ystod yr 1980au, cynyddodd nifer y preswylwyr heb fynediad i systemau carthffosiaeth digonol o 25%. Mae gwastraff dynol yn aros o gwmpas heb ei drin, gan waethygu'r perygl o afiechydon, ac ymhen amser fe'i golchir i mewn i afonydd, llynnoedd neu foroedd, ac i gyflenwadau dŵr daear. Dangosodd arolwg o 3000 o drefi yn India mai dim ond 8 oedd â chyfleusterau carthffosiaeth lawn, tra oedd 209 â chyfleusterau triniaeth rannol. Ar hyd Afon Ganga, mae 114 o drefi a dinasoedd yn dympio carthion heb eu trin i'r afon yn ddyddiol.

Llygredd aer

Mae llywodraethau yn gyndyn o orfodi rheolau ar gynhyrchu diwydiannol rhag ofn colli buddsoddiadau. Mae hyn wedi arwain at halogi aer diwydiannol a llygru dŵr gan rai cwmnïau. Yr enghraifft enwocaf oedd gwaith Union Carbide yn Bhopal, India lle lladdodd nwyon gwenwynig 3300 o bobl ac anafu'n ddifrifol 150 000 arall. Roedd y mwyafrif o'r bobl hyn yn dod o deuluoedd tlawd gerllaw'r gwaith.

Mae llawer o ddinasoedd wedi eu lleoli mewn ardaloedd sy'n agored i beryglon megis llifogydd, daeargrynfeydd a thirlithriadau. Yn aml y teuluoedd tlawd sy'n byw yn y math yma o ardal. Mae prinder adnoddau a safonau adeiladu gorfodol yn aml yn golygu fod pobl yn yr ardaloedd hyn yn dioddef fwyaf o drychinebau.

Cludiant

Mae trigolion trefol y GLlEDd yn aml yn wynebu anawsterau cludiant sy'n llawer gwaeth na'r rhai sy'n wynebu trigolion trefol y GMEDd. Er fod y sefyllfa yn amrywio mewn gwahanol ddinasoedd, mae'n bosib adnabod nifer o broblemau:

- Twf cyflym trafnidiaeth – mewn llawer o ddinasoedd GLlEDd bu cynnydd sydyn yn argaeledd a'r defnydd o geir. Er enghraifft yn Taibei, Taiwan cynyddodd nifer y ceir o 11 000 yn 1960 i dros 1 filiwn yn 1990. Nid yn unig y mae mwy o bobl a mwy o drafnidiaeth, ond mae hefyd newidiadau pwysig wedi digwydd yn nhrefniant dinasoedd, wrth i ddiwydiannau newydd a gwasanaethau gael eu sefydlu yn yr CBD. Canlyniad hyn yw cynnydd mewn cymudo gartref-i'r-gwaith ac mewn tagfeydd trafnidiaeth.

- Cynhaliaeth wael i'r isadeiledd – mae rhwydweithiau cludiant yn gostus i'w hadeiladu ac i'w cynnal, ac mae llawer o lywodraethau yn brin o arian ar gyfer gwella rhwydweithiau cludiant sy'n hen. Er enghraifft, gall nad oes arian tramor ar gael i fewnforio bysiau neu drenau newydd, ac wrth i'r fflyd gludiant fynd yn hŷn, mae bysiau a threnau yn methu. Mae twf aneddiadau sgwatwyr ar ymylon dinasoedd yn rhoi gwasgedd cynyddol ar rwydweithiau cludiant sy'n barod yn anaddas. Yn Ninas México ceir tagfeydd trafnidiaeth sy'n fwy na 90 km (60 milltir) y dydd ar gyfartaledd. Yn Krung Thep (Bangkok) gall y daith o 24 km (15 milltir) i mewn i'r ddinas o Faes Awyr Don Muang gymryd tair awr.

- Problemau cludiant grwpiau incwm isaf – mae'r gost o ddefnyddio cludiant cyhoeddus yn gymharol uchel, ac efallai nad yw nifer o breswylwyr trefol yn gallu fforddio ei ddefnyddio.

- Cyfraddau damweiniau uchel.

Mae diffygion cludiant wedi hybu cynnydd mewn dulliau **paragludiant**. Fel arfer mae'r rhain yn rhan o sector anffurfiol yr economi ac ar ffurf minibysiau, ricsios a dynnir â dwylo neu gan fodur, sgwteri a phedicabiau (beiciau tair olwyn a ddefnyddir fel tacsis). Mae'r dulliau paragludiant hyn yn cyfarfod â'r galw am gludiant, ond yn aml maent yn ychwanegu at broblemau tagfeydd trafnidiaeth ar ffyrdd sy'n barod yn brysur (Ffigur 8.68).

8.68   *'Cludiant anffurfiol' yn Dacca, Bangladesh*

CWESTIWN STRWYTHUREDIG 2

Astudiwch Ffigur 8.69, sy'n dangos y berthynas rhwng ansawdd amgylchedd mewn ardaloedd trefol â lefelau datblygiad economaidd.

a O safbwynt pob un o'r dangosyddion, disgrifiwch sut y mae ansawdd yr amgylchedd yn gysylltiedig â lefelau datblygiad economaidd. *(6)*

b Eglurwch y patrymau a ddisgrifiwyd gennych yn **a**. *(6)*

c Trafodwch ganlyniadau tebygol y patrymau hyn ar bobl yn byw mewn ardaloedd trefol mawr mewn GLlEDd. *(5)*

ch Trafodwch ffyrdd tebygol o wella ansawdd amgylchedd mewn ardaloedd trefol yn y GLlEDd. *(5)*

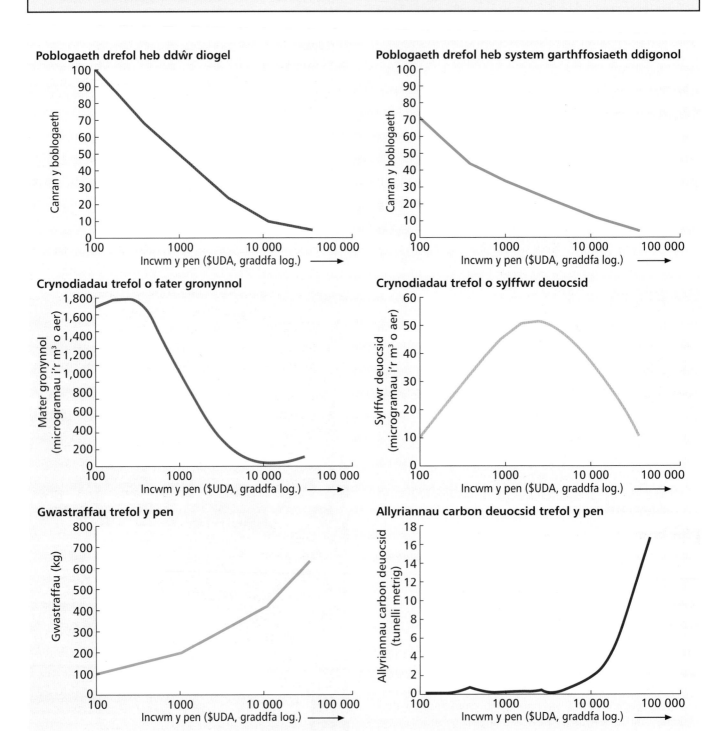

8.69 *Y berthynas rhwng dangosyddion amgylchedd trefol a datblygiad economaidd*

Defnydd tir yn ninasoedd y GLIEDd

Mae dinasoedd yn y gwledydd sy'n datblygu yn niferus ac amrywiol. Yn gyffredinol maent wedi profi cyfraddau twf cyflym o ganlyniad i ymfudo gwledig-trefol, ond heb y cyfraddau uchel o dwf economaidd i gyfarfod â'r cynnydd hwn yn y boblogaeth. Mae'n anodd cyffredinoli am ddefnyddiau tir yn y ddinas 'nodweddiadol', ond yn gyffredinol ceir tair nodwedd bwysig sy'n gyffredin:

- crynodiad canolog o fasnach fodern, adwerthu a diwydiant – dyma yw canol busnes y dref (CBD)

- cylchfa neu sector penodol o gymdogaethau preswyl elitaidd

- aneddiadau sgwatwyr neu drefi sianti ar gyrion y ddinas neu ar ddarnau o dir nad yw'n cael ei ddefnyddio o fewn y ddinas.

Mae Ffigur 8.70 yn fodel o ddinas yn Ne America. Mae nifer o gylchfaoedd pendant i'r model hwn.

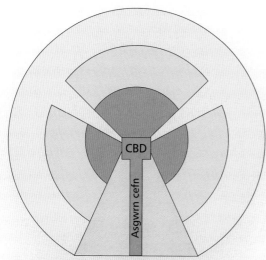

Allwedd
- masnachol/diwydiannol
- cylchfa aeddfed
- cylchfa croniant yn y fan a'r lle
- cylchfa o aneddiadau sgwatwyr ar y cyrion
- sector preswylio elitaidd

8.70 *Model o ddefnydd tir mewn dinas yn Ne America*

1 Canol busnes y dref

Nodweddir y canol hwn gan graidd gweinyddol a masnachol hynod o ddynamig. Mae'n debygol ei fod wedi profi moderneiddio yn y degawdau diweddar, gyda strydoedd wedi eu lledu, hen blastai wedi eu dymchwel, lleoedd parcio wedi eu creu, adeiladau uchel wedi eu codi a marchnadfeydd siopa wedi eu hadeiladu.

2 Yr asgwrn cefn a'r sector preswylio elitaidd

Y tu allan i'r CBD y nodwedd allweddol o ddinasoedd De America yw asgwrn cefn masnachol wedi ei amgylchynu gan sector preswyl elitaidd. Ar ei hyd ceir amwynderau pwysicaf y ddinas, ac yma mae bron y cyfan o dai a adeiladwyd yn broffe-

siynol i'r dosbarthiadau canol ac uchaf. Yn y sector hwn ceir y rhodfeydd coediog pwysicaf, meysydd golff, amgueddfeydd a'r sŵ. Yma hefyd mae'r theatrau a'r tai bwyta gorau, a'r cymdogaethau cyfoethocaf. Cynhelir natur elitaidd yr ardal drwy ei rhannu yn gylchfaoedd manwl sy'n rheoli datblygiad. Mae'r asgwrn cefn a'r sector preswyl elitaidd yn cynrychioli agwedd lywodraethol y mwyafrif o ddinasoedd De America, er mai dim ond cyfran fechan o holl boblogaeth y ddinas sy'n byw yma.

3 Cylchfaoedd

Y tu draw i'r sector asgwrn cefn/elitaidd mae strwythur y ddinas yn cynnwys cyfres o gylchfaoedd cydganol yn debyg i'r rhai a awgrymir gan Burgess ar gyfer dinasoedd Gorllewinol. Yn nhermau cyffredinol, mae lefelau economaidd gymdeithasol ac ansawdd tai yn lleihau gyda phellter o'r craidd canol.

- *Cylchfa aeddfed* Yr ardal o 'anheddau gwell' o fewn dinas yw'r gylchfa aeddfed. Tra bo tueddiad i'r tai gorau fod yr hen dai trefedigaethol, mae llawer o anheddau'r gylchfa hon yn dai a adeiladwyd gan y perchennog ac a gafodd eu huwchraddio yn raddol. Yn raddol bu gwelliannau mewn amwynderau fel bod y gylchfa aeddfed hon â strydoedd wedi eu palmentu, goleuadau, cludiant cyhoeddus da, ysgolion a charth-ffosiaeth.

- *Cylchfa croniant yn y fan a'r lle* Mae gan y gylchfa hon amrywiaeth fawr o dai o ran math, maint ac ansawdd. Mae rhannau ohoni wedi eu 'cwblhau' tra ar yr un bloc fe all fod cytiau a chabanau. Dim ond y strydoedd trwodd o bwys sydd wedi eu palmantu, ond ceir siopau bychain ac ysgolion yma. Mae nifer o gymdogaethau heb drydan.

- *Cylchfa o aneddiadau sgwatwyr ar y cyrion* Gyda mewnfudo mewnol diweddar o gefn gwlad mae niferoedd mawr o bobl yn ei chael hi'n anodd i ymdoddi i'r economi trefol. Mae llawer heb waith cyson ac yn methu fforddio'r rhenti cymharol uchel neu ad-daliad morgeisi er mwyn sicrhau cartref. Mae pobl yn adeiladu eu tai eu hunain gyda defnyddiau sydd ar gael megis cardbord, plastig, tun, preniau gwastraff ac yn y blaen. Yn raddol mae'r cartrefi hyn yn cael eu gwella fel a phan y mae arian ar gael ac amser yn caniatáu. Yn aml mae'r aneddiadau hyn yn anghyfreithlon, ac yn brin o wasanaethau sylfaenol megis ffyrdd wedi eu palmantu, dŵr pibellog a chyfleusterau carthffosiaeth.

YMARFERION

1 *Gwnewch gopi o Ffigur 8.70. Anodwch ef i ddangos prif nodweddion dinas yn Ne America.*

2 *Ym mha ffyrdd y mae'r model yn debyg ac yn wahanol i'r modelau o ddinasoedd Gorllewinol nodweddiadol a ddisgrifiwyd gan Burgess a Hoyt?*

3 *Disgrifiwch y prosesau a arweiniodd at dwf dinas yn Ne America.*

4 *Eglurwch ran cylchfa croniant yn y fan a'r lle yn natblygiad dinas De America nodweddiadol.*

Lagos (Nigeria)

Mae Lagos wedi ei gwasgaru dros ardal fawr ar y tir mawr a phedair ynys fechan i'r de (Ffigur 8.71). Datblygodd y ddinas o anheddiad cychwynnol yn Iddo ac ar lan ogleddol Ynys Lagos. Tyfodd Lagos yn eithaf araf hyd at yr 1950au, pan brofodd dwf cyflym yn ei phoblogaeth. Roedd y twf hwn yn ganlyniad i drawsnewid demograffig a darganfyddiad olew yn ne ddwyrain Nigeria, a gychwynnodd ffyniant economaidd.

Mae hwn yn safle anodd o byllau tywod a lagwnau, sy'n golygu bod twf Lagos wedi bod yn un afreolaidd a gwasgarog flêr, gyda dwyseddau hynod o uchel yn y canol. Mae'r rhan fwyaf o dwf y ddinas yn afreolaidd a heb ei gynllunio, gyda gwernydd, cildraethau a chamlesi yn rhwystro datblygiad effeithiol (Ffigur 8.72).

Mae twf cyflym y boblogaeth yn gysylltiedig â thwf cyflym trefoli. Nid yw'r economi yn gallu darparu digon o waith cyflogedig rheolaidd ac mae'r llywodraeth yn brin o gronfeydd digonol i gynnal y boblogaeth. O ganlyniad mae Lagos yn dangos symptomau gordrefoli. Canlyniad hyn oedd datblygiad o aneddiadau sgwatwyr.

Nodweddiadol o'r math hwn o ddatblygiad yw anheddiad Olaleye. Datblygodd hwn fel anheddiad ffermio y tu allan i Lagos ond wrth i'r ddinas dyfu fe gafodd ei amlyncu a daeth yn rhan o'r ddinas. Mae wedi profi twf poblogaeth cyflym. Yng nghanol yr 1960au roedd tua 2500 yn byw yno o'i gymharu â phoblogaeth heddiw o tua 25 000. Achoswyd y twf hwn yn y boblogaeth gan gynnydd cyflym ym mhoblogaeth ardal adeiledig Lagos, a rheilffordd a adeiladwyd yn yr 1960au.

Mae twf poblogaeth wedi mynd y tu hwnt i allu'r ddinas i ddelio â symudiadau dyddiol y bobl. Mae'r ddinas ganol ar safle ynys, gyda mynediad cyfyngedig i bontydd ffyrdd.

Mae Lagos yn archddinas. Ceir cyferbyniad amlwg rhwng y grwpiau elitaidd a thrwch y boblogaeth. Mae twf cyflym y boblogaeth yn golygu nad oes digon o gyfleoedd gwaith. Mae hyn yn golygu fod incymau yn isel ac nid yw'r bobl yn gallu fforddio tai.

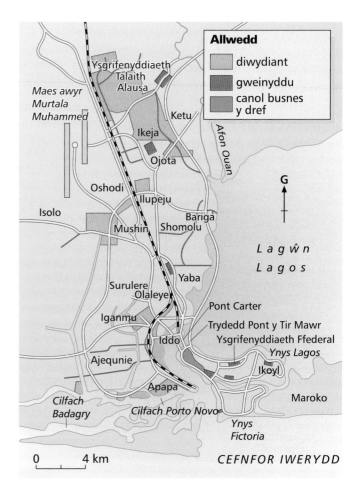

8.71 *Lagos, Nigeria*

8.72 *Golygfa o Lagos*

YMARFERION

1 Astudiwch Ffigur 8.73. Beth oedd poblogaeth Lagos yn **a** 1950, **b** 1990?

2 Awgrymwch resymau pam fod poblogaeth Lagos wedi cynyddu mor gyflym ers 1950.

3 Pam y mae dwysedd poblogaeth Lagos wedi cynyddu?

4 Astudiwch Ffigur 8.74. Mae'n fap syml o ansawdd tai yn Lagos. Disgrifiwch ac eglurwch ddosbarthiad ardaloedd tai mewnfudwyr mewnol yn Lagos.

5 Awgrymwch pam fod dwysedd poblogaeth yn isel yn ardal B.

6 Pa broblemau a ddeilliodd o dwf cyflym y boblogaeth yn Lagos?

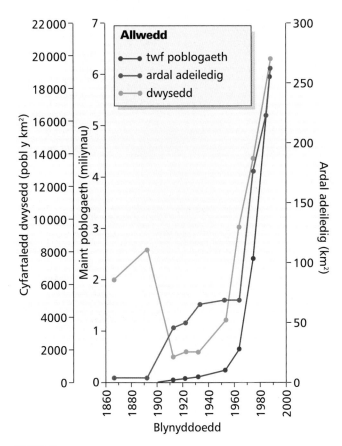

8.73 *Twf poblogaeth ac ardal adeiledig Lagos, 1860-1990*

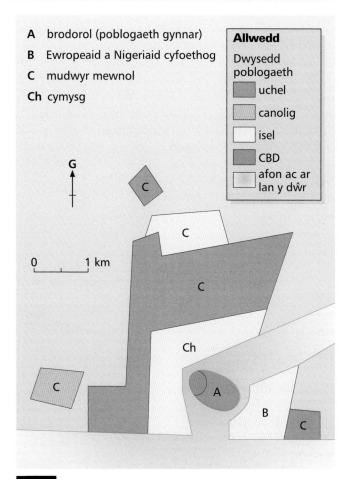

8.74 *Ardaloedd tai yn Lagos*

A   Rheoli'r system arfordirol

Yr arfordir yw'r stribed cul o forlin sy'n gwahanu'r tir oddi wrth y môr. Mae'n amgylchedd sy'n newid yn gyson ac yn un sy'n gofyn am reolaeth ofalus.

Mae'r **system arfordirol** (gweler Ffigur 9.1) yn enghraifft o system agored, gan ei bod yn derbyn mewnbynnau o'r tu allan (er enghraifft, gwaddod afon) ac yn cyfrannu allbynnau at systemau eraill (er enghraifft, gwaddod yn cael ei drawsgludo i'r moroedd dwfn). Mae'n system hynod o gymhleth gyda nifer o ffactorau yn effeithio ar ei nodweddion. Ar hyd unrhyw ddarn o forlin, mae'r ffactorau hyn yn cydberthyn mewn ffordd unigryw, gyda phob un â gradd wahanol o bwysigrwydd.

Mae'r morlin yn aml yn amgylchedd naturiol dramatig a rhyfeddol. Ar ddiwrnod stormus ar benrhyn gwyllt ac unig, prin bod fawr neb ohonom heb gael ei gynhyrfu gan bŵer a nerth y môr fel y mae'n taro yn erbyn y creigiau. Mae'r nerth hwn wedi creu tirffurfiau arfordirol godidog (Ffigur 9.2) ac mae'n gyfrifol am symud llawer iawn o waddod ar hyd yr arfordir.

9.2   *Y tirwedd arfordirol*

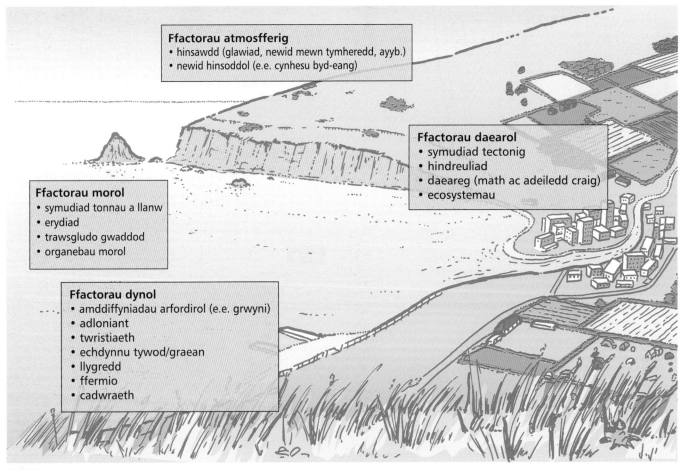

Ffactorau atmosfferig
- hinsawdd (glawiad, newid mewn tymheredd, ayyb.)
- newid hinsoddol (e.e. cynhesu byd-eang)

Ffactorau daearol
- symudiad tectonig
- hindreuliad
- daeareg (math ac adeiledd craig)
- ecosystemau

Ffactorau morol
- symudiad tonnau a llanw
- erydiad
- trawsgludo gwaddod
- organebau morol

Ffactorau dynol
- amddiffyniadau arfordirol (e.e. grwyni)
- adloniant
- twristiaeth
- echdynnu tywod/graean
- llygredd
- ffermio
- cadwraeth

9.1   *Y system arfordirol*

Mae'r morlin yn cynnig nifer o gynefinoedd naturiol ac ecosystemau sy'n aml yn unigryw. Mae sawl rhywogaeth o blanhigion, anifeiliaid ac adar yn dibynnu ar y twyni tywod a'r morfeydd heli sy'n arfer bod yn gysylltiedig â morlinau.

Pam y mae angen rheoli'r morlin?

Y prif reswm pam y mae angen rheoli'r morlin yw ei fod yn darparu llawer o gyfleoedd ar gyfer gweithrediadau a gweithgaredd dynol. Os am ofalu bod y systemau naturiol sy'n gysylltiedig â'r morlin yn cael eu cynnal ar yr un pryd â darparu cyfle i ddyn ymelwa mewn ffordd gynaliadwy, mae'n rhaid rheoli'r morlin yn ofalus.

Mae sawl galw unigol ar y morlin a rhesymau dros ei reoli:

- Mae cyfran uchel o boblogaeth y byd yn byw mewn dinasoedd a threfi wedi'u lleoli ar yr arfordir. Mae nifer o bobl yn dibynnu ar y môr am eu bywoliaeth, e.e. pysgota a gweithgareddau porthladd. Mae angen gwarchod eiddo sy'n agos at yr arfordir rhag peryglon llifogydd neu gwympiadau clogwyn (gweler y *blwch* isod).

- Mae'r morlin yn gyrchfan o bwys i ymwelwyr. Gall datblygu heb reolaeth (gwestai, ffyrdd, ayyb.) arwain at dwristiaeth anghynaliadwy lle y gweir difrod i ecosytemau, er enghraifft corsydd a riffiau cwrel.

- Mae'r diwydiant adeiladu yn echdynnu symiau enfawr o dywod a graean oddi ar wely'r môr yn union oddi ar yr arfordir er mwyn cynhyrchu sment a choncrit. Mae angen i safleoedd yr echdyniadau gyd-fynd â system trawsgludo gwaddod naturiol er mwyn osgoi effeithiau niweidiol cynyddol posibl mewn mannau eraill ar hyd yr arfordir.

- Mae'r amgylcheddau arfordirol naturiol (e.e. morfeydd heli a thwyni tywod) a'r tirffurfiau angen eu hamddiffyn a'u gwarchod os ydynt am osgoi niwed.

- Mae newid hinsawdd diweddar yn achosi lefelau môr i godi mewn rhai rhannau o'r wlad. Mae'n fwy tebygol y bydd tir isel gerllaw'r arfordir yn gorlifo, gan arwain at yr angen i gynllunio rheolaeth yr arfordir ymhell i mewn i'r mewndir i ffwrdd oddi wrth y ffin tir/môr. Wrth ragweld mwy o dywydd stormus gall hyn arwain at erydiad arfordirol ymhell i mewn i'r tir mewn rhai mannau, gan felly gynyddu'r bygythiad o gwymp clogwyn.

Sut mae rheoli'r morlin?

Mae'n debyg mai'r brif broblem wrth reoli arfordir yw nad oes yr un corff sengl neu awdurdod yn gyfrifol am gynllunio. Mae llawer o'r 'tir' dan reolaeth yr awdurdod lleol, ond mae hyn yn ymwneud â phob lefel o gynghori o fwrdeistrefi i gynghorau sir. Mae cyd-drefniant a chydweithrediad yn hanfodol oherwydd, tra bod gweithgaredd yn lleol iawn (er enghraifft, adeiladu morglawdd) fe all y canlyniadau fod yn rhai pell-gyrhaeddol, ymhell y tu draw i ffiniau'r awdurdod gweithredol.

Clogwyn Pentir Beachy yn disgyn i'r môr

gan Helen Johnstone

Ailgysylltwyd goleudy Pentir Beachy (sydd heb griw gofal) ag arfordir Sussex i bob pwrpas gan filoedd o dunelli metrig o sialc a gwympodd 150 m i'r môr yn ystod y penwythnos. Mae arbenigwyr yn credu mai dŵr yn ymdreiddio i'r graig sialc ac yna'n ehangu wrth rewi, gan orfodi'r clogwyn i friwsioni oedd achos y cwymp – dyma mae'n debyg y golled unigol fwyaf o forlin o fewn cof. Fe welwyd y tirlithriad* fwy na 3 milltir allan yn y môr gan aelodau criw y bad achub a amcangyfrifodd fod darn 15 m o wyneb y clogwyn wedi disgyn i ffwrdd ar hyd darn 200 m o'r arfordir.

Sylw Ray Kemp o Asiantaeth yr Amgylchedd oedd, 'Un munud rydym yng nghanol sychder a'r munud nesaf mae'r sialc yn wlyb diferu. Mewn wyth allan o bob deng mis rydym wedi cael glawiad uwch na'r cyfartaledd. Mae'r morlin yn gynyddol yn fwy bregus wrth i newid hinsawdd ddechrau brathu.'

The Times, 12 Ionawr 1999

Pentir Beachy

*Fel arfer yn cael ei ddisgrifio fel 'tirlithriad', roedd y cwymp yn fwy penodol yn enghraifft o **lithriad craig** (gweler tudalen 330).

9.3 *Sut y cwympodd Pentir Beachy i mewn i'r môr*

Yn bennaf fe reolir rhan y 'môr' o'r morlin gan awdurdodau'r llywodraeth a chyrff sy'n ymwneud, er enghraifft, â physgodfeydd, echdynnu mwynau, llygredd a diogelwch morol. Eto, mae cyd-drefniant a chydweithrediad yn hanfodol os am osgoi gwrthdrawiadau. Mae gan Asiantaeth yr Amgylchedd ran allweddol i'w chwarae yng Nghymru a Lloegr, yn arbennig o safbwynt llygredd ac amddiffyn rhag llifogydd.

YMARFERION

1 Astudiwch Ffigur 9.1.

a Pam y mae'r morlin yn enghraifft o system 'agored'?

b Rhestrwch rai mewnbynnau ac allbynnau'r system.

c Ceisiwch awgrymu rhai ffactorau ychwanegol nad ydynt yn y diagram.

2 Pam fod angen rheoli'r morlin yn ofalus?

3 Amlinellwch rai o anawsterau rheoli morlin.

Beth yw Cynllun Rheoli Traethlin?

Mewn ymgais i sefydlu cyd-drefniant gwell wrth reoli arfordir Cymru a Lloegr, yn 1933 fe benderfynodd y Weinyddiaeth Amaeth, Pysgodfeydd a Bwyd (GAPB) gyflwyno'r cysyniad o **Gynllun Rheoli Traethlin**.

Diffinnir Cynllun Rheoli Traethlin fel hyn:

'dogfen sy'n rhoi strategaeth ar gyfer amddiffyn yr arfordir ar gyfer darn penodol o'r arfordir gan gymryd i ystyriaeth brosesau arfordirol naturiol a dylanwadau a gofynion dynol ac amgylcheddol.' (GAPB)

Mae arfordir Cymru a Lloegr wedi'i rannu yn 11 **cell waddod** (Ffigur 9.4). Mae'r rhain yn rannau o'r arfordir y gellir eu hystyried, fel y mae ymchwil wedi dangos, yn gymharol hunangynhaliol cyn belled ag y mae symudiad tywod neu raean bras dan ystyriaeth. Hynny yw, ni ddisgwylid i weithgareddau mewn un gell waddod gael effaith arwyddocaol ar gelloedd drws nesaf. Sylwch ar Ffigur 9.4 fod ffiniau'r celloedd gwaddod hyn yn tueddu i gyfateb i aberoedd mawr neu bentiroedd. Mae pob cell waddod wedi'i hollti'n gelloedd llai i greu unedau haws eu rheoli o safbwynt cynllunio.

Wedi sefydlu ehangder daearyddol y celloedd gwaddod, mae GAPB wedi hybu sefydlu **grwpiau arfordirol** gwirfoddol yn cynnwys awdurdodau lleol a grwpiau eraill sydd â diddordeb.

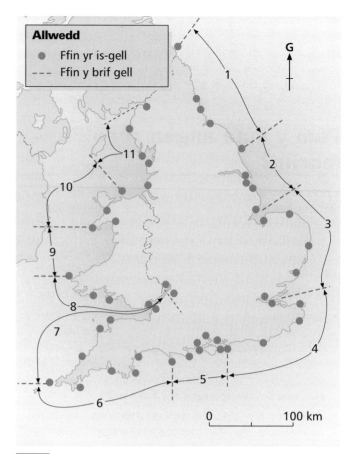

9.4 *Prif gelloedd gwaddod yng Nghymru a Lloegr*

Mae'n ddyletswydd ar y grwpiau ddatblygu strategaeth reoli gyfannol ar gyfer eu cell arbennig, gan ystyried yr agweddau canlynol:

- prosesau naturiol ar yr arfordir
- anghenion amddiffyn yr arfordir
- ystyriaethau amgylcheddol
- materion cynllunio
- defnydd tir presennol ac yn y dyfodol.

Er nad oes statws statudol i'r Cynlluniau Rheoli Traethlin, maen nhw'n darparu gwybodaeth werthfawr ar gyfer awdurdodau lleol sydd â chyfrifoldeb i weithredu strategaethau. Prif amcanion Cynllun Rheoli Traethlin yw:

- asesu amrediad o opsiynau amddiffyn arfordir strategol a chytuno ar y dull gorau i weithredu
- amlinellu anghenion y dyfodol ar gyfer monitro, rheoli data ac ymchwilio mewn perthynas â'r traethlin
- cyflwyno gwybodaeth ar gyfer y broses gynllunio statudol a chynllunio ardal sy'n perthyn i'r arfordir
- adnabod cyfleoedd ar gyfer cynnal a gwella amgylchedd arfordirol naturiol, gan ystyriaed unrhyw dargedau penodol a osodwyd trwy ddeddf neu unrhyw dargedau a osodwyd yn lleol
- gosod trefniadau ar gyfer ymgynghoriad parhaus gyda phartïon sydd â diddordeb.

Gwerth mawr Cynllun Rheoli Traethlin yw ei fod yn gymorth i roi gwybodaeth a rhoi'r cyfan o fewn cyswllt cyffredinol i awdurdod lleol unigol sy'n gyfrifol am reoli darn byr o'r traethlin. O hyn ymlaen ni fydd polisïau tameidiog arunig yn cael eu dilyn. Yn y dyfodol, dylai strategaeth pob awdurdod unigol gyd-fynd â rhai yr awdurdodau cyfagos er lles y gell waddod gyfan.

YMARFERION

1 a Beth yw Cynllun Rheoli Traethlin?

b Sut y mae Cynlluniau Rheoli Traethlin yn cael eu paratoi?

c Beth yw prif ddibenion Cynllun Rheoli Traethlin?

ch A ddylai Cynlluniau Rheoli Traethlin gael pwerau statudol?

2 Gwnewch gynllun o'r celloedd gwaddod o amgylch Cymru a Lloegr (Ffigur 9.4). Mae'r pentiroedd a'r morydau afon canlynol yn ffurfio ffiniau'r prif gelloedd gwaddod. Defnyddiwch atlas i'ch helpu i'w labelu ar eich map.

> Penygogarth
>
> Tafwys
>
> Moryd Solway
>
> Land's End
>
> Pentir Flamborough
>
> Swnt Enlli
>
> Selsey Bill
>
> Y Wash
>
> Portland Bill
>
> Penmaendewi
>
> Pentir St. Abb
>
> Hafren.

3 a Diffiniwch y term 'cell waddod'.

b Pam yn eich barn chi y mae penrhynau a morydau yn ffurfio ffiniau rhwng y prif gelloedd gwaddod?

c Pam y dewiswyd celloedd gwaddod fel yr unedau sylfaenol ar gyfer cynllunio traethlin? A ydynt yn eich barn chi yn syniad da?

ch Pa mor realistig yn eich barn chi yw rhannu'r traethlin yn unedau sydd, fe dybir, yn rhai hunangynhaliol?

Beth yw'r dewisiadau ar gyfer amddiffyn yr arfordir?

Mae rhai darnau o'r arfordir yn agored i'w gorlifo yn ystod stormydd. Mae rhannau eraill yn dioddef o enciliad clogwyn sy'n fygythiad i eiddo a thir ffermio. Cyfrifoldeb yr awdurdod lleol yw gweithredu strategaeth o amddiffyn yr arfordir.

Ceir pedwar dewis derbyniedig ar gyfer amddiffyn yr arfordir:

1 Gwneud dim. Mae hyn yn golygu na wneir unrhyw fath o amddiffyn ar wahân i sicrhau diogelwch.

2 Cynnal y llinell bresennol. Mae hyn yn golygu amddiffyn y morlin drwy ddefnyddio strwythurau megis morgloddiau neu ehangu traethau (bwydo traethau).

3 Symud y llinell bresennol ymlaen. Mae hyn yn golygu symud yr amddiffynfeydd tua'r môr.

4 Symud y llinell bresennol yn ôl. Mae hyn yn golygu **enciliad dan reolaeth**, sef o ganlyniad i ymyrraeth gynlluniedig, gadewir i'r morlin encilio mewn ffordd reoledig.

Yn y blynyddoedd diweddar, mae nifer o awdurdodau lleol wedi dechrau dilyn strategaeth o enciliad dan reolaeth. Mae hyn yn gysyniad cymharol newydd oherwydd yn y gorffennol teimlwyd y dylid amddiffyn morlinau beth bynnag fo'r gost. Mae enciliad dan reolaeth yn caniatáu prosesau newid naturiol i ddigwydd, ond mewn modd rheoledig. Gellir ei ystyried yn ffurf **gynaliadwy** o reoli.

Mae enciliad dan reolaeth yn addas iawn ar gyfer amgylcheddau o forfeydd heli isel, er enghraifft morydau Essex a Suffolk. Mae adeiladu morgloddiau ar hyd yr arfordir hwn yn y gorffennol wedi newynu'r morfeydd heli o ddŵr môr gan ddifrodi eu hecosystemau bregus. Drwy ganiatáu i'r amddiffynfeydd gael eu bylchu, gellir adfer y morfeydd heli. Dros amser, bydd y gors rhynglanw eang a gaiff ei chreu yn gymorth i leihau egni'r tonnau gan gynnig ffurf o amddiffyn arfordir sy'n isel o ran costau. Y pwrpas deuol hwn – gwella ecosystem ac amddiffyn arfordir ar gost isel – sy'n dechrau gwneud enciliad dan reolaeth yn ddewis arall deniadol.

YMARFERION

1 Amlinellwch yn fyr y pedwar dewis ar gyfer amddiffyn yr arfordir.

2 Beth yw dwy fantais 'enciliad dan reolaeth'?

3 Sut y gellir ystyried y dewis o 'enciliad dan reolaeth' yn un cynaliadwy?

B Arfordir Dorset: arolwg

Rydym yn barod wedi sylwi fod yr arfordir yn amgylchedd hynod o gymhleth gyda llawer o ffactorau rhyngberthnasol. Oherwydd hyn, rydym am barhau yn ein hastudiaeth o amgylcheddau arfordirol gan gyfeirio at un darn o forlin, sef arfordir Dorset (Ffigur 9.5). Bydd hyn yn ein galluogi i werthfawrogi'r darlun cyfan a gweld sut y mae gwahanol agweddau o'r amgylchedd arfordirol yn gysylltiedig â'i gilydd. Tra y byddwn yn astudio prosesau a materion arfordirol mewn nifer o leoliadau gwahanol, byddant i gyd yn cael eu trafod yng nghyd-destun arfordir Dorset.

Y cefndir daearegol

Mae gan arfordir Dorset rai o'r golygfeydd arfordirol mwyaf trawiadol yn y DU (Ffigur 9.6). Un o'r prif resymau am hyn yw trefniant a natur y creigiau sy'n agored a noeth ar yr arfordir.

Astudiwch Ffigur 9.7. Dyma fap daearegol syml sy'n dangos y prif fathau o greigiau sy'n brigo ar hyd arfordir Dorset. Edrychwch ar yr allwedd a sylwch fod llawer math o greigiau yn cael eu cynrychioli, yn cynnwys creigiau gwyn megis sialc a chalchfaen, a chreigiau gwannach megis cleiau a sialau. Yr amrywiaeth hon o fathau o greigiau sy'n bennaf gyfrifol am natur amrywiol tirffurfiau arfordirol Dorset.

Yn ystod yr **orogeni** Alpaidd (cyfnod adeiladu mynyddoedd), rhyw 7-50 miliwn o flynyddoedd yn ôl, **plygwyd** ac afluniwyd yn ddifrifol greigiau de Lloegr gan gynnwys y rhai yn Dorset. Mae Ffigur 9.8 yn dangos effaith y plygu hwn i'r dwyrain o

9.6 *Arfordir Dorset yn edrych tua'r gorllewin o Durdle Door*

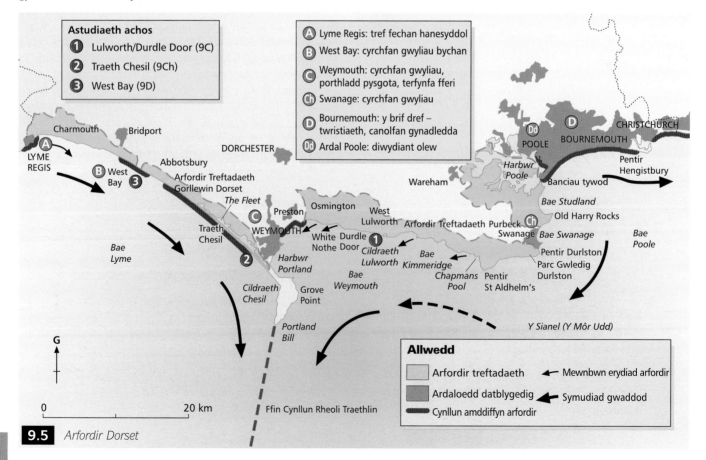

Astudiaeth achos
1. Lulworth/Durdle Door (9C)
2. Traeth Chesil (9Ch)
3. West Bay (9D)

Ⓐ Lyme Regis: tref fechan hanesyddol
Ⓑ West Bay: cyrchfan gwyliau bychan
Ⓒ Weymouth: cyrchfan gwyliau, porthladd pysgota, terfynfa fferi
Ⓒh Swanage: cyrchfan gwyliau
Ⓓ Bournemouth: y brif dref – twristiaeth, canolfan gynadledda
Ⓓd Ardal Poole: diwydiant olew

Charmouth Bridport
LYME REGIS
West Bay
DORCHESTER
Abbotsbury
Arfordir Treftadaeth Gorllewin Dorset
The Fleet
Preston Osmington
WEYMOUTH
Traeth Chesil
Bae Lyme
Harbwr Portland
Cildraeth Chesil Grove Point
Portland Bill
White Nothe Durdle Door
Cildraeth Lulworth
Bae Weymouth
West Lulworth
Arfordir Treftadaeth Purbeck
Bae Kimmeridge
Chapmans Pool Pentir St Aldhelm's
Wareham
Harbwr Poole
POOLE BOURNEMOUTH CHRISTCHURCH
Pentir Hengistbury
Banciau tywod
Bae Studland
Old Harry Rocks
Swanage Bae Swanage
Pentir Durlston
Parc Gwledig Durlston
Bae Poole
Y Sianel (Y Môr Udd)

G

0   20 km   Ffin Cynllun Rheoli Traethlin

Allwedd
☐ Arfordir treftadaeth   ← Mewnbwn erydiad arfordir
☐ Ardaloedd datblygedig   ← Symudiad gwaddod
▬ Cynllun amddiffyn arfordir

9.5 *Arfordir Dorset*

Weymouth. Sylwch fod y creigiau ar yr arfordir wedi eu plygu mor ddwys fel eu bod bron yn fertigol.

Gan eu bod wedi dioddef y fath straeniau, nid yw'n syndod fod y creigiau wedi torri'n glec mewn mannau gan ffurfio **ffawtiau**. Ceir nifer o ffawtiau sy'n tueddu i fod ar ongl sgwâr i linell yr arfordir yn ne Dorset, ac mae'r rhain wedi cael eu ecsploetio gan erydiad morol i ffurfio cilfachau a baeau.

Fel y mae Ffigur 9.5 yn dangos, mae gan ddarnau helaeth o arfordir Dorset amddiffynfeydd môr. Ceir rhai cynlluniau sy'n lleihau erydiad clogwyni (er enghraifft yn Lyme Regis a West Bay) ac eraill yn ceisio lleihau'r posibilrwydd o lifogydd (er enghraifft ar hyd rhannau o Draeth Chesil). Byddwn yn astudio rhai o'r cynlluniau hyn yn fanwl yn y penodau sy'n dilyn.

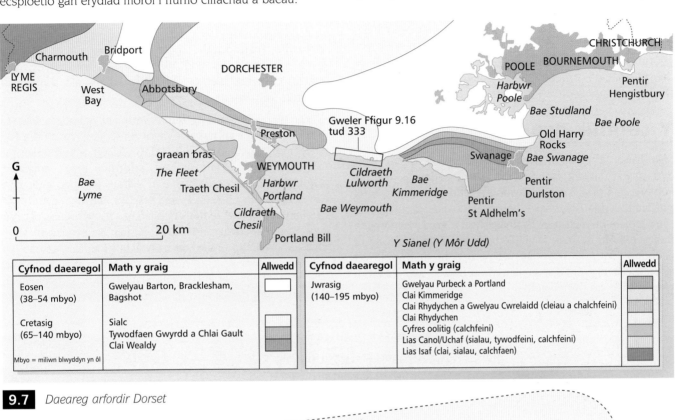

9.7 *Daeareg arfordir Dorset*

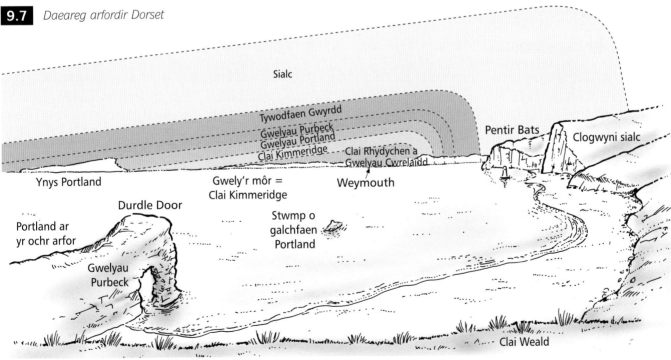

9.8 *Creigiau wedi eu plygu, yn edrych i'r gorllewin tua Weymouth*

Y cefndir ecolegol

Ceir amrywiaeth mawr o fywyd gwyllt arfordirol a dynodwyd sawl darn o arfordir Dorset fel **Safleoedd o Ddiddordeb Gwyddonol Arbennig** (SDdGA). Mae'r Fleet – y lagŵn sydd yng nghysgod Traeth Chesil (Ffigur 9.5) – yn fan pwysig ar gyfer adar, yn enwedig y môr-wenoliaid a'r elyrch dof. Mae'r clogwyni calchfaen, er enghraifft ar Ynys Portland, yn gartref i degeiriannau gwyllt ac ieir bach yr haf prin, a cheir sawl rhywogaeth prin o blanhigion ar dwyni tywod yn Studland. Mae Pentiroedd Portland, Durlston a St Alban (gweler Ffigur 9.5), oherwydd eu hagosrwydd cymharol at gyfandir Ewrop, yn dirnodau pwysig i adar sy'n mudo. Mae Ffigur 9.9 yn dangos rhai o'r cynefinoedd sy'n bwysig yn ecolegol yn Dorset.

Y cefndir dynol

Mae llawer o arfordir Dorset yn ddigroeso o safbwynt datblygiad. Ychydig yw'r harbyrau naturiol (megis Harbwr Poole) a dim ond Poole a Weymouth sydd wedi datblygu fel porthladdoedd. Mae sawl anheddiad wedi datblygu fel cyrchfannau gwyliau (e.e. Swanage, West Bay, Lyme Regis a Bournemouth) ac mae twristiaeth yn arbennig o bwysig i'r economi lleol. Mae rhyw 16 miliwn o bobl yn ymweld â'r arfordir bob blwyddyn ac amcangyfrifir bod 37 500 o swyddi yn gysylltiedig â thwristiaeth.

Tra nad yw'r ardal yn arbennig o ddiwydiannol, ceir adnoddau sylweddol o olew wrth gefn yn ardal Harbwr Poole, ac echdynnir olew o'r tir yn Wytch Farm, ger Poole.

Rheoli arfordir Dorset

Mae tua 25% o'r morlin wedi ei ddatblygu. Digwyddodd y rhan fwyaf o hyn mewn ffordd braidd ar hap ac yn ddireolaeth cyn i Ddeddf Gynllunio Gwlad a Thref 1947 ddod i fodolaeth. Ers hynny, mae'r pwyslais wedi bod ar amddiffyn a chadwraeth. Yn 1972 dynodwyd dwy ran o'r morlin fel **Arfordir Treftadaeth** (Ffigur 9.5). Mae'r dynodiad hwn, gyda phwyslais ar gadwraeth, yn gosod cyfyngiadau cynllunio caeth iawn ac yn gofyn am lunio Cynlluniau Arfordir Treftadaeth.

Mae'r rhan fwyaf o'r cynllunio strategol ar raddfa fawr ar gyfer yr arfordir yn nwylo Cyngor Sir Dorset. Ar raddfa fwy lleol, mae cynllunio yn gyfrifoldeb y cynghorau dosbarth a bwrdeistrefol. Oddi ar yr arfordir, mae amrywiol awdurdodau'r llywodraeth, e.e. Adran yr Amgylchedd, a Gweinidogaeth Amaeth, Pysgodfeydd a Bwyd, yn gyfrifol am gynllunio a gweithredu'r rheoliadau. Yn ychwanegol, ceir sawl corff a chyfundrefn arall â rhan ymgynghorol yn y broses gynllunio. Mae dau Gynllun Rheoli Traethlin yn cynnwys cyfeiriad at arfordir Dorset. Y ffin rhyngddynt yw Portland Bill (gweler Ffigur 9.5). Mae Ffigur 9.10 gyferbyn yn disgrifio sut y rheolir arfordir Dorset.

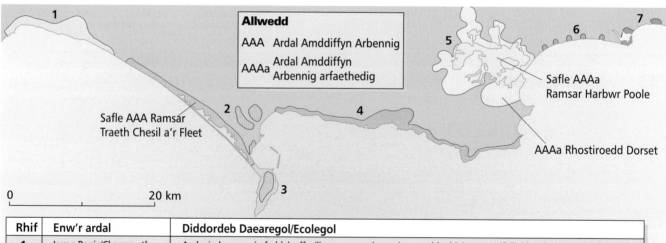

9.9 *Cynefinoedd arfordirol pwysig yn Dorset*

Rhif	Enw'r ardal	Diddordeb Daearegol/Ecolegol
1	Lyme Regis/Charmouth	Amlygiadau o graig feddal a ffosiliau; cymunedau unigryw o blanhigion ac anifeiliaid yn byw ar y tirlithriadau.
2	Gwlyptiroedd Chesil, Fleet a Weymouth	Bar graean hiraf Ewrop a'r tu ôl iddo y datblygwyd cymuned gwlyptir amrywiol yn ddibynnol ar amodau dŵr heli a dŵr croyw.
3	Portland	Amlygiadau calchfaen y mae priddoedd tlawd eu maeth wedi datblygu arnynt, gan alluogi ystod eang o blanhigion a phryfed oroesi; llwybr mudo i adar a phryfed.
4	Clogwyni Purbeck	Clogwyni meddal a chaled yn cynnig cynefinoedd ar gyfer adar, planhigion ac infertebratau.
5	Harbwr a rhostiroedd Poole	Harbwr mawr naturiol gyda morfeydd arfordirol eang wedi eu ffinio gan rostiroedd yn cynnwys casgliad unigryw o adar, planhigion a phryfed.
6	Clogwyni Bournemouth	Amlygiadau tywodfaen; darnau o rostiroedd arfordirol gyda chasgliadau anarferol o blanhigion.
7	Pentir Hengistbury a Harbwr Christchurch	Amlygiadau amrywiol yn cynnig ystod amrywiol o gynefinoedd ar gyfer bywyd gwyllt; morfeydd helaeth o fewn yr harbwr.

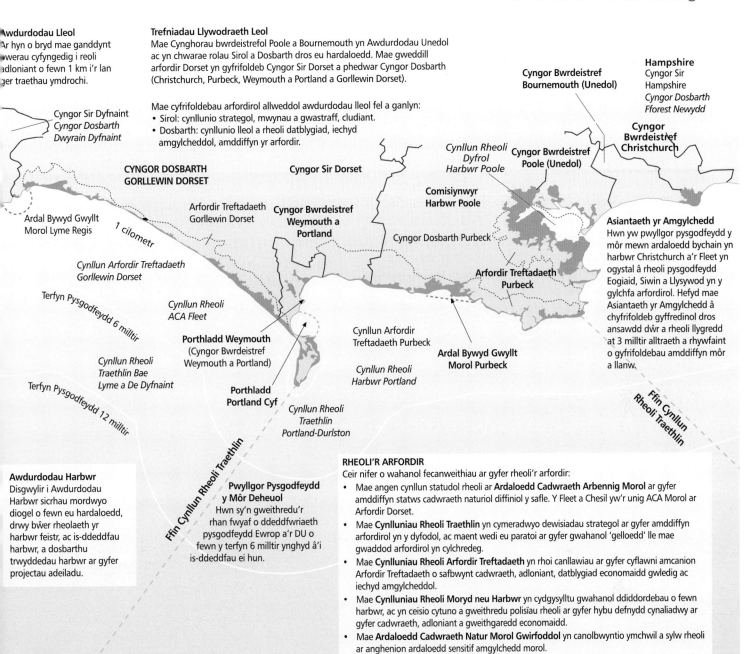

Awdurdodau Lleol
Ar hyn o bryd mae ganddynt
pwerau cyfyngedig i reoli
adloniant o fewn 1 km i'r lan
ger traethau ymdrochi.

Trefniadau Llywodraeth Leol
Mae Cynghorau bwrdeistrefol Poole a Bournemouth yn Awdurdodau Unedol
ac yn chwarae rolau Sirol a Dosbarth dros eu hardaloedd. Mae gweddill
arfordir Dorset yn gyfrifoldeb Cyngor Sir Dorset a phedwar Cyngor Dosbarth
(Christchurch, Purbeck, Weymouth a Portland a Gorllewin Dorset).

Mae cyfrifoldebau arfordirol allweddol awdurdodau lleol fel a ganlyn:
• Sirol: cynllunio strategol, mwynau a gwastraff, cludiant.
• Dosbarth: cynllunio lleol a rheoli datblygiad, iechyd
  amgylcheddol, amddiffyn yr arfordir.

Hampshire
Cyngor Sir
Hampshire
Cyngor Dosbarth
Fforest Newydd

**Cyngor Bwrdeistref
Bournemouth (Unedol)**

**Cyngor
Bwrdeistref
Christchurch**

Cyngor Sir Dyfnaint
*Cyngor Dosbarth
Dwyrain Dyfnaint*

**CYNGOR DOSBARTH
GORLLEWIN DORSET**

Cyngor Sir Dorset

*Cynllun Rheoli
Dyfrol
Harbwr Poole*

**Cyngor Bwrdeistref
Poole (Unedol)**

**Comisiynwyr
Harbwr Poole**

*Ardal Bywyd Gwyllt
Morol Lyme Regis*

*Arfordir Treftadaeth
Gorllewin Dorset*

**Cyngor Bwrdeistref
Weymouth a
Portland**

Cyngor Dosbarth Purbeck

1 cilometr

*Cynllun Arfordir Treftadaeth
Gorllewin Dorset*

*Arfordir Treftadaeth
Purbeck*

Terfyn Pysgodfeydd 6 milltir

*Cynllun Rheoli
ACA Fleet*

Porthladd Weymouth
(Cyngor Bwrdeistref
Weymouth a Portland)

*Cynllun Arfordir
Treftadaeth Purbeck*

**Ardal Bywyd Gwyllt
Morol Purbeck**

*Cynllun Rheoli
Traethlin Bae
Lyme a De Dyfnaint*

Terfyn Pysgodfeydd 12 milltir

**Porthladd
Portland Cyf**

*Cynllun Rheoli
Harbwr Portland*

*Cynllun Rheoli
Traethlin
Portland-Durlston*

*Ffin Cynllun
Rheoli Traethlin*

Asiantaeth yr Amgylchedd
Hwn yw pwyllgor pysgodfeydd y
môr mewn ardaloedd bychain yn
harbwr Christchurch a'r Fleet yn
ogystal â rheoli pysgodfeydd
Eogiaid, Siwin a Llyswod yn y
gylchfa arfordirol. Hefyd mae
Asiantaeth yr Amgylchedd â
chyfrifoldeb gyffredinol dros
ansawdd dŵr a rheoli llygredd
at 3 milltir alltraeth a rhywfaint
o gyfrifoldebau amddiffyn môr
a llanw.

Ffin Cynllun Rheoli Traethlin

Awdurdodau Harbwr
Disgwylir i Awdurdodau
Harbwr sicrhau mordwyo
diogel o fewn eu hardaloedd,
drwy bŵer rheolaeth yr
harbwr feistr, ac is-ddeddfau
harbwr, a dosbarthu
trwyddedau harbwr ar gyfer
projectau adeiladu.

**Pwyllgor Pysgodfeydd
y Môr Deheuol**
Hwn sy'n gweithredu'r
rhan fwyaf o ddeddfwriaeth
pysgodfeydd Ewrop a'r DU o
fewn y terfyn 6 milltir ynghyd â'i
is-ddeddfau ei hun.

RHEOLI'R ARFORDIR
Ceir nifer o wahanol fecanweithiau ar gyfer rheoli'r arfordir:

• Mae angen cynllun statudol rheoli ar **Ardaloedd Cadwraeth Arbennig Morol** ar gyfer
  amddiffyn statws cadwraeth naturiol diffiniol y safle. Y Fleet a Chesil yw'r unig ACA Morol ar
  Arfordir Dorset.
• Mae **Cynlluniau Rheoli Traethlin** yn cymeradwyo dewisiadau strategol ar gyfer amddiffyn
  arfordirol yn y dyfodol, ac maent wedi eu paratoi ar gyfer gwahanol 'gelloedd' lle mae
  gwaddod arfordirol yn cylchredeg.
• Mae **Cynlluniau Rheoli Arfordir Treftadaeth** yn rhoi canllawiau ar gyfer cyflawni amcanion
  Arfordir Treftadaeth o safbwynt cadwraeth, adloniant, datblygiad economaidd gwledig ac
  iechyd amgylcheddol.
• Mae **Cynlluniau Rheoli Moryd neu Harbwr** yn cydgysylltu gwahanol ddiddordebau o fewn
  harbwr, ac yn ceisio cytuno a gweithredu polisïau rheoli ar gyfer hybu defnydd cynaliadwy ar
  gyfer cadwraeth, adloniant a gweithgaredd economaidd.
• Mae **Ardaloedd Cadwraeth Natur Morol Gwirfoddol** yn canolbwyntio ymchwil a sylw rheoli
  ar anghenion ardaloedd sensitif amgylchedd morol.

9.10   *Pwy sy'n rheoli arfordir Dorset?*

YMARFERION

1   Gwnewch restr o'r awdurdodau a'r cyrff sy'n
ymwneud â rheoli arfordir Dorset. Cyflwynwch eich
rhestr ar ffurf diagram Venn, yn cynnwys dau gylch
yn gorgyffwrdd, un cylch yn ymwneud â'r tir a'r llall yn
ymwneud â'r môr. Mae'r segment sy'n gorgyffwrdd yn
cynnwys y tir yn ogystal â'r môr.

2   Wedi cwblhau eich diagram, ysgrifennwch baragraff
yn egluro pam y mae rheoli'r arfordir yn broses hynod
gymhleth.

3   Yn eich barn chi, a ddylid symleiddio rheolaeth
arfordirol? Gweithiwch mewn grwpiau bychain i
amlinellu argymhelliad ar gyfer rheoli arfordir sy'n fwy
uniongyrchol ei ffurf. Ystyriwch pa awdurdodau
fyddai'n cael pwerau statudol (y gallu i ddeddfu a
gweithredu deddfau) a pha rai fyddai'n ymgynghori
yn unig. A ddylid rheoli'r tir a'r môr ar wahân?

YMARFERION

1 Astudiwch Ffigur 9.5.

   a Disgrifiwch, gyda chymorth llinfap syml, symudiad gwaddod ar hyd arfordir Dorset. Nodwch ar eich map y mewnbynnau o waddod o erydiad clogwyn.

   b Pam yn eich barn chi y dewiswyd Portland Bill fel ffin rhwng y ddau Gynllun Rheoli Traethlin?

2 Astudiwch Ffigur 9.7. Edrychwch yn fanwl ar ardal Swanage. Sylwch fod Swanage ei hun mewn bae, Bae Swanage, ac ar ddwy ochr y bae ceir dau bentir, Old Harry Rocks i'r gogledd a Phentir Durlston i'r de. Mae hon yn enghraifft dda o'r ffordd y mae math y graig yn gallu effeithio ar ffurf y morlin. Mae'r creigiau sy'n ffurfio'r pentiroedd yma yn gymharol wydn o safbwynt erydiad, tra bod y creigiau sy'n ffurfio Bae Swanage yn wannach ac yn haws eu herydu.

Lluniwch linfap syml o'r ardal hon, yn cynnwys y manylion daearegol, ac ysgrifennwch baragraff i egluro siâp y morlin.

3 Disgrifiwch effeithiau plygu a ffawtio ar arfordir Dorset.

4 Defnyddiwch y wybodaeth yn Ffigur 9.9 i lunio llinfap syml i ddangos y prif gynefinoedd ar hyd arfordir Dorset.

5 Ar ôl darllen drwy'r bennod hon, eglurwch yr angen am reoli arfordir Dorset mewn modd gofalus.

C Erydiad arfordirol: ardal Cildraeth Lulworth

Bae Kimmeridge

Cildraeth Lulworth

Stair Hole

9.11 *Golygfa o ran o arfordir Dorset – mae Durdle Door rhyw 1 milltir i'r gorllewin o Lulworth (oddi ar waelod y ffotograff hwn)*

Mae hyd morlin Dorset, o Durdle Door yn y gorllewin hyd at Gildraeth Lulworth yn y dwyrain, yn un o'r darnau mwyaf dramatig ac adnabyddus yn y DU. Ceir yma nifer o dirffurfiau arfordirol clasurol (gweler Ffigur 9.11), a dyna pam y mae'n gwneud astudiaeth achos ardderchog o erydiad arfordirol. Cyn edrych yn fanwl ar y tirffurfiau, mae angen i ni ystyried y prosesau sy'n gweithredu ar yr arfordir.

Prosesau arfordirol

Mae sawl grŵp o brosesau yn rhyngweithio i greu tirffurfiau erydol arfordirol:

- prosesau hindreuliad
- màs-symudiad
- prosesau erydiad morol
- gweithgaredd dynol.

Prosesau hindreuliad

Mae prosesau hindreuliad yn gweithredu ar y clogwyni yn ogystal ag ar lwyfan y traethlin, sy'n cael ei orchuddio yn gyfnodol gan ddŵr y môr. Tra bod y prosesau yn debyg i'r hyn ydynt mewn unrhyw le arall, ceir rhai gwahaniaethau yn y ffordd y maent yn gweithredu ac yn eu pwysigrwydd cymharol:

- **Rhewfriwio** – mae'n cael ei hyrwyddo gan fodolaeth symiau mawr o ddŵr (er bod heli yn rhewi ar dymheredd is na dŵr croyw) a'r duedd i greigiau'r arfordir gracio'n ddifrifol o dan brosesau erydiad. Fodd bynnag, mae mannau arfordirol yn tueddu i fod yn gynhesach na lleoliadau mewndirol, ac felly'n lleihau'r tebygrwydd o gael rhew. Eto, ceir un graig sy'n dueddol o ddioddef rhewfriwio yn ardal Cildraeth Lulworth, sef sialc. Mae'n fandyllog ac mae ganddi lawer o graciau a bregion.

- Mae **grisialiad halen** ar waith ar yr arfordir oherwydd presenoldeb heli. Yn y gylchfa lanw neu dasgu mae'r holl ddŵr heli ynghyd ag anweddiad yn arwain at risialau halen yn ffurfio. Wrth i'r grisialau hyn gynyddu, maent yn achosi gwasgedd o fewn y graig, gan achosi iddi chwalu a gwahanu'n raddol.

- Mae **gwlychu a sychu** hefyd yn weithredol yn y gylchfa lanw/tasgu. Mae cleiau a sialau yn gyffredin ar hyd arfordir Dorset ac maent yn arbennig o agored i'r ehangu a chyfangu sy'n gysylltiedig â gwlychu a sychu. Un o ganlyniadau'r broses hon yw craciau'n cael eu ffurfio sy'n gwanhau'r graig ymhellach ac annog erydiad.

- Mae **hydoddiant**, sy'n hydoddi'r mwynau hydawdd, yn broses weithredol wrth yr arfordir. Mae'n effeithio'n arbennig ar galchfaen a sialc, ac mae'r ddau'n bresennol ar hyd arfordir Dorset. Effaith hydoddiant, neu'n fwy penodol, carbonadu, yw gwneud y bregion yn y creigiau yn fwy, gan greu arwynebau tyllog a danheddog ar y graig.

- Mae **gweithred fiolegol**, sy'n ymwneud ag organebau morol, yn bwysig. Mae gan bysgod cregyn, er enghraifft pidogau, gragen sydd wedi'i haddasu'n arbennig i'w galluogi i ddrilio'n llythrennol i'r graig. Maen nhw'n arbennig o weithredol mewn sialc lle mae'u gweithgaredd yn cynhyrchu craig ridyllog, fel ysbwng, gyda thyllau (Ffigur 9.12). Mae gwymon yn glynu wrth greigiau a gall fod gweithred y môr yn ddigon i achosi i'r gwymon symudol dynnu ymaith greigiau rhydd oddi ar wely'r môr. Credir bod algâu gwyrddlas, sy'n aml yn cael eu cysylltu â llygredd, yn gollwng cemegion a all hybu prosesau megis hydoddiant.

9.12 *Darn o sialc gyda phatrwm rhidyllog sy'n dangos tyllau pidog*

YMARFERION

1 **a** Pa ffactorau arfordirol sy'n hybu'r broses o rewfriwio?

b Er gwaetha'r ffactorau hyn, pam y mae rhewfriwio yn aml yn llai effeithiol yma nag yn y mewndir?

2 Amlinellwch yn fyr sut y mae'r prosesau hindreuliad hyn yn gweithio – grisialiad halen, gwlychu a sychu, a hindreuliad hydoddiant.

3 Astudiwch Ffigur 9.12.

a Disgrifiwch nodweddion y graig.

b Beth sydd wedi digwydd i'r graig i achosi'r nodweddion hyn?

c Trafodwch ai hindreuliad yw hyn mewn gwirionedd, neu erydiad.

ch Pa ffurfiau eraill o hindreuliad biolegol sy'n gweithredu ar yr arfordir?

Màs-symudiad

Mae llawer o'r prosesau a ddisgrifir ym Mhennod 2D (tudalennau 56-62) yn weithredol ar yr arfordir. Y rheswm am hyn yn bennaf yw fod y môr yn tandorri creigiau'r arfordir yn gyson, gan beri eu bod o bosib yn ansefydlog. Yn ogystal, mae presenoldeb llawer o ddŵr yn hybu llithriant. Cafodd rhai arfordiroedd, megis arfordir Dorset, eu datblygu ar gyfer twristiaeth, ac mae pwysau ychwanegol adeiladau, ynghyd â'r newidiadau i ddraeniad naturiol y llethrau, wedi cyfrannu at eu hansefydlogrwydd posibl.

Efallai mai'r mathau mwyaf cyffredin o fàs-symudiad ar yr arfordir yw cwympiadau craig a thirlithriadau (cylchlithriadau). Mae **cwympiadau craig** yn cael eu cysylltu'n fwyaf cyffredin gydag arfordiroedd clogwynog a chreigiau cymharol wydn, megis calchfaen a sialc. Mae tandorri gan y môr yn cyfuno gyda hindreuliad i ryddhau talpiau o graig ar wyneb y clogwyn. Yn y pen draw maent yn disgyn, naill ai fel darnau mân ar wahân neu fel rhan o ddarn llawer mwy o glogwyn ar ffurf **llithriad craig**. Edrychwch yn ôl ar y *blwch* ar dudalen 321 i ddarllen am lithriad craig diweddar ym Mhentir Beachy.

Mae **tirlithriadau** (cylchlithriadau) yn dueddol o gael eu cysylltu â chreigiau gwannach, megis siâl a chlai. Maent yn ganlyniad dirlawnder y creigiau a'r cylchlithro sy'n dilyn hynny, yn aml wedi'i sbarduno gan dandorri neu storm o law trwm. Mae'r defnydd dirlawn fel arfer yn llifo allan o waelod y clogwyn i ffurfio tafod o fwd (gweler Ffigur 9.13). Trafodir rôl tirlithriadau (cylchlithriadau) yn fanylach ym Mhennod 2D.

9.13 *Tafod o leidlif*

YMARFERION

1 Awgrymwch y ffactorau sy'n hybu màs-symudiad ar yr arfordir.

2 Awgrymwch pa brosesau sy'n fwyaf tebygol o weithredu gyda'r mathau canlynol o greigiau. Rhowch resymau dros eich awgrymiadau.

• Calchfaen cymharol wydn, yn llawn bregion, ac yn goleddu tua'r môr.

• Gwelyau llorweddol, cul o sialau, cleiau a thywodau bob yn ail.

(Edrychwch yn ôl ar Bennod 2D i'ch atgoffa'ch hun am brosesau màs-symudiad.)

3 Trafodwch bwysigrwydd màs-symudiad fel rhan o'r system arfordirol. Ystyriwch, er enghraifft, ei rôl mewn enciliad clogwyn, cyflenwad gwaddod, ayyb.

Prosesau erydiad morol

Y prif rym y tu ôl i brosesau erydiad arfordirol yw symudiad tonnau (gweler y *blwch* isod).

Tonnau a llanw

Tonnau

Caiff tonnau eu creu gan lusgiad ffrithiannol aer wrth iddo symud dros y dŵr. Mae hyn yn egluro pam fod tonnau uchel fel arfer yn cael eu cysylltu gydag amodau gwyntog, stormus, a bod moroedd tawel yn cael eu cysylltu gydag amodau tywydd gosteg.

Mewn môr agored, mae sbonciau'r tonnau'n digwydd o ganlyniad i symudiad cylchol (Ffigur 9.14). Fodd bynnag, yn agos i'r tir mae'r symudiad cylchol hwn yn cael ei ddarfu gan ffrithiant gyda gwely'r môr, gan ei orfodi i ddod yn fwy hirgrwn mewn ffurf. Achosa hyn i'r don ymestyn tuag i fyny a thorri. Mae'r dŵr yn rhuthro i fyny'r traeth fel **torddwr** ac yna'n tynnu'n ôl tua'r môr fel **tynddwr**.

Penderfynir cryfder ton gan gyflymder y gwynt, cyfeiriad y gwynt a **chyrch** (pellter dŵr agored y mae'r gwynt wedi chwythu drosto). Caiff y tonnau cryfaf eu creu gan stormydd, neu gan ddigwyddiadau seismig megis daeargrynfeydd, sy'n creu tonnau anferth a elwir yn **tswnamïau**.

Yn Lulworth, mae'r cyrch hiraf yn sawl mil o gilometrau ar draws Cefnfor Iwerydd mewn cyfeiriad de-orllewinol. Dyma hefyd gyfeiriad y prifwyntoedd, ac mae'n egluro pam y mae tonnau cryf yn aml yn taro ar ardal Lulworth.

Wrth yr arfordir, gellir gweld dau fath o donnau (Ffigur 9.15).

• Mae gan **don adeiladol** amlder isel ac uchder isel ac mae'n gysylltiedig â phroffil alldraeth tyner. Mae tonnau adeiladol yn raddol yn creu traeth, fel y mae torddwr pob ton yn ymestyn am hydoedd i fyny'r traeth cyn cael ymyrraeth gan dynddwr o'r don flaenorol. Mae tynddwr yn aml yn llai cryf oherwydd bod dŵr yn trylifo i mewn i'r traeth ei hun.

• Mae **ton ddinistriol** yn cael ei chysylltu gydag amodau mwy stormus. Mae'n don aml ac yn tyfu'n dal cyn torri ar y traeth. Nid yw'r dŵr yn symud ymlaen fawr ddim a defnyddir y rhan fwyaf o'r egni yn sgwrio'r traeth. Mae tynddwr yn fwy arwyddocaol na thorddwr. Cysylltir tonnau dinistriol fel arfer gyda phroffiliau traeth serthach.

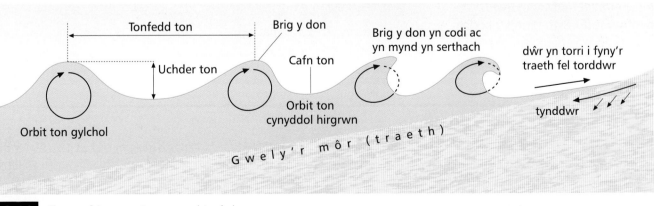

9.14 *Tonnau fel y maent yn symud tua'r lan*

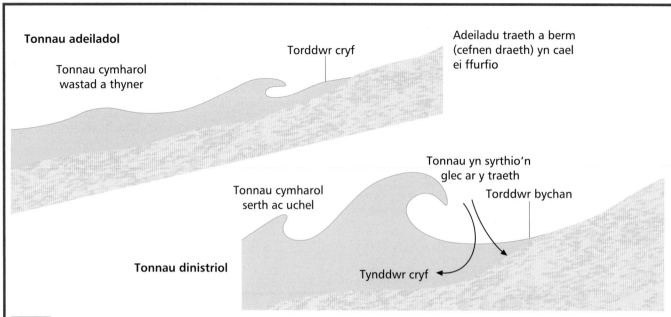

Tonnau adeiladol

Tonnau cymharol wastad a thyner

Torddwr cryf

Adeiladu traeth a berm (cefnen draeth) yn cael ei ffurfio

Tonnau yn syrthio'n glec ar y traeth

Torddwr bychan

Tonnau cymharol serth ac uchel

Tonnau dinistriol

Tynddwr cryf

9.15 *Tonnau adeiladol a dinistriol*

Mae'r rhan fwyaf o draethau yn derbyn tonnau adeiladol a dinistriol bob yn ail. Mae tonnau adeiladol yn adeiladu traeth ac yn rhoi proffil serthach i'r traeth. Mae hyn yn annog tonnau i fod yn fwy dinistriol (cysylltir tonnau dinistriol â phroffil serthach). Eto, ymhen amser, mae'r tonnau dinistriol yn cludo gwaddod i gyfeiriad y môr, ac felly yn lleihau ongl y traeth unwaith eto ac yn hybu tonnau adeiladol gael eu ffurfio. Mae hyn yn enghraifft dda o **adborth negyddol** mewn daearyddiaeth, lle mae proses yn mynd yn llai effeithiol po fwya y bydd yn gweithredu. Mae'n annog cyflwr cydbwysedd. Wrth gwrs, mewn realiti, nid yw **cyflwr cydbwysedd** byth bron yn bodoli oherwydd bod ffactorau allanol (e.e. cryfder a chyfeiriad gwynt) yn newid yn gyson!

Llanw

Mae llanw'r môr hefyd yn ffactor pwysig. Mae'n cael ei achosi gan dyniad disgyrchol y lleuad wrth iddo droi o gwmpas y Ddaear ac, i raddau llai, gan yr haul wrth i'r Ddaear fynd o'i amgylch. Mae'r rhan fwyaf o fannau arfordirol yn cael dau lanw bob dydd. Mae'r llanw cryfaf yn digwydd ddwywaith y mis a gelwir hwy yn **lanwau mawr**. Maent yn digwydd pan fo'r haul, y lleuad a'r Ddaear i gyd mewn aliniad, ac yn achosi tyniad disgyrchol cryf ar y môr.

Mae'r amrywiadau yn amlder ac uchder y llanw yn cael eu dylanwadu gan bresenoldeb eangdiroedd a dyfroedd bas. Os yw ystod uchder y llanw yn fychan mae'r ardal yn dioddef erydiad a dyddodiad llawer grymusach.

YMARFERION

1 Beth sy'n achosi tonnau i ffurfio?

2 Disgrifiwch achosion a chanlyniadau ton yn torri. Defnyddiwch y termau cywir yn eich disgrifiad.

3 Gyda chymorth diagramau syml, disgrifiwch y gwahaniaethau rhwng ton ddinistriol a thon adeiladol.

4 **a** Beth yw ystyr 'adborth negyddol' mewn daearyddiaeth?

b Sut y gellir cymhwyso'r cysyniad hwn at donnau adeiladol a dinistriol?

Ceir pedwar proses o erydiad ar waith ar yr arfordir:

1 **Gweithred hydrolig** Pan mae ton yn torri yn erbyn wyneb clogwyn, mae grym noeth y don yn gallu datgysylltu darnau rhydd o graig. Gall aer gael ei chwythellu i mewn i graciau (ceudodiad) i ryddhau'r darnau craig ymhellach ac yna eu datgysylltu.

2 **Cyrathiad** Effaith darnau o graig yn cael eu dal o fewn y dŵr yw hyn, a'r rhain yn cael eu bwrw neu eu gwasgu yn erbyn arwynebau creigiog. Mewn amodau stormus, gall llawer o waddod gael ei luchio'n uniongyrchol at droed y clogwyn, gan gyfrannu at ei erydiad. Mae athreuliad hefyd ar waith ar lwyfannau craig rhynglanwol, wrth i waddod gael ei dynnu yn

ôl ac ymlaen, a malu ymaith y llwyfan ar yr un pryd.

3 **Athreuliad** Erydir y darnau unigol eu hunain pan y maent yn bwrw yn erbyn ei gilydd. Fe dreulir yr ymylon miniog gan gynhyrchu cerigos crwn sy'n nodweddiadol o nifer o draethau graean bras.

4 **Hydoddiant** Bydd dŵr môr wrth lifo dros greigiau hydawdd megis calchfaen a sialc yn achosi rhywfaint o hydoddi.

Gweithgaredd dynol

Mae pobl yn cyfrannu'n sylweddol at erydiad yn ardal Lulworth. Mae'r arfordir yn boblogaidd gan gerddwyr sy'n crwydro ar y clogwyni gan achosi i lystyfiant a phridd gael eu treulio i ffwrdd. Gwneir cryn ddefnydd o'r llwybrau troed ac mae erydiad difrifol yn digwydd ar rai ohonynt mewn sawl man. Unwaith y dinistrir y llystyfiant drwy ei sathru, bydd y pridd a'r graig a amlygir yn haws i'w hindreulio a'u herydu.

YMARFERION

1 Ysgrifennwch ddiffiniadau byr o brosesau erydiad arfordirol.

2 Awgrymwch sut y mae'r ffactorau canlynol yn effeithio ar gyfradd erydiad arfordirol:

- cyflymder a chyfeiriad y gwynt
- cyrch

- natur y tonnau
- y math o graig
- adeiledd daearegol (plygu/ffawtio)
- llanw
- gweithgaredd dynol.

Ardal Cildraeth Lulworth

Un o'r rheolyddion pwysicaf yn y modd y ffurfir tirffurfiau yn ardal Cildraeth Lulworth (Ffigur 9.11) yw daeareg. Mae Ffigur 9.16 yn dangos yn fanwl ddaeareg yr ardal.

Mae dau beth pwysig sy'n rheoli datblygiad tirffurfiau arfordirol ar hyd y darn hwn o'r arfordir:

- mae'r creigiau yn rhedeg yn fras yn gyfochrog i'r arfordir
- mae'r creigiau yn amrywio yn fawr yn eu gwydnwch yn erbyn erydiad.

Y graig fwyaf gwydn yn yr ardal yw Carreg Portland (calchfaen). Ar hyd llawer o'r arfordir mae'r striped tenau hwn o graig (Ffigur 9.16) yn ffurfio rhwystr i erydiad morol am ei fod mor gryf. Mae ei oledd serth iawn (cofiwch fod y creigiau wedi eu plygu'n ddifrifol fel eu bod bron yn fertigol) yn gwneud i'r calchfaen edrych fel wal. Fodd bynnag, creodd y plygu arddwys graciau o fewn y calchfaen sydd wedyn yn cael eu hecsploetio gan y môr i ffurfio **ogofâu**.

Yn Stair Hole (Ffigur 9.16) mae'r môr wedi torri drwy wal Carreg Portland, gan gael mynediad at Welyau Purbeck gwannach y tu ôl. Mae'r sialau a'r cleiau hyn wedi eu herydu i ffurfio Stair Hole (Ffigur 9.17). Edrychwch yn ofalus ar Ffigur

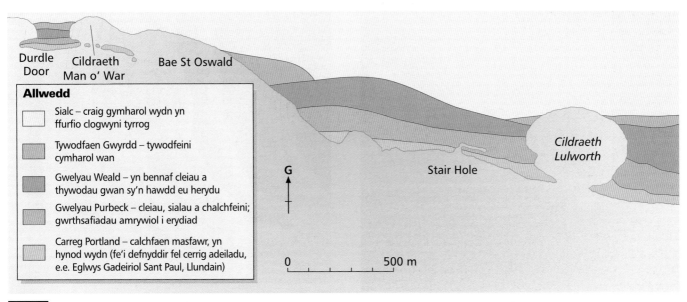

Allwedd

- Sialc – craig gymharol wydn yn ffurfio clogwyni tyrrog
- Tywodfaen Gwyrdd – tywodfeini cymharol wan
- Gwelyau Weald – yn bennaf cleiau a thywodau gwan sy'n hawdd eu herydu
- Gwelyau Purbeck – cleiau, sialau a chalchfeini; gwrthsafiadau amrywiol i erydiad
- Carreg Portland – calchfaen masfawr, yn hynod wydn (fe'i defnyddir fel cerrig adeiladu, e.e. Eglwys Gadeiriol Sant Paul, Llundain)

Durdle Door Cildraeth Man o' War Bae St Oswald

Stair Hole Cildraeth Lulworth

G

0 500 m

9.16 *Daeareg ardal Clidraeth Lulworth*

9.17 a sylwch ar yr arweddion canlynol:

- wal Carreg Portland sy'n goleddu'n serth ar ochr dde'r darlun
- natur aflunaidd Gwelyau Purbeck
- y môr, sy'n mynd i mewn i Stair Hole drwy ddau fwa
- Cilfach Lulworth yn y pellter y tu draw i'r creigiau aflunaidd.

Unwaith y mae'r môr wedi torri trwy wal allanol Carreg Portland, mae'r Gwelyau Purbeck yn cael eu herydu yn gyflym (Ffigur 9.18). Edrychwch eto ar Ffigur 9.16 a lleolwch Durdle Door tua'r gorllewin. Sylwch fod Carreg Portland yn ffurfio brigiadau creigiog arunig, gweddillion yr hyn a fu unwaith yn wal glogwyn ddi-dor.

Mae Durdle Door yn **fwa** trawiadol (Ffigur 9.19) ac mae'n dangos sut y bydd y bwâu llai yn Stair Hole yn edrych rywbryd yn y dyfodol. Byddai bwâu eraill wedi bodoli yn y gorffennol yn cysylltu'r brigiadau calchfaen sydd bellach ar wahân ac sy'n nodi'r fynedfa i Gildraeth Man o' War (gweler Ffigur 9.16). Gelwir y brigiadau craig arunig hyn yn **staciau**. Gydag amser, bydd y staciau hyn yn cael eu herydu gan y môr i ffurfio brigiadau creigiog a ddaw i'r golwg yn unig pan mae'r llanw'n isel. Gelwir y rhain yn **stympiau** (Ffigur 9.20). Wrth i'r linell glogwyn encilio, y cyfan sy'n weddill yw arwyneb noeth o graig a elwir yn **llyfndir tonnau**. Mae'r llyfndir hwn yn cael ei ddinoethi adeg distyll ond yn cael ei orchuddio adeg penllanw.

Gydag erydiad parhaol y creigiau gwannach, a warchodwyd unwaith gan Garreg Portland ond sy'n awr yn agored i bŵer y môr, ffurfir **bae** neu gildraeth. Yr enghraifft gliriaf o fae yw Cildraeth Lulworth.

Mae Cildraeth Lulworth yn fae bychan, bron yn grwn gydag agoriad cul i'r môr. Tra ei bod yn gyfleus i dderbyn mai'r môr dorrodd drwy'r Garreg Portland, braidd yn debyg i'r ffordd y gwnaeth hynny mewn mannau eraill ar hyd yr arfordir, ceir rhywfaint o dystiolaeth fod y bwlch yn y calchfaen wedi ei ffurfio gan weithred afonol yn hytrach na gweithred forol.

Yn ystod y cyfnodau pan oedd iâ yn ymledu yn y cyfnod Pleistosen, effeithiwyd ar dde Lloegr gan amodau **ffinrewlifol** (ni fu ar unrhyw adeg o dan orchudd rhewlif!). Yn ystod yr adegau hyn, byddai'r sialc wedi rhewi ac wedi ei wneud yn anathraidd. Pan oedd yr haenau o graig a phridd ar yr arwyneb yn dadmer yn yr haf, byddai dŵr wedi llifo dros yr arwyneb gan ffurfio rhwydweithiau o afonydd. Ar yr un pryd, byddai lefel môr wedi bod yn llawer is nag ydyw heddiw, gan fod dŵr wedi ei gloi i mewn fel iâ ar y tir. Credir mai yn ystod y cyfnodau hyn y ffurfiwyd y bwlch yng Ngharreg Portland, wrth i afonydd tymhorol lifo i'r de tua'r môr, gan dorri drwy'r stribed gwytnach o graig (Ffigur 9.20).

9.17 *Stair Hole*

9.18 *Erydiad gwahaniaethol Gwelyau Purbeck, yn edrych tua'r gorllewin yng Nghildraeth Man o' War*

Wrth i lefelau môr ddychwelyd i'w lefelau presennol, mae erydiad morol wedi ecsploetio'r creigiau gwannach y tu ôl i'r Garreg Portland i ffurfio Cildraeth Lulworth. Fel y mae Ffigur 9.16 yn dangos, mae cefn y bae wedi ei wneud o sialc. Mae hon yn graig gymharol wydn ac yn ffurfio cefnlen serth i Gildraeth Lulworth a'r baeau eraill ar hyd y darn hwn o'r arfordir (Ffigur 9.11). Wrth droed y clogwyni ceir traeth.

Mae arfordir Dorset o Durdle Door at Gildraeth Lulworth wedi ei ddanheddu yn sylweddol. Ceir nifer o bentiroedd a brigiadau creigiog yn ogystal â nifer o faeau (Ffigur 9.21). Mae ffurf y morlin yn effeithio'n sylweddol ar y tonnau wrth iddynt agosáu at y lan, gan achosi iddynt blygu neu wyro. Mae **plygiant tonnau** (gweler y *blwch* ar y dudalen nesaf) yn gysyniad pwysig iawn oherwydd ei fod yn effeithio ar union leoliadau tonnau egni uchel a thonnau egni isel ac, o ganlyniad, erydiad a dyddodiad.

9.19 *Durdle Door*

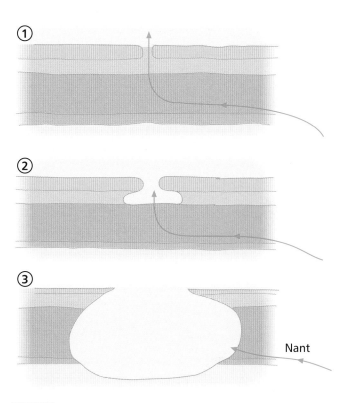

9.20 *Cildraeth Lulworth – dilyniant tebygol esblygiad*

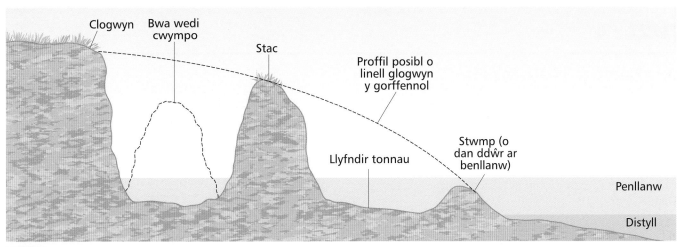

9.21 *Ffurfiant staciau a stympiau*

Plygiant tonnau

Os yw tonnau'n agosáu at y lan ar ongl, neu os yw'r arfordir ei hun yn ddanheddog, gall blaenau'r tonnau fynd yn aflunaidd (Ffigur 9.22). Mae hyn yn ei dro yn aflunio gwasgariad yr egni, gyda'r egni yn cael ei grynhoi ar y pentiroedd ac yn cael ei wasgaru yn y baeau. Mae'r tonnau egni uchel yn erydu ar y pentiroedd, ac

yn gyfrifol am fodolaeth y clogwyni, staciau a llyfndiroedd tonnau. Yn y baeau, mae'r tonnau egni isel yn tueddu i ddyddodi gwaddod i ffurfio traeth.

Gellir gweld bod y cysyniad o adborth negyddol yn gweithredu yma. Yn gyntaf, mae amrywiadau yng nghryfder y creigiau yn arwain at bentiroedd a baeau yn cael eu ffurfio. Mae hyn yn achosi plygiant

ton sydd yn ei dro yn hybu erydiad y pentiroedd ond dyddodiad yn y baeau. Os yw'r sefyllfa yn aros heb ei newid am gyfnod hir (ond dydyn nhw ddim!), mae'n bosib rhagweld cyflwr o gydbwysedd sy'n peri bod ffurf y morlin yn ymddangos yn statig oherwydd y cydbwysedd rhwng natur erydadwy posibl y creigiau ac effaith plygiant ton.

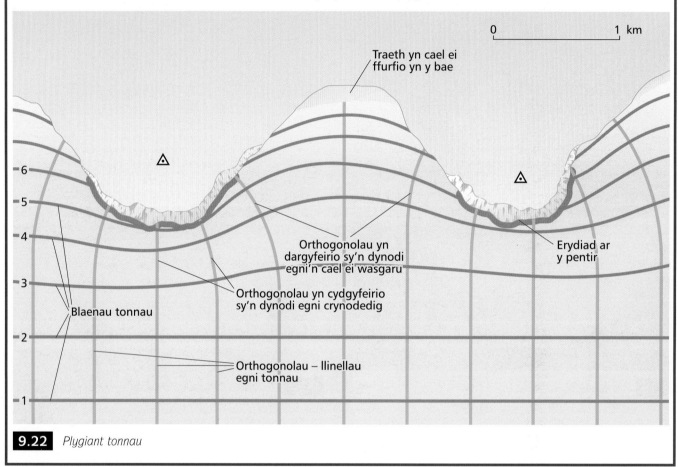

9.22 *Plygiant tonnau*

Labels on figure:
- Traeth yn cael ei ffurfio yn y bae
- 0 — 1 km
- Orthogonolau yn dargyfeirio sy'n dynodi egni'n cael ei wasgaru
- Orthogonolau yn cydgyfeirio sy'n dynodi egni crynodedig
- Orthogonolau – llinellau egni tonnau
- Blaenau tonnau
- Erydiad ar y pentir

Materion rheolaeth

Mae'r clogwyni yn ardal Lulworth yn dueddol o ddioddef cwympiadau sydyn a chreigiau'n disgyn. Yn 1977 claddwyd parti o blant ysgol ar waith maes daearegol gan gwymp clogwyn yng Nghildraeth Lulworth ei hun, gan ladd athro ac un o'r myfyrwyr. Ddwy flynedd yn ddiweddarach lladdwyd gwraig pan gwympodd gordo craig ar y traeth ger Durdle Door.

Mae cwympiadau clogwyn yn ysbeidiol, ac felly mae'n anodd cynllunio ymlaen llaw. Mae fel arfer yn digwydd ar ôl cyfnod maith (sawl blwyddyn) o rewfriwio a gwlychu a sychu, sy'n gynyddol yn gwanhau'r graig. Yr hyn sy'n achosi cwymp unigol yn aml yw cyfnod o law trwm.

Rhybuddir pobl am beryglon cwympiadau clogwyn posibl drwy osod rhybuddion yma a thraw yn rheolaidd, a chedwir y llwybrau troed ymhell yn ôl o ymyl y clogwyn. Hefyd fe godir ffensys mewn mannau peryglus. Fodd bynnag, mae pobl yn cymryd risg ac mae'n amhosibl i'w rhwystro rhag gwneud hyn, heb godi ffens o weiren bigog reit ar hyd brig y clogwyn.

Os fydd lefelau môr yn codi o ganlyniad i gynhesu byd-eang, a bydd mwy o stormydd, yna bydd cwympiadau clogwyni yn debygol o ddod yn fater rheoli mwy difrifol yn y dyfodol. Hwyrach y dylid cau i ffwrdd rhag y cyhoedd ddarnau mawr o glogwyni gweithredol a allai gwympo. Beth yw eich barn *chi* ar hyn?

GWEITHGAREDD ESTYNEDIG

Nod y gweithgaredd hwn yw i chi gynhyrchu eich adroddiad eich hun ar astudiaeth achos ardal Cildraeth Lulworth. Yn ychwanegol at y wybodaeth a gyflwynir yn y bennod hon, gellir dod o hyd i adnoddau eraill ar wefan Nelson Thornes.

Dylai adroddiad cynhwysfawr gynnwys yr elfennau canlynol:

- map o'r ardal yn dangos daeareg a lleoliad y prif

C   Erydiad arfordirol: ardal Cildraeth Lulworth

arweddion a'r mannau arfordirol

- brasluniau o ffotograffau (e.e. Ffigur 9.17) gyda labeli llawn (anodiadau)
- adroddiadau ysgrifenedig ar yr amrywiol arweddion, yn egluro sut y ffurfiwyd hwy ac yn manylu ar y prosesau sy'n gyfrifol amdanynt
- ymgais i ddangos natur ddilyniannol y tirffurfiau arfordirol yn yr ardal (Ffigur 9.23). Gallai hyn ffurfio sail i gynllun ar gyfer eich adroddiad.

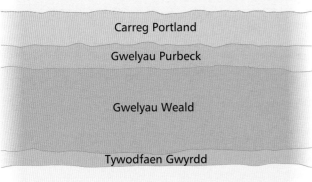

Carreg Portland

Gwelyau Purbeck

Gwelyau Weald

Tywodfaen Gwyrdd

Sialc

 Stair Hole

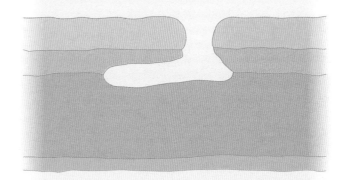

 **Durdle Door**

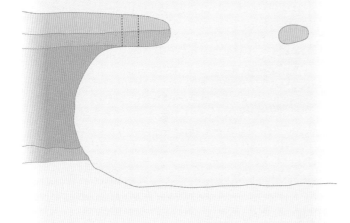

④ **Cildraeth Man o' War a Bae St Oswald**

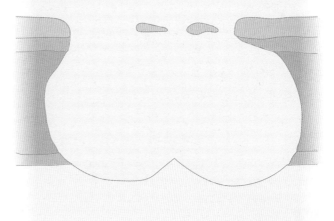

9.23   *Dilyniant tebygol o esblygiad arfordirol i'r gorllewin o Lulworth*

CWESTWN STRWYTHUREDIG

a Edrychwch ar Ffigur 9.24.

    (i) Beth yw'r arwedd ton a nodwyd ag X? *(1)*

    (ii) Beth yw'r arwedd ton a nodwyd ag Y? *(1)*

    (iii) Beth yw'r enw a roddir i'r pellter a nodir fel Z? *(1)*

    (iv) Beth sy'n achosi tonnau i dorri wrth iddynt agosáu at y traeth? *(3)*

    (v) Beth yw'r gwahanaiethau rhwng tonnau adeiladol a thonnau dinistriol? Cyfeiriwch at achosion ac effeithiau'r tonnau. *(4)*

b Edrychwch ar Ffigur 9.25. O safbwynt pob diagram, awgrymwch sut y gall daeareg, prosesau isawyrol (hindreuliad, màs-symudiad) a phrosesau morol gyfuno i gynhyrchu'r proffil clogwyn nodedig. *(3 x 3)*

c **(i)** Dewiswch un arwedd a gynhyrchir gan erydiad arfordirol ac enwch enghraifft yr ydych wedi ei hastudio. *(1)*

    (ii) Disgrifiwch natur a golwg yr arwedd. Gallwch ddefnyddio diagram i helpu eich disgrifiad. *(4)*

    (iii) Sut y mae prosesau morol ac eraill wedi cyfuno i gynhyrchu nodweddion yr arwedd a ddewiswyd gennych? *(4)*

ch Amlinellwch faterion rheoli ar gyfer darn o arfordir clogwynog yr ydych wedi ei astudio. *(4)*

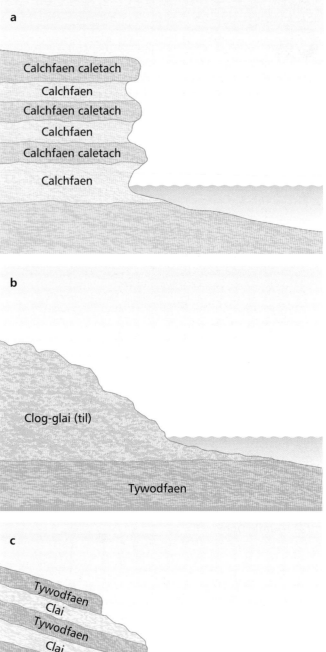

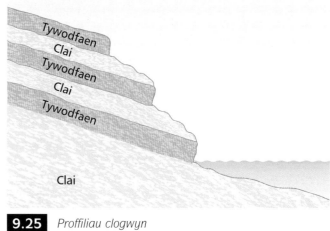

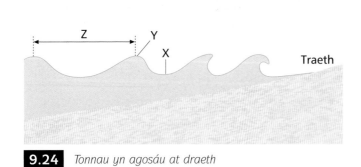

9.24 *Tonnau yn agosáu at draeth*

9.25 *Proffiliau clogwyn*

Ch Dyddodiad arfordirol: Traeth Chesil

Mae dyddodiad arfordirol yn digwydd pan fo cyflymder ton yn disgyn fel bod y dŵr yn methu dal gwaddod yng nghrog. Caiff defnydd ei ollwng ac yna'i gario o un lle i'r llall. Mae tair prif ffynhonnell o waddod:

- **Erydiad clogwyn** – mae hyn yn lleol iawn ond mae'n bwysig ar hyd nifer o ddarnau o arfordir Dorset.
- Mae **gwaddod afonol** yn cael ei gario i'r system arfordirol gan afonydd yn llifo oddi ar y tir. Dyma brif ffynhonnell gwaddod arfordirol.
- Caiff **gwaddodion alltraeth** eu cario i'r tir gan geryntau llanw neu weithgaredd ton.

Tirffurfiau dyddodiad arfordirol

1 Traethau

Caiff traethau eu ffurfio gan donnau adeiladol yn gwthio defnydd yn dyrrau o'u blaen. Gallant amrywio'n enfawr o ran maint, morffoleg (arweddion) a defnydd. Ar hyd arfordir Dorset, er bod yna ychydig o draethau tywodlyd mewn baeau cysgodol (e.e. Swanage), mae'r rhan fwyaf o'r traethau wedi'u llunio o raean. Y nodwedd fwyaf cyffredin mewn traeth yw **berm** sy'n gefnen rhyw 1-3 m o uchder. Gall fod nifer o bermau mewn mannau gwahanol ar draeth, fel y mae Ffigur 9.26 yn darlunio. Sylwch fod y berm sydd bellaf i fyny'r traeth yn dod naill ai o storm neu o lanw arbennig o uchel. Fel arweddion traeth eraill, mae bermau yn arweddion dynamig ac maent yn newid o ddydd i ddydd.

Arwedd gyffredin arall, sydd i'w chael rhwng nodau llanw uchel (penllanw) ac isel (distyll), yw **cwsb traeth** (Ffigur 9.26). Cwsb yw crynhoad o dywod neu raean ar ffurf hanner cylch yn amgylchynu twll neu bant. Maent yn amrywio mewn maint o ychydig gentimetrau i sawl metr ar draws a chânt eu ffurffio pan fo tonnau'n torri'n uniongyrchol ar draeth a phan fo torddwr a thynddwr yn bwerus.

2 Tafodau

Clawdd o dywod neu raean yn ymestyn allan o'r arfordir i'r môr, neu yn rhannol ar draws aber afon, yw **tafod**. Mae'n cael ei greu gan symudiad gwaddod ar hyd yr arfordir trwy broses o **ddrifft y glannau** (Ffigur 9.27). Gan nad ydynt yn cael eu hamddiffyn gan dir solet, mae tafodau yn arweddion bregus

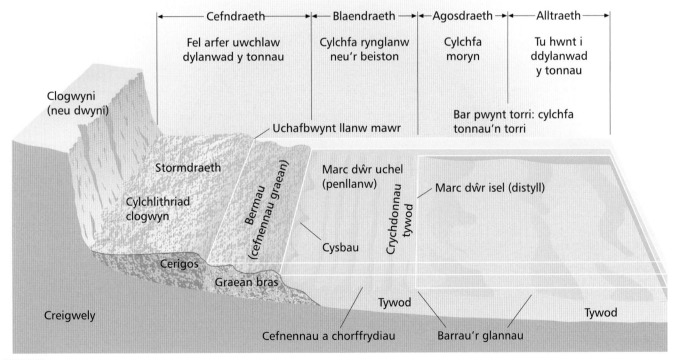

9.26 *Arweddion a thirffurfiau traeth*

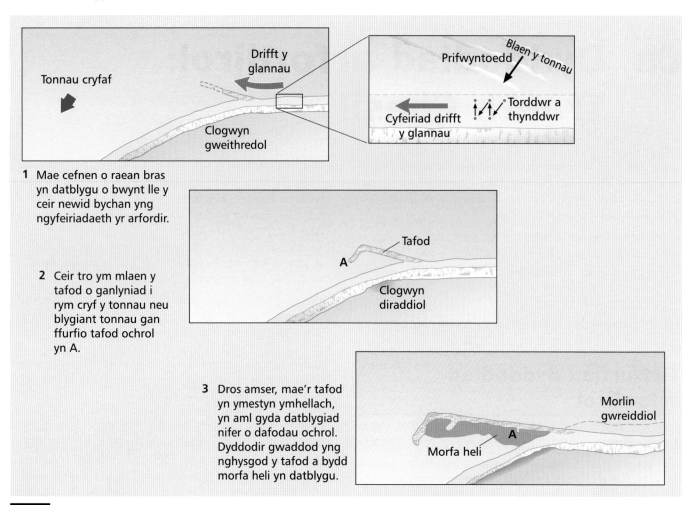

1 Mae cefnen o raean bras yn datblygu o bwynt lle y ceir newid bychan yng ngyfeiriadaeth yr arfordir.

2 Ceir tro ym mlaen y tafod o ganlyniad i rym cryf y tonnau neu blygiant tonnau gan ffurfio tafod ochrol yn A.

3 Dros amser, mae'r tafod yn ymestyn ymhellach, yn aml gyda datblygiad nifer o dafodau ochrol. Dyddodir gwaddod yng nghysgod y tafod a bydd morfa heli yn datblygu.

9.27 *Tafod yn cael ei ffurfio*

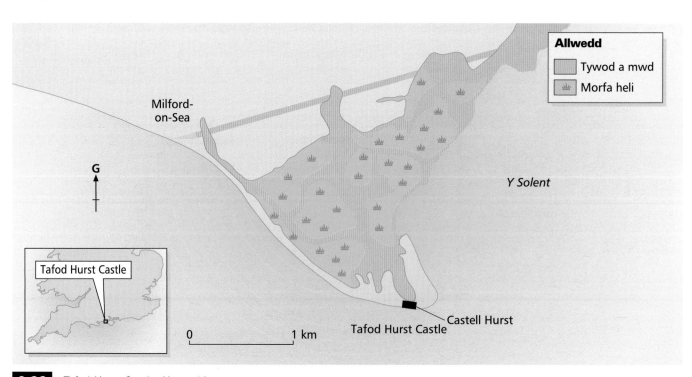

9.28 *Tafod Hurst Castle, Hampshire*

340

a chânt eu bylchu'n aml pan fo stormydd. Mae Ffigur 9.28 yn disgrifio nodweddion tafod Hurst Castle, ar ben dwyreiniol Bae Christchurch a thua 20 km o Bournemouth.

Mewn rhai mannau, gall tafodau dyfu ac ymestyn yr holl ffordd ar draws moryd gan uno dau bentir. Gelwir yr arwedd hon yn **bar bae**, ac oni bai am y carthu cyson, gallai bar bae fod wedi datblygu'n rhwydd ar draws mynedfa i Harbwr Poole (Ffigur 9.5 tudalen 324). Lle mae tafod yn cysylltu'r tir mawr ag ynys, fe'i gelwir yn **tombolo** (gweler yr astudiaeth achos isod).

3 Penrhynau

Ceir mannau ar hyd yr arfordir lle mae dwy gell waddod yn cydgyfeirio gan achosi i waddod gronni. Gall arwedd drionglog a elwir yn **benrhyn cwsbaidd** gael ei ffurfio (gweler Ffigur 9.29).

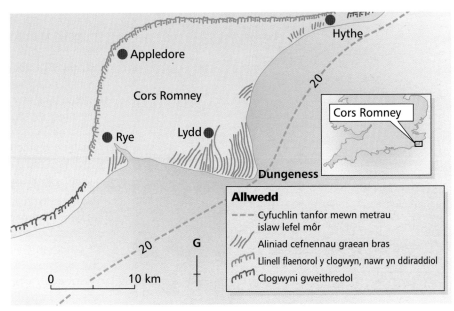

9.29   *Penrhyn cwsbaidd Dungeness, Caint*

YMARFERION

1   Astudiwch Ffigur 9.26.

a   Beth yw berm?

b   Pam y ceir bermau ar wahanol uchderau ar y traeth?

2   Astudiwch Ffigur 9.27.

a   Disgrifiwch, gyda chymorth diagramau syml, sut y ffurfir tafod. Defnyddiwch labeli i egluro pam fod tafod yn ffurfio ar bwynt arbennig ar y morlin.

b   Beth yw ystyr y term 'clogwyn diraddiol'? Disgrifiwch sut y mae'n debygol o edrych ac eglurwch ei leoliad.

c   Pam y ffurfir tafodau ochrol?

ch   Eglurwch fodolaeth forfa heli ar ochr gysgodol y tafod.

3   Lluniwch fraslun o dafod Hurst Castle (Ffigur 9.28) ac ychwanegwch labeli yn disgrifio'r prosesau a'r arweddion sy'n gysylltiedig â thafod yn cael ei ffurfio.

4   Astudiwch Ffigur 9.29.

a   Disgrifiwch ffurf y penrhyn cwsbaidd yn Dungeness. Defnyddiwch y raddfa i'ch helpu i roi amgyffred o ddimensiynau yr arwedd.

b   Pa dystiolaeth sydd fod gwaddod yn cronni yn y lleoliad hwn?

c   Disgrifiwch aliniad y cefnennau o raean bras. Beth y maent yn ei ddynodi am dwf y penrhyn?

ch   Lluniwch fraslun syml o'r penrhyn cwsbaidd. Nodwch arno y prif arweddion ac ychwanegwch labeli i ddisgrifio'r prosesau ar waith, gan gynnwys gyfeiriadau tebygol drifft y glannau yn yr ardal.

ASTUDIAETH ACHOS

Traeth Chesil

Mae Traeth Chesil (Ffigur 9.30) yn gefnen helaeth o raean bras yn ymestyn am 29 km o West Bay i Chiswell ar Ynys Portland (Ffigur 9.31). Mae'n enghraifft dda o tombolo. Ar ochr gysgodol Traeth Chesil ceir amgylchedd pwysig o wlyptir a elwir The Fleet (Ffigur 9.31).

Mae Traeth Chesil yn gefnen drawiadol, yn codi mewn uchder i gyfeiriad y dwyrain o 7 m uwch lefel môr yn Abbotsbury, i 15 m uwch lefel môr yn Chiswell. Ffaith ddiddorol arall yw bod maint y cerigos yn cynyddu i'r un cyfeiriad, o gyfartaledd o 2.5-3.0 cm mewn diamedr yn Abbotsbury, i gyfartaledd o 7 cm mewn diamedr yn Chiswell.

Sut y ffurfiwyd Traeth Chesil?

O edrych ar y map, mae'n ymddangos mai'r eglurhad amlycaf fyddai ei fod yn gysylltiedig â phroses drifft y glannau o'r gorllewin i'r dwyrain. Fodd bynnag, bellach ystyrir yn gyffredinol fod Traeth Chesil wedi cychwyn fel banc o raean bras alltraeth. Yn ystod cyfnod o godiad cyflym yn lefel môr rhyw 14 000-7 000 o flynyddoedd yn ôl, wrth i rewlifau a llenni iâ ddadmer yn dilyn yr estyniad iâ olaf, gwthiwyd y banc o raean tuag at y tir gan donnau a cheryntau pwerus. Heddiw, ceir o hyd rhywfaint o symudiad tua'r tir wrth i'r traeth rowlio drosto ei hun, ond fel arwedd mae'n weddol llonydd. Ceir rhywfaint o ymchwil sy'n awgrymu y gall Traeth Chesil ffurfio ei gell waddod gaeëdig ei hun, gan nad oes fawr o dystiolaeth o ddefnydd yn dod i mewn i'r gell o'r tu allan.

Mae'r cynnydd ym maint y cerigos o'r gorllewin i'r dwyrain yn ganlyniad i broses drifft y glannau (gweler Ffigur 9.31). Mae cyfeiriad cryfaf drifft y glannau yn cludo cerigos o bob maint o'r gorllewin i'r dwyrain. Yn achlysurol, pan mae'r gwynt yn dod o gyfeiriad y de ddwyrain, mae drifft y glannau yn gweithredu'r ffordd chwith, o'r dwyrain i'r gorllewin. Yn y cyfeiriad hwn, nid yw drifft y glannau mor effeithiol ac ni all ond cludo'r cerigos llai. Dros amser, felly, dosrennir y cerigos fel bod y rhai mwyaf yn y dwyrain a'r rhai lleiaf tua'r gorllewin. Mae'r cynnydd yn uchder y traeth hefyd yn adlewyrchu symudiad trechol gorllewin-dwyrain y defnydd.

YMARFER

Gyda chymorth llinfap syml, disgrifiwch brif nodweddion Traeth Chesil a thrafodwch sut y cafodd ei ffurfio yn ôl pob tebyg.

9.30 *Traeth Chesil, o ben gogleddol Portland, gyda Chiswell yn y blaendir*

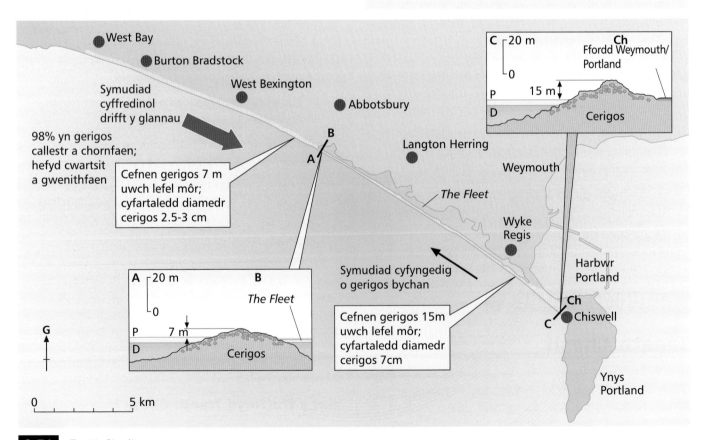

9.31 *Traeth Chesil*

Cynllun amddiffyn môr Traeth Chesil

Ar ben mwyaf dwyreiniol Traeth Chesil ceir pentref bychan Chiswell. Edrychwch ar Ffigur 9.30 a sylwch nad oes ond y gefnen rhyngddo a'r môr agored. Mae hen hanes o lifogydd yn Chiswell o ganlyniad i stormydd. Yn 1824, bu farw 26 o bobl, ac mewn dau ddigwyddiad diweddar yn 1978 ac 1979 bu cryn ddifrod i eiddo ac i gyfathrebau oherwydd llifogydd.

Mewn ymateb i'r llifogydd hyn, comisiynwyd cwmni o beirianwyr gan Awdurdod Dŵr Wessex (sydd bellach yn rhan o Asiantaeth yr Amgylchedd) a Chyngor Bwrdeistref Weymouth a Portland gyda'r bwriad iddynt ddyfeisio cynllun i amddiffyn pobl Chiswell rhag llifogydd yn y dyfodol. Darllenwch y wybodaeth yn y *blwch* isod i weld pa gamau a gymerwyd.

Llifogydd ar Draeth Chesil

Gellir priodoli'r llifogydd a effeithiodd ar 134 o drigolion Chiswell i achosion ffisegol yn ogystal â rhai dynol. Arweiniodd stormydd, yn cyd-ddigwydd â phenllanw a diwasgedd yng Nghefnor Iwerydd, i gyflwr hynod o ansefydlog ar y traeth. Roedd ei grib yn gostwng ac yn fwy tueddol i ddioddef llifogydd trylifiad (Ffigur 9.32).

Bob 5-10 mlynedd mae rhan o Chiswell yn cael ei gorlifo, ac mae teuluoedd yn gorfod symud oddi yno am hyd at bum niwrnod. Fodd bynnag, mae'r difrod a achoswyd i'r traeth yn cael ei adfer drwy brosesau naturiol, wrth i donnau adeiladol adfer y traeth. Felly prif effaith y diffyg rheolaeth yma yw'r straen a achoswyd i'r preswylwyr lleol a'r costau sy'n disgyn arnynt ac ar yr awdurdod lleol wrth iddynt adfer y sefyllfa ar ôl y llifogydd sy'n digwydd yn eithaf rheolaidd.

Bu'r ymateb yn amrywiol. Gwnaethpwyd dadansoddiad cost a budd o safbwynt cadw ar agor ffordd A354 Weymouth. Ffurfiwyd Grŵp Gweithredu Preswylwyr Chesil (GGPCh) i geisio sicrhau fod dymuniadau'r preswylwyr yn cael eu hystyried. Y tro hwn cododd gwrthdaro rhwng y gost o amddiffyn yr ardal, darparu diogelwch ar gyfer y preswylwyr, a dal i alluogi'r tirwedd i gadw ei olwg gwreiddiol yn y cyrchfan pwysig hwn i ymwelwyr.

- Yn 1983, addaswyd y wal 300 m o hyd i'r rhodfa glan môr ac ychwanegwyd sylfaen o goncrit gyda throed-stanciau dur, er mwyn rhwystro iddi gael ei thanseilio.
- Ychwanegwyd wal donnau newydd er mwyn lleihau tuedd y tonnau i dorri drosodd. Ar yr un pryd ychwanegwyd rampiau i wella mynediad i gerddwyr, a darparwyd cyfleusterau ar gyfer pysgotwyr i allu symud eu cychod drwy'r giatiau.
- Roedd rhan ddrutaf y cynllun, ffos gydag agoriadau ar ochr y môr, ac ar ei thop, wedi ei gwneud ar hyd ochr y tir o'r traeth. Ychwanegwyd pibellau dur hirion yn y Clai Kimmeridge gwaelodol er mwyn draenio'r dŵr ymaith. Mae'r ffos yn arllwys i sianel agored yn arwain at Harbwr Portland, drwy ffosydd o dan Ffordd Weymouth.
- Cwblhawyd y cam olaf pan godwyd yr A354 uwchlaw lefelau blaenorol y llifogydd.

Mae llwyddiant y cynllun hwn wedi ei brofi droeon ac er pan gwblhawyd ef, nid yw'r ardal wedi dioddef unrhyw lifogydd difrifol. Yn 1989 gwelwyd rhywfaint o donnau'n torri drosodd, eto prin fu unrhyw orlifo, profwyd bod y draeniau yn ddigonol a theimlwyd y gellid cyfiawnhau'r £5 miliwn a wariwyd.

'Mae'r cynllun i fod i ymdopi ag amodau storm normal, ond hon oedd un o'r stormydd gwaethaf y ganrif hon … storm unwaith mewn 50 mlynedd, ac roeddym yn gwybod y byddai'r môr yn dod dros yr amddiffyniadau pe digwyddai hyn.'

David Hall, Arweinydd y Cyngor Bwrdeistref

Cyrhaeddwyd cyfaddawd rhwng swm yr arian y gellid yn haeddiannol ei wario a maint yr amddiffyniad y gellir ei roi. Fel adlewyrchiad o'u hyder yn y cynllun, mae'r cyngor wedi adeiladu tai newydd o fewn y gylchfa a oedd dan risg. Hyd yn hyn, nid yw effeithiolrwydd y buddsoddiad arbennig hwn wedi cael ei gwestiynu.

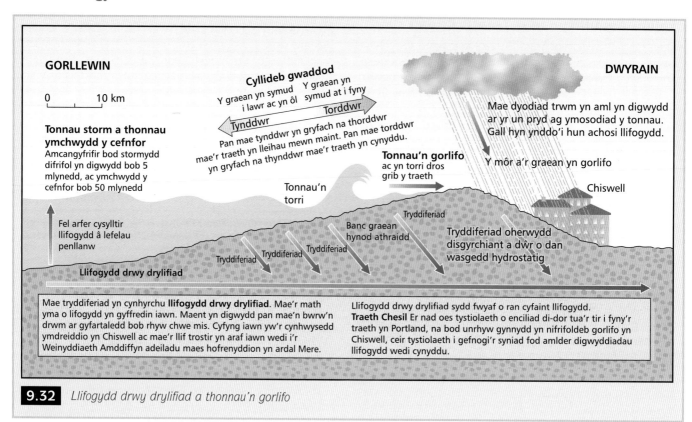

GORLLEWIN

0 _____ 10 km

Tonnau storm a thonnau ymchwydd y cefnfor
Amcangyfrifir bod stormydd difrifol yn digwydd bob 5 mlynedd, ac ymchwydd y cefnfor bob 50 mlynedd

Cyllideb gwaddod
Y graean yn symud i lawr ac yn ôl   Y graean yn symud at i fyny
Tynddwr   Torddwr
Pan mae tynddwr yn gryfach na thorddwr mae'r traeth yn lleihau mewn maint. Pan mae torddwr yn gryfach na thynddwr mae'r traeth yn cynyddu.

DWYRAIN

Mae dyodiad trwm yn aml yn digwydd ar yr un pryd ag ymosodiad y tonnau. Gall hyn ynddo'i hun achosi llifogydd.

Tonnau'n gorlifo ac yn torri dros grib y traeth

Y môr a'r graean yn gorlifo

Chiswell

Tonnau'n torri

Fel arfer cysylltir llifogydd â lefelau penllanw

Banc graean hynod athraidd

Tryddiferiad

Tryddiferiad oherwydd disgyrchiant a dŵr o dan wasgedd hydrostatig

Llifogydd drwy drylifiad

Tryddiferiad   Tryddiferiad   Tryddiferiad

Mae tryddiferiad yn cynhyrchu **llifogydd drwy drylifiad**. Mae'r math yma o lifogydd yn gyffredin iawn. Maent yn digwydd pan mae'n bwrw'n drwm ar gyfartaledd bob rhyw chwe mis. Cyfyng iawn yw'r cynhwysedd ymdreiddio i Chiswell ac mae'r llif trostir yn araf iawn wedi i'r Weinyddiaeth Amddiffyn adeiladu maes hofrenyddion yn ardal Mere.

Llifogydd drwy drylifiad sydd fwyaf o ran cyfaint llifogydd. **Traeth Chesil** Er nad oes tystiolaeth o enciliad di-dor tua'r tir i fyny'r traeth yn Portland, na bod unrhyw gynnydd yn nifiroldeb gorlifo yn Chiswell, ceir tystiolaeth i gefnogi'r syniad fod amlder digwyddiadau llifogydd wedi cynyddu.

9.32   *Llifogydd drwy drylifiad a thonnau'n gorlifo*

YMARFERION

1 Astudiwch Ffigur 9.30. Disgrifiwch safle Chiswell ac awgrymwch pam y mae'n agored i lifogydd arfordirol.

2 Gyda chymorth diagram, disgrifiwch achosion llifogydd yn Chiswell.

3 Ar wahân i leihau'r risg o lifogydd i breswylwyr Chiswell, pa reswm arall a ystyrir yn angenrheidiol i greu amddiffyniad môr yma?

4 Disgrifiwch y cynllun amddiffyniad a weithredwyd.

5 Pa mor llwyddiannus y mae'r amddiffyniadau môr hyd yn hyn?

6 Mynegwch eich barn ar y doethineb o ganiatáu i dai newydd gael eu hadeiladu yn y gylchfa lle'r oedd risg llifogydd yn flaenorol.

CWESTIWN STRWYTHUREDIG 1

Astudiwch Ffigur 9.33, sy'n dangos proffil traeth delfrydol ar ddistyll.

a   Enwch arweddion y traeth a labelwyd yn X.   *(1)*

b   Eglurwch fodolaeth fwy nag un arwedd wedi ei nodi ag X.   *(3)*

c   Awgrymwch *dair* ffynhonnell bosibl y gwaddod ar y traeth hwn.   *(3)*

ch Amlinellwch y ffactorau ffisegol sy'n debygol o ddylanwadu ar ddosbarthiad defnydd traeth ar y proffil traeth.   *(4)*

d   Sut y gallai prosesau morol achosi i broffil traeth newid dros amser?   *(4)*

dd Astudiwch Ffigur 9.34, sy'n dangos lleoliad olinydd marcio ar hyd y traeth ar ddyddiadau dethol yn Ionawr.

(i)   Nodwch gyfanswm y pellter a symudodd yr olinydd yn ystod y mis fel a ddangosir ar y map.   *(1)*

(ii) Rhwng pa ddau ddyddiad y symudodd yr olinydd gyflymaf?   *(1)*

(iii) Awgrymwch eglurhad am yr amrywiadau mewn cyfeiriad a chyfradd symudiad yr olinydd.   *(4)*

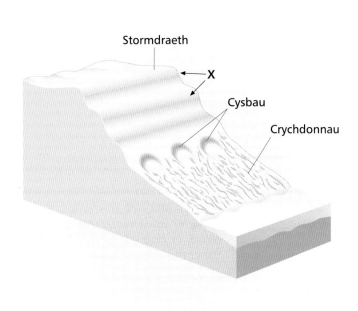

Stormdraeth

X

Cysbau

Crychdonnau

9.33   *Proffil traeth delfrydol ar ddistyll*

Tir

Tafod

1

2,4

3

5

6

G

Allwedd	
Lleoliad	**Dyddiad**
1	1 Ionawr
2	5 Ionawr
3	10 Ionawr
4	15 Ionawr
5	17 Ionawr
6	31 Ionawr

0   2 km

9.34   *Lleoliad olinydd marcio ar hyd traeth ar ddyddiadau dethol yn Ionawr*

CWESTIWN STRWYTHUREDIG 2

Astudiwch Ffigur 9.35, sy'n dangos cyllideb gwaddod arfordirol ar gyfer East Anglia.

a **(i)** Nodwch ganran y mewnbwn o waddod yn Cromer sy'n symud tuag at y:

   A gorllewin

   B dwyrain.   (2)

   (ii) Awgrymwch i ble yr aeth y gweddill o'r mewnbwn gwaddod.   (2)

b Awgrymwch pam y mae clogwyni gogledd Norfolk yn cynhyrchu mwy o waddod na'r rhai yn Dunwich.   (2)

c Gyda chymorth diagram, eglurwch broses drifft y glannau.   (3)

ch Pam y gallai'r ffigurau am swm y gwaddod a symudir gan ddrifft y glannau amrywio o flwyddyn i flwyddyn?   (3)

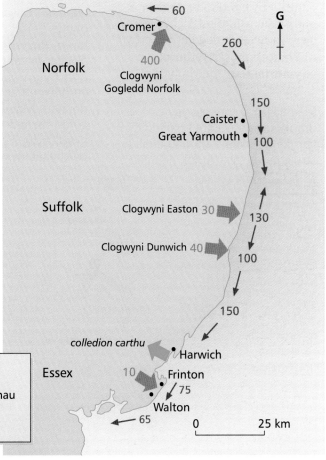

60

Cromer

G

Norfolk

400

260

Clogwyni Gogledd Norfolk

150

Caister

Great Yarmouth

100

Suffolk

Clogwyni Easton 30

130

Clogwyni Dunwich 40

100

150

colledion carthu

Harwich

Essex

10

Frinton

75

Walton

65

0   25 km

Allwedd
Y gwerthoedd i gyd mewn mil m³/blwyddyn
60 → Cyfeiriad a swm y gwaddod a symudir gan ddrifft y glannau
   Mewnbwn gwaddod
   Cael gwared â gwaddod

9.35   *Cyllideb gwaddod arfordirol ar gyfer East Anglia*

345

D   Rheoli erydiad arfordirol

Mae erydiad arfordirol fel arfer yn ymwneud â chwymp ac enciliad clogwyni. Ond nid yw hyn yn fater o bwys i'r rhan fwyaf o'r arfordir, gan nad yw'n ymwneud â phobl; fodd bynnag, lle mae'r arfordir wedi ei ddatblygu, ceir bygythiad i dir ffermio ac i eiddo a chyfathrebau. Yn y gorffennol, ymgymerwyd â rhai datblygiadau heb roi sylw digonol i brosesau arfordirol naturiol oedd ar waith. Mae rhai rhannau o arfordir Prydain wedi bod yn encilio ar gyfradd o nifer o fetrau y flwyddyn, fel arfer oherwydd eu bod wedi eu gwneud o dywodau a chleiau gwan. Mae hyn wedi dod â'r arfordir yn

Sut y dylid rheoli erydiad arfordirol?

Y dull gorau o leihau erydiad arfordirol yw sefydlu traeth. Mae traethau ar y cyfan yn effeithiol iawn yn amsugno egni'r tonnau sy'n eu taro. Mae llawer dull traddodiadol o reoli arfordir yn dibynnu ar greu neu efelychu traeth. Yn gynyddol, fodd bynnag, mae pobl yn credu na ddylem ymladd natur; y dylem ddod i delerau â phrosesau arfordirol a chydweithio â hwy, yn hytrach nag yn eu herbyn.

a Ymatebion strwythurol: ymdriniaeth 'beirianyddol galed'

Mae llawer o forlinau yn draddodiadol wedi eu hamddiffyn gan forgloddiau a ffurfiau eraill o strwythurau gwaelodol, neu gan rwyni (Ffigur 9.37). Mewn nifer o achosion defnyddir cyfuniad o ddulliau:

1 Morgloddiau *Nod*: amsugno egni ton yn hytrach na bod y traeth yn gwneud hyn ac amddiffyn gwaelod y clogwyni rhag ymosodiad ton. Mae'r dyluniadau yn cynnwys waliau concrit trwyn byr, gwrthgloddiau delltog a blociau concrit.

2 Grwyni *Nod*: dal ac yna sefydlogi'r graean drwy arafu drifft y glannau. Gosodir grwyni fel arfer ar ongl o 5-10° i'r perpendicwlar er mwyn rhwystro sgwrio rhag digwydd ar ochr fwyaf cysgodol (i lawr y drifft) y grwyn. Bydd yr union ongl yn dibynnu ar gyfeiriad y prif donnau. Mae hyd y grwyni a'r gofod rhyngddynt hefyd yn gysylltiedig â chyfeiriad ton; mae'r berthynas rhwng hyd a gofod fel

arfer yn amrywio rhwng 1:4 ac 1:10. Fel arfer adeiledir grwyni o bren caled, er defnyddir concrit, cerrig a llenni dur mewn rhai mannau.

b Ymateb anstrwythurol: ymdriniaeth 'beirianyddol feddal'

Seilir yr ymdriniaeth hon yn bennaf ar yr athroniaeth y dylid lleihau ymyrraeth ddynol, ac y dylid cynyddu i'r eithaf brosesau naturiol adfer traeth.

(i) Bwydo traeth Mae hyn yn golygu amnewid y defnyddiau traeth a symudwyd gan ddrifft y glannau a chan athreuliad. Mae cynlluniau llwyddiannus wedi bod yn weithredol ers yr 1930au. Ail-adeiladwyd Traeth Copacabana yn Rio de Janeiro, Brasil, yn 1970 gyda thywod traeth o ardal gyfagos. Yn Bexhill, Sussex, cyflymodd erydiad ar ôl i amddiffynfeydd môr gael eu hadeiladu yn Eastbourne yn nechrau'r 1940au. Ni wnaeth grwyni ar eu pen eu hunain ddatrys y broblem, felly rhwng 1975 ac 1985, yn ychwanegol at adeiladu dros 100 o rwyni newydd, gollyngwyd 150 000 m³ o raean ar y traeth. Daeth y graean o dair prif ffynhonnell: pyllau gro ar dir gerllaw, ei garthu o'r dyfroedd alltraeth, a graean wedi ei ailgylchu o draeth Hastings gerllaw, lle roedd crynodiad graean yn dechrau bod yn broblem. Yn Seaford gerllaw, cwblhawyd gwaith peirianyddol mawr yn 1987 ar gost o £13 miliwn. Bob blwyddyn symudir tua 160 000 tunnell fetrig o raean o ben dwyreiniol y traeth yn ôl tua'r

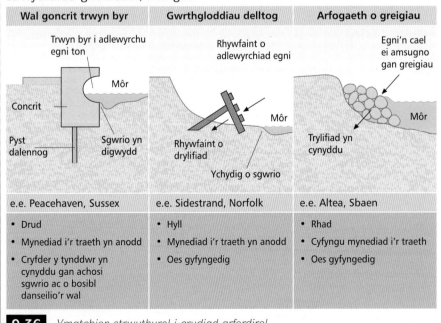

Wal goncrit trwyn byr	Gwrthgloddiau delltog	Arfogaeth o greigiau
e.e. Peacehaven, Sussex	e.e. Sidestrand, Norfolk	e.e. Altea, Sbaen
• Drud	• Hyll	• Rhad
• Mynediad i'r traeth yn anodd	• Mynediad i'r traeth yn anodd	• Cyfyngu mynediad i'r traeth
• Cryfder y tynddwr yn cynyddu gan achosi sgwrio ac o bosibl danseilio'r wal	• Oes gyfyngedig	• Oes gyfyngedig

9.36 *Ymatebion strwythurol i erydiad arfordirol*

nes at y tai a'r ffyrdd, ac felly mae bellach yn fater o reolaeth.

Ym Mhennod 9A trafodwyd y dewisiadau o ddulliau amddiffyn arfordir. Pan effeithir ar eiddo a chyfathrebau, y dewis mwyaf arferol yw 'cynnal y llinell'. Mae'r dewisiadau o 'wneud dim' ac 'enciliad dan reolaeth', yn ddigon dealladwy, wedi bod yn llai poblogaidd (yn enwedig gyda phobl sydd â'u tai ar ben clogwyn uwch y môr!)

Yn draddodiadol mae'r mesurau sy'n amcanu at leihau erydiad arfordirol wedi bod yn ymwneud â strwythurau 'peirianyddol galed' fel y'u gelwir, sef grwyni a morgloddiau. Yn ddiweddar, bu symudiad tuag at atebion 'peirianyddol feddal', er enghraifft **bwydo traeth**. Yma, mae tywod a graean yn cael eu hychwanegu at y traeth i gynyddu uchder a lled. Mae traeth yn ffurfio rhwystr naturiol i'r môr ac felly mae traeth sydd wedi ei helaethu yn gymorth i wasgaru egni ton, ac felly'n lleihau erydiad arfordirol. Darllenwch drwy'r erthygl yn y *blwch* isod i ddarganfod mwy am hyn ac am strategaethau eraill o reoli erydiad arfordirol.

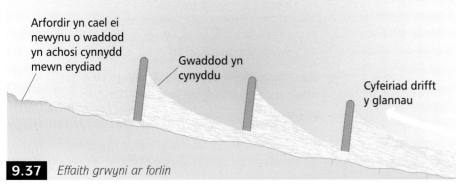

9.37 *Effaith grwyni ar forlin*

gorllewin, ar gost (yn ôl prisiau 1987) o £60 000 y flwyddyn. Cwblhawyd yr amddiffynfeydd yn union mewn pryd i arbed Seaford rhag llifogydd difrifol yn ystod 'corwynt' Hydref 1987.

(ii) Sefydlogi traeth drwy leihau'r ongl oledd, drwy ddarparu draeniad i'r clogwyni ac ailblannu llystyfiant ardaloedd yr arfordir. Bu hyn yn llwyddiant yn Whitby yn Swydd Efrog, ac mewn sawl lleoliad yng Nghernyw.

(iii) Newid ton Mae hyn yn ceisio lleihau pŵer erydol y tonnau. Ystyriwyd cynlluniau i adeiladu rhwystr o dan y dŵr oddi ar arfordir Norfolk. Y nod yw newid rhythm y tonnau ac felly lleihau eu gallu i erydu'r clogwyni.

c Mentrau diweddar eraill

Yn 1991 cyflwynwyd cynlluniau i adeiladu cynllun £30 miliwn oddi ar arfordir Holderness. Roedd hyn yn golygu adeiladu riff arfogedig o wastraff mwyngloddiau a chwareli, wedi eu clymu â'i gilydd gan wastraff tanwydd a ailgylchwyd o'r ffwrneisi gerllaw. Yn nechrau 1991 rhoddodd Swydd Lincoln gynnig ar wrthsefyll erydiad twyni drwy blannu coed Nadolig â gwreiddiau, a waredwyd.

ch Gwneud dim!

Yn hytrach na gofyn y cwestiwn 'sut y dylem amddiffyn yr arfordir rhag erydiad?', hwyrach y dylem ofyn i'n gilydd a ddylem warchod y traeth o gwbl. Mae miliynau o bunnoedd o arian y trethdalwyr yn cael eu gwario yn flynyddol ar warchod tir arfordirol rhag grymoedd naturiol (yn 1991 gwariodd y llywodraeth ganolog dros £26 miliwn ar waith amddiffyn arfordir yn unig, ac yn 1992 tua £35 miliwn). Yn Barton on Sea dinistrwyd project £1.3 miliwn o fewn pedair blynedd. Mae amddiffynfeydd môr yn gofyn am sylw parhaol a lot fawr o arian; hwyrach y byddai'n rhatach i adael i natur gymryd ei chwrs, ac yn hytrach talu iawndal i'r rhai sy'n cael eu heffeithio.

d Encilio o'r arfordir!

Norfolk oedd y sir Brydeinig gyntaf i argymell gwaharddiad ar ddatblygu mewn ardaloedd arfordirol. Yn eu cynllun strwythurol presennol maent yn argymell 'llinell atal' 75 m o'r môr. Mae erydiad yn Norfolk ar hyn o bryd dros 1 m y flwyddyn, ond yn cyrraedd lefelau llawer uwch ar raddfa leol. Mewn rhannau o UDA, mae polisïau 'encilio' wedi bod yn weithredol ers tro. Yng Ngogledd California bu gorfodaeth ar eiddo bychain gael eu hadeiladu o leiaf 30 gwaith cyfradd erydiad oddi wrth y traeth yn dilyn y ddeddfwriaeth a fu yn 1979. Mae'n rhaid i eiddo mawr fod mwy na dwbl y pellter.

Ffynhonnell: Stanley Thornes, Geofile 201, *Medi 1992*

YMARFERION

1 *Gyda chymorth diagramau, disgrifiwch y mesurau 'peirianyddol galed' canlynol ar gyfer amddiffyn yr arfordir. Eglurwch eu cynllun, eu pwrpas, yr effaith ar yr amgylchedd, ac unrhyw sgil-effeithiau negyddol sy'n gysylltiedig â hwy.*

   a morgloddiau

   b grwyni

   c arfogaeth creigiau.

2 *Beth yw ystyr 'bwydo traeth', a sut mae'n lleihau erydiad?*

3 *Pam yn eich barn chi y mae atebion 'peirianyddol feddal' yn fwy poblogaidd y dyddiau hyn?*

4 *A yw'r dewis o 'wneud dim' yn ddewis realistig? Archwiliwch y dadleuon o blaid ac yn erbyn y polisi hwn.*

Problem erydiad arfordirol yn Dorset

Mae'r creigiau a amlygir ar hyd arfordir Dorset yn amrywio'n enfawr. Mae rhai o'r creigiau mwyaf gwydn, megis sialc, yn agored i gwympiadau creigiau a llithriadau craig (gweler tudalen 330), tra mae'r sialau a'r cleiau gwannach yn fwy tueddol i ddioddef cylchlithriad a lleidlithriadau.

Mae'r clogwyni rhwng Lyme Regis a West Bay (Ffigur 9.5 tudalen 324) yn cynnwys creigiau Cretasig Isaf a Jwrasig. Mae'r creigiau hyn yn cynnwys cymysgedd bob yn ail o haenau tenau o dywodfeini, cleiau, sialau a chalchfeini. Tra bod y tywodfeini yn trosglwyddo dŵr yn rhwydd, nid felly y cleiau a'r sialau. Maent yn mynd yn drwm ac ansefydlog pan yn ddirlawn, ac yn crebachu ac yn cracio yn ystod cyfnodau o dywydd sych. Mae bodolaeth haenau am yn ail yn aml yn arwain at ddŵr yn crynhoi rhwng gwelyau o wahanol athreiddedd a, lle ceir goleddu bychan tua'r môr, mae llithriad ar hyd y planau haenu yn cael ei hybu. Gwneir y clogwyni hyd yn oed yn fwy ansefydlog gan y pwnio parhaus a'r tandorri gan y môr.

Edrychwch ar Ffigur 9.38. Mae'n dangos proffil clogwyn sy'n nodweddiadol o'r darn o arfordir o Lyme Regis i West Bay ac mae'n darlunio'r prosesau sy'n gweithredu arno. Sylwch ar yr amrywiaeth o haenau craig a sut y maent yn goleddu'n raddol tua'r môr. Mae nifer o brosesau daearol ar waith, er enghraifft cylchlithriadau, lleidlithriadau a lleidlifau (gweler Pennod 2D am fanylion ar y mecanweithiau cysylltiedig). Mae'r ffurfiau hyn o fâs-symudiad angen symiau mawr o ddŵr. Sylwch yn Ffigur 9.38 ar absenoldeb y prosesau sychach megis cwympiadau a llithriadau creigiau. Mae ymosodiad y tonnau ar waelod y clogwyn yn ffurfio llinell glogwyn wedi ei bylchu gan ddim ond y glusten o leidlithriad. Unwaith y mae'r gwaddod yn cyrraedd y môr, mae'n dod yn rhan o'r gell waddod a gall symud ar hyd yr arfordir gan ddrifft y glannau, neu yn alltraeth, yn dibynnu ar natur y tonnau a'r ceryntau.

YMARFERION

Astudiwch Ffigur 9.38.

a Awgrymwch sut y mae'r ffactorau canlynol yn hybu ansefydlogrwydd ar broffil clogwyn:

(i) natur y mathau o greigiau

(ii) y ffaith fod nifer o greigiau gwahanol wedi eu hamlygu

(iii) goledd y creigiau at y môr

(iv) tandorri gan y môr.

b Mewn rhai mannau, mae eiddo wedi ei adeiladu ar ben y clogwyni. Sut y gall hyn gynyddu ansefydlogrwydd clogwyn?

c Edrychwch eto ar Bennod 2D a disgrifiwch sut y mae'r prosesau canlynol yn gweithredu ar y proffil clogwyn hwn:

(i) cylchlithriadau

(ii) lleidlifau

(iii) lleidlithriadau.

ch Beth sy'n digwydd i'r gwaddod a erydir o'r clogwyn?

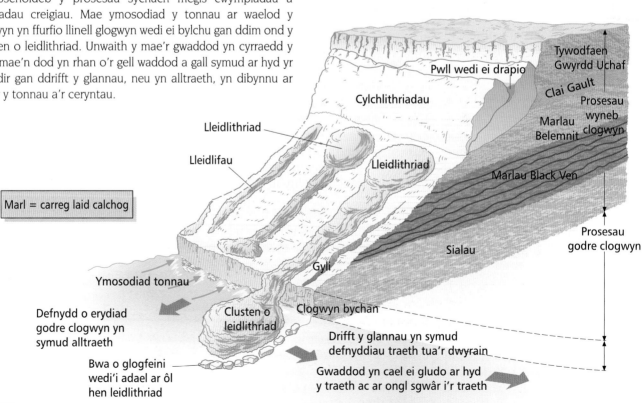

9.38 *Proffil clogwyn yn Black Ven, Lyme Regis*

Rheoli'r arfordir yn West Bay

Mae West Bay yn gyrchfan gwyliau a phentref pysgota ar aber Afon Brit, rhyw ddau gilometr i'r de o dref Bridport (Ffigur 9.5 tudalen 324). Mae dau bier yn ymestyn i'r môr o aber yr afon ar gyfer darparu cysgod a thaith ddidramgwydd i gychod sy'n defnyddio'r harbwr bychan (Ffigur 9.39).

Beth yw daeareg West Bay?

Ceir cyferbyniadau amlwg yn naeareg West Bay (Ffigur 9.40). Mae'r clogwyni i'r gorllewin o'r bae, a elwir West Cliff, wedi'u ffurfio'n bennaf o graig Jwrasig Canol a elwir yn Clai Frome,

sy'n cynnwys cleiau gyda gwelyau tenau o galchfaen. Mae'r haen orchuddiol o Farmor Fforest hefyd wedi'i ffurfio o gleiau a chalchfeini. Yn West Cliff ceir tri ffawt sy'n rhedeg trwy'r creigiau (gweler Ffigur 9.41). Nid yn unig mae'r ffawtiau hyn wedi gwanhau strwythur y creigiau, ond maent hefyd wedi galluogi i ddŵr dryddiferu iddynt, gan leihau eu cydlyniad ymhellach. Y cyfuniad o greigiau gwan a ffawtiau yw'r hyn sy'n gwneud y clogwyni yn West Cliff yn eithriadol o ansefydlog. I'r dwyrain o'r bae, mae'r rhan fwyaf o East Cliff wedi'i ffurfio o dywodfaen a elwir yn Dywod Bridport. Yn gorchuddio hyn y mae haen gymharol wydn o Oolit Is (calchfaen).

9.39 *Golygfa o West Bay o East Cliff*

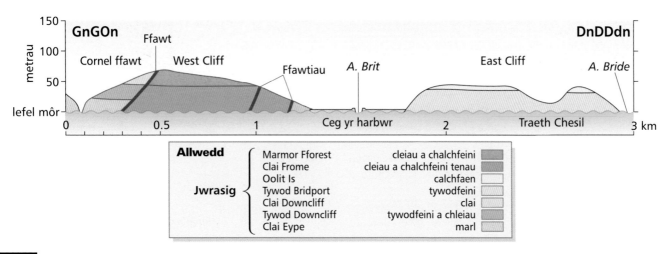

9.40 *Daeareg West Bay*

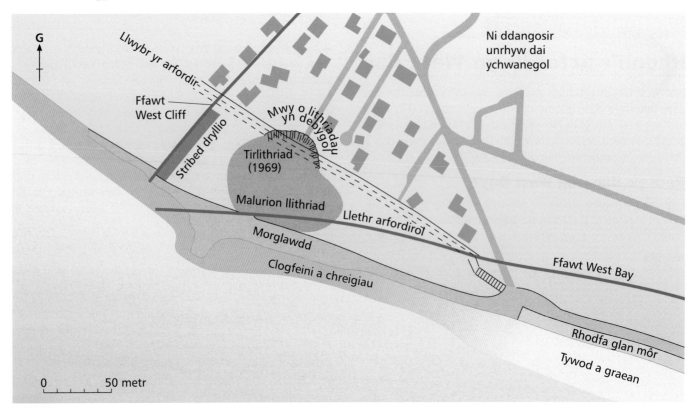

G

Llwybr yr arfordir

Ffawt
West Cliff

Stribed dryllio

Mwy o lithriadau
yn debygol

Tirlithriad
(1969)

Malurion llithriad

Morglawdd

Clogfeini a chreigiau

Llethr arfordirol

Ni ddangosir
unrhyw dai
ychwanegol

Ffawt West Bay

Rhodfa glan môr

Tywod a graean

0   50 metr

9.41 *Tirlithriad West Cliff*

Beth yw'r materion rheoli?

Ceir nifer o faterion rheoli yn West Bay:

- Mae West Cliff wedi bod yn dueddol o ddioddef tirlithriadau ers nifer o flynyddoedd, ac yn ddiweddar bu tirlithriad mawr yn fygythiad i ardal o dai (gweler Ffigur 9.41). Mae ffotograffau a hen fapiau wedi datgelu bod pen y clogwyn yn West Cliff wedi encilio tua 25 m ers 1903. Mae hyn yn 0.44 m y flwyddyn.

- Yn union i'r dwyrain o'r bae, llifogydd yw'r prif fygythiad. Fel y mae Ffigur 9.39 yn dangos, mae'r tir yma yn fwy gwastad, ac mae nifer o adeiladau wedi eu lleoli yn agos at lan y môr, ynghyd â'r harbwr ac adeiladau'r harbwr. Bu llifogydd difrifol yn y rhan hon o West Bay mor ddiweddar â 1990. Y traeth graean hwn yw dechrau Traeth Chesil, ond mae symudiad y gwaddod yn gyffredinol tua'r dwyrain gan ddrifft y glannau wedi ei ddisbyddu yn raddol. Yn y gorffennol, echdynnwyd rhywfaint o'r graean at ddibenion masnachol. Traeth yw'r ffurf gorau o amddiffyniad rhag y môr (gweler y *blwch* ar dudalennau 346-47) gan ei fod yn gweithredu fel rhwystr a, gan ei fod yn achosi i'r tonnau i dorri, mae'n amsugno llawer o egni'r tonnau a allai fod yn ddinistriol.

- Mae angen cynnal ardal yr harbwr a'r ddau bier er mwyn cadw'r fynedfa i'r harbwr yn agored ar gyfer pysgota a chychod pleser.

- Mae'r pentref yn dibynnu'n drwm ar dwristiaeth, felly mae angen i'r ardal gael ei rheoli yn gall ar gyfer darparu mynediad i'r cyhoedd tra'n sicrhau diogelwch ar yr un pryd. Mae angen gofalu bod ystyriaethau esthetig yn cael eu rhoi i gynlluniau rheoli.

Beth a wnaethpwyd hyd yn hyn?

Gweithredwyd amrywiol fathau o amddiffynfeydd arfordirol dros y blynyddoedd (gweler Ffigur 9.42). Fodd bynnag, fe'u gwnaethpwyd fesul dipyn gan ganolbwyntio ar broblemau unigol yn effeithio ar ddarnau bychain o'r arfordir. Hyd yn hyn ni fu cynllun rheoli cyfunol.

Gweithredwyd y cynlluniau canlynol hyd yn hyn:

- Yn 1887 adeiladwyd morglawdd (Rhodfa glan môr ar Ffigur 9.42) er mwyn amddiffyn y clogwyni yn West Cliff. Bu estyniadau pellach yn 1959 ac 1971, a gwnaethpwyd gwaith atgyfnerthu o dro i dro.

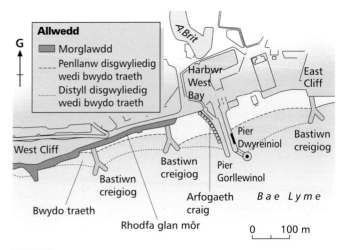

Allwedd

G

▨ Morglawdd
---- Penllanw disgwyliedig
     wedi bwydo traeth
···· Distyll disgwyliedig
     wedi bwydo traeth

A.Brit

Harbwr
West
Bay

East
Cliff

West Cliff

Pier
Dwyreiniol

Bastiwn
creigiog

Bastiwn
creigiog

Pier
Gorllewinol

Bastiwn
creigiog

Arfogaeth
craig

Bae Lyme

Bwydo traeth

Rhodfa glan môr

0   100 m

9.42 *Amddiffynfeydd arfordirol cyfredol yn West Bay a'r rhai a argymhellir gan gynllun A*

9.43 *Rhodfa glan môr West Bay, clogwyn ailraddedig a llwybr yr arfordir*

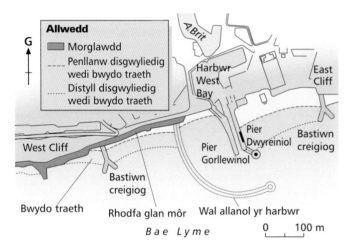

Allwedd

G

■ Morglawdd

---- Penllanw disgwyliedig wedi bwydo traeth

...... Distyll disgwyliedig wedi bwydo traeth

A.Brit

Harbwr West Bay

East Cliff

West Cliff

Pier Dwyreiniol

Pier Gorllewinol

Bastiwn creigiog

Bastiwn creigiog

Bwydo traeth

Rhodfa glan môr

Wal allanol yr harbwr

Bae Lyme

0   100 m

9.44 *Amddiffynfeydd arfordirol arfaethedig yn West Bay: cynlluniau B ac C*

- Yn dilyn difrod i'r morglawdd, gosodwyd arfogaeth greigiog ar hyd ochr orllewinol y Pier Gorllewinol.

- Adeiladwyd bastiwn newydd o greigiau (grwyn wedi ei wneud o glogfeini enfawr) i roi sefydlogrwydd i'r traeth a hybu'r traeth i gynyddu (yr un canol yn Ffigur 9.42).

- Ailraddiwyd a draeniwyd y clogwyni y tu ôl i'r Rhodfa glan môr yn West Cliff (Ffigur 9.43) yn y degawdau olaf er mwyn gwella sefydlogrwydd; fodd bynnag ni fu hyn yn llwyddiannus rhag rhwystro tirlithriadau pellach ddigwydd. Bu'r gwaith peirianyddol diweddaraf yn 1995-96 ar gyfer amddiffyn eiddo ar dop y clogwyn a fyddai fel arall wedi gorfod cael ei ddinistrio.

- Tua'r dwyrain o'r bae, bu bwydo traeth er mwyn cynnal y traeth.

Beth yw'r dewisiadau ar gyfer y dyfodol?

Nid yw'r dewis o 'wneud dim' yn cael ei ystyried o gwbl yn West Bay. Byddai'r traeth i'r dwyrain yn mynd yn gynyddol llai o ran maint a byddai'r risg o lifogydd yn ardal yr harbwr yn cynyddu. Mae'r ddau bier yn yr harbwr yn hen ac angen eu hatgyweirio os nad ydynt i gwympo. Pe digwyddai hyn, byddai'r harbwr ei hun yn gorfod cael ei gau. Mae'r morglawdd i'r gorllewin angen ei drwsio. Yn barod mae tonnau stormydd yn mynd dros y morglawdd a phe digwyddai'r codiad a ragwelir yn lefel môr o ganlyniad i gynhesu byd-eang, byddai difrod i eiddo yn debygol. Mae cwympiadau clogwyni yn fwy tebygol o ddigwydd yn West Cliff os bydd y morglawdd yn torri, ac felly bydd eiddo ar dop y clogwyn yn cael ei fygwth.

Gan gymryd bod angen gweithredu os am 'gynnal y llinell', awgrymwyd tri chynllun:

Cynllun A Dyma'r cynllun symlaf a rhataf ac amcangyfrifir y gellir ei gwblhau o fewn blwyddyn. Mae'n golygu cryfhau'r amddiffynfeydd presennol, gan ymestyn y bastiynau o greigiau ac adeiladu dau o rai newydd, gan wella'r arfogaeth greigiog yn y Pier Gorllewinol, a bwydo traeth ar bob ochr y bae (Ffigur 9.42). Mae'r cynllun hwn yn debygol o leihau'r risg o lifogydd o gwmpas ardal yr harbwr, er y bydd tonnau stormydd yn gallu mynd i mewn i'r harbwr yn uniongyrchol rhwng y ddau bier. Gall cynnydd ym maint y traethau yn hawdd ddenu mwy o ymwelwyr i'r ardal, ond gall y cynnydd mewn strwythurau ffisegol gael effaith weledol negyddol.

Cynllun B Mae hwn yn cynnwys yr holl welliannau yng nghynllun A ond hefyd ymestyn un o'r bastiynau creigiog i ffurfio wal allanol yr harbwr (gweler Ffigur 9.44). Byddai hyn yn gymorth i amddiffyn y ddau bier rhag mwy o erydiad, lleihau'r risg o lifogydd yn yr harbwr, a gwella mynediad i'r harbwr. Fodd bynnag, fe all gael effaith weledol sylweddol ar y morlin a gall arwain at fwy o erydiad mewn mannau eraill ar hyd yr arfordir, yn enwedig yn East Cliff a thu draw.

Cynllun C Mae hwn yn debyg i gynllun B ond, yn hytrach na bastiwn creigiog fel wal allanol yr harbwr, byddai'n golygu adeiladu wal gerrig fwy solet ynghyd â llwybr troed. Byddai cyfleusterau angori yn cael eu gwella gyda marina yn ddatblygiad pellach. Hwn yw'r cynllun drutaf a mwyaf uchelgeisiol a byddai'n cymryd o leiaf ddwy flynedd i'w adeiladu. Fel gyda chynllun B, mae cyflwyno arwedd fawr yn ymwthio allan i'r môr yn sicr o gael effaith a fyddai'n ansefydlogi'r system arfordirol, o leiaf yn y tymor byr.

Cyn penderfynu ar ba gynllun i'w fabwysiadu, mae angen gwneud **dadansoddiad cost a budd**. Mae hyn yn golygu ceisio penderfynu'r 'costau' (e.e. cost defnyddiau, yr effaith ar yr amgylchedd, yr effeithiau negyddol posib mewn lleoedd eraill) a'r 'budd' (e.e. y lleihad mewn costau yn gysylltiedig â difrod oherwydd llifogydd a thirlithriadau, cynnydd mewn twristiaeth, a chynnydd yn y defnydd o'r harbwr). Mae rhai o'r 'costau' hyn yn weddol hawdd eu penderfynu, er enghraifft costau go-iawn adeiladu, ond mae eraill yn anodd. Os fydd budd yn uwch na chostau, yna bydd y cynllun yn ddewis gwerth chweil.

GWEITHGAREDD ESTYNEDIG

Mae West Bay yn ffurfio astudiaeth achos wych o reoli arfordir. Mae amrediad diddorol o broblemau, nifer o achosion i'w hystyried, a gwahanol atebion posibl.

Amcan y gweithgaredd hwn yw i chi ysgrifennu adroddiad ar reolaeth arfordirol yn West Bay. Yn eich adroddiad dylech ystyried y cwestiynau canlynol:

1 Beth yw'r problemau ffisegol sy'n effeithio ar yr arfordir?

   a Pam y mae tirlithriadau yn gyffredin yn West Cliff?

   b Pam y mae ardal yr harbwr yn dueddol o gael llifogydd?

2 Beth yw'r materion rheoli?

   a Beth yw'r gofynion amrywiol ar yr arfordir yn West Bay?

   b Oes yna unrhyw wrthdrawiadau tebygol?

3 **a** Pa ddulliau o amddiffyn yr arfordir sydd wedi'u defnyddio hyd yn hyn, a pha mor llwyddiannus oeddynt?

   b Beth yw pwrpas pob un mesur o amddiffyn yr arfordir?

   c Awgrymwch sut y gellid lleihau peryglon tirlithriadau a llifogydd?

4 **a** Beth yw manteision ac anfanteision y tri chynllun rheoli a gyflwynwyd?

   b Pa un o'r tri chynllun yr ydych chi'n ei ffafrio, a pham?

   c Pam y mae'r syniad o 'wneud dim' yn cael ei ystyried yn ddewis posib yma? Ydych chi'n cytuno?

   ch Allwch chi awgrymu cynllun arall posib? (Beth am 'enciliad dan reolaeth'?)

Defnyddiwch frasluniau a mapiau anodedig i ddarlunio'ch adroddiad, ac ewch i wefan Stanley Thornes i gael deunyddiau ychwanegol.

Dd   Newidiadau mewn lefelau môr

Mae lleoliad penllanw a distyll ar forlin yn amrywio'n sylweddol o ddydd i ddydd, gan ddibynnu ar gyflwr y môr (stormydd, cyfeiriad y gwynt, ayyb) ac ar dynfa disgyrchiant y lleuad a'r haul. Mae bodolaeth bermau ar wahanol lefelau ar draeth yn tystio i'r amrywiaeth hon. Fodd bynnag, dros amser daearegol (dyweder miloedd o flynyddoedd) mae lefelau môr wedi newid yn sylweddol, yn codi a gostwng fetrau lawer.

Lefel môr yw lleoliad cymharol y môr wrth iddo ddod i gysylltiad â'r tir. Bydd ei leoliad yn amrywio os yw swm y dŵr yn y cefnforoedd yn cynyddu neu'n lleihau, neu os yw'r tir yn codi neu'n gostwng mewn perthynas â'r môr.

Gelwir y newidiadau yn swm y dŵr yn newidiadau **ewstatig**. Maent yn aml yn gysylltiedig â chyfnodau o rewlifiant. Pan mae dŵr wedi ei gau i mewn fel rhew ac eira, mae llai o hylif yn y cefnforoedd, ac o ganlyniad mae lefelau môr yn gostwng. Pan mae'r iâ yn dadmer, mae'r dŵr yn troi i gyflwr hylifol ac mae lefel môr yn codi.

Mae rhew ar dir yn hynod o drwm ac, yn ystod cyfnod rhewlifol, gall y tir suddo mewn perthynas â'r môr. Mae'r symudiad hwn o'r tir yn newid **isostatig**. Pan mae'r iâ yn dadmer a'r pwysau yn diflannu, mae'r tir yn codi'n araf ac yn adfer ei lefel blaenorol (**adferiad isostatig**), gan achosi gostyngiad cymharol mewn lefel môr.

Gall y cysyniad hwn o lefelau môr yn codi a disgyn swnio'n syml ond, mewn realiti, mae'r sefyllfa yn un hynod gymhleth. I ddechrau, mae newid isostatig yn tueddu i fod yn llawer arafach na newid ewstatig. Yn y DU, mae adferiad isostatig yn dal i ddigwydd ar ôl y cyfnod rhewlifol diwethaf, rhyw 10 000 o flynyddoedd yn ôl. Ymhellach, mae newid isostatig yn effeithio ar wahanol rannau o'r morlin mewn gwahanol ffyrdd. Er enghraifft, yn y DU ceir tueddiad i'r de ddwyrain fod yn suddo tra bod y gogledd orllewin yn codi!

Beth yw goblygiadau cynhesu byd-eang?

Does fawr o amheuaeth bod yr hinsawdd yn cynhesu'n gynyddol (gweler tudalen 219), ac yn ôl pob tebyg bydd hyn yn achosi i lefelau môr godi mewn rhai rhannau o'r byd. Tra ei bod yn hawdd creu cynnwrf o effeithiau posibl codiad mewn lefel môr (e.e. dileu cadwynau cyfan o ynysoedd, llwyr newid ddaearyddiaeth y DU, ayyb), mae awdurdodau sy'n gyfrifol am reoli'r arfordir yn ystyried y bygythiad hwn yn ddifrifol.

Mynegodd adroddiad gan Labordy Eigionegol Proudman (1999), fod lefelau môr o amgylch arfordir Prydain, gydag ychydig o eithriadau, yn barod yn codi ar raddfa o 1-2 mm/y flwyddyn. Tra y gallai rhywfaint o'r cynnydd hwn fod yn ganlyniad addasiadau tymor hir, ceir tystiolaeth i awgrymu fod y gyfradd newid wedi cynyddu ers ail hanner y 19eg ganrif, o bosib oherwydd cynhesu byd-eang. Anogodd yr adroddiad yr angen am raglen fwy eang o fonitro lefel môr, yn ogystal ag ymchwil i newid isostatig yn defnyddio y SLlBE (System Lleoli Byd-eang) [GPS].

Mae'n ymddangos nad oes fawr o amheuaeth na fydd y lefelau môr yn parhau i godi, ond ni fyddant yn codi'n gyson o amgylch yr arfordir. Gellir dadlau y gallai effaith mwy arwyddocaol cynhesu byd-eang fod yn gynnydd mewn stormusrwydd (amlder a maint stormydd). Gallai hyn gael effeithiau arwyddocaol ar gyfraddau erydiad arfordirol a thrawsgludiad gwaddod.

Mae awdurdodau arfordirol yn ystyried effeithiau posibl cynhesu byd-eang wrth iddynt barhau i ddatblygu cynlluniau ar gyfer amddiffyn yr arfordir. Lle yr ystyrir gweithfeydd peirianyddol, y goblygiadau yw y bydd costau yn cynyddu. Yn wir, gall goblygiadau cynhesu byd-eang annog rhai awdurdodau symud tuag at agwedd o 'wneud dim' neu un o 'enciliad dan reolaeth'.

Tirffurfiau'n gysylltiedig â chodiad mewn lefelau môr

Effaith codiad cymharol mewn lefel môr yw gorlifo yr arfordir. Mae deltâu, tafodau a threthau i gyd yn diflannu dan y dŵr. Ffurfir **riau** – morydau llydan afonydd (Ffigur 9.45) – wrth i'r gorlifdiroedd gael eu gorlifo. Mae riau yn aml gyda nifer o ganghennau wrth i ddyffrynnoedd llednentydd gael eu gorlifo. Mae'r tir yn aml yn codi'n serth yn syth o ymyl y dŵr, a all fod wedi'i nodi gan arwedd clogwyn bychan. Os yw'r dyffryn wedi'i rewlifo, mae **ffiord** yn cael ei ffurfio.

9.45 *Moryd afon wedi'i boddi (ria): Salcombe, Dyfnaint*

Tirffurfiau'n gysylltiedig â lefelau môr sy'n disgyn

Pan fo lefel môr yn disgyn, mae mwy o'r arfordir yn dod i'r golwg. Mae traethau, sydd bellach ddim yn cael eu cribo gan donnau, yn cael eu gadael yn rhydd ac agored uwchlaw'r lefel môr newydd (Ffigur 9.46). Mae'r arweddion hyn, a elwir yn **gyfordraethau** yn gyffredin iawn o gwmpas arfordir gorllewin a gogledd Prydain. Mae rhan isaf cyfordraeth yn aml yn dangos arwyddion o erydiad morol, a gall clogwyn bychan gael ei ffurfio (Ffigur 9.46).

Mae unrhyw glogwyn blaenorol hefyd yn cael ei adael yno heb gael ei effeithio. Gan nad yw bellach yn cael ei dandorri a'i erydu gan y môr, mae ei lethr yn dirywio'n raddol ac mae'n dod yn **glogwyn diraddedig** (Ffigur 9.46). Dros amser bydd yn aml yn cael ei orchuddio gan lwyni a phrysgwydd, sy'n arwydd amlwg o ddiffyg gweithgaredd ffisegol.

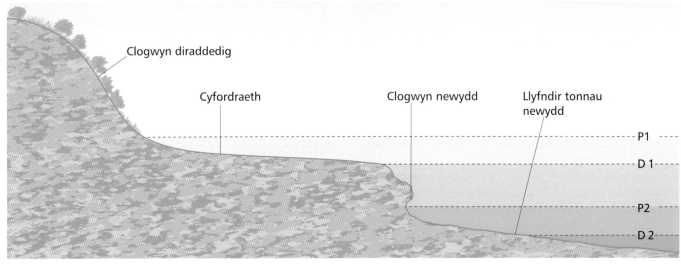

Clogwyn diraddedig

Cyfordraeth   Clogwyn newydd   Llyfndir tonnau newydd

P1
D 1
P2
D 2

9.46 *Nodweddion sy'n gysylltiedig â lefelau môr sy'n disgyn*

Arfordir Dorset

Does dim ond ychydig arweddion sy'n gysylltiedig â newid yn lefel môr ar hyd arfordir Dorset. Fodd bynnag, mae yna rai enghreifftiau da o gyfordraethau ar bigyn deheuol Ynys Portland. Mae'r enghraifft orau, yn union i'r gorllewin o Portland Bill, ar uchder o tua 16 m uwchlaw'r lefel môr bresennol (Ffigur 9.47). Tybir ei fod wedi'i ffurfio yn ystod yr Oes Iâ ddiwethaf yn ystod cyfnod cynnes (**rhyngrewlifol**) rhyw 210 000 blynedd yn ôl pan oedd lefelau môr yn llawer uwch nag ydynt heddiw. I'r gogledd-ddwyrain o Portland Bill,

9.47 *Cyfordraeth a chlogwyn diraddedig ar Ynys Portland*

mae ail gyfordraeth sydd rhwng 7 ac 11 m. Tybir bod hwn hefyd wedi'i ffurfio yn ystod cyfnod rhyngrewlifol, ond yn ôl pob tebyg cyfnod mwy diweddar, tua 125 000 o flynyddoedd yn ôl.

Bydd cynnydd mewn lefelau môr yn y dyfodol o ganlyniad i gynhesu byd-eang yn cael effaith drawiadol ar dirffurfiau arfordir Dorset, llawer ohonynt yn arbennig o fregus. Bydd creigiau gwan yn Lyme Regis a West Bay yn fwy agored i gael eu herydu, a bydd Traeth Chesil yn fwy agored i gael ei

fylchu, a gall problemau llifogydd Chiswell gynyddu eto. Fodd bynnag, mae rheolwyr arfordir yn Dorset yn poeni mwy am effaith y cynnydd a broffwydir mewn tywydd stormus. Mae eisoes beth tystiolaeth i gynnydd mewn uchder ton. Dangosodd cofnodion ar donnau a welwyd ar y tir ac o longau gynnydd o 28% mewn uchder ton gyfartalog rhwng 1952 ac 1989. Yn sicr yn y tymor byr, bydd cynnydd yn amlder a grym stormydd yn cael effaith llawer iawn mwy ar arfordir Dorset na chynnydd araf yn lefelau môr.

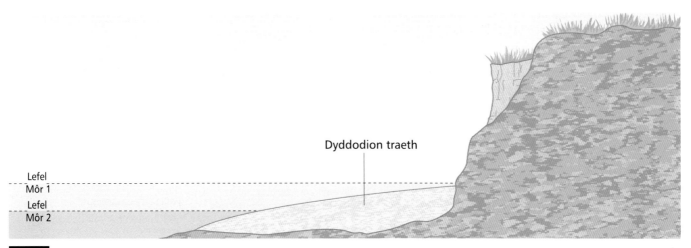

Dyddodion traeth

Lefel
Môr 1

Lefel
Môr 2

9.48 *Proffil arfordirol*

YMARFERION

1   Amlinellwch y gwahaniaethau rhwng newid isostatig ac ewstatig.

2   Pa dystiolaeth y byddech yn edrych amdani i ddynodi fod darn o arfordir wedi'i effeithio gan godiad perthynol yn lefel môr?

3   Mae'r arfordir yn Ffigur 9.47 wedi'i effeithio gan ostyngiad yn lefelau môr. Lluniwch fraslun syml o'r arfordir, a defnyddiwch Ffigur 9.46 i'ch helpu i ychwanegu labeli i ddynodi'r arweddion.

4   Mae Ffigur 9.48 yn dangos proffil arfordirol yn cael ei erydu'n weithredol gan y môr. Cymerwch fod lefel

môr yn disgyn i LM2. Disgrifiwch, gyda chymorth diagram anodedig tebyg i Ffigur 9.48, sut y byddech yn disgwyl i'r proffil arfordirol newid.

5   Yn yr adran hon rydych wedi dysgu cryn dipyn am brosesau ac arweddion arfordir Dorset, ac rydych wedi ystyried rhai o'r materion sy'n wynebu rheolwyr yr arfordir. Ysgrifennwch draethawd byr yn disgrifio effaith posib cynhesu byd-eang ar arfordir Dorset. Ystyriwch effeithiau codiad yn lefel môr a hefyd gynnydd mewn tywydd stormus, a chyfeiriwch at leoedd/dirffurfiau penodol.

A Byd gwaith

Darllenwch yr erthygl papur newydd (Ffigur 10.1). Mae'n disgrifio'r effaith y mae cau gwaith microelectroneg Fujitsu yn Newton Aycliffe, gogledd ddwyrain Lloegr, wedi ei chael ar y gweithwyr. Cyn gynted ag y cyhoeddwyd fod y gwaith i'w gau, rhoddwyd y gorau i gynhyrchu lled-ddargludyddion ac fe gafodd y gweithwyr 90 diwrnod o rybudd. Roedd y cwmni Japaneaidd yn rhoi'r bai am y penderfyniad ar orgynhyrchu ym marchnad y byd. Eto roedd goblygiadau ehangach i gau

y ffatri hon, gan fod gwaith Siemens gerllaw, ar ogledd Glannau Tyne, newydd gau. Roedd yn codi amheuon am allu rhanbarth y Gogledd Ddwyrain i gynnal twf economaidd a darparu gwaith ar gyfer ei weithwyr.

Nid yw'r math hwn o stori newyddion yn anghyffredin, ac fe allech, drwy ddarllen tudalennau busnes y papurau newydd am ychydig o wythnosau, grynhoi casgliad o enghreifftiau o golli a chreu swyddi.

Gweithwyr yn cyfrif y gost o gau Fujitsu

Diweithdra yn dychwelyd i'r Gogledd ddwyrain, meddai Peter Hetherington

Doedd neb yn barod am y diwedd sydyn gan mai dim ond ychydig ddyddiau yn ôl roeddynt wedi sicrhau y byddai bywyd newydd yn cael ei bwmpio i mewn i'w ffatri newydd sbon.

Ar sail hyn y trefnodd Rob Lothian, a'i gariad, Jaqui Milford, gael mis mêl am bum niwrnod ym Mharis y mis hwn.

Archebodd Gary Carney ei wyliau yn Ibiza yr wythnos nesaf ar ôl i'w feistri ddweud wrtho fod Microelectoneg Fujitsu Cyf wedi llwyr ymrwymo i'w ffatri saith mlwydd oed yn Newton Aycliffe.

Neithiwr, wrth i'r gweithwyr a enillai tua £17,000 y flwyddyn, lifo allan o'r gwaith microelectroneg, gwaith a ddisgwylid i ragflaenu dyfodol newydd disglair i'r Gogledd Ddwyrain, yn arbennig i etholaeth Sedgefield Tony Blair, y Prif Weinidog, roeddynt yn gytun: 'Ei bod fel profedigaeth, colli swydd ar ôl cael ar ddeall ychydig ddyddiau yn ôl ei bod yn ddiogel.'

Nid oedd hwn yn gau arferol. Doedd dim amser i'r 600 o weithwyr alaru. Er eu bod wedi cael rhybudd diswyddo 90 niwrnod, daeth cynhyrchu'r lled-ddargludyddion i ben neithiwr. Bydd nifer yn gadael y gwaith cyn gynted â phosibl, yn

anhapus o wybod bod rhywyn a fu'n gwasanaethu am saith mlynedd yn Fujitsu yn cael saith mis o dâl; a'r rhai a fu'n gweithio yma am ddwy flynedd yn cael tri mis o dâl.

Ond nid yw hyn yn gysur i Mr Lothian, 30 oed, proses-weithiwr, sydd, ynghyd â Miss Milford â morgais o £57,000. 'Os na chaf fi swydd arall fe gollaf fy nhŷ – mae mor syml â hynny.'

Mae'r cwpl, sy'n byw mewn tŷ pâr newydd ar gyrion Newton Aycliffe, yn priodi mewn tair wythnos. Maent wedi gwahodd 75 o westeion i'r briodas, ac wedi archebu mis mêl ym Mharis ar gost o £1,000, ond maent bellach yn ceisio ei ganslo.

Ychwanegodd Jacqui, hefyd yn 30 oed, ac yn reolwraig i gwmni ffonau symudol: 'Roedd i fod yn wyliau perffaith ond bellach rhaid i ni fod yn ddarbodus iawn, dim ond gobeithio y gallwn gael ein harian yn ôl am y mis mêl.'

Er i'r newyddion greu hafog â Mr Carney, roedd yn ceisio bod yn galonnog. 'Rwy'n dal i fynd i Ibiza, er rwy'n poeni am y ddyled a fydd yn fy wynebu pan ddychwelaf adref.'

Roedd wedi rhoi'r gorau i'w swydd mewn cwmni peirianneg drydanol am y swydd yn Fujitsu am ei bod 'yn cynnig gradd uchel o

'Roeddem yn credu ei fod yn cynnig gradd uchel o sicrwydd gwaith … ond os nad oes sicrwydd i'w gael mewn lle fel hwn, lle ceir ef?'
Gary Carney, gweithiwr a gollodd ei waith

sicrwydd gwaith'.

Y tu allan i'r gwaith £500 miliwn roedd nifer yn ffarwelio â'i gilydd am y tro olaf, a nifer eraill yn dweud sut y byddant dan bwysau morgeisi trymion a dyledion mawr. Hwy oedd esgynwyr economaidd y Gogledd Ddwyrain – a hwyrach eu bod yn dal i fod – dynion a merched ifanc yn chwilio am fywyd gwell, yn hanu o deuluoedd na wyddant am ddim ond diweithdra.

Mae Newton Aycliffe yn dref newydd, wedi dod i fod rhyw 50 mlynedd yn ôl, ar gyfer cynnig cychwyn newydd i sir yn dibynnu ar fwyngloddio glo ond a ddifethwyd wedyn pan ddaeth y diwydiant hwnnw i ben.

'Mae gweithwyr Fujitsu yn awr yn profi yr hyn yr aeth eu rhieni drwyddo', meddai'r cynghorydd sir lleol Tony Moore.

'Rwyf yn hynod o bryderus am yr holl bobl ifanc hyn, sydd â morgeisi a dyledion mawr, ac a oedd yn meddwl eu bod wedi setlo, a'r dyfodol o'u blaenau. Mae'n rhaid i'r Llywodraeth wneud rhywbeth.'

Teimlai'r AS lleol, Mr Moore, fod gan y Llywodraeth ormod o obsesiwn â pholisi economaidd a oedd wedi ei gyfeirio at ddiwydiannau gwasanaeth y De ddwyrain yn hytrach nag â pherfeddwledydd gweithgynhyrchu y Gogledd.

Mae pum deg y cant o weithwyr Sedgefield yn cael eu cyflogi yn y diwydiant gweithgynhyrchu – dwbl cyfartaledd y wlad.

Gan chwifio ei rybudd diswyddo neithiwr y tu allan i'r gwaith, eglurodd David Evans, gweithiwr ifanc arall, nad oedd yn wir wedi llawn amgyffred cau y ffatri.

'Fy nghariad ddwedodd wrthyf gyntaf, a doeddwn i ddim yn ei chredu.'

Y tu allan i'r gwaith, cydnabu John Evans, rheolwr cysylltiadau allanol y gwaith, mai yn ddiweddar y mynegwyd wrth y staff fod y gwaith yn ddiogel yn dilyn cau gwaith Siemens 20 milltir i'r gogledd ar Lannau Tyne.

'Roedd hyn yn gywir ac yn ddilys ar y pryd. Mae hyn i gyd yn drist iawn, ond rydym yn byw yn y byd real.'

10.1 *Cau gwaith Fujitsu yng ngogledd ddwyrain Lloegr*

Yn 1991, buddsoddodd Fujitsu symiau mawr o **gyfalaf** (arian ac adeiladau) yn eu ffatri newydd yn Newton Aycliffe. Cyfunodd y cyfalaf hwn â llafur er mwyn darparu **nwydd** (lled-ddargludyddion). Yna fe werthwyd y nwyddau hyn ar y farchnad am fwy o werth nag yr oeddynt yn costio i'w gwneud. Gelwir y gwahaniaeth rhwng pris gwerthu'r lled-ddargludyddion a'r gost o'u cynhyrchu yn **elw** (neu'r gorwerth). Tra y gwneir elw, mae'r broses yn dal i fynd yn ei blaen, â'r cwmni yn parhau i fuddsoddi yng nghynhyrchiad y nwydd. Mae economegwyr yn galw hyn yn **gylched gyfalaf** (Ffigur 10.2).

O fewn yr economi byd-eang, mae llawer o'r gweithgaredd economaidd yn gyfalafol ei natur, sy'n golygu fod nwyddau a gwasanaethau yn cael eu cynhyrchu a'u gwerthu gyda'r nod o wneud elw. Yn Ffigur 10.2, gosodir arian (A) i mewn i'r gylched ar frig y cylch gan y rhai sy'n dymuno buddsoddi. Yna defnyddir yr arian hwn fel arfer i brynu nwyddau N ar ffurf pŵer llafur (PLl) a'r dull cynhyrchu (DC). Yna fe gyfunir y rhain wedyn mewn proses gynhyrchu (C) sy'n cynhyrchu nwyddau pellach (N^1). Yna gwerthir y nwydd newydd am fwy o arian (A^1) nag a fuddsoddwyd yn wreiddiol. Gelwir y gwahaniaeth rhwng A ac A^1 yn **gorwerth** (elw). Mae'r swm hwn yn barod i'w ailfuddsoddi mewn cylch newydd o gynhyrchu. Mewn economi cyfalafol, y chwilio am orwerth yw'r rhesymeg y tu ôl i'r gylched gyfalaf.

Mae cylched gyfalaf ynghlwm wrth ofodau daearyddol – mae'r rhain yn ofodau cynhyrchu, gofodau buddsoddi a gofodau treuliant. Mae'r daearyddiaethau hyn yn hynod o

ddynamig a symudol, gan fod cyfalaf yn ogystal â llafur (o leiaf mewn theori) yn rhydd i symud. Nid yw'r cynhyrchu sy'n digwydd yng ngwaith Fujitsu yn ddim ond moment yn y set ehangach o gylchedau. Mae'r rhain yn cynnwys buddsoddiad; cyflogi a diswyddo llafur; trefnu prosesau cynhyrchu mewn lleoliadau arbennig; a gwerthu a dosbarthu cynnyrch gorffenedig. Mae'r holl weithgaredau hyn wedi eu cyfeirio at gynhyrchu elw a ellir ei ailfuddsoddi ar gyfer cychwyn cylchedau pellach o gronni neu wneud elw.

Pam y gwnaeth gwaith Fujitsu gau?

Penderfynodd Fujitsu na fedrai mwyach fuddsoddi yn y ffatri yn Newton Aycliffe oherwydd fod y galw am led-ddargludyddion wedi gostwng, gan arwain at ostyngiad ym mhris y cynnyrch. Nid oedd cynhyrchu yn Newton Aycliffe yn gwneud elw.

Gall effeithiau cau gweithfeydd fel Fujitsu fod yn ddramatig. Mae'r cyflogau a enillir gan y gweithwyr yn cael eu gwario ar nwyddau a gwasanaethau, ac mae hyn yn gymorth i chwyddo yr economi lleol. Yn amlwg, pan fo cwmnïau fel Fujitsu yn tynnu yn ôl eu buddsoddiad, ceir tro ar i lawr yn ffyniant y lle. Hwyrach eich bod wedi sylwi mai'r cwmni – Fujitsu – sy'n gwneud yr holl benderfyniadau. Mae hyn oherwydd fod *cyfalaf* yn symudol: gellir ei symud o le i le yn gymharol rwydd. I'r gwrthwyneb, mae *llafur* yn gymharol ansymudol: mae pobl yn symud er mwyn cael gwaith, ond mae hyn fel arfer yn weithred ddifrifol. Mae'r anhafaledd hwn yn y gallu i symud yn creu problemau i fannau lle y mae buddsoddi yn lleihau, gan ei fod yn arwain at ddiweithdra, colli incwm ac amddifadiad cymharol. Y rhain oedd y materion a nodweddai'r dadleuon wedi i Fujitsu gyhoeddi ei benderfyniad.

Fel y mae Ffigur 10.1 yn datgan, roedd y datganiad yn ffynhonnell o embaras i'r Prif Weinidog Tony Blair gan fod y ffatri yn ei etholaeth. Rhoddwyd pwysau ar y llywodraeth i ymyrryd ac achub y swyddi a oedd dan fygythiad. Yn wir ymwelodd y Prif Weinidog â'r gweithwyr yn y ffatri. Roedd ei gyngor iddynt yn ddiddorol. Awgrymodd fod yr hen ddyddiau o 'swydd am oes' bellach ddim yn bosibl, a bod yn rhaid i weithiwr fod yn hyblyg, yn barod i dderbyn y ffaith efallai y bydd angen iddynt newid swyddi. Ni all y llywodraeth ddweud wrth gwmnïau megis Fujitsu sut i redeg eu busnes a phe gwnâi hynny, byddai'r math hwn o gwmnïau yn osgoi buddsoddi ym Mhrydain.

Blwyddyn ar ôl i Fujitsu gyhoeddi cau ei ffatri yn Newton Aycliffe, prynwyd y safle gan gwmni teleathrebu Orange ac roeddynt yn ei ddefnyddio fel **canolfan alw**, lle ceir teleffonyddion wrth law i ateb galwadau gan y cyhoedd. Dyma enghraifft arall o'r gylched gyfalaf ar waith, fel y mae cwmni arall yn gweld cyfle i wireddu elw o fuddsoddiad mewn cyfalaf a llafur.

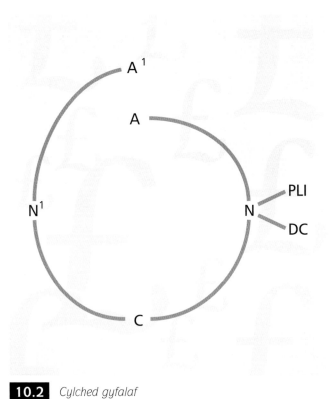

10.2 *Cylched gyfalaf*

YMARFERION

1 Gwnewch gopi o Ffigur 10.2. Labelwch eich diagram i ddangos sut y gweithredodd cylched gyfalaf yn achos Fujitsu.

2 Gwahaniaethwch rhwng y termau 'cyfalaf', 'elw' a 'buddsoddiad'.

3 Beth fyddai effeithiau tebygol cau gwaith Fujitsu yn Newton Aycliffe ar yr economi lleol?

4 I ba raddau yn eich barn chi y dylai llywodraethau ymyrryd i rwystro ffatrïoedd fel Fujitsu rhag cau? Eglurwch eich ateb.

Sut mae dosbarthu gweithgaredd economaidd?

Mae daearyddwyr yn defnyddio nifer o ffyrdd gwahanol o ddosbarthu gweithgaredd economaidd. Yr un mwyaf cyffredin yw dosbarthu gweithgaredd economaidd yn bedwar grŵp (Ffigur 10.3).

- **Diwydiannau cynradd**

  Mae'r rhain yn ymwneud ag echdynnu defnyddiau crai yn uniongyrchol o'r Ddaear. Mae enghreifftiau o'r diwydiannau hyn yn cynnwys amaethyddiaeth, pysgota, coedwigaeth a mwyngloddio. Mae mwyafrif helaeth poblogaeth y byd sydd wedi ei grynhoi yn China, India, de ddwyrain Asia, ac Affrica, yn ymwneud â gweithgareddau economaidd cynradd. Er enghraifft, yn China, mae gweithgareddau cynradd yn cyfrif am fwy na 70% o'r gweithlu. Fodd bynnag, yn y gwledydd datblygedig, fel arfer, mae gweithgareddau cynradd yn cyfrif am lai na 10% o'r gweithlu, ac yn aml mae'r ffigur yn llai na 5%.

Diwydiant eilaidd (gweithgynhyrchu)

- **Diwydiannau trydyddol**

  Mae'r rhain yn ymwneud â darparu gwasanaethau. O ganlyniad, maent wedi'u lleoli ger eu marchnadoedd. Mae enghreifftiau yn cynnwys cludiant a dosbarthiad, adwerthu, bancio ac yswiriant.

Diwydiant cynradd (mwyngloddio)

- **Diwydiannau eilaidd**

  Mae'r rhain yn ymwneud â gweithgynhyrchu neu brosesu defnyddiau crai yn gynnyrch gorffenedig, er enghraifft prosesu mwyn haearn i wneud dur, prosesu bwyd, neu wneud dodrefn o goedwydd. Mae Ffigur 10.4 yn dangos rhai o brif ganolfannau'r diwydiant gweithgynhyrchu yn economi'r byd.

Diwydiant trydyddol (addysgu)   *Diwydiant cwaternaidd (canolfan alw)*

- **Diwydiannau cwaternaidd**

  Israniad o'r sector trydyddol yw'r rhain. Mae'r diwydiannau hyn yn ymwneud â darpariaeth gwybodaeth ac arbenigedd. Mae enghreifftiau yn cynnwys labordai prifysgolion ac ymchwil, y cyfryngau, a 'tanc syniadau' y llywodraeth.

10.3 *Sectorau diwydiant*

Mae **rhanbarth São Paulo**, gyda llai na 25% o boblogaeth Brasil, yn cyfrif am fwy na 40% o gynnyrch diwydiannol y wlad. Cychwynnodd twf diwydiannol y wlad yn yr 1950au a'r 1960au gyda dyfodiad y cwmnïau ceir a chemegion trawsgenedlaethol. Mae'r diwydiant ceir yn cyfrif am 20% o gynnyrch diwydiannol São Paulo.

Mae **Taipei** wedi dod yn brif gynhyrchydd y byd o safbwynt sganwyr delweddau, llygod a monitorau cyfrifiaduron, yn ogystal ag yn weithgynhyrchydd pwysig o led-ddargludyddion.

Mae sector gweithgynhyrchu **De Affrica** yn cyflogi 1.4 miliwn o bobl – tua 11% o weithlu'r wlad – ac yn cynrychioli bron i 25% o CMC y wlad.

Denwyd biliynau o ddoleri o fuddsoddiad tramor yn yr 1990au i **Shanghai** ac ardal Pudong. Mae hyn wedi cyfrannu at gyfradd twf rhanbarthol o 14% y flwyddyn rhwng 1993 ac 1995.

Datblygodd **rhanbarth Kansai**, o gwmpas Osaka, yn brif ganolfan cynhyrchu fferyllol Japan, yn denu symiau sylweddol o fuddsoddiad gan gorfforaethau trawsgenedlaethol.

Mae dinas **Bangalore**, yn nhalaith Karnataka yn ne canol India, wedi dod yn ganolfan i sector uwch-dechnoleg llewyrchus, yn cynnwys telathrebu, cyfrifiaduron ac ymchwil amddiffyn.

Mae **Midwest uchaf**, rhan o ardal weithgynhyrchu UDA a ddaeth i'r amlwg ar ddechrau'r 20fed ganrif, wedi profi cyfnod anodd o ailstrwythuro economaidd. O ganlyniad, y mae erbyn hyn unwaith eto, yr ardal uchaf ei thwf o ran allforio nwyddau gweithgynhyrchu yn UDA.

Mae **Krung Thep**, sy'n cael ei hybu gan bresenoldeb gweithgynhyrchwyr moduron Japaneaidd megis Toyota, Nissan, Honda ac Isuzu, yn debyg o ddod yn ganolfan gynhyrchu moduron pwysicaf Asia.

Y **Ruhr**, yng ngogledd-orllewin yr Almaen, yw ardal ddiwydiannol unigol fwyaf Ewrop, a chafodd ei hadeiladu ar ben nifer o byllau glo yn y 19eg ganrif, gyda dwsinau o felinau dur, a wnaeth yr ardal yn enwog trwy'r byd.

10.4   *Rhai canolfannau pwysig y diwydiant gweithgynhyrchu*

YMARFERION

1   Gwahaniaethwch rhwng y termau 'cynradd', 'eilaidd', 'trydyddol' a 'cwaternaidd'. Rhowch nifer o enghreifftiau o bob un math o ddiwydiant.

2   Mae Ffigur 10.4 yn rhoi gwybodaeth am rai canolfannau pwysig yn y diwydiant gweithgynhyrchu.

   a   Ar fap amlinellol gwag o'r byd, labelwch y canolfannau gweithgynhyrchu hyn.

   b   O'ch map gorffenedig, nodwch:

   • dau ranbarth a ddaeth yn ganolfannau pwysig ar gyfer gweithgynhyrchu yn y 19eg ganrif

   • dau ranbarth a ddaeth yn ganolfannau pwysig ar gyfer gweithgynhyrchu ar ddiwedd yr 20fed ganrif.

   c   Sut y gallai'r mathau o ddiwydiannau gweithgynhyrchu fod yn wahanol yn y rhanbarthau hyn?

Strwythur economaidd

Caiff cydbwysedd cyflogaeth yn y gwahanol sectorau neu yn y mathau o ddiwydiant ei alw'n **strwythur cyflogaeth**. Yn gyffredinol, mae strwythur cyflogaeth economïau mwy economaidd ddatblygedig (GMEDd) yn wahanol i un yr economïau llai economaidd ddatblygedig (GLlEDd). Mae economïau datblygedig yn cyflogi cyfran lai yn y sector cynradd a chyfrannau uwch yn y sectorau eilaidd a thrydyddol.

Mae cydbwysedd cyflogaeth yn newid dros amser, ac awgrymwyd fod gwahanol gamau mewn datblygiad economaidd. Model syml o newid economaidd yw'r cam datblygu neu'r model 'tri-sector' o ddatblygiad economaidd (Ffigur 10.5). Fe gyflwynwyd y model hwn gyntaf yn yr 1930au

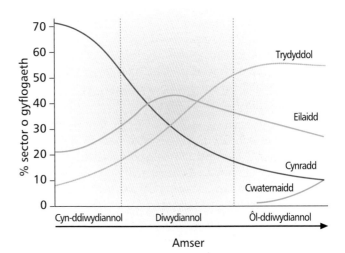

10.5   *Model cam datblygu*

ac mae'n awgrymu, fel bo gwlad yn datblygu, bod tri sector yr economi yn tyfu ac yna'n dirywio. Yn y tymor hir, mae cyflogaeth yn yr economi yn newid yn raddol o'r sector cynradd i'r sector eilaidd, ac yna i'r sector trydyddol. Mae dau brif reswm am hyn:

1 Fel mae economïau yn tyfu, mae lefelau cynhyrchedd sy'n cynyddu yn galluogi datblygiadau technolegol sy'n galluogi i weithwyr symud i'r sector nesaf. Felly, fel ag yn y 19eg ganrif, arweiniodd y Chwyldro Diwydiannol at symudiad gweithwyr o'r sector cynradd i'r sector eilaidd, felly yn ail hanner yr 20fed ganrif galluogodd cynnydd mewn cynhyrchedd yn y sector eilaidd symudiad i'r sector trydyddol.

2 Wrth i incwm cenedlaethol gynyddu, mae'r cynnydd yn y galw yn cael ei sianelu yn gyntaf i'r sector eilaidd ac yna i'r sector trydyddol. Mae hyn yn seiliedig ar y syniad fod pobl wrth iddynt gael mwy o arian, yn gwario cyfran lai o'u hincwm ar nwyddau sylfaenol megis bwyd, a mwy ar nwyddau traul a gwasanaethau.

Mae'r model cam datblygu yn ddefnyddiol wrth ystyried newidiadau mewn patrymau cyflogaeth. Fodd bynnag, mae rhai yn amau ei ddilysrwydd. A yw'r dilyniant taclus drwy'r sectorau yn digwydd go iawn? Er enghraifft, ym Mhrydain roedd y sector trydyddol yn bwysig fel darparwr swyddi mor bell yn ôl â'r 19eg ganrif, ac fe awgrymwyd mai'r duedd tymor hir yw i gyflogaeth symud o'r sector cynradd i'r sectorau eilaidd a thrydyddol fel ei gilydd ar yr un pryd. Hyn yn sicr yw'r sefyllfa mewn gwledydd megis Japan, Canada ac UDA.

Tonnau hir o ddatblygiad economaidd

Mae'r ail ffordd o ystyried newidiadau cyflogaeth dros amser wedi ei seilio ar donnau hir o gynhyrchu, neu **tonnau Kondratieff** (a enwyd ar ôl yr economegydd o Rwsia a ddaeth o hyd iddynt). Sylwodd Kondratieff ar y duedd i allbwn economaidd godi a chwympo mewn cylchredau o tua 50 mlynedd (Ffigur 10.6). Mae i bob cylchred gynnydd a dirywiad, a darganfu Kondratieff bedair ton o'r fath, pob un yn cyd-ddigwydd â datblygiad diwydiannau allweddol. Er enghraifft, digwyddodd y gylchred gyntaf (1781-41) ar yr un pryd â datblygiad gweithgynhyrchu cotwm a gwneud haearn a dur, tra oedd yr ail gylchred (1842-94) yn gysylltiedig â datblygu adeiladu llongau ac offer peiriannau wedi ei seilio ar ddulliau newydd o gynhyrchu dur.

O safbwynt daearyddol mae'r cylchredau hyn yn ddiddorol oherwydd fod pob ton o ddiwydiannau newydd yn arwain at ymddangosiad rhanbarthau newydd ac at newidiadau cymdeithasol o bwys. Er enghraifft, gwnaeth dechrau gweithgynhyrchu cotwm a haearn a dur arwain at gynnydd mewn trefoli a thwf trefi ffatrïoedd yng ngogledd a gorllewin Prydain.

Mae tonnau Kondratieff yn cynnig dull defnyddiol o ystyried datblygiad economi dros amser. Maent yn arbennig o ddefnyddiol i ddeall cynnydd a dirywiad rhanbarthau

diwydiannol ym Mhrydain. Un o'r problemau sy'n perthyn i'r model yw ei fod yn disgrifio newidiadau yn syml, heb gynnig eglurhad am y rhesymau y tu ôl i'r newidiadau hyn. Yn ychwanegol, mae rhai haneswyr economaidd yn amau bodolaeth y cylchredau hyn o weithgaredd economaidd.

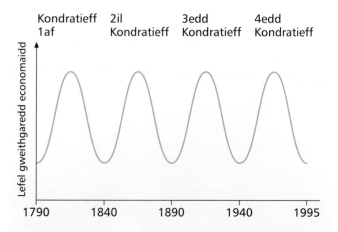

Ton Kondratieff 1af
1781-1841
Y datblygiad technolegol allweddol oedd mwyndoddi mwyn haearn a glo, a datblygiad peiriannau yn cael eu gyrru gan ddŵr ac ager a ganiatâi ddatblygiad cynhyrchu tecstilau. Roedd dirywiad yng nghanran y boblogaeth a weithiai mewn amaethyddiaeth o ganlyniad i gau'r tiroedd comin. Cynyddodd y boblogaeth drefol o 30% yn 1790 i 46% yn 1841.

2il don Kondratieff
1842-94
Roedd datblygiadau allweddol yn ymwneud â defnyddio glo i yrru peiriannau. Arweiniodd hyn at dwf trefi glofaol o gwmpas y Pennines yn Lloegr, yng nghanolbarth yr Alban, De Cymru a Chanolbarth Lloegr. Bu twf cyflym yn Llundain. Erbyn 1881, roedd 70% o boblogaeth Prydain yn drefol, ac yn ystod y cyfnod hwn tyfodd trefi'r Chwyldro Diwydiannol – Glasgow, Lerpwl a Manceinion, er enghraifft.

3edd don Kondratieff
1895-1939
Y datblygiadau allweddol oedd y diwydiannau'n seiliedig ar dreulwyr, yn ymwneud â gweithgynhyrchu moduron, cemegion a nwyddau trydanol, yn ogystal â diwydiannau prosesu bwyd. Parhaodd gwasanaethau i dyfu mewn pwysigrwydd. Roedd symudiad i ffwrdd oddi wrth yr hen ardaloedd diwydiannol tuag at y de a Chanolbarth Lloegr.

4edd don Kondratieff
Yn y cyfnod *ar ôl y rhyfel* gwelwyd datblygiad cyflym yn yr economi wedi'i seilio ar ddatblygiadau mewn technoleg awyrennau ac electroneg. Roedd traffyrdd yn gwella hygyrchedd a pheri fod lleoliad diwydiannol yn fwy 'troedrydd'. Ochr yn ochr â'r dirywiad parhaus mewn gweithgynhyrchu traddodiadol yng ngogledd a gorllewin Prydain gwelwyd twf mewn gwasanaethau defnyddwyr (bancio, cyllid, yswiriant) yn y de a'r dwyrain gyda'u poblogaethau dwys.

10.6 *Cylchred Kondratieff ym Mhrydain*

YMARFERION

1 Beth yw ystyr y term 'ton Kondratieff'?

2 Nodwch a dyddiwch bedair ton Kondratieff yn economi Prydain.

3 Gan ddefnyddio Ffigur 10.6 i'ch helpu, anodwch fap amlinellol gwag o Brydain i ddangos sut y mae gwahanol ranbarthau wedi profi cyfnodau o dwf a dirywiad economaidd.

CWESTIWN STRWYTHUREDIG

1 Astudiwch Ffigur 10.7, sy'n rhoi peth gwybodaeth am strwythur economaidd pedair gwlad.

   a Gwnewch gopi o'r tabl isod, a defnyddiwch y graff i gwblhau eich tabl.   (3)

   b Edrychwch ar Ffigur 10.5. Pa gam mewn datblygiad y mae pob gwlad wedi'i gyrraedd yn eich barn chi?   (4)

   c Pam fod cyflogaeth eilaidd yn disgyn o ran cyfartaledd mewn gwledydd Ewropeaidd?   (2)

   ch Pam fod cyflogaeth eilaidd yn cynyddu o ran cyfartaledd mewn gwledydd yn Asia?   (2)

2 Gwnewch sylwadau ar ddilysrwydd y model cam datblygu o ddatblygiad economaidd?   (3)

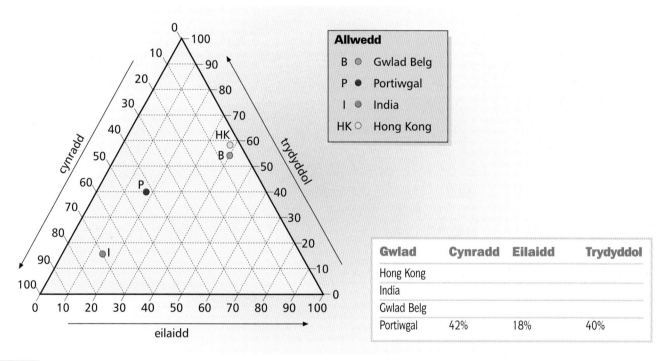

Allwedd

B ○ Gwlad Belg
P ● Portiwgal
I ◉ India
HK ○ Hong Kong

Gwlad	Cynradd	Eilaidd	Trydyddol
Hong Kong			
India			
Gwlad Belg			
Portiwgal	42%	18%	40%

10.7 *Strwythur economaidd rhai gwledydd*

B Sectorau cyflogaeth

Diwydiannau cynradd

Mae gweithgareddau cynradd yn ymwneud ag adnoddau naturiol. Maent yn echdynnu adnoddau adnewyddadwy yn ogystal â rhai anadnewyddadwy. **Adnoddau adnewyddadwy** yw'r rhai y gellir eu defnyddio heb iddynt gael eu disbyddu'n barhaol, adnoddau megis coedwigoedd, dŵr, pysgodfeydd a thir amaethyddol. Mae **adnoddau anadnewyddadwy** yn dod i ben wrth gael eu defnyddio, er enghraifft, mwynau. Mewn nifer o wledydd mae gweithgareddau cynradd yn dominyddu'r economi. Er enghraifft, mewn nifer o wledydd Affricanaidd ac Asiaidd, mae rhwng 50% a 75% o'r gweithlu yn ymwneud â gweithgareddau'r sector cynradd. Yn gyffredinol, mae diwydiannau cynradd yn datblygu yn ymyl ardaloedd gweithgynhyrchu, gan fod y rhain yn defnyddio'r defnyddiau a echdynnir gan y diwydiannau cynradd (Ffigur 10.8).

Yn gyffredinol mae angen tipyn o le ar ddiwydiannau cynradd. Gallant gael effaith ddramatig ar y tirwedd. Er enghraifft, gall mwyngloddio greu tomenni slag, pyllau mwyngloddio llydan agored, a gall coedwigoedd gael eu dinoethi (Ffigur 10.9a). Mae tirweddau diwydiannol cynradd eraill yn cael eu gwerthfawrogi am eu prydferthwch, er enghraifft pentrefi pysgota Portiwgal (Ffigur 10.9b).

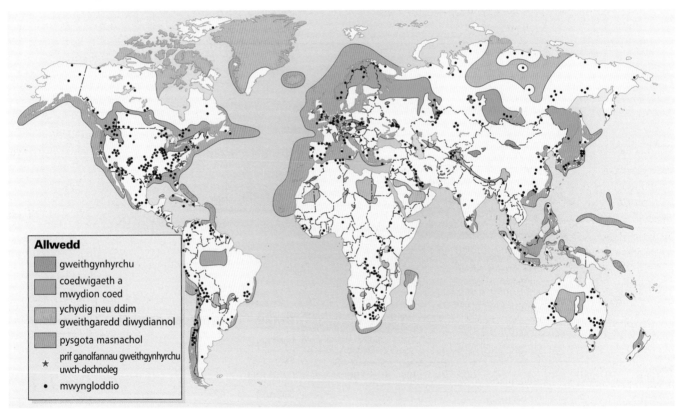

Allwedd
- gweithgynhyrchu
- coedwigaeth a mwydion coed
- ychydig neu ddim gweithgaredd diwydiannol
- pysgota masnachol
- ★ prif ganolfannau gweithgynhyrchu uwch-dechnoleg
- • mwyngloddio

10.8 *Rhanbarthau dethol o ddiwydiannau cynradd ac eilaidd*

10.9 *Diwydiannau cynradd*   *a Gwaith glo brig*   *b Pentref pysgota ym Mhortiwgal*

YMARFERION

Astudiwch Ffigur 10.8, sy'n dangos rhanbarthau dethol o ddiwydiannau cynradd ac eilaidd.

1 Enwch dri rhanbarth lle mae mwyngloddio yn bwysig. Gan ddefnyddio atlas, nodwch pa adnoddau a echdynnir o bob un o'r rhanbarthau hyn.

2 Enwch ddau ranbarth sy'n cael eu dominyddu gan echdynnu coed trofannol.

3 Disgrifiwch leoliad y rhanbarthau lle nad oes llawer os nad dim gweithgaredd diwydiannol. Awgrymwch resymau dros y dosbarthiad hwn.

4 Pam yn eich barn chi y mae canolfannau gweithgynhyrchu mawr yn aml i'w cael yn agos at ranbarthau pwysig o ddiwydiannau cynradd? A fedrwch chi ddod o hyd i eithriadau i hyn?

ASTUDIAETH ACHOS

Glo ym Mhrydain

Mae glo wedi cael ei gloddio ym Mhrydain am filoedd o flynyddoedd. Fodd bynnag, datblygodd echdynnu glo ar raddfa fawr o'r meysydd glo (Ffigur 10.10) yn ystod y Chwyldro Diwydiannol. Bu cyflwyno mwyndoddi golosg yn y diwydiant haearn yn fodd i gynyddu'r galw am lo a gwnaeth cyflwyno'r injan stêm ganiatáu ymelwa'r cronfeydd dwfn wrth gefn i gyfarfod â'r cynnydd mewn galw am lo gan ddefnyddwyr diwydiannol. Gyda datblygiad y dinasoedd mawr gwelwyd cynnydd yn y galw am lo ar gyfer dibenion gwresogi.

Cyrhaeddodd cynhyrchu glo ym Mhrydain ei anterth yn 1913, pan gynhyrchwyd 287 miliwn tunnell. Ers y cyfnod hwnnw, bu dirywiad yn y lefel cynhyrchu. Wedi'r Rhyfel Byd Cyntaf (1914-18), bu dirywiad yn y galw dramor am lo Prydain. Mae glo Prydain bellach yn llai cystadleuol ar farchnadoedd y byd. Roedd cynhyrchedd yn uwch mewn mwyngloddiau ar gyfandir Ewrop, a dueddai i fod yn fwy newydd, yn fwy o ran maint ac yn fwy mecanyddol. Er mwyn cynyddu cynhyrchedd a lleihau costau, byddai angen pyllau newydd yn defnyddio offer modern. Fodd bynnag, nid oedd hyn yn bosibl am fod y diwydiant yn cael ei dra-arglwyddiaethu gan gwmnïau mwyngloddio bach annibynnol a oedd yn rhwystr i wladoli cynhyrchu a hefyd roedd gan y diwydiant record wael mewn cysylltiadau diwydiannol.

Roedd y problemau hyn yn cael eu cydnabod gan y llywodraethau yn y cyfnod rhwng y rhyfeloedd a gwnaeth y llywodraeth Lafur wedi'r rhyfel wladoli'r diwydiant glo yn 1947, gan ffurfio'r Bwrdd Glo Cenedlaethol (BGC) [NCB]. Daeth y BGC i fod y cyflogwr mwyaf ym Mhrydain. Ymateb cyntaf y BGC oedd ehangu cynnyrch ar bob cyfrif. Gwnaeth y Cynllun ar gyfer Glo 1950 argymell

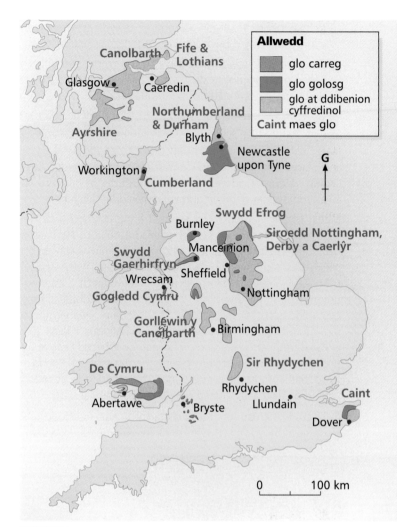

10.10 *Meysydd glo ym Mhrydain*

buddsoddiad enfawr dros gyfnod o 15 mlynedd i gynyddu allbwn i 240 miliwn tunnell fetrig y flwyddyn. Fodd bynnag, drwy gydol yr 1950au ni fedrai'r BGC gyfarfod â'r galw am lo. Roedd llawer o'r cynhyrchu yn digwydd mewn pyllau aneffeithlon gyda chostau uchel a chynhyrchedd isel.

Dilynwyd y cyfnod o ehangu yn yr 1950au gan gyfnod o warged egni ac argaeledd cyflenwadau o egni rhad. Roedd y sefyllfa wedi newid ers yr 1950au, pan oedd Prydain yn dal yn ddibynnol ar lo am dros 80% o'i chyflenwadau egni. Roedd datblygiad pŵer niwclear o'r 1950au ymlaen a datblygiad olew a nwy Môr y Gogledd o'r 1960au, yn golygu bod glo wedi dirywio mewn pwysigrwydd fel ffynhonnell egni. Caewyd llawer o byllau ar y sail eu bod yn 'aneconomaidd'. Y pyllau a gaewyd oedd y rhai a oedd yn gostus iawn i'w rhedeg ac â chynhyrchedd isel. Roedd y rhain wedi'u lleoli ym meysydd glo megis De Cymru, Northumberland a Durham. Roedd y gostyngiad yn y galw am lo yn deillio o nifer o ffactorau:

- Roedd dau o brif gwsmeriaid glo – y diwydiannau trydan a haearn a dur – wedi gwella eu heffeithlonrwydd llosgi tanwydd. Roedd gweithfeydd mwy yn cynyddu ac roedd gwelliannau yng nghynllun y ffwrneisi chwyth yn lleihau'r golosg oedd ei angen. Roedd y diwydiant trydan yn cynhyrchu mwy o bŵer drwy orsafoedd niwclear ac olew.

- Bu symudiad yn y diwydiant nwy o fod yn ddibynnol ar lo i fod yn ddibynnol ar olew yn yr 1950au ac yna i fod yn ddibynnol ar nwy naturiol o'r 1960au hwyr.

- Golygai moderneiddio'r rheilffyrdd fod y prif linellau yn cael eu trydaneiddio a daeth peiriannau diesel i gymryd lle yr injan stêm.

- Collwyd marchnadoedd domestig oherwydd Deddf Awyr Lân 1956. Codwyd fflatiau modern a blociau o swyddfeydd a oedd yn addas i danwyddau amgen.

Mae'n bwysig nad ydym yn ystyried tranc cynhyrchu glo fel digwyddiad anorfod. Roedd llywodraethau'r 1960au a dechrau'r 1970au yn edrych ar ddirywiad y diwydiant glo yn wleidyddol annerbyniol a chyflwynwyd mesurau i wrthbwyso ei ddirywiad. Gwnaethant gynnig cefnogaeth ariannol uniongyrchol i'r diwydiant a cheisio ei amddiffyn rhag cystadleuaeth. Drwy gydol yr 1960au gwaharddwyd mewnforion glo, anogwyd adeiladau cyhoeddus i losgi glo, codwyd trethi ar danwydd olew ac arafodd y bwrdd cynhyrchu trydan ei raglen o adeiladu pwerdai yn llosgi olew. Roedd y llywodraeth am gael y bwrdd trydan i losgi mwy o lo ac roedd yn barod i dalu am y costau ychwanegol a ddeilliai o hyn.

Cofir am yr 1970au fel cyfnod o 'argyfwng egni'. Cododd pris glo a fewnforiwyd yn sydyn yn 1973/74, ond roedd y diwydiant

glo yng nghanol anghydfod diwydiannol ac arweiniodd at streiciau a phrinder egni a'r rhain yn eu tro yn arwain at wythnos dri diwrnod o waith. Er bod adnoddau wrth gefn newydd o lo i'w cael, y broblem a wynebai'r Bwrdd Glo Cenedlaethol (BGC) oedd cloddio am lo am bris cystadleuol. Daeth yr argyfwng yn y diwydiant glo i'w uchafbwynt yn streic y glowyr 1984/85 (Ffigur 10.11). Roedd y streic ynglŷn â phenderfyniad y BGC i gau rhai o'i 172 o byllau glo. Canlyniad y streic, a barodd flwyddyn, oedd i Undeb Cenedlaethol y Glowyr golli grym a dilynwyd hyn gan gyfres o byllau yn cael eu cau. Fodd bynnag, daeth y mater o gau pyllau eto i'r amlwg ar agenda gwleidyddol 1992, pan hysbyswyd fod 31 o'r 50 pwll a weithredwyd gan Lo Prydain i gau, gan achosi protest eang gan y cyhoedd. Gellir deall graddfa'r crebachu a fu yn y diwydiant glo gan y ffaith fod y BGC yn gweithredu 172 o byllau yn 1984 ac yn cyflogi 174 000 o weithwyr. Erbyn canol 1994, dim ond 15 pwll oedd yn agored ac yn cynhyrchu glo. Roeddynt yn cyflogi cyfanswm o 6000 o staff gweinyddol ac 8000 o lowyr.

Beth sy'n dod ar ôl glo?

Mae'r dirywiad yn y diwydiant glo mewn rhai trefi a phentrefi penodol yn effeithio'n ddrwg ar rai gweithgareddau economaidd eraill. Ceir colled yn y galw gan ddefnyddwyr am nwyddau a fasnachir yn lleol ac mae'r ardal ei hun yn dangos olion dirywiad. Enghraifft o hyn yw'r hyn a ddigwyddodd yn Grimethorpe (De Swydd Efrog), tref fechan a oedd bron yn gyfangwbl ddibynnol ar lo. Caeodd ei phwerdai yn 1991 a chaeodd y pwll yn 1993. Wedi hyn, gwaethygodd adeiledd ffisegol a golwg y lle. Cynyddodd mân droseddau yn ddramatig. Roedd y cyflogwyr a oedd yn parhau yno yn sôn am symud oddi yno.

Roedd rhai o'r mannau a oedd yn gysylltiedig â'r diwydiant glo yn economïau un-diwydiant. Roedd lleoedd fel Blidworth, Welbeck, Ollerton a Harworth yn Swydd Nottingham yn 'drefi cwmni', a adeiladwyd gan berchenogion y pyllau glo yn yr 1920au. Roedd y cymunedau hyn yn llawn gwybodaeth am fwyngloddio, a doedd fawr o angen iddynt amrywio eu heconomi. Adeiladwyd y diwylliant economaidd a chymdeithasol ar lafur llaw trwm. Pan gaeodd y pyllau, nid oedd fawr o swyddi ar gael ar gyfer y gweithlu. Tueddai'r diwydiant glo fod wedi ei leoli yn lled wledig, gyda llawer o'r pyllau yn anghysbell o safbwynt y prif ganolfannau poblogaeth ac felly yn bell o bosibiliadau eraill o gyflogaeth.

Er enghraifft, roedd South Kirby yn dref pwll o 1880 ymlaen pan suddwyd y siafft. Mae wedi ei lleoli rhwng Wakefield a Barnsley yn Swydd Gorllewin Efrog ac mae ei phoblogaeth tua 11 000. Yn 1984, roedd dros hanner y swyddi yn y dref yn y diwydiant glo. Fodd bynnag, caewyd pwll glo South Kirby yn 1988 ar y sail ei fod yn 'aneconomaidd'. Er mwyn ceisio gwneud iawn am effaith y dirywiad, sefydlodd y llywodraeth Ardal Fenter ar ffurf stad ddiwydiannol yn South Kirby. Erbyn Awst 1990, roedd 905 o swyddi ychwanegol wedi eu creu. Fodd bynnag, roedd nifer o'r swyddi hyn wedi eu hadleoli o'r ardal gerllaw, ac roedd hyn yn golygu mai dim ond tua 300 o'r swyddi oedd yn rhai newydd, o gymharu â'r 1350 a gollwyd yn y diwydiant mwyngloddio. Y prif gyflogwr yn yr Ardal Fenter oedd siop ddillad dynion yn cyflogi 370 o bobl. Wrth symud i'r Ardal

10.11 *Streic y glowyr 1984/85*

Fenter, caewyd un ffatri o eiddo'r cwmni yn South Kirby ac un arall dair milltir i ffwrdd. Felly nid oedd hyn yn symbyliad i'r economi lleol. Mae'r enghraifft hon yn awgrymu mai'r broblem i fannau tebyg i South Kirby yw sut i amrywio'r economi ar ôl bod mor ddibynnol ar lo am gymaint o amser.

YMARFERION

1   Astudiwch Ffigur 10.12, sy'n dangos y glo a gynhyrchwyd yn y pyllau dwfn ac fel glo brig rhwng 1960 ac 1996. Faint o lo a gynhyrchwyd yn y pyllau dwfn yn **a** 1960 **b** 1996?

2   Disgrifiwch y newidiadau mewn cynhyrchu glo rhwng 1960 ac 1996.

3   Awgrymwch resymau dros y dirywiad sydyn yng nghynhyrchu glo yn 1984/85.

4   Awgrymwch effeithiau tebygol cau'r pyllau glo ar gymunedau lleol.

5   Sut y gallai cynnydd mewn mwyngloddio glo brig effeithio ar yr amgylchedd?

6   Pam y tybiwch fod llywodraethau'r gorffennol wedi ceisio amddiffyn y diwydiant glo rhag dirywio'n gyflym?

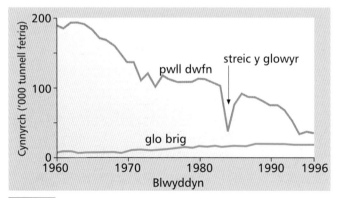

10.12   *Cynhyrchiad glo y DU, 1960-96*

Diwydiannau eilaidd

Mae diwydiannau eilaidd yn ychwanegu gwerth. Gallant naill ai ddefnyddio defnyddiau crai a gynhyrchir gan ddiwydiannau cynradd i weithgynhyrchu defnyddiau (er enghraifft cynhyrchu bwydydd) neu gallant gyfuno cydrannau sy'n barod wedi eu cynhyrchu gan ddiwydiannau eilaidd eraill (er enghraifft cynhyrchu ceir).

Roedd y gallu i ddefnyddio defnyddiau crai a ffynonellau egni a oedd ar gael yn lleol o bwys arbennig yn natblygiad cynnar y diwydiant gweithgynhyrchu. Er enghraifft, pan oedd dŵr yn brif ffynhonnell egni, roedd angen i'r melinau gael eu lleoli yn agos at afonydd. Wrth i bŵer stêm gymryd drosodd, roedd lleoliadau ger y meysydd glo yn cael eu ffafrio. Er enghraifft,

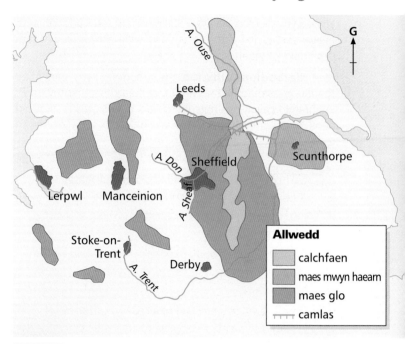

10.13   *Rhanbarth gweithgynhyrchu Sheffield*

roedd twf Sheffield fel rhanbarth gweithgynhyrchu yn bennaf yn ganlyniad 'tyniad' lleoliad y mewnbynnau a oedd yn angenrheidiol i gynhyrchu haearn a dur: calchfaen, glo, mwyn haearn a dŵr (Ffigur 10.13). Ar y cychwyn, deuai mwyn haearn o ddyddodion mwyn haearn a oedd i'w cael wrth ochr y glo gerllaw, deuai dŵr o Afon Sheaf, a chalchfaen o frigiadau ychydig filltiroedd i'r dwyrain. Wrth i'r diwydiant dur dyfu, roedd dyffryn llydan a gwastad Afon Don yn fan addas ar gyfer safleoedd i'r gweithfeydd dur mwy. Deuai eu cyflenwad glo o byllau glo mwy newydd yn y maes glo i'r dwyrain ac roedd dyddodion mwyn haearn o'r radd uchaf i'w cael yn yr ardal ger Scunthorpe. Yn Sheffield ei hun, agorodd nifer mawr o gwmnïau yn defnyddio haearn a dur o'r ansawdd gorau, i wneud pob math o bethau o angorion, cyllyll a ffyrc, ffeiliau a hoelion i nodwyddau, pinnau a gwifrau. Heddiw, nid yw'r safleoedd hyn yn addas ar gyfer gweithgynhyrchu dur ar raddfa fawr. Eto, ceir o hyd rywfaint o weithgaredd yn yr ardal hon, er bod y rhesymau gwreiddiol dros leoli'r diwydiant yma wedi diflannu. Dyma enghraifft o **syrthni diwydiannol**.

Elfen allweddol sy'n chwarae rhan ym mhenderfyniad cwmni i leoli mewn man arbennig yw'r math o weithlu sydd ar gael a pha mor hawdd yw dod o hyd iddo. Gall costau llafur amrywio rhwng gwledydd ac o fewn gwlad, a lle mae cost llafur yn rhan bwysig o gyfanswm costau cwmni, gall hyn fod yn ffactor bwysig. Credir ar hyn o bryd bod cwmnïau yn ceisio osgoi lleoli mewn mannau lle mae ffynonellau mawr o lafur, lle mae'r gweithwyr wedi gallu trefnu eu hunain drwy undebau er mwyn sicrhau cyflogau uchel. Yn hytrach maent yn chwilio am leoliadau lle ceir ffynonellau o lafur 'gwyrdd' – yn aml yn ferched ac yn anundebol, mewn lleoliadau gwledig a lled wledig. Mae trosglwyddo gweithgareddau gweithgynhyrchu o Ewrop a'r UDA i wledydd megis Pilipinas, Indonesia, Gwlad Thai a México yn ystod yr 1980au a'r 1990au yn enghraifft o hyn. Mae rhai cwmnïau bellach hyd yn oed yn adleoli o Malaysia i Pilipinas am fod y gwahaniaeth mewn costau llafur rhwng y ddwy wlad yn gwneud y fath symudiad yn ymarferol.

Mae **darbodion athyriad** yn arbedion sy'n ganlyniad rhannu gwasanaethau a chreu cysylltau rhwng cwmnïau. Er enghraifft, gallai gweithgynhyrchydd dillad elwa o leoli yn agos at gwmni dylunio neu asiant hysbysebu er mwyn

datblygu a marchnata ei gynnyrch. Gall cwmnïau fod yn barod i dderbyn costau cludiant a chostau llafur uwch os bydd y cynnyrch yn cynyddu digon i arwain at ostyngiad cyffredinol yng nghost uned gynhyrchu.

Diwydiannau trydyddol

Mae strwythur diwydiant Prydain yn cael ei ddominyddu gan wasanaethau. Bellach mae diwydiannau gwasanaeth yn gyfrifol am 80% o weithwyr. Ond beth yn union yw ystyr 'diwydiant gwasanaeth'? Nid oes cytundeb ar sut i ddiffinio gwasanaethau. Fodd bynnag, gallwn adnabod nifer o gydrannau y sector gwasanaeth:

- C.Y.E.T. – sef cyllid, yswiriant ac eiddo tiriog – yn cynnwys bancio, gwarantau, yswirian, brocerwyr a gwerthwyr eiddo
- gwasanaethau busnes megis gwasanaethau cyfreithiol, hysbysebu, peirianneg a phensaernïaeth, cysylltiadau cyhoeddus, ymchwil a datblygiad ac ymgynghoriad
- cludiant a chyfathrebiadau, yn cynnwys y cyfryngau (papurau newydd, teledu, radio), gyrru lorïau, llongau, rheilffyrdd a chludiant lleol (tacsis, bysiau, ayyb)
- cyfanwerthu ac adwerthu
- gwasanaethau personol ac adloniant, yn cynnwys caffis a thai bwyta, siopau trin gwallt, trwsio a chynnal, campfeydd, addysg breifat, a phob math o adloniant (e.e. twristiaeth, dosbarthiad ffilmiau, ayyb)
- gwasanaethau'r llywodraeth megis y gwasanaeth sifil, y lluoedd arfog a darpariaeth gwasanaethau cyhoeddus (e.e. ysgolion, gofal iechyd, gwasanaethau heddlu a thân, ayyb)
- asiantaethau nad ydynt yn gwneud elw megis elusennau, eglwysi ac amgueddfeydd.

Mae rhai daearyddwyr economaidd yn gwahaniaethu rhwng gwasanaethau ar gyfer defnyddwyr megis adwerthu, a gwasanaethau ar gyfer cynhyrchwyr (sy'n bennaf yn darparu gwasanaethau ar gyfer cwmnïau eraill).

Gellir egluro lleoliad **gwasanaethau defnyddwyr** gan yr angen i fod yn agos at gwsmeriaid, ac felly mae dosbarthiad allfeydd adwerthu yn adlewyrchu dosbarthiad poblogaeth (meddyliwch am ddamcaniaeth man canol Christaller yn y cyswllt hwn). Gall symudiadau poblogaeth effeithio ar leoliad gwasanaethau – yn achos adwerthu, mae'r golled raddol o boblogaeth o ardaloedd mawr yng nghanol y ddinas, ynghyd â thwf maestrefi a chynnydd mewn perchenogaeth ceir, wedi arwain at newidiadau yn natur darpariaeth adwerthu.

Diwydiannau cwaternaidd neu'n 'seiliedig ar wybodaeth'

Gwasanaethau sy'n bennaf yn cael eu defnyddio gan gynhyrchwyr yw'r diwydiannau cwaternaidd. Mae'r rhain yn cynnwys yswiriant, gwasanaethau cyfreithiol, bancio, hysbysebu ac ymgynghoriad. Mae'r gwasanaethau hyn yn ymwneud â chasglu, cynhyrchu, storio, adfer a phrosesu gwybodaeth a hysbysiaeth gyfrifiadurol. Yn achos **gwasanaethau cynhyrchwyr**, yr hyn sydd bwysicaf i'w

YMARFERION

1 Gwnewch gopi o Ffigur 10.13. Anodwch y map i ddangos y ffactorau lleoli a oedd yn bwysig yn natblygiad Sheffield fel canolfan bwysig ar gyfer cynhyrchu dur.

2 Awgrymwch resymau pam nad yw Sheffield bellach yn lleoliad addas ar gyfer gweithgynhyrchu dur ar raddfa fawr.

3 O safbwynt pob un o'r ffactorau sy'n effeithio ar leoliad diwydiant, awgrymwch sut y mae ei bwysigrwydd cymharol wedi newid dros amser.

4 Astudiwch Ffigur 10.14, sy'n dangos y ffactorau sy'n effeithio ar y dewis o leoliad ar gyfer gwahanol fathau o fusnesau.

   a Pam yn eich barn chi mai 'cyflenwad llafur' yw'r ffactor pwysicaf ar gyfer swyddfeydd a ffatrïoedd?

   b Pam yn eich barn chi mai 'agosrwydd at farchnad' yw'r prif ffactor o safbwynt adwerthu?

   c Sut y gallai 'ansawdd bywyd' effeithio ar leoliad diwydiant?

	Graddio yn ôl y math o fusnes			
Ffactorau	Swyddfa	Ffatri	Warws	Adwerthu
Cyflenwad llafur	1	1	4	4=
Agosrwydd at farchnadoedd	3	3	2	1
Hygyrchedd i rwydweithiau cludiant	5	2	1	2=
Eiddo	2	4	3	2=
Ansawdd bywyd	4	6	8	4=
Agosrwydd at gyflenwyr	6=	5	5=	6=
Argaeledd grantiau	6=	7	5=	6=
Ffactorau amrywiol eraill	8	8	5=	8

1 yw'r uchaf, 8 yw'r isaf.   Mae symbol = yn golygu bod y ffactorau yn cael eu graddio fel eu bod yn gyfartal o ran pwysigrwydd.

10.14 *Ffactorau yn dylanwadu ar y dewis o leoliad busnes*

nodi yw eu tuedd i grynhoi mewn ardaloedd trefol mawr. Ceir nifer o resymau am hyn.

- Er mwyn cael y gorau o'u gallu i gyrraedd cleientau a chyflenwyr. Er enghraifft, rhaid i gwmnïau hysbysebu fod yn hygyrch i'w cleientau. Yn aml mae'r gwasanaethau hyn yn dibynnu ar gyfarfodydd wyneb yn wyneb, na all eu rheoli ond drwy lawer o agosrwydd.

- Hyrwyddo i'r eithaf hygyrchedd i wybodaeth – mewn diwydiannau hynod o gystadleuol, mae gwybodaeth yn bŵer, ac mae bod yn agos at 'ble mae pethau'n digwydd' yn lleihau ansicrwydd a risg.

- Mae gwasanaethau cynhyrchwyr angen gweithlu hynod o fedrus, a addysgwyd yn dda ac yn greadigol. Tueddant i leoli yn y dinasoedd mwyaf yn yr economïau datblygedig. Ar raddfa lai, tueddant i glystyru o gwmpas y prifysgolion pwysicaf a chanolfannau ymchwil. Er enghraifft, mae bodolaeth Stanford a Phrifysgol California yn Berkeley wedi helpu i wneud Bae San Francisco yn ganolfan bwysig i'r math hwn o ddiwydiant.

Ym Mhrydain, mae cyflogaeth yn y gwasanaethau cynhyrchwyr wedi crynhoi yn rhanbarth y De Ddwyrain. Bu twf gwasanaethau cyllid yn arbennig o gryf yn y De Ddwyrain. Mae hyn wedi cael cryn effaith ar dirwedd ffisegol Dinas Llundain, gydag adeiladau swyddfeydd newydd wedi eu dylunio i ymdopi â gofynion newid technolegol, a datblygiad enwog Canary Wharf yn Ardal y Dociau Llundain. Arweiniodd y cynnydd sydyn mewn gweithgaredd at brinder sgiliau yn yr 1980au ac at gynnydd mewn cyflogau, ac adlewyrchwyd hyn yng nghynnydd y diwylliant 'yuppie' a 'loadsamoney'.

Tra bu tuedd i'r lefel uchaf o swyddogaethau sy'n ymwneud â phenderfyniadau i grynhoi yng nghanolfannau metropolitan mawr Ewrop, ceir hefyd dystiolaeth o ddatganoli tasgau mwy arferol. Maent wedi symud i leoliadau newydd o fewn y dinasoedd mawr, i leoliadau ymylol ar gyrion y dinasoedd, ac yn achlysurol i leoliadau pellach mewn ardaloedd gwledig.

Enghraifft o'r tueddiadau hyn yw twf y **canolfannau galw**, lle mae staff sy'n gwisgo ffonau pen ac yn eistedd wrth ddesg, gyda therfynfa gyfrifiadurol o'u blaenau, ac yn ateb galwadau, yn gwerthu unrhyw beth o nwyddau cegin i yswiriant. Daeth y canolfannau hyn i fodolaeth o ganlyniad i ddatblygiadau technolegol megis *Automated Call Distribution*, sy'n caniatáu galwadau a ddaw i mewn gael eu hanfon allan mewn trefn aros i weithredwyr sy'n disgwyl amdanynt, ac os oes angen eu trosglwyddo i ganolfannau llai prysur mewn dinasoedd eraill neu hyd yn oed mewn gwledydd eraill.

Canolfannau galw

Bu twf canolfannau galw yn dwf cyflym iawn. Yn 1996 roedd 123 000 o swyddi mewn canolfannau galw yn y DU, a thyfodd hyn i 198 000 erbyn 1998. Amcangyfrifir bod nifer y swyddi mewn canolfannau galw yn y DU yn 2000 yn 243 000 neu 3% o'r gweithlu.

Dechreuodd ffenomen y canolfannau galw pan sefydlwyd y canolfannau cyntaf ger Llundain yn yr 1970au, ac yna gwasgaru tuag allan i chwilio am gostau llai, gan arwain at dwf mewn dinasoedd megis Glasgow a Leeds. Mae Llundain a'r De Ddwyrain ar hyn o bryd yn cyfrif am 26% o holl swyddi canolfannau galw ym Mhrydain, yn cael eu dilyn gan y Gogledd Orllewin sy'n cyfrif am 20%.

Mae lleoliad canolfannau galw yn gysylltiedig ag ystod o ffactorau:

- tystiolaeth o ganolfannau galw sy'n llwyddiannus ar hyn o bryd mewn dinas neu ranbarth
- gweithlu sy'n ddigon niferus a chyda'r lefelau sgiliau angenrheidiol
- argaeledd rhwydweithiau busnes o ansawdd da
- cymhellion cyllidol a ddarperir gan awdurdodau lleol neu asiantaethau datblygu
- lleoliad neu eiddo o ansawdd da, yn barod i'w perchenogi
- man da i fyw ynddo – mae hyn yn bwysig ar gyfer denu dinasyddion tramor
- cefnogaeth telathrebu
- marchnata lleoedd gan asiantaethau datblygu lleol neu genedlaethol.

Enghreifftiau o leoliadau canolfannau galw
Llundain

Gan fod canolfannau galw yn gymharol 'droedrydd', mae'n rhesymol gofyn ai Llundain, sydd â phrisiau tir cymharol uchel, yw'r man gorau i leoli canolfan alw. Fodd bynnag, mae 15% o swyddi canolfannau galw yn Llundain, ac mae 11% ymhellach yn rhanbarth y De Ddwyrain. Mae'r lleoliadau allanol hyn yn y De Ddwyrain yn cynnwys Milton Keynes, Brighton a Chaint. Ffactor bwysig sy'n gwneud Llundain yn ddeniadol yw sgiliau iaith. Er enghraifft, sefydlodd Cwmni Hedfan Delta ei ganolfan gwerthu tocynnau Ewropeaidd yn Park Royal yng ngorllewin Llundain yn 1996. Ystyriai fod Llundain yr unig brifddinas Ewropeaidd â'r gallu i ddarparu gweithlu amlieithog a oedd yn angenrheidiol at wasanaeth cwsmeriaid ledled Ewrop. Mae gweithwyr canolfan wasanaeth cwsmeriaid byd-eang AT & T Solutions yn Ninas Llundain bob un yn siarad ar gyfartaledd dair neu bedair iaith, ac mae dros 80% yn raddedigion.

Mae rhai sefydliadau yn gweld bod lleoli yn Llundain yn ychwanegu statws i'w gwaith. Mae Llundain yn cynnig mynediad i gronfa fawr o siaradwyr brodorol Ewropeaidd ac yma hefyd mae nifer o brifysgolion a sefydliadau addysg uwch eraill; er enghraifft mae Prifysgol Westminster yn addysgu 26 o ieithoedd – y nifer mwyaf mewn unrhyw sefydliad yn y DU. Yn ogystal, mae maint anferthol Llundain yn gofalu bod ystod eang o adeiladau addas ac amgylcheddau gwaith ar gael.

Gogledd Orllewin

Yn rhanbarth y Gogledd Orllewin yn unig, mae mwy na 30 000 yn cael eu cyflogi mewn canolfannau galw, sy'n cyfrif am 20% o swyddi canolfannau galw yn y DU. Enghraifft yw British Telecom sydd ag un o'i ganolfannau galw yn Warrington, yn cyflogi mwy na 2000 o bobl. Yn rheolaidd mae cwsmeriaid yn cael galwadau yn dweud wrthynt am yr amrywiol gynlluniau cynilo. Yn wreiddiol warws oedd y ganolfan ond fe'u troswyd yn 1996. Mae lleoliadau llwyddiannus yn Lerpwl, Warrington a Manceinion gyda chyfle i gael cymysgedd dda o lafur medrus, safleoedd addas ac isadeiledd telathrebu. Mae grantiau a phecynnau buddsoddi a ddarperir gan asiantaethau datblygu lleol hefyd yn lleihau'r costau cychwynnol ac yn annog buddsoddiad. Enghraifft yw Ventura (is gwmni i gwmni dillad Next) a gafodd nifer o gymhellion i sefydlu ei ganolfan alw mewn ardal o ddiweithdra uchel yn Swydd De Efrog.

Achosodd y twf cyflym mewn canolfannau galw brinder llafur mewn rhai ranbarthau. O ganlyniad, mae cwmnïau yn edrych tuag at fannau megis Cymru, yr Alban a gogledd ddwyrain Lloegr neu Weriniaeth Iwerddon am eu bod yn pryderu bod y Gogledd Orllewin yn orlawn ac nad oes digon o gyflenwad llafur ar gael. Oherwydd nifer y canolfannau galw ar Lannau Mersi dewisodd IBM fynd i'r Alban i sefydlu ei ganolfan alw newydd amlieithog, gan obeithio cyflogi 600 o weithwyr ynddi. Fodd bynnag, nid yw pob tref yn elwa ar y twf hwn mewn canolfannau galw. Ni fu mannau megis Caerliwelydd a Furness yn Cumbria yn fannau deniadol i ddenu buddsoddiad iddynt oherwydd eu bod yn brin o gludiant cyhoeddus, isadeiledd ffyrdd gwael a theithiau hir i'w staff potensial.

Mae'r canolfannau galw yn cystadlu yn fwy byd-eang am fusnes. Mae'r Iseldiroedd a Gweriniaeth Iwerddon yn fannau deniadol ar gyfer buddsoddiad ar gyfer canolfannau galw. Amcangyfrifir bod tua 4000 yn gweithio mewn canolfannau galw yng Ngweriniaeth Iwerddon. Yn 1996/97, sefydlwyd 16 canolfan alw yn Nulyn yn unig. Y rhesymau dros hyn yw argaeledd gweithwyr amlieithog, costau llafur rhesymol a'r cymhellion a gynigiwyd gan yr Asiantaeth Ddatblygu Wyddelig. Fodd bynnag, mae'r gwasgedd am le ac argaeledd safleoedd addas wedi arwain at godiadau rhent, ac mae'r Asiantaeth Ddatblygu Wyddelig yn ceisio denu buddsoddiad canolfannau galw i fannau megis Cork, Limerick a Galway. Er enghraifft, ym Mawrth 1998 agorodd Merchants Group (cwmni rheoli cwsmeriaid â'i leoliad yn y DU) ganolfan alw yn Cork, yn cyflogi 600 o weithwyr.

Mae gwerthuso effaith y canolfannau galw yn gofyn am ystyried y math o waith a wneir ynddynt. Tra bod gwaith mewn canolfannau galw wedi cynyddu'n gyflym yn y DU yn y blynyddoedd diwethaf, mae rhai amheuon yn codi am wir effaith y swyddi hyn. Dadleuir bod swyddi yn cael eu colli mewn mannau eraill yr un mor gyflym â'r rhai sy'n cael eu creu, gan eu bod yn cymryd lle gweithgaredd a ddigwyddai ynghynt mewn canghennau unigol rywle arall. Mewn ymateb, dadleuir y gallai hyn fod wedi bod yn wir yn nyddiau cynnar canolfannau galw, ond bellach mae'r cwmnïau yn gynyddol yn gwerthu gwasanaethau dros y ffôn.

Mwy dadleuol yw ansawdd y swyddi. Awgrymwyd bod y galwadau y mae'r gweithwyr yn eu gwneud o dan reolaeth monitro cyson o safbwynt eu hansawdd a'u hyd, a disgwylir i'r gweithwyr ddilyn fformiwla orfodol undonog pan yn gwneud y galwadau. Mae rhai wedi labelu'r canolfannau galw fel y 'slafdai' newydd. Fodd bynnag, mae'n debygol fod amodau gwaith yn amrywio llawer rhwng y canolfannau galw. Yn wir, mae symbylu'r gweithlu yn ffactor o bwys, gan fod costau llafur yn cyfrif am 70-80% o'r holl gostau. Mae rhai cwmnïau, megis cwmni archebu drwy'r post Freeman wedi cynllunio bod eu mannau ffonio yn gyfforddus, ac wedi darparu tŷ bwyta, campfa a chyfleusterau gorffwys ar gyfer eu gweithwyr.

Symudiad byd-eang mewn gwasanaethau cynhyrchwyr

Fel yr ydym wedi gweld, mae gwasanaethau bancio, cyllid a busnes yn bwysig ar gyfer datblygiad gweithgynhyrchu. Er enghraifft, maent yn cynnig benthyg arian i gwmnïau ar gyfer cyllido buddsoddiadau a darparu yswiriannau rhag digwyddiadau anffodus. Mae'r gwasanaethau hyn yn tueddu i leoli ger eu cwsmeriaid. Fodd bynnag, mae gwasanaethau cynhyrchwyr yn gweithredu'n gynyddol ar raddfa fyd-eang. Hyrwyddwyd hyn gan nifer o ffactorau yn cynnwys datblygiadau mewn telathrebu a phrosesu data.

Mae Ffigur 10.15 yn dangos bod lleoliad y banciau mwyaf i'w cael yn bennaf mewn dim ond ychydig o wledydd. Maent i gyd wedi eu canolbwyntio yn ardaloedd masnachol hynod arbenigol y dinasoedd mawr. Mae'r rhesymau dros hyn yn gysylltiedig â manteision athyriad. Mae gan ddinasoedd megis Efrog Newydd, Llundain, Paris a Tokyo isadeiledd arbenigol – gofod swyddfa arbenigol, marchnadoedd stoc, rhwydweithiau cyfathrebu – sy'n caniatáu iddynt gynnig gwasanaethau i gleientau yn genedlaethol ac yn rhyngwladol fel ei gilydd. Mae ganddynt nifer helaeth o bobl broffesiynol sy'n gallu cynnig gwybodaeth a chyngor arbenigol.

Tra bod swyddogaethau rheoli'r gwasanaethau busnes hyn i'w cael mewn ardaloedd trefol mawr, bu hefyd duedd tuag at ddatganoli wrth i swyddogaethau y 'swyddfa gefn' gael eu hadleoli mewn trefi bychain a lleoliadau maestrefol. Swyddogaeth y swyddfa gefn yw cadw cofnodion a swyddogaethau gweinyddol nad ydynt yn gofyn am gysylltiad personol â chleientau yn aml. Mae datblygiadau mewn technoleg wedi golygu bod llawer o'r gwaith hwn wedi ei adleoli i ofod swyddfa mewn lleoliadau

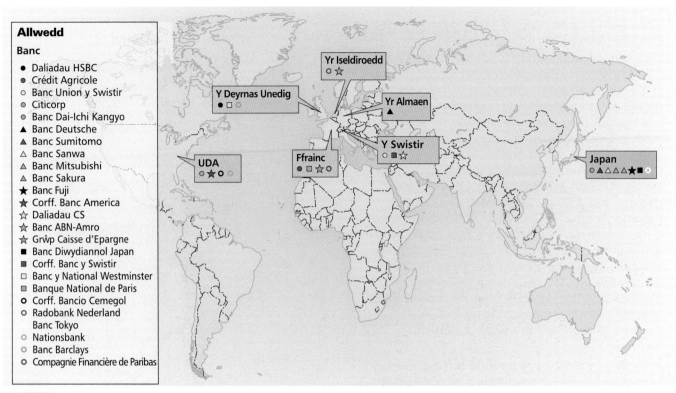

Allwedd

Banc

- ● Daliadau HSBC
- ● Crédit Agricole
- ○ Banc Union y Swistir
- ◉ Citicorp
- ● Banc Dai-Ichi Kangyo
- ▲ Banc Deutsche
- ▲ Banc Sumitomo
- △ Banc Sanwa
- △ Banc Mitsubishi
- △ Banc Sakura
- ★ Banc Fuji
- ★ Corff. Banc America
- ☆ Daliadau CS
- ☆ Banc ABN-Amro
- ☆ Grŵp Caisse d'Epargne
- ■ Banc Diwydiannol Japan
- ■ Corff. Banc y Swistir
- ☐ Banc y National Westminster
- ▣ Banque National de Paris
- ❍ Corff. Bancio Cemegol
- ○ Radobank Nederland
  Banc Tokyo
- ○ Nationsbank
- ○ Banc Barclays
- ○ Compagnie Financière de Paribas

10.15 *Lleoliad banciau masnachol mwyaf y byd*

rhatach. Tuedd ddiweddar fu datblygiad swyddfeydd cefn tramor. Er enghraifft, yn y diwydiant cwmnïau hedfan mae bellach yn gyffredin i docynnau gael eu prosesu dramor.

Mae American Airlines yn anfon eu cyfrifon a'u tocynnau o Dallas yn Texas i Barbados. Yno, mae manylion yr archebion yn cael eu bwydo i gyfrifiadur, a dychwelir y data drwy loeren i'r ganolfan ddata yn UDA. Mae cleientau yswiriant cwmni arall, New York Life, yn anfon eu ffurflenni hawlio yswiriant iechyd i Faes Awyr Kennedy yn Efrog Newydd. Yna fe'u hanfonnir i Faes Awyr Shannon yn Iwerddon, lle y cludir hwy ar y ffordd i ganolfan brosesu'r cwmni. Fe brosesir y ffurflenni ac anfonnir y canlyniadau gan loeren i ganolfan brosesu data y cwmni yn New Jersey (Ffigur 10.16).

Diwydiannau pumol

Mae diwydiannau pumol yn cynnwys gwasanaethau sy'n gysylltiedig â'r cwsmer, gwasanaethau megis addysg, llywodraeth, adloniant, twristiaeth ac iechyd. Ym Mhrydain ers 1945 mae llawer o'r gwasanaethau hyn wedi cael eu darparu gan y **sector cyhoeddus** – hynny yw, yn cael eu hariannu gan y llywodraeth. Rhwng 1971 a diwedd yr 1990au, cynyddodd nifer y gweithwyr yn y sector cyhoeddus (iechyd, lles, gweinyddu cyhoeddus, addysg ac amddiffyn) o 4.1 miliwn (18.7% o'r holl gyflogaeth) i 5.3 miliwn (24% o'r holl gyflogaeth). Mae'r cynnydd hwn wedi ei gysylltu â chynnydd mewn cyflogaeth ar gyfer merched, yn arbennig ym meysydd iechyd ac addysg.

Mae llawer o'r gyflogaeth hon wedi ei lleoli yn ôl dosbarthiad poblogaeth, yn enwedig mewn iechyd ac addysg lle mae bod yn agos at gleientau yn hanfodol. Fodd bynnag, mae

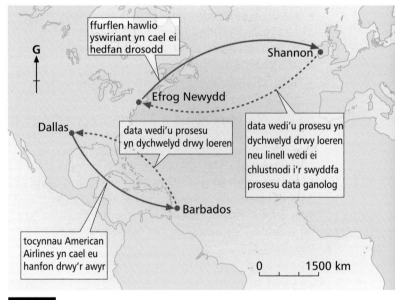

10.16 *Datblygiadau diweddar yn lleoliad gweithgareddau swyddfa*

llywodraethau wedi ceisio gwasgaru patrwm cyflogaeth y sector cyhoeddus. Mae dau brif reswm dros y polisi hwn:

- yn gyntaf, er mwyn gwella rhagolygon cael gwaith i bobl mewn ardaloedd a ddioddefodd dad-ddiwydiannu a chyfraddau uchel o ddiweithdra

- yn ail, er mwyn manteisio ar renti isel swyddfeydd ac ar ffynonellau llafur rhatach.

Mae enghreifftiau o adleoli pwysig yn cynnwys yr Adran Iechyd yn symud i Leeds ac ehangiad yr Adran Gyflogaeth yn Sheffield.

Twf gofal iechyd preifat

Anogodd y llywodraethau Ceidwadol o 1979 i 1997 unigolion i gymryd yswiriant iechyd preifat. Dadleuwyd nad oedd adnoddau iechyd y sector preifat yn gallu cyfarfod ag anghenion gofal iechyd y boblogaeth, ac roedd rhestri aros hir am sawl math o lawdriniaethau yn annog pobl i geisio defnyddio gofal iechyd preifat. Mae mwyafrif helaeth y cynlluniau yswiriant iechyd yn cael eu cynnig fel budd galwedigaethol gan y cyflogwyr, a dim ond tua 13% o'r boblogaeth sydd wedi eu hyswirio yn erbyn costau triniaeth feddygol. Mae'r cynlluniau hyn yn fwy tebygol o gael eu defnyddio gan weithwyr proffesiynol a rheolaethol, sy'n fwy tebygol o fyw yn ne Lloegr. Mae Ffigur 10.17 yn dangos fod ysbytai preifat wedi eu crynhoi o gwmpas Llundain. Fodd bynnag, yn ddiweddar bu ehangiad mewn ardaloedd megis East Anglia, Dorset a Wiltshire. Mae'r patrwm hwn yn ganlyniad:

- ffyniant cynyddol yr ardaloedd hyn a mewnfudo mewnol unigolion llewyrchus o ardal Llundain

- y ffaith fod llawer o ymgynghorwyr yr NHS yn gallu gweithio mewn ysbytai preifat, felly mae'r ysbytai hyn wedi cael eu lleoli'n agos at brif gyfleusterau'r NHS er mwyn lleihau amser teithio ymgynghorwyr

- llacio rheolau cynllunio ar ddatblygiad ysbytai preifat.

Un mater a godir gan dwf gofal iechyd preifat yw a yw'n tanseilio'r syniad o Wasanaeth Iechyd Cenedlaethol. Sefydlwyd y Gwasanaeth Iechyd Cenedlaethol yn 1948 a darparai ofal iechyd a oedd 'yn rhad ac am ddim ar y pwynt lle'r oedd yn cael ei ddarparu'. Mae twf gofal iechyd preifat, sy'n cael ei ddefnyddio gan y rheini sy'n fwyaf abl i'w fforddio, yn awgrymu twf system 'dwy-lefel' o ofal iechyd.

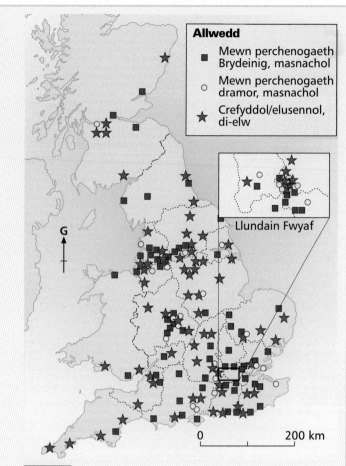

Allwedd

- ■ Mewn perchenogaeth Brydeinig, masnachol
- ○ Mewn perchenogaeth dramor, masnachol
- ★ Crefyddol/elusennol, di-elw

G

Llundain Fwyaf

0   200 km

10.17 *Lleoliad ysbytai preifat yn y DU, 1992*

YMARFERION

1 *Gydag aelodau eraill eich grŵp, archwiliwch ddarpariaeth gofal iechyd yn eich ardal. Pa fathau o ddarpariaethau sy'n cael eu cynnig? Oes yna gynlluniau i agor neu gau darpariaethau yn eich ardal?*

2 *Trafodwch y dadleuon dros ac yn erbyn darpariaeth gofal iechyd preifat.*

C Yr economi byd-eang

'Symudiad byd-eang'?

Mae rhai daearyddwyr economaidd yn siarad am 'symudiad byd-eang' yn economi'r byd. Golygant fod mwy a mwy o gynnyrch gweithgynhyrchu a chyflogaeth i'w gael yn ninasoedd yr economïau sy'n datblygu, tra bod dinasoedd diwydiannol hŷn yr economïau datblygedig wedi profi crebachiad mewn cynnyrch diwydiannol a chyflogaeth. Yn y 19eg ganrif, pan oedd costau trafnidiaeth yn uchel, roedd diwydiant wedi'i glymu wrth ffynonellau pŵer neu agosrwydd at farchnadoedd. O ganlyniad, tyfodd trefi ffatri yn Ewrop a Gogledd America yn agos at bŵer dŵr, meysydd glo neu ganolfannau trefol mawr. Roedd gwahaniaeth clir yn economi'r byd rhwng y **craidd** diwydiannol, a ganolbwyntiai ar gynhyrchu nwyddau gweithgynhyrchu, a'r **ymylon**, a oedd yn allforio defnyddiau crai ac yn mewnforio nwyddau gweithgynhyrchu (Ffigur 10.18). Yn yr 20fed ganrif newidiodd y patrwm hwn wrth i'r ymylon gael eu diwydiannu. Ers 1945, mae màs-gynhyrchu nwyddau, gwelliannau mewn cludiant, a llif byd-eang cyfalaf ar gyfer buddsoddi wedi golygu mai'r byd, yn hytrach nag unrhyw genedl unigol, yw maes y frwydr ar gyfer gwneud penderfyniadau ar gyfer corfforaethau trawsgenedlaethol modern.

Pwysigrwydd llafur

Mae daearyddwyr wedi dadlau fod cost a dylanwad undebau llafur cryf yn ffactor pwysig wrth benderfynu lleoli corfforaeth drawsgenedlaethol. Mae gweithwyr yn y gwledydd diwydiannol hŷn yn tueddu i fod yn ddrutach, wedi'u trefnu'n well ac yn abl i wrthsefyll dyfodiad dulliau gweithio newydd. O ganlyniad, mae corfforaethau trawsgenedlaethol wedi symud cynhyrchu o'r craidd i ymylon yr economi byd-eang. Yr effaith cyffredinol yw diwydiannu rhannau o'r ymylon a dad-ddiwydiannu'r craidd. Mae'r broses hon wedi bod yn un ddethol. Nid yw pob man wedi'i effeithio yn yr un modd. Mae nifer o enghreifftiau, gan gynnwys De Korea a gwladwriaethau-dinesig Hong Kong, Singapore a Taiwan; twf diwydiannau mewn dinasoedd megis Lima a Caracas; ac, yn fwy lleol, diwydiannau newydd

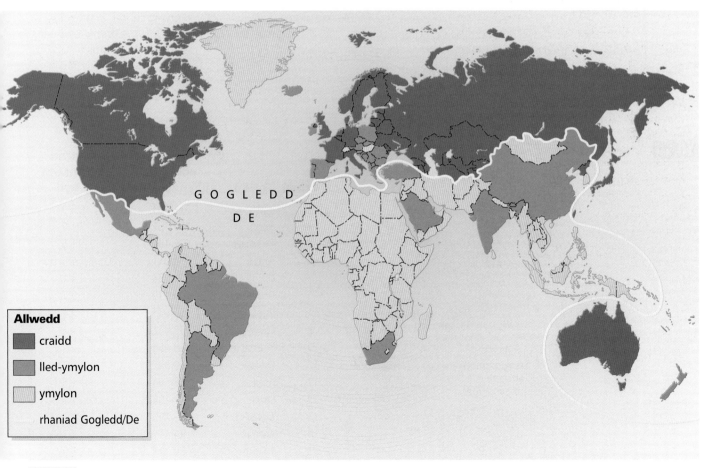

Allwedd
- craidd
- lled-ymylon
- ymylon
- rhaniad Gogledd/De

GOGLEDD

DE

10.18 *Craidd ac ymylon yn economi'r byd*

dinasoedd megis Tijuana ym México, yn agos at ffin México ac UDA, lle mae cyfraddau cyflogau yn un rhan o ddeg yr hyn ydynt dros y ffin, a lle mae rheoliadau amgylcheddol a diogelwch yn llai llym nag yn UDA (Ffigur 10.19). Ochr negyddol y broses hon yw colli cyflogaeth gweithgynhyrchu yn ninasoedd hŷn y craidd, fel, er enghraifft, yn ninasoedd moduron Detroit (UDA) a Birmingham (DU).

10.19 *Ffatri yn Tijuana, ar ffin México-UDA*

YMARFERION

1 Astudiwch Ffigur 10.18.

 a Disgrifiwch ddosbarthiad economïau'r craidd.

 b Pa fathau o weithgaredd economaidd sy'n nodweddiadol o'r gwledydd hyn?

 c Disgrifiwch ddosbarthiad yr economïau ymylon.

 ch Pa fathau o weithgaredd economaidd sy'n nodweddiadol o'r gwledydd hyn?

2 Beth a olygir gan y term 'symudiad byd-eang'?

3 Awgrymwch resymau dros y duedd gynyddol i weithgareddau gweithgynhyrchu gael eu hadleoli ar y lled-ymylon a'r ymylon.

GWEITHGAREDD ESTYNEDIG

Astudiwch Ffigur 10.20, sy'n dangos dosbarthiad byd-eang gweithgynhyrchu yn 1994, a 'thabl cynghrair' gweithgynhyrchu'r byd.

1 Nodwch y gwledydd gyda mwy na 500 biliwn o ddoleri o allbwn gweithgynyrchu (adwerth) yn 1994.

2 Mae Ffigur 10.18 yn dangos 'craidd', 'lled-ymylon' ac 'ymylon' yr economi byd-eang. Gwnewch sylwadau ar lefelau allbwn gweithgynhyrchu ym mhob un o'r rhanbarthau hyn.

3 Ar fap amlinellol o'r byd, lliwiwch y 15 gwlad fwyaf o ran allbwn gweithgynhyrchu. Disgrifiwch eu dosbarthiad.

4 Astudiwch Ffigur 10.21. Awgrymwch rai manteision ac anfanteision globaleiddio cynyddol yr economi byd-eang. Cyflwynwch eich darganfyddiadau ar ffurf tabl.

10.20 *Dosbarthiad byd-eang gweithgynhyrchu, 1994*

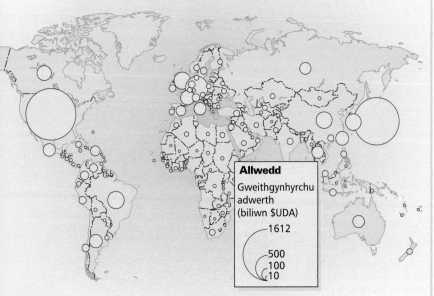

Gradd	Gwlad	Gweithgynhyrchu adwerth (miliynau $UDA)	Canran cyfanswm y byd
1	UDA	1 611 763	26.9
2	Japan	1 257 761	21.0
3	Yr Almaen	692 191	11.6
4	Ffrainc	268 611	4.5
5	DU	243 653	4.1
6	De Korea	159 172	2.7
7	Brasil	154 425	2.6
8	China	139 031	2.3
9	Yr Eidal	128 486	2.2
10	Canada	100 322	1.7
11	Ariannin	88 366	1.5
12	Sbaen	81 196	1.4
13	Taiwan	73 295	1.2
14	Awstralia	64 417	1.1
15	Y Swistir	60 111	1.0
			Cyfanswm 85.8

Y Cenhedloedd Unedig yn ymosod ar y bwlch sy'n lledu rhwng y tlawd a'r cyfoethog

Charlotte Denny a
Victoria Brittain

Mae cyfoeth cyfunol y tri theulu cyfoethocaf yn y byd yn fwy nag incwm blynyddol 600 miliwn o bobl yn y GLlEDd, yn ôl adroddiad a gyhoeddwyd heddiw gan y Cenhedloedd Unedig (CU), ac mae'r bwlch ofnadwy rhwng y tlawd a'r cyfoethog yn lledu.

Mae'r globaleiddio economaidd yn creu polareiddiad peryglus rhwng y lluosfiliwnyddion megis Bill Gates o Microsoft, y teulu Walton sy'n berchen ar fusnes Wal-Mart, a Swltan Brunei – sydd gyda'i gilydd yn werth $135 biliwn – a'r miliynau sydd wedi cael eu gadael ar ôl, meddai adroddiad blynyddol y CU ar ddatblygiad dynol.

Mae'r CU yn gofyn am ailysgrifennu rheolau economaidd y byd er mwyn osgoi anhafaleddau rhwng gwledydd tlawd ac unigolion cyfoethog. Mae hefyd yn dymuno gweld system fwy cynrychioliadol o lywodraeth fyd-eang i glustogi effeithiau economi 'ffyniant a methdaliad'.

'Mae anhafaleddau byd-eang mewn incwm a safonau byw wedi cyrraedd cyfraneddau y tu hwnt i reswm,' meddai'r adroddiad.

Deng mlynedd ar hugain yn ôl, roedd y bwlch rhwng y pumed rhan gyfoethocaf o bobl y byd a'r tlotaf yn 30 i 1. Erbyn 1990 roedd wedi ehangu i 60 i 1 a heddiw mae'n 74 i 1. Yn nhermau traul, mae'r pumed ran gyfoethocaf yn cyfrif am 86% tra bod y pumed rhan isaf yn cyfrif am ddim ond 1%. Mae bron i 75% o linellau ffôn y byd – sy'n hanfodol ar gyfer technolegau newydd fel y rhyngrwyd – i'w cael yn y gorllewin, lle nad oes ond bron 17% o boblogaeth y byd.

'Mae'r byd yn rhuthro i fwy o integreiddio, yn bennaf oherwydd athroniaeth gwneud elw ac effeithlonrwydd economaidd,' meddai prif awdur yr adroddiad, Richard Jolly. 'Mae'n rhaid cyflwyno datblygiad dynol a diogelwch cymdeithasol i'r hafaliad.'

Gall darganfyddiadau megis y rhyngrwyd gynnig llwybr cyflym i dwf, ond ar hyn o bryd, dim ond y cyfoethogion a'r addysgedig sy'n elwa. Mae 88% o ddefnyddwyr y rhyngrwyd yn byw yn y gorllewin, meddai'r adroddiad, gan ychwanegu: 'Mae gan y rhai â chysylltiadau fantais enfawr dros y tlodion sydd allan o gyswllt, ac ni chlywir llais na phryder y rhai heb gysylltiad yn nhrafodaethau ledled y byd.'

Er mwyn gwrthweithio effeithiau anffodus globaleiddio, mae'r CU wedi cynnig nifer o awgrymiadau, yn cynnwys fforwm rhyngwladol ar gyfer busnes, undebau llafur a grwpiau amgylcheddol a datblygu er mwyn gwrthsefyll goruchafiaeth economïau mwyaf y byd mewn penderfyniadau byd-eang; côd ymddygiad ar gyfer cwmnïau amlwladol; a chreu canolfan gyfreithiol ryngwladol i helpu'r gwledydd tlawd i gynnal trafodaethau masnach byd-eang.

10.21 *Costau globaleiddio*

Rhannau gwahanol yr economi byd-eang

Yn ei lyfr *Global Shift*, mae'r daearyddwr Peter Dicken (1998) yn dadlau bod rhai newidiadau pwysig wedi digwydd ym mhatrwm cynnyrch gweithgynhyrchu'r byd yn ystod y 40 mlynedd diwethaf. Mae'n nodi fod rhan yr hen economïau diwydiannol wedi gostwng o 95% i 80% rhwng 1953 ac 1995, tra bod rhan yr economïau sy'n datblygu wedi cynyddu bedair gwaith i 20%. Er gwaethaf y ffaith fod economi'r byd yn dal i gael ei dra-arglwyddiaethu gan nifer bychan o genhedloedd hynod ddatblygedig ('gor-ddatblygedig' ym marn rhai), mae Dickens yn dadlau y bu rhai newidiadau pwysig yn y degawdau diweddar. Mae'n rhannu'r economi byd-eang yn dri phrif grŵp o wledydd.

1 Economïau diwydiannol hŷn

Mae'r cenhedloedd diwydiannol craidd hyn yn dal i dra-arglwyddiaethu economi'r byd o safbwynt eu hallbynnau. Eto, mae newidiadau arwyddocaol wedi digwydd. Yr un pwysicaf yw'r dirywiad sylweddol yng nghyfraniad cymharol UDA yng nghynhyrchiad gweithgynhyrchion y byd (Ffigur 10.22). Yn 1963 roedd hyn yn 40% o allbwn y byd; erbyn 1994 roedd ei gyfraniad wedi gostwng i 27%. Newidiadau eraill o bwys yw perfformiad gweithgynhyrchu anwastad gwledydd Gorllewin Ewrop a chynnydd trawiadol yng nghyfraniad Japan. Yn 1963 roedd Japan yn cyfrif am 5.5% o allbwn gweithgynhyrchion y byd; erbyn 1994 hi oedd yr ail weithgynhyrchydd mwyaf ac yn gyfrifol am 21% o allbwn y byd.

10.22 *Diffeithdra trefol: St Louis, UDA*

2 Economïau trawsnewidiol Dwyrain Ewrop a'r UGGS blaenorol

Wedi 1989, o ganlyniad i gwymp y gwledydd a arweiniwyd gan UGGS (y bloc comiwnyddol) ffurfiwyd grŵp o 'economïau trawsnewidiol'. Roedd y rhain yn flaenorol yn economïau wedi'u cynllunio'n ganolog ond sydd bellach ar

wahanol gamau trawsnewidiad tuag at fod yn economïau marchnad cyfalafol. O safbwynt gweithgynhyrchu, ni fuont yn llewyrchus o gwbl. Yn 1985, er enghraifft, roedd UGGS yn cynhyrchu 10% o allbwn gweithgynhyrchu'r byd; erbyn 1994 mae ei gyfran wedi disgyn i 1.5%. Mae Ffigur 10.23 yn dangos twf, ac yn fwy cyffredin, dirywiad yng ngraddfa twf economaidd yr economïau hyn.

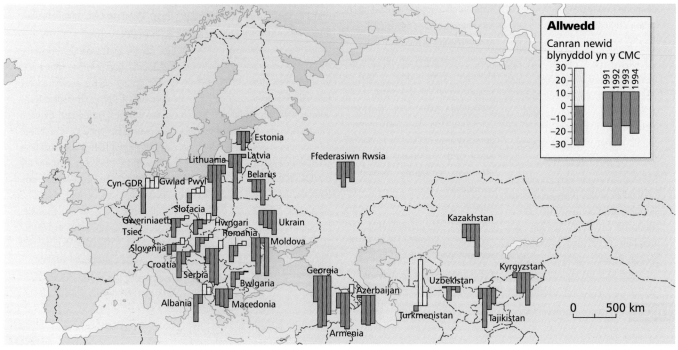

10.23 *Twf a dirywiad economaidd yng Nghanolbarth a Dwyrain Ewrop, 1991-94*

3 Economïau sy'n datblygu

Mae twf gweithgynhyrchu mewn economïau sy'n datblygu yn nodwedd bwysig ar y newid byd-eang. Profodd yr economïau hyn raddfa dwf o 3.5% mewn gweithgynhyrchu rhwng 1938 ac 1950, a graddfa dwf o 6.6% rhwng 1950 ac 1970. Nodwedd bwysig ar y broses hon yw pwysigrwydd cynyddol y **gwledydd newydd eu diwydiannu (GND)**. Mae diwydiannu economïau sy'n datblygu yn anwastad iawn, a gwelodd llawer o'r economïau llai datblygedig ddirywiad yn eu cyfran o gyfanswm cynnyrch gweithgynhyrchu. Yr economïau sy'n tyfu gyflymaf yn y GLlEDd yw'r GND fel China, Brasil, India, De Korea a Taiwan (Ffigur 10.24). Profodd economïau 'Teigr' De-ddwyrain Asia (fel y'u gelwir) dwf cyflym trwy gydol yr 1970au a'r 1980au – De Korea, Singapore, Taiwan a Hong Kong. Awgrymwyd nifer o resymau dros eu llwyddiant:

• Sefydlogrwydd gwleidyddol – cafodd y gwledydd hyn oll gyfnod hir o sefydlogrwydd gwleidyddol yn ystod eu cyfnod o dwf cyflym. Y ddadl yw ei bod yn anodd annog datblygiad economaidd sydyn pan fo newidiadau aml yn y llywodraeth.

• Diwylliant – awgrymwyd bod athroniaeth sy'n pwysleisio parch at awdurdod yn creu'r amodau gorau ar gyfer twf economaidd cyflym. Mae'r gwledydd hyn yn seiliedig ar y

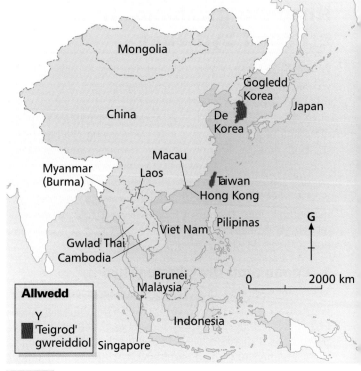

10.24 *Dwyrain Asia a'r economïau 'Teigr'*

syniad y dylai awdurdod fod yn nwylo'r bobl addysgedig, a bod gan y rhai sydd mewn awdurdod gyfrifoldeb i weithredu er lles cymdeithas yn ei chyfanrwydd.

- Swyddogaeth y wladwriaeth – mae llywodraethau yn chwarae rhan bwysig wrth rannu adnoddau, annog antur a masnach, a dylanwadu ar gyfeiriad yr economi.

- Cyfalaf dynol – yn absenoldeb adnoddau naturiol, mae defnyddio 'pŵer pobl' wedi bod yn bwysig. Buddsoddwyd mewn addysg a gofal iechyd. Mae twf isel mewn poblogaeth wedi gadael i wragedd chwarae rhan lawnach yn yr economi.

- Mathau o weithgareddau – dadleuir bod yr economïau hyn wedi ffynnu trwy annog gweithgareddau gweithgynhyrchu addas, gan ddechrau gyda gweithgynhyrchion llafur-ddwys fel tecstilau ac yna arallgyfeirio tuag at weithgareddau cyfrannu gwerth-uwch wrth i lafur ddod yn fwy medrus a chyfalaf yn fwy hawdd ei gael.

- Bod yn agored i fasnach – oherwydd diffyg marchnadoedd domestig roedd yn anodd i gwmnïau fanteisio ar **ddarbodion maint** (swmp gynhyrchu sy'n gostwng costau), felly roedd llywodraethau yn y gwledydd hyn yn annog neu'n hyrwyddo allforio.

- Parodrwydd i ddefnyddio cyfalaf tramor – roedd y gwledydd hyn yn croesawu presenoldeb corfforaethau trawsgenedlaethol tramor. Er bod yna ddadleuon ynglŷn â pha mor lesol yw buddsoddiadau o'r fath, fe gafodd y gwledydd hyn fudd cyffredinol o'r dechnoleg a ddefnyddiwyd wrth gynhyrchu.

- Hyblygrwydd – roedd yr economïau hyn yn gallu addasu'n gyflym i batrymau cyfnewidiol galw rhyngwladol.

Fodd bynnag, rhaid edrych yn feirniadol ar yr honiadau a wneir ynglŷn â llwyddiant economaidd GND yng ngoleuni digwyddiadau 1997/98 pan ddioddefodd economïau nifer o'r gwledydd hyn golledion economaidd dirfawr o ganlyniad i ddirywiad yn yr economi byd-eang.

YMARFERION

1 Labelwch fap amlinellol gwag o'r byd i ddangos prif ardaloedd yr economi byd-eang. Nodwch yr ardaloedd canlynol:
  - *economïau diwydiannol hŷn*
  - *economïau trawsnewidiol Dwyrain Ewrop a'r UGGS blaenorol*
  - *economïau sy'n datblygu.*

2 Ar eich map, crynhowch nodweddion allweddol pob math o economi, a'i swyddogaeth yn yr economi byd-eang.

3 Ar gyfer pob un o'r mathau hyn o economi, awgrymwch sut y mae'n newid, a beth yw'r rhagolygon ar gyfer y dyfodol.

UDA

Erbyn diwedd y 19eg ganrif roedd UDA wedi dod yn bŵer o bwys yn economi'r byd. Roedd ei ddatblygiad yn gysylltiedig ag adnoddau enfawr y tir a mwynau o fewn ei diriogaeth, ac roedd y rhain yn cyflenwi'r adnoddau crai ar gyfer amrediad eang o ddiwydiannau. Roedd y diwydiannau hyn yn gwasanaethu marchnad fawr sydd ar gynnydd a grewyd gan donnau o fewnfudwyr, a oedd yn cynnig gweithlu rhad a gweithgar. Yn ogystal roedd gan UDA gysylltiadau ag Ewrop, a gynigiai allu technolegol ac, yn bwysicach, cyfalaf. Roedd grym diwydiannol UDA yn dibynnu ar dechnolegau a gynhwysai'r injan tanio mewnol, olew a phlastigion, peirianneg drydanol, radio a thelathrebu. Canlyniad hyn oedd rhanbarth gweithgynhyrchu nodedig, sef y Llain Weithgynhrchu, fel y'i gelwid, a oedd yn ymestyn o Boston a Baltimore yn y dwyrain hyd at Milwaukee a St Louis yn y gorllewin. O fewn y rhanbarth hwn, daeth dinasoedd unigol yn enwog am eu diwydiannau arbenigol eu hunain. Er enghraifft, roedd Detroit – neu Motown, yr enw poblogaidd arno – yn enwog am geir, Pittsburgh am ddur, a Milwaukee a St Louis am fragu.

Wedi'r Ail Ryfel Byd mwynhaodd UDA sefyllfa heb ei hail fel yr economi mwyaf yn y byd. Roedd yn cynhyrchu tua 40% o allbwn gweithgynhyrchu'r byd, gan arwain y byd mewn gweithgynhyrchu dur a cheir. Fodd bynnag, o'r 1960au dechreuodd wynebu cystadleuaeth gynyddol. Gwelwyd gweithfeydd yn cau yn yr 1970au, ynghyd â chynnydd mewn diweithdra a dirywiad yn y fantolen fasnach. Tra oedd cyfradd y dirywiad yn raddol, yr effaith gyffredinol oedd trawsnewid y Llain Weithgynhyrchu, lle roedd y rhan fwyaf o'r colledion mewn swyddi wedi eu crynhoi, yn Llain Rwd. Roedd tri phrif reswm dros y dirywiad mewn gweithgynhyrchu.

- Roedd cyfraddau twf cynhyrchedd yn isel o'i gymharu ag economïau eraill.

- Rhwng yr 1950au a'r 1960au, buddsoddodd nifer mawr o gwmnïau trawsgenedlaethol UDA dramor, yn gyntaf yn Ewrop ac yna yn y Gwledydd Newydd ei Diwydiannu. Erbyn 1980, roedd cwmnïau trawsgenedlaethol UDA yn ennill hyd at draean eu helw o weithgareddau tramor.

- Nid oedd gweithgynhyrchu a leolwyd yn UDA yn gallu cystadlu â gwledydd lle roedd llafur yn rhatach.

Yn 1950, roedd 45% o gyflogaeth yn yr UDA mewn gweithgynhyrchu ond erbyn 1990 dim ond 18% oedd y ffigur hwn.

Yn cyd-fynd â dirywiad y Llain Weithgynhyrchu gwelwyd esgyniad yn y Llain Haul, neu'r rhanbarthau deheuol a gorllewinol. Datblygodd diwydiannau gweithgynhyrchu newydd mewn taleithiau megis California, New Mexico, Texas, Georgia a Florida. Wrth i economi'r rhanbarthau hyn gynyddu bu twf yn y boblogaeth, wrth i bobl fudo o'r hen Lain Weithgynhyrchu i'r de a'r gorllewin ffyniannus.

YMARFERION

Astudiwch Ffigur 10.25.

1 Gan ddefnyddio atlas i'ch cynorthwyo, lleolwch bob un o'r taleithiau canlynol:

California   Pennsylvania
Florida   Texas
Michigan   Virginia
Mississippi   Washington
Gogledd Carolina

Yna gwnech gopi mawr o'r tabl hwn:

	Dirywiad (newid negyddol)	Twf araf (llai na 20%)	Twf cyflym (mwy na 60%)
1960–70			
1970–80			
1980–90			

2 Ar sail eich dadansoddiad, crynhowch y patrwm rhanbarthol o newid mewn gweithgynhyrchu ym mhob degawd:

   a 1960-70

   b 1970-80

   c 1980-90.

3 Awgrymwch resymau am y patrymau a nodwyd gennych.

4 Pa effeithiau tebygol fyddai gan y newidiadau hyn yn economaidd, yn gymdeithasol ac yn amgylcheddol ar:

   a Llain Weithgynhyrchu y gogledd a'r dwyrain

   b Llain Haul y de a'r gorllewin?

ASTUDIAETH ACHOS

Gwlad Pwyl

Gwlad Pwyl oedd y wlad gomiwnyddol gyntaf i adael comiwnyddiaeth yn 1989. Mabwysiadodd raglen o ddiwygiad economaidd. Roedd Cynllun Balcerowicz (a enwyd ar ôl gweinidog cyllid Gwlad Pwyl) wedi ei seilio ar breifateiddio diwydiannau'r wladwriaeth a dilyn polisïau'r farchnad rydd. Dioddefodd yr economi drwy gydol yr 1990au cynnar wrth i fasnach â'r bloc Dwyreiniol ddymchwel. Fodd bynnag, Gwlad Pwyl oedd y wladwriaeth ôl-gomiwnyddol gyntaf i adfer lefel 1989 ei CMC yn 1996. Gwelwyd newidiadau pwysig yn natur ei diwydiannau. O dan gomiwnyddiaeth nid oedd y sector gwasanaethau wedi datblygu, ond bellach mae ar gynnydd, ac

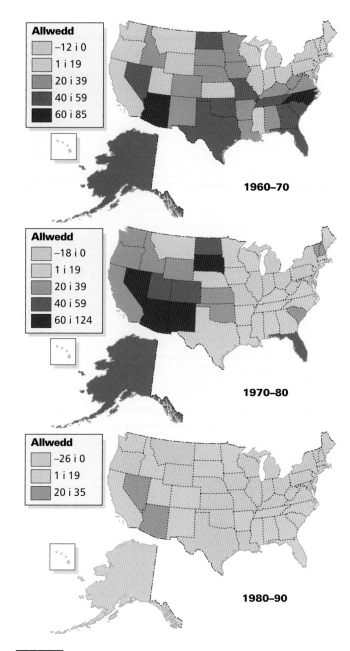

10.25 *Canran y newid yng nghyflogaeth gweithgynhyrchu UDA, 1960-90*

mae cyfran y CMC a ddaw o'r sector preifat wedi dyblu o 30% i 60% ers 1989. Mae patrwm masnach yn dangos newid dramatig. Yn 1985, roedd 22.5% o allforion yn mynd i wledydd yr UE o'i gymharu â 49% i wledydd y Bloc Dwyreiniol. Yn 1995, roedd y ffigurau yn 69% i'r UE ac 16% i'r Bloc. Fodd bynnag, mae'r sefyllfa hon yn debygol o ddod yn fwy cytbwys yn y dyfodol.

Mae Gwlad Pwyl wedi denu symiau sylweddol o fuddsoddiad tramor. Y buddsoddwyr mwyaf yw corfforaethau trawsgenedlaethol UDA. Yr Almaen yw'r partner masnachu pwysicaf, yn gyfrifol am 38.5% o allforion a 27% o fewnforion yn 1995. (Mae cwmnïau o'r Almaen a Korea yn fuddsoddwyr pwysig yng Ngwlad Pwyl.) Mae ffyniant y gwahanol sectorau o economi Gwlad Pwyl yn amrywio. Mae adeiladu llongau yn llwyddiannus, yn arbennig yn Szczecin yn y gogledd orllewin. Mae dull cynhyrchu dur yn dal yn hen ffasiwn, ac mae cloddio am lo yn gwneud colledion ariannol trymion. Mae ailstrwythuro'r diwydiant glo yn debygol o arwain at golled o 90 000 o swyddi dros y blynyddoedd nesaf. O safbwynt gweithgynhyrchu ceir, mae Fiat wedi hen sefydlu yng Ngwlad Pwyl ac mae'n cynllunio i wneud ei 'gar byd' newydd yng Ngwlad Pwyl. Buddsoddwyr eraill yw'r cwmni o Korea, Daewoo, a brynodd y gwneuthurwr ceir FSO; a GM, sy'n cynllunio buddsoddi ar safle maes glas yn ei ffatri newydd yn Gliwice yn Silesia yn gwneud 70 000-100 000 o geir y flwyddyn.

Mae enghreifftiau eraill o fuddsoddi mewnol yn cynnwys Grŵp Koreaidd LG, sy'n buddsoddi mewn projectau amrywiol megis peirianneg sifil, telathrebu a phrojectau eraill. Mae buddsoddwyr eraill yn cynnwys Michelin, Goodyear, ING, Coca-Cola, PepsiCo, Procter a Gamble, Siemens, Matsushita, Unilever, a Cadbury Schweppes (Ffigur 10.26).

Sialens o bwys i'w goresgyn os yw Gwlad Pwyl i wireddu ei photensial fel 'canolfan busnes' rhwng y Dwyrain a'r Gorllewin yw cyflwr isadeiledd y wlad. Mae gan Wlad Pwyl rwydwaith fawr o ffyrdd, ond mae llawer mewn cyflwr gwael. Lansiwyd rhaglen draffordd newydd gyda'r nod o adeiladu 2600 km o briffordd aml lôn yn y 10-15 mlynedd nesaf. Mae'r tri maes awyr yn Warszawa, Gdansk a Kracow yn cael eu huwchraddio. Mae Cylchfaoedd Economaidd Arbennig yn awr yn cael eu sefydlu lle bydd buddsoddwyr yn elwa o ostyngiad mewn trethi a llai o fiwrocratiaeth (Ffigur 10.27).

10.26 *Cwmni trawsgenedlaethol UDA yng Ngwlad Pwyl*

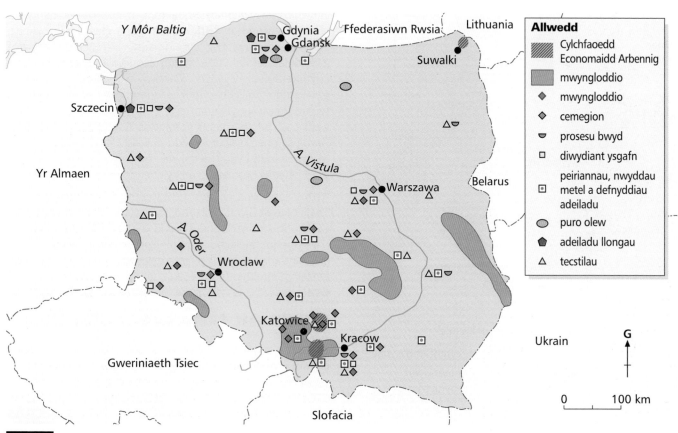

10.27 *Daearyddiaeth economaidd Gwlad Pwyl*

YMARFERION

1 Defnyddiwch Ffigur 10.27 i'ch helpu i lunio map anodedig yn dangos prif nodweddion economi Gwlad Pwyl.

2 Beth yw'r gwahaniaeth rhwng economi comiwnyddol ac economi marchnad rydd?

3 Sut a pham y bu newidiadau ym mhatrymau masnach Gwlad Pwyl ers 1989?

4 Pam y gallai cwmni trawsgenedlaethol Ewropeaidd neu Americanaidd fod â diddordeb i sefydlu cynhyrchu yng Ngwlad Pwyl?

5 Pa ffactorau a allai fod yn rhwystr i gyfradd datblygiad economaidd Gwlad Pwyl?

ASTUDIAETH ACHOS

Gwlad Thai

Yn y ddau ddegawd diwethaf profodd Gwlad Thai un o economïau cyflymaf ei dwf trwy'r byd. Mae'n enghraifft o economi newydd ei ddiwydiannu. Rhwng 1971 ac 1994 fe dyfodd ei CMC ar gyfartaledd o 7.4% y flwyddyn. Roedd diwydiannu cyflym wedi dod â nifer o newidiadau i'w strwythur economaidd a chymdeithasol (Ffigur 10.28).

10.28 *Gwlad Thai*

Mae gweithgynhyrchu yn cyflogi 9% o'r gweithlu ac yn cyfrannu 37% o'r CMC. Datblygodd gweithgynhyrchu drwy gyfres o gamau wrth i'r economi amrywio. Mae'r ddibyniaeth draddodiadol ar y diwydiant tecstilau wedi newid i petrocemegion, electroneg a cherbydau modur. Mae'r sectorau hyn wedi eu hatgyfnerthu gan fuddsoddiad tramor gan fod Gwlad Thai yn cael ei hystyried gan gorfforaethau trawsgenedlaethol fel gwlad o sefydlogrwydd gwleidyddol, rheolaeth economaidd gadarn a gweithlu mawr, ymroddgar.

Daeth twf economaidd cyflym Gwlad Thai â manteision materol i'w phobl. Cynyddodd cyflogau cyfartalog, ac mae llawer mwy o bobl yn gallu prynu nwyddau traul. Fodd bynnag, fe gafwyd problemau wrth ddarparu isadeiledd addas er mwyn cefnogi datblygiad economaidd pellach. Mae cyfleusterau porthladdoedd yn gyfyng yng Ngwlad Thai, ac mae'r brifddinas, Krung Thep, yn dioddef o orlenwi a thagfeydd trafnidiaeth. Ceir problemau amgylcheddol megis llygredd o drafnidiaeth a datgoedwigo cyflym oherwydd datblygiad amaethyddol a lymbro. Mae'r orddibyniaeth ar Krung Thep fel prifddinas yn golygu bod llawer o bobl wedi gadael cefn gwlad. Felly mae Gwlad Thai yn wynebu anghydbwysedd sylweddol rhwng y sectorau gwledig a threfol.

Ochr yn ochr â'r problemau hyn ceir pryderon am sefydlogrwydd yr economi. Roedd Gwlad Thai yn adlewyrchu mewn llawer modd gryfderau a gwendidau economïau 'Teigr' Asia a dyfodd yn gyflym. Roedd ei thwf economaidd yn seiliedig ar bolisïau economaidd cadarn, mae'n gyfoethog mewn adnoddau naturiol, roedd ganddi ddiwydiant ymwelwyr llwyddiannus a ddaeth â chyfalaf tramor derbyniol iawn, ac elwodd ar weithlu gweithgar a rhad. Fodd bynnag, pan ddaeth argyfwng economaidd 1997/98 dadlennwyd gwendidau difrifol yn strwythur economaidd, gwleidyddol a chymdeithasol y wlad. Cafwyd tystiolaeth o lygredd gwleidyddol pellgyrhaeddol, ac roedd gan lawer o'r banciau teuluol mawr gysylltiadau cryf â'r llywodraeth, ac roeddynt wedi cael benthyciadau gormodol. Roedd bwlch cynyddol rhwng safonau byw ardaloedd dinesig a gwledig Gwlad Thai, ac arweiniodd hyn at densiynau gwleidyddol. Dioddefodd y wlad hefyd o broblemau amgylcheddol difrifol.

Wrth i'r argyfwng economaidd waethygu, gorfodwyd Gwlad Thai i ofyn i'r Gronfa Ariannol Ryngwladol (IMF) am gymorth. Cytunodd, ond yn amodol roedd yn rhaid i Wlad Thai gytuno i weithredu 'mesurau cynilo' llym a olygai leihad mewn gwariant ar addysg a lles. Mae dylanwad y mesurau hyn bob amser yn effeithio fwyaf ar aelodau tlotaf y gymdeithas.

Cwmnïau trawsgenedlaethol

Y gydran bwysicaf ym mhroses symudiad byd-eang yw'r **cwmni (corfforaeth) trawsgenedlaethol** (CTG). Mae Ffigur 10.29 yn dangos sut y mae cyfanswm gwerthiant llawer o CTGau yn uwch na chynnyrch gwladol crynswth (CGC) llawer o genedl-wladwriaethau bychain. Mae maint llawer o'r CTGau yn golygu bod ganddynt ddylanwad sylweddol ar economi a gwleidyddiaeth y gwledydd y maent yn gweithredu ynddynt.

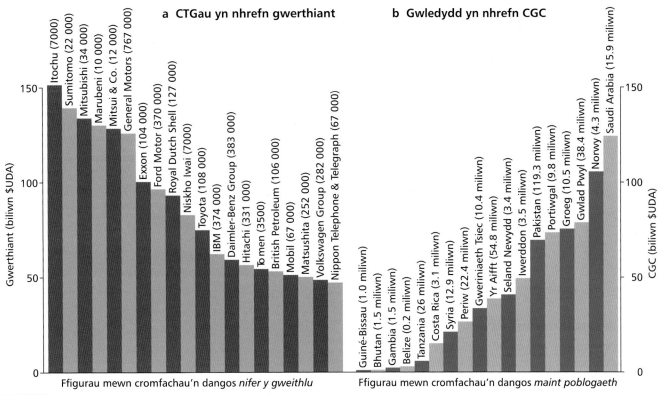

a CTGau yn nhrefn gwerthiant

b Gwledydd yn nhrefn CGC

Ffigurau mewn cromfachau'n dangos *nifer y gweithlu*

Ffigurau mewn cromfachau'n dangos *maint poblogaeth*

10.29 *Cymhariaeth rhwng gwerthiannau rhai CTGau a CGC gwledydd dethol*

	Lleoliad	Anghenion y lleoliad	Newidiadau
Pencadlys cwmni	Ardaloedd dinesig	• Angen cyswllt wyneb yn wyneb • Agos at wasanaethau busnes • Agos at asiantaethau'r llywodraeth	• Dechreuadau maestrefoli • Datblygiadau mewn telathrebu – dim angen agosrwydd ffisegol
Adrannau ymchwil a datblygiad	Ardaloedd maestrefol, dinasoedd bychain	• Amgylchedd dymunol i ddenu gweithwyr • Trethi isel	• Symudiad i a thwf mewn trefi bychain mewn ardaloedd sy'n gyfoethog mewn amwynderau
Gweithfeydd cydosod rheolwaith	Dinasoedd bychain, ardaloedd gwledig	• Llafur rhad • Trethi isel	• Twf yn y Llain Haul (UDA) a'r byd datblygol

10.30 *Model cyffredinol o CTG*

Mae'r rhan fwyaf o fuddsoddiad CTG mewn gwledydd sydd wedi diwydiannu'n helaeth (mae'r rhan fwyaf o fuddsoddiadau CTG UDA, er enghraifft, wedi'u crynhoi yn Ewrop).

Yn Ffigur 10.30 ceir model cyffredinol o sut y gall CTG rannu ei weithgareddau er mwyn manteisio ar fathau gwahanol o lafur ar wahanol lefelau yn ei weithgareddau.

Yn y model, mae'r pencadlys fel arfer wedi'i leoli mewn ardaloedd dinesig mawr oherwydd balchder a statws, a gellir creu darbodion athyriad trwy agosrwydd at wasanaethau busnes megis banciau, asiantaethau hysbysebu a swyddogaethau llywodraeth. Tueddir i leoli gweithgareddau ymchwil a datblygiad mewn ardaloedd llai canolog neu mewn canolfannau dinesig llai er mwyn manteisio ar ffynonellau llafur arbenigol (megis prifysgol sy'n gwneud ymchwil ar lefel uwch) neu i osgoi trethi uchel. Mae gwaith cydosod rheolwaith yn fwy troedrydd ac mae'i leoliad yn gysylltiedig ag argaeledd llafur rhad a lleoedd lle mae trethi'n is.

CWESTIWN STRWYTHUREDIG 1

Astudiwch Ffigur 10.31, sy'n dangos lleoliad gwahanol swyddogaethau CTG.

a Pam y byddai CTG yn dymuno lleoli ei bencadlys mewn dinas fawr? (2)

b Pa fanteision i'r CTG fyddai lleoli cynhyrchu mewn:

  (i) canolfan drefol fawr (2)

  (ii) ardal ymylol? (2)

c Awgrymwch pam y byddai CTG yn lleoli gwahanol swyddogaethau mewn gwahanol fathau o leoedd. (3)

ch Pa effeithiau y gallai adleoli cynhyrchu o ardal ymylol i ganolfan drefol fawr eu cael ar:

  (i) yr ardal ymylol (2)

  (ii) y ganolfan drefol fawr? (2)

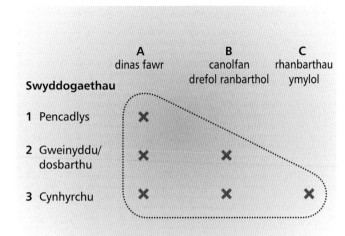

	A dinas fawr	B canolfan drefol ranbarthol	C rhanbarthau ymylol
Swyddogaethau			
1 Pencadlys	✖		
2 Gweinyddu/ dosbarthu	✖	✖	
3 Cynhyrchu	✖	✖	✖

10.31 *Lleoliad gwahanol swyddogaethau CTG*

Costau a buddiannau CTGau

Mae cwmnïau trawsgenedlaethol yn dod i mewn i economi'r wlad letyol mewn sawl ffordd. Mae'r rhain yn cynnwys sefydlu gweithfeydd newydd, meddiannu cwmnïau sy'n bod yn barod, neu fentrau ar y cyd â chwmnïau lleol. Mae llawer o lywodraethau yn amheus o weithgareddau CTGau a gallant osod cyfyngiadau ar eu gweithgareddau trwy reoliadau neu faint o berchenogaeth dramor a ganiateir, neu trwy gytundebau ynglŷn ag amodau llafur a threthi. Mae yna gostau a buddiannau yn deillio o fuddsoddiadau CTGau mewn gwlad. Ymysg y buddiannau y mae:

- creu gwaith a meithrin sgiliau
- cyflogau uwch a llai o ddiweithdra
- lefelau cynhyrchedd uwch
- trosglwyddo technoleg a all arwain at uwchraddio sgiliau a galluoedd y gweithlu.

Ymysg y costau y mae:

- wrth gystadlu gyda chwmnïau lleol llai effeithiol, gall CTGau eu gyrru'n fethdalwyr
- gall rhai CTGau geisio osgoi cyfyngiadau amgylcheddol a gollwng llygryddion i'r amgylchedd lleol
- gall CTGau geisio manteisio ar lafur rhad, hyblyg, anundebol
- gall lefelau ymroddiad i wlad fod yn isel, gan arwain at **weithfeydd ffo** lle bydd buddsoddiad yn cael ei dynnu ymaith yn sydyn unwaith y bydd amodau economaidd yn llai ffafriol. Tybiwyd bod hwn yn un o'r ffactorau pwysig yn yr argyfwng economaidd a effeithiodd ar wledydd yn Ne-ddwyrain Asia yn 1997 ac 1998.

CWESTIWN STRWYTHUREDIG 2

Astudiwch Ffigur 10.32, sy'n rhoi gwybodaeth am y 10 CTG anariannol mwyaf yn y byd.

a Faint o'r 10 cwmni mwyaf sydd â mwy na hanner eu hasedau y tu allan i'r wlad lle mae eu pencadlys? *(1)*

b Awgrymwch pam y mae CTGau cerbydau modur â'r rhan fwyaf o'u hasedau yn y wlad lle mae eu pencadlys. *(2)*

c Rhowch enghraifft o CTG sydd â chyfartaledd uchel o'i gynhyrchu y tu allan i'r wlad y mae'n perthyn iddi yn wreiddiol. Awgrymwch resymau posibl am hyn. *(4)*

ch Gan gyfeirio at CTG y buoch yn ei astudio, awgrymwch pa fuddiannau ac anfanteision y gallai cwmni ddod i'r gwledydd y maent yn gweithredu ynddynt. *(6)*

Gradd	Corfforaeth	Gwlad y pencadys	Diwydiant	% yr asedau sy tu allan i'r wlad	% gwerthiant tu allan i wlad y pencadlys
1	Royal Dutch Shell	DU/Yr Iseldiroedd	puro olew/cemegion	65	39
2	Ford	UDA	cerbydau modur	32	48
3	General Motors	UDA	cerbydau modur	29	31
4	Exxon	UDA	puro olew/cemegion	60	78
5	IBM	UDA	cyfrifiaduron	52	61
6	British Petroleum	DU	puro olew/cemegion	53	73
7	Asea Brown Boveri	Y Swistir	offer diwydiannol a fferm	89	96
8	Nestlé	Y Swistir	bwyd	70	98
9	Philips Electronics	Yr Iseldiroedd	electroneg	76	94
10	Mobil	UDA	puro olew/cemegion	53	77

Mae 'asedau' yn cyfeirio at ffatrïoedd, peiriannau, tir a chwmnïau sydd ym mherchenogaeth CTG.

10.32 *10 CTG uchaf y byd, yn nhrefn gwerth eu hasedau tramor, 1990*

Nike

Mae'r cwmni chwaraeon Nike o UDA yn enghraifft o'r mathau o strategaeth a ddefnyddir gan CTGau mawr er mwyn ennill yr elw mwyaf. Gellir crynhoi cyfrinach eu llwyddiant gydag un gair – hyblygrwydd.

Dechreuodd Nike yn yr 1960au fel mewnforiwr esgidiau. Mewnforiodd y sylfaenydd, Phil Knight, esgidiau o Japan a'u gwerthu mewn cystadlaethau athletau yng ngogledd orllewin UDA. Heddiw mae pencadlys y cwmni yn Beaverton, ger Portland yn Oregon. Mae'n cyflogi dros 6000 o bobl yn ei ganolfan hysbysebu, ymchwil a datblygiad, sydd wedi'i lleoli mewn parc wedi'i dirlunio gyda llwybrau loncian ac adeiladau megis Adeilad Michael Jordan a chanolfan ffitrwydd Bo Jackson.

Ni chynhyrchir esgidiau Nike yn UDA o gwbl. Yn hytrach, mae Nike yn ceisio bod yn hyblyg gyda'i gyfleusterau cynhyrchu, ei leoliad a'i weithlu trwy **allrannu** (neu **isgontractio**) ei waith i gwmnïau eraill. Caiff holl gynhyrchion Nike eu gweithgynhyrchu gan gyflenwyr cytundeb sy'n gweithredu trwy Asia. Dros amser, cafodd cynhyrchu ei symud o Japan i Dde Korea a Taiwan, ac yna i ranbarthau cyflogau-is yn Indonesia, China a Viet Nam (Ffigur 10.33). Caiff yr esgid ei gwneud o nifer mawr o gydrannau ac mae'r cwmni'n symud ei gynhyrchu er mwyn chwilio am y costau isaf (Ffigur 10.34).

Y rheswm am y strategaeth hon yw'r gystadleuaeth ffyrnig o fewn y diwydiant, sy'n chwilio'n barhaus am fodd i leihau costau a chynyddu elw. Mae cwmnïau'n ei chael yn anodd iawn cystadlu os yw eu costau llafur yn uwch na'r rhai sy'n cystadlu yn eu herbyn. Fe awgrymir bod llawer o economïau llai datblygedig Dwyrain Asia yn cynnig cyflenwad mawr o lafur rhad sy'n eu gwneud yn ddeniadol i CTGau megis Nike. Mewn gwirionedd mae'r un ffatrïoedd yn aml yn gwneud esgidiau ar gyfer Reebok, Adidas, Puma, LA Gear, ac eraill.

Caiff y strategaeth hon ei beirniadu gan rai sy'n teimlo ei bod yn ecsbloetio gweithwyr sy'n cynhyrchu esgidiau. Mae Nike yn dadlau bod swyddi Nike yn werthfawr o'u cymharu â swyddi gweithwyr eraill yn y gwledydd hyn. Ond teimla rhai beirniaid dros hawliau dynol fod strategaeth Nike o allrannu ei gynhyrchu i ranbarthau cyflogau-is yn enghraifft o ecsbloetio (Ffigur 10.35). Maent yn cyflwyno enghreifftiau o gyflogau gweithwyr yn Indonesia i ddangos fod 45 gweithiwr yn rhannu ychydig dros $1.60 am wneud pâr o esgidiau Nike Air Pegasus sy'n werth $70. Dywedodd llefarydd ar ran Nike fod esgidiau gwerth $80 yn cynnwys costau llafur o $2.60. Mae'r diwydiant yn enghraifft glasurol o ddi-sgilio cynhyrchu. Mae symud swyddi cydosod esgidiau o un wlad Asiaidd i'r llall yn bosibl oherwydd fod y dasg wedi'i rhannu'n nifer o dasgau arbenigol iawn megis gludio a phwytho esgidiau.

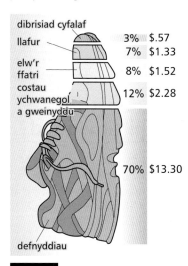

10.34 *Costau cynhyrchu esgid chwaraeon ($UDA)*

dibrisiad cyfalaf	3%	$.57
llafur	7%	$1.33
elw'r ffatri	8%	$1.52
costau ychwanegol a gweinyddu	12%	$2.28
defnyddiau	70%	$13.30

10.35 *Gwrthwynebiad i ddulliau cyflogi CTG*

YMARFERION

1 Lluniwch dabl i gymharu effeithiau cadarnhaol a negyddol CTGau.

2 Ar fap amlinellol o'r byd, dangoswch natur fyd-eang gweithgareddau Nike.

3 I ba raddau y mae gweithgareddau Nike yn cyd-fynd â'r model cyffredinol o CTG a ddangosir yn Ffigur 10.30?

4 Mae Ffigur 10.33 yn dangos y newidiadau yng nghyflenwyr Nike dros amser.

  a Disgrifiwch sut y mae cyflenwyr Nike wedi newid ers 1989.

  b Awgrymwch resymau pam y gallai Nike newid ei gyflenwyr.

5 Bu gweithgareddau Nike yn ne a dwyrain Asia yn bwnc trafod dadleuol yn ystod y blynyddoedd diwethaf. Beth yw'r rheswm dros hyn yn eich barn chi?

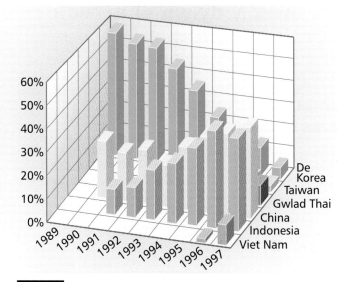

10.33 *Cyflenwyr cytundeb ar gyfer esgidiau Nike, 1989-97*

A Cynllunio archwiliad maes

Bydd y rhan fwyaf o'r ddaearyddiaeth y buoch yn ei hastudio yn yr ysgol wedi'i chyflwyno i chi trwy lyfrau (gyda gwybodaeth am leoedd go-iawn) a thrwy ddamcaniaethau (fel rhai Christaller, Burgess a Hjulstrom). Er bod y dulliau hyn wedi gwneud y pwnc yn ddiddorol (rydych wedi dod mor bell â hyn!), ni all daearyddiaeth ond bod am y byd go-iawn. Fel daearyddwyr, yr hyn y dylem fod yn ei wneud mewn gwirionedd yw mynd allan i fesur y byd go-iawn a cheisio egluro pam y mae patrymau'n cydymffurfio â'r hyn yr ydym yn ei ddisgwyl, neu os nad ydynt yn cydymffurfio, egluro'n union pam nad ydynt. Gall gwaith maes fod yn llawer o hwyl a gall ddadlennu llawer. Gall hefyd fod yn ffordd ddefnyddiol o ennill marciau da yn eich arholiad UG. Mae'r adran hon yn dangos i chi sut i wynebu ymholiadau gwaith maes a sut y mae ymholiad go-iawn yn datblygu trwy ddefnyddio un enghraifft o waith maes sy'n archwilio afon.

Beth sy'n rhaid i mi ei wneud?

Bydd yr union ofynion yn dibynnu ar eich Bwrdd Arholi, a dylech ddarllen manyleb y maes llafur yn ofalus a thrafod posibiliadau gyda'ch athro cyn dechrau. Mae'r wybodaeth ar gael mewn manylebau cyhoeddedig neu trwy'r rhyngrwyd.

Y prif bwyntiau i'w hystyried:

- Dewiswch bwnc o adran o'r maes llafur y byddwch yn ei hastudio ar gyfer arholiadau UG neu U2.
- Yn ddelfrydol, dewiswch leoliad lleol lle bydd yn bosib i chi ymweld sawl tro.
- Sicrhewch fod yna bwnc neu drafodaeth yn graidd i'r astudiaeth.
- Ceisiwch ddewis pwnc sydd â chefnogaeth damcaniaeth neu gysyniadau daearyddol.
- Ystyriwch a all data gael eu casglu gan grŵp neu a oes raid eu casglu'n unigol.
- Sicrhewch bod digon o ddata cynradd ar gael.
- Yn bwysicach na dim, dylai'r pwnc fod o ddiddordeb *i chi* – gofalwch fod gennych wir awydd darganfod mwy amdano.

Felly, gellir ystyried bod archwiliad daearyddol yn broses tri-cham:

DISGWYLIWCH	– beth y dylech ei ddarganfod yn ôl damcaniaeth ddaearyddol.
DARGANFYDDWCH	– y patrymau a welsoch yn ystod eich ymchwil.
GWERTHUSWCH	– cymhariaeth o'r canlyniadau gyda'r patrwm disgwyliedig.

Y DREFN
- Syniad
- Pwnc
- Damcaniaeth ac ymchwil gefndirol
  - ffurfio rhagdybiaethau neu gwestiynau
  - beth sy'n ddisgwyliedig mewn damcaniaeth

Y DATA
- Dull
  - ffyrdd y cesglir y data, a gwerthusiad o ba mor ddibynadwy yw'r data
  - samplu a thechnegau
- Canlyniadau
  - cyflwyno'r holl ddata a gasglwyd
  - cynrychioliad gweledol o ddata, graffiau a thablau

GWERTHUSIAD
- Dadansoddiad o ganlyniadau
  - defnydd o ystadegau i asesu a yw'r canlyniadau'n arwyddocaol
  - profi'r rhagdybiaethau
- Trafodaeth
  - cymharu canlyniadau gyda'r patrwm disgwyliedig (rhagymadrodd)

Pa bwnc y dylwn ei astudio?

Rhaid dewis pwnc yn ofalus. Mae'n bwysig dewis pwnc hyfyw a bydd hyn yn dibynnu ar eich lleoliad, amser, ymrwymiadau ac adnoddau. Rhaid i'r holl archwiliadau gael eu sylfaenu ar ddata **cynradd** a chael eu cefnogi gan rai defnyddiau **eilaidd**.

Data cynradd

Data yr ydych yn eu casglu'n uniongyrchol eich hun yw data cynradd, trwy fesur, gofyn neu gofnodi. Rhaid i'r data hyn fod yn wreiddiol a bod yn ffrwyth cyswllt uniongyrchol gyda'r byd go-iawn. Gallant gynnwys:

- pwysau neu fàs
- pellter, lled neu ddyfnder
- rhif a chyfrif
- canlyniadau holiadur
- brasluniau neu ffotograffau (wedi'u tynnu gennych chi).

Data eilaidd

Daw'r data hyn yn anuniongyrchol o lyfrau, nodiadau, erthyglau neu fapiau. Nid ydynt wedi'u casglu gennych chi ond cânt eu defnyddio yn eich archwiliad. Gallant gynnwys:

- mapiau
- llyfrau
- cofnodion
- data cyfrifiad, ffotograffau (wedi'u tynnu gan eraill)
- defnydd rhyngrwyd.

11.1 *Dynol neu ffisegol?*

Dynol neu ffisegol?

Gall fod yn anodd weithiau penderfynu pa un ai i gymryd pwnc 'dynol' neu 'ffisegol', ac mae manteision ac anfanteision i'r ddau (Ffigur 11.1). Byddai'n ddelfrydol, wrth gwrs, pe gallech gael o leiaf elfen fechan o groesi-drosodd: project 'dynol' gyda rhywfaint o ogwydd 'ffisegol' iddo, neu fel arall. Ond cymerwch ofal: tra bod project sy'n edrych ar erydiad llwybr troed yn broject croesi-drosodd posib, gall un sy'n edrych ar gysyniadau dynol o lygredd metel trwm a syanid mewn dŵr fod yn anodd iawn, os nad ydych yn gallu defnyddio adnoddau labordy arbenigol. Peidiwch â bod yn rhy uchelgeisiol os na wyddoch eich bod yn gallu defnyddio'r caledwedd/arbenigedd perthnasol.

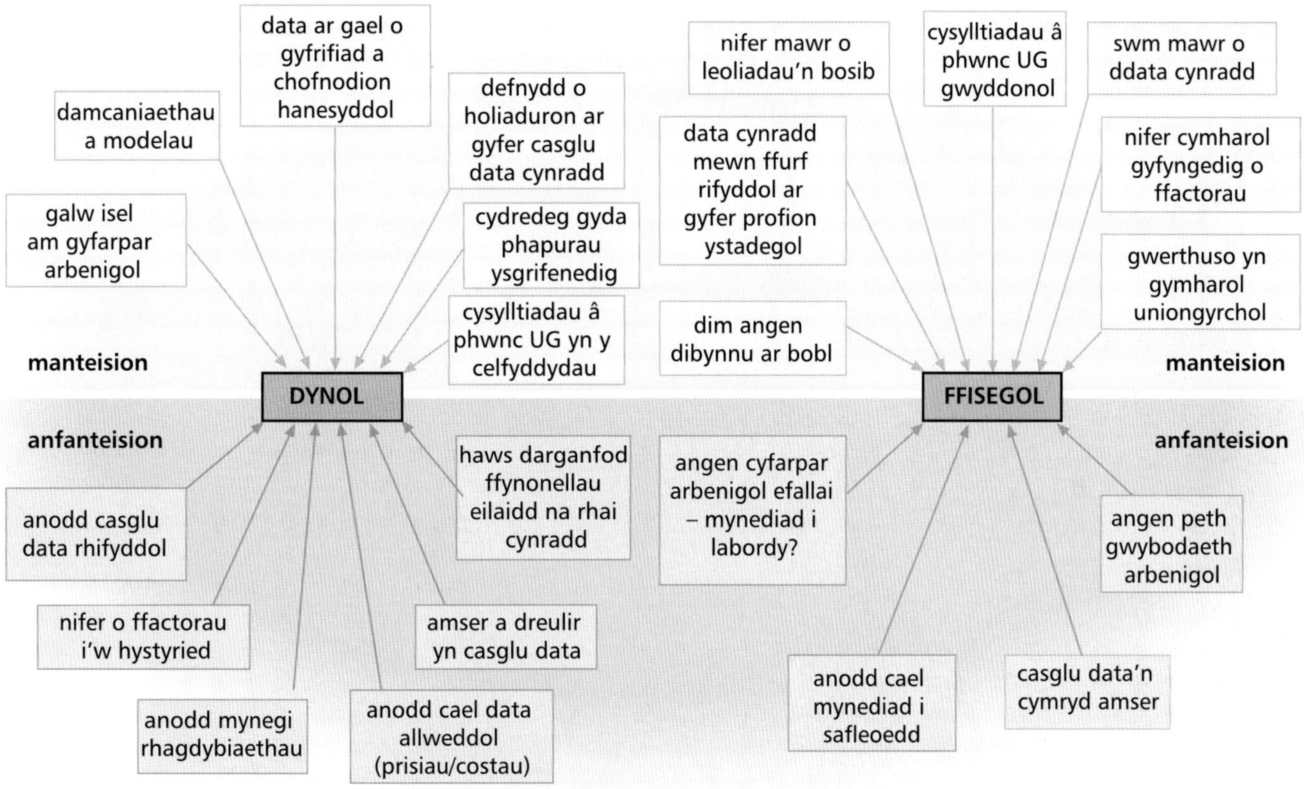

Rhestr wirio

Dylech drafod a meddwl llawer wrth gynllunio'ch project. Cyn gwneud eich penderfyniad terfynol, dowch yn ôl at y llyfr hwn ac edrychwch ar y rhestr wirio hon. Cyn belled â'ch bod yn hyderus eich bod yn gallu ateb y cwestiynau hyn yn foddhaol, gallwch gynnig eich syniad yn ffurfiol, a chychwyn ar y gwaith.

- A yw'r pwnc wedi'i gynnwys yn eich maes llafur?
- Oes yna ddamcaniaeth y gallech ei chymharu gyda'ch data?
- A fyddwch yn gallu cael gafael ar ddigon o ddata cynradd?
- A allwch gael gafael ar y cyfarpar angenrheidiol?
- A yw'r pwnc hwn yn un y mae gennych ddiddordeb gwirioneddol ynddo?

Themâu posibl

Rhaid i'ch dewis o bwnc fod wedi'i seilio ar eich anghenion, diddordebau a'ch sefyllfa chi. Yn ddelfrydol dylai'r dewis gael ei wneud o fewn eich ardal leol fel y byddwch yn gallu dychwelyd yno sawl gwaith os bydd arnoch eisiau cwblhau'r gronfa ddata, gwirio canlyniadau neu gasglu data pellach. Ar gyfer astudiaethau lleol cychwynnwch gyda Map Ordnans a nodwch y pynciau posib yn eich ardal chi. Mae Ffigur 11.2 yn dangos rhai posibiliadau yn yr ardal i'r dwyrain o Rydychen.

Mynediad i gefn gwlad
- dylanwad polisi'r Llain Las ar dai
- defnydd a chamddefnydd o lwybrau troed
- effaith economaidd a ffisegol ymwelwyr

Datblygiad ymylol
- natur a maint marchnad mewn parc adwerthu
- effaith gymdeithasol ac amgylcheddol datblygiadau newydd
- amrywiad cymdeithasol ac economaidd mewn stad fawr
- gwrthdaro ynglŷn â defnydd tir ar yr ymylon
- effaith priffyrdd ar ecosystemau lleol

Hydroleg
- nodweddion sianel a llif [a ddefnyddir fel yr enghraifft weithredol yn yr adran hon]
- effaith pobl ar ddraeniad lleol
- amrywiad cyfradd ymdreiddiad gyda defnydd tir a daeareg
- dadansoddiad o berygl a rheolaeth llifogydd

Pentrefi
- newid cymdeithasol ac economaidd mewn pentref
- newidiadau yn narpariaeth gwasanaethau
- effaith cymudo ar lifoedd trafnidiaeth

Gwledig cyffredinol
- maint, pellter a swyddogaethau pentrefi
- newidiadau diweddar mewn swyddogaethau yn ôl pellter o'r ddinas
- effaith trafnidiaeth ar boblogaeth breswyl
- patrymau mudo a strwythur oedran

Maestrefi
- cymharu sectorau preswyl
- effaith datblygiadau tai diweddar
- cymharu ardaloedd siopa maestrefol

Ymylon gwledig-trefol
- strategaeth reoli mewn Parc Gwledig
- erydiad llwybr troed
- swyddogaeth Parc Gwledig mewn bywyd trefol
- amrywiad pridd/llystyfiant gyda llethr a daeareg
- amrywiadau mewn draeniad a chynhwysedd ymdreiddio

Trefol cyffredinol
- natur a dosbarthiad troseddau
- y math o swyddogaethau a'r pellter rhyngddynt
- amrywiadau mewn patrymau economaidd-gymdeithasol
- amrywiadau mewn grwpiau ethnig ac oed
- strwythur y ddinas – cylchfaoedd defnydd tir
- amrywiadau gofodol ym mhris cwrw
- dosbarthiad gofodol adloniant
- patrwm gofodol gwasanaethau meddygol
- effaith y Llain Las ar ddwysedd tai
- llifoedd trafnidiaeth
- hinsoddau trefol – ynys wres, cyflymder gwynt, lleithder cymharol

CBD
- darluniad o'r CBD
- twristiaeth yn yr ardal ganolog
- effaith newidiadau mewn trafnidiaeth a ffyrdd
- dosbarthiad swyddogaethau yn y CBD
- effaith mannau cerdded
- cyfradd hindreuliad adeiladau

Amaethyddiaeth
- newidiadau diweddar mewn gweithgaredd fferm
- cymharu ffermydd yn ôl math neu faint
- gwneud penderfyniadau mewn amaethyddiaeth
- profi model Von Thünen
- effaith ffermio ar y pridd

Coetir
- ecoleg coetir lleol
- a yw ecoleg yn cael ei heffeithio gan faint y coetir?
- perthynas rhwng priddoedd a llystyfiant
- gwahaniaethau microhinsoddol mewn coetir

® Crown Copyright

11.2 *Themâu posibl ar gyfer archwiliad maes*

Beth ydw i'n ei astudio?

Unwaith y bydd y pwnc wedi'i ddewis, rhaid wrth ymchwil i benderfynu'r math o ddata y bydd angen i chi eu casglu. Dylai ymchwil gynnwys damcaniaeth berthnasol fel y bydd gennych syniad clir o'r materion sy'n codi. Bydd ansawdd a maint y data a gesglir yn dibynnu ar pam y mae'n cael ei gasglu.

Mae llawer o fyfyrwyr yn ei chael yn haws edrych ar broject o safbwynt cwestiwn syml y gellir ei ateb trwy werthuso'r data a gasglwyd; er enghraifft:

'I ba raddau y mae'r microhinsawdd yn newid rhwng haf a gaeaf mewn coetir collddail?'

Mae myfyrwyr eraill yn dewis dilyn llwybr mwy gwyddonol ac yn defnyddio rhagdybiaethau.

Yn gyffredinol caiff **rhagdybiaethau** eu gwneud i helpu i finiogi cyfeiriad project. Maent yn darparu targedau penodol ar gyfer yr archwiliad ac yn gweithredu fel asgwrn cefn y gwaith cyfan. Llunio'r rhagdybiaethau yw'r cam pwysicaf, mae'n debyg, wrth gynllunio'r project.

Beth yw rhagdybiaeth?

Gosodiad clir yw **rhagdybiaeth** sy'n rhoi nod penodol i'r archwiliad. Gellir cael nifer o ragdybiaethau gweithredol (hyd at dair), ac maent yn canolbwyntio ar yr hyn yr ydych yn ceisio'i ddangos neu'i brofi.

Astudiaeth Afon: rhagdybiaethau

Rh1 Cyflymder yn cynyddu gyda phellter cynyddol o'r tarddiad.

Rh2 Radiws hydrolig yn cynyddu gyda phellter cynyddol o'r tarddiad.

Rh3 Calibr llwyth gwely yn lleihau gyda phellter cynyddol o'r tarddiad.

Wrth brofi rhagdybiaeth, rhaid i chi sefydlu **rhagdybiaeth nwl**, sef gosodiad sy'n groes i'r rhagdybiaeth weithredol, a chaiff ei phrofi gydag ystadegau i gyrraedd casgliad. Mae hyn yn swnio'n rhyfedd ar y dechrau, ond mae'n ffurfio sylfaen ymholiad gwyddonol a'i bwrpas yw lleihau camgymeriadau. Sylfaenwyd rhagdybiaeth nwl ar y syniad os ydych yn ceisio profi bod gosodiad yn anghywir ac yn methu, yna rhaid ei

fod yn gywir. Ar y llaw arall, os ydych yn mynd ati i brofi bod gosodiad yn gywir rydych yn debyg o ddewis neu ddehongli data sy'n addas i'ch achos a chyrraedd casgliad ffug (gelwir hyn yn **rhagfarn arbrofwr**).

Astudiaeth Afon: rhagdybiaethau nwl

Rh°1 Nid yw cyflymder yn newid gyda phellter cynyddol o'r tarddiad.

Rh°2 Nid yw radiws hydrolig yn newid gyda phellter cynyddol o'r tarddiad.

Rh°3 Nid yw llwyth gwely yn newid gyda phellter cynyddol o'r tarddiad.

Astudiaeth Afon: dechrau arni

Mae astudiaethau afon yn boblogaidd oherwydd maent yn addas iawn ar gyfer casglu data a phrofi damcaniaethau a rhagdybiaethau amrywiol. I ddechrau bydd raid i chi wneud peth ymchwil o lyfrau gosod i ddod o hyd i agwedd sy'n eich diddori.

Ymchwil

Bydd eich ymchwil yn eich galluogi i ysgrifennu'r **rhagymadrodd**. Bydd cynnwys y rhagymadrodd yn dibynnu'n uniongyrchol ar y rhagdybiaethau a ddewiswyd gennych a bydd yn egluro pam yr ydych yn archwilio'r agweddau hyn ar y pwnc, gan gynnwys beth yr ydych yn gobeithio'i ddarganfod. Mae yna nifer o agweddau posib sy'n werth eu hastudio, gan gynnwys:

- y gylchred hydrolegol a dŵr ffo arwyneb
- ymffurfiad sianel trwy erydiad afonol a'r prosesau sydd ynglŷn â hynny
- nodweddion llwyth afon (cromlin Hjulstrom)
- y cydbwysedd egni o fewn sianel – graddiant, màs, ffrithiant allanol, ffrithiant mewnol, radiws hydrolig
- cynnydd mewn màs i lawr yr afon (gradd afon)
- ffurf sianel fel cydbwysedd rhwng egni a gwrthsafiad.

B Casglu data

1 Data cynradd

Casglu data yw'ch prif gyfraniad at yr archwiliad a dyma'r hyn sy'n ei wneud yn unigryw. Canolbwyntiwch ar ddata sy'n uniongyrchol berthnasol i'r teitl neu'r rhagdybiaethau, ac anelwch am **ansawdd** mor uchel a **swm** mor fawr ag sy'n bosibl.

Er mwyn profi data'n ystadegol, mae angen lleiafswm o safleoedd neu bynciau. Fel arfer, po fwyaf yw maint y sampl, mwy manwl a chywir fydd y canlyniadau, gan wneud y drafodaeth yn dasg haws a mwy cyfoethog. Os byddwch yn ansicr casglwch fwy nag sy'n ymddangos yn angenrheidiol a gallwch adael rhai allan yn nes ymlaen.

Cyn dechrau casglu data rhaid i chi gynllunio'n ofalus iawn.

- **Beth** sy'n rhaid i mi ei gasglu, a **pham**?
- **Ble** rwyf yn mynd i'w gasglu, a **pham**?
- **Pryd** rwyf yn mynd i'w gasglu, a **pham**?

Rhaid i chi fod â rhesymau da dros gasglu'r data yn y ffordd y bwriedwch wneud hynny. Bydd arholwyr yn gwerthfawrogi'ch rhesymeg wrth ddarllen eich gwaith gorffenedig.

Astudiaeth Afon: casglu data

Mae yna nifer o setiau o ddata y gellir eu casglu, er bydd yr hyn y byddwch chi yn dewis ei gasglu yn dibynnu ar eich rhagdybiaethau. Ymysg enghreifftiau posib y mae:

- mesuriadau dyfnder, lled ac arwynebedd trawstoriad o'r sianel
- nodweddion llwyth gwely
- mesuriadau graddiant y sianel a chyflymder yr afon
- mapio ac arsylwadau ar lan afon a defnydd tir o gwmpas.

Sut y dylwn gasglu fy nata?

Mae yna nifer o ffyrdd o gasglu data, ond y mwyaf cyffredin efallai yw mesuriadau sy'n golygu samplu a holiaduron sy'n casglu ymatebion.

Samplu

Fel arfer nid yw'n bosibl mesur neu holi'r 'boblogaeth' gyfan yn eich archwiliad, felly bydd gofyn am beth dethol. Gelwir y broses hon yn **samplu**. Mae'n bwysig eich bod yn cynnwys digon o'r boblogaeth er mwyn i'r canlyniadau fod yn fanwl gywir ond mae yna gyfyngiadau amser, egni ac argaeledd. Yn yr un modd nid yw'n bosibl mesur yr holl newidynnau ar hyd holl gwrs traeth neu afon. Mae samplu felly yn agwedd holl bwysig ar gasglu data.

Astudiaeth Afon: pam samplu?

Mae sianel yr afon yn newid yn gyson a does dim dwy adran yr un fath, ond mae casglu data ymhob safle ar yr afon yn araf ac yn gofyn llawer. Dylid dewis nifer o safleoedd (12 yn yr enghraifft weithredol hon) gan fod hyn yn cydbwyso'r amser a'r egni a ddefnyddir wrth gasglu data gyda chywirdeb y casgliadau. Mae hyn hefyd yn rhoi sampl digonol i ganiatáu i amrywiadau gael eu dangos ac i ddefnyddio'r prawf ystadegol a elwir yn gyfernod cydberthyniad rhestrol Spearman.

Faint i'w cynnwys mewn sampl?

Dibynna hyn ar amser ac adnoddau. Pan fo raid gwneud mesuriadau ffisegol, mae 10-12 o safleoedd yn ddigonol fel arfer. Mae holiaduron yn gyflymach a dylent fel arfer fod dros 50. Wrth rannu data o fewn grŵp, mae sampl llawer mwy yn bosibl. Mae hi bob amser yn werth cofio fod y canlyniadau'n debycach o fod yn gywirach po fwyaf fo'ch sampl. Mae'r nifer o samplau a ddewiswch yn dibynnu yn y pen draw ar gydbwysedd rhwng cael y nifer mwyaf posib, a synnwyr cyffredin ac ymarferoldeb.

Mathau o samplu

Mae yna bedair prif ffordd o ddewis safleoedd ar gyfer casglu data.

- **Hap-samplu** – mae gan bob pwynt casglu a ddewisir yr un siawns o gael ei ddewis a'r holl safleoedd eraill. Ni ddefnyddir unrhyw reolau na dilyniannau yn y broses ddewis. Dewiswch dablau haprifau, dewiswch o het, neu gofynnwch i'r person nesaf unwaith y bydd cyfweliad wedi gorffen.
- **Samplu systematig** – defnyddir rheol neu ddull pendant wrth benderfynu ar le neu berson. Gallai hyn olygu holi pob degfed person neu rannu trawslun yn 12 o rannau cyfartal.
- **Samplu haenedig** – dyma'r dull cywiraf oll, ac mae'n golygu dadansoddi'r holl boblogaeth cyn dechrau, a'i rhannu'n gategorïau perthnasol. Gwneir y samplu yn ôl maint y categorïau hyn, ac yna dewisir safleoedd penodol trwy hap-dechnegau. Mae'r dechneg hon yn sicrhau fod y sampl terfynol yn adlewyrchiad cywir o'r boblogaeth gyfan.
- **Samplu pragmatig** – defnydd o un, neu fwy, o'r dulliau uchod yn ôl amodau maes. Mae samplu yn 'ddelfryd' na ellir yn aml ei chyrraedd. Mae'n bwysig ceisio bod mor

Astudiaeth Afon: technegau samplu

a Hap-samplu

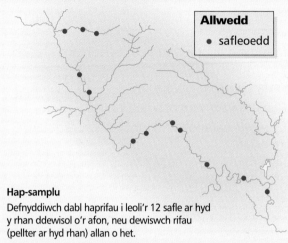

Allwedd
• safleoedd

Hap-samplu

Defnyddiwch dabl haprifau i leoli'r 12 safle ar hyd y rhan ddewisol o'r afon, neu dewiswch rifau (pellter ar hyd rhan) allan o het.

• *Manteision* – mae hyn yn gyflym, yn syml ac yn rhoi i'r holl bwyntiau ar yr afon yr un siawns o gael eu dewis

• *Anfanteision* – efallai na fydd y safleoedd a ddewiswyd yn cynnwys adrannau pwysig o'r sianel (ystum afon neu gored), ac efallai bod rhai eraill yn rhy debyg. Efallai na fydd safleoedd ar ddechrau a diwedd yr adran ddim wedi'u cynnwys. Gall mynediad fod yn broblem.

b Samplu systematig

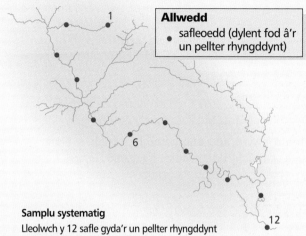

Allwedd
• safleoedd (dylent fod â'r un pellter rhyngddynt)

Samplu systematig

Lleolwch y 12 safle gyda'r un pellter rhyngddynt ar hyd y rhan berthnasol o'r afon.

• *Manteision* – mae hyn yn rhoi gwasgariad cyfartal o safleoedd a bydd yn adlewyrchu'n gywir newidiadau parhaus mewn newidynnau ar yr afon; gweddol hawdd i'w wneud.

• *Anfanteision* – gall adael allan safleoedd allweddol (ystumiau afon ac addasiadau dynol) ac achosi problemau mynediad.

c Samplu haenedig

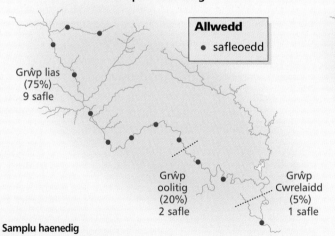

Allwedd
• safleoedd

Grŵp lias (75%) 9 safle

Grŵp oolitig (20%) 2 safle

Grŵp Cwrelaidd (5%) 1 safle

Samplu haenedig

Gwnewch astudiaeth ragarweiniol o'r sianel, i'w rhannu yn adrannau syth, rhai'n ystumio, rhai plethog a rhai artiffisial. Cyfrifwch gyfanswm yr hyd ym mhob categori a'u pwysigrwydd canrannol. Dyrannwch y 12 safle i'r categorïau hyn yn ôl eu pwysiad. Er enghraifft, os yw 50% o hyd y sianel yn ystumio, yna dylid dewis 6 safle o fewn yr adrannau hyn drwy haprifau. Yn yr enghraifft hon, mae newidiadau ym math y graig wedi'u cymryd i ystyriaeth. Mae'r safleoedd wedi'u lleoli yn ôl canran o'r gwahanol fathau o graig.

• *Manteision* – mae'n sicrhau fod pob math o sianel wedi'u cynnwys yn yr archwiliad. Mae'r safleoedd yn adlewyrchu'n gywir yr afon yn ei chyfanrwydd.

• *Anfanteision* – amser ac egni yn ogystal â phroblemau wrth ddosbarthu'r sianel. Gall na fydd mynediad yn bosibl i rai o'r safleoedd hyn.

ch Samplu pragmatig

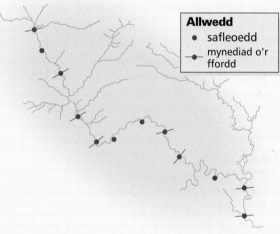

Allwedd
• safleoedd
— mynediad o'r ffordd

Samplu pragmatig

Cymerwch bod y safle a ddewiswyd gyda mynediad gwael neu anghyfreithlon i'r sianel afon. Yn hytrach na mynd trwy wely mawr o ddanadl poethion, neu geisio ymwthio trwy goed mwyar duon neu darfu ar ffermwr lleol, ewch i'r safle nesaf i lawr yr afon lle mae mynediad naturiol i'r sianel. Mae coed wedi syrthio neu adrannau o'r afon sy'n arbennig o gyflym neu ddwfn yn gallu bod yn beryglus a dylid eu hosgoi.

wrthrychol ag sy'n bosibl, ond mae angen hyblygrwydd hefyd, fel, er enghraifft, peidio â dewis safle gyda brigiadau craig mawr mewn archwiliad pridd, neu berson sy'n amlwg yn brysur pan wneir archwiliad siopa.

Pa gyfarpar sydd ei angen arnaf?

Yn arbennig gydag archwiliadau ffisegol, gall y cyfarpar sy'n angenrheidiol i gasglu data cywir fod yn arbenigol neu'n ddrud iawn. Cofiwch mai archwiliad myfyriwr yw hwn ac na ddisgwylir perffeithrwydd. Mae modd addasu'n fyrfyfyr hefyd er mwyn osgoi gwario ar offer arbenigol. Holwch eich ysgol i gael gweld beth sydd ar gael a/neu ofyn a oes modd benthyca o'ch prifysgol leol, coleg addysg bellach neu hyd yn oed ysgol arall yn yr ardal. Dyma rai problemau cyffredin:

- **Medrydd gwynt neu anemomedr** – drud i'w brynu. Yn hytrach gallwch ddefnyddio ffactorau amgylcheddol megis sbwriel yn symud, canghennau, boncyffion coed, neu fwg.

- **Mesurydd llif** – drud iawn, ac anodd ei ddefnyddio: ceisiwch roi oren neu fisgeden ci wedi'i siapio ar ran wedi'i fesur o'r afon.

- **Thermomedr** – gall thermomedrau bwlb fod yn rhy anfanwl i wahaniaethu rhwng safleoedd. Defnyddiwch fodel electronig sy'n sensitif i $0.1°C$.

- **Lleithder cymharol** – mae dyfeisiau electronig yn ddrud ac mae thermomedrau bwlb gwlyb-a-sych yn araf a thrwsgl.

- **Taradr pridd** – drud iawn, ac anodd i'w ddefnyddio mewn daear sych neu garegog. Mae tyllau wedi'u turio gyda rhaw neu drywel yn well, ond sicrhewch ganiatâd y tirfeddiannwr gyntaf. Cofiwch glirio ar eich ôl wedyn.

- **Nythod gogru** – yn cael eu defnyddio i wahanu gronynnau o faint gwahanol mewn pridd neu waddodion traeth/afon. Os nad oes rhai ar gael, defnyddiwch waddodi mewn tiwb prawf, gan ychwanegu alwminiwm sylffad ar y diwedd i sefydlogi'r clai mân. Mesurwch yr haenau o waddod wrth iddynt sefydlogi a cyfrifwch y canrannau.

- **Profi pH** – mae papur litmws yn rhy anfanwl, ac mae dyfeisiau electronig yn ddrud. Ceisiwch ddefnyddio cyfarpar profi pridd o ganolfan arddio/planhigfa.

- **Cwpwrdd sychu** – defnyddiwch labordy bioleg yr ysgol, neu'r popty gartref (gofynnwch am ganiatâd gyntaf).

- **Clinomedr** – gallwch wneud eich clinomedr eich hun gan ddefnyddio onglydd, ond gellir prynu clinomedrau lefel wirod yn rhad mewn siopau nwyddau metel.

Dylech fod yn ymwybodol o gyfyngiadau posibl eich cyfarpar, a cheisiwch leihau canlyniadau anwastad neu gamgymeriadau.

Astudiaeth Afon: cyfarpar

- Tâp sy'n ddigon hir i ymestyn o un lan i'r llall.
- Pren mesur metr neu ddarn o bren sy'n ddigon hir i gyrraedd y gwely o'r arwyneb.
- Par o galiperau i fesur diamedr gronynnau'r llwyth gwely.
- Mesurydd llif, orenau neu fisgedi cŵn i fesur y cyflymder.
- Wats i amseru'r cyflymder.
- Camera i gofnodi pob lleoliad.
- Cyfeirlyfr botaneg i adnabod rhywogaethau llystyfiant.
- Papur lluniadu a phensiliau i fraslunio arweddion perthnasol ar y lan ac ar wely'r afon.
- Esgidiau glaw neu esgidiau pysgota.

Holiaduron – sut i'w defnyddio a pham

Mewn pynciau dynol, yr holiadur yw'r ffynhonnell fwyaf cyffredin o ddata cynradd ond gellir ei ddefnyddio hefyd gyda phynciau ffisegol, yn arbennig pan fo rheoli neu wrthdaro yn faterion i'w trin. Gall casglu holiaduron gymryd amser ac mae'n angenrheidiol eu cynllunio'n iawn cyn gwario amser ac egni yn holi'r cyhoedd. O feddwl a chynllunio'n ofalus y nifer a'r math o gwestiynau ymlaen llaw, gellir arbed llawer o amser ac egni yn nes ymlaen yn yr archwiliad.

- Meddyliwch pa ddata yr ydych yn dymuno eu casglu – gweithiwch oddi wrth y rhagdybiaethau.

- Ceisiwch nodi'r prif newidynnau a sicrhewch bod y cwestiynau'n cyffwrdd â'r rhain. Cyfeiriwch at yr ymchwil gefndirol i sefydlu'r ffactorau perthnasol.

- Os mewn amheuaeth, cynhwyswch y cwestiwn, oherwydd gellir bob amser anwybyddu'r canlyniadau os byddant yn ddiangenraid.

- Gwnewch ddrafft bob amser a'i roi ar brawf fel peilot cyn mynd ati i wneud y gwaith cyflawn. Os nad yw cwestiynau'n gweithio, gallwch eu newid.

- Sicrhewch fod yna reswm penodol y tu ôl i bob cwestiwn a ofynnir.

Mae cynllunio'r holiadur yn bwysig oherwydd rhaid ei gwblhau'n gyflym (yn aml dan amodau anodd) a chywir. Gwell cael blychau i'w ticio, neu 'fformat dewis gorfodol' nag ysgrifennu a dylid eu defnyddio lle bynnag y bo'n bosibl os nad ydych yn chwilio am ganfyddiadau neu farnau unigol.

Astudiaeth Afon: holiadur

Mae angen holiadur i ddarganfod safbwyntiau carfannau sydd â diddordeb ar reoli afon, llifogydd, defnydd afon, ansawdd dŵr, neu gynigion ar gyfer newid yn y dyfodol. Dylai gynnwys:

- statws – lleol neu anlleol, rhyw, oedran
- grŵp economaidd-gymdeithasol/gwaith
- defnydd – sut y mae'r person yn defnyddio'r afon: gwaith, hamdden, chwaraeon, golygfa?
- ymwybyddiaeth – a yw'r person yn ymwybodol

o'r materion neu'r problemau rydych yn eu harchwilio?

- newidynnau – cwestiynau ar agweddau penodol megis ansawdd dŵr, newid dros amser, amlder llifogydd
- atebion – cwestiynau clir am yr hyn y gellid ei wneud.

Gellid defnyddio'r cwestiynau hyn i greu darlun o'r ffordd y mae'r carfannau gwahanol yn meddwl am yr afon, ei rheolaeth, y materion a'r atebion.

Mae cyflwyniad clir a phroffesiynol yn helpu i ddangos i'r rhai a holir eich bod o ddifrif.

Ceisiwch gadw'r atebion ar un ochr i'r ddalen. Bydd hyn yn osgoi cymysgedd/colli pethau ac yn gwneud y broses yn llawer haws.

Byddwch yn sensitif wrth ofyn cwestiynau personol ynglŷn â rhyw, oed, cyflog neu statws.

Byddwch yn barod. Bydd rhai pobl yn arbenigwyr ar eich pwnc a gallant yn hawdd gyfnewid rolau (eich holi chi, yn hytrach na chael eu holi). Dylech fod yn drwyadl gyfarwydd â'r materion eich hun.

Defnyddiwch flychau ticio clir er mwyn gallu eu llenwi'n gyflym a chywir. Pan fo angen, gorfodwch y person i ddewis er mwyn osgoi atebion goddrychol.

Gofynnwch gwestiynau sy'n ymwneud yn uniongyrchol â'ch rhagdybiaeth. Meddyliwch am y math o ddata sydd eu hangen arnoch, a chanolbwyntiwch arnynt.

Mae atebion syml ydw/nac ydw yn ei gwneud yn haws prosesu data. Mae hyn yn arbennig o bwysig os byddwch yn defnyddio profion ystadegol.

Peidiwch â gofyn rhy ychydig neu ormod o gwestiynau. Nid yw pobl yn hoffi cael eu tarfu heb fod rheswm da pan fyddant yn brysur. Anelwch at 10-15 cwestiwn.

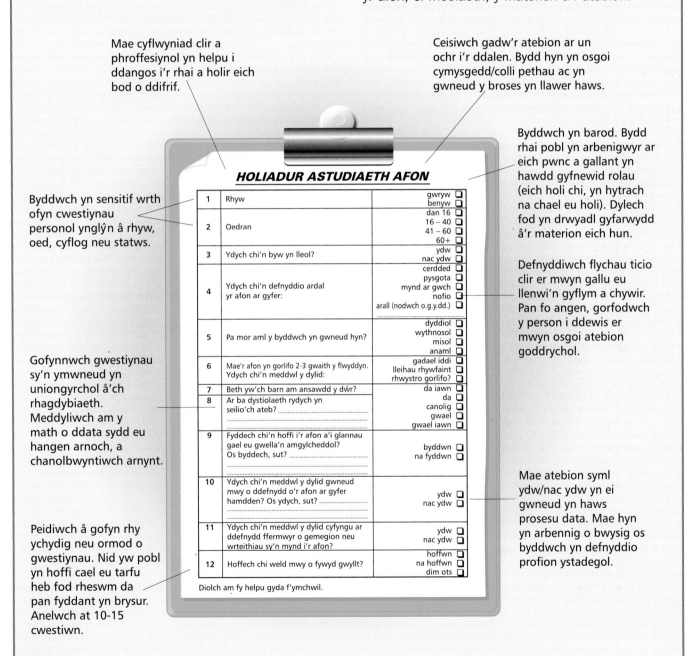

HOLIADUR ASTUDIAETH AFON

1	Rhyw	gwryw ☐ benyw ☐
2	Oedran	dan 16 ☐ 16 – 40 ☐ 41 – 60 ☐ 60+ ☐
3	Ydych chi'n byw yn lleol?	ydw ☐ nac ydw ☐
4	Ydych chi'n defnyddio ardal yr afon ar gyfer:	cerdded ☐ pysgota ☐ mynd ar gwch ☐ nofio ☐ arall (nodwch o.g.y.dd.) ☐
5	Pa mor aml y byddwch yn gwneud hyn?	dyddiol ☐ wythnosol ☐ misol ☐ anaml ☐
6	Mae'r afon yn gorlifo 2-3 gwaith y flwyddyn. Ydych chi'n meddwl y dylid:	gadael iddi ☐ lleihau rhywfaint ☐ rhwystro gorlifo? ☐
7	Beth yw'ch barn am ansawdd y dŵr?	da iawn ☐
8	Ar ba dystiolaeth rydych yn seilio'ch ateb?	da ☐ canolig ☐ gwael ☐ gwael iawn ☐
9	Fyddech chi'n hoffi i'r afon a'i glannau gael eu gwella'n amgylcheddol? Os byddech, sut?	byddwn ☐ na fyddwn ☐
10	Ydych chi'n meddwl y dylid gwneud mwy o ddefnydd o'r afon ar gyfer hamdden? Os ydych, sut?	ydw ☐ nac ydw ☐
11	Ydych chi'n meddwl y dylid cyfyngu ar ddefnydd ffermwyr o gemegion neu wrteithiau sy'n mynd i'r afon?	ydw ☐ nac ydw ☐
12	Hoffech chi weld mwy o fywyd gwyllt?	hoffwn ☐ na hoffwn ☐ dim ots ☐

Diolch am fy helpu gyda f'ymchwil.

2 Data eilaidd

Mae'r defnyddiau y byddwch yn eu casglu o ffynonellau eraill yn cael eu galw'n ddata eilaidd – h.y. data nad ydych wedi'u casglu eich hun yn bersonol. Mae'r rhain yn ychwanegu at y data cynradd trwy gynnwys newidynnau eraill, a gosod eich archwiliad mewn cyd-destun hanesyddol neu tu mewn i fframwaith ehangach. Mae ffynonellau eilaidd yn niferus ac amrywiol, ac yn gwneud i chi chwilio'n fanwl am gymaint ag sy'n bosib. Y lle amlycaf i ddechrau yw'r llyfrgell. Mae llyfrgelloedd lleol da yn cadw mwy o wybodaeth leol nag y mae llawer o bobl yn ei sylweddoli, ac mae llyfrgellwyr yn gyffredinol yn eithriadol o dda am helpu. Os nad ydych yn siŵr lle i ddod o hyd i unrhyw elfen arbennig o wybodaeth eilaidd, dechreuwch trwy holi'r llyfrgellydd. Hyd yn oed os nad yw ar gael ganddynt, byddant yn aml yn gallu awgrymu llwybrau eraill i chi eu dilyn – llwybrau na feddylioch amdanynt o'r blaen.

Ymhlith ffynonellau eilaidd y mae:

- mapiau – Arolwg Ordnans (1:50 000, 1:25 000, 1:10 000 ac 1:2500), mapiau hanesyddol, mapiau pridd a daeareg

- mapiau ffyrdd ar gyfer canolfannau trefol

- llyfrau ac erthyglau – llyfrgelloedd lleol a chanolog, *Geofile*, *Geography Review*, *National Geographic Magazine*

- safleoedd rhyngrwyd – arbennig o ddefnyddiol ar gyfer hydroleg, meteoroleg, swyddogaethau trefol a ffotograffau; gweler hefyd wefan Stanley Thornes

- swyddfeydd llywodraeth leol ar gyfer adroddiadau a chynlluniau – arbennig o ddefnyddiol ar gyfer materion rheoli a data hanesyddol

- asiantaethau ac adrannau llywodraeth ganolog

- pecynnau CD-ROM – mae data cyfrifiad Prydeinig 1981, 1991 a 2001 ar gael ar Scamp-2 CD-ROM, ac yn cynnwys mapiau sylfaenol da, data ar lefelau wardiau ac ardaloedd cyfrifiad ar y prif newidynnau cymdeithasol ac economaidd, yn ogystal â chyfleuster i chi allu mapio ac argraffu'ch data chi.

Astudiaeth Afon: rhai ffynonellau eilaidd

- Mapiau 1:50 000 ac 1:25 000 i ddangos lleoliad safleoedd a phatrymau draeniad cyffredinol.

- Hen fersiynau o fapiau Arolwg Ordnans i ddangos newidiadau mewn defnydd tir ac anheddiad/llwybrau.

- Mapiau i awgrymu cwrs afon yn y gorffennol, e.e. mae ffiniau ardal yn aml yn rhedeg ar hyd cyrsiau afon.

- Mapiau a llyfrau daearegol i benderfynu litholeg a strwythur basn draenio.

- Mapiau defnydd tir i benderfynu llystyfiant a chnydau mewn basn draenio.

- Archifau papurau newydd lleol/cenedlaethol ar gyfer enghreifftiau o lifogydd neu addasiadau sianel.

- Awdurdod Afonydd Cenedlaethol (Asiantaeth yr Amgylchedd erbyn hyn) a'r Sefydliad Hydrolegol am unrhyw ddata hydrolegol sydd ar gael am y basn.

- Swyddfeydd meteorolegol lleol ar gyfer data ar ddyodiad, anweddiad a stormydd.

- Adran hanes lleol yn y llyfrgell leol ar gyfer unrhyw adroddiadau, erthyglau neu lyfrau am eich afon.

- Tybed a allai'r clwb pysgota lleol gynnig help? Rhowch gynnig arni.

C   Prosesu'r data

Sut y dylwn gyflwyno'r data?

Dylid cynnwys y data cynradd rydych wedi'u casglu a'r data eilaidd rydych wedi'u hymchwilio yn yr archwiliad. Mae hyn yn caniatáu:

- i'r darllenydd/arholwr asesu swm ac ansawdd y data
- i'r darllenydd/arholwr ddod i'w casgliadau eu hunain ar sail y defnydd (gan wirio felly y casgliadau y daethoch chithau iddynt yn yr un modd)
- bod patrymau sylfaenol yn cael eu hamlygu
- bod y rhesymau dros ddadansoddi a'r defnydd o ystadegau yn cael eu sefydlu.

Bydd cyflwyno canlyniadau fel arfer yn digwydd ar ffurf tablau, mewn dull gweledol o ddata ac ystadegau sylfaenol (disgrifiadol), gan gynnwys cymedr, canolrif a modd. Dylai'r adran hon fod ar wahân i'r dadansoddiad o'r canlyniadau.

Gweir y tasgau hyn yn haws a mwy effeithiol trwy ddefnyddio pecynnau taenlenni (megis Excel neu Lotus 1-2-3), ond cofiwch:

- Peidiwch â chynhyrchu cyfres ddi-ben-draw o graffiau mawr a siartiau cylch. Ceisiwch ddewis graffiau a diagramau ystyrlon ac addas y gellir eu hanodi ac y cyfeirir atynt yn y testun ysgrifenedig.
- Gall ffotograffau (o ansawdd dda, mewn ffocws, a darluniadol) fod yn arf defnyddiol i ddangos i'r darllenydd

elfennau'r ardal a astudir, ac i ffurfio sylfaen diagramau anodedig.

- Dylid llunio rhai graffiau a diagramau â llaw. Mae hyn yn arbennig o berthnasol wrth greu diagramau cyfansawdd cymhleth, yn dangos sawl set wahanol o ddata ar yr un diagram. Mae hefyd yn ddull addas o ddangos gwybodaeth ofodol (map).

Tablau

Gellir cyflwyno'r rhan fwyaf o ddata a gesglir ar ffurf tabl. Mae hyn yn ei gwneud yn bosibl cymharu newidynnau ac yn dangos y set gyfan o ddata, gan roi darlun cyffredinol. Mae tablau hefyd yn dangos faint o amser ac egni a roesoch yn eich ymchwil gynradd, felly cynhwyswch yr holl ddefnydd a gasgloch. Ceisiwch ddefnyddio tablau gwahanol ar gyfer gwahanol agweddau ar y pwnc, a chynhwyswch grynodeb ysgrifenedig o'r prif bwyntiau, naill ai fel anodiadau neu o dan y diagram. Dylai hyn gynnwys:

- gwerth uchafswm
- gwerth isafswm
- yr amrediad
- y cymedr, y canolrif neu'r modd.

Cymerwch ofal gyda'r cyflwyniad a'r gosodiad fel bo eitemau'n cael eu cyflwyno mewn trefn a bod y canlyniadau'n gallu cael eu cymharu gyda'r dadansoddiad o'r canlyniadau. Hefyd, tynnwch sylw'r darllenydd at ddata pwysig.

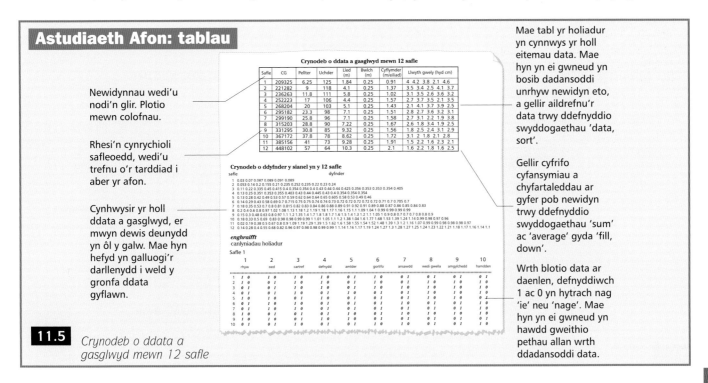

11.5   Crynodeb o ddata a gasglwyd mewn 12 safle

Cyflwyno data mewn modd gweledol

Mae yna amrediad eang o dechnegau ar gael i ddangos eich data mewn modd gweledol. Dylid defnyddio'r rhain i ychwanegu at y tablau, a dylent gynnwys:

- graffiau llinell – defnyddiol ar gyfer dangos newidiadau dros amser neu bellter
- graffiau bar neu histogramau – i ddangos amrywiadau rhwng is-gyfansymiau
- siartiau cylch – i ddangos cyfansoddiad cyfanswm
- siartiau rhosyn – i ddangos newidiadau gyda chyfeiriad
- siartiau cyfansawdd – cyfuniad o dechnegau eraill (er enghraifft, llinell a bar)
- graffiau trionglog – pan fo'r cyfanswm yn cynnwys 3 cydran (gwead pridd wedi'i ddangos fel tywod, silt a chlai)
- cromliniau Lorenz – yn dangos perthynas rhwng poblogaeth ac ardal
- graffiau barcut – i ddangos newidiadau mewn swm dros bellter neu amser.

YMARFERION

1   O'r rhestr uchod, disgrifiwch amgylchiadau cyflwyno data lle byddai pob un o'r dulliau hyn yn addas.

2   Edrychwch ar Ffigur 11.6. Mae pob diagram yn arddangos yr un data ond mewn modd gwahanol.

   a   Beth yw manteision pob un o'r dulliau hyn?
   b   Pa anfanteision posibl sydd i bob un ohonynt?

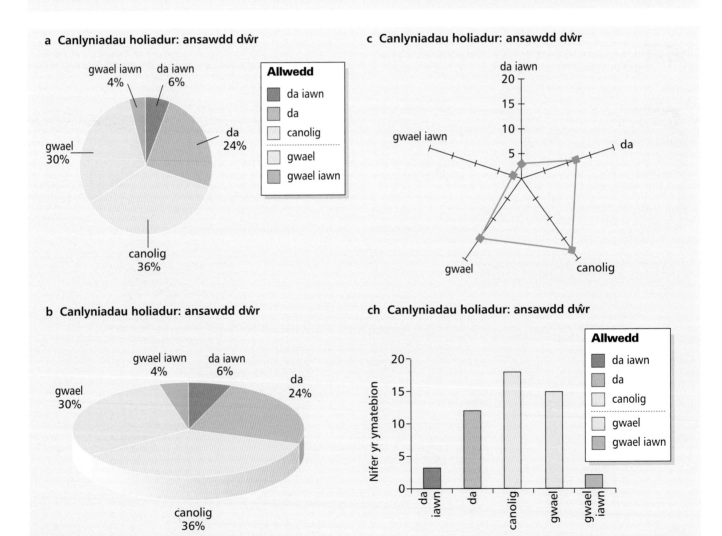

a Canlyniadau holiadur: ansawdd dŵr

b Canlyniadau holiadur: ansawdd dŵr

c Canlyniadau holiadur: ansawdd dŵr

ch Canlyniadau holiadur: ansawdd dŵr

11.6 *Canlynidau holiaduron*

Astudiaeth Afon: trawstoriad yn safle 4

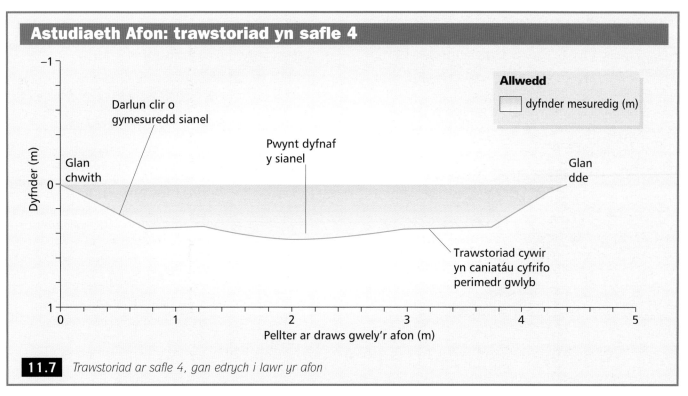

11.7 *Trawstoriad ar safle 4, gan edrych i lawr yr afon*

Astudiaeth Afon: tueddiadau cyflymder ym mhob un o'r 12 safle

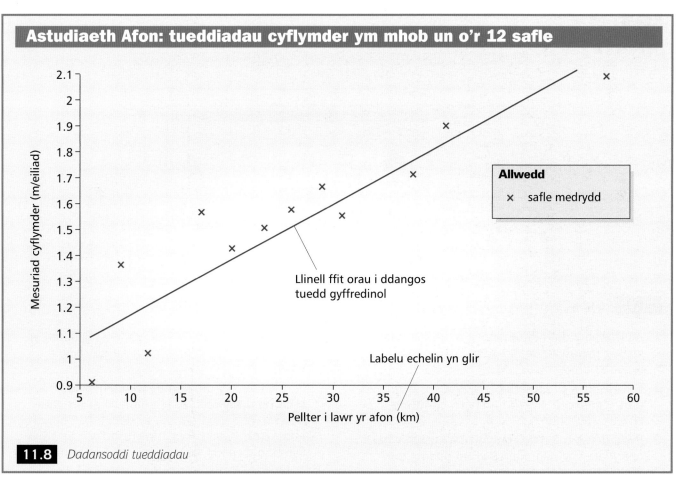

11.8 *Dadansoddi tueddiadau*

Defnyddio taenlenni

Os yw hynny'n bosibl rhowch ddata ar daenlenni fel a phan yr ydych yn eu casglu. Mae hyn yn caniatáu:

- cofnodi manwl a systematig
- trosglwyddiad syml i dablau a graffiau ar gyfer yr adran ganlyniadau

- sylfaen ar gyfer profi ystadegol yn yr adran dadansoddi canlyniadau.

Mae'r enghreifftiau canlynol yn defnyddio Microsoft Excel 5.0 i ddarlunio ychydig o'r ffyrdd o fynd ati ond mae pecynnau eraill yn debyg o ran arddull a chynnwys.

Newidynnau'n cael eu cofnodi mewn colofnau

Safleoedd yn cael eu cofnodi fel rhesi

Botwm 'Help'. Cliciwch ar hwn ac yna cliciwch ar y botwm dan amheuaeth – dilynwch y cyfarwyddiadau

Defnyddiwch rifau yn unig. Nid yw taenlenni'n deall geiriau.

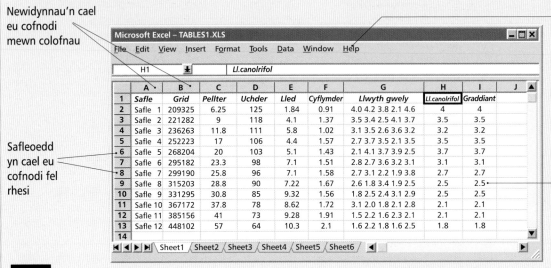

11.9 *Taenlen cofnodi data*

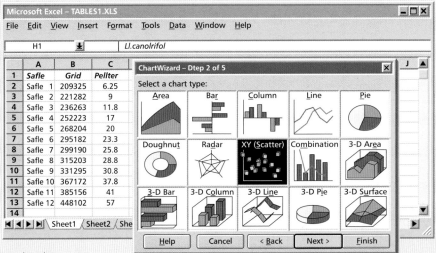

11.10 *Graffiau ar daenlen*

1 Amlygwch y data i'w ddangos ar y graff trwy lusgo'r pwyntydd drosto a dal botwm chwith y llygoden i lawr.

2 Dewiswch y 'ChartWizard', llusgwch y pwyntydd dros y data a amlygwyd a chliciwch fotwm chwith y llygoden.

3 Bydd dewis o graffiau yn ymddangos yn y bocs opsiynau. Gallwch ddewis yr un priodol trwy glicio'r botwm chwith arno. Yna dilynwch y cyfarwyddiadau ar-sgrin. Yr un a ddewiswyd yma yw graff gwasgariad, neu graff X/Y.

4 Arbrofwch gyda gwahanol graffiau. Byddant yn ymddangos ar y daenlen a gellir eu dileu'n hawdd.

5 Pan fyddwch yn fodlon gyda'r canlyniad, cliciwch ddwywaith ar y graff naill ai i'w gadw neu i'w gopïo, fel darlun, ar ddogfen. Cofiwch gadw eich gwaith rhag ofn y byddwch yn dymuno gwneud newidiadau yn ddiweddarach.

Sut rwy'n dadansoddi'r data?

Peidiwch â chredu popeth yr ydych yn ei fesur! Mae dadansoddi yn golygu trin a chymharu'r data a gasglwyd gennych ac yn cynnwys defnydd o fformiwlâu ac ystadegau. Yn fwy penodol mae'n archwilio'r patrymau rydych wedi'u darganfod ac yn penderfynu a ydynt yn **arwyddocaol** ai peidio – hynny yw, a ellir ymddiried ynddynt? Pwrpas terfynol eich dadansoddiad yw profi'ch rhagdybiaethau neu ateb y cwestiynau a ofynsoch ar ddechrau'ch astudiaeth. Os na allwch ymddiried yn eich data, sut y gallwch fod wedi profi'ch cwestiwn/rhagdybiaeth yn fanwl gywir? Pan soniwn am ystadegau rydym yn chwilio am brawf o batrwm a gallu i ymddiried yn ein darganfyddiadau. Mae yna ddau brif fath o ystadegau.

1 Ystadegaeth ddisgrifiadol

Gall y rhain fod yn gyfartalog (cymedr), canolrif neu fodd. Mae peth cyfrifo syml fel arfer yn bosibl, gan gynnwys trawsnewid i ganrannau, gwyriadau safonol, cyfrifo cymedr, canolrif, modd, ac amrediadau rhyngchwartel. Mae'r defnydd o'r rhain yn amrywio gyda'r math o ddata yr ydych wedi'u casglu. Rhoddir rhai enghreifftiau isod.

- **Cyfartaledd neu gymedr** – cyfanswm y sampl wedi'i rannu gan y nifer yn y sampl

Astudiaeth Afon: maint cyfartalog llwyth gwely yn safle 4

Caiff gwerthoedd y 5 gronynnau hap eu hadio:
$$2.7 + 3.7 + 3.5 + 2.1 + 3.5 = 15.5$$
Rhannwch y cyfanswm gyda'r nifer yn y sampl (5); $\frac{15.5}{5} = 3.1$ **Cyfartaledd = 3.1**

- **Canolrif** – yr eitem ganolog mewn dilyniant, wedi'i gyfrifo trwy osod y data mewn trefn, cyfrif y nifer yn y sampl a dod o hyd i'r gwerth yn y canol.

Astudiaeth Afon: canolrif llwyth gwely yn safle 4

Rhestrwch y data mewn dilyniant:
3.7, 3.5, 3.5, 2.7, 2.1
Mewn sampl o 5 y gwerth canolrifol yw naill ai'r 3ydd o'r brig neu'r 3ydd o'r gwaelod. **Canolrif = 3.5**

- **Modd** – y gwerth sy'n digwydd amlaf; hynny yw, y gwerth a restrir y nifer mwyaf o weithiau.

Astudiaeth Afon: modd llwyth gwely yn safle 4

Y gwerth amlaf yw 3.5, gan ei fod yn cael ei grybwyll ddwywaith. Dim ond unwaith y crybwyllir yr holl werthoedd eraill. **Modd = 3.5**

Astudiaeth Afon: cyfrifiadau ychwanegol

Yn yr arolwg afon gellir defnyddio cyfrifiadau mwy arbenigol, gan gynnwys:
- arwynebedd trawstoriadol – gellir ei gyfrifo trwy luosi lled â dyfnder
- perimedr gwlyb – hyd trawstoriad y sianel sydd yn cyffwrdd â'r dŵr; gellir cyfrifo hyn o'r graff (gweler canlyniadau yn Ffigur 11.7)
- arllwysiad – i'w gyfrifo trwy luosi'r arwynebedd trawstoriadol â'r cyflymder
- radiws hydrolig – i'w gyfrifo trwy luosi'r arwynebedd trawstoriadol â'r perimedr gwlyb.

Safle	Grid	Pellter	Uchder	Lled	Arwynebedd trawstoriadol	Cyflymder	Arllwysiad (ciwmecs)	Llwyth canolrifol	Perimedr gwlyb	Radiws hydrolig
1	209325	6.25	125	1.84	0.13	0.91	0.12	4.0	1.88	0.07
2	221282	9.00	118	4.10	0.74	1.37	1.01	3.5	4.18	0.18
3	236263	11.80	111	5.80	2.06	1.02	2.10	3.2	6.15	0.33
4	252223	17.00	106	4.40	1.41	1.57	2.21	3.5	4.58	0.31
5	268204	20.00	103	5.10	2.30	1.43	3.29	3.7	5.36	0.43
6	295182	23.30	98	7.10	4.03	1.51	6.09	3.1	7.48	0.54
7	299190	25.80	96	7.10	5.09	1.58	8.04	2.7	7.70	0.66
8	315203	28.80	90	7.22	6.40	1.67	10.70	2.5	7.94	0.81
9	331295	30.80	85	9.32	8.81	1.56	13.70	2.5	10.40	0.85
10	367172	37.80	78	8.62	8.31	1.72	14.30	2.1	10.10	0.82
11	385156	41.00	73	9.28	9.03	1.91	17.20	2.1	10.10	0.90
12	448102	57.00	64	10.3	9.74	2.10	20.50	1.8	11.00	0.89

11.11 *Data Astudiaeth Afon*

2 Ystadegaeth gasgliadol

Mae hwn yn faes cymysglyd sy'n creu pryder, yn arbennig i fyfyrwyr gyda chefndir gwyddonol cyfyngedig. Disgwylir bod ystadegau'n cael eu cynnwys mewn archwiliad daearyddol, ac maent yn bwysig ar gyfer y canlyniad. Mewn patrymau go-iawn mae yna fel arfer eithriadau, anomaleddau neu samplau gwyrdröedig sy'n rhwystro cael canlyniad perffaith. Bydd patrymau fel arfer yn dod i'r amlwg ond maent yn amherffaith, a defnyddir ystadegau i brofi a ydynt yn ddigon cryf i ymddiried ynddynt ai peidio. Yn syml, mae defnyddio ystadegau yn dileu 'Rwy'n meddwl fod patrwm yma' a'i ddisodli gyda 'Mae yma batrwm gyda phosibilrwydd camgymeriad o 1 mewn 20'.

Lefel hyder

Mae hyn yn mynegi'r lefel o ymddiriedaeth sydd gennych yn eich canlyniadau (mae'n debyg i'r siawns mewn hapchwarae). Mynegir lefel hyder mewn dwy brif ffordd – **tebygolrwydd** ac **ods.**

Lefel hyder	Tebygolrwydd	Ods
90%	0.1	siawns o 1 mewn 10 o fod yn anghywir
95%	0.05	siawns o 1 mewn 20 o fod yn anghywir
99%	0.01	siawns o 1 mewn 100 o fod yn anghywir
99.9%	0.001	siawns o 1 mewn 1000 o fod yn anghywir

Nid yw'ch ymchwil yn fater hanfodol, ac ni fydd miliynau o bunnau'n cael eu gwario ar sail eich canlyniadau, felly does dim rhaid i chi osod lefel uchel iawn o brawf. Fel arfer bydd lefel hyder yn 95% (±.05), gan fod hyn yn ddigon arwyddocaol i wrthod patrymau gwan ond nid yn rhy fanwl i wrthod patrymau cadarn.

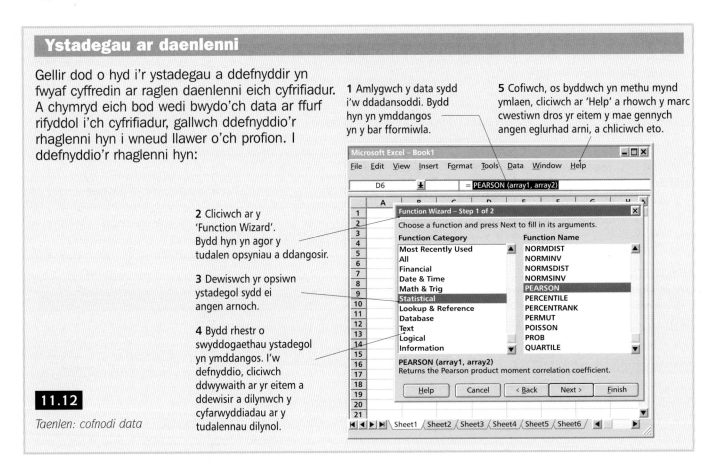

Ystadegau ar daenlenni

Gellir dod o hyd i'r ystadegau a ddefnyddir yn fwyaf cyffredin ar raglen daenlenni eich cyfrifiadur. A chymryd eich bod wedi bwydo'ch data ar ffurf rifyddol i'ch cyfrifiadur, gallwch ddefnyddio'r rhaglenni hyn i wneud llawer o'ch profion. I ddefnyddio'r rhaglenni hyn:

2 Cliciwch ar y 'Function Wizard'. Bydd hyn yn agor y tudalen opsyniau a ddangosir.

3 Dewiswch yr opsiwn ystadegol sydd ei angen arnoch.

4 Bydd rhestr o swyddogaethau ystadegol yn ymddangos. I'w defnyddio, cliciwch ddwywaith ar yr eitem a ddewisir a dilynwch y cyfarwyddiadau ar y tudalennau dilynol.

1 Amlygwch y data sydd i'w ddadansoddi. Bydd hyn yn ymddangos yn y bar fformiwla.

5 Cofiwch, os byddwch yn methu mynd ymlaen, cliciwch ar 'Help' a rhowch y marc cwestiwn dros yr eitem y mae gennych angen eglurhad arni, a chliciwch eto.

11.12

Taenlen: cofnodi data

Pa brawf ystadegol y dylwn ei ddefnyddio?

Mewn daearyddiaeth y profion **enwol** a **chydberthyniad** yw'r rhai a ddefnyddir amlaf, ond mae'n werth ystyried defnyddio profion gwahaniaeth os yw'r data yn caniatáu hynny.

Data enwol

Mae hyn yn cynnwys y data y gallwch fod wedi'u casglu mewn holiadur. Mae data a gasglwyd mewn categorïau yn 'wan' gan nad oes yr un gwerth i'r wybodaeth rifyddol. Er enghraifft, mewn holiadur gall yr ateb 'ydw' gynnwys ymatebion yn amrywio o 'cytuno'n gyfan gwbl' i 'rwy'n meddwl fy mod yn cytuno'. Mewn cyferbyniad, wrth fesur hyd cerigyn, mae sampl o 4 cm ddwywaith hyd un 2 cm ac mae iddo werth absoliwt. Mewn termau ystadegol golyga hyn fod prawf enwol yn gofyn am wahaniaeth mawr os ydym i ymddiried ynddo ar lefel hyder o 95%, tra bod data rhifyddol absoliwt yn gallu cael eu derbyn gyda gwahaniaeth llai. Ble bynnag y bo'n bosibl mae data rhifyddol yn well na data enwol.

Y prawf chi-sgwâr

- Dyma'r unig brawf ar gyfer data enwol.
- Mae'n cymharu'r patrwm rydych wedi'i ddarganfod (eich data chi neu ddata a arsylwyd **O**) gyda'r hyn y gellid ei ddisgwyl ar hap (a elwir yn batrwm disgwyliedig neu **E**).

Astudiaeth Afon: gan ddefnyddio chi-sgwâr fel taenlen

- Mae'r set gyntaf o gategorïau yn ffurfio'r colofnau. Yn yr enghraifft hon mae tri chategori, pob un yn cynnig golwg wahanol ar reolaeth. Caiff y gwerthoedd hyn eu cyfrif oddi wrth yr ymatebion i'r holiadur.

- Yr ail isddosbarthiad yw'r un rhwng pobl leol ac ymwelwyr. Dangosir yr is-gyfansymiau yn y rhesi, a chânt eu cyfrifo trwy roi'r fformiwla canlynol yng nghell I5:

  =C5+E5+G5 yna 'Enter'.

- Gellir cyfrifo'r cyfanswm yng nghell I11 drwy roi'r fformiwla:

  =I5+I8 yna 'Enter'.

- Caiff y gwerthoedd disgwyliedig eu cyfrifo trwy luosi'r is-gyfansymiau perthnasol a rhannu gyda'r cyfanswm. Gellir cyfrifo gwerth disgwyliedig cell 6 (H9) gyda'r

  fformiwla:

  =G11*I8/I11 yna 'Enter'.

- Rhaid cyfrifo'r ffigur x^2 ar gyfer pob un o'r chwe chell yn yr enghraifft hon. Gellir cyfrifo cell 1 trwy glicio ar gell D14 a defnyddio'r fformiwla:

  =(C5-D6)*(C5-D6)/C6 yna 'Enter'.

  Ar gyfer cell 6 y fformiwla i'w roi yng nghell D19 yw:

  =(G8-H9)*(G8-H9)/H9 yna 'Enter'.

- Defnyddir *df* neu graddau o ryddid wrth edrych ar y tabl o werthoedd chi-sgwâr. Caiff ei gyfrifo gyda:

  (c – 1) x (r – 1)

  c = nifer y colofnau

  r = nifer y rhesi

  Yn yr enghraifft hon *df* = 2 gan fod (2 – 1) x (3 – 1) = 2

- Gellir cael gwerth critigol x^2

  o'r tabl gwerthoedd gan ddefnyddio'r lefel hyder a'r graddau o ryddid. Ar lefel hyder o 95% a *df* = 2, gwerth critigol x^2 yw 5.99.

- Cyfrifir y cyfanswm x^2 trwy roi'r fformiwla canlynol yng nghell G14:

  = swm (D14:D19) yna 'Enter'.

Yn yr enghraifft hon mae gwerth x^2 o 7.19 yn fwy na gwerth critigol o 5.99, gan ddangos bod y gwahanol farnau am reolaeth afon gan bobl leol ac ymwelwyr yn wahanol. Mae'r gwahaniaeth yn ddigon cryf i ni ymddiried ynddo, gyda siawns fwy nag 1 mewn 20 o fod yn ganlyniad camgymeriad hap. Pe byddai'r cyfrifo x^2 yn llai na'r gwerth critigol o 5.99 yna ni ellid derbyn unrhyw wahaniaeth dim ond ei weld fel camgymeriad hap. O ganlyniad i'r prawf yn yr enghraifft hon mae'n bosib:

- **gwrthod y rhagdybiaeth nwl** – nad oes dim gwahaniaeth mewn barn gyda phreswyl, a
- **derbyn y rhagdybiaeth weithredol** – fod pobl leol ac ymwelwyr â barn wahanol am reolaeth afon.

Awgrymiadau: Lluniwch y daenlen trwy fewnosod y fformiwla, ac arbedwch hi heb ddata. Bydd hyn yn eich galluogi i ychwanegu cyfuniadau amrywiol o ganlyniadau y sylwyd arnynt i weld beth sy'n arwyddocaol. Gellir defnyddio matrics neu dabl drosodd a throsodd.

Microsoft Excel – CH13X2.XLS

File   Edit   View   Insert   Format   Tools   Data   Window   Help

F17   df = (2 – 1) (3 – 1) = 2

	A	B	C	D	E	F	G	H	I	J	K	L
1		Cymhariaeth barn preswylwyr ac ymwelwyr ynglŷn â gorlifo										
2												
3			gadael fel y mae		peth rheolaeth		rhwystro'r gorlifo					
4		lleol	cell 1		cell 2		cell 3					
5			5		8		17		30			
6				9		7.8		13.2				
7			cell 5		cell 6		cell 7					
8		ymwelwyr	10		5		5		20			
9				6		5.2		8.8				
10												
11			15		13		22		50			
12												
13			x2 cyfrifiadau			swm y celloedd 1 - 7						
14			cell 1	1.777778		x2=	7.19					
15			cell 2	0.005128								
16			cell 3	1.093939		df = (2 – 1)	(3 – 1) = 2					
17			cell 4	2.666667								
18			cell 5	0.007692		gwerth critigol = 5.99						
19			cell 6	1.640909								
20												
21												

Sheet1 / Sheet2 / Sheet3 / Sheet4 / Sheet5 / Sheet6

11.13 *Defnyddio chi-sgwâr fel taenlen*

Defnyddio Excel:
* yn golygu 'lluosi'
= yn golygu 'dechrau cyfrifo'.

- Pan fo'r gwahaniaeth rhwng yr hyn a arsylwyd (**O**) a'r disgwyliedig (**E**) yn cyrraedd lefel gritigol gellir ymddiried yn y patrwm ar y lefel arwyddocâd a roddwyd.

- Cyfrifir chi-sgwâr trwy ddefnyddio'r fformiwla:

$$\chi^2 = \sum \frac{(O - E)^2}{E}$$

O = gwerthoedd yr arsylwyd arnynt

E = gwerthoedd disgwyliedig (os ar hap)

Σ = swm o

- Gellir naill ai gweithio trwy'r prawf gan ddefnyddio cyfrif-annell, neu trwy ddefnyddio fformiwla ar daenlen.

- Mantais taenlen yw ei bod yn ei gwneud yn bosibl i roi cynnig ar wahanol gategorïau er mwyn darganfod patrymau sydd yn rhoi neu ddim yn rhoi canlyniadau arwyddocaol.

Cydberthyniadau

Cymhariaeth rhwng dwy set o ddata a gasglwyd ar ddilyniant o bwyntiau yw cydberthyniad er mwyn gweld a oes unrhyw berthynas rhyngddynt. Gellir dangos cydberthyniadau ar graffiau gwasgariad, neu graffiau X/Y. Mewn daearyddiaeth, dull sylfaenol yw cydberthyniadau, gan eu bod yn gallu cymharu newidynnau a ddefnyddir yn aml, cyn belled â'u bod yn rhifyddol.

Mae newidynnau a ddefnyddir yn aml yn cynnwys:

- pellter
- amser
- cyflymder
- swm neu nifer
- uchder
- dyfnder a lled.

Cyfernod cydberthyniad rhestrol Spearman

Defnyddir cyfernod cydberthyniad rhestrol Spearman (Rs) i benderfynu pa mor agos y mae dwy set o ddata yn perthyn (cydberthyn).

- Mae trefn restrol Spearman yn brawf cywir o berthynas.
- Mae'n archwilio sut y mae newidynnau'n ymddwyn mewn perthynas â'i gilydd.
- Nid yw'n golygu bod un newidyn o angenrheidrwydd yn achosi newid yn y llall.
- Dim ond arf ar gyfer dadansoddi dechreuol yw trefn restrol Spearman.
- Mae'n sefydlu patrymau ac anomaleddau ar gyfer ymchwil pellach a chael eglurhad.

Mae'n defnyddio'r fformiwla ganlynol:

$$Rs = 1 - \frac{6 \sum d^2}{n^3 - n}$$

Gellir naill ai weithio trwy'r fformiwla trwy ddefnyddio cyfrif-annell neu trwy lunio'ch taenlen eich hun gyda fformiwla wedi'i gosod ynddi. Fel gyda chi-sgwâr, yr ail sydd orau gan ei fod yn caniatáu cyfrifo amrywiol trwy bastio data newydd ar yr un patrymlun a chofnodi'r canlyniadau

Arwyddocâd y canlyniadau

Gellir dangos canlyniadau profi lluosog trwy ddefnyddio trefn restrol Spearman fel matrics sy'n caniatáu i ganlyniadau arwyddocaol gael eu hadnabod.

Mae pob un o'r gwerthoedd *Rs* yn cynrychioli cydberthyniad rhwng dau newidyn. Gellir dod o hyd i werth critigol *Rs* o **dabl arwyddocâd** – dangosir rhan o un yn Ffigur 11.14.

- 0.591 yw gwerth critigol sampl o 12 a brofwyd ar lefel hyder o 95%.
- Mae gwerth o +0.591 neu fwy yn cynrychioli cydberthyniad **positif** arwyddocaol. Ar y gwaethaf mae siawns o 1 mewn 20 bod y berthynas rhwng y ddau newidyn yn ganlyniad camgymeriad hap.
- Mae gwerth o –0.591 neu fwy yn cynrychioli cydberthyniad **negatif**. Ar y gwaethaf mae siawns o 1 mewn 20 fod y berthynas rhwng y newidynnau yn ganlyniad camgymeriad hap.

Dehongli cydberthyniadau

Mae cydberthyniadau yn arf pwerus i sefydlu a oes perthynas rhwng newidynnau. Gellir dod i dri chanlyniad o'r ystadegyn *Rs*.

- **Cydberthyniad positif** – wrth i un newidyn gynyddu mae'r ail newidyn yn cynyddu hefyd. Yn ogystal os yw un newidyn yn disgyn bydd y llall yn disgyn hefyd (Ffigur 11.15).
- **Cydberthyniad negatif** – wrth i werthoedd un newidyn gynyddu mae gwerthoedd yr ail newidyn yn disgyn (Ffigur 11.16).
- **Dim cydberthyniad** – wrth i un newidyn gynyddu neu ddisgyn, nid yw'r ail newidyn yn ymateb.

Mae'r enghraifft afon â 12 safle fel bod *n* = 12.

Mae'r lefel arwyddocâd a ddewiswyd ar gyfer yr enghraifft hon yn 95% a cheir y gwerth critigol yn y golofn hon.

| n (nifer mewn | Lefel arwyddocâd | | |
sampl)	.1 neu 90%	.05 neu 95%	.01 neu 99%
10	.564	.648	.794
12	.506	.591	.777
14	.456	.544	.715

Mae gwerth critigol *Rs* yn y rhes yma.

I dderbyn perthynas rhaid mynd uwchlaw'r gwerth critigol.

Ni fyddai unrhyw werthoedd rhwng +0.591 a –0.591 yn arwyddocaol.

11.14 *Darn allan o dabl arwyddocâd*

Astudiaeth Afon: a yw cyflymder yn cynyddu gyda phellter i lawr yr afon?

- Ar y cyfan mae yna duedd gadarnhaol. Gyda phellter cynyddol i lawr yr afon mae'r cyflymder yn cynyddu. Dangosir hyn gan y **llinell ffit orau**.

- **Anomaledd positif** (neu wyrdroad o'r cyfartaledd)
  Mae cyflymder yn fwy na'r disgwyl ar safle 2. Mae hyn yn canolbwyntio ymchwil ar nodweddion sianel ar safle 2 neu ar gamgymeriad mesur.

- **Anomaledd negatif**
  Mae'r cyflymder ar safle 7 yn is nag a ddisgwylid. Mae hyn yn canolbwyntio ymchwil pellach naill ai ar nodweddion sianel leol neu ar gamgymeriad mesur.

- $Rs = -0.68$.

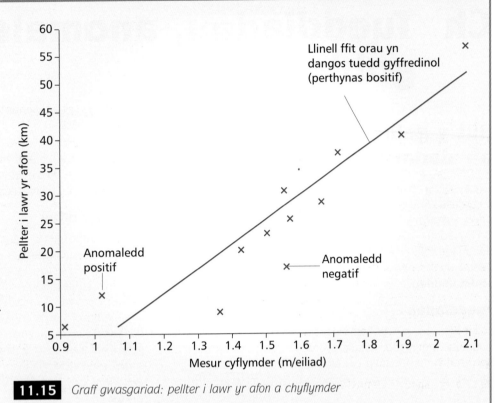

11.15   Graff gwasgariad: pellter i lawr yr afon a chyflymder

Astudiaeth Afon: a yw radiws hydrolig yn lleihau gydag uchder uwchlaw lefel môr?

- Ar y cyfan mae radiws hydrolig yn cynyddu wrth i uchder y sianel uwchlaw lefel môr ddisgyn. Cydberthyniad negatif yw hyn a ddangosir gan y **llinell ffit orau**.

- **Anomaledd positif**
  Mae'r radiws hydrolig ar safle 8 yn uwch na'r disgwyl. Mae'n canolbwyntio ar y rhesymau posibl dros hynny.

- **Anomaledd negatif**
  Mae'r radiws hydrolig ar safleoedd 11 ac 12 yn is na'r disgwyl yn ôl y duedd gyffredinol. Mae'n canolbwyntio ar y rhesymau posibl dros hynny.

- $Rs = -0.67$.

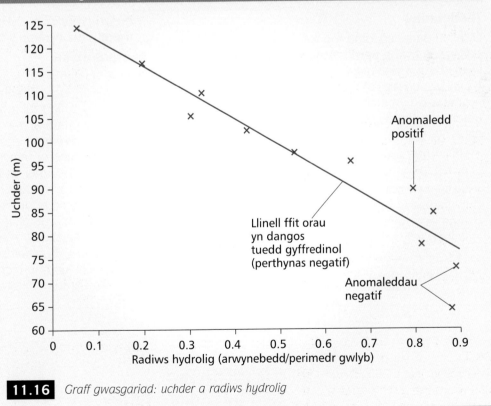

11.16   Graff gwasgariad: uchder a radiws hydrolig

Ch Tueddiadau, anomaleddau a goblygiadau

Sut y gellir defnyddio'r data a'r dadansoddiad ohonynt?

Caglu data, ymchwilio a dadansoddi data yw craidd yr archwiliad. Ar ddiwedd y gwaith y mae'n angenrheidiol i chi ddod i ganlyniadau ac i drafod goblygiadau'ch gwaith a'i gyfyngiadau. Dylai'r drafodaeth hon ddeillio o'ch dadansoddiad data. Un strategaeth ddefnyddiol yw canolbwyntio ar ddwy brif thema: **tueddiadau** ac **anomaleddau**.

Tueddiadau

Mae hyn yn golygu trafodaeth ar pam y mae'r prif batrymau'n digwydd. Dylai'n gyffredinol gynnwys cyfuniad o theori a'ch canlyniadau chi eich hun, a chynnwys cyfeiriad manwl at y prosesau perthnasol. Yn yr enghraifft o astudiaeth afon gallai hynny gynnwys trafodaeth ar pam y mae cyflymder yn cynyddu i lawr yr afon, gyda chyfeiriad at fàs, ffrithiannau allanol a mewnol a radiws hydrolig.

Anomaleddau

Dylai'r drafodaeth egluro pam nad yw'r tueddiadau cyffredinol yn berffaith, a pham y mae rhai safleoedd a data yn amrywio'n arwyddocaol oddi wrth y duedd gyffredinol. Mae hyn yn caniatáu i chi gynnwys ffactorau nad ystyriwyd mohonynt yn y model cyffredinol ac i bwysleisio cymhlethdod y byd go-iawn – y brif broblem sy'n wynebu daearyddwyr. Yn yr enghraifft o astudiaeth afon gallai hyn gynnwys cyfeiriad at y newidiadau mewn daeareg, addasu'r sianel oherwydd glannau artiffisial, pontydd neu goredau, llystyfiant yn y sianel, ac ystumio.

Astudiaeth Afon: tueddiadau ac anomaleddau

Tueddiadau

Dylai'ch dadansoddiad fod wedi adnabod perthynas rhwng newidynnau, a dylai hyn fod wedi'i brofi'n ystadegol. Y newidynnau i ganolbwyntio arnynt yn y diweddglo yw'r rhai a gynhwyswyd yn eich rhagdybiaethau, ac yn yr adran hon rhaid i chi **egluro** pam y mae hyn yn digwydd.

- Rh1 (mae cyflymder yn cynyddu gyda phellter cynyddol o'r tarddiad)

  Gallai hyn gyfeirio at fodelau hydrolig a'r cydbwysedd egni yn y sianel. Mae cynnydd ym màs llif yr afon yn rhoi radiws hydrolig uwch a lleihad felly mewn ffrithiant allanol. Mae sianel fwy cyson a llwyth gwely llai yn lleihau ymhellach ffrithiant allanol a ffrithiant mewnol ac mae'r rhain yn gwneud iawn am y golled mewn graddiant. Dylid cefnogi tueddiadau gyda theori pryd bynnag y bo hynny'n bosibl.

Anomaleddau

Ni fydd darlleniadau a gymerwyd ar rai safleoedd yn ffitio'r duedd gyffredinol. Mae'r rhain yn fwyaf amlwg ar graffiau fel gwyriadau oddi wrth y llinell ffit orau, ac mae angen eu **hegluro**. Ymysg achosion cyffredinol anomaleddau mewn afonydd y mae newidiadau mewn daeareg, ystumio a phlethu, newidiadau yn lefel môr yn y gorffennol (adnewyddiad), ymyrraeth ddynol gyda'r sianel, gan gynnwys coredau, lociau ac addasiadau yn y sianel, alldynnu ac elifiant dŵr gwastraff, erydiad glan a goresgyniad y sianel gan lystyfiant. I sefydlu achos rhaid i chi gyfeirio'n ôl at y manylion safle, a rhaid i chi sicrhau eich bod yn egluro **sut** y mae'r ffactorau'n dylanwadu ar lif yr afon.

Cyfyngiadau eich archwiliad

Dylid cyfeirio at wendidau yn eich ymchwil ar bob cam o'r gwaith. Gellid cyfeirio at:

- maint y sampl
- offer
- yr amodau ar adeg yr ymchwil
- cyfyngiadau amser
- mesuriadau heb fod yn fanwl gywir
- absenoldeb data pwysig.

Goblygiadau eich ymchwil

Fel arfer mae'n bosib cyfeirio rhywfaint at oblygiadau ehangach eich ymchwil. Dylai'ch canlyniadau daflu peth goleuni ar y pwnc dan ystyriaeth, a dylai hyn gael rhai goblygiadau ymarferol yn y byd mawr y tu allan. Gallwch hefyd awgrymu llwybrau ymchwil pellach – mae hyn hefyd yn dangos eich bod yn ymwybodol o gyfyngiadau eich ymchwil eich hun.

Prif bwyntiau

- Meddyliwch am eich archwiliad yn ei gyfanrwydd cyn dechrau.
- Gwiriwch fod eich pwnc a'ch data yn cyfateb i ofynion y maes llafur.
- Gofalwch lunio rhagdybiaethau pendant.
- Pan fyddwch allan yn y maes, byddwch yn ddoeth a gofalwch am eich diogelwch.
- Ceisiwch ddefnyddio TG o'r dechrau.
- Mwynhewch eich archwiliad maes, ond peidiwch â mynd dros ben llestri – pe na byddech yn gallu cwblhau project a allai ennill sgôr uchel o fewn yr amser a ganiatawyd ar ei gyfer gan y Byrddau Arholi, ni fyddent wedi awgrymu y dylech wneud un.
- Dewch yn ôl dro ar ôl tro at yr adran hon, a hefyd edrychwch ar y cynghorion ar wefan Nelson Thornes.

Pob lwc!

Cydnabyddiaeth

Dymuna'r awduron a'r cyhoeddwyr ddiolch i'r canlynol am ganiatâd i atgynhyrchu lluniau a darluniadau eraill yn y llyfr hwn:

Simmons Ltd, 4.39; Art Directors/Trip Photography, 4.42, 8.72, 10.9(a), 10.9(b), 10.26; Associated Press Ltd, 2.28, 2.32, 2.50, 4.47, 6.45; British Geological Survey, 9.17; Corbis UK Ltd., 4.33b; Corbis /Joseph Sohm, Chromosolm, 10.22; Environmental Images, 7.50; Eye Ubiquitous, 2.14, 2.65, 4.24(a) 5.2(a),(c), 7.28, 10.3(1),(2),(3), 10.19; Frank Lane Picture Agency, 3.17, 3.21, 3.22, 5.2(b),(c), 5.8, 6.26 (a),(b),(c), 6.29, 6.36; Geophotos/Tony Waltham, 2.56, 2.63, 2.68, 2.71, 3.32, 5.26(a), 9.45; Geoscience Features, 2.21, 3.13, 3.42, 7.44; Hulton Getty Archive, 8.11, 8.49; ICCE/Joe Blossom, 7.61; Impact Photos, 10.11; J Allan Cash, 2.64, 3.6(a),(b),(c), 7.3; James Davis Worldwide, 2.25(b), 2.45, 5.7, 8.6, 8.25, 8.56, 9.30; John Chaffey, 9.39, 9.43; Katherine James, 5.32; Landform Slides, 2.22, 2.70, 2.72, 5.20, 9.2; Magnum Photos, 4.42; Mary Evans Picture Library, 4.2, 8.54; NERC/University of Dundee, 6.17(2); Network Photographers, (p 112); Northern News, 10.1; Northumbrian Water, 7.54(both); OCR GCE A Level Geography 8/6/99; OCR Oxford and Cambridge Paper 2/92; Penni Bickle, 3.11; Rex Features, 4.6, 4.21, 4.24(b), 4.33(a), 4.48, 5.27, 6.43, 6.44, 7.56, 8.16, 8.27, 8.33(b), 8.38, 8.42, 8.46, 10.3(4) Richard Stanton, 7.58; Sealand Aerial, 9.11; Science Photo Library, 6.17, 6.27, 6.34, 7.47; Simon Ross, 2.36, 2.38, 2.39, 2.41, 2.76, 9.12, 9.13, 9.18, 9.19, 9.47; Simon Warner, 10.9(a); South Florida Water Management, 7.52(both) Still Pictures, 3.20, 3.27, 4.20, 5.24, 5.29, 5.39, 7.49, 7.63, 8.4, 8.61, 8.63, 8.65, 8.68; The Evening Press, York, 6.19; The Fotomas Index, 4.37; Topham Picturepoint, 2.25(a), 4.18, 9.6; UK Perspectives Ltd, 5.35.

Atgynhyrchir rhanfapiau 5.21, 7.59, 8.44 ac 11.2 o fapiadau 1:50,000 yr Arolwg Ordnans gyda chaniatâd Rheolwr Llyfrfa Ei Mawrhydi. © Hawlfraint y Goron. Trwydded rhif 070004.

Mae'r awduron a'r cyhoeddwyr yn ddiolchgar i'r canlynol am ganiatâd i ddefnyddio testun dan hawlfraint yn y llyfr hwn:

Assessment and Qualifications Alliance, Ffigur 1.11; Blackwell Publishers, The Urban Order, J Short, 1996, Ffigur 10.30; Cambridge University Press, Slopes and Weathering, M Clarke and J Small, 1982, Ffigurau 2.46, 2.48; John Chaffey, Coastal Management in Western Dorset, 1999, Ffigur 9.38; Countryside Agency, Ffigurau 5.28, 5.33; C Richardson, The Geography of Bradford, 1975, Ffigur 8.19; Hawlfraint y Goron, Ffynhonnell Cyfrifiad 1991, ONS, Ffigur 4.41; Doonesbury ©, G B Trudeau. Ailbrintiwyd gyda chaniatâd Universal Press Syndicate. Cedwir pob hawl, Ffigur 8.36; Dorset Coast Forum, Dorset Coast Strategy, May 1999, Ffigur 9.10; Dorset County Council, Ffigurau 9.8, 9.9; Financial Times, 30/3/99, Ffigur 5.25: 19–20/6/99, Ffigur 8.34; Geography Review, 'Patterns of nitrate concentration', T Burt, May 1989, Ffigur 7.65; Geography Review, 1994, Vol. 7, No. 4, Ffigur 8.39; Geologists Association, The Coastal Landforms of West Dorset, R J Allison, 1992, Ffigur 9.40; The Guardian, 14/8/99, John Vidal, Ffigur 4.1: 2/4/99, John Vidal, Ffigur 4.50: 5/9/98, Peter Hetherington, Ffigur 10.1: 12/7/99, C Denny and V Brittan, Ffigur 10.21; Hodder & Stoughton, Advanced Geography: Concepts and Cases, G Nagle and P Guiness, 1999, Ffigur 8.20: Natural Hazards, Frampton, Chaffey, Hardwick and McNaught, 1996, Ffigur 9.32; Oxford Cambridge and RSA Examinations, Ffigurau 6.1, 6.2, 6.4, 6.5; Pearson Education Limited, Geographies of Development, Potter et al., 1999, Ffigur 8.3; River Restoration Centre/Environment Agency, Ffigur 7.53; Taylor & Francis, Environmental Hazards, K Smith, 1996, Ffigur 2.33: Whatever Happened To Planning?, P Ambrose, 1986, Ffigur 8.58; Times Newspapers Ltd, 26/4/87, Ffigur 2.40: 12/1/99, Ffigur 9.3; J Wiley & Sons Limited, 'Ecological Changes of the French Upper Rhône River since 1750', A L Roux et al., in Historical Change of Large Alluvial Rivers: Western Europe, G E Petts, 1989, Ffigurau 3.16, Ffigur 8.26; N Woodcock, Geology and Environment in Britain and Ireland, 1994, Ffigur 2.60;

Mae'r cyhoeddwyr wedi gwneud pob ymgais i gysylltu â'r deiliaid hawlfraint ond ymddiheurwn os oes unrhyw un wedi'i adael allan.

Mynegai

Mae rhifau tudalennau yn cyfeirio at y testun a'r ffigurau. Mae rhifau tudalennau sydd wedi eu **hamlygu** yn cyfeirio at y prif gyfeiriadaeth/eglurhad.

Mynegai